सवार और दूसरी कहानियाँ

[कहानियाँ]

सवार और दूसरी कहानियाँ

शम्सुर्रहमान फ़ारूक़ी

अनुवाद

क्रान्ति शुक्ल

ISBN : 978-81-267-2508-3

मूल्य : ₹ 600

पहला संस्करण : 2013

प्रकाशक : राजकमल प्रकाशन प्रा. लि.
1-बी, नेताजी सुभाष मार्ग, दरियागंज
नई दिल्ली-110 002

शाखाएँ : अशोक राजपथ, साइंस कॉलेज के सामने, पटना-800 006
पहली मंजिल, दरबारी बिल्डिंग, महात्मा गांधी मार्ग, इलाहाबाद-211 001
36 ए, शेक्सपियर सरणी, कोलकाता-700 017

वेबसाइट : www.rajkamalprakashan.com
ई-मेल : info@rajkamalprakashan.com

आवरण : अनूप कुमार चन्द

मुद्रक : बी.के. ऑफसेट
नवीन शाहदरा, दिल्ली-110 032

SAVAR AUR DOOSARI KAHANIYAN
by Shamsur Rehman Faruqi
Translated by Kranti Shukla

हिन्दी-जगत् में दूर-दूर फैले हुए
मेरे चाहने वालों के नाम

अनुक्रम

गल्प और यथातथ्यता, दरअसल एक दूसरे के उलट नहीं होते...कोई चीज़ गल्प है तो इसका मतलब यह नहीं कि कहानी झूठ है। उसका कोई हिस्सा या वह पूरी की पूरी बाकायदा सच भी हो सकती है, लेकिन उसका इस्तेमाल, उसका विस्तार और उसमें इस्तेमाल होने वाले औजार (झूठे और जाली दस्तावेजों समेत) उस चीज़ को पैदा करते हैं जिसे साहित्यिक सिद्धान्तकार 'वास्तविकता का प्रभाव' कहते हैं।

—**सूसन सोंटाग**

उर्दू संस्करण की भूमिका

मेरा पहला साहित्यिक सचेत प्रयास एक पंक्ति थी जो मैंने सात साल की आयु (1942) में कही। मैंने शब्द 'कही' जानबूझकर प्रयोग किया है क्योंकि उस पंक्ति को काग़ज़ पर लाने की हिम्मत मुझमें न थी। पंक्ति क्या थी, मेरे 'दुखी बचपन' की दास्तान का सागर मेरे हिसाब से इस पंक्ति के कुल्हड़ में समा गया था :

मालूम क्या किसी को मेरा हाल-ए-ज़ार है

इस सहमी हुई पंक्ति को मेरे साहित्यिक जीवन का आरम्भ माना जाए तो मैं कह सकता हूँ कि मेरी साहित्यिक ज़िन्दगी का पहला क़दम कविता के क्षेत्र में उठा था। परन्तु यह भी है कि इस पंक्ति पर दूसरी पंक्ति जोड़कर मैं शेर न बना सका। और न ही फिर मैं एक लम्बी अवधि तक शेर कहने की चेष्टा कर सका। उपरोक्त पंक्ति पर पंक्ति जोड़ने की कोशिश मैंने ज़रूर की थी, और उसके तुक में कुछ 'फ़िगार' जैसा शब्द लगाना चाहा था। किन्तु बात कुछ ठीक से बन न सकी। फिर मैंने कोशिश भी छोड़ दी, और अब बिलकुल याद नहीं कि 'फ़िगार' को तुक बनाकर मैंने पंक्ति में और कौन से शब्द भरने का अधूरा प्रयास किया था। विश्वास है कि वह पंक्ति छन्द में न रही होगी वरना मैं उसे भूल न जाता।

एक-दो साल बाद मैंने अपने खाली समय में हस्तलिखित मासिक पत्रिका 'गुलिस्तान' का संकलन और प्रकाशन आरम्भ किया। 'संकलन' इस अर्थ में कि इधर-उधर की कापियों से खाली काग़ज़ लेकर उन्हें छोटे आकार में कुछ टेढ़ा-मेढ़ा काटकर मैं उनके सोलह या बीस या चौबीस पृष्ठ बना लेता और उन पृष्ठों पर सीधे ही अपनी रचनाएँ लिख देता। ये रचनाएँ अधिकांश कहानियों और लेख के रूप में होतीं। कभी-कभी किसी अख़बार या पत्रिका से काटकर निकाला हुआ कोई कार्टून या चित्र भी सम्मिलित हो जाता। मुझे अच्छी तरह याद है कि मैंने एक बार हिटलर की तस्वीर से अपने किसी अंक को 'सुशोभित' किया था और उस पर शीर्षक लगाया था 'संसार की सबसे ख़ौफ़नाक हस्ती : हिटलर'। एक बार किसी पत्रिका में उर्दू मर्सिए का इतिहास और उत्थान विषय पर लेख पढ़ा तो मैंने उसमें लिखी हुई बातों को अपने शब्दों में ढालकर अपने इस लेख को 'गुलिस्तान' में शामिल किया था। वो अंक जिसमें मेरा यह लेख था, बिलकुल संयोग से मेरे पिताजी ने पढ़ा तो वो नाराज़ हुए कि तुमने कुछ शेर इस तरह लिख दिए हैं कि छन्द में नहीं आते। मुझे उस समय छन्द के अन्दर या बाहर कविता की कुछ समझ न थी। जिस मर्सिए में पिताजी को ऐसे शेर दिखाई दिए थे जो छन्द से बाहर थे, उसका रचनाकार पुराना दक्कनी कवि शुजाउद्दीन नूरी था और उस मर्सिए का एक शेर मुझे अब तक याद है :

कोई नज़्म इसमें तो करता न था
वले सब तकल्लुफ़ दिया हम मिटा

पिताजी ने हर पंक्ति में गणों के आधार पर उर्दू पिंगल के अनुसार उसकी मात्राएँ अलग-अलग करके मुझे समझाया कि कहाँ ग़लती है। वो मेरा उर्दू पिंगल का पहला सबक़ था। उर्दू पिंगल में गणों का वर्णन करने के लिए कुछ शब्द होते हैं जो अर्थहीन होते हैं परन्तु उनके द्वारा पंक्ति का पूरा रूप सामने आ जाता है। उपरोक्त शेर की दोनों पंक्तियों का वर्णन इस प्रकार है : फ़ऊलुन फ़ऊलुन फ़ऊलुन फ़अल। पिताजी ने बताया कि नूरी की कविता की हर पंक्ति के गणों का वर्णन इन शब्दों से हो सकता है। अर्थहीन परन्तु स्वर से भरे हुए शब्दों का यह दोहराव मुझे इतना अच्छा लगा कि मैंने उसी क्षण दृढ़ संकल्प कर लिया कि बड़ा होकर पिंगल शास्त्री ज़रूर बनूँगा। परन्तु बात हो रही थी मेरी पत्रिका गुलिस्तान के सम्पादन और प्रकाशन की। सम्पादन का हाल तो ऊपर आ गया। प्रकाशन इसका यूँ होता था कि उसकी विशेष पाठक मेरी बड़ी बहन ज़ोहरा होती थीं। उनकी भी कहानियाँ कभी-कभी गुलिस्तान में खिलने वाले फूलों की गिनती बढ़ाती थीं। कुछ दिन बाद घर के कामों और छोटे भाई-बहनों की देख-रेख की ज़िम्मेदारियों ने उनके कहानी लेखन को भूली हुई कहानी बना दिया, किन्तु गुलिस्तान के पाठकों में वो सदा शामिल रहीं। कभी-कभी मैं अपने एक-आध स्कूली साथी को भी गुलिस्तान का पाठक होने का सम्मान प्रदान कर देता।

गुलिस्तान का पेट भरने की ख़ातिर मैंने कहानियाँ लिखना आरम्भ किया और अपने शौक़ को पूरा करने के लिए आलोचना। मुझे कविता और कविताओं पर अपने विचार व्यक्त करने और भिन्न-भिन्न कवियों की विशेषताएँ अलग-अलग बयान करने की कोशिश में बहुत मज़ा आता था। एक बार मैंने भिन्न-भिन्न कवियों की विशेषताओं को एक खाके में अंकित किया जिसमें ग़ालिब का मुख्य गुण 'नाज़ुक ख़याली' और मोमिन का मुख्य गुण 'मुआमिलाबन्दी' लिखा। मेरे एक बड़े पिता मौलाना अज़ीज़ुर्रहमान साहब स्वर्गीय (हम लोग उन्हें मौलाना अब्बा कहते थे) ने वो खाका देखा तो बहुत प्रसन्न हुए कि तुमने बिलकुल ठीक लिखा है, मुआमिलाबन्दी वास्तव में मोमिन का मुख्य गुण है। उस समय मुझे मुआमिलाबन्दी का अर्थ अच्छी तरह न मालूम था। मेरे दिल में आया कि मौलाना अब्बा से पूछूँ किन्तु साहस न कर सका। बाद में मुझे मालूम हुआ कि मुआमिलाबन्दी का सही अर्थ जानने वालों में मैं अकेला न था। एक लम्बी अवधि के बाद मुझे पता चला कि इसे 'बकुअगोई' भी कहते हैं, और इस विषय पर स्वर्गीय डॉ. सैयद अब्दुल्ला का एक लेख भी पढ़ने का अवसर मुझे मिला। परन्तु बात फिर भी स्पष्ट न हुई।

'गुलिस्तान' शुरू करने के कुछ दिन बाद मैंने दोबारा शायरी करने का सिलसिला आरम्भ किया। किन्तु छन्द शास्त्र का ज्ञान न होने के कारण समस्याएँ अक़सर उठतीं, और वो इस तरह कि जब भी पिताजी की नज़र मेरे शेरों पर पड़ती तो वो ख़फ़ा ही होते। मुझे तो बहरहाल कुछ पता न लगता कि मैं कहाँ भटककर किधर चला गया हूँ। कठिनाई यह थी कि वो मुझे कुछ बताते न थे, और मेरी अपनी बुद्धि के अनुसार मुझे सन्तोष था कि मैं ठीक शेर कहता हूँ। किन्तु छन्द शास्त्र को जान लेने की खटक मेरे दिल में हमेशा रही। पिताजी से या किसी बड़े-बूढ़े से कहने का साहस न था कि सिखा दीजिए, और अपने पास के लोगों में किसी व्यक्ति को मैं ऐसा न जानता था कि वो मुझे उर्दू का छन्द शास्त्र सिखा देगा। इस आकांक्षा पूर्ति की शुरुआत बहुत दिनों बाद हुई जब मैंने इलाहाबाद विश्वविद्यालय

के सुप्रसिद्ध अरबी के विद्वान प्रो. मुहम्मद रफ़ीक़ से ऊर्दू फ़ारसी पिंगल शास्त्र के एक-दो सबक़ लिए। फिर बहुत जल्द ही मैंने पुस्तकों का अवलोकन कर अपने आप इस विधा का पूरा ज्ञान प्राप्त कर लिया।

बात फिर आगे निकल गई। गुलिस्तान का अन्तिम अंक उन दिनों निकला जब मैं कक्षा दस का विद्यार्थी था। मैं उसे निरन्तर मासिक पत्र के रूप में तो कभी न निकाल सका था। मेरा आलस्य ही उसके अनियमित प्रकाशन की ज़मानत के लिए काफ़ी था। परन्तु हाई स्कूल के बाद मेरा जी उससे उचाट होने लगा, क्योंकि उस वक़्त तक मैं गुलिस्तान के बाहर समाचार पत्रों व पत्रिकाओं में अपनी चीज़ें छपवाने की तमन्ना करने लगा था। मेरी पहली कहानी शायद 1948-1949 ही में छपी, अर्थात जिस वर्ष मैं हाई स्कूल का छात्र था। अब न कहानी का नाम याद है और न उस भाग्यवान पत्रिका का। किन्तु हाई स्कूल के ज़माने से मैं चार-छह महीने में एक-आध टूटी-फूटी कहानी छपवा लेने में सफल होने लगा था।

एक मुश्किल यह थी कि मेरे अपने घर में पत्रिकाएँ बिलकुल न आती थीं, इसलिए मुझे ठीक से न मालूम था कि मेरी चीज़ें कौन सी पत्रिकाओं के लिए उचित होंगी। मेरे ननिहाल में स्वर्गीय मेरी छोटी मौसी बहुत सी पत्रिकाएँ मँगाती थीं। और जब मैं अपने ननिहाल बनारस जाता तो उन्हें पढ़ता भी। परन्तु वो अधिकतर औरतों की पत्रिकाएँ होती थीं या फिर कुछ इतने ऊँचे स्तर की कि उनमें कहानी भेजने की हिम्मत न होती थी। एक बार दिल कड़ा करके कहीं कुछ भेजा तो फिर उसकी ख़बर न आई। ये हाल मेरी अधिकांश रचनाओं का होता था। एक बार बनारस ही में किसी साप्ताहिक समाचार पत्र से वापसी का कार्ड आया तो उसे मेरे एक बुज़ुर्ग ने देख लिया और वो हँसकर बोले, “ये लो अपना लेख वापस लो। कहो क्या रह गई?” उनके स्वर और उनके शब्दों का व्यंग्य मेरे हृदय को बेध गया, किन्तु बात बहरहाल सच थी। किसी पत्रिका से लेख का वापस आना और भरे बाज़ार में इज़्ज़त उतर जाना उनकी नज़र में बराबर था।

स्वर्गीय क़ैसीउल फ़ारूक़ी मेरे चचेरे भाई थे। जिस ज़माने का ज़िक्र मैं कर रहा हूँ, उस वक़्त उनकी कविताएँ और कहानियाँ बहुत सी पत्रिकाओं में छपती रही थीं। उम्र में वो मुझसे बहुत बड़े थे इसलिए उनसे सुझाव या निर्देशन लेने का साहस न था। और दूसरी बात यह कि जिन पत्रिकाओं में वो छपते थे वो मुझे अपनी गौं की न मालूम होती थीं। किन्तु ऐसी पत्रिकाओं की मुझे सूचना न थी जो मुझे पसन्द आतीं। जब मैं ग्यारहवीं कक्षा में पहुँचा तो मेरा उठना-बैठना ज़मात-ए-इस्लामी के साहित्यिक दायरे में हुआ तब मेरठ की मासिक पत्रिका ‘मेयार’ मेरे संज्ञान में आई। ग्यारहवीं कक्षा में पढ़ने के ज़माने में (1949-50) अपने विचार में एक लघु उपन्यास लिखा ‘दलदल से बाहर’। हो सकता है वो लम्बी कहानी ही रही हो। किन्तु मैं अपनी आत्म मुग्धता में गिरफ्तार उसे लघु उपन्यास ही कहता था। ‘दलदल से बाहर’ को मैंने तीन बार लिखा (दूसरी बार तो इसलिए लिखना पड़ा कि एक बार मेरे एक दोस्त ने कुछ व्यंग्यात्मक स्वर में कहा कि तुम अपने लघु उपन्यास की प्रशंसाएँ सुनने के बहुत इच्छुक दिखाई देते हो। उस पर मैंने मूल प्रति उसके हाथ से लेकर और चीर-फाड़कर वहीं फेंक दी। और तीसरी बार इसलिए लिखा कि अपने दोस्त इज़हार उस्मान मरहूम के सुझावों की रोशनी में मुझे दूसरे मसौदे में भी जगह-जगह परिवर्तन आवश्यक लग रहा था।) ख़ुदा बख़्शे मेरे अंग्रेज़ी के प्राध्यापक और सुन्दर उर्दू

कवि और साहित्य प्रेमी तथा फ़रिश्तों-सा स्वभाव रखने वाले स्वर्गीय ग़ुलाम मुस्तफ़ा ख़ाँ रसीद (1923-1993) को, कि उन्होंने पूरे मसौदे को बड़े ध्यान से पढ़ा और मेरा साहस बढ़ाने में कोई भी कमी न उठा रखी।

'दलदल से बाहर' अन्ततः 1950 या 1951 में मेयार मेरठ के चार अंकों में किश्तों में छपा। मुझे थोड़ी सी ख़ुशी तो हुई, किन्तु सच यह है कि मैं इस लघु उपन्यास (या जो भी वो था) से उकता चुका था और मानव जीवन, इनसान, औरत, पाप-पुण्य आदि के बारे में उसमें अंकित या प्रत्यारोपित विचार मुझे बचकाना और कच्चे लगने लगे थे। उसका एक कारण यह भी था कि मैं उस वक़्त बहुत सारी अंग्रेज़ी पढ़ चुका था और ज़मात-ए-इस्लामी से भी मेरा दिल फिरने लगा था। मैं अपने प्रकाशित लेखन या मसौदों को सहेजकर रखने का झंझट कभी न पाल सका। 'गुलिस्तान' का एक पृष्ठ भी मेरे पास नहीं रह गया है। 'दलदल से बाहर' का भी न मसौदा मेरे पास है और न मेयार के वो मासिक अंक जिनमें वो प्रकाशित हुआ था।

उन्हीं दिनों मैंने एक कहानी 'सुर्ख़ आँधी' लिखी जो सोवियत रूस में धर्म और विश्वास के ऊपर अत्याचार के बारे में थी। स्व. रसीदी साहब ने तो वो कहानी पसन्द की किन्तु उर्दू के अध्यापक (मैं उर्दू का छात्र न था) जनाब शम्सुल आफ़ाक़ शम्स गोरखपुरी (1912-1993) ने उसे पढ़कर फ़रमाया कि यह तो किसी बहुत बड़े कथाकार की रचना लगती है। (मुझे हमेशा इस बात की शर्मिन्दगी रही है कि अधिकतम ख़ुशी अथवा घबराहट के कारण मुझे उस समय धन्यवाद ज्ञापन करने या कोई उचित उत्तर देने के लिए शब्द न सूझे। मैंने धीमी, फँसी-फँसी आवाज़ में केवल यह कहा कि सर, वो कहानी मैंने ही लिखी थी। स्वर्गीय आफ़ाक़ साहब भी शायद मेरी मुश्किल को समझ गए। उन्होंने फ़रमाया, "भाई अफ़साना तो वो तुम्हारा ही था। मैं तो केवल ये कह रहा हूँ कि उसमें परिपक्वता ऐसी है जैसी बड़े कहानीकारों के यहाँ होती है।")

उर्दू में वो कहानी कहाँ छपी मुझे याद नहीं। सम्भव है मुझे ख़बर भी न लगी हो कि कहानी छपी कि नहीं। (एक बार तो चुटकुला यह हुआ कि मैंने किसी पत्रिका को अपनी कहानी भेजी और बहुत दिन तक कोई उत्तर न मिलने के कारण मैं उसके छपने के बारे में निराश हो चुका था। किन्तु एक दिन बाज़ार से कुछ घर का सौदा लेने गया तो जिस काग़ज़ में सौदा लपेटा गया था वो उसी पत्रिका का एक पन्ना था और उसमें मेरी कहानी बहुत चमक-दमक के साथ छपी थी। वो काग़ज़ भी मैंने सुरक्षित न रखा।) जब मैं इलाहाबाद विश्वविद्यालय में एम.ए के अन्तिम वर्ष में था (1954-55) तो एक दिन मेरे दिल में आया कि यदि कहानी 'सुर्ख़ आँधी' उतनी ही बढ़िया है जितनी कि आफ़ाक़ साहब कहते थे तो उसे अंग्रेज़ी में अनुवाद करके यूनिवर्सिटी मैग्ज़ीन में क्यों न दे दूँ? एक बात यह भी थी कि पत्रिका के सम्पादक मेरे अध्यापक के.के. मेहरोत्रा साहब थे। मैं जिनके प्रशंसकों में था क्योंकि वो अंग्रेज़ी का आधुनिक काव्य पढ़ाते थे। मैंने झटपट अनुवाद करके कहानी का अंग्रेज़ी शीर्षक The Scarlet Tempest रखा। टाइप आदि करने का तो प्रश्न ही न था। हाथ से लिखकर मैंने कहानी उन्हें सौंप दी। मेरे विचारों के विपरीत उन्होंने भी उसे पसन्द किया और इसी शीर्षक सहित छाप दिया। बाद में मुझे शेक्सपीयर के एक ड्रामे में लाल आँधी के लिए Crimson tempest के शब्द दिखाई दिए तो मुझे अफ़सोस हुआ कि मैंने

ये शीर्षक क्यों न रखा। बहरहाल, अब मेरे पास उस कहानी का न उर्दू मसौदा है न अंग्रेज़ी। और न ही इलाहाबाद यूनिवर्सिटी मैग्ज़ीन का वो अंक जिसमें The Scarlet Tempest प्रकाशित हुई थी। बात में बात निकलने की वजह से मैं फिर ज़रा आगे चला आया। जैसा कि मैने ऊपर कहा इंटरमीडिएट पास करते-करते मैंने बहुत कुछ अंग्रेज़ी, थोड़ी बहुत उर्दू, और उससे कुछ कम फ़ारसी पढ़ डाली थी। कहानी लेखन की बढ़ती हुई रुचि ने शायरी छुड़ा दी थी। शायरी छूटने की एक वजह यह भी थी कि मैं अभी ख़ुद को काव्य और काव्य शास्त्र की बारीकियों और रहस्यों का पूरा जानकार न समझता था। हाई स्कूल या इंटरमीडिएट की बात है, मेरे एक दोस्त राशिद ने शेर सुनाया :

नशीली-नशीली ये आँखें तेरी क्यूँ
शराब-ए-मुहब्बत तो पी ली नहीं है

यह याद नहीं कि उसने ये शेर अपना बताकर सुनाया था या किसी और का, शायद राशिद ही का शेर था। बहरहाल मुझे शेर में कोई त्रुटि नज़र न आई, यद्यपि वो मुझे कोई बहुत ज़ोरदार भी न महसूस हुआ था। फिर उसने वो शेर हम दोनों के एक दोस्त यामीन को सुनाया। यामीन भारी-भरकम बदन का, और हम लोगों से उम्र में बड़ा था। शायद इसीलिए हम लोग उसे परम विद्वान प्रकार की कोई चीज़ समझते थे। यामीन ने छूटते ही कहा, "यह शेर बिलकुल वाहियात है और एक जगह पर यह छन्द में भी नहीं आता।"

पहले आरोप का तो कोई उत्तर मेरे पास न था सिवाय इसके कि मुझे तो शेर में कोई वाहियात बात नज़र न आती थी। परन्तु छन्द से बाहर होने के बारे में तो मुझे निःसन्देह और पक्का विश्वास था कि शेर छन्द से बाहर नहीं है। परन्तु यामीन साहब थे कि अड़े हुए थे कि 'पी ली' छन्द के बाहर है। जब मैं और राशिद पूरे आत्मविश्वास के साथ इनकार करते रहे कि शेर में ऐसी कोई त्रुटि नहीं, तो यामीन ने बड़े आत्मविश्वास से राशिद की कापी से एक खाली पृष्ठ और अपनी जेब से पेन्सिल खींचते हुए कहा, "तुम लोग यूँ न मानोगे। देखो सही छन्द के गण ये हैं। इनके अनुसार पंक्ति को बिठाओ और बताओ कि पंक्ति इन पर सही उतरती है कि नहीं।" फिर उसने सादे पृष्ठ पर बड़े-बड़े अक्षरों में 'मफ़ऊल फ़ाइलात मफ़ाईल फ़ाइलुन' या ऐसे ही कुछ शब्द लिखे और कहा, "लो, तक्ती करो।" ज़ाहिर है कि यह शब्द हमारे लिए जादू-मन्तर से भी बढ़कर न समझ में आने वाले और रहस्यपूर्ण थे। तक्ती कैसे होती है और ये मंत्रों जैसे शब्द तक्ती के काम के हैं भी कि नहीं, हम दोनों इन सब मामलों में बिलकुल कोरे थे। मुझे यक़ीन था कि यामीन साफ़ झाँसा दे रहा है परन्तु मेरे पास उसका तोड़ कुछ न था। हम एक-दूसरे का मुँह तकते रहे और यामीन साहब अकड़ते हुए निकल गए। उस दिन मैंने पिंगलशास्त्री बनने की अपनी प्रतिज्ञा को दिल में दोबारा दोहराया और यह भी निर्णय लिया कि जिस तरह शौक़ और परिश्रम से मैं अंग्रेज़ी साहित्य ज्ञान प्राप्त कर रहा हूँ, उसी तरह एक दिन उर्दू शायरी की कला और बारीक़ियाँ सीखूँगा।

मैं बहुत चाहता था कि बी.ए में फ़ारसी या कम से कम उर्दू ज़रूर ले लूँ। एक यह भी आकांक्षा थी कि उर्दू पढूँगा तो सेंट एन्ड्रूज कॉलेज में नाम लिखेगा। मेरे पिता और कई चचेरे भाई वहाँ पढ़ चुके थे और सबसे बढ़कर यह कि वहाँ सुप्रसिद्ध उर्दू लेखक मजनूँ

गोरखपुरी का शिष्य बनने का सौभाग्य प्राप्त होगा। (मजनूँ साहब उर्दू और अंग्रेज़ी दोनों पढ़ाते थे। किन्तु स्वर्गीय पिताजी का विचार था कि उर्दू-फ़ारसी घर पढ़ने की चीज़ें हैं, और फिर यह कि स्कूल कॉलेज में नौकरी प्राप्त करनी हो तो 'आधुनिक' विषय पढ़ना आवश्यक है। 'आधुनिक' विषयों में भूगोल भी था और यह विषय सेंट एन्ड्रूज में था नहीं। इस तरह इंटर की तरह यहाँ भी मुझे 'असाहित्यिक विषय पढ़ने पड़े और सेंट एन्ड्रूज कॉलेज की जगह महाराणा प्रताप कालेज में दाख़िला लेना पड़ा। यह कालेज उसी वर्ष खुला था और हम लोग वहाँ बी.ए के प्रथम छात्र थे। मजनूँ साहब का शिष्य बनने की अभिलाषा दिल ही में रह गई। उन्हीं दिनों उर्दू के विख्यात लेखक स्वर्गीय मेहँदी अफ़ादी के एक बेटे नाफ़िज़ हसन भी सेंट एन्ड्रूज में अंग्रेज़ी पढ़ाते थे। ख़ूबसूरती, नफ़ीस रख-रखाव, अच्छे वस्त्र पहनने और अंग्रेज़ी साहित्य में उनके ज्ञान की बड़ी धूम थी। हम लोग कभी समय निकालकर मजनूँ साहब और नाफ़िज़ साहब के क्लास सुनने चले जाया करते। मजनूँ साहब स्वयं सुचारु रूप से अच्छे कपड़े पहनते थे किन्तु वो बहुत दुबले-पतले और छोटे क़द के व्यक्ति थे। नाफ़िज़ साहब छरहरे बदन के लम्बे और ख़ुद को बहुत लिए-दिए रखने वाले किसी उपन्यास का पात्र मालूम होते थे।

मजनूँ साहब और मेरे पिताजी इंटरमीडिएट या शायद बी.ए में साथ रह चुके थे। उम्र में वो पिताजी से बड़े थे, किन्तु किसी कारणवश बीच में पढ़ाई छोड़ देने की वजह से उनका और मेरे पिताजी का साथ हो गया था। मेरे चचेरे भाई मुहम्मद उज़ैर फ़ारूक़ी जिनसे बाद में मेरी बड़ी बहन ज़ेहरा विवाहित हुईं, उर्दू और अंग्रेज़ी दोनों में मजनूँ साहब के शिष्य थे। और मजनूँ साहब की विद्वत्ता के चर्चे मेरे भाई साहब की ज़बान पर अक़सर रहते थे। मेरी बड़ी इच्छा थी कि पिताजी के साथ मजनूँ साहब से मिलने जाऊँ, किन्तु एक-दो बार से ज़्यादा इस इच्छा को उनके सामने व्यक्त न कर सका। पिताजी ने हर बार फ़रमाया, "हाँ, किसी दिन तुमको ले चलेंगे।" किन्तु यह सपना भी साकार न हुआ। सरकारी नौकरी में पिताजी की व्यस्तता और फिर नमाज़ आदि में उनका समय इस क़दर लगता था कि उन्हें किसी और काम की छुट्टी मुश्किल ही से मिलती थी।

उस वक़्त तक मैं मजनूँ साहब की बहुत सारी कहानियाँ और उपन्यास (या यूँ कहें कि लघु उपन्यास) पढ़ चुका था। और थामस हार्डी के बहुत से उपन्यास मेरी नज़र से गुज़र चुके थे। उस वक़्त यह बात भी साधारणतः कही जाती थी कि मजनूँ साहब के बहुत से लघु उपन्यास मौलिक नहीं बल्कि हार्डी के उपन्यासों के संक्षिप्त रूप या खाका हैं। हार्डी को पढ़ते समय मैंने भी यह बात देखी थी किन्तु इसका मुझ पर कोई नकारात्मक प्रभाव न पड़ा। और यह भी है कि मजनूँ साहब का बचाव करने वालों की यह बात भी मुझे प्रभावित न कर सकी कि मजनूँ साहब पढ़ते बहुत हैं इसलिए उनके अध्ययन की परछाईं यदि उनके उपन्यासों में आ जाए तो इसमें आश्चर्य की क्या बात है? तो क्या इसका मतलब यह है कि दूसरे कहानीकार कुछ पढ़ते नहीं? मैं अपने दिल में सोचता। मजनूँ साहब की कहानियों की सुन्दर गद्यशैली तथा उन कहानियों के कई कथा वाचकों का आकर्षक व्यक्तित्व दोनों ही ने मुझे बहुत दिन तक अपने जादू में जकड़े रखा। परन्तु यह बात भी मुझे स्पष्ट रूप से मालूम थी कि अगर मैं सच्चे मायनों में कहानीकार बना भी तो मजनूँ साहब के ढंग का कथाकार न बनूँगा।

बी.ए. के ज़माने (1951-1953) में मेरे मानसिक जीवन का केन्द्र और अन्तिम पड़ाव हार्डी के नावेल थे, और मुझे इस बात का पक्का विश्वास था कि मैं सात जनम लूँ तो भी हार्डी जैसा उपन्यासकार नहीं बन सकता। उधर ज़मात-ए-इस्लामी की शिक्षा उसके नैतिक, धार्मिक व सुधारवादी दृष्टिकोण भी मेरे लिए आकर्षण खो चुके थे। साहित्य के प्रति उनका लोगों का रवैया मुझे कम्युनिस्टों के ही ढंग का संकीर्ण, जकड़ा हुआ और गहराई से वंचित लगता था। अन्तर केवल यह था कि प्रगतिवादियों के लिए कम्युनिस्ट पार्टी 'लाइन' सब कुछ थी और ज़मात-ए-इस्लामी के 'इदारा-ए-अदब-ए-इस्लामी' के लिए ज़मात के आदेश हदीस और क़ुरान से कुछ ही निम्न स्थान रखते थे। और चूँकि ज़मात का दावा था कि हदीस और कुरान की समझ केवल हमारे पास है, इसलिए ज़मात के आदेशों की व्याख्या करने और निहितार्थ समझने में दूसरों के लिए नए प्रयास की सम्भावना भी न थी।

इस स्थिति में मेरे लिए कहानी लेखन छोड़ देने और केवल आलोचना को अपनाने के अतिरिक्त कोई रास्ता न था, और आलोचना लिखने की कोई विशेष जल्दी न थी। बी.ए की परीक्षा देकर गर्मी की छुटिट्यों में शेक्सपीयर के लगभग सारे ड्रामे मैंने पढ़ डाले। उस समय शेक्सपीयर समझ में कितना आया यह तो अल्लाह ही जाने, परन्तु यह सच्चाई अब मुझ पर पूरी तरह प्रकट हो गई थी कि ज़मात-ए-इस्लामी की साहित्यिक संस्था के दरवाज़े से न हार्डी गुज़र सकता है और न शेक्सपीयर। ग़ालिब को भी शायद चौखट पर खड़े रहने की अनुमति के सिवा कुछ न मिलेगा। और बेचारे इक़बाल का भी बहुत सारा कलाम काट-पीटकर संस्था की फाइलों में दबा दिया जाएगा। मैं इन लोगों और ख़ासकर शेक्सपीयर और ग़ालिब को छोड़ने पर हरगिज़ तैयार न था। फिर यह भी था कि बी.ए., फिर एम.ए. की पढ़ाई इतना अवकाश कहाँ देती कि मैं उपन्यासकार या कहानीकार बनने की चेष्टा करता। एम.ए के आरम्भ में एक उपन्यास मैंने ज़रूर लिखना चाहा था परन्तु बीस या बाईस पन्ने लिखने के बाद दिल उकता गया। उसका एक कारण यह भी था कि जमीला ने उसे नापसन्द कर दिया था। वो पृष्ठ भी जल्द ही नष्ट कर दिए।

एम.ए. की पढ़ाई के ज़माने में मैंने अपने जीवन का लक्ष्य यह निश्चित किया था कि किसी विश्वविद्यालय में और अगर हो सका तो इलाहाबाद या अलीगढ़ में अंग्रेज़ी का अध्यापक बनना, अंग्रेज़ी में कविता और उर्दू में आलोचना लिखना। कई बातें ऐसी हुईं जिनके कारण पहला लक्ष्य न पूरा हो सका। अंग्रेज़ी में कविता लिखी और अपनी समझ से तो अच्छी ही लिखी किन्तु एक दिन यहाँ से भी दिल स्वयं उचट गया। उसके स्थान पर उर्दू में थोड़ा बहुत काव्य रचना का सिलसिला एम.ए. के बाद फिर शुरू हुआ। उर्दू में आलोचना अवश्य लिखता रहा। उस वक़्त की बहुत कम चीज़ें प्रकाशन का सम्मान प्राप्त कर सकीं। किन्तु वो प्रकाशित हुईं या नहीं हुईं मैंने उन्हें सुरक्षित न रखा। मेरा ख़याल है कि अपने मसौदों या उनके अन्तिम रूपों या प्रकाशित लेखन को सुरक्षित न रखने की बुनियादी वजह यह है कि मैं पूर्ण रूप से कभी उनसे सन्तुष्ट न हो सका। पुस्तक के आकार में जो छप गया वो तो कहीं न कहीं सुरक्षित रह गया। शेष चाहे प्रकाशित चाहे अप्रकाशित, के बारे में मैं विश्वास से कुछ भी नहीं कह सकता।

मेरा यह कहना कुछ ग़लत न होगा कि 1949-50 से 1975 तक मैं अंग्रेज़ी और अंग्रेज़ी के माध्यम से दूसरी यूरोपियन भाषाओं के उपन्यासों, कहानियों और नाटकों का

रुचिपूर्वक अध्ययन करता रहा। अध्ययन के इस लगाव और अपने साहित्यिक जीवन के बहुत आरम्भ में पाबन्दी से कहानियाँ लिखते रहने के बावजूद मैंने 1952-53 के बाद बहुत दिन तक कहानी क्यों न लिखी, इस प्रश्न का उत्तर मेरे पास नहीं है। अधिक से अधिक यही कह सकता हूँ कि हार्डी के अलावा भी मैंने कई पश्चिमी उपन्यासकारों को हिम्मतशिकन पाया। और 'आहू न चर सकेंगे उस शेर-ए-नर के वन में' वाली हालत मेरे ऊपर अक़सर हावी रही। इसके विपरीत उर्दू में आलोचना लिखना मेरे लिए अपनी भाषा की सेवा था और कविता करना एक गहरी न बताई जा सकने वाली व्यक्तिगत मज़बूरी। कविता मेरे सीने में साँस के समान और हृदय में रक्त के समान लहरें लेती थी, और जिस प्रकार साँस का बाहर निकलना हृदय के अन्दर ख़ून के संचार की जमानत था उसी तरह कविता करना मेरे लिए जीवन की आवश्यकता और प्रमाण था। काव्य रचना मेरे लिए वही बात थी जिसे शेख़ सादी ने यूँ कहा है कि हर साँस जो अन्दर जाती है जीवन की सहायता करती है, और जब बाहर आती है तो हृदय को हल्का करती है।

मेरे दिन-रात यूँ ही गुज़र रहे थे कि मैंने स्वयं अपनी पत्रिका निकालने की ठानी और कुछ महीने की तैयारी के बाद जून 1966 के महीने का शबख़ून का पहला अंक प्रकाशित कर दिया। यह अप्रैल 1966 का मध्य था। पहले ही अंक में कई चीज़ें मैंने ऐसी सम्मिलित कीं जो लिखी तो मैंने ही थीं, किन्तु उन पर नाम कुछ और था। उनमें एक नाम 'शहरज़ाद' भी था जिसे एक भयानक कहानी (Terror story) के अनुवादक और भयानक अफ़साने की आलोचना पर एक नोट के लेखक के रूप में प्रस्तुत किया गया था। शहरज़ाद के कई अन्य अनुवाद शबख़ून में प्रकाशित हुए और लोकप्रिय हुए। एक-आध मौलिक कहानी और कुछ अन्य अनुवाद मैंने जावेद जमील के नाम से शबख़ून ही में प्रकाशित किए। दूसरे शब्दों में कहानीकार बनने का अवसर दोबारा मेरे हाथ आया था किन्तु बात अधिकतर कहानियों और नाटकों के अनुवाद तक सीमित रही। शायरी अलबत्ता परवान चढ़ती रही, और कभी-कभी मैं भी दिल ही दिल में विख्यात कवि और आलोचक सलीम अहमद के शब्द दोहराने का साहस कर लेता कि शायरी यद्यपि मेरा कमज़ोर बच्चा है किन्तु फिर भी वो हाथी का बच्चा है।

कभी-कभी मेरे दिल में हूक उठती कि उपन्यास लिखा जाए। अब्दुल्ला हुसैन और इन्तज़ार हुसैन के उपन्यास पढ़कर अक़सर ये उमंग दिल में लहरें लेतीं। किन्तु फ़ुर्सत कहाँ और हिम्मत किसे? हूक उठती और मैं दिल को यह कहकर समझा लेता कि :

हवा रुके मेरे पाँव ज़रा थमे एक रोज़
मैं आस्तान-ओ-दर-ए-कू-ए-यार देखूँगा

परन्तु आलोचना की हवा कहाँ रुकती और मुझे कब रुकने देती। आलोचना के नए-नए विषय, अध्ययन के नए-नए मैदान, सामने आते गए। आयु बढ़ने के साथ स्वास्थ्य भी घटता रहा। आलोचना और उससे सम्बन्धित विषय मेरे साहित्यिक जीवन का केन्द्र बन गए। कविता भी केन्द्र में, परन्तु लगभग भूमिगत रही। उपन्यास तो बड़ी बात है, अब छोटी-मोटी कहानी की भी सम्भावना क्षितिज के नीचे उतरती जा रही थी। कानपुर में रहने वाला मेरा एक भाई क़ाज़ी नुरुस्सलाम मुझसे कहता कि आप उपन्यास लिखिए, और हो सके तो अंग्रेज़ी में लिखिए, बहुत सफल होगा। किन्तु मुझे हँसकर चुप रहने के सिवा चारा न था।

आख़िर मैंने कहानी या उपन्यास की ओर फिर से चलने का विचार दिल से निकाल ही दिया। परन्तु संयोग सबसे बड़ी मज़बूरी है कि इसका कोई विरोध नहीं हो सकता और न उसके बारे में कोई तैयारी पहले से हो सकती है। 1997 का वर्ष आया तो ग़ालिब के बारे में अध्ययन पर नई बहार आ गई। दिसम्बर 1997 में ग़ालिब के जन्म के दो सौ वर्ष हो जाते, और 1969 जैसे तूफ़ानी और वलवलों को बढ़ाने वाले आयोजन न सही किन्तु इस अवसर पर कुछ करने का निर्णय सबने लिया। इलाहाबाद के एक पुराने चित्रकार श्री एच. सी. मिश्रा का बनाया हुआ ग़ालिब का एक बहुत ही उम्दा चित्र स्वर्गीय डॉ. अब्दुल सत्तार सिद्दीकी के बचे-खुचे पत्राजाद से निकालकर कराँची के निवासी उनके पोते श्री सुहैल सिद्दीकी ने मई 1997 में मुझे प्रदान कर दिया था। मैंने सोचा कि कभी 1997 या 1998 में शबख़ून का एक ऐसा अंक प्रकाशित करूँगा जिसमें ग़ालिब के बारे में वास्तव में कुछ बहुत बढ़िया और उच्चकोटि के लेख हों।

कई महीने के परिश्रम के बाद जब कुछ लेख उपलब्ध हुए और मैं सितम्बर 1998 का अंक तैयार करने बैठा तो पता लगा कि मेरी चाहत के अनुकूल अंक नहीं बन सकता और इसमें कई बाधाएँ हैं। पहला तो यह कि ग़ालिब पर पृष्ठ बहुत कम बन रहे थे। दूसरी मुश्किल यह कि जो मज़मून मेरे ख़याल गें सबसे अच्छा था वो इलाहाबाद के एक युवा हिन्दी साहित्यकार कृष्णमोहन का था। यह मज़मून सूची में सबसे ऊपर रखे जाने का हक़दार था। परन्तु यहाँ छोटे-बड़े के आगे-पीछे हो जाने की नाज़ुक समस्या आ पड़ी थी। उर्दू और फ़ारसी के दो वरिष्ठ प्रोफेसरों के लेखन को पीछे करना और हिन्दी के एक शोधछात्र के लेख को उनसे ऊपर रखना कुछ अटपटा सा लगता था और कुछ लोगों के नाराज़ होने का कारण भी बनता। अब यही सूरत थी कि मैं स्वयं ही ग़ालिब पर कोई लम्बी-चौड़ी चीज़ लिखूँ और शीघ्रतम लिखूँ। अपनी पत्रिका की सेवा में ऐसे अवसर पहले भी कई बार मुझ पर आ चुके थे। किन्तु इस बार उलझन वाली बात यह थी कि ग़ालिब के सन्दर्भ में मेरा मस्तिष्क बिलकुल ख़ाली था। ग़ालिब के बारे में जो कुछ अपने विचार में नई बातें मुझे पिछले साल-डेढ़ साल में सूझी थीं मैं उन्हें एक अंग्रेज़ी और एक उर्दू मज़मून में अंकित कर चुका था। हालाँकि मैंने पिछले 30-35 वर्ष में ग़ालिब पर बहुत कुछ लिखा था किन्तु कही हुई बातों को दोहराना मेरे लिए चबाए हुए निवालों को फिर चबाने के बराबर था।

अचानक मुझे ख़याल आया कि ग़ालिब के बारे में कहानी और सच पर आधारित एक आख्यान क्यों न लिखूँ जिसमें कुछ ग़ालिब से सम्बन्धित साहित्यिक बातें, कुछ उस ज़माने की साहित्यिक संस्कृति और कुछ इतिहास, सब मिल-जुलकर एक हो जाएँ। मैं कई वर्ष से उर्दू की पुरानी साहित्यिक संस्कृति और इतिहास पर एक किताब अंग्रेज़ी और उर्दू में एक साथ ही लिख रहा था। मुझे इस बात की गहरी अनुभूति थी कि हमारी पुरानी साहित्यिक संस्कृति हमारी स्मृति और साहित्यिक ज्ञान दोनों से लगभग विलुप्त हो चुकी है। अगर समय के धरातल से नीचे उतरकर लुप्त हो गई तो यह हमारे लिए घोर क्षति होगी और उस संस्कृति को दोबारा खोज पाना तो ख़ैर सम्भव ही न होगा। जिन संस्कृतियों का अतीत नहीं उनका भविष्य भी नहीं। उर्दू साहित्य और संस्कृति को भुला देने, उसे प्रतिष्ठाहीन समझने या समझे जाने की जो कोशिशें हमारे देश में जगह-जगह हो रही हैं

(और उन प्रयासों में स्वयं उर्दू के भी कुछ सुपरिचित समुदायों का भी हाथ है।) उनको देखते हुए यह और भी ज़रूरी है कि हम अपनी ऐतिहासिक स्मृति को जीवित रखें और अपनी साहित्यिक संस्कृति को जानदार, क़ायम रहने वाली और आज भी सार्थक सच्चाई के बतौर दुनिया के सामने रखें।

'मीरजा ग़ालिब हालात, आदतें एवं प्रवृत्तियाँ' नामक स्वर्गीय श्री मालिकराम का बहुत ही विश्वसनीय और जानकारी से भरपूर लेख जो मुख़्तारउद्दीन अहमद आरज़ू द्वारा सम्पादित पुस्तक 'अहवाल-ए-ग़ालिब' का अंश (प्रकाशित 1953) मेरे सामने था। आरज़ू साहब की पुस्तक में इस निबन्ध के अन्त में अंकित है 'पुनर्लिखित जनवरी 1951'। किन्तु मैंने यह कहानी/लेख पहली बार शायद उसके प्रथम रूप ही में पढ़ा होगा क्यूँकि यह किताब तो 1953 के बहुत बाद मेरे हाथ आई थी। बहुतों की तरह मुझे भी कई वर्ष तक यह भ्रम रहा कि मालिकराम साहब जो भी हों, उन्होंने ग़ालिब के बारे में जो भी लिखा है आँखों देखा लिखा है। जब बाद में उनके बारे में ठीक से जाना कि वो हमारे ही समय के आदरणीय व सम्मानित विद्वान हैं तो भी उस कथारूपी लेख का जादू पूर्ववत् बना रहा।

स्वर्गीय मालिकराम की तरह मैंने भी अपनी कहानी को प्रथम पुरुष की ज़बान से बयान करने की ठानी परन्तु इस विचार से कि मालिकराम साहब के लेखन का कोई प्रत्यक्ष प्रभाव मेरे वर्णन पर न पड़े, मैंने उनका वो कहानीरूपी निबन्ध तो क्या मुख़्तारउद्दीन साहब की पुस्तक 'अहवाल-ए ग़ालिब' भी खोलकर न देखी। आज जब ये पंक्तियाँ लिख रहा हूँ तो किताब निकालकर मालिकराम साहब के लेखन पर नज़र डाली है और उनकी आत्मा को श्रद्धांजलि अर्पित की है।

उर्दू की हद तक तो मालिकराम मेरे अगुवा, या पथप्रदर्शक थे। स्वर्गीय ज्ञानचन्द ने बाद में मिर्ज़ा फ़रहतउल्ला बेग के अर्धऐतिहासिक आख्यान 'दिल्ली की आख़िरी शमाँ' की ओर मेरा ध्यान आकर्षित किया कि फ़रहतउल्ला बेग को उर्दू में साहित्यिक/ऐतिहासिक कहानी का आविष्कारक कह सकते हैं। मैं इस बात से सहमत हूँ, किन्तु फ़रहतउल्ला बेग के आख़्यान का मुझ पर कोई गहरा प्रभाव न था। हाँ, इसमें कोई सन्देह नहीं कि अपनी कहानी लिखते समय 'दिल्ली की आख़िरी शमाँ' की भी जगह मेरे अवचेतन में थी। नौजवानी में कहानी लिखने की तकनीकी प्रेरणा जिस पुस्तक से मेरे मस्तिष्क पर गहराई तक पड़ी और जिसने मुझे प्रभावित किया वह कलकत्ता में जन्मे सुप्रसिद्ध अंग्रेज़ उपन्यासकार विलियम मेकपीस थैकरी (1811-1863) का ऐतिहासिक उपन्यास 'The History of Henry Esmond' था। यह उपन्यास 1852 में प्रकाशित हुआ और मैंने इसे ठीक सौ साल बाद 1953 में एम.ए. के प्रथम वर्ष के पाठ्यक्रम में पढ़ा था। इस उपन्यास की कई बातें मेरे दिल पर अमिट छाप छोड़ गईं। एक तो यह कि उसका कथा वाचक जगह-जगह प्रथम पुरुष के बजाय तृतीय पुरुष की भाषा बोलने लगता है। दूसरी बात यह कि उपन्यास की घटनाएँ 18वीं शताब्दी में घटती हैं और उपन्यास की भाषा भी सरासर 18वीं शताब्दी की है। क्या लहज़ा, क्या मुहावरा, क्या वाक्यों का स्वर किसी बात से भी यह पता न लग सकता था कि यह उपन्यास 18वीं सदी के प्रथमांश में लिखित नहीं है।

और तीसरी बात यह कि इस उपन्यास में कुछ समकालीन साहित्यिक व्यक्तियों जैसे (swift) स्विफ्ट और (Dr. Orbuthnot) डॉ. आर्बथनाट भी पात्र के रूप में प्रस्तुत किए गए

थे। हालाँकि उपन्यास के विषय में उनका कुछ विशेष महत्त्व न था किन्तु पाठक को लगता था कि वो अभी-अभी जीता-जागता उनसे मिला है।

वर्ष 1953 के बाद मैंने हेनर अजमंड को दोबारा न पढ़ा। परन्तु उसकी परछाईं हृदय में अब भी उज्ज्वल है। थेकरी ने उस उपन्यास की भूमिका में एक बात कही थी जो मेरे दिल को छू गई। उसने कहा कि इस उपन्यास द्वारा मैं इतिहास को नायकों की कथा के बजाय जानी-पहचानी कहानी बनाना चाहता हूँ (To make history familiar rather than heroic)। 'ग़ालिब अफ़साना' और उसके बाद भी सब कहानियों में थेकरी के उपन्यास और उसकी बातें मेहरबान दोस्तों की तरह मेरी साथी और मेरी रखवाली करने वालों की तरह बनी रहीं।

आधुनिक अंग्रेज़ी उपन्यास में दो लेखकों को मैंने अपने तत्काल पूर्ववर्ती की तरह सामने रखा। बल्कि अगर यह कहूँ तो ग़लत न होगा कि साहित्यिक संस्कृति और साहित्यिक इतिहास को कहानी में ढालने की सम्भावनाओं की राह पर चलने का साहस मुझे इन दो उपन्यासकारों से मिला। एक तो प्रसिद्ध महिला उपन्यासकार ए.एस. बायट (A.S. Bayatt) जिनका पूरा नाम Antonia Susan Bayatt है। और पीटर एकरायड (Peter Ackroyd) जो उपन्यासकार, आलोचक, साहित्यिक जीवनियों का लेखक बहुत कुछ है। बायट की जिस बात ने मुझे सर्वाधिक प्रभावित किया वो यह है कि उसे साहित्यिक सन्दर्भों और साहित्यिक घटनाओं की ओर संकेतों को अपने उपन्यासों में बेखटके और अधिकांश प्रयोग करने में आनन्द आता है। और जब उसके दिल में आता है वो कला, चित्रकला, साहित्य के बारे में लम्बे-लम्बे वार्तालाप भी डाल देती हैं और फिर भी उपन्यास सफल मालूम होता है। एकरायड के उपन्यासों विशेषकर चैट्टर्न (chatterten) ने मुझे सिखाया कि किसी उपन्यास में कोई बड़ा शहर किस प्रकार केन्द्रीय महत्त्व में रहते हुए भी कल्पित किया जा सकता है।

ख़ैर, 'ग़ालिब अफ़साना' लिखते समय यह सब बातें सक्रिय रूप से मेरे मस्तिष्क में न थीं। किन्तु जब 'ग़ालिब अफ़साना' मैंने लिख लिया तो स्वयं मुझे लगा कि ये तो कोई बहुत सफल कथानक बन गया है। उस पर अपना नाम लेखक के रूप में देने में मुझे उस समय कई मुश्किलें और उलझनें चाहे सच्ची अथवा कल्पित नज़र आती थीं। बहुत सोचकर मैंने निर्णय लिया कि कथावाचक और लेखक का नाम एक ही हो। फिर मैंने कथावाचक के भी कई नाम सोचे। 'बेणीमाधव रुसवा' का नाम सब प्रस्तावित नामों की पर्चियाँ बनाकर लाटरी द्वारा निकाला गया।

स्वर्गीय एच.सी. मिश्रा का बनाया हुआ ग़ालिब का चित्र और मेरा 'ग़ालिब अफ़साना' दोनों बहुत सफल सिद्ध हुए। किन्तु मुझे अब भी यह अनुमान न था कि मेरे अन्दर सोया हुआ कहानीकार जाग उठा है और बाहर आने के लिए दरवाज़ा खटखटा रहा है। अब यह संयोग ही था कि उन्हीं दिनों मैंने एक स्वप्न देखा, और जब मैं जागा तो वह स्वप्न असाधारण तौर पर पूरे विस्तार के साथ मेरी स्मृति में मौज़ूद था। बरबस मेरे जी में आया कि इसको कहानी बना दूँ। अधिकतर बल्कि अधिकतर ही क्यूँ लगभग सारे स्वप्नों की तरह इस स्वप्न का अन्त भी अधूरा और बेतुका था। इसलिए मैंने इसके लिए एक अन्त की कल्पना की। फिर मेरे उस बनाए हुए अन्त में स्वयं की कहानी की कला से सम्बन्धित

और सैद्धान्तिक आलोचना पर आधारित कुछ बातें आ गईं। इस तरह 'लाहौर का एक वाकया' नामक कहानी का जन्म हुआ। इसमें पीली गन्दी कमीज़ वाले पुरुष के घर में घुस आने और पिस्तौल दिखाने तक की तमाम घटनाएँ बिलकुल वही हैं जो स्वप्न में मुझे दिखाई दी थीं। इसके बाद जो कुछ है वो सारा मेरा आविष्कार है। मैंने न कुछ बढ़ाया है न कम किया है।

यह बात बहरहाल है कि लाहौर की एक घटना लिखकर मुझे असीम सन्तोष की अनुभूति हुई थी। कहानी लिखने की थोड़ी बहुत क्षमता जो मुझमें है, प्रकृति उसे ज़ाया नहीं होने देना चाहती। किन्तु साथ ही साथ मुझे नाम की भी धुन हुई। कुछ कारणवश मैं अपने नाम का प्रयोग न करना चाहता था। बाद में ज्ञानचन्द ने कहा कि आपका अपने नाम को छिपाए रखना भी 'मशहूरी' का एक तरीक़ा था, और 'मशहूरी' आपको प्राप्त हो चुकी। अब इस मुखौटे को उतार फेंकिए। वास्तविकता यह है कि नाम छिपाने में कुछ अच्छाइयाँ थीं जिनका वर्णन करना अभी ठीक न होगा। 'मशहूरी' मेरा उद्देश्य कदापि न था। अब यह और बात है कि जहाँ कहानियाँ बहस में आईं वहाँ लेखक के नाम पर भी तरह-तरह के विचार और अनुमान लगाए गए। 'बेणीमाधव रुसवा' का नाम अपने समय इतिहास और ग़ालिब के साथ इस तरह जुड़ गया था कि उसे फिर काम में लाना ठीक न था। फिर ये भी था कि बहुतेरे पाठकों ने 'ग़ालिब अफ़साना' पढ़कर कहा या शबख़ून को लिखा कि दो ही व्यक्ति इसके लेखक हो सकते हैं, सुप्रसिद्ध कहानीकार और लखनऊ विश्वविद्यालय में फ़ारसी के प्रोफेसर नैयर मसूद, या शम्सुर्रहमान फ़ारूक़ी। ज्ञानचन्द, ख़ुद नैयर मसूद, सुप्रसिद्ध कवि इरफ़ान सिद्दीक़ी और बहुत से दोस्तों ने कहा कि इस कहानी का लेखक शम्सुर्रहमान फ़ारूक़ी के सिवा कोई नहीं हो सकता। इस पृष्ठभूमि में मुझे और भी आवश्यक मालूम हुआ कि मैं कोई और नाम ग्रहण कर लूँ।

सोचते-सोचते 'उमर शेख़ मिर्ज़ा' मेरे मस्तिष्क में गूँजा और दिल ने तुरन्त यह कहा कि इससे अच्छा नाम सम्भव नहीं। 'उमर शेख़ मिर्ज़ा' में इतिहास रहस्य और रोमांच की गूँज थी। दूरी का लुत्फ़ था और फिर इस नाम के सुन्दर स्वर, उमर शेख़ तक उसकी उठान फिर मिर्ज़ा के तरल व्यंजनों द्वारा उतार स्वयं एक कविता की पंक्ति का रंग रखता था। और उर्दू पिंगलशास्त्र के हिसाब से गणों पर भी पूरा उतरता था। और फिर इसमें मेरे सबसे पहले पूर्वज हज़रत उमर फ़ारूक़ (इस्लाम के दूसरे ख़लीफ़ा) के नाम की झलक भी थी। बस मैंने लाहौर की एक घटना पर लेखक का नाम उमर शेख़ मिर्ज़ा लिखकर उसे शबख़ून में प्रकाशित होने के लिए दे दिया। फिर उसे और 'ग़ालिब अफ़साना' अपने दोस्त अज़मल कमाल को कराची भेज दिया कि चाहें तो अपनी पत्रिका 'आज' में छाप लें। उनसे मैंने लेखक का नाम भी प्रकट कर दिया था। इस निवेदन के साथ कि अभी मेरा नाम गोपनीय रखा जाए।

जहाँ तक तुरन्त प्रतिक्रियाओं का प्रश्न है 'लाहौर का एक वाकया' उतना सफल न हुआ जितना 'ग़ालिब अफ़साना'। शायद इसलिए कि उस कहानी में साहित्य के इतिहास और संस्कृति की गूँज मद्धिम थी, फिर भी धीरे-धीरे उसका मज़ा कई दोस्तों पर स्पष्ट हुआ। मेरे निकट लोगों में से जो भी इस बात की जानकारी रखता था कि इन कहानियों

का लेखक मैं हूँ, उसने जोर देकर कहा कि आप मीर तक़ी मीर पर कहानी लिखिए। मैं टाल-मटोल करता कि अभी ज़ेहन में कोई बात बन नहीं रही है। (आलोचना की तरह कहानी भी मैं इस प्रकार लिखता हूँ कि कई-कई वाक्य बल्कि पैराग्राफ़ पहले दिल में लिख लेता हूँ। यह काम लिखना शुरू करने के पहले आरम्भ हो जाता है और लिखने के बीच में भी चलता रहता है।) परन्तु मुझे यह भी विश्वास था कि कहानी तो मुझे अब लिखनी ही थी और उसी लय और उसी स्वर को और भी बल देते हुए लिखनी थी जिनका उदाहरण 'ग़ालिब अफ़साना' में सामने आया था।

18वीं शताब्दी को मैं हिन्द इस्लामी संस्कृति के इतिहास का स्वर्णकाल मानता हूँ। उर्दू-फ़ारसी साहित्य, सूफ़ी मत, ज्ञान और धर्म, तर्क और दर्शन, लड़ाई के तरीक़े संगीत इन मैदानों में 18वीं शताब्दी वालों ने जो नई-नई दुनिया खोजी और अपने अधिकार में लीं, उनकी मिसाल पहले नहीं मिलती, बाद में मिलने का तो ख़ैर कोई प्रश्न ही नहीं। और 18वीं शताब्दी की दिल्ली का कोई क्या हाल लिखे। हम लोग कुछ कविताओं, व्यंग्यों और साम्प्रदायिक छल पर आधारित कुछ बातों को इतिहास की पद्वी देकर 18वीं सदी की दिल्ली को पतन, बिखराव, अशान्त छोटे-छोटे हाक़िमों की भरमार, अमीरों की दरिद्रता और ग़रीबों की भुखमरी का शहर समझते हैं।

100 वर्ष की अवधि कम नहीं होती, और बेशक इस अवधि में दिल्ली कई बार लुटी और उजड़ी। लेकिन इसका मतलब यह नहीं कि सारे सौ वर्ष वहाँ उल्लू ही बोलते रहे थे। दरगाह कुली ख़ाँ की फ़ारसी पुस्तक 'मुरक्क़ा-ए-देहली' को फ़ारसी या उर्दू अनुवाद में भी बहुत कम लोगों ने पढ़ा है। परन्तु जिन्होंने पढ़ा भी है वो अक़सर यही कहते हैं कि दरगाह क़ुली ख़ाँ के वर्णन से स्पष्ट है कि 18वीं शताब्दी के प्रथम अर्ध की दिल्ली केवल राग-रंग एवं भोग-विलास का केन्द्र थी। ज्ञान और धर्म, दर्शन, सूफ़ी मत, कला-हस्तकला आदि की गर्मी और चहल-पहल उन्हें दरगाह कुली ख़ाँ के बयान में नज़र नहीं आती। और जिसने ज़ाफर जटल्ली का एक-आध व्यंग्य पढ़ लिया, उसने तो जैसे इस बात को जान और धर्म बना लिया कि फ़र्रुख़सियर के ज़माने में ही दिल्ली का बेड़ा डूब चुका था।

ख़ैर 'मुरक्क़ा-ए-देहली' और ज़ाफर जटल्ली की रचनाओं से कितने लोग परिचित होंगे? यही दो सौ-चार सौ। उर्दू वालों की अधिकांश जनता के लिए तो (उदाहरणतः) शाह आलम द्वितीय के बारे में यही सच्चा इतिहास है कि उस ज़माने में लोग खुले बन्दों 'शाह आलम का राज दिल्ली से पालम।' इतिहासकार जानते होंगे कि यह कहावत मुग़ल बादशाह शाह आलम द्वितीय के बारे में नहीं बल्कि किसी और ही शाह आलम के सन्दर्भ में है। साधारण लोग तो यही समझते हैं कि यह कहावत हमारे शाह आलम आफ़ताब के बारे में है। और शाह आलम आफ़ताब की लम्बी-चौड़ी उर्दू दास्तान 'अजायब-उल-क़िसस' कितने लोगों ने पढ़ी है? जो पढ़ेंगे वो जानेंगे कि इस दास्तान में कैसी उच्च कोटि की विद्या-बौद्धिक-प्रखरता और स्मरण शक्ति दिखाई देती है।

बेचारे शाह आलम के सम्बन्ध में हमारी अधिकतर जानकारी मौलाना महमूद हुसैन आज़ाद की लाजवाब पुस्तक 'आब-ए-हयात' है। मुहम्मद हुसैन आज़ाद की जादुई क़लम ने शाह आलम को बादशाह के बजाय मुसीबतों के मारे एक अन्धे के रूप में प्रस्तुत किया है जो हर तरह की गरिमा और रोब से विहीन निर्बल बूढ़ा है। देखिए :

"देहली में हालाँकि बादशाह उस समय केवल शतरंज का राजा था, यहाँ तक कि माल दौलत के साथ-साथ दुष्ट ग़ुलाम क़ादिर आँखों की दौलत भी ले गया था किन्तु ये (सैयद इंशा) अपना मतलब हज़ार तरह से निकाल लेते थे। जैसे गुरुवार होता तो बातें करते-करते अचानक चुप होते और कहते 'पीरो मुर्शिद, दास को आज्ञा है? बादशाह कहते, 'ख़ैर तो है। कहाँ? कहाँ?' ये कहते, हुज़ूर आज गुरुवार है दास नबी करीम जाए। दीन-दुनिया के सम्राट का दरबार है, कुछ अर्ज़ करे।' शाह आलम अदब से कहते, 'हाँ भाई, ज़रूर चाहिए। सैयद इंशा अल्लाह ख़ाँ, हमारे लिए भी कुछ अर्ज़ करना।'...एक क्षण के बाद फिर ये कहते कि 'पीरो मुर्शिद! फिर दास को आज्ञा हो।' बादशाह कहते कि 'हैं, ए भाई मीर इंशा अल्लाह ख़ाँ, अभी तुम गए नहीं?' ये कहते, 'हुज़ूर बादशाह आलीजाह के दरबार में दास ख़ाली हाथ क्योंकर जाए। कुछ नज़र-नियाज़, कुछ चिराग़ी तो प्रदान हो।' बादशाह कहते हाँ भाई, ठीक, ठीक! मुझे तो ध्यान ही नहीं रहा।' जेब में हाथ डालते और कुछ रुपए निकालकर देते। मीर इंशा अल्लाह ख़ाँ लेते और एक-दो वाक्य दुआओं भरे कहकर फिर कहते कि हुज़ूर कर कमल दूसरी जेब में जाए तो बन्दे का काम चले, क्यूँकि वहाँ से वापस भी तो आना है। बादशाह कहते, 'हाँ हाँ भाई, सच है। भला वहाँ से दो-दो खजूरें तो किसी को लाकर दो। बाल-बच्चे क्या जानेंगे कि तुम आज कहाँ गए थे।' हालाँकि इन चालाकी भरी बातों से सैयद इंशा काम निकाल लेते थे लेकिन आख़िर कब तक?"

ज़रा देखिए, यहाँ शाह आलम एक भोला-भाला बल्कि मूर्ख, मुसीबत का मारा, एक ग़रीब और लाचार ज़मींदार है और सैयद इंशा एक चालाक एवं झूठे बहानों से अपने ग़रीब सरपरस्त को बेवकूफ़ बनाने वाला और उसे और भी ग़रीब बनाने से न चूकने वाला बैठकबाज़ है। अब मैं आपके सामने किसी हिन्दुस्तानी नहीं बल्कि ईस्ट इंडिया कम्पनी के एक अंग्रेज़ एल्ची थॉम्सन ट्वाइनिंग (Thomson Twining) के यात्रा वृत्तान्त से कुछ उद्धरण प्रस्तुत करता हूँ। ट्वाइनिंग ने नवम्बर-दिसम्बर 1794 में दिल्ली की यात्रा की थी। निम्नलिखित वर्णन थॉम्सन ट्वाइनिंग के यात्रा वृत्रांत के उर्दू अनुवाद से लिया गया है, अनुवादक डॉ. मुहम्मद उमर :

"लाहौरी दरवाज़े से ये (एल्ची का) जुलूस क़िला-ए-मुअल्ला में दाख़िल हुआ...आगे कुछ शाही अफ़सर खड़े थे। वो इस जुलूस को फीलख़ाने के बड़े चौक के रास्ते से आगे ले गए। एक के बाद एक कई चौक आए। अन्त में कुछ दूसरे शाही अफ़सर आए जिनके शानदार परिधानों से लगता था कि वो बड़े मनसबदार थे।

अब मेहमान (ट्वाइनिंग) अपनी सवारी से उतर गए। उन्हें सैयद रज़ी ख़ाँ और मीर मुंशी की रहनुमाई में दीवान-ए-आम की ओर ले जाया गया। यह एक शानदार भवन था जिसमें बहुत से छोटे-छोटे दालान थे। यह भवन अति सुन्दर था, इसमें दालानों के साथ एक बहुत बड़ा चौकोर ऊँचा चबूतरा था। उसके नीचे संगमरमर का सुन्दर फ़र्श था। यह वो स्थान था जहाँ प्रधानमंत्री बादशाह की हुज़ूरी में खड़े किए जाते थे।"

बताइए इस भीड़ में या इस स्थान पर आपको सैयद इंशा कहीं दिखाई दिए, और क्या आप यहाँ नेत्रहीन बादशाह को छोटे-मोटे बेसहारा बूढ़े की तरह मजबूरन जेब में हाथ डालते और सैयद इंशा के लिए कुछ छोटी मुद्रा निकालते देख सकते हैं? आगे सुनिए।

"...इसके बाद एक दूसरे बड़े हाल यानी दीवान-ए-ख़ास में मेहमान को ले जाया गया। दीवान-ए-आम की अपेक्षा यह इमारत कहीं ज़्यादा शानदार और सुन्दर थी। परन्तु निःसन्देह कुछ वर्ष पहले की तबाही और बर्बादी के संकेत भी स्पष्ट थे। इस भवन के खम्भे सफ़ेद संगमरमर के थे और उनमें बेशक़ीमती अक़ीक़ जड़े हुए थे...पच्चीकारी से पूरी तरह भरी छत सुन्दर और नगों से युक्त खम्भों पर टिकाई गई थी। खम्भों पर बहुत कोमल कलात्मक फूल-पत्तियाँ बनी थीं जिनमें सोने की मिलावट थी...

...महल के कुछ अधिकारी बहुत शानदार परिधान पहने सामने आए और झुककर सलाम किया। उन्होंने कहा कि बादशाह सलामत तस्बीहख़ाने में विराज चुके हैं...

...यहाँ से आगे बढ़कर वे लोग एक लम्बे-चौड़े चबूतरे के सिरे पर पहुँचे...आगे बढ़ने पर उन्हें लोगों की दो पंक्तियाँ नज़र आईं। देखने से लगता था कि यहाँ बड़े-बड़े रईस और अमीर खड़े हैं। जब ज़रा और आगे बढ़े तो एक बड़ी सी जगह थी जो महल से लगी हुई थी। यहाँ भी बहुत से लोग बेशक़ीमती वेशभूषा में खड़े थे...

...वो बूढ़े बादशाह के पास पहुँच गए। बादशाह प्राच्य शैली में सीधे बैठे हुए थे। उनके दोनों ओर और पीछे रेशमी गावतकिए रखे हुए थे, किन्तु मालूम हो रहा था कि वो उनका सहारा नहीं ले रहे हैं। हालांकि बादशाह की आयु 71 वर्ष थी किन्तु उपस्थित जनों में वो सबसे ज़्यादा ऊँचे क़द के और बलिष्ठ प्रतीत हो रहे थे...उस समय वो नेत्रहीन थे। परन्तु... बादशाह को देखने से कुरूपता का कोई भाव नहीं पैदा होता था, क्योंकि अन्धेपन की ऐसी कोई बात उनमें दिखाई न देती थी। केवल उनके पपोटे धँसे हुए थे।"

आगे विस्तृत बयान को छोड़कर अब केवल यह सुन लीजिए कि एल्ची के लिए खाना शाही रसोई से भेजा गया था। उसे बीस आदमी बड़ी-बड़ी देगों में बहँगियों पर लादकर लाए थे, "रसोई के अफ़सर के साथ नाचने गाने वालियाँ भी आई थीं। वो सबकी सब बहुत बेशक़ीमती भड़कीले कपड़े पहने हुए और आभूषणों से पूरी तरह सजी हुई थीं।" अन्त में ट्वाइनिंग का यह कथन भी आप देख लें कि यदि शाह आलम साधारण स्थितियों में गद्दी पर बैठता या उसके मंत्री या सलाहकार भरोसेमंद होते तो उसे "अपने साहस, अपनी क्षमताओं और गुणों के अनुरूप अपने वंश के सबसे विशिष्ट शासकों में स्थान मिलना चाहिए था।"

मैं उस दिल्ली को अपना दिल दिए हुए था, क्योंकि उर्दू की साहित्यिक संस्कृति सही मानी में अपना रंग व ढंग मुहम्मद शाह व अहमद शाह और फिर शाह आलम द्वितीय के ज़माने में प्राप्त करती है। उस शहर का राजनैतिक बल भले ही घट गया हो, किन्तु उसकी सभ्यता में गिरावट न आई थी और उसकी असलियत का पतन न हुआ था। बार-बार लुटने के बाद भी इस शहर की गलियों में भैरो नहीं बल्कि उस वक़्त की सबसे सुन्दर नर्तकियाँ नाचती-गाती फिरती थीं। दिल्ली का छोटा-सा प्रतिबिम्ब आसिफ़ुद्दौला के समय से लेकर वाज़िद अली शाह के ज़माने का लखनऊ था। परन्तु अफ़सोस कि लखनऊ की तस्वीर हमारे मस्तिष्क में प्रेमचन्द की कहानी और सत्यजीत राय की फ़िल्म ने बनाई है, ठोस इतिहास ने नहीं।

दिल्ली का हक़ थोड़ा बहुत अदा करने के लिए मैंने पहले मीर के बारे में अफ़साना नहीं लिखा, बल्कि सवाल लिखा। मेरे अपने हिसाब से इस कहानी का केन्द्रीय चरित्र स्वयं

देहली शहर है कि जिसके बिना न वो रहस्यपूर्ण सवार होता, न बुध सिंह कलन्दर, न इस्मतजहाँ और न कहानी का कथावाचक मौलवी ख़ैरुद्दीन। इस सबके व्यक्तित्व दिल्ली के व्यक्तित्व का ज़रा-ज़रा सा टुकड़ा है। फिर 'सवार' के बाद मुझे 'इन सोहबतों में आख़िर' लिखना ही था। और वहाँ भी, जैसा कि बहुत से पाठकों ने महसूस किया, केवल मीर नहीं हैं। इसके बाद 'आफ़ताब-ए ज़मी' आता है जिसमें दिल्ली की झलक भी है और देहली की मानसिक सन्तान या उसके वारिस के बतौर लखनऊ धीरे-धीरे ख़ुद को स्थापित कर रहा है। परन्तु उसके लिए शुजाऊद्दौला और शआदत अली ख़ाँ के ख़ून की गर्मी ख़ुद उनके खलिहान की बिजली बन गई। इसकी ओर कुछ संकेत 'ग़ालिब अफ़साना में देखे जा सकते हैं।

इन कहानियों को मेरी बहुत ही दूर की आशाओं से भी बढ़कर लोकप्रियता मिली। इनमें अंकित घटनाओं, इनकी भाषा, फ़ारसी साहित्य से इनका तालमेल, इनमें दर्ज संस्कृतिक और ऐतिहासिक जानकारियाँ, इनके पात्र, सबको ही सूक्ष्मदर्शी आँख से देखा गया। मैं इसे अपनी सफलता से बढ़कर उर्दू पाठकों की सफलता समझता हूँ कि उन्हें अपनी साहित्यिक-सांस्कृतिक गतिविधियों से लगाव है और वो अपनी ऐतिहासिक-सांस्कृतिक स्मृति को गँवाना नहीं चाहते हैं। और मुझे उम्मीद है कि इस सन्दर्भ में मेरी सेवाओं के लिए दुआ के साथ याद करेंगे :

गर गुफ़्तई ज़े इश्क़ गहे हर्फ़-ए-आशना
आँ हम हिकायतेस्त कि अज़ मन शुनीदाई

(अगर तुमने कभी इश्क़ की बातों में से कोई प्रेमभरी बात कही है तो वो भी उन्हीं कहानियों में से है जो तुमने मुझसे सुनी थीं।)

इलाहाबाद

—शम्सुर्रहमान फ़ारूक़ी

हिन्दी संस्करण की भूमिका

कहानियों का यह संग्रह पहली बार कराची से 2001 में छपा था। चूँकि ये कहानियाँ हिन्दुस्तान व पाकिस्तान की पत्रिकाओं में भी छप चुकी थीं इसलिए इनकी चहुँओर चर्चा हुई और हिन्दुस्तान में भी एक संस्करण 2003 में प्रकाशित हुआ। उसी समय से हिन्दी के साहित्यिक हलक़ों से यह माँग आने लगी थी कि इन कहानियों का हिन्दी अनुवाद प्रकाशित किया जाए। ज़ाहिर है कि मुझे भी तमन्ना थी कि हिन्दी माध्यम से ये कहानियाँ और दूर तक फैलें और हिन्दू-मुस्लिम सभ्यता के जो बिम्ब इन कहानियों में दर्शाए गए हैं उनसे भारत की आम जनता भी आनन्दित हो और कुछ सबक़ भी सीखे। किन्तु दूर-दूर तक भी कोई अच्छा अनुवादक दिखाई न देता था इसलिए बात टलती गई।

यह संयोग की बात है कि मुझे अपने उपन्यास 'कई चाँद थे सर-ए-आसमाँ' के लिए श्री नरेश नदीम मिल गए जिन्होंने बड़े परिश्रम व लगाव से इस लम्बे-चौड़े उपन्यास को हिन्दी रूप दिया। पेंगुइन ग्रुप इंडिया की ओर से इसके प्रकाशन के पहले मसौदा मुझे भेजा गया कि मैं उसे एक बार देखकर अपनी सन्तुष्टि कर लूँ।

दूसरा संयोग यह हुआ कि उपन्यास के हिन्दी मसौदे के गहरे निरीक्षण में सहायता के लिए मुझे मेरे युवा मित्र श्री क्रांति शुक्ल का गम्भीर सहयोग मिल गया और हमने आठ-नौ सौ पृष्ठ के इस उपन्यास का एक-एक हिन्दी और उर्दू अक्षर पढ़कर हिन्दी को असल की तरह बनाने का काम कर ही डाला।

जब इस काम के पूरे होने की सूचना राजकमल प्रकाशन के मेरे मित्र श्री अशोक महेश्वरी को मिली तो उन्होंने ज़ोर डालना शुरू किया कि अब कहानियों का भी हिन्दी अनुवाद क्यों न हो जाए। और यह भी कि वो इसे राजकमल प्रकाशन की ओर से छापकर बहुत हर्षित होंगे।

मुझे बड़ी ख़ुशी है कि क्रांति शुक्ल ने कहानियों के हिन्दी अनुवाद का कठिन काम अपने सर ले लिया और मुझसे पूछ-पूछकर और हिन्दी भाषा के अपने पूरे ज्ञान को काम में लाते हुए बहुत अच्छा अनुवाद तैयार कर लिया। मैंने इसे ठीक से देख लिया है और मैं समझता हूँ कि उर्दू की रूह और सम्भव हद तक उसके शब्द भी इस अनुवाद में आ गए हैं।

इस संग्रह को दुनिया के सामने लाते हुए मुझे अपने मित्र स्वर्गीय आदिल मंसूरी की याद आ रही है जो उर्दू और गुजराती के सुप्रसिद्ध कवि ही नहीं उच्च कोटि के चित्रकार और ख़ुशनवीस भी थे। उन्होंने इस किताब के उर्दू संस्करण के शब्द 'सवार' को कई-कई

तरह लिखकर उसका मुख्य पृष्ठ बनाया था जिसका मैंने उर्दू के हिन्दुस्तानी संस्करण में प्रयोग किया। हिन्दी के इस संस्करण को मैं उनकी स्मृति में अर्पित करता हूँ। अन्त में अपने मित्र अशोक महेश्वरी का शुक्रिया अदा करता हूँ। वो अगर बार-बार याद न दिलाते तो इस हिन्दी संस्करण को आने में और भी देर लग सकती थी।

इलाहाबाद

–शम्सुर्रहमान फ़ारूक़ी

ग़ालिब अफ़साना

गुफ़्तन सुख़न अज़ पाय-ए-ग़ालिब न जे होशस्त
इमरोज़ कि मस्तम ख़बर-ए-ख़्वाँहम अज़ऊ दाद
(मिर्ज़ा ग़ालिब)

(ग़ालिब जिस उच्च कोटि के हैं उसके बारे में कोई होशो हवाश वाला कुछ नहीं कह सकता। आज जब मैं नशे में मस्त हूँ तो कुछ आपको उनकी ख़बर सुनाऊँगा।)

मैं नस्ल से राजपूत हूँ और मेरी पैदाइश निज़ामाबाद ज़िला आज़मगढ़ की है। आला हज़रत महाबली ख़ुल्द आशियानी सम्राट अकबर के वक़्तों में बलिया और उसके आस-पास के भूमिहारों ने थोड़ा बहुत विद्रोह मचाया तो उनका सर कुचलने के लिए शाही फ़ौजें पटियाला, जयपुर और झुन्झुनू के इलाक़ों से भेजी गईं। इनमें बहुत से राजपूत पठान और सैयद भी थे। विद्रोह तो बहुत जल्दी ठंडा कर दिया गया लेकिन शाही फ़ौज के सवारों, पैदल सिपाहियों और कुछ रिसालदारों को भी पूरब के इलाक़े इतने अच्छे लगे कि उनमें से अधिकांश यहीं बस रहे। सरायरानी, संजरपुर, ख़ुरासान (जिसे अब ख़ुरासों कहते हैं), सरायमीर ये गाँव उसी ज़माने में आबाद हुए। निज़ामाबाद अलबत्ता बहुत पहले से मौज़ूद था। कहा जाता है कि महाबली सम्राट अकबर की सेनाओं के साथ आने वाले कुछ मेरे पूर्वज भी थे जो निज़ामाबाद में बस गए। लेकिन हमारे घराने को सही मायनों में चमक-दमक उस वक़्त मिली जब शहंशाह-ए-हिन्दुस्तान व दकन आला हज़रत फ़िरदौस मकानी औरंगज़ेब आलमगीर की मुबारक बादशाही के ज़माने में आज़म ख़ाँ और अज़मत ख़ाँ दो भाइयों को शाही दस्तख़त किए हुए फ़रमान के द्वारा इन इलाक़ों की जागीर इस शर्त पर प्रदान हुई कि वो यहीं रहेंगे। आज़म ख़ाँ ने आज़मगढ़ आबाद किया और अज़मत ख़ाँ ने आज़मगढ़ से कोई दो कोस पूर्व-पश्चिम में अज़मतगढ़ बसाया। आज़म ख़ाँ के सवारों और मनसबदारों में निःसन्देह कुछ मेरे पूर्वज थे जो पंजाब के इलाक़े से उठे थे और यहाँ निज़ामाबाद में आ बसे।

हम लोग चन्द्रवंशी राजपूत हैं। युद्ध और संघर्ष के साथ-साथ ज्ञान और गुण भी हमारे घराने की पहचान रहे हैं। फ़िरदौस आरामगाह आला हज़रत रोशन अख़्तर मुहम्मद शाह बादशाह के ज़माने में ज़मीन-जायदाद के झगड़े उठे तो हमारे एक बुज़ुर्ग ने नाराज़ होकर अलहदगी अख़्तियार कर ली और यह अलगाव इतना गम्भीर हुआ कि वह मुसलमान हो गए। उनके वंशज भी मुसलमान रहे और अहमदुलिल्लाह अब भी जो जीवित हैं इस्लाम धर्म के मानने वाले होंगे। मेरे अपने पूर्वज अपने प्राचीन धर्म पर रहे और मैं भी ईश्वर की कृपा से उसी पर क़ायम हूँ। अपने मुसलमान भाइयों से हमारा सम्बन्ध धीरे-धीरे फिर बना तो मिलना-जुलना, रीत-रस्म यहाँ तक कि शादी-ब्याह के रिश्ते भी बन गए। ऐसे मौक़ों पर तलवार तक चलने की नौबत आ गई लेकिन समय गुज़रने के साथ-साथ सब बराबर हो गया।

हमारे दादा ने हथियार बनाने का काम अपने शौक़ से शुरू किया। वो कहते थे कि इनसान को अपने हथियारों के बारे में वैसा ही ज्ञान और भरोसा रखना चाहिए जैसा अपनी औलाद या बीवी के बारे में होता है। वो फ़रमाते थे कि अपना हथियार ख़ुद बनाने से बेहतर कोई तरीक़ा अपने हथियारों को जानने और समझने का नहीं है। शुरू-शुरू में तो वे पुरानी तरह के तेग़े, जमधर और शेरपंजे ही बनाते थे लेकिन एक ईसाई पादरी के ताना देने पर कि तुम हिन्दुस्तानी लोगों को हमारे हथियार बनाना मुश्किल है। उन्होंने तरह-तरह की क़राबीनें, दुगाड़े और लमछड़ भी बनाने शुरू कर दिए। और इस फ़न में वो इस क़दर क़ामयाब हुए कि कम्पनी बहादुर के सिपाही और उस इलाक़े के डकैत दोनों ही बड़ी क़ीमत देकर हथियार मोल ले जाते थे। मेरे बाप का ज़माना आते-आते हमारा पेशा हथियारबाजी के बजाय हथियारसाज़ी हो गया।

हमारे कस्बे निज़ामाबाद के कुछ ताल-तलैयों में एक विशेष प्रकार की काली मिट्टी निकलती है। उसके बर्तन बहुत अच्छे बनते हैं और दूर-दूर के इलाक़ों को जाते हैं। एक कुम्हार का बेटा मेरा दोस्त बन गया तो मैंने अपने पूज्य बाबूजी से चोरी-छिपे उसका फ़न भी सीख लिया। क्या मालूम था कि एक दिन इस हुनर से मुझे कुछ लाभ भी हो सकेगा।

हमारे घराने की दोनों शाखाएँ आज़म ख़ान और अज़मत ख़ान की औलादों और इस तरह तैमूरी कुटुम्ब के बादशाहों की सेवा को अपना दीन-ईमान जानती थीं। 1764 में बक्सर की जंग हुई तो बक्सरिये तो दोनों तरफ़ से लड़े थे। उनमें कुछ किराये के टट्टुओं के तौर पर कम्पनी बहादुर के झंडे तले थे और कुछ ऐसे थे जो हजूर आला हज़रत हिन्द के सम्राट शाह आलम सानी और नवाब वज़ीर नवाब शुजाउद्दौला की फ़ौजों में थे। लेकिन हमारे घराने के जितने लोग उस जंग में शामिल थे क्या हिन्दू क्या मुसलमान सबके सब आला हज़रत के शाही झंडे के ही साये में थे। इस जंग में हमारे दोनों घरानों के इक्कीस सूरमाओं ने शहादत का प्याला पीया। बक्सर के बाद भी हमारी वफ़ादारी आला हज़रत और नवाब वज़ीर से रही। लेकिन ख़ुद स्वर्गीय आली जनाब शाह आलम सानी ने बिहार और बंगाल की दीवानी कम्पनी बहादुर को सौंप दी। आला हज़रत अपनी तमाम अच्छाइयों और व्यवहार कुशलता के बावजूद अंग्रेज़ के जाल से न निकल सके। मराठा सरदार महादाजी सिंधिया ने उन्हें इलाहाबाद से मुक्ति दिलाई और उनका वकील-ए-मुतलक़ बनकर राज करता रहा।

ज़ुल्फ़क़ारुल्लुद्दौला नजफ़ ख़ाँ की मृत्यु के बाद स्वर्गीय आला हज़रत शाह आलम सानी देश की राजनीति के पटल पर बेअसर हो गए। मराठा के मरने के बाद अंग्रेज़ को फिर मौक़ा मिला तो उसने आला हज़रत को अपनी 'शरण' में ले लिया।

लखलुट नवाब वज़ीर आसिफुद्दौला स्वर्गीय के मुबारक और सुरक्षित ज़माने तक तो हम अवध की परवरिश और सत्ता से लाभान्वित होते रहे लेकिन नवाब के मरने के बाद कुछ दिन के नवाब वज़ीर अली ख़ाँ स्वर्गीय को हटाकर स्वर्गीय मिर्ज़ा मंगली नवाब शहादत अली ख़ाँ को मसनद दिलाने में ख़ान-ए-अल्लामा और दूसरों ने जो दुख उठाए और उठवाए उनमें अवध के आधे इलाक़े का नवाब वज़ीर के हाथ से निकलकर अंग्रेज़ के चंगुल में चला जाना भी था। इस तरह हम लोग शब्द और अर्थ दोनों हिसाब से फ़िरंगी की क़ैद में आ गए। दिलों में धीमी-धीमी आग सुलगती रही लेकिन हम कर भी क्या सकते थे।

ख़ान-ए-अल्लामा और मेरे दादा में परिचय बहुत पुराना था और परिचय का कारण था वही हथियारसाज़ी। अल्लामा साहब को मेरे दादा जी की बनाई हुई लमछड़ें बहुत पसन्द थीं। वो उन्हें मँगवाकर अपने अंग्रेज़ दोस्तों को भेंट करते थे। 1798 के आख़िरी दिनों में बड़े लाट के दरबार में नवाब वज़ीर की तरफ़ से वकील का पद सँभालने के लिए कलकत्ता जाते हुए ख़ान-ए-अल्लामा अपने कुछ रिश्तेदारों और दादा जान से मिलने आज़मगढ़ भी आए थे। दादा जी ने उन्हें पहले की तरह अपनी बनाई हुई एक लमछड़ और एक क़राबीन भेंट की। लेकिन इस बार उन्होंने कुछ अफ़सोस और नाराज़गी भी प्रकट की। ख़ान-ए-अल्लामा ने शहादत अली ख़ाँ को नवाब बनवाने में यह भी ख़याल न किया कि इलाहाबाद से लेकर बरेली तक कितना बड़ा इलाक़ा अंग्रेज़ के हाथ में दिलवा दिया गया। ख़ान-ए-अल्लामा ने फ़रमाया “भवानी सिंह को कुछ ज़िले देकर मैंने अवध को बचा लिया। अब कोई दिन जाता है कि अवध क्या सारा हिन्दुस्तान ही कलकत्ता को देहली मान लेगा।”

मैं 1840 में जन्मा और अपने माता-पिता की अकेली सन्तान था। दस्तूर के मुताबिक मुझे लड़ाई लड़ने और हथियारों को बरतने के अलावा क़लम का भी हुनर सिखाया गया। मैंने घर पर फ़ारसी, अरबी और थोड़ी बहुत गणित सीखी। फिर मौलाना फ़ारूक़ चिरैयाकोटी के शिष्य के मदरसे में औपचारिक शिक्षा के लिए बिठा दिया गया। मेरी पैदाइश से तीन साल पहले 1837 में आज़मगढ़ में कुछ पादरी साहबों ने एक अंग्रेज़ी स्कूल खोला था वेज्ली स्कूल के नाम से। मेरे पिता के एक मित्र जो कम्पनी बहादुर की नौकरी कर चुके थे उन्होंने ज़िद की कि वेणीमाधव को अंग्रेज़ी पढ़वाओ क्योंकि अब दिवानी, फ़ौजदारी का राजकाज इसी में चलेगा। उनके रोज़-रोज़ के ज़ोर देने से तंग आकर पूज्य पिताजी ने मेरा नाम वहाँ लिखा ही दिया। उस समय मेरी उम्र कोई दस बरस की थी।

अंग्रेज़ी मदरसे में फ़ारसी, अंग्रेज़ी, गणित और इतिहास आदि के साथ-साथ क्रिस्तान धर्म की बातें और एक नई चीज़ और पढ़वाई जाती थी जिसे वो लोग हिन्दी कहते थे। ये थी तो वही हिन्दी जिसे हम घरों में बोलते थे लेकिन उसे संस्कृत अक्षरों में लिखा जाता था। और उसमें हमारी हिन्दी के मीठे तरल शब्दों की जगह न जाने कहाँ-कहाँ के शब्द भर दिए गए थे। मुझे वह भाषा बड़ी अजीब सी लगी। मैं सोचा करता था कि बड़ा होकर रेख़्ता लिखूँगा, हिन्दी का शायर बनूँगा। मुझे समझ में न आता था कि इस नई हिन्दी में हज़रत मीर तक़ी मीर और मीर बब्र अली साहब अनीस की तरह का काव्य किस तरह सम्भव हो सकेगा। मैंने कुछ मास्टर साहिबान को यह भी कहते सुना कि हिन्दी एक अलग ज़बान है, ये हिन्दुओं की ज़बान है। मुसलमानों की ज़बान रेख़्ता या ऊर्दू कहलाती है।

इस स्कूल में कुछ ऐसे भी बच्चे थे जिनकी वहाँ के अध्यापकों में बड़ी आव-भगत थी। शक्ल-सूरत और चाल-ढाल से तो वो हमारे ही जैसे थे अगरचे ज़रा छोटी जात। लेकिन उनके नाम अजीब थे आधे हिन्दुस्तानी और आधे क्रिस्तानी। मसलन एक लड़के का नाम था सैमुएल सिंह और एक और लड़का था उसका नाम लारन दास। बाद में मुझे मालूम हुआ कि असल में ये लारन्स दास था। एक और लड़का जो हममें सबसे बड़ा था जान मसीउद्दीन कहलाता था। वो हाथ-पाँव का अच्छा था और मौक़ा बे मौक़ा हम लोगों को पीटने से भी न हिचकता था। ये सब लड़के कोई चीज़ बपतिस्मा होती थी, वो कराके

क्रिस्तान हो चुके थे। मैं समझता था कि बपतिस्मा भी ख़तने की तरह की कोई रस्म होती होगी। लेकिन फिर पता चला कि इसमें किसी पवित्र जल के छींटे दिए जाते हैं।

ख़ैर उन लड़कों में हम लोगों के ख़िलाफ़ एका बहुत था। और वो कोशिश करके हम लोगों से अलग लहज़े में और सही बोलचाल के ख़िलाफ़ बोलने को ज़रूरी जानते थे। मुझे तो वो एक आँख न भाए। इसलिए नहीं कि उन्होंने बपतिस्मा कराया था बल्कि इसलिए कि वो हम लोगों को अपने से कम समझते थे। स्कूल में एक-दो अंग्रेज़ भी थे और मेरे लिए अंग्रेज़ों को क़रीब से देखने का यह पहला अवसर था। उनकी बोली मेरी समझ में न आती थी लेकिन ख़ुदा मालूम क्यों मुझे उनसे डर लगता था। हम लोगों से वो बहुत मीठे लहज़े में बोलते थे लेकिन मौक़ा पड़ने पर सख़्त सजा देने में भी नहीं चूकते थे। समय की पाबन्दी वहाँ बहुत थी। मैं हमेशा देर तक सोने वाला बहुत बार घंटा बजने के बाद स्कूल पहुँचता और दंडनीय ठहरता। एक बार मैं कुछ जल्दी छुट्टी हो जाने से ख़ूब प्रफुल्लित होकर स्कूल के बड़े हाल कमरे में ज़रा शोर करता हुआ गुज़रा। मुझे क्या ख़बर थी कि बड़े मास्टर साहब सुन रहे हैं। फ़ौरन पकड़वाकर बुलाया गया और मेरे लिए दस बेंत का दंड निर्धारित किया गया। ये सज़ा ज़ल्लादों जैसे एक मास्टर इमैनुएल लाल के हाथों दिलवाई गई।

मैं वेज्ली स्कूल में बहुत दिन रहा नहीं। इधर तो मेरे साधु-सन्तों जैसे सीधे बाप को बिरादरी वाले ताना देते थे कि तुम बच्चे को भ्रष्ट किए दे रहे हो। और उधर स्कूल की हिन्दी और जान मसीउद्दीन जैसे सींग मारने वाले बैल का स्वभाव रखने वाले लड़के के अत्याचार के कारण मेरा जी पढ़ने से उचाट हो रहा था। थोड़ी बहुत अंग्रेज़ी मैंने ज़रूर सीख ली और छठी कक्षा में ज्यों-त्यों उत्तीर्ण हो जाने के बाद मैंने स्कूल छोड़ दिया। अब वही मदरसा था और वही फ़ारसी, थोड़ी सी अरबी और गणित, तर्क और कुछ खगोलशास्त्र। घर पर बिनौट, गतका, तलवार और बन्दूकबाजी का अभ्यास होता था। मुहल्ले के अखाड़े में कुश्ती हो जाती थी। मैं निज़ामाबाद से आज़मगढ़ पैदल आता जाता था और इस कारण बदन और भी कसरती हो गया था।

लेकिन मुझे तो शायर बनने की धुन थी। एक दिन पूज्य पिताजी ने मुझे कुछ शेर गुनगुनाते देख लिया। बड़ी डाँट पड़ी और दादा जी से शिकायत भी हुई। परमेश्वर करे उन्हें पुनर्जन्म का दुख न सहना पड़े, दादा जी मुझसे बड़ी मुहब्बत करते थे। बोले, "तो क्या हुआ शरीफ़ों के काम में से एक काम यह भी है। इसे कुछ न कहो। हमारी एक ही तो सन्तान है।"

दो-तीन साल आराम से बीते। कुछ पढ़ने-पढ़ाने और शेर कहने में और कुछ तीर-क़मान, तलवार-बन्दूक़, जमधर वग़ैरह का अभ्यास करने में। दादा जी बहुत बूढ़े हो चुके थे और पिताजी के यहाँ भी किसी दूसरी सन्तान की आशा अब न थी। दूसरे राजपूत वंशों के ख़िलाफ़ हमारे घराने में एक से अधिक विवाह का तरीक़ा बिलकुल न था। हाँ चोरी-छिपे या खुलेआम इश्क़ करने की बात और थी। इस तरह मैं अकेली सन्तान रहकर जिया। एक दिन दादा जी को मालूम हुआ कि ख़ान-ए-अल्लामा के दादा उस्ताद मुल्ला साबिक़ बनारसी के एक पोते मौलवी ख़ादिम हुसैन नाज़िम हमारे कस्बे के पास ही तहसील के मुख्यालय मुहम्मदाबाद में मुंशिफ़ होकर आए हैं। दादा ने फ़रमाया कि उस्ताद के बग़ैर शायर नहीं बना जाता। चलो तुम्हें मौलवी साहब का शागिर्द बनवा दूँ।

हम अपने-अपने घोड़ों पर सवार होकर सुबह-सवेरे पहुँचे। ख़ान-ए-अल्लामा का नाम बीच में लाकर अन्दर सूचना कराई। मौलवी साहब ख़ुद बाहर आकर हम लोगों को अपने दीवानख़ाने में लाए। इत्र-पान से स्वागत किया। मौलवी साहब मुग़ल शैली की चार कोनों वाली टोपी और आधुनिक शैली का लम्बा चोगा पहने हुए थे। पाँव में सलीम शाही जूती। गले में मलमल का लम्बा कुर्ता, हाथ में लाल अक़ीक़ की तस्बीह। मैं दिल में बहुत डरा हुआ था लेकिन उनको देखकर हल्की सी स्फूर्ति का अनुभव हुआ। गुलाबी जाड़े थे, दीवानख़ाने में हल्क़ी-हल्क़ी ख़ुशबू इत्र की फैली हुई थी। स्वर्गीय दादा जी ने मतलब बयान किया तो मौलवी साहब ने फ़रमाया, "मियाँ तख़ल्लुस क्या करते हो?" मैंने दबी ज़ुबान से अर्ज़ किया, "जी तख़ल्लुस का गुनाहगार अभी नहीं हुआ।" मौलवी साहब ज़रा मुस्कुराए, एक लम्बी सी हुँ की, फिर एक पल चुप रहकर बोले, "अच्छा तो मियाँ बेणी माधव तुम चन्द्रवंशी राजपूत, खड़ग और ढाल रखने वाले ख़ानदान की आँख के तारे, शायरी करके अपने घराने को रुसवा करने पर उतारू हो तो लो हम तुम्हारा तख़ल्लुस 'रुसवा' प्रस्तावित करते हैं।"

दादा साहब और मैंने एक ज़बान होकर कहा कि "बहुत ख़ूब।" मौलवी साहब ने हाथ उठाकर दुआ की, मेरे सर पर हाथ फेरा और कहा : "अच्छा अब अपना कोई शेर तो पढ़ो।" मेरा तो दम ही निकल गया। कनखियों से दादा जान की तरफ़ देखा लेकिन वो तो बिलकुल निरक्षेप से हो गए थे। अनिच्छापूर्वक और बड़ी मुश्किल से मैंने ये मतला फँसी-फँसी आवाज़ में पढ़ा...

हस्ती को हबाब सम्झिएगा
हर साँस को आब सम्झिएगा

मौलवी साहब ने फ़रमाया, "ख़ूब। लेकिन सम्झिए अब अच्छा नहीं लगता उसे जानिए कर दो।" अभी मैं कुछ कहने वाला था कि आपने आगे फ़रमाया, "और मियाँ साहब साँस को आब कहने का कोई प्रमाण नहीं है और न दोनों पंक्तियों में कोई सम्बन्ध ही बनता है। इसे यूँ कर दें आलम को आब जानिएगा और इसे पहली पंक्ति बना दें तो कैसी रहे? कहो कुछ ऊर्दू का पिंगलशास्त्र भी जानते हो?"

मैंने अटक-अटककर अर्ज़ किया, "जी हुज़ूर और जो पंक्ति आपने बनाई है उसमें एक अनोखे ढंग से पिंगलशास्त्र का प्रयोग किया गया है।"

मौलवी साहब ने फिर फ़रमाया, "ख़ूब।" दादा साहब का मानो ध्यान अब इधर आकर्षित हुआ। उन्होंने कहा, "सुब्हान अल्ला हज़रत क्या संशोधन किया है।" मौलवी साहब के आग्रह पर मैंने एक शेर और पढ़ा...

अफ़सोस साथ मेरे यारों ने दुश्मनी की
उसकी गली में रहता तो चाकरी ही करता

मौलवी साहब ने एक पल चुप रहकर फ़रमाया, "हाँ। शेख़ नासिख़ के रंग का शेर है। शेख़ मरहूम अक़सर इशारों में बात कहते थे। उन्हीं का शेर है...

है बैत ही में मानी-ए-बैत-ए-ख़याल बन्द
नज़दीक है बहुत जिसे समझे हैं दूर है

लेकिन तुम्हारे शेर की बन्दिश साफ़ नहीं बैठी। पहला मिसरा इस तरह कर दो।

दुनिया की बादशाही किस काम की है मेरे

"अब बात ज़रा सामने की हो गई, लेकिन साफ़ है। देखो, नए-नए कहने वाले को बयान की सफ़ाई ज़्यादा ज़रूरी है।" बात मेरी समझ में ठीक से न आई थी। लेकिन स्वर्गीय दादाजी बहुत ख़ूब, बहुत मुनासिब कहते रहे। मौलवी साहब ने यह कहकर हमको विदा किया कि, "भई हमें इतनी फुरसत नहीं कि तुम जैसे नौजवान की उन्मुक्त शायरी पर इस्लाह देते रहें। कभी-कभी इधर से गुज़रना हो तो एक आध ग़ज़ल दिखा दिया करना।"

जब हम बाहर निकले तो हमें देखकर शर्मिन्दगी और आश्चर्य हुआ कि दो सेर मिठाई जो हम नज़राने के तौर पर लाए थे उसकी भरपाई में मौलवी साहब ने कोई महीने भर का सीधा और कई तरह के फल और सब्जियाँ हमारे लिए बैलगाड़ी पर लदवाकर तैयार करा दी थीं। मौलवी साहब अन्दर जा चुके थे, धन्यवाद ज्ञापन का भी अवसर न था। हम उनकी मेहरबानियों और काव्य क्षमता पर दिल ही दिल में हैरान होते हुए घर लौटे।

मैं मौलवी ख़ादिम हुसैन नाज़िम का शागिर्द क्या बना कि अपने हिसाबों स्वयं ही उस्ताद हो गया। मदरसे जाना छोड़कर सारा समय शेर-ओ-शायरी और तलवार, बन्दूक़ में गुज़ारने लगा। फिर एक जगह कुछ दिल के मामले भी निकल आए। कुछ उधर का भी इशारा था। बात बहुत आगे न बढ़ी लेकिन दिल लगाने और दिल्लगी का तो सामान था ही। मैं सोलह बरस का अच्छा गबरू जवान निकला था। कसरती बदन, घर में खाने-पीने की कमी न थी। माँ-बाप का लाड़-प्यार अलग। और क्या चाहिए था?

लेकिन वो 1856 का साल मुझ पर कुछ अजीब भारी गुज़रा। अवध की बादशाही अंग्रेज़ों के द्वारा समाप्त किए जाने का हम लोगों पर सीधा प्रभाव ये पड़ा कि कलकत्ते के बड़े लाट के ख़िलाफ़ दिलों में दुःख और क्रोध की लहर दौड़ने लगी। एक अजीब बात यह हुई कि चीज़ों के मूल्य आप से आप बढ़ने लगे। घर की आवश्यक चीज़ें भी जन साधारण की पहुँच से बाहर होती जा रही थीं। ऐसा लगता था अवध की पैदावार अब पूरब के ज़िलों में आना बन्द हो गई है। मोटे और बारीक़ अनाज सब एक भाव होकर रुपए के आठ-नौ सेर बिकने लगे। लोगों में ख़बर उड़ी कि कम्पनी ने अवध और आसपास का सारा माल विलायत भेज दिया।

बादशाह जान-ए-आलम के कलकत्ता पहुँचने के कुछ ही सप्ताह बाद लोगों में चोरी-छिपे बातें मशहूर होने लगीं कि न केवल अवध बल्कि दिल्ली की भी बादशाही वापस आने वाली है। कभी-कभी कोई व्यक्ति काना-फूसी में 'चपाती' नाम की किसी वस्तु का ज़िक्र करता जो दरअसल गोपनीय संदेश पहुँचाने का एक तरीक़ा था। कभी कोई कहता कि मडियाऊँ की छावनी में जो सेना कम्पनी बहादुर ने अवध के बादशाह को दबाए रखने के लिए नियुक्त कर रखी थी अब वो विद्रोही होने वाली है या हो गई है। आरकाट के डंकाशाह की चर्चा 1856 के अन्तिम दिनों में ज़बानों पर फैलने लगा कि वो जहाँ जाते हैं उनके आगे-आगे डंका बजता चलता है कि मुसलमानों के सरदार आ रहे हैं। उनका असल नाम बाद में पता चला कि मौलवी अहमदुल्लाह है। अपने भाषणों में वो खुले बन्दों हिन्दू-मुसलमान दोनों को अंग्रेज़ों के ख़िलाफ़ ज़ेहाद और युद्ध की प्रेरणा देते। उनका कहना था कि अंग्रेज़ का राज अधर्म और झूठ पर आधारित है। ये लोग हिन्दू-मुसलमान दोनों से उनका मजहब छुड़ाकर उन्हें ख़ुदा से दूर कर देंगे।

ये सनसनी की बातें मेरे नौजवान ख़ून में गर्मी और जोश की लहरें दौड़ा रही थीं। और मैं भी कुछ उल्टे-सीधे सपने देखने लगा था कि मेरे दादा जी का देहान्त 1856 के बिलकुल अन्त में थोड़ी सी बीमारी के बाद हो गया। वो छियासी बरस के थे लेकिन उनका स्वास्थ्य हम नौजवानों जैसा था। किसी को अन्देशा न था कि वो इतनी जल्द परलोक को सिधारेंगे। बाद के ज़माने में मुझे अक़सर ख़याल आता कि शायद उनकी पवित्र आत्मा ने अन्दर ही अन्दर ये बात समझ ली थी कि देश के बच्चे-बच्चे पर जो अत्याचार अंग्रेज़ बहादुर की ओर से टूटेंगे उनको देखने से पहले ही आँख बन्द कर लेना बेहतर है।

1857 को शुरू हुए एक-दो महीने गुज़रे थे कि चुपके-चुपके ये ख़बर फैली कि डंकाशाह को अंग्रेज़ों ने फैजाबाद में गिरफ़्तार कर लिया है। हमारे लोगों में अजब बेचैनी और अन्दरूनी संघर्ष-सा फैल गया। मैंने एक दिन अपने पिताजी को मेरी माँ से कहते सुना कि वेणीमाधव को उसके मामा के पास शाहजहाँपुर भेज दो। यहाँ हालात अब बहुत ख़राब होने वाले हैं।

फिर एक रात ये ख़बर जंगल की आग की तेज़ी से फैली कि मेरठ में अंग्रेज़ों के साथ कुछ बहुत बुरा सुलूक देशी सिपाहियों के हाथों हुआ और सब फ़िरंगी मेरठ, बुलन्दशहर वग़ैरह छोड़-छोड़ पंजाब की तरफ़ भाग रहे हैं। असल घटना क्या हुई इसकी विस्तृत सूचना न मालूम हुई। बस इतना सुनने में आया कि सिपाहियों को ऐसे कारतूस मुँह से काटने को मिले थे जिसमें गऊ या सुअर की चर्बी थी। मंगल पांडे नामक सिपाही ने कारतूसों को काटने से इनकार कर दिया और अपने अंग्रेज़ अफ़सर को गोली मार दी। कहा जा रहा था कि अंग्रेज़ों ने ये ख़बर दबा रखी थी लेकिन अब ये हर तरफ़ फैल गई है। देशी सिपाही जगह-जगह विद्रोही हो गए हैं और आला हज़रत ज़िल्ल-ए-सुब्हानी अबू जफ़र सिराजुद्दीन बहादुरशाह को बादशाह बनाकर दोबारा गद्दी पर बैठा दिया गया है। दूसरे दिन और पास की ही ख़बर आई कि देशी सिपाहियों और डंकाशाह के साथियों ने फैजाबाद का जेलखाना तोड़कर डंकाशाह को छुड़ा लिया है और अब वो बहुत बड़ी भीड़ के साथ लखनऊ को चल दिए हैं।

उसी रात बहुत देर गए एक बूढ़ा मगर हट्टा-कट्टा आदमी मुँह पर ढाटा बाँधे हमारी गढ़ी पर आया कि मैं बलिया के बाबू कुँवर सिंह का दूत हूँ, मुझे ठाकुर साहब से मिलना है। बाबू कुँवर सिंह की आयु उस वक़्त अस्सी के क़रीब थी। उनका राज्य छोटा था लेकिन रोब-दाब दूर-दूर तक था। वो अंग्रेज़ों से नफ़रत करते थे और अपने इलाक़े में आने वाले गोरों को खुले बाज़ार में गालियाँ दिलवाते थे। पिताजी ने दूत से कुछ बात किए बिना उसका मतलब समझ लिया। मुझे उन्होंने उसी दूत के सहयोगी के साथ रात ही रात शाहजहाँपुर चलता कर दिया। मैंने हज़ार कहा कि मैं आपके साथ रहूँगा परन्तु उन्होंने एक न मानी। स्वर्गीय दादाजी के बरख़िलाफ़ वो मिज़ाज के तेज़ बहुत थे और उनके सामने ठहरने का साहस किसी को भी न था। मैं तो उनका बच्चा ही था।

मुझे बाद में मालूम हुआ कि भोर होते-होते मेरे पिताजी भी कुछ बलिदानी साथियों को साथ लेकर कुँवरसिंह की तरफ़ निकल गए। हमारी गढ़ी पर मेरी माताजी और कुछ बूढ़े नौकर रह गए।

लड़ाई का वो सारा ज़माना मैंने शाहजहाँपुर के कस्बे रौज़ा के बाहर अपने मामा के शिकारी बँगले में गुज़ारा। मामा के आदमी हर वक़्त मुझ पर कड़ी निगाह रखते कि कहीं घर से निकल न जाऊँ। लड़ाई की ख़बरें कभी-कभी वहाँ तक पहुँच जाती थीं। हिन्दुस्तानी

सेना की हर विजय के साथ मेरा दिल बल्लियों उछलता और हर पराजय के साथ उतना ही डूब जाता। 1858 का मध्य आते-आते युद्ध समाप्त होने लगा था और मेरा धैर्य भी जवाब देने लगा था। मैंने दिल में ठान लिया कि उचित मौक़ा देखकर बँगले की ऊँची दीवार फाँदकर निकल जाऊँगा और बिरजीस क़दर की सेना से जा मिलूँगा।

मैं अपने लिए सवारी की व्यवस्था कर रहा था। चाँद की अन्तिम तारीख़ें थीं। मेरा विचार था कि अँधेरे का फ़ायदा उठाते हुए एक-दो रातों में वहाँ से निकल लूँ। अचानक मुझे एक नौकर ने चुपके से बताया कि बिरजीस क़दर, बेगम हज़रत महल, मौलवी अहमदुल्लाशाह ये सब अलग-अलग लड़ाइयों में पराजित होकर उत्तर की तरफ़ नेपाल को जाने वाले हैं। उन्होंने हथियार नहीं डाले हैं और न इसकी कोई आशंका उनसे या उनके साथियों से है। उसी शाम ये सूचना मेरे शरीर को झिंझोड़ गई कि मौलवी साहब अपने साथियों को लेकर हमारे एक दूर के रिश्तेदार जगन्नाथ सिंह राजा पवायाँ के यहाँ कुछ दिन ठहरने वाले हैं। पवायाँ हमारे कस्बे से कुछ बहुत क़रीब न था लेकिन एक रात के धावे में वहाँ पहुँचना सम्भव था।

गई रात मैं कमन्द लटकाकर और हाथ-पाँव तोड़ाने का जोखिम मोल लेकर बँगले की ऊँची दीवार से उतरा। एक वफ़ादार नौकर दो बसढ़िया घोड़ों के साथ मेरी प्रतीक्षा कर रहा था। बेथकान भागते हुए हम दिन निकले पवायाँ की सीमा पर पहुँचे तो हर तरफ़ फ़िरंगी झंडों और फ़ौजों का जमावड़ा देखा। मेरा माथा ठनका, वहीं रुककर कानाफूसियों में मैंने ये मनहूस ख़बर सुनी कि राजा पवायाँ की गद्दारी ने डंकाशाह की जान ले ली। थोड़ी ही देर में यह बात बिलकुल खुल गई जब मैंने गाँव की औरतों के एक झुंड को देखा कि डंकाशाह के मातम में सीना पीटती हुई चली आ रही हैं। उनके पीछे ही कुछ औरतें हाथ उठा-उठाकर जगन्नाथ सिंह को बुरा-भला कह रही थीं। कम्पनी के सिपाही उन्हें ढकेल-ढकेलकर गाँव के अन्दर ले जा रहे थे।

दुनिया मेरी आँखों में अँधेरी हो गई। ये बात अब बिलकुल साफ़ थी कि हिन्दी फ़ौजों की हर जगह पराजय हो चुकी। अब कुछ रहा न था जिसके लिए युद्ध या संघर्ष किया जाए। मुलाजिम को तो मैंने वहीं छुट्टी दे दी और उसका भी घोड़ा साथ लेकर मैंने चलती हुई राहें छोड़कर छिपते-छिपाते सुनसान रास्तों से आज़मगढ़ की राह ली।

उस सफ़र की दास्तान कभी और सुनाऊँगा। कोई ढाई महीने मैं सफ़र में रहा, यूँ जैसे कोई भागा हुआ अपराधी कोतवाल से छिपता-फिरता है। सारा रास्ता कम्पनी बहादुर के जियाले सिपाहियों के ज़ुल्म और जानवरों से भी ज़्यादा ख़ूँख़ार हरकतों के प्रतीकों से भरा पड़ा था। कुत्तों और चील-कौव्वों ने लाशें खानी छोड़ दी थीं। गिद्ध और लकड़बग्घे मुर्दों को खाते-खाते बीमार हो गए थे। रास्ते में दोनों तरफ़ कोसों तक फाँसियाँ ही फाँसियाँ नज़र आती थीं।

रास्ते में मुझे ये दिल तोड़ देने वाली ख़बरें भी सुनाई दीं कि बड़ौत बागपत के शाहमल जाट और राया महाबन के देवी सिंह तो अंग्रेज़ों की दिल्ली पर जीत के भी पहले गाजर मूली की तरह कट गए। इलाहाबाद के मौलवी लियाक़त अली का भी झंडा कुछ ही सप्ताह अकबरी क़िले पर लहरा सका था। नील साहब ने उनको घोर दंड देकर मारा। अंग्रेज़ हर तरफ़ नदी की बाढ़ की तरह चढ़े हुए थे।

मैं शहर पहुँचकर चुपचाप एक जगह ठहर गया कि कुछ सुन-गुन तो ले लूँ। मेरे जानने वालों में कोई न मिला और अनजान लोग बात करते डरते थे। इतना सुना कि निज़ामाबाद के राजपूत बिलकुल बर्बाद हो गए। रात के अँधेरे में घर पहुँचा तो अपनी गढ़ी को ध्वस्त पाया। कोई भी आदमी दूर-दूर तक न था। रात भर की पूछताछ से इतना पता लगा कि मेरे पिताजी और उनके साथी कुँवरसिंह के साथ शहीद हुए। अंग्रेज़ फ़ौज ने आकर हमारी गढ़ी की ईंट से ईंट बजा दी और नौकरों को मौत के घाट उतार दिया। मेरी माताजी ने इज़्ज़त बचाने के लिए गढ़ी के कुएँ में कूदकर जान दे दी। अब अंग्रेज़ों के सिपाही और जासूस मुझे पूछते फिर रहे हैं। मेरे मुसलमान रिश्तेदार जो क़त्लेआम में बच रहे थे गाँव छोड़कर कहीं और जा बसे, किसी को उनकी ख़बर नहीं।

मुझ पर ज़मीन और जीवन दोनों मैदान तंग हो चुके थे। लेकिन मैं जाता भी तो कहाँ? शाहजहाँपुर को वापसी असम्भव थी। वैसे भी, मैंने सफ़र के बीच में दोनों घोड़े बेच दिए थे और आख़िरी कई कोस पैदल चलकर काटे थे। अचानक मुझे अपने बचपन के साथी और दोस्त कुम्हार की याद आई। शायद उसका घर तबाही से बच गया हो? और इसमें तो कोई शक न था कि अगर वो मौजूद हो तो मेरे लिए सर छिपाने की जगह थी।

और हुआ भी ऐसा ही। मेरा दोस्त मुझे देखकर रो दिया। कहने लगा कि दादा ये सारा घर तुम्हारा है। जिस तरह चाहो रहो, बस मुँह न खोलना नहीं तो तुम्हारी बोली से लोग तुम्हें पहचान जाएँगे। मैं मशहूर कर दूँगा कि तुम मेरे चाचा के लड़के हो। चाचा की मौत के बाद बनारस से आए हो। दिमाग़ कमज़ोर होने की वजह से बोल नहीं सकते।

मैंने वो दिन बाहरी शान्ति से गुज़ारे। चाक के काम का जो अभ्यास मैंने बचपन में किया था वो मेरे बहुत काम आया। बाहर वालों में से किसी को भी सन्देह न हुआ कि मैं पैदाइशी कुम्हार नहीं हूँ।

1860 का साल आते-आते अंग्रेज़ों के प्रतिशोध की आग कुछ ठंडी पड़ने लगी थी। भागे हुए लोग वापस आ रहे थे। लेकिन मेरे यहाँ कौन था जो वापस आता? मुझे ख़ुदाया सुखन मीर तक़ी मीर का शेर याद आया...

सावन हरे न भादो ही सूखे हम अहल-ए-दर्द
सब्ज़ा हमारी आँख का सेराब था सो था

कुम्हार के भेष ने शायरी पढ़ना-पढ़ाना भी मुझसे छुड़ा दिया था। लगता था अब जीवन काग़ज़-क़लम की मेहरबानी के बिना ही गुज़रेगा। लेकिन एक दिन मेरे दोस्त ने आकर ख़बर दी कि दादा सुना है कानपुर में अंग्रेज़ों ने तोप-बन्दूक़ बनाने का कारख़ाना खोला है। तुम तो यह काम भली-भाँति जानते हो और अंग्रेज़ी भी पढ़े हो। इस वक़्त भर्ती ज़ोरों पर है ज़्यादा पूछताछ न होगी। तुम कुम्हार के काम के लिए नहीं बनाए गए थे। तुम्हें इस तरह मन मारकर जीते देखकर मेरा जी कुढ़ता है। तुम्हारी ज़मीनें अभी अंग्रेज़ों ने जब्त कर रखी हैं। जब छूटेंगी तो मैं तुमको ख़बर कर दूँगा।

बात दिल को लगती थी। थोड़े ही दिन बाद मैं कानपुर में तोप-बन्दूक़ के अंग्रेज़ी कारख़ाने में भर्ती के लिए लैनडोरी लगाए खड़ा था। भर्ती वाले साहब ने इतना ज़रूर पूछा कि तुमने लड़ाई में कोई भाग तो नहीं लिया? मैंने सच-सच जवाब दिया कि बिलकुल नहीं। मैं भर्ती हो गया और थोड़े ही दिन में मेरे अच्छे काम के कारण मेरी तरक़्क़ी हो गई। मैं कुछ

अफ़सर जैसा बना दिया गया और बताया गया कि आज से मैं 'फोरमैन' हूँ। तनख़्वाह भी अब ऊँची हो गई थी। मैंने परेड के बाज़ार के पास एक छोटा सा घर ढाई रुपए महीने पर ले लिया, एक नौकर रख लिया और ख़ाली समय में शेरो-शायरी लिखने-पढ़ने लगा।

उस समय कानपुर में कोई नामी उस्ताद न था। मियाँ रजब अली बेग 'सुरूर' बनारस जा चुके थे। लखनऊ से आगा हज्जू शरफ़ कभी-कभी आ निकलते थे। वरना महफ़िलों में हर शख़्स ख़ुद को उस्ताद ही समझता था। मैंने मौलवी नाज़िम साहब की नसीहत को गिरह में बाँध लिया था कि नए शेर कहने वाले को बयान की सफ़ाई अथवा सीधी-सादी बात कहना ज़रूरी है न कि दूर की और नई-नई बातें लाना परन्तु क्या करता, मेरा दिल ख़यालबन्दी अथवा नई-नई और दूर की बातें कहने की ही तरफ़ लपकता था। लखनऊ के शेख़ नासिख़ और दिल्ली के मिर्ज़ा ग़ालिब साहब का काव्य दिन-रात पढ़ता और दोस्तों को सुनाया करता था। शेख़ साहब तो इस काले दिनों वाली दुनिया के दिन-रात देखने के पहले ही भगवान को प्यारे हो चुके थे। अब मिर्ज़ा नौशा ग़ालिब साहब थे और मेरी आकांक्षा कि उन्हीं जैसा शेर कहूँ, उनके पास उठूँ-बैठूँ, कुछ सीखकर वापिस आऊँ।

मई 1862 की बात है। एक दिन मैं तोपख़ाना बाज़ार की कोतवाली के सामने से गुज़र रहा था कि निज़ामी प्रेस के मौलवी अब्दुर्रहमान तेज़-तेज़ डग भरते हुए आते दिखाई दिए। मुझे देखते ही वो ठिठके और बोले, "लो भई मियाँ रुसवा, तुम मिर्ज़ा ग़ालिब का नाम बहुत जपते रहते हो, तुम भी क्या याद करोगे। मैंने मिर्ज़ा का रेख़्ता का पूरा कलाम छाप दिया है।" ये कहते हुए उन्होंने एक पतली सी किताब मेरे सामने कर दी। मैंने अन्तिम पन्ना देखा तो वाकई मौलवी साहब की तरफ़ से ऐलान था और उनकी मोहर थी, इस बात के प्रमाण में कि ये किताब उन्हीं की छापी हुई है। लिखा था, "अपार कृपा करने वाले मुहम्मद हुसैन ख़ाँ साहब देहलवी ने माननीय लेखक के पूरा-पूरा देख लेने और संशोधन के बाद एक प्रति मेरे पास भेजी। मैंने ईश्वर की कृपा से उस प्रति को पूरा-पूरा सही छापा। 1278 हिजरी में निज़ामी प्रेस कानपुर शहर में सभी त्रुटियों को ठीक करके प्रकाशित किया इत्यादि-इत्यादि।"

मैंने बेहद उल्लास के साथ वो पुस्तक उनसे वहीं ख़रीद ली लेकिन शुरू का पृष्ठ देखा तो त्रुटियों से बिलकुल खाली होने के बावज़ूद ग़लती दिखाई दी कि दूसरी ही ग़ज़ल पर, जिसमें केवल एक ही शेर था, कोई नंबर या गिनती नहीं थी। इस तरह कुल ग़ज़लों की गिनती में एक कम हो जाने के कारण योग में एक की कमी आ गई थी। लेकिन मैंने मौलवी साहब से कहा नहीं कि बेचारे शर्मिन्दा होंगे।

उस दिन से दीवान-ए-ग़ालिब की वो प्रति मेरे दिन-रात की साथी और दोस्त बन गई। जी चाहता था कि मैं इस दीवान के प्रकाशन को मिर्ज़ा ग़ालिब साहब से अपनी जान-पहचान स्थापित करने का माध्यम बना लूँ। लेकिन ये किस तरह हो, बात समझ में न आती थी। छपने के बाद वो दीवान हज़ारों लोगों ने देखा होगा। फिर मेरी क्या विशेषता थी? ये बात कि दीवान कानपुर में छपा और प्रकाशित हुआ और इन्हीं दिनों मैं भी कानपुर था, मेरे लिए तो एक संयोग हो सकता था। लेकिन मिर्ज़ा साहब को इससे क्या?

इस उधेड़बुन में कोई एक महीना निकल गया। एक दिन मैंने परेड के मैदान के बाज़ार में एक पादरी को देखा कि लोग उसके पास आ-आकर किसी पुस्तक पर उससे हस्ताक्षर लेते हैं। मैं कुछ न समझा कि ये क्या रहस्य है। इधर-उधर पूछने पर पता लगा कि पुस्तक का

लेखक वो पादरी ही है। लोग उसकी पुस्तक ख़रीदकर लाते हैं और उस पर उसके हस्ताक्षर लेकर मानो अपनी क़दरदानी और प्रेम का भाव प्रकट करते हैं। मेरे दिल में एक मर्तबा यह बात गूँजी कि अगर मैं भी मिर्ज़ा के दीवान की कुछ प्रतियाँ ख़रीदकर उनसे हस्ताक्षर करा लाऊँ और दोस्तों को भेंट के तौर पर पेश करूँ तो कैसी रहे। मिर्ज़ा से मिलने का बहाना भी हाथ आएगा और दोस्तों पर मुफ़्त में एहसान रखने का अवसर भी होगा।

पहला काम तो मैंने ये किया कि चमनगंज में निज़ामी प्रेस जाकर दीवान-ए-ग़ालिब की पच्चीस प्रतियाँ मोल लीं। मूल्य कुछ ज़्यादा न था केवल आठ आने। फिर हर किताब पर बहुत अच्छी जिल्द बँधवाई। हर जिल्द की बँधवाई पर छै आने खर्च आया। मौलवी साहब ने मामूली मशीनी काग़ज़ पर किताब छापी थी, लेकिन छपाई चमकली और साफ़ होने के कारण किताब भली मालूम होती थी। एक महीना तो इसी अन्तर्द्वन्द्व में बीता कि किताबें लेकर जाऊँ भी या ना। कहीं मिर्ज़ा साहब बुरा न मान जाएँ। बहरहाल कुछ दोस्तों से राय मशविरा करके निर्णय लिया जाना चाहिए, लेकिन ज़रा मौसम बदल जाए, हवा ठंडी हो जाए और यात्रा आसान हो जाए।

चार महीने मैंने उन पच्चीस पुस्तकों को जान की हिफ़ाजत करने वाले तावीज़ की तरह सेंतकर रखा। नवम्बर 1862 के अन्तिम दिन थे जब मैं घोड़ों की डाक द्वारा कन्नौज, फ़र्रुख़ाबाद, बियावर, कोल, बुलन्दशहर, ग़ाज़ियाबाद, शाहदरा, दिलहाई होता हुआ बीस दिन की यात्रा के कष्ट भोगता और दुःख उठाता दिल्ली पहुँचा। मैं बाड़ा हिन्दुराव की एक सराय में ठहरा। पता लगा कि बिल्लीमारों का मुहल्ला यहाँ से कुछ बहुत दूर नहीं। लोहे की सड़क अभी कानपुर के पास से भी न गुज़री थी हालाँकि उसके आने की हलचल बहुत थी। मैंने भी अब तक रेल की सवारी की न थी, और न उसका इरादा था। लेकिन दिल्ली में रेल के ठहरने का स्थान मेरी सराय के पास ही था। वहाँ की चहल-पहल लोगों की धकापेल, धुआँ-धक्कड़, भाप फेंकते हुए आग से भरे इंजनों का आना-जाना (शब्द इंजन से मैं कानपुर में परिचित हुआ), मुझे ये सब कुछ अजीब, अनोखा और दिल को घबरा देने वाला लगा। शाम हो रही थी। मैंने दो कवाब तलवाए, साथ में दो पराँठे मँगवाए। लेकिन घबराहट और बहुत अधिक थक जाने के कारण कुछ खाया न गया। जल्दी लेट रहा। सुबह को भटियारिन से राय मशविरा किया तो उसने कहा कि, “मियाँ साहब इन नवाब और शायर लोगों का दस्तूर है कि दिन चढ़े उठते हैं, कचेहरी दरबार जाते हैं, बड़े लोगों से मिलते-मिलाते हैं। शाम को सैर करने निकलते हैं। उनसे मुलाक़ात का सबसे अच्छा वक़्त दिन ढले चिराग़ जले है। मिर्ज़ा ग़ालिब साहब का नाम मैंने सुना है। वो दिल्ली के तो हैं नहीं, शायद उनके तौर-तरीक़े और रहे हों लेकिन अब तो वो भी यहीं के रंग में रँग गए हैं। मैंने एक आध बार उन्हें रजवाड़े की गली से सवारी में गुज़रते देखा है। तो मियाँ साहब अभी शहर की सैरें करो। शाम में एक मशालची मुलाजिम और घोड़ा साईस तुम्हारे साथ कर दूँगी। आराम से मिलकर चले आइयो।”

शाम ढलने के कुछ पहले मैंने कपड़े बदले। मछली के छिलकों की टोपी सर पर जमाई, उस पर रंगीन पगड़ी बाँधी। कानों में मोती के बाले डाले, रेशमी धोती के नीचे पाँव में जोधपुरी जूतियाँ पहनीं। फिर साज-सींगड़ा लगाकर अपने स्वर्गीय दादा जी की बनाई हुई लमछड़ काँधे से लटकाई। मैं अपने गाँव के पास के कस्बे मुबारकपुर से मिर्ज़ा साहब क़िबला के लिए दो रेशमी लुंगियाँ और दो ही रेशमी पगड़ियाँ विशेषकर बनवा लाया था। मेरे वतन

निज़ामाबाद की मिट्टी के कुछ बर्तन जैसे चिलमें और हुक़्क़े की फ़र्शियाँ भी थीं। उनको बड़ी सीनी पर रखवाया, उसी पर किताबें भी रखकर साईस के हवाले की। मशालची को आगे किया और ख़ुद घोड़े पर सवार होकर चला।

उस वक़्त तक शाम अच्छी तरह फूल चुकी थी। अंधियारी के कारण गिरी पड़ी हवेलियों और लुटे हुए बाज़ारों के मंज़र पर एक ज़रा पर्दा सा आ गया था। जामा मस्ज़िद पर बेफ़िक्रों और चटोरों का मजमा वैसे ही था। अफ़सोस कि मेरा साईस और मशालची दोनों ही मेवाती थे और दिल्ली में नए-नए आए हुए थे। वो बार-बार रास्ता भूलते, और शहर में आए हुए बदलाव पर दोष मढ़ते। मेरा साईस ख़ासकर बड़ा बातूनी था, "मियाँ साहब, रस्ता अब किसे सुझाई दे है, और सुझाई भी दे तो कैसे? मस्जिद से राजघाट तक अब लकदक वीराना है। ईंटों के ढेर हैं और उनके अन्दर साँप-बिच्छुओं का वास। मिर्ज़ा गौहर साहिब-ए-आलम के बाग़ की निचली ओर कई बाँस ढलान थी। अब वो बगीचे के चाँदनी चबूतरे के बराबर हो गया। लोहे की सड़क के वास्ते कश्मीरी दरवाज़े से लेकर काबुली दरवाज़े तक मैदान ही मैदान है। पुरानी गलियाँ लोगों से अटी पड़ी हैं, रास्ते खो गए हैं। अगला जाए तो कहाँ जाए? पंजाबी कटड़ा, धोबीवाड़ा, शहादत ख़ान का कटड़ा, यह और इस तरह के कितने ही मुहल्ले मिट गए। गलियों की शक्लें बदल गईं। मियाँ साहब, अब ये दिल्ली दिल्ली नहीं, एक कैम्प है, बारक है, उजाड़ घरों का जंगल है। हज़रत मिर्ज़ा अबू जफ़र सिराजुद्दीन बहादुर शाह के ज़माने में ये सब गलियाँ और बाज़ार रोशनी से झकाझक थे। अब हाथ को हाथ सुझाई नहीं देता।" मुझे मिर्ज़ा साहब का शेर याद आ गया जो अंग्रेज़ो के डर से अभी तक प्रकाशित न हुआ था लेकिन धीरे-धीरे चुपके-चुपके लोगों की जबानों पर चढ़ गया था...

घर से बाज़ार को निकलते हुए
ज़ह्रा[1] होता है आब इन्साँ का
चौक जिसको कहें वो मक़्तल[2] है
घर बना है नमूना ज़िन्दा का।

और आज की दिल्ली के बारे में अपने वक़्त के शायरों के शायर ख़ुदाया सुखन हज़रत मीर तक़ी मीर के कई शेरों में से ये शेर ज़ेहन से फिसलकर आप ही आप ज़बान पर आ रहा...

अब शहर हर तरफ़ से मैदान हो रहा है
फैला था इस तरह का कहे को याँ ख़राबा

मैंने दिल में कहा ईश्वर करे कभी दिल्ली के भी दिन फिरें और हर तरफ़ हर्ष और अमन-चैन हो। तख़्त पर वही विराजे जिसका हक़ है।

इन्हीं सब बातों, रास्ता ढूँढ़ने और ठोकरें खाने में दो घंटे सर्फ़ हो गए। मुझे दिल में हड़बड़ाहट हो रही थी कि मिर्ज़ा साहब आराम करने के लिए बिस्तर पर तशरीफ़ न ले गए हों। अगर मेरे आगम की सूचना पर उन्हें उठना पड़ा तो बड़ी शर्मिन्दगी की बात होगी। इधर वो मशालची और साईस इतने मूर्ख कि उन्हें काले साहेब का अहाता ही न मिलता था। मिर्ज़ा साहेब की हवेली का एक दरवाज़ा आलम ख़ाँ के कटड़े की तरफ़ खुलता था और एक काले साहेब की मस्ज़िद की तरफ़, सदर दरवाज़ा काले साहेब की ख़ानक़ाह से मिला हुआ

---

1. पित्ताशय।
2. क़त्लगाह।

था। ख़ैर किसी तरह ख़ानक़ाह का पता मिला तो हवेली भी नज़र आई। एक-दो नौकरों को बाहर खड़ा देखकर जान में जान आई कि अभी लोग मौज़ूद हैं।

अन्दर सूचना भिजवाई तो फ़ौरन ही बुलवा लिया गया। दो साहेबान पहले से मौज़ूद थे। मिर्ज़ा साहब का पीना-पिलाना शुरू हो चुका था, उन लोगों से शायद कुछ पर्दा न था। हाय मैं मिर्ज़ा साहब की शक्ल क्या बयान करूँ। खिंचा हुआ क़द, बदन न बहुत भारी न हल्का लेकिन हाड़ बहुत चौड़ा। कन्धे इस उम्र में भी झुकाव से मुक्त। सुनहरा चम्पई रंग, उस पर सफ़ेद दाढ़ी, सिर मुँडा हुआ। मुस्कुराता हुआ रोशन चेहरा, आँखें बड़ी-बड़ी लेकिन थोड़े से सुरूर के कारण लाली लिये हुए। आँखों में शोख़ी और तीक्ष्णता की चमक। पूरा चेहरा-मोहरा और हाथ-पाँव की बनावट नव आगन्तुक तूरानी का सा था। बस दाढ़ी हिन्दी तरह की न होती, और सर न मुँडा होता तो अच्छे-अच्छों को यही धोखा होता कि कोई तुर्किस्तानी आग़ा हैं। सारे डाढ़ों के गिर जाने के कारण दोनों गाल ज़रा पिचक गए थे। ये एक कमी न होती तो बुढ़ापे के बावज़ूद सजीलेपन और मर्दाना सौन्दर्य का बेहतरीन नमूना निश्चित ही समझे जाते। आवाज़ उनकी निहायत साफ़ और खुली हुई थी। आगरे की ब्रज भाषा की लचक और मिठास लहज़े में अब भी थी लेकिन उस पर दिल्ली की बोली की कटुता जम चुकी थी। मैंने दिल में कहा कि ये लोग मेरे पूर्वी भोजपुरी का हल्का सा रंग लेती हुई आवाज़ और ज़बान का भला क्या ख़याल करते होंगे।

और कैसा मृदुल स्वभाव था, मुझ छोटे पर कैसी उदारता थी। उन्होंने फ़र्श के किनारे तक आकर मेरा स्वागत किया और अपने बाएँ हाथ की तरफ़ बिठाया। दाएँ हाथ पर जो साहब बैठे थे उनकी वेश-भूषा मुगल मनसबदारों-सी थी। बड़े घेर का जामा, उसके नीचे क़ीमती कपड़े का पाजामा। कमर में रेशमी दुपट्टा जिससे एक जड़ाऊँ और चमकदार खंजर लटका रखा था, सर पर सोने के काम की पाँच कोनों वाली टोपी जो मुग़ल शैली से कुछ हटकर थी। दाढ़ी-मूँछे घनी, मूँछें चढ़ी हुई नुक्केदार। दाढ़ी बड़ी सफ़ाई से ज़रा चौकोर सी तराशी हुई। दाएँ हाथ की तर्जनी में पन्ने की एक बहुत बड़ी अँगूठी जो शायद मुहर करने के काम आती होगी। कुछ दूर होने के बावज़ूद स्पष्ट मालूम होता था कि पत्थर पर कुछ ख़ुदा हुआ है। इन्तेहाई ख़ूबसूरत और सजीले पुरुष थे। मालूम हुआ नवाब ज़ियाउद्दीन ख़ान साहब 'नैयर' व 'रख़्शाँ' हैं। मैंने सीधे खड़े होकर आदर से सलाम किया। उन्होंने मुस्कुराकर सलाम लिया और दुआ दी, "खुश रहें, आबाद रहें। दौलत और इक़बाल बढ़ता जाए।"

जो बुज़ुर्ग मिर्ज़ा साहब के सामने तशरीफ़ रखते थे उनकी दाढ़ी-मूँछें बहुत घनी थीं, कंघी के बनाव और देखभाल से बिलकुल मुक्त चिड़िया के झोंझ सी लगती थीं। सर पर ऊँची दीवार की मख़मली टोपी, बदन पर अंग्रेज़ी काट का भारी कोट, नीचे मोटा ऊनी कुर्ता, उसी कपड़े का ढीला पाजामा। मुस्कुराती हुई आँखें। मालूम हुआ कि मिर्ज़ा साहब के ख़ास शार्गिद मुंशी शिवनारायण 'आराम' हैं। आगरे से मिर्ज़ा साहब की मुलाक़ात और कुछ दवा इलाज के लिए पधारे हैं। मैंने फिर सीधे खड़े होकर आदर दिया। उन्होंने भी लगभग उन्हीं शब्दों में दुआ दी जो नवाब ज़ियाउद्दीन ख़ान साहब के मुखारबिन्द से निकले थे।

मिर्ज़ा साहब ने फ़रमाया, "मियाँ इस घर में कोई तकल्लुफ़ नहीं होता। बताओ कुछ शौक़ भी रखते हो?"

मैंने दबी ज़बान से जवाब दिया, "हुज़ूर राजपूत हूँ, ब्रत भी शुद्ध मदिरा से तोड़ता हूँ।"

मिर्ज़ा साहब के चेहरे पर हल्की सी मुस्कुराहट आई। शिवनारायण साहब 'आराम' ने प्रशंसा भरी निगाह से मुझे देखा। नवाब साहब ने इरशाद फ़रमाया...

"मियाँ साहबज़ादे ये तो तुमने हमारे क़िब्ला मिर्ज़ा साहब का शेर पढ़ दिया।"

मैं बात को भाँप गया कि ये संकेत किस तरफ़ है और मैंने फ़ौरन मिर्ज़ा साहब का फ़ारसी शेर पढ़ा...

ख़जलत निगर कि दर हसनातम न याफ़्तन्द[1]
युज़ रोज़ा-ए-दुरुस्त बसहूबा कसूदए।

फिर मैंने हाथ जोड़कर अर्ज़ किया, "पीरो मुर्शिद का चमत्कार है कि ऐसा जवाब बन पड़ा। पीरो मुर्शिद तो अदृश्य जगत का दर्ज़ा रखते हैं।"

इस पर सब लोगों ने कहा, "बेशक, बेशक।"

मिर्ज़ा साहब ने कल्लू दारोग़ा को आवाज़ देकर मेरे लिए गिलास और चिखना मँगवाया और फिर दिल्ली यात्रा का उद्‌देश्य पूछा। मैंने संक्षिप्त बात कहकर सबसे पहले तो वो लुँगियाँ और पगड़ियाँ भेंट कीं। मेरा सौभाग्य था कि पगड़ियाँ उनकी पसन्द के अनुकूल निकलीं। उन्होंने फ़रमाया, "बहुत ख़ूब, बहुत ख़ूब मुझे पगड़ी में सुर्ख रंग बिलकुल पसन्द नहीं, अच्छा हुआ इन पगड़ियों में कोई भी लाल धागा नहीं है।" मैंने झुककर अभिवादन किया फिर चिलमें और फर्शियाँ पेश कीं। बिलकुल काली मिट्‌टी, उस पर रूपहला काम बना हुआ। यहाँ वालों के लिए नई चीज़ थी, बहुत पसन्द की गई।

नवाब साहब और मुंशी साहब तो विदा हुए, मैं मिर्ज़ा साहब के साथ पीता-पिलाता रहा। कोई अंग्रेज़ी शराब थी, बिलकुल बेरंग और बहुत तेज़, सम्भवतः शाम्पेन रही हो। रात जब बहुत भीग चली तो मैंने आज्ञा चाही। फ़रमाया...

"देर होती है जाओ भई जाओ। मैं भी कुछ फ़िक्र-ए-सुख़न करूँगा, कुछ शेर, कुछ पंक्तियाँ जोड़ूँगा। है है, मुझे अपनी जवानी का शेर याद आ गया...

फ़िक्र-ए-सुख़न यक इन्सा ज़िन्दानी-ए-ख़मोशी
दूद-ए-चिराग़ गोया जंजीर-ए-बेसदा है

"लेकिन अब मैं भी ज़्यादा जागता नहीं।"

मैंने डरते-डरते अर्ज़ किया...

"हुज़ूर, जब इस कलाम में ऐसे-ऐसे शेर थे तो इसको काटकर रद्‌द कर देना क्यों गवारा किया?"

जैसे एक दम को वो चुप हो गए। मैं डरा कि नाराज़ न हो गए हों। लेकिन फिर वो कुछ धीमे लहज़े में बोले, "मियाँ, इस बुढ़ापे में बात को जाहिर करते शर्म आती है लेकिन उस अपनी शायरी को रद्‌द करने का दुख मुझे भी है। कहने को तो मैं कह गया कि मैं लड़कपन में इधर-उधर भटकता फिरता था। बेमतलब बकता था। जब कुछ सुध आई वो पन्ने सारे के सारे फाड़ फेंके और कुछ शेर वास्ते नमूने के प्रस्तुत दीवान में रहने दिए। लेकिन असल बात कविता में सोच की सीधी राह चलने और बयान में समतलता की न

1. मेरी शर्मिन्दगी तो देखिए कि मेरी नेकियों में उन्हें कुछ न मिला मगर केवल एक रोज़ा जो मैंने ठीक-ठीक रखा और फिर शराब से खोला।

थी। मेरी नौजवानी थी, मैं समझता था कि शेर, सुनने-सुनाने से ज़्यादा पढ़ने-पढ़ाने की चीज़ है। फिर मिर्ज़ा अब्दुल क़ादिर 'बेदिल' का कौल दिल में घर कर गया था कि भाषा और अर्थ में बहुत अलगाव है। शब्दों में ये क्षमता नहीं कि वे मायने को सँभाल सकें। मिर्ज़ा बेदिल फ़रमाते हैं...

ए बसा मानी कि अज़ ना महरमी हाए ज़बाँ[1]
बा हमा शोख़ी मुक़ीम-ए-पर्दा हा-ए-राज़ माँद ॥

लेकिन जब मैंने देखा कि हमारे यहाँ शेर सुनने का रिवाज़ ज़्यादा है, पढ़ने का कम। और भाषा को मेरे अर्थों से यूँ ही पर्दा था। मैं बात इशारों-इशारों में कहता था कि इसके सिवा चारा न था। एक दिन तबीयत झुंझला ही तो उठी। मैंने दिल में कहा अब रेख़्ता कहूँगा ही नहीं, फ़ारसी लिखूँगा। दोस्तों को प्रसन्न रखने के लिए ऐलान कर दिया कि रेख़्ता को अधिकतर निरस्त करके सिर्फ़ चुना हुआ और आसान कलाम दाख़िल-ए-दीवान करूँगा। हालाँकि जो कलाम छोड़ दिया था उसमें भी तथाकथित आसान कलाम की कमी न थी। चुनाव क्या किया, बस एक दोपहर को एक दोस्त के यहाँ बैठे-बैठे कुछ नशे की सी कैफ़ियत में जहाँ चाहा क़लम लगा दिया। वरना जिन ग़ज़लों पर यहाँ लोगों ने मुझे उस्ताद माना वो भी अधिकतर उस ज़माने की कही हुई हैं जब मेरी उम्र पच्चीस के ऊपर न थी।"

"अब उस कलाम को दोबारा पा लेने की बहुत आशा नहीं।" मैंने पूछा, फ़रमाया, "मुझे अपना कलाम बहुत कम याद रहता है, ताज़ा कहा हुआ भी भूल जाता हूँ। और उन शेरों से तो अब क़यामत ही में मुलाक़ात होगी।"

मैंने कुछ शरारत के से लहज़े में मीर तक़ी मीर का शेर पढ़ दिया...

क़यामत को जुर्माना-ए-शायरी पर
मेरे सर पर मेरा ही दीवान मारा

मिर्ज़ा साहब मुस्कुराए, फ़रमाया, "तो आप भी मेरी तरह 'मीरी' हैं और की तरह 'सौदाई' नहीं।" मैंने इस फ़ड़कते हुए जुमले पर सुब्हानअल्ला कहा और अर्ज़ किया, "अब आज्ञा प्रदान करें। और क्या ये मुमकिन है कि पीरो मुर्शिद मुझे किसी ऐसे वक़्त बुलवाएँ जब बिलकुल एकान्त हो।" असल में मुझे किताबों पर दस्तख़त की फ़रमाइश की हिम्मत न पड़ रही थी। उम्मीद थी कि रात भर में हिम्मत जुटा लूँगा।

कुछ देर ख़ामोशी के बाद फ़रमाया, "अच्छा तो मियाँ तुम कल दोपहर का खाना यहीं खाओ। इसके बाद मैं ज़रा लेट रहता हूँ, किसी को आने की इजाज़त नहीं होती। तुम्हारे लिए वही वक़्त निकाल लूँगा।"

मुझे कुछ और कहने की हिम्मत न पड़ी हालाँकि उनके आराम में ख़लल डालना सख़्त दुखदाई था। आदाब करके सराय वापस चला आया।

अगली सुबह मेरी तबीयत कुछ ढीली सी थी, देर से उठा। तैयार होते-होते बारह बज गए। मैं अकेला ही सवार होकर बिल्लीमारो को चला। रास्ते में हर जगह कुछ दिन पहले के फ़ौजी शासन के दुःख भरे चिह्न और लोहे की सड़क हेतु और भी तोड़फोड़ की तैयारियाँ दिखाई दीं। मैं निगाह झुकाए चलता गया। इस बार रास्ता न भूला, सम्पूर्ण उदारता के साथ

1. हाय, अफ़सोस कितनी ही मानी थे जो अपनी तमाम शोख़ी के बावज़ूद रहस्यपूर्ण पर्दों में पड़े रह गए क्योंकि वो भाषा के सामने न आने को ही उचित समझते थे।

मिर्ज़ा साहब मेरी प्रतीक्षा में थे। मेरे जाते ही खाना परोसा गया। मिर्ज़ा साहब के लिए इतना कम और सादा कि जैसे बुलबुल के आँसू और मेरे लिए ढेर सारा और नाना प्रकार का।

खाने के बाद पीरो मुर्शिद ने आँगन में धूप से कुछ हटकर अपना पलंग बिछवाया, मेरे लिए एक छोटी सी चौकी बिछाई गई। भिंडा ताज़ा किया गया। मिर्ज़ा साहब अपना पेचवान कभी-कभी मुझे गुड़गुड़ाने के लिए देते।

जब भिंडे का आनन्द ले चुके तो मिर्ज़ा साहब ने फ़रमाया, "हाँ साहब, अब कहो, अब बिलकुल एकान्त है।" मैंने किताबों की गठरी खोली और एक किताब उनकी तरफ़ बढ़ाकर कुछ कहने ही वाला था कि उन्होंने किताब खोलकर कहा, "ये तो मेरा ही दीवान है। मैं इसे लेकर क्या करूँगा?"

मैंने अर्ज़ किया, "इसकी हाजिरी का उद्देश्य। प्रार्थी हूँ कि हुज़ूर ज़िल्द बँधी हुई अपने दीवान की इन प्रतियों पर अपने दस्तख़त से नवाज़ दें। मैं इन्हें दोस्तों को भेंट करूँगा। दिल्ली का तोहफ़ा इससे बढ़कर क्या होगा।"

"मगर भाई मैं दस्तख़त क्यों करूँ? ये किताबें मेरा माल तो हैं नहीं।"

मैंने विनती के लहज़े में कहा, "अंग्रेज़ साहिबान आलीशान के यहाँ लेखक की क़द्र करने का ये तरीक़ा चलन में है कि किताब पर उसके लेखक ही से दस्तख़त करा लेते हैं और उसे बड़ा क़ीमती तोहफ़ा क़द्र समझने वालों के लिए जानते हैं।"

मिर्ज़ा साहब हँसे, इरशाद हुआ, "हम तो ये जानते थे कि लेखक के प्रति अपनी क़द्र जाहिर करने के लिए उसे सात बल्कि चौदह कपड़ों के ख़िलअत पहनाते हैं, इक्कीस नग-जवाहरात की माला और सात नग जवाहरात का सरपेच प्रदान करके गले और सर की शोभा बढ़ाते हैं। आध रुपए की किताब मोल लेकर उस पर लेखक के दस्तख़त लेना और उसे लोगों में बाँटना, ये क़द्र पहचानने का भला कौन-सा तरीक़ा है? ख़ैर लाओ, तुम कहते हो तो अपनी मुहर किए देता हूँ। संयोग से अभी कुछ दिन हुए बारह सौ अठहत्तर हिज़्री में नई मुहर बनवाई है।"

ये कहकर उन्होंने दारोग़ा कल्लू से क़लमदान माँगा, हर किताब पर अपने कर कमलों द्वारा मुहर की। चाँदी के नगीने की चौकोर मुहर थी। फिर कुछ सोचकर एक किताब पर फ़ारसी में लिखा...

बरख़ुरदार वेणी माधव सिंह 'रुसवा'
ऐकि तुम्हारे आने से मेरा दिल ख़ुश हुआ

असदउल्लाह ख़ान ग़ालिब लिखा 16 रजब 1279

किताब मेरी तरफ़ बढ़ाते हुए वो बोले, "अब तो ख़ुश हो।"

मैंने सीधे खड़े होकर किताब उनके हाथ से ली, आँखों से लगाई। उनके हाथों को बोसा दिया और इजाज़त चाही कि आराम में ख़लल न हो। इरशाद हुआ, "कोई बात नहीं। बैठो। मुझे तुम्हारा लहज़ा अच्छा लगता है। और तुमने ये तो बताया ही नहीं कि शेर कब से कहते हो। दीवान पूरा किया है कि नहीं, और किसके शागिर्द इस फ़न में हो?"

मैंने अपने उस्ताद मौलवी ख़ादिम हुसैन नाज़िम और उनके दादा मुल्ला साबिक बनारसी का जिक्र किया। मिर्ज़ा साहब बोले, "मौलवी नाज़िम साहब से तो मिलने की इज़्ज़त नहीं हासिल हुई लेकिन मुल्ला साबिक साहब (ख़ुदा की रहमत उन पर हो) को जानता हूँ।

उनकी फ़ारसी मसनवी 'तासीर-ए-मुहब्बत' मैंने उस वक़्त पढ़ी थी जब मैं बनारस में महीना-सवा-महीना ठहरा था। मुल्ला साहब बड़े विद्वान आदमी थे।"

मैं उनकी ख़िदमत में कुछ गुस्ताख़ हो चला था शायद इसलिए कि उन्होंने मुझे कुछ मुँह भी लगा लिया था। मैंने अर्ज़ किया, "पीरो मुर्शिद जान बख़्शें तो एक बात कहूँ।"

एक बार मुझे उन्होंने ग़ौर से देखा, फ़रमाया, "कहो-कहो, क्या बात है?"

मैंने जी कड़ा करके कहा, "हुज़ूर की राय हिन्द के फ़ारसी शायरों के बारे में अच्छी नहीं है। लेकिन जनाब तो ख़ुद भी हिन्दी हैं?"

उनका चेहरा थोड़ा सुर्ख़-सा हो गया, लेकिन फिर भी उन्होंने नर्मी से कहा, "फ़ारसी ज़बान की बारीकियाँ और गहरे संकेत मेरी आत्मा में इस तरह रचे-बसे हैं जैसे फ़ौलाद में जौहर, या फूल की पंखुड़ी की रेखाओं में सुबह की ठंडी-ठंडी हवा की नमी। मैं कहाँ और ये ग़यासुद्दीन रामपुरी और दिलवाली सिंह क़तील 'फ़रीदाबादी' कहाँ। उनके पुरखों ने भी कभी ईरान न देखा होगा।"

"लेकिन हुज़ूर और भी तो हिन्द के फ़ारसी कवि हैं। अमीर ख़ुसरो हैं। फिर फ़ैज़ी और ग़नी काश्मीरी हैं, चन्द्रभान ब्राह्मण और मुनीर लाहौरी हैं। ये लोग तो ग़यास और क़तील जैसे नहीं।"

अब उनके लहज़े में थोड़ी गर्मी आ गई, "अहल-ए-हिन्द में अमीर ख़ुसरो छोड़ किसी की फ़ारसी पूरे भरोसे लायक नहीं, समझे? मियाँ फैज़ी से भी कहीं-कहीं चूक हो जाती है। हाँ, ग़नी और मुनीर और ब्रह्मन और ख़ुद फ़ैज़ी अच्छे शायर हैं, नई-नई बातें निकालते हैं लेकिन ज़बान से उनको क्या लेना-देना।"

मेरे जी में आई, पूछूँ कि भाषा और विषय तो एक दूसरे के पाबन्द होते हैं, फिर ये कैसे हुआ कि कोई नए-नए विषय आविष्कृत करे लेकिन ज़बान ख़राब लिखे? मगर इतनी बड़ी गुस्ताख़ी का साहस न था। मैंने सोचा, 'बेदिल' के पर्दे में बात करें। कल 'बेदिल' की बात निकली भी थी। मैंने कहा, "हुज़ूर, एक ज़माने में तो मिर्ज़ा बेदिल के बड़े प्रशंसक थे..."

मेरी बात काटकर बोले, "प्रशंसक अब भी हूँ लेकिन उनकी भाषा का नहीं। बेदिल और नासिर और ग़नीमत–इनकी फ़ारसी क्या। हाथ कंगन को आरसी क्या।" उन्होंने कल्यान को पुकारा कि भिंडा दोबारा ताज़ा करो। मैंने रुकते-रुकते अर्ज़ किया, "डरता हूँ कि जिस तरह हुज़ूर इन शायरों को शेर के 'जगत बाहर' कह रहे हैं कहीं आप के साथ भी ज़माना वही सुलूक न करे।"

या तो लेटे हुए थे, या मिर्ज़ा साहब उठकर बैठ गए। फ़रमाया, "ये हो ही नहीं सकता। फ़ारसी ज़बान की मुहार मेरे हाथ में है तबीयत मेरी, सीधी राह चलने वाली है और काव्य समझ मेरी बिलकुल दुरुस्त। और मेरी भावभूमि तो ऐसी है कि लोग मेरे शेरों को रहती दुनिया तक पढ़ते और समझते फिरेंगे। अभी ये अहले हिन्द क्या जानेंगे और क्या समझेंगे।"

फिर उन्होंने अपना शेर पढ़ा :

पाय-ए-मन जुज ब चश्म-ए-मन नयायद दर नज़र
अज़ बुलन्दी अख़्तरम रोशन नयायद दर नज़र

(मेरी कोटि की ऊँचाई को सिर्फ़ मेरी ही आँख देख सकती है। मेरा तारा इतना ऊँचा है कि दूरी के कारण धुँधला नज़र आता है।)

ख़ुदा की क़सम वो समय और वो माहौल, वो उनके चेहरे पर बादशाहों का सा तेज़। भाव का वह नयापन और उक्ति में वो ज़ोर। मैं फ़ड़क ही तो गया। (इस घटना के वर्षों बाद मैंने किसी अंग्रेज़ी अख़बार में पढ़ा कि बहुत से सितारे हमसे इतनी दूर हैं कि उनकी रोशनी हम तक बहुत धुँधली और बहुत देर में पहुँचती है, हालाँकि असल में वो बहुत चमकीले हैं। तब मुझे उनका वो शेर याद आया। मैंने दिल में कहा, हे भगवान, क्या मिर्ज़ा साहब को उन बातों का भी ज्ञान था जो औरों के लिए रहस्य भरी थीं कि जिस कारण वो अपने शेर में ऐसा मज़मून ला सके?) लेकिन उस वक़्त तो मुझे उनको छेड़ना और उनसे कुछ सीखना मंज़ूर था। दिल खोलकर उनके शेर की प्रशंसा कर लेने के बाद मैंने कहा, "क़िब्ला हज़रत, ग़नी का लोहा तो मिर्ज़ा साहब तबरेज़ी भी मानते थे।"

"अजी साहबज़ादे, सायब क्या और उनका फ़ैसला क्या? अहले हिन्द के बीच रहते-रहते ख़ुद उनकी ज़बान भरोसे के काबिल नहीं रह गई थी। वो ईरान में जन्मे ज़रूर थे मगर शाहज़हानाबाद में बस गए थे। वह 'इन्तक़ाम क़सीदन' और 'इन्तक़ाम गिरफ़्तम' दोनों बोल गए। इन्तक़ाम गिरफ़्तम अनुवाद है हिन्दी मुहावरे इन्तक़ाम लेने का। फ़ारसी में ग़लत, बिलकुल ग़लत।"

"मगर पीरो मुर्शिद, अगर सायब की ज़बान में सन्देह है तो उर्फ़ी को क्या कहेंगे? उन्होंने भी तो उम्र का बड़ा हिस्सा अकबराबाद में गुजारा?"

"है है। उर्फ़ी का नाम तुम बीच में क्यों लाए। वो हमारा आदेशकर्ता है और हम पालनकर्ता।"

मैंने मदरसे में जो थोड़ा बहुत तर्क पढ़ा था उसके अनुसार तो मुझे मिर्ज़ा साहब की बात खुले तौर पर ग़लत मालूम होती थी। लेकिन मुझे उनसे ज़बान तो लड़ानी नहीं थी। कुछ सीखना ही था इसलिए मैंने कहा, "हज़रत, ख़ान-ए-आरज़ू का तो कहना था कि जिस तरह ईरान के भाषा ज्ञानियों की भाषा में कुछ संशोधन का अधिकार है उसी तरह हिन्दुस्तानी भाषाविदों को भी है।"

"मगर अहले हिन्द में भाषा ज्ञानी है कहाँ? क्या तुम क़तील को फ़ारसी का भाषाज्ञानी कहोगे जो हमा जा और हमा आलम जैसी अच्छी फ़ारसी को ग़लत बताता है और हेच नबूद की जगह हिन्दी का मुहावरा ख़ाक नबूद लिखता है?"

"हज़रत अहले हिन्द में और भी लोग हैं। अगर अमीर ख़ुसरो (अल्लाह उनकी कोटि को ऊँचा करे) पूरी तरह भरोसेमन्द हो सकते हैं तो बेदिल क्यों नहीं? हिन्द वाले पान सौ बरस से फ़ारसी लिख-बोल रहे हैं। क्या उनकी फ़ारसी अपनी जगह प्रामाणिक न मानी जाए? आख़िर सब ईरानी उस्ताद भी तो शीराज़ और इस्फ़हान के न थे। कोई बल्ख़ी है, कोई ग़ज़नवी, कोई बुख़ारी, कोई गंजवी।"

"देखो दंगा करने की बात और है वरना सीधी ख़ुदा लगती बात यही है कि हिन्द वालों को फ़ारसी नहीं आती। मेरा मुआमला और है। इस ज़बान से हमेशा-हमेशा की और जन्म-जन्मान्तर से रुचि के साथ ये भी तो है कि मेरा एक ईरानी उस्ताद भी था जिसने मुझे ये ज़बान गोया घोलकर पिला ही दी थी।"

इतना कहकर वो आँख बन्द करके लेट गए। शायद थक गए हों। मुझे ये भी ख़याल हुआ कि शायद मैं हद से आगे न बढ़ा हूँ। मैं आज्ञा के लिए उठने ही वाला था कि उन्होंने आँखें बन्द किए-किए फ़रमाया...

"अहले हिन्द की फ़ारसी पर उनकी अपनी भाषाओं का असर पड़ा है और पड़ना ही चाहिए था चाहे हिन्दी, चाहे ब्रज इसलिए उनकी फ़ारसी में ईरानियत नहीं।"

"लेकिन हज़रत सलामत ये भी तो ख़याल फ़रमाएँ कि जिस क़ौम ने ख़ुसरो, फ़ैज़ी, ग़नी, बेदिल, टेकचन्द बहार जैसे लोग पैदा किए हों, उसका भी तो फ़ारसी ज़बान पर हक़ होगा?" मैंने ज़रा ज़ोर देकर कहा।

"तुम इन बातों को न समझोगे। बहार ने ख़ान-ए-आरज़ू की छानबीन पर सौ जगह ऐतराज किया है, और सही किया है। लेकिन जहाँ वो भी अपने विचार पर जाता है, मुँह की खाता है। ज़बान के मुआमलों को अहल-ए-ज़बान ही समझ सकते हैं।"

"गुस्ताख़ी की क्षमा के साथ मैं पीरो मुर्शिद से यही कह सकता हूँ कि मेरे विचार में 'बहार' और 'ब्रह्मन' और 'बेदिल' जो दिन-रात फ़ारसी बोलते-लिखते और सोचते थे, उन्हें अहले ज़बान कहना चाहिए। मैं अपनी शंका फिर अर्ज़ करूँगा कि हज़रत सलामत अगर अहले हिन्द की फ़ारसी को बुरा कहते रहे तो कहीं ऐसा न हो कि लोग आपकी फ़ारसी को भी भरोसे के काबिल न समझें।"

उन्होंने लम्बी साँस ली और बोले, "आख़िर बच्चे हो और राजपूत बच्चे हो। तुम्हारी जिद का इलाज मेरे पास नहीं। अब जाओ, मैं कुछ देर आराम करूँगा।"

मैं सर से पाँव तक काँप उठा कि मैंने इन देवता समान बुज़ुर्ग को ख़फ़ा कर दिया। मैंने उनके पाँव पकड़ लिए और सर झुकाकर कहा, "ये ख़ंजर हाजिर है। इसे मेरे सीने में उतार दीजिए लेकिन मुझसे ख़फ़ा न होइए।"

मिर्ज़ा साहब ने लगभग फुसफुसाहट भरे लहज़े में कहा मानो अपने आप से बात कर रहे हों, "नहीं ख़फ़ा होने की कोई बात नहीं, हाय मोमिन क्या ख़ूब कह गया है...

नातुआनी से दम रुके तो रुके
मैं किसी से ख़फ़ा नहीं होता

मियाँ साहब, मैं ख़फ़ा नहीं हूँ। अपने दुर्भाग्य पर दुखी हूँ कि अब इस जगह से, इस देश से फ़ारसी का शौक़ उठता जाता है..."

ग़ालिब-ए-सोख़्ता जां रा चे बगुफ़्तार आरी
बदियार-ए-कि न दानन्द नजिरी ज़ेक़तील

(जान जले ग़ालिब को कि तुम यहाँ क्या बात करते हो। इस जगह तो लोग नज़ीरी और क़तील में भी कोई फ़र्क नहीं देखते।)

मुझसे कुछ जवाब न बन पड़ा। बस दिल ही दिल में ख़ुद को बुरा-भला कह रहा था कि मैंने अकारण ही उनको दुखी किया। एक पल की ख़ामोशी के बाद उन्होंने फ़रमाया, "हाँ मोमिन ख़ाँ कुछ हमारी तरह का ज़बान जानने वाला था, उसका हिन्दी शेर इस वक़्त ख़ूब याद आया। ये शख़्स अपनी तरह का अच्छा कहने वाला था। तबीयत उसकी नई-नई चीज़ें निकालती थी। अच्छा मियाँ अब तुम जाओ। फ़ुरसत हो तो कल भी इसी तरह आ जाना।"

"सर आँखों पर, मैं ज़रूर हाजिर हूँगा" कहकर मैं रुख़सत तो हुआ लेकिन रास्ते भर ख़ुद को ताने देता रहा कि मैं मिर्ज़ा साहब से विवाद में क्यों उलझा। दूसरी ओर ये सोचकर भी मैं कम रंजीदा न था कि मिर्ज़ा साहब जैसा प्रखर दृष्टि वाला कवि इस बात को मानने के लिए तैयार न था कि जब कोई भाषा अपने देश के बाहर फैलती है और विदेश वाले

लम्बी अवधि तक उसमें काव्य और गद्य लिखते और बातचीत करते रहते हैं तो विदेशियों की अपनी ज़बान और बाहर से आई हुई ज़बान में परिवर्तन अपरिहार्य है। और जब किसी देश में कोई बाहरी भाषा स्थापित हो जाती है तो फिर वो उस देश की भी हो जाती है। आख़िर अंग्रेज़ी भी तो है कि बड़ी तेज़ी से हमारे देश पर अपना प्रभाव स्थापित करती जाती है। अगर यही दिन-रात रहे तो सौ-दो सौ बरस में हिन्दुस्तानी लोग भी अंग्रेज़ी हो जाएँगे।

रही दूसरी बात कि बेदिल और ग़नी जैसे शायरों को मानने से इनकार करके मिर्ज़ा साहब अपने लिए भी अस्वीकार्यता का कारण बना रहे थे तो इस सम्बन्ध में मैं एक आगे की बात यहीं बता दूँ। जिन घटनाओं का मैं वर्णन कर रहा हूँ उनके कई वर्ष बाद मेरे दादा उस्ताद मौलाना फ़ारुक चिरैयाकोटी के एक सीधे और बड़े होनहार शार्गिद आज़मगढ़ के ही मौलवी शिब्ली साहब हुए। उन्होंने फ़ारसी काव्य का इतिहास पाँच खंडों में लिखा। ये खंड एक-एक करके 1909-1918 तक प्रकाशित हुए। (उनका देहान्त 1914 में हो गया था और अन्तिम खंड उनके बाद सामने आया।) मैंने बड़े शौक़ से वो खंड जब-जब प्रकाशित हुए तो मँगाए कि देखूँ इनमें हमारे मिर्ज़ा साहब के बारे में क्या लिखा है। लेकिन मुझे बड़ी निराशा हुई कि वहाँ मिर्ज़ा साहब तो क्या बेदिल और ग़नी और सरखुश और ख़ान-ए-आरज़ू का भी जिक्र नहीं। मैंने ये भी सुना कि शिब्ली साहब की नज़र में मिर्ज़ा ग़ालिब वग़ैरह की फ़ारसी प्रामाणिक न थी।

दूसरे दिन मिर्ज़ा साहब के वहाँ जाने के लिए मैं फ़तेहपुरी फलों के बाज़ार से गुजर रहा था कि देखा सारा बाज़ार काबुल के बढ़िया अंगूरों से पटा पड़ा है। मैंने एक बड़ी झाबी अंगूरों की मज़दूर के सर पर रखवा ली। मिर्ज़ा साहब की तबीयत उस वक़्त बिलकुल ठीक नज़र आई। शायद वो हल्का सा गुबार जो मेरे-उनके विवाद से उनके दिल में आया था वो छँट चुका था। अंगूर देखकर वो ख़ुश तो बहुत हुए लेकिन उनका पसन्दीदा फल और ही बात रखता था। फ़रमाया...

"बहुत बढ़िया फल लाए, बच्चों के काम आएँगे। एक दो दाने मैं भी खा लूँगा। लेकिन काश कि हर मौसम आम का मौसम होता। मैंने अपनी मसनवी में कहा है...

आम के आगे पेश जावे ख़ाक
तोड़ता है जले फफ़ोले ताक[1]

इसमें और शेर भी मज़े के हैं।"

मैं अभी इस शेर की सफ़ाई और अंगूर को जले हुए फफ़ोले के प्रतीक की प्रशंसा करने के लिए मुँह खोलने ही वाला था कि मिर्ज़ा साहब बोले, "मैं अंगूर तो मुफ़्ती आज़ुर्दा जैसे मौलवी लोगों को खिलाता हूँ। कुछ समझे क्यूँ?"

परीक्षा टेढ़ी थी मगर माँ सरस्वती ने लाज रख ली। मैंने झट मिर्ज़ा साहब का शेर पढ़ा...

ज़ाहिद अज़ मा खूश-ए-ताके बचश्म-ए-कम मबीं
ही नमी दानी कि यक पैमाना नुक़्सों कर्दएम

(हे धर्मभीरु मैंने जो आपको अंगूर का एक गुच्छा पेश किया है तो आप उसे तुच्छ न जानिए। अरे आपको ये नहीं मालूम कि आपको अंगूर 8का गुच्छा देकर मैंने एक प्याला शराब का नुकसान किया है।)

1. अंगूर।

अल्लाह उनको करवट-करवट जन्नत नसीब करे, मिर्ज़ा साहब मुस्कुराए और बोले, "कविता की अच्छी समझ वाला कोई हो तो तुम जैसा हो। शाम को आते तो मैं तुम्हें लिक्योर पिलाता कि उसका मज़ा ही आम जैसा होता है। रंगत बहुत सुन्दर, गाढ़ापन बिलकुल नहीं और ज़ायके की ऐसी मीठी जैसे मिसरी का पतला शरबत। और ये हिन्दुस्तानी गुड़छाल की छनी हुई शराब मुझे बिलकुल पसन्द नहीं।"

यहाँ मैं अपने पाठकों को बताना चाहता हूँ कि लिक्योर किसी ख़ास शराब का नाम नहीं। हर वो शराब जिसमें अल्कोहल हो और जो खाने के बाद पी जाए लिक्योर कहलाती है। सब लिक्योरें बहुत तेज़ ख़ुशबूदार और कम कड़वी होती हैं। मेरा अनुमान है कि मिर्ज़ा साहब का मतलब सर्तरुज (chartreuse) जो उस जमाने की बहुत प्रसिद्ध फ्रांसिसी लिक्योर थी। उसका रंग पीलापन लिए हुए हरा या हल्का पीला होता है। इस प्रकार आम के ़रस से इसकी समानता स्पष्ट है।

अब तक खाना लग गया था। खाने के बाद बेसन से हाथ धोए गए। फिर उसी तरह आँगन में पलंग और चौकी का इंतज़ाम हुआ। भिंडे का दौर चला और बातें शुरू हुईं। मैंने अर्ज़ किया...

"क़िब्ला हज़रत ने कल जो हकीम मोमिन ख़ाँ साहब के बारे में फ़रमाया था कि तबीयत उनकी मानी आफ़रीं थी यानी नई-नई चीज़ें निकालती थी। इस पर कुछ और फ़रमाएँ।"

वो ठंडी साँस भरकर बोले, "हाँ साहब, वो लोग भी ख़ूब थे और गोर शाही के पहले का ज़माना भी क्या ज़माना था। अब निज़ामुद्दीन ममनून कहाँ, ज़ौक़ कहाँ, मोमिन ख़ाँ कहाँ। एक मौलवी आज़ुर्दा और एक मैं, दोनों जीने से बेज़ार। न शेर कहने वाले हैं, न शेर समझने वाले। ख़ैर सुनो, पुराने लोग मानी आफ़रीनी से मुदार लेते थे कि शेर में कोई नई बात हो, कोई नया विषय हो, किसी पुरानी बात का कोई नया पहलू हो। वरना सामने की बात तो सब कह लेते हैं।

दन्दान-ए-तू जुम्ला दर दहानन्द
चश्मान-ए-तू ज़ेर-ए-अबरू आनन्द

(तुम्हारे दाँत सारे के सारे तुम्हारे मुँह में हैं और तुम्हारी आँखें तुम्हारी भौंहों के नीचे।)

कहने में कोई मज़ा नहीं। ये शायरी का कोई कमाल नहीं कि तुक को ध्यान में रखा और जिस तुक से कोई बात सूझी उसे बेखटके शेर में डाल दिया। इसीलिए मैं कहता हूँ कि शायरी तुक पर तुक बिठाना मानी आफ़रीनी नहीं है।"

थोड़ी देर चुप रहने के बाद उन्होंने ये दो शेर बड़े जोश और बड़े मज़े के साथ पढ़े...

1. *इशरत-ए-मानी-ए-नाज़ुक बदस्त आवुर्दनस्त*
   ईद-ए-मा-नाज़ुक ख़याल रा हिलाल ई अस्तवबश
2. *मी निहम दर ज़ेर-ए-पा-ए-फ़िक्र कुर्सी अज सिपिह्र*
   ता बकफ़ म आवरम यक मानी-ए-बरजस्ता रा

(1. हम लोगों का ऐश इस बात में है कि एक नाज़ुक ख़याल हाथ लग जाए, हम नाज़ुक ख़याल रखने वालों के लिए यही ईद का चाँद है और बस।)

(2. मैं अपनी सोच के पाँव के लिए आसमान को कुर्सी बनाता हूँ ताकि एक छूटे हुए मानी को अपने हाथ में लाऊँ।)

फिर मिर्ज़ा साहब ने फ़रमाया, "मियाँ सुनते हो। पहला शेर सायब का है, दूसरा क़लीम का। यह नाज़ुक ख़याल क्या है? ऐसा ख़याल जो बारीक़ और स्वच्छन्द हो जो बयान में आसानी से न आए। और जब शेर में उसे बाँध लिया जाए तो शेर के अपने शब्दों के सिवा किसी और तरह उसको बयान किया जाए तो वो बात न रह जाए। इसी को अबूतालिब क़लीम छूटे हुए मानी कहता है कि उसे हासिल करने के लिए आसमान की ऊँचाई पार करने जैसी मेहनत करनी पड़ती है। और वो मानी ऐसे होते हैं कि हाथ में आए तो आए नहीं तो छूट गए तो छूट गए। मैं इस कोने में बैठा हुआ एक फ़क़ीर मगर मेरी शायरी में ऐसी नई-नई चीज़ों की बहुतायत है कि जब कोई ऐसा मज़मून बाँध लेता हूँ तो ख़ुद झूमने लगता हूँ कि ऊँची बैठी हुई शाही चिड़िया को कैसे पकड़ा।"

मेरे मुँह से आप ही आप निकला...

आबबुवद मानी-ए-रोशन ग़नी
ख़ूब अगर बश्ता सवद गौहर अस्त

मिर्ज़ा साहब एक पल को ठिठके, फिर फ़रमाया, "हाँ अच्छी बात कही। नाज़ुक मज़मून बहता हुआ पानी है, मुट्ठी में नहीं आ सकता। आ जाए तो मोती ही कहलाए। और रोशन मानी से आशय है वो मज़मून ज़ो अपनी नवीनता के कारण ऐसे मोती की तरह चमकता हो जो सीपी से अभी-अभी निकला हो।"

"वाह-वाह कितनी ख़ूबसूरत व्याख्या है।" मैंने कहा।

फ़रमाया, "ख़यालबन्द शायर वो होता है जो नई और अछूती बातों की तलाश में दूर-दूर तक निकल जाने का साहस रखता हो। सबसे पहले ख़यालबन्द शायर मियाँ शाह नसीर थे। लेकिन जिस कवि ने इस कला को पूरे कमाल पर पहुँचाया वो शेख़ नासिख़ थे। और जैसा कि उनका नाम था 'नासिख़' अथवा रद्द करने वाला। उसी प्रकार वो पिछले तमाम तौर-तरीक़ों के रद्द करने वाले ठहरे। हम सब ने ख़यालबन्दी उन्हीं से सीखी। हाँ उनके काव्य में दुख की वो संवेदना नहीं जो मीर तक़ी 'मीर' साहब की ख़ास पहचान है।"

"फिर ख़यालबन्द शायर तो शायद ऐसा कुछ न कह सकेगा जो देखने में बहुत सरल हो लेकिन जब दूसरा कहने बैठे तो कह न पाए।" मैंने पूछा।

आपने फ़रमाया, "हाँ। मगर कोई-कोई लोग निभा भी लेते हैं। मैंने कोशिश की है और क़ामयाब भी हुआ हूँ लेकिन ख़ालिस ख़यालबन्दी के साथ सरल और पीड़ादायक या दृश्य को प्रभावित करने वाले शेर का जोड़ दरअसल है नहीं। इन दिनों ख़यालबन्दी का चलन इसीलिए कम होता जाता है। तुम्हारे कानपुर के पड़ोस में लखनऊ है। वहाँ हमारी तरफ़ और हमारी तरह का एक शायर है। उसी ने आजकल ख़यालबन्दी का चिराग़ बहुत रोशन कर रखा है।"

"प्रायः जनाब का आशय नवाब असग़र अली ख़ाँ नसीम देहलवी से है।" मैंने अर्ज़ किया।

"हाँ। और आदमी वो बड़े ठस्से वाले हैं। मुझे ऐसे लोग पसन्द हैं।" उन्होंने फ़रमाया, "तुमने उनका शेर सुना होगा...

मज़मून के भी शेर अगर हों तो ख़ूब है
कुछ हो नहीं गई ग़ज़ल-ए-आशिकाना फ़र्ज़

मैं भी कहता हूँ कि केवल विरह और मिलाप की बातों के आगे भी तो कुछ होगा। उसे क्यों न टटोला जाए। 'नज़ीरी' क्या ख़ूब कहता है...

हज़ार रंग दरीं कारखाना दरकार अस्त
मगीर नुक्ता नज़ीरी हमा निकू बस्तन्द

(इस कार्यशाला में हज़ार रंग अपनी-अपनी भूमिका में हैं, ए नज़ीरी तुम कुछ खोट न निकालो सब चीज़ें अपनी-अपनी जगह पर ठीक बनी हुई हैं)

तो मियाँ दुनिया तो बहुत बड़ी है। हमें चाहिए कि अपनी तंग आँखों को खोलें।"

मुझे मिर्ज़ा साहब क़िब्ला का शेर याद आ गया...

हसद से दिल अगर अफ़्सुर्दा[1] है गर्म-ए-तमाशा हो
कि चश्म-ए-तंग शायद कसरत-ए-नज़्ज़ारा से वा हो[2]

उन्होंने मुस्कुराकर फ़रमाया, "शेर तो आपको ख़ूब याद है। लेकिन देखिए कहीं नाम के रुसवा से बढ़कर आप गली-बाज़ारों में रुसवा न हो जाएँ। ग़ालिब के चाहने वाले बहुत हैं लेकिन उसका बुरा चाहने वाले भी कम नहीं।"

मैंने कहा, "जनाब को पाक परमेश्वर ने ऐसा बनाया कि सारा संसार आपसे ईर्ष्या रखता है। इसकी क़ीमत तो अदा ही करनी होगी।"

मिर्ज़ा साहब चुप हो गए। मुझे डर लगा कि मैं हद से आगे तो नहीं बढ़ गया। लेकिन वो किसी सोच में थे। मैं भी दम साधे रहा। उन्होंने थोड़ी देर बाद सर उठाया। इरशाद हुआ, "एकाग्रता और ठहराव कम, बिखराव ज़्यादा। आत्म अभिमान और घमंड भरी आत्मा और अनिच्छा ये सब मुझमें ईश्वर प्रदत्त हैं फिर दुख क्यों न उठाऊँ। मिर्ज़ा बेदिल कह गए हैं...

ज़िन्दगी दर गर्दनम उफ़्ताद बेदिल चारा नीस्त

(ए बेदिल ज़िन्दगी मेरे गले पड़ गई है अब चारा ही क्या है)

लेकिन चारा न होने के मज़मून पर मुझे बेदिल का एक और शेर बहुत अच्छा लगता है।" फिर उन्होंने एक अजब स्वाभिमानी और दर्द भरे लहज़े में शेर पढ़ा, मानो अपने दाग़ों भरे दिल पर वो जितने दुखी हैं उतना ही घमंड भी उन्हें है...

बेदिल जे जिगर सोख़्तगी चारा न दारम
बा दाग़ मरा लाला सिफ़त अहद-ए-क़दीम अस्त

(ऐ बेदिल मुझे जिगर जलाने के सिवा कोई चारा नहीं। लाले के फूल की तरह दाग़ के साथ मेरी भी वचनबद्धता है।)

फिर इरशाद हुआ, "ज़बान और मुहावरे की बात और है लेकिन ये शख़्स मज़मून का बादशाह था।"

मिर्ज़ा साहब फिर चुप से हो गए। शायद शेर की कैफियत में गुम थे। इतनी देर में भिंडा दोबारा ताज़ा होकर आ गया।

पीरो मुर्शिद का ध्यान मेरी तरफ़ हुआ, "हुज़ूर कल शाम को हाज़िर होने की आज्ञा मिले। परसों सुबह की डाक से मैं इंशाअल्लाह चला जाऊँगा।"

---

1. बुझा हुआ, 2. खुल जाए।

उन्होंने फ़रमाया, “अरे अभी आए, अभी चले। ऐ लो, मियाँ जौक़ का शेर याद आ गया...

लेते ही दिल जो आशिक़-ए-दिल सोज़ का चले
तुम आग लेने आए थे क्या आए क्या चले

क्या नौकरी पर वापस जाने की जल्दी है?”

मैंने अर्ज़ किया, “जी जल्दी तो कोई ख़ास नहीं लेकिन...”

“तो क्या घर पर कोई राह देख रहा है?”

मेरे दिल पर चोट सी लगी आँखें भीगने लगीं, “आलाहज़रत घर है ही नहीं। कानपुर में रहता ज़रूर हूँ लेकिन परदेशी और बेघर का हूँ।”

मेरा यह हाल देखकर मिर्ज़ा साहब ने बड़े नर्म लहज़े में लेकिन बार-बार ज़ोर देकर मेरी बात का विस्तार पूछा। मैंने भी मज़बूर होकर सब बता दिया। वो बिलकुल सन्नाटे में आ गए। कुछ देर बाद बोले, “तो तुम भी भोर भये की वायु की तरह बेघर और बर्बाद हो। जभी तो मैं कहूँ कि दर्द का मज़ा चखा हुआ ये दिल इस बच्चे को कहाँ से मिला। रुकते तो अच्छा था लेकिन तुम्हारी मर्जी। हो कल शाम को ज़रूर आ जाना।”

मैं वादे के मुताबिक अगले दिन शाम ढले मिर्ज़ा साहब की हवेली पर पहुँचा। कई लोग पहले से मौज़ूद थे। एक साहब जो काफी उमर वाले थे और जिनकी लम्बी दाढ़ी भी थी मिर्ज़ा साहब से कुछ पूछ रहे थे। छात्र तो नहीं लेकिन कहीं मदरसे के अध्यापक लगते थे। ग़ालिब साहब ने फ़रमाया, “ज़रा वो शेर फिर पढ़िए मियाँ ‘रुसवा’ भी सुन ले।”

“हज़रत, ‘खाक़ानी’ का शेर है,” उन्होंने मेरी तरफ़ देखते हुए कहा, “मुलाहिजा हो...

दस्त आब दिह-ए-मुजाविरानश।
अर्जन दिह-ए-बुर्ज-ए-कूतरानश॥

इसका अर्थ मुफ़्ती आज़ुर्दा साहब कुछ बताते थे, लेकिन मैं ठीक से समझा नहीं।”

मिर्ज़ा साहब ने इरशाद किया, “समझें भी तो आप कैसे ये शेर मसनवी ‘तुहफ़तुल इराकएन’ का है। इससे पहले वाले शेर से ये शेर जुड़ा हुआ है। वो सामने न हो तो मतलब क्या ख़ाक निकले।” फिर एक क्षण सोचकर उन्होंने शेर पढ़ा...

रुह अज़ प-ए-आबरु-ए-ख़ुद रा
ख़ुल्द अज़ प-ए-रंगो-बू-ए-ख़ुदरा

“कहिए, अब कुछ समझे?”

“जी, अब कुछ-कुछ बात खुल रही है।” मौलवी साहब बोले।

“सुनिए” मिर्ज़ा साहब बोले, “ये शेर काबा शरीफ़ की शान में है। उस्ताद फ़रमाते हैं, आत्मा अपना सम्मान बढ़ाने के लिए काबा शरीफ़ के सेवकों को वज़ू का पानी देती है और जन्नत का बाग़ अपने लिए रंग और ख़ुशबू हासिल करने के लिए उन कबूतरों को जो काबा शरीफ़ की छत पर बैठे हुए हैं दाना खिलाता है।”

मौलवी साहब बोले, “वाह, वाह अब बात बिलकुल समझ में आ गई लेकिन कुछ लोग कहते हैं कि ‘दस्त आब दिह’ हमारे रसूल मुहम्मद साहब की उपाधि है?”

मिर्ज़ा साहब ने जवाब दिया, “देखो इन दोनों शेरों में कर्ता मौज़ूद है। एक तो रुह या आत्मा जो वज़ू का पानी देती है और दूसरा ज़न्नत का बाग़ जो दाना खिलाता है। तो यहाँ कौन सा संकेत जनाब पैग़म्बर मुहम्मद साहब का हो सकता है?”

"जी। संकेत तो कोई नहीं लेकिन एक जगह ख़ाकानी ने जनाब रसूलउल्लाह के लिए 'दस्त आब दिह' कहा है। लोग इसी से निष्कर्ष निकालते हैं।"

"ठीक, लेकिन ख़ाक़ानी का पूरा वाक्य है 'दस्त आब दिह-ए-रिसालत' यानी रसूल होने की पदवी को वज़ू के द्वारा और भी चमकाने वाला। बेशक ये गुण तो आख़िरी नबी यानी हमारे रसूल मुहम्मद साहब का हो सकता है लेकिन इससे 'दस्त आब दिह' के मानी नहीं बदलते। दस्त आब के मानी है वज़ू का पानी। इसलिए 'दस्त आब दिह' का अर्थ हुआ वज़ू का पानी देने वाला। इसके अलावा और कोई अर्थ नहीं हो सकता।"

मौलवी साहब चुप हुए तो मिर्ज़ा साहब दूसरे आगन्तुक की तरफ़ ध्यानाकर्षित हुए। कई लोग जमा थे। मालूम हुआ आज दास्तानगोई की महफ़िल है। कभी उर्दू, कभी फ़ारसी में अमीर हमजा की दास्तान सुनी जाती है। मुझे ज़रा आश्चर्य हुआ कि मिर्ज़ा साहब को इन चीज़ों का भी शौक़ है। ख़ैर, दास्तानगो तशरीफ़ लाए। खाना हुआ, इसके बाद दास्तानगो साहब एक मसनद की टेक लगाकर कुछ ऊँची जगह पर बैठे। पहले उन्होंने अपने लिए अफ़ीम का घोल तैयार किया। उसमें रूई की बत्ती डालकर एक दो चुस्कियाँ लीं। फिर दास्तान शुरू हुई। शायद मेरा ख़याल करके आज शाह-ए-हिन्दुस्तान लंधौर बिन शादान का बयान था। दास्तान गो साहब क्या थे मानो एक कल की गुड़िया थी कि पल-पल रंग बदलती थी। हर लहज़े पर नियन्त्रण और हर प्रकार के शब्दों में महारथ। रज़्म अथवा युद्ध, बज़्म अथवा प्रेम-विलास, तिलिस्म अर्थात जादू और सबसे बढ़कर ऐय्यारी के वो-वो किस्से कि लोग चौंक-चौंककर अपनी जेबें टटोलते कि कहीं उमर ऐय्यार ने हमारी भी तो जेबें नहीं उड़ा दीं।

गई रात तक बैठक जमी रही। मिर्ज़ा साहब ने कुछ आँसू भरी सी आँखों के साथ मुझे विदा किया। बाहरी दरवाज़े तक छोड़ने आए। फिर आने और ख़त लिखने के लिए ज़ोर देकर कहा। इधर वो अन्दर तशरीफ़ ले गए, उधर कल्लू दारोग़ा ने एक रेशमी थैली मेरे हाथ में पकड़ा दी कि नवाब साहब ने सफ़र का ख़र्च प्रदान किया है। मैं भौंचक्का रह गया लेकिन इनकार करने का न साहस था और न अवसर। सराय पर आकर देखा तो थैली में बादशाही ज़माने के इक्यावन रुपए थे।

उस एक बार के सिवा मैं कभी दिल्ली न जा सका। ख़त लिखते मुझे शर्म आती थी, लेकिन साल में एक-दो बार कोई तोहफ़ा मिर्ज़ा साहब के लिए भेजवा दिया करता और दुआ की दरख़्वास्त करता। कभी मलीहाबाद के आम और जौनपुर की इमरतियाँ कभी अपने मुबारकपुर की लुंगियाँ और पगड़ियाँ। कभी-कभी एक आध ग़ज़ल हिम्मत करके भेज देता। लेकिन उन्होंने संशोधित ग़ज़ल कभी वापस नहीं की। शायद वो मुझे शागिर्द नहीं बल्कि अपने साथ उठने-बैठने वाला चाहे कुछ छोटा ही समझे होंगे। कोई भी सम्बन्ध उनसे होता, मेरे लिए बहुत होता...

फिल जुम्ला निस्बतें ब तू काफ़ी बुवद मरा
बुलबुल हमीं कि काफ़िया-ए-गुल शवद बस अस्त

(कुल मिलाकर तुम्हारे साथ मेरा एक सम्बन्ध ही बहुत है चाहे जैसा हो, बुलबुल के लिए यही बहुत है कि उसका तुक गुल से बैठता है) वो मुझे अपना दोस्त अनुमान करते थे तो मेरे लिए इससे बड़ा सम्मान क्या मुमकिन था।

1868 में अंग्रेज़ों की पकड़-धकड़, लूट-मार और कत्लेआम के पूरे दस साल बाद मुझे अपने कुम्हार दोस्त से ख़बर मिली कि मेरी ज़मीनें छोड़ दी गई हैं और मेरे घराने को मुआफ़ी मिल गई है। वहाँ मेरे घराने में था ही कौन जो इस मुआफ़ी से लाभान्वित होता? जिस गढ़ी में मेरे पूर्वज ढाई सौ बरस रहे थे उसे टूटा-फूटा खंडहर देखने के बाद मेरे लिए भी वहाँ रहा ही क्या था। मेरी माँ के एक रिश्तेदार बनारस में दुर्दिन भरा जीवन गुज़ार रहे थे। मैंने उन्हें बुलाकर सारी जायदाद उन्हें बेक़ीमत हस्तान्तरित कर दी। कानपुर में मुझे अकेलेपन के सिवा कोई दुख, कोई कष्ट न था। शादी मैंने की नहीं। शायरी ख़ूब चल निकली थी। तोप के कारख़ाने में वेतन अच्छा था। इज़्ज़त से बशर हो जाती थी।

एक दिन फ़रवरी 1869 की कोई तारीख़ थी जब मैंने अवध अख़बार में पढ़ा कि बुलबुल-ए-हिन्द, नजमुद्दौला, नवीरुलमुल्क मिर्ज़ा असदुल्लाह ख़ान ग़ालिब अपने सच्चे मालिक से जा मिले। मैंने ठंडी साँस भरी और चुप हो गया। दिल में कहा, मिर्ज़ा साहब फ़रमाते थे, देश काल के सृजनहार से गद्य और पद्य के राज का काज और नियंत्रण बहुत अच्छी तरह हो चुका। अब अगर वो चाहेगा तो मेरा नाम प्रलय तक रहेगा। मेरे दिल ने कहा 'आमीन' ऐसा ही हो :

लिखा रहे सौ बरस तक जो लिख जाए कोय
लिखने हारा बावला से गल-गल मिट्टी होय

मिर्ज़ा साहब का नाम उनके बाद और भी चमका। उनके शागिर्द ख़्वाजा अल्ताफ हुसैन 'हाली' ने यादगार-ए-ग़ालिब नामक किताब लिखकर 1897 में छपवाई। इसके ख़ूब चर्चे रहे। शिब्ली साहब ने फ़ारसी मिर्ज़ा साहब की न मानी तो क्या, हाली साहब ने तो यहाँ तक कह दिया कि कोई विदेशी भी फ़ारसी ज़बान पर पूरा-पूरा अधिकार रख सकता है और मिर्ज़ा साहब को ये अधिकार प्राप्त था। लाहौर में मौलाना मुहम्मद हुसैन 'आज़ाद' ने 1880 में अपनी किताब 'आब-ए-हयात' छपवाई तो उसमें मिर्ज़ा साहब की बातें ऐसे मज़े-मज़े की लिखीं कि लोगों में मिर्ज़ा साहब का नाम अपने दोस्तों का सा जाना-पहचाना हो गया। अभी कुछ बरस पहले पटने के कोई साहब हैं सलाहुद्दीन ख़ुदाबख़्श, उन्होंने मिर्ज़ा साहब की तुलना जर्मन के किसी बहुत बड़े शायर से की है और लिखा है कि मिर्ज़ा साहब उनसे बढ़कर हैं।[1]

मैंने कहीं सुना कि भोपाल में कोई होनहार नौजवान बिजनौरी नामक हैं उन्होंने मिर्ज़ा साहब के बारे में कुछ लिखा है और साबित किया है कि हमारे सायब की कोटि यूरोपीय कवि से कम नहीं। लेकिन उनकी ये पुस्तक अभी प्रकाशित नहीं हुई है। सुना जाता है कि बिजनौरी साहब इन दिनों बहुत बीमार हैं, परमात्मा उन्हें स्वस्थ करे।[2]

थोड़ी बहुत अंग्रेज़ी मैंने भी पढ़ी है। इतना तो मैं डंके की चोट पर कह सकता हूँ कि मैंने किसी अंग्रेज़ी कविता में वो रवानी और शोख़ी नहीं देखी जो मेरे मिर्ज़ा साहब क़िब्ला

---

1. ये लेख 1910 में छपा था। इसमें सलाहुद्दीन ख़ुदाबख़्श ने ग़ालिब को जर्मनी के महान रूमानी कवि 'हाइना' (Heine) से बढ़कर बताया था।
2. अब्दुर्रहमान बिजनौरी की जिस पुस्तक का जिक्र बेणीमाधव 'रुसवा' ने किया है वह अधूरी रही। और बिजनौरी के निधन के बाद 'महासिन-ए-कलाम-ए-ग़ालिब' के नाम से नुस्ख़ा-ए-हमीदिया की भूमिका के तौर पर भोपाल 1921 में प्रकाशित हुई और वो ग़ालिब आलोचना में महत्त्वपूर्ण स्थान रखती है। बिजनौरी का निधन केवल तैंतीस साल की आयु में 1918 में हो गया।

के बहुधा शेरों में मिलती है। मुझसे सच्चा प्रेमभाव रखने वाले दोस्तों हज़रत नव्ज नादिर अली ख़ाँ 'नादिर' क़ाकोख़ी और हज़रत दुर्गा सहाय 'सुरुर' जहानाबादी ने अंग्रेज़ी से ढेर सारे अनुवाद करके ऊर्दू को मालामाल किया है। लेकिन मैं दबी ज़बान से कहने का साहस करता हूँ कि उनकी अनुवादित कोई भी कविता मिर्ज़ा नौशा ग़ालिब साहब या मीर तक़ी मीर साहब के दर्ज़े को नहीं पहुँचती। दूसरी भाषा से अनुवाद करने में कुछ न कुछ जाया अवश्य होता होगा, ये बात भी है।

मिर्ज़ा साहब के कठिन शेरों के मानी तो लोग ख़ुद उनसे भी पूछ लेते थे, लेकिन उनके 50 से ऊपर ऊर्दू शेरों पर टिप्पणी दुर्गा प्रसाद साहेब नादिर देहलवी के एक योग्य शिष्य मियाँ हिल्म बरेलवी ने लिखी। सुना गया कि उनके सारे काव्य पर टिप्पणी ख़्वाजा बदरुद्दीन राक़िम ने हैदराबाद जाकर लिखी थी परन्तु उसके छपने की नौबत न आई। फिर हैदराबाद ही से मौलवी सैयद अली हैदर नज़्म तबातबाई ने अपनी टिप्पणी प्रकाशित की जो दूर-दूर तक फैली।

मौलवी साहब के ज्ञान और शेर को समझने की क्षमता में सन्देह तो किसी को नहीं हो सकता लेकिन उनकी टिप्पणी को पक्षपात के बग़ैर पढ़िए तो साफ़ मालूम होता है कि उन्हें स्वर्गीय मिर्ज़ा साहब से कुछ हार्दिक बैर है। प्रशंसा वह ख़ूब करते हैं, समझ बूझ से भरे हुए बारीक़ बिन्दु अच्छे निकालते हैं। परन्तु यह भी लगता है कि बेवजह की बुराई निकाले बग़ैर उन्हे चैन नहीं पड़ता।

कुछ दिन हुए एक अलीगढ़ के बी. ए. पास साहेब ने जो कानपुर ही में निवास करते हैं मिर्ज़ा साहब के दीवान के साथ किसी-किसी शेर पर टिप्पणी भी प्रकाशित की है। हसरत मोहानी उनका नाम है। इन दिनों राष्ट्रीय आन्दोलन में हिस्सा लेने के कारण जेल में हैं। बड़े योग्य और गर्मागर्म व्यक्ति हैं। उनकी टिप्पणियाँ बहुत छोटी परन्तु सटीक और सोच-विचार को प्रेरित करती हैं। हसरत मोहानी साहब शेर-ओ-शायरी में भी अच्छी रुचि रखते हैं। मुंशी तस्लीम लखनवी के शागिर्द हैं। इस तरह नवाब नसीम देहलवी उनके दादा उस्ताद ठहरे। मुंशी तस्लीम साहब का एक शेर मुझे मज़ा देता है...

मैं तो हूँ तस्लीम शागिर्द-ए-नसीम-ए-देहलवी
मुझको तर्ज़-ए-शायरान-ए-लखनऊ से क्या ग़रज

इन दिनों लखनऊ दिल्ली में फिर थोड़ी बहुत ठनी हुई है। हालाँकि मीर इन्शाअल्ला ख़ाँ इंशा ने तो साफ़-साफ़ केवल उन्हीं लखनऊ वालों को ध्यान का पात्र बताया है जो सीधे दिल्ली से आए हों और लखनऊ में जिनके घर पचास बरस से ज़्यादा पुराने न हों। और ये उन्होंने 1807 में कहा जब अवध पर नवाब शआदत अली ख़ाँ मिर्ज़ा मंगली का राज था। वो स्वर्गवासी शायद अपनी ज़बान को दिल्ली की ही बोली समझते थे। इतना तो मैं भी कह सकता हूँ कि हमारे मिर्ज़ा साहब में ऐसा कोई भेदभाव न था। वो लखनऊ के दोनों उस्तादों शेख़ नासिख़ और ख़्वाजा आतश को बराबर से मानते थे। एक बार अनजाने में उन्होंने लखनऊ के मिर्ज़ा रजब अली बेग सुरूर की कृति 'फ़साना-ए-अज़ायब' पर बड़े सख़्त जुमले कहे थे लेकिन उनके इस कथन में कोई पक्षपात न था। अपनी राय उन्होंने बेलाग जाहिर की थी। ये ज़रूर है कि मिर्ज़ा साहब ख़ुद अपनी भाषा के बारे में कहते थे कि वह औरों की अपेक्षा ज़्यादा स्वच्छ और मुहावरेदार है।

स्वर्गीय मिर्ज़ा साहब के निधन की तारीख़ें बहुत कही गईं। मौलवी हाली ग़ज़ब ने मर्सिया कहा। मेरा जी बहुत चाहा कि मैं भी मर्सिया कहूँ लेकिन कभी एक दो पंक्तियों से आगे न बढ़ सका। पता नहीं क्यों मुझे रोना आने लगता, मानो मैं अपने बाप-दादा का भी मर्सिया कह रहा हूँ।

मिर्ज़ा साहब के गुज़रने की ख़बर के कई दिन बाद तक मेरी समझ में न आता था कि मिर्ज़ा साहब का मातम करने के लिए किसके यहाँ जाऊँ। आख़िर दादा मियाँ की दरगाह पर पाँच सेर मिठाई और पाँच सेर की शीरमालें फ़ातिहा कराईं और वहीं सबमें बँटवा दीं। घर आकर मिर्ज़ा साहब की यादगार उनकी लिखाई को आँखों से लगाकर दो आँसू रो लिया।

आज जबकि नवम्बर 1918 की अन्तिम तिथि है, मैं अंग्रेज़ी हिसाब से अठहत्तर बरस का हो गया। इतनी उम्र बहुत होती है, उम्मीद है कि जल्द ही मेरा बुलावा आ जाएगा। कहने की बातें तो और भी थीं...

गुफ़्ती कि चिरा हाल-ए-दिल-ए-ख़ेश न गोई
मन ख़ुद कुनम आग़ाज ब पायाँ कि रसानद

(आपने पूछा कि तुम अपने दिल का हाल क्यों नहीं कहते? मैं शुरू तो कर दूँ लेकिन इसे अन्त तक कौन पहुँचाएगा)

मैंने वही बातें लिखी हैं जिनसे पाठक (अगर इन बिखरी-बिखरी बातों का कोई पाठक हुआ) को ये तो मालूम हो कि मैं कौन था और किन-किन से बात करने का सम्मान मुझे प्राप्त रहा है। बीती बातों को पचास से अधिक वर्ष होने को आए, लेकिन लगता है अभी-अभी इन्हें स्वप्न में देखकर उठा हूँ। मेरे माँ-बाप की मनमोहनी सूरतें, दादा जान और मौलवी ख़ादिम हुसैन नाज़िम के नूरानी चेहरे, पँवाया राज की सरहद पर अंग्रेज़ी फ़ौजों के झुंड और डंकाशाह का मातम करती हुई और पँवाया के राजा को कोसती हुईं औरतें।

मिर्ज़ा साहब का रोबदार व्यक्तित्व जिसमें बला का सौन्दर्य भी था और शोख़ी के साथ अजब तरह की उदासी भी। नवाब ज़ियाउद्दीन ख़ान और मुंशी शिवनारायण 'आराम' मीर आज़िम अली दास्तानगो। दिल्ली के उजड़े-पुजड़े कूचे और बाज़ार जिनमें फिर भी गर्व और सर को उठाए रखने की शान थी।

और वो जिसके घर मैंने शरण पाई, मेरा कुम्हार दोस्त। और वो जिसे भी 1857 ने खा लिया। जिस पर कभी मेरी आँख पड़ती थी। शाह हातिम साहब ने शायद हम जैसों ही के लिए कहा था...

उस वक़्त दिल मेरा तेरे पंजे के बीच था
जिस वक़्त तूने हाथ लगाया था हाथ को
सब जान-ओ-तन मिला था न था कुछ ख़लल मगर
दोनों के दिल उस आन तरसते थे बात को

अंग्रेज़ इतनी बड़ी लड़ाई हारते-हारते जीत गया। जर्मन की भी पराजय हुई। मिर्ज़ा साहब फ़रमाते थे कि ग़ौसी अलीशाह साहेब का कौल था, अंग्रेज़ का इक़बाल बुलन्द है इसलिए उसकी औरतों पर भूत-प्रेत भी नहीं आता। अब मैं अपने जीते जी तो इस इक़बाल में ग्रहण लगते न देख सकूँगा। अल्लाह बस बाक़ी हवस।

सवार

वह मेरे लिए नहीं रुकेगा और क्या आश्चर्य? वह मेरे लिए नहीं रुकेगा कि खड़ा हो और देखे। मैंने उसका हाथ हिलाया और अपना हृदय दो फाड़ कर दिया और अपना आधा जीवन अपने रास्तों पर भटकता रहा।

—ए.ई. हॉसमान

दीये की रोशनी मद्धिम थी, या यूँ कहें कि ज़र्द और दूदी थी। इस शब्द को लिखकर मैं ज़रा मुस्कुराया हूँ। यह हकीमी का एक पारिभाषिक शब्द है और मुझे इसका अर्थ जाने हुए कुछ ही दिन हुए थे। हकीम शरीफ़ ख़ाँ साहब (उनका साया दूर-दूर तक फैले) कभी-कभी हमारे मदरसे में अध्यापन करने का कष्ट करते हैं। पिछले रविवार को आपने नाड़ी पहचानने की कला पर बहुत समग्र व्याख्यान दिया था। व्याख्यान क्या था, पढ़ने और पढ़ाने का उदाहरण स्वरूप पाठ था। एक बड़ी उम्र का विद्यार्थी शैख़ुर्रईस बू अली सीना की किताब से एक वाक्य पढ़ता। अगर पढ़ने में उससे ग़लती होती, या ख़ुद किताब ही में कोई लिखाई की त्रुटि होती तो क़िब्ला हकीम साहब उसका संशोधन करते। फिर वो अरबी वाक्य का फ़ारसी में अनुवाद करते। लेकिन उस वाक्य की बारीकियाँ वो अरबी ही में समझाते। इसके बाद हर छात्र को हुक्म होता कि अपने साथी की नाड़ी देखकर उन विशेषताओं के प्रकाश में उस पर टिप्पणी करो जिनका वर्णन शैख़ुर्रईस के सबक़ में है। टिप्पणी करने के लिए फ़ारसी ही नहीं हिन्दी भी बोलने की अनुमति थी। कभी-कभी कोई झिझकता कि नाड़ी की पहचान करने में कोई भूल न कर जाऊँ या किसी ऐसे रोग का जिक्र न कर बैठूँ जिसे वो छात्र छिपाना चाहता हो। ऐसी सूरत में हकीम साहब झिझकने वाले लड़के की ही नाड़ी पर हाथ रखकर नाड़ी को तरह-तरह से दबाते कि हर बार उसका सरगम बदल जाता और हकीम साहब उस लड़के से कहते कि अपनी गर्दन में दाईं तरफ़ मुख्य नस यानी शाहरग के पास उँगली रखो और वहाँ पर नाड़ी के बदलते सरगम को महसूस करके उस पर टिप्पणी करो। ये और भी मुश्किल काम था मगर मज़े से वंचित न था। इसी सबक़ में टूटी नाड़ी का बयान था, यानी ऐसी नब्ज जो बिलकुल निर्बल और थरथराती हुई हो जैसे बुझते चिराग़ से उठती धुएँ की हल्की लकीर। एक राय यह भी थी कि 'दूदा' अरबी में कीड़े को कहते हैं और दूदी नाड़ी वो है जो कीड़े की तरह बहुत धीमी चले। लेकिन हम लोगों को चिराग़ के धुएँ वाली बात ही ज़्यादा अच्छी लगती थी।

बस वही हाल मेरे दीये का था, फिर उसके ऊपर गर्मी। अगर पंखा झलूँ तो किताब्र के पृष्ठ उठें और उससे बदतर ये कि चिराग़ की लौ और भी झिलमिला जाए। मरता क्या न करता, पसीना आँखों और मुँह में आने लगता तो आस्तीन से पोंछकर फिर अपने पाठ के पृष्ठ पर नज़र गाड़ देता। तफ़्ताज़ानी की 'मुतब्वल' का वो बिन्दु मुझ पर स्पष्ट ही न

होता था। अल्लामा तफ़्ताज़ानी का कहना था कि उक्ति का अर्थ निर्भर करता है बोलने वाले के इरादे और उद्‌देश्य पर, और जिससे वह बात कही जाए उसके मानसिक भाव पर। उन्होंने उदाहरण भी दिए थे। मेरा सबक़ ये था कि उनके बताए हुए सिद्धांत को अपने उदाहरण की रोशनी में सिद्ध करूँ, या अल्लामा के कथन पर कोई आपत्ति लाऊँ। आज बृहस्पतिवार की रात थी, सबक़ खत्म कर लेता तो घर जाने की छुट्टी थी। लेकिन अल्लामा का सिद्धान्त ही ठीक से समझ में न आता था, अपने सिद्धान्त कहाँ से गढ़ता या अल्लामा पर आपत्ति कहाँ से करता।

मैं मस्जिद फ़तेहपुरी के ज़रा पीछे हमारे बुज़ुर्ग और हमारे प्रमाण शाह अब्दुर्रहीम साहब फ़ारूक़ी (उन पर ख़ुदा की रहमत और बख़्शिस हो) की ख़ानकाह में उन्हीं द्वारा स्थापित मदरसा रहीमिया का छात्र था। हज़रत बड़े शाह साहब तो 1131 हिजरी (1719 ई.) में ही इस दुनिया से कूच कर चुके थे। उनके बाद मदरसे की अध्यक्षता उनके बड़े बेटे हकीमों में सबसे बड़े हकीम, आलिमों में सबसे बड़े आलिम, ख़ुदा को पहचानने वाले सूफ़ियों के मार्गदर्शक इज़रत शाह वलीउल्लाह साहब मुहद्‌दिस देहलवी के मुबारक हाथों में आई। मुझ नाकारा को उनके व्याख्यानों को सुनने का सौभाग्य कोई दो बरस तक मिला। मातम और सौ-सौ बार मातम का मुकाम है कि चन्द महीने पहले 1176 हिजरी (1762 ई.) में हमारे हज़रत शाह वलीउल्लाह साहब भी ख़ुदा से जा मिले। दिल्ली के तमाम छोटे-बड़े लोगों में अब तक उनका शोक मनाया जा रहा है। मदरसे की बागडोर अब अपने वक़्त के ग़ज़ाली समान और आज के सबसे बड़े मुहद्‌दिस हज़रत शाह अब्दुल अजीज़ साहब (ख़ुदा उनकी बड़ाइयों को क़ायम रखे और लोगों को उनसे दूर-दूर तक लाभ मिले) के शुभ हाथों में है।

उस वक़्त मेरी उठती उम्र थी, यही कोई पन्द्रह बरस का रहा होऊँगा। मसें भीग रही थीं, हाथ-पाँव अपने स्वर्गीय पिता की तरह अच्छे निकाले थे। मेरे पिता (अल्लाह उन्हें करवट-करवट जन्नत नसीब करे) आला हज़रत शाह आलम द्वितीय के साथ लड़ते हुए बिहार की एक छोटी-सी लड़ाई में शहीद हुए थे। उस वक़्त आपने अबुल मुजफ़्फ़र जलालुद्‌दीन मुहम्मद शाह आलम सानी (ख़ुदा उनके मुल्क और उनकी शक्ति को हमेशा क़ायम रखे) के शुभ नाम के साथ हुकूमत के तख़्त को सुशोभित न किया था। उन दिनों आपकी शहज़ादगी के शुभ ज़माने थे और आपकी उपाधि साहब-ए-आलम और आपका शुभ नाम शाहज़ादा आली गुहर था। मेरी आयु कोई तीन साल की रही होगी और मेरी बहन बस उसी समय पैदा हुई थी। हम दोनों के नाम ख़ैरुद्‌दीन और सीत्तीबेगम उन्हीं के रखे हुए हैं। क़िब्ला व साहब-ए-आलम शाहज़ादा आली गुहर ने वफ़ादारों की परवरिश और ग़रीबों पर दया की भूमिका निभाते हुए मेरी माँ के लिए छोटी सी तनख़्वाह निर्धारित कर दी थी। वो नेक बन्दी उसी में अपना और हमारी दो जानों का पेट पालती थीं। जब मैं दस साल का हुआ तो उन्होंने मुझे रहीमिया मदरसे में डाल दिया क्योंकि मुझे पढ़-लिखकर मौलवी बनने का शौक़ था। अब तो मुझे यहाँ पाँच साल होने को आ रहे थे।

मेरे पास अपनी कोठरी थी कोई साढ़े तीन गज लम्बी और तीन गज चौड़ी। खुरदुरे फ़र्श पर चटाई बिछी हुई, एक लम्बी नीची सी चौकी जिस पर किताबें बिखरी हुईं, काग़ज़ फैले हुए। ज़रूरत पड़ने पर उन्हें खिसकाकर उसी चौकी पर खाना खा लेता था। सोने के लिए चारपाई की अनुमति न थी। एक हल्की और कुछ मलगजी सी आगरे की दरी और हो सका

तो उस पर छोटी सी चादर या चाँदनी। तकिए की आवश्यकता थी ही नहीं, काग़ज़ों के मोटे से गट्ठे को सर के तले रख लेता था। खाना कभी-कभी बाहर से आ जाता वरना सवा रुपया महीना जो मदरसे की ओर से हर छात्र को मिलता था महीने भर के खाने के लिए पर्याप्त था। सवा या हद से हद डेढ़ दाम में अच्छे किस्म का सालन मिल जाता था। रोटियाँ मुफ़्त थीं, जितनी चाहो खाओ। कभी-कभी कोई तरकारी भी रोटी पर रख दी जाती थी। मासिक रक़म से इतना बचा रहता था कि अम्मा जी मेरे लिए साल में एक दो सादा जोड़े बनवा देती थीं। किसी-किसी जाड़े में कोई ख़ुदा का बन्दा जड़ावल के नाम पर शाल-दोशाले या ऊनी कपड़े के पाजामे मदरसे में दे जाता। कभी-कभी कुछ मेरे हिस्से में भी पड़ता। किताबें मदरसे से मिलती थीं। ज़िन्दगी गुज़रती जाती थी, कल की चिन्ता न थी। लेकिन अब वो चिन्ता भी मुझे लगने वाली थी। मदरसे में ये मेरा आख़िरी बरस था। अब मुझे रोज़ी की तलाश और बहन की शादी दोनों समस्याओं से जूझना था और जल्दी जूझना था।

बात कहीं से कहीं पहुँच गई। मुझे जल्दी थी कि 'मुतव्वल' की शिक्षाएँ ठीक से समझ लूँ और याद कर लूँ, अपने उदाहरण बनाऊँ और घर जाऊँ। शुक्रवार छुट्टी का दिन होता था, उसकी ख़ुशी में तमाम विद्यार्थियों को अपने-अपने घर या स्थानीय अभिभावक के यहाँ जाने की अनुमति होती थी। मैंने मस्तिष्क को दोबारा 'मुतव्वल' की तरफ़ ले जाना चाहा। जिससे बात की जा रही है या जो सुन रहा है उसके मानसिक भाव...ये भला क्या बात हुई। क्या इसका तो मतलब यह है कि हर सम्बोधित व्यक्ति अपने मनोभावों के हिसाब से अर्थ निकालता है? हाँ, क्यों नहीं? किसी मस्जिद में हम कहें कि "इमाम साहब आए थे", और हमने इमाम शब्द से इमाम ग़ज़ाली जैसे बड़े आदमी का सुप्रसिद्ध नाम लिया हो लेकिन सुनने वाला तो यही समझेगा कि हम मस्जिद के इमाम साहब की बात करते थे। लेकिन इसका मतलब ये हुआ कि वक्ता के अर्थ से श्रोता का अर्थ श्रेष्ठतर हो सकता है? नहीं नहीं, ये कैसे सम्भव है? अगर ऐसा है तो पैग़म्बर मुहम्मद साहब के हदीसों और कथनों और क़ुरान शरीफ़ की आयतों का क्या होगा?

मुझे सोचते-सोचते झपकी सी आ गई। कुछ पल (या न जाने एक घड़ी) बाद चौंककर उठा तो महसूस हुआ कि किसी ने दिमाग़ पर जाला तान दिया है, कुछ महीन छेद भी नहीं कि रोशनी अन्दर आए। मैंने आँखें मलकर होश को ठिकाने करने की चेष्टा की। इतने में फ़तेहपुरी की मस्जिद से इंशा की अज़ान सुनाई दी। मैं हड़बड़ाकर उठा कि मस्जिद के हौज़ में वज़ू करूँ और नमाज़ के बाद घर की राह लूँ। शायद रास्ते में अल्लामा अपनी रुहानी शक्ति से मेरी गुत्थी सुलझा दें। यहाँ तो अब कुछ होना-हवाना था नहीं।

मैं 'मुतव्वल' के काग़ज़ सँभालकर रख रहा था कि मेरे मस्तिष्क में ये पंक्ति न जाने कहाँ से प्रस्फुटित हुई...

सवार-ए-दौलत-ए-जावेद बर गुज़ार आमद

(एक सवार जो सदा रहने वाली दौलत था हमारी राह पर आ निकला)

मैं कभी नहीं, फ़ारसी का कोई विशेष अध्ययन भी नहीं। उतनी ही फ़ारसी पढ़ी है जितनी अपने पाठ्यक्रम के लिए ज़रूरी हो। रही ग़ज़ल तो वो कोई पढ़ने की चीज़ नहीं। यूँ ही गलियों और बाज़ारों की हवाएँ मिर्ज़ा बेदिल, शेख अली हंजी, मुहम्मद अफ़ज़ल सरखुश, अचल दास, आनन्द राम मुफ़लिस मिर्ज़ा मजहर जान-ए-जाना, ख़ान-ए-आरज़ू

और बीसियों दूसरे कवियों के काव्य को शहर-शहर उड़ाए फिरती थीं। ग़ज़ल की इस लोकप्रियता के बावजूद मैंने कभी एक मिसरा भी न कहा था। अगर आगे कभी कहने की सोचता भी तो रेख़्ता कहता कि इन दिनों अच्छे और नए शायर रेख़्ता की तरफ़ जा रहे थे। रेख़्ता में एक शोख़ी और रंगीनी थी। और वो अब फ़ारसी वालों के हाथ से निकलती जा रही थी। फिर ये मिसरा मैंने तो कहा न होगा? मगर क्या बोलता हुआ और ज़रा रहस्यपूर्ण सा मिसरा था, सवार-ए-दौलत-ए-जावेद बर गुज़ार आमद। काश मैंने ही कहा होता। लेकिन इसका अर्थ क्या है? क्या इमाम सक्काकी या अल्लामा तफ़्ताज़ानी की पवित्र आत्माएँ ये पंक्ति मेरे दिल में डालकर ये बताना चाहती थीं कि उक्ति को अर्थवान बनाना श्रोता पर निर्भर है? परन्तु ये कैसे हो सकता है? फिर तो सच्चाई और वास्तविकता का मापदंड ही बेकार हो जाएगा। न सही। लेकिन ये मिसरा अगर मैंने कहा है और मैं उसके मानी समझ नहीं सकता तो मानो ये पंक्ति मैंने कही ही नहीं। क्या जाने इस सार्वभौमिक दौलत का सवार कौन है और किस मार्ग पर इसके आगमन की ख़बर दी जा रही है? दूसरा मिसरा अब मैं इस पर क्या कहूँ जब मुझे पता ही नहीं कि पहली पंक्ति में क्या कहा गया है।

मैं तो समझता था कि शायर लोग शेर कहने की फिक्र में लगे हैं, सोचते-साचते हैं, शब्द काटते-बढ़ाते हैं तब कहीं मिसरा बनता है। और अच्छे शेर कहने के लिए तो न मालूम दिल का ख़ून कितना जलाना पड़ता हो, कितने दिन-रात एक करने पड़ते हों, या और न जाने कितने और कैसे पापड़ बेलने पड़ते हों। इसीलिए तो नेमत-ख़ान-ए-आली ने कहा...

अरबाब-ए-सुख़न रा ज़े सुख़न नाम बुलन्द अस्त
अज़ मिसरा-ए-बरजस्ता ख़लफ़ तर पिसरे निस्त

(कविता वालों का नाम कविता द्वारा बुलन्द होता है। साफ़ और बोलते हुए मिसरे से बढ़कर लायक बेटा कोई नहीं।)

लेकिन मियाँ जान मैं कौन सा कविता वाला हूँ? मेरी तो बस ये आकांक्षा है कि किसी अच्छे मदरसे में अध्यापक हो जाऊँ। जो कुछ बड़े-बूढ़ों से सुना और सीखा है उसे दूसरों तक पहुँचाऊँ। शायर बनना तो मेरे जीवन कार्यक्रम का हिस्सा था ही नहीं। मगर हाय क्या ख़ूब मिसरा है, सवार-ए-दौलत-ए-जावेद बर गुज़ार आमद। मैं आप ही आप गुनगुनाने लगा। मुझे संगीत का शौक़ नहीं लेकिन मेरे साथी कहते हैं मेरा गला अच्छा है। मैं पंक्ति को धीमे सुर में गुनगुनाता हुआ मस्जिद तक पहुँच गया।

पता नहीं नमाज़ में क्या पढ़ा-क्या सुना। मेरे दिल दिमाग़ में तो वही पंक्ति गूँज रही थी। जैसे-तैसे नमाज़ पढ़कर मैंने घर की राह ली। गर्मी कुछ कम हो गई थी, दिन भर की पछुआ मद्धिम होकर रुक गई थी। शआदत ख़ाँ की नहर के दोनों तरफ़ रोशनी और फूलदार पेड़ों की छाँव और उसके आसपास हल्की-हल्की हवा ठंडी थी।

हमारा घर फाटक तेलियान के बस ज़रा अन्दर था। वहाँ तक का सीधा रस्ता तो ये था कि मैं सआदत ख़ाँ की नहर के किनारे-किनारे चलता, चाँदनी चौक की आधी राह चलकर सीधे हाथ को किनारी बाज़ार में मुड़ जाऊँ। फिर जामा मस्जिद को उल्टे हाथ पर छोड़ते हुए चावड़ी बाज़ार में प्रवेश करूँ, लेकिन चावड़ी बाज़ार की पूरी लम्बाई तय करने के बजाय आधे रास्ते पर दाएँ हाथ को सूईवालान में मुड़ जाऊँ। इसके बाद बलियों का जाल

ही जाल था लेकिन आसानी इसमें थी कि फिर मैं सीधे हाथ घूमकर बाज़ार सीताराम पहुँचूँ, और बुलबुलीख़ाना, तुर्कमान दरवाज़ा होते हुए फाटक तेलियान पहुँचूँ। ज़रा तेज़-तेज़ चलें तो इस पूरे सफ़र में सवा या डेढ़ घड़ी लगती थी। परन्तु एक रास्ता और था। ये ज़रा लम्बा था लेकिन मैं इसे कभी-कभी अपना लेता था। इसमें फ़ायदा ये था कि रास्ते में मालीवाड़ा यानी फूल विक्रेताओं के बाज़ार की सैर हो जाती थी। वह रास्ता यूँ था कि फ़तेहपुरी से कुछ आगे जाकर सीधे हाथ को बल्लीमाराँ में घूम-फिर गली कासिमजान को छोड़ते हुए उल्टे हाथ को मालीवाड़े में दाखिल हो जाएँ। फिर वही राह आपको चावड़ी बाज़ार ले जाती हुई पुराने रास्ते पर वापस ले आएगी। फूल विक्रेताओं के बाज़ार वाले मुझे पहचानने लगे थे और कभी-कभी मुझसे अपनी नज़र नियाज़ के मौक़े पर फ़ातिहा दिलवाते। फिर भेंट स्वरूप मुझे कभी ईरानी चमेली का बड़ा सा गुच्छा, कभी मंगलोर के सुर्ख़ गुलाबों का गु..दस्ता, कभी बनारस या जौनपुर के मोगरे के द्वार, कभी चम्पा की कलियाँ यानी मौसम के अनुकूल कुछ पेश करते। अम्मा जी के लिए ये फूल बेहतरीन तोहफ़ा साबित होते। मेरी माँ अल्प आयु में विधवा हुई थीं और अब भी उनके चेहरे पर वो चमक और गोरापन था कि अगर कभी हम लोगों के मज़बूर करने पर ज़रा अच्छे कपड़े पहन लेतीं तो महफ़िल में अच्छी-अच्छी दौलतमन्द शरीफ़जादियों को उनसे ईर्ष्या होती थी।

मालीवाड़े में हमेशा कंधे से कंधा लड़ता था और शोर-शराबा उस पर और भी शमा बाँध देता था। फूल विक्रेताओं की बोलियाँ, रंग-रंग के फूलों की खुशबुएँ और रंगीनी, फूलों के चहेतों की भीड़-भाड़, जिनमें रजवाड़े की गलीवालियों के हवादार भी होते थे, वो रौनक़ होती थी कि पूछिए नहीं।

"ऐ मियाँ, ये ईरानी हूर आपकी राह देख रही है।"

"सुनो जी साहबज़ादे, इस हैदराबादी तिलंगन से तो दो-दो बात कर लो।"

"अजी मौलाना, तस्बीह फेरने के लिए इनसे अच्छी कलियाँ कहाँ।"

"ले लो भई, ये मेहरौली के गुलाब हैं, शबनम और शहद की मिली-जुली ख़ालिस शराब है।"

"साहब, ये शाहजहानी सुँघिए हैं, गलियाँ इनसे महकी पड़ी हैं।"

कोई फ़ारसी में कहता, "आइए मियाँ साहब, आइए, हर फूल का रंग अलग, महक अलग।"

कोई दूसरा फ़ारसी में कहता, "ऐ गुलाब के फूल, मैं तुमसे प्रसन्न हूँ।"

एक से एक हार और गजरे। ढाई-तीन सेर का गजरा और पाँच-सात सेर का सेहरा तो मामूली बात थी। लोग गुलदस्ते, सुँघिए, हार, गजरे, बद्धियाँ वग़ैरह दाम जमा करके पहले से बनवा रखते। और भारी गजरे या सेहरे के लिए तो दो-दो, तीन-तीन दिन पहले कहना पड़ता था। लेकिन जो भी अपना माल लेने आता वहाँ से फ़ौरन चला न जाता। फूल विक्रेताओं की बोलियाँ और सजावटें और ख़ुशबुएँ देर तक दिलों को बाँधे और क़दमों को रोके रखतीं।

दूर नज़दीक से आने वाले ये रंग-रंग के फूल न जाने किस तरह इतनी देर-देर तक सुरक्षित रखे जाते थे। कई-कई दिन तक उनकी रौनक़ें कम न होतीं। और जब तक पिछले फूलों को ग्राहक ले जाएँ, नए फूल आ जाते लेकिन अपनी डाली से टूटकर बेचारे परदेशी

भला कब तक जीवित रहते? उनकी ताज़गी हर सूरत में कुछ ही दिन की मेहमान होती। मिर्ज़ा रज़ी दानिश का क्या अच्छा शेर है :

गुल ब दस्त-ए-गुल फ़रोशाँ रंग-ए-बीमाराँ गिरफ़्त
आब-ए-गुर्बत नाज़ परबर्द-ए-गुलिस्ताँ रा न साख़्त

(फूल बेचने वालों के हाथ में फूल का रंग बीमारों जैसा हो गया। परदेश का पानी बाग़-बग़ीचों के नाज़ के पाले को न सहा)

फूल विक्रेताओं का कमाल यह था कि स्वयं उनकी दुकानों पर पीले चेहरे वाला कोई फूल न रह आता था। न जाने किस वक़्त वो अपने मुरझाए हुए और उदास मेहमानों को चलता कर देते थे। दुकानें तो उनकी बड़े सवेरे खुल जातीं और रात गए तक खुली रहतीं। जब तक चावड़ी और रजवाड़े के कोठों का आख़िरी रसिया और रईसों और धनवानों के यहाँ रात की बैठकों का आख़िरी मेहमान रुख़सत न होता, फूल विक्रेता भी अपनी दुकान सजाए रखते।

उस दिन मुझे जौनपुर के मोगरे तोहफ़े में मिले, इस क़दर बड़े-बड़े जैसे सफ़ेद गुलाब के फूल, और इस क़दर ख़ुशबू वाले कि अक़सर तो तीन-चार दिन तक यूँ ही बिस्तर पर पड़े रहने के बावज़ूद महकते रहते। मैं पूरब के इलाक़ों में कभी नहीं गया, वहाँ रहने की तो ख़ैर कोई सम्भावना भी न थी। लेकिन मुझे इन पूर्वी फूलों से अपार प्रेम था। शायद इसलिए कि मेरे स्वर्गीय पिता की अन्तिम आरामगाह पूरब में बनी।

आज बाज़ार से खाना लेकर न खाया था क्योंकि अम्मा जी के हाथ के बने बढ़िया पकवान नसीब होने थे। अपनी बहन के लिए ताज़ा रसगुल्लों भरा एक कुल्हड़ लेकर घर पहुँचा तो लगा मानो फाटक तेलियान की सारी इमारत मेरी अम्मा जी की पकाई हुई शीरमालों की सुगन्ध से गमक रही है। सित्ती बीवी दरवाज़े की आड़ में खड़ी थी, और अभी मैं ठीक से अन्दर भी न आने पाया था कि वो बोली, "भाईजान, आपने कुछ सुना?"

"क्या सुना? मेरी बन्नो ने घर बैठे कुछ सुन लिया हो तो सुन लिया हो। बाज़ार में तो आज कोई ख़बर नहीं।"

"हटिए, आप तो मेरी हर बात हँसी में उड़ा देते हैं। सुना है कि कल कोई सवार साहब निकलेंगे..."

"ले, तू ये रसगुल्ले खा, घुड़सवार वगैरह कोई तेरी तरह भूखे थोड़े हैं जो यूँ बाज़ारों में घूमते फिरें।"

"और लो, तो क्या मैं बाज़ारों में घूमती-फिरती हूँ? सुन तो लीजिए, ख़ुदा के वास्ते सुन लीजिए। और अल्ला हमें भी उन्हें दिखा दीजिएगा।"

"बीवी, तेरा दिमाग़ तो नहीं चल गया? ज़री कने तो आ, तेरी नब्ज़ टटोलूँ। ले भई, तू बाहर साँड की जूँ ऐंडते मुस्टंडे अश्व सवार को देखेगी?"

"वो कोई आपके शब्दों में मुस्टंडे नहीं हैं। पहुँचे हुए बुज़ुर्ग हैं। कल सवेरे सियाह क़ीतास नामी घोड़े पर सवार वो दो घड़ी दिन रहे अचानक प्रकट होंगे। यहीं तुर्कमान दरवाज़े के पास। फिर वो बुलबुलीख़ाने की तरफ़ से बाज़ार सीताराम, हौज़ क़ाजी, चावड़ी बाज़ार होते हुए ज़ामा मस्जिद के उत्तरी फाटक की तरफ़ आएँगे।" इस डर से कि मैं फिर उसे टोक न दूँ वो जल्द-जल्दी कहती गई, "उत्तरी फाटक की तरफ़ से वो किनारी बाज़ार होकर चाँदनी चौक पर निकलेंगे।"

"फिर?" मैंने झूठी दिलचस्पी दिखाते हुए पूछा।

"फिर क्या, वो जिस तरह अचानक जाहिर हुए थे, उसी तरह ग़ायब हो जाएँगे। लेकिन भाईजान..."

मुझे ऐसा लगा कि अब जो बात वो कहना चाहती है उसे कहने का साहस उसमें नहीं है।

"कहो, कहो," मैंने उसके सर पर हाथ फेरते हुए और उसके ढलके हुए आँचल को ठीक से ओढ़ाते हुए कहा।

"जी, वो...वो..." फिर अचानक वो हिम्मत जुटाकर उल्लास से बोली, "कोई उनका रास्ता रोक ले तो फिर वो उनसे कुछ भी माँग ले...सब कुछ मिलेगा। बस रास्ता रोकने की देर है।"

"लड़की बावली हुई है?" अम्मा जी थके हुए अन्दाज़ में बड़बड़ाई, "आज सवेरे से यही रट लगाए हुए है। आख़िर तू उनसे माँगे भी तो क्या माँगेगी?"

"मैं अपने भैय्यन के लिए चाँद सी दुल्हन माँगूँगी।"

"तौबा है। इतनी मेहनत और हिम्मत का काम और कामना इतनी छोटी सी...ऐ लो मेरे ख़ैरु को क्या हो गया?" अम्मा जी घबराकर बोली। मैं अपनी माँ बहन की बातचीत से अनभिज्ञ सा बिलकुल शून्य, एकटक ताक रहा था। मेरे दिल में ख़ुदा जाने कहाँ से ये मिसरा उमड़ा आ रहा था :

इनान-ए-ऊ-नगिरिफ़्तन्द अज़ गुज़ार बिरफ़्त।

(लोगों ने उसकी लगाम न थामी और वो राह पर से निकलता चला गया)

तो क्या ये तो पूरा शेर ही हो गया, मैंने लगभग पागलों के से अन्दाज़ में मुँह ही मुँह में कहा :

सवार-ए-दौलत-ए-जावेद बर गुज़ार आमद।
इनान-ए-ऊ-न गिरिफ़्तन्द अज़ गुज़ार बिरफ़्त॥

तो शायद ये शेर मैंने ख़ुद कहा नहीं, मुझसे कहलाया गया है। क्या वास्तव में कोई बुज़ुर्ग कल यहाँ से गुजरेंगे? और क्या सच में अगर कोई उनकी राह रोक ले...लेकिन जो पंक्ति मेरी ज़बान पर आई वो तो ये कहती है कि उनकी राह कोई भी न रोकेगा, हालाँकि शायद वो ख़ुद भी चाहते हैं कि उन्हें कोई बढ़कर रोक ले? या इलाही ये माज़रा क्या है? क्या मैं अपनी प्यारी बहन सित्ती के लिए उनसे कुछ माँग लूँ? शेर तो शेर ही है, मैंने कहा भी तो क्या हुआ कि किसी ने उनकी लगाम न थामी और वो चलते चले गए। कविता और है, वास्तविकता और है।

मैं सकते की सी हालत में खड़ा था। अम्मा जी सारे घर में घबराई-घबराई ख़मीरा या माजून मुझे चटाने के लिए ढूँढ़ रही थीं। बेचारी सित्ती बेगम पंखे की हवा कर रही थी और दुआ पढ़कर मेरे ऊपर दम कर रही थी। मैंने जल्द-जल्द अपने होश दुरुस्त किए, "कुछ नहीं, कुछ नहीं, गर्मी बहुत है। ज़रा चक्कर सा आ गया था। अम्मा जी, आप परेशान न हों। और सित्ती बेगम, कोई और बस्ती नहीं, ये दिल्ली है। यहाँ हमेशा ही सियाहपोश, सब्ज़पोश, साँड़नी सवार इत्यादि की अफ़वाहें उड़ती रहती हैं। ये तो दिल्ली वालों के खाने की चटनी है। लो भई खाने के नाम पर भूख लग आई। अम्मा जी आपकी शीरमालों ने तो सारा बाज़ार महका दिया है।"

खाना खाने के बीच कोई बात न हुई। सित्ती और मैं अपने-अपने ख़यालों में गुम थे। मुझे याद आया कि बाबा कुद्बुद्दीन बख़्तियार क़ाक़ी (अल्लाह की रहमत हो उन पर) के समय में इसी दिल्ली में एक बुज़ुर्ग आए थे। वो यूँ ही सड़कों पर सवार फिरते। उनके बारे में मशहूर था कि जो उन्हें देख ले वो जन्नती हो। एक आलम उनके दर्शन को गया। न गए तो अख़्तियार बाबा के ख़ास मुरीद बाबा फ़रीद गंज शकर (अल्लाह की रहमत हो उन पर) न गए। हज़रत बाबा बख़्तियार साहब ने फ़रमाया, "मियाँ फ़रीद, तुम उन बुज़ुर्ग को देखने गए थे?"

"जी पीरो मुर्शिद, मैं तो न गया।"

"क्यूँ? क्या तुम्हें जन्नत में जाने की तमन्ना नहीं?"

"जी आला हज़रत है तो सही।"

"तो फिर?"

"जान बख़्शें तो कुछ कहूँ।" बाबा फ़रीद ने कुछ झिझकते हुए कहा।

"कहो, बेधड़क कहो। मेरे सामने तुम्हें आत्म सन्तुष्टि प्राप्त है।"

"मेरे पाक हज़रत भी तो तशरीफ़ नहीं ले गए। और आपके बारे में क़ुरान या हदीस में कोई ख़ुशख़बरी तो है नहीं कि हुज़ूर को जन्नत ही मिलेगी। मैं अगर जाकर उन बुज़ुर्ग के दर्शन करके जन्नत में जाने का अधिकार प्राप्त भी कर लूँ तो क्या? आला हज़रत ने तो उन्हें देखा नहीं। इसलिए मालूम नहीं कि जन्नत आपके शुभ क़दमों का चुम्बन करेगी की नहीं। तो ऐसी जन्नत में जाकर क्या करूँ जिसमें मेरे हज़रत, मेरे क़िब्ला, मेरे रुहानी प्रिय, मेरे पीर न हों।"

हज़रत बाबा बख़्तियार साहब को ये लगन और ये प्रेम और पीर से इतना शक्तिशाली सम्बन्ध देखकर इतना सुख़द लगा कि आपने जोश में आकर 'हू' का नारा किया और बोले।

"फ़रीदउद्दीन इन बुज़ुर्ग के बारे में कहा जा रहा है कि जो उन्हें देख ले वो जन्नती हो। मैं पाक परवरदिगार को गवाह करके कहता हूँ कि जो तुम्हारा मज़ार देख ले वो जन्नती हो।"

सच है :

गुफ़्ताए-ऊ-गुफ़्तए अल्लाह बूद
गरचे अज़ हुल्कूम-ए-अब्दुल्ला बूद

(उसका कहा हुआ अल्लाह का कहा हुआ था। हालाँकि वो अल्लाह के बन्दे के मुँह से निकला हुआ था।)

तो क्या ये मुमकिन नहीं कि आज कोई ऐसे बुज़ुर्ग हों जिनको रोककर इनसान जो चाहे माँग ले, और जो माँगे उसे पा भी ले? न सही लेकिन मेरी नन्ही सी बहन को तो विश्वास था। उसे निराश क्यों करूँ।

"सित्ती बीवी, क्या वो बुज़ुर्ग जनाब अमीर हमज़ा है?" मैंने खाना खत्म करते-करते पूछा।

"पता नहीं, क्यों?"

"तूने कहा कि वो सियाह क़ीतास पर सवार होंगे। तो ये नाम तो अमीर हमज़ा की दास्तान में अमीर हमज़ा के अपने घोड़े का है।"

"पता नहीं," उसके माथे पर सोच और फ़िक्र की हल्की सी शिकन थी, "मैंने दास्तान अमीर हमज़ा कभी सुनी नहीं। मुझसे तो कहने वाली ने यही कहा था।"

"तो वो कहने वाली तुझे बेवकूफ़ बना रही थी। लेकिन चल, कोई बात नहीं। तेरी हठ मैं ज़रूर पूरी करूँगा। उस्ताद ख़ैरुल्लाह मेमार का पोता मेरा दोस्त है। उन लोगों की ड्योढ़ी बहुत बड़ी है। परदे का भी ठीक-ठाक इन्तजाम है। मैं कल शाम तुझे उन्हीं के यहाँ ले चलूँगा।" मैं मुस्कुराया, "और तेरे चलते मैं भी उन बुज़ुर्ग के दर्शन कर लूँगा।"

"ऐ है लड़के तेरी तो मत मारी गई है। जवान लड़की को बाहर ले जाएगा? ख़ुदा मालूम कौन हैं वो बुज़ुर्ग ये बीवी जिन्हें देखने के लिए दीवानी हो रही है। कहीं कोई ऐसी-वैसी बात हुई तो हम कहीं के न रहेंगे।" अम्मा जी घबराकर बोलीं।

"नहीं अम्मा जी, सवार वग़ैरह कोई कुछ भी नहीं। मैं जानता हूँ न कोई बुज़ुर्ग है, न पीर, न पैग़म्बर। बस इन बन्नों की ज़िद पूरी करने के लिए बक़ाउल्लाह की हवेली तक चला जाऊँगा।"

"अब तुम जानो, कोई ऊँच-नीच न हो। ज़माना ख़राब है।"

"अम्मा जी,आपको पता भी न लगेगा कि हम कब गए कब आए। सित्ती ने कहा, "आप हरगिज अपना दिल बुरा न करें।"

उस रात मुझे ठीक से नींद न आई। गर्मी भी बहुत थी और मेरे ख़याल भी दूर-दूर तक बिखरे हुए थे। अगर मैं सचमुच उन बुज़ुर्ग को रोक लूँ तो क्या माँगूँगा? सित्ती बेगम के लिए अच्छा सा वर? अपने लिए ढेर सारा ज्ञान और प्रसिद्धि? अम्मा जी के लिए स्वास्थ्य और रुपए-पैसे की तंगी से निजात? और कहीं उल्टा न हो जाए? सुनते हैं कभी-कभी ऐसा भी होता है कि ऐसी अनोखी सूरतों में मुराद माँगी जाए तो वो पूरी तो होती है, लेकिन उसके बदले कुछ खोना भी पड़ता है। ये जोख़िम कौन मोल लेगा?

मुझे बार-बार झपकी आती और किसी न किसी अधूरे सपने की बिना पर नींद बार-बार उचट जाती। मेरी माँ, बहन ज़रा बेहतर नींद सोईं। दिन भर घर के रोज़मर्रा के कामकाज की मेहनत करने वालों पर अल्लाह ख़ास तौर पर मेहरबान होता है। मगर सित्ती बेगम की शादी तो करनी ही थी, और जल्द करनी थी। बादशाह सलामत तो अभी पूरब के ही इलाक़े में थे। उन तक दरख़ास्त कौन पहुँचाए और किस तरह पहुँचाए। और क्या अब वो इस छोटी सी तनख़्वाह के ऊपर बेटी के ब्याह के लिए कुछ रुपए और प्रदान करना मंजूर करेंगे। मिर्ज़ा सुलेमान शिकोह बहादुर (उनका इक़बाल हमेशा रहे) जो बादशाह सलामत की अनुपस्थिति में राज-काज सँभाले हुए हैं, उनके दरबार में हाज़िरी दूँ? हज़रत शाह साहेब के माध्यम से कोई दरख़्वास्त भेजूँ?

उधर ये भी था कि नन्हीं सी बहन को ब्याह कर घर से मानो बाहर कर देना मुझे अत्यन्त दुःखद भी लगता था। सूरत-शक्ल, स्वभाव, हुनरमन्दी, इन सब में वो मेरी माँ की तरह थी, बल्कि और भी नाज़ुक और स्वभाव की और भी मृदुल और सूक्ष्म। एक दिन पहना हुआ कपड़ा दूसरे दिन न पहन सकती थी। रात में रखा हुआ खाना चाहे कितना ही स्वादिष्ट हो उसे गवारा न था। यहाँ तक कि घर में एक वक़्त जो कुछ खाना बचता वो दूसरे वक़्त का इन्तजार किये बग़ैर किसी भिखारी को दे दिया जाता। अम्मा शिकायत करती रहतीं कि इन बेगम के लिए दोनों वक़्त ताज़ा रोटी कौन पकाए। परन्तु वे हमेशा कहती कि अम्मा

रोटी पकाने के लिए मैं हूँ, दिन में दस वक़्त पका दूँ और शिकायत न करूँ। पकाने-रीन्हने, सीने-काढ़ने में तो वो अव्वल थी ही, कुरान उसने कई बार पूरा-पूरा पढ़ा था। आमदनामा उसे पूरा कंठस्थ था। फ़ारसी की सरल इबारत समझ लेती थी। लेकिन ऐसी बेटी के लिए वर कहाँ से आता? और उसे ससम्मान विदा करने के लिए वह सारे साधन और सामान किधर से आते कि मेरी बहन ख़ुशी-ख़ुशी अपना नया घर आबाद कर सकती।

आज रात सोना शायद मेरे भाग्य में था ही नहीं। उधर वो शेर कमबख़्त भी मस्तिष्क में शहद की मक्खी की तरह भिनभिना रहा था। पता नहीं कब आँख लगी, लेकिन अचानक महसूस हुआ कि अम्मा आधी रात के बाद वाली नमाज़ (तहज्जुद) के लिए उठी हैं। फिर मैं सोया ही नहीं। चुपचाप लेटा फ़ज्र की नमाज़ का इन्तजार करता रहा।

गर्मियों की शाम देर से होती है। लेकिन उस दिन ऐसा लगता था कि शाम होगी ही नहीं।

मैं शाम के ज़रा पहले-पहले उस्ताद ख़ैरुल्लाह मुहम्दिस की उस हवेली पर आ गया था जो बुलबुलीख़ाने से ज़रा इधर थी। हवेली सरेराह तो थी ही, और स्याह क़ीतास सवार का कथित रास्ता भी बिलकुल मिला हुआ था। देखा कि वहाँ पर्दे का ख़ास प्रबन्ध है। मेरी तरह और भी लोग अपनी बहन-बेटियों को दर्शन कराने लाए थे। थोड़ी बहुत चहल-पहल थी लेकिन आमतौर पर लोग चुपचाप थे।

अभी कम से कम तीन घड़ी दिन रहा होगा कि सारा माहौल सन्नाटा हो गया। सड़कों, गलियों, दुकानों के अन्दर, एक भी जीव न था। लगता था सारा शहर दरवाज़ों और दुकानों के तख़्तों पर या रास्ते में किसी अच्छी जगह को ताककर वहीं जम गया है। क्या फ़क़ीर, क्या छाबड़ी वाले, क्या दुकानदार, कोई भी बाज़ारी आवाज़ सुनाई न देती थी। गर्मियों की शाम थी, लेकिन न कटोरा बजता था, न बर्फ़ वाले पुकारते थे, न गज़रेवाले खरीदारों को अपनी ओर आकर्षित करते थे। एक बार मेरे बचपन में सम्पूर्ण सूर्यग्रहण हुआ था। उस वक़्त का समाँ और आज की शाम का मंज़र दोनों बिलकुल एक से थे। ग्रहण होने को तो दिन में और वो भी दिन के दूसरे पहर में हुआ था लेकिन सूरज धीरे-धीरे करके सारा छिप गया था। और हर चीज़ पर शाम का सा रंग आ गया था। सब पक्षी-पखेरु पेड़ों में अपनी चोचें अपने पर में छिपाए हुए थे। बाज़ार के कुत्ते चुप लेट गए थे। उन्होंने हाँफना भी बन्द कर दिया था। पेड़ों की पत्तियों और डालियों पर कालिमा सी छा गई थी। सब लोग घरों में छिपे बैठे थे या दुआ पढ़ रहे थे या फिर आँख पर काला कपड़ा रखकर ग्रहण को देख रहे थे। ये शाम ग्रहण की शाम न थी परन्तु मंज़र सब वही था, सिवाय इसके कि आज लोग घरों के अन्दर नहीं बल्कि बाहर थे।

अचानक तुर्कमान दरवाज़े की तरफ़ से हल्का सा, अजीब सा शोर उठा और फिर ख़ामोशी। मेरे पास खड़े कुछ लोगों ने मुँह ही मुँह में पैग़म्बर मुहम्मद साहब (अल्लाह का सलाम उन पर हो) के लिए दरुद शरीफ़ पढ़ना शुरू किया। वो मद्धम सा शोर फिर उठा, और इस बार कुछ देर तक रहा। कुछ लोग गर्दन बढ़ा-बढ़ाकर तुर्कमान दरवाज़े वाले रास्ते को देखने की कोशिश करते तो दूसरे लोग उन्हें सख़्ती से लेकिन इशारों-इशारों में मना करते। पता नहीं इसका कारण भ्रम था या यह कि गर्दन निकालने वाले दूसरों के दृश्य में बाधा डालने की सम्भावना बन रहे थे। ये शोर कैसा था? क्या सब लोग वहाँ पर ऊँची आवाज़ में दरुद या कोई दुआ पढ़ रहे थे? कोई प्रकट हुआ था या नहीं?

गर्मी बहुत बढ़ गई थी हालाँकि दिन ढलने के बाद दिल्ली में मौसम हमेशा ठंडा हो जाता है। पसीने की एक बूँद मेरी आँख से फिसलती हुई नाक में चली गई। लेकिन मैं नाक को खुजलाने या मलने का साहस न कर सका, कि कहीं इतनी ही देर में दृश्य बदल न जाए। मुझे महसूस हुआ कि मेरे आसपास के लोग कुछ बेचैन हो रहे हैं, "क्या मामला है?" मैंने अपने दोस्त के कान में कहा, "पता नहीं," वो उसी फुसफुसाहट के लहज़े में बोला, "दिल घबरा रहा है। जैसे कोई आफ़त आने वाली हो।"

अभी मैं कुछ कहने ही वाला था कि गली के मोड़ पर हमारी निगाहों से ओझल-रुदन सुनाई पड़ा। रोने में दरुद के शब्द भी घुले-मिले थे, जैसे रोने वाला ग़म से नहीं बल्कि श्रद्धा से पराजित होकर रो रहा हो। शीघ्र ही वो आवाज़ें हल्की पड़ गईं। और मेरे सारे शरीर में कँपकँपी छा गई। पास के कुछ लोगों ने आँखों पर दोनों हाथ रख लिए। कुछ लोगों ने बुलन्द आवाज़ में रोना और दरुद पढ़ना शुरू किया।

बिलकुल स्याह रंग का घोड़ा, बहुत ऊँचे क़द का इराक़ के घोड़ों से भी ज़्यादा अच्छे बदन वाला। एक नज़र में तो लगा ही नहीं घोड़ा है। सोने-चाँदी और मोतियों से पटे साज से सुसज्जित, रकाब में सहसवार की जूती हीरे की तरह जगमगाती हुई, सुनहरी रुपहली कसी हुई लगाम। घोड़े के अयाल में मोती पिराये हुए, उसके सर पर सफ़ेद लाल और नीले परों की कलगी...सर पर सियाह साफ़ा और बदन पर मुग़ल बादशाहों जैसा मख़मली पहनावा लेकिन आभूषण शायद कुछ नहीं। एक क्षण के लिए आँख उसकी रकाब पर दुबारा पड़ी तो पता लगा कि सवार की जूती ही नहीं उसके रकाब पर भी हीरे टँके हुए हैं। गर्दन ऊँची उठी हुई, नाक की सीध में देखता हुआ, आँख बिलकुल सामने एकटक लगी हुई मानो भरे-पूरे शहर में नहीं किसी लक़दक़ मैदान से गुज़र रहा हो। चेहरा बिलकुल हरा-भरा लेकिन सर्वोच्चता और कुछ घमंड की सी भावना की वजह से एक तरह की हल्की सी रौनक़ और चमक, जिसे देखकर आँखें रोशन भी हों और डरें भी। रोब इस क़दर कि निगाह ठहरती भी न थी। एक हाथ में आदमक़द से भी लम्बा भाला, बिजली की तरह रोशन। बदन बिलकुल स्थिर लेकिन ऊर्जा और शोर की आभा से लबालब, जैसे उस्ताद मंसूर या उस्ताद मनोहर का बनाया हुआ कोई चित्र। ये समझ में न आ सका कि सवार का चेहरा-मोहरा, क़द और हाथ-पैर ये सब कैसा है। उसके चारों तरफ़, हर तरफ़ प्रकाश फैलने की अनुभूति होती थी।

अश्व बहुत हल्की दुल्की चल रहा था, लेकिन कहीं से घंटियों की बहुत धीमी आवाज़ सुनाई देती थी, मानो सियाह क़ीतास के पाँव में घुँघुरू हों। नज़र कुछ न आता था। मैंने कनखियों से चारों ओर देखा कि क्या हम में से कोई जियाला इस सहसवार को रोककर अपनी इच्छा प्रकट करने के लिए बढ़ता है। मेरे तो पाँव में दम ही न रह गया था। सारा बदन पसीने से सराबोर था। रोने और दरुद पढ़ने की आवाज़ें अब बन्द थीं। हर व्यक्ति अपनी जगह पर चुपचाप बिना हिले-डुले खड़ा था। मुझे ऐसा लगा जैसे लोग अब चाहते हैं कि सवार शीघ्रता से गुज़र जाए। उसका अस्तित्व हमारे सामने दो ही चार पल रहा होगा लेकिन मुझे और शायद सबको महसूस हो रहा था कि बड़ा समय बीत चुका है और अब हम में शक्ति नहीं कि उसे अपने सामने देख सकें।

फिर वो आँखों से ओझल हो गया। रोने और सिसकियों की आवाज़ें फिर हर तरफ़ से बुलन्द हुईं और ठहर गईं। लोग धीरे-धीरे करके बिखरने लगे।

शहर के सामान्य जीवन को दोबारा शुरू होते बहुत देर लगी। मानो सारे शहर को हल्का सा फालिज मार गया था और अब बहुत आहिस्ता-आहिस्ता उसका स्वास्थ्य ठीक हो रहा था। इधर मेरी बहन भी रास्ते भर गुम-सुम रही। घर पहुँचकर मैंने पूछा, "देख लिया आपने सवार साहेब को?"

"क्या देखती," वो क़रीब-क़रीब रुआँसी होकर बोली, "वो तो कोई नक़ाबपोश बेगम थीं। सारा चेहरा और बदन का बड़ा हिस्सा चादर में छिपा हुआ था। हाँ, उन बीवी के सफ़ेद घोड़े के दर्शन ज़रूर कर लिए। उनको रोकने और कुछ मुराद कहने की हिम्मत ही न हुई।" वो अपने आँसू पोंछती हुई बोली।

"ये क्या फिजूल बकवास है।" मैंने तेज़ आवाज़ में कहा, "तो वो कोई मर्द था, एक बहुत ही ऊँचे काले घोड़े पर सवार। और तू उसे सफ़ेद घोड़े वाली नक़ाबपोश सुल्तान रज़िया जैसी बेगम बता रही है। लड़की होश में आ जा। मैं तुझे बेकार ही इतनी दूर ले गया। तेरी आँखें तो नहीं दुखने आ गईं?"

"भाईजान इन बातों में ठिठोली नहीं करते। पाक लोगों का मामला है। कहीं वो बुरा न मान जाएँ और अल्लाह तो ज़रूर ही नाराज़ होगा। आप उसकी मनोनीत बन्दी के घोड़े को सफ़ेद न कहकर सियाह कह रहे हैं और ख़ुद उन्हें औरत से मर्द बनाए दे रहे हैं। तौबा कीजिए तौबा। आपको हो क्या गया है?"

"अरी मूर्ख, मुझे कुछ नहीं हुआ, तू ही किसी बहुत बड़े धोखे..."

अभी मेरी बात पूरी न हुई थी कि पड़ोस की हज्जिन बीवी हाँफती-काँपती पहुँचीं और मेरी अम्मा जी से बोलीं, "ऐ हे बीवी तुमने रज़िया सुल्तान को नहीं देखा? कैसा सजीला ऊँची जात का घोड़ा था..."

"ऐ लो हज्जिन बीवी, तुमको भी यही भ्रम है। अच्छे-ख़ासे मर्द सहसवार को औरत बनाए दे रही हो।"

"भ्रम? भ्रम मुझे क्यूँ होने लगा मियाँ साहब। मैं अब भी ऐनक नहीं लगाती। अल्लाह ने मेरी आँखें अभी जवानों की ही सी रखी हैं।" वह भन्नाकर बोली।

मैंने चुपके से सित्ती की तरफ़ देखा। मेरी बात ग़लत साबित हो जाने पर वो ख़ुश नहीं, बल्कि घबराई हुई सी और कुछ उलझन में पड़ी मालूम होती थी। ये बात तो साफ़ थी कि मैं वही बयान कर रहा था जो मैंने देखा था और वो दोनों भी वही बता रही थीं जो उन्होंने देखा था। मेरे दिल में अचानक बड़े ज़ोर-ज़ोर से धड़कन पैदा हुई, जैसे कलेजा घबराकर सीने के बाहर निकल आएगा। उठकर मैंने एक कटोरा ठंडा पानी झज्जर से लेकर पीया लेकिन दिल ठहरा नहीं। मैं चुपचाप दालान पार करके परली तरफ़ के कमरे में जाकर लेट गया। वहाँ गर्मी बहुत थी, लेकिन मुझसे बैठा नहीं जा रहा था। सित्ती बेगम या अम्मा जी को अन्दाजा न हो सका था कि मेरी तबीयत ख़राब है। इशा की अज़ान हुई तो मैं काली मस्जिद में नमाज़ के लिए चला गया।

मस्जिद में लोग नमाज़ से ज़्यादा आपसी बातचीत में व्यस्त थे। एक लम्बी दाढ़ी वाले और गम्भीर से बुजुर्ग फ़रमा रहे थे...

"मियाँ मैंने इन आँखों से देखा। साँड़नी सवार था। सुर्ख़ रंग की ऊँटनी, उस पर ऊँचे क़द का सहसवार, सवार के सर पर उसी रंग का साफ़ा ऊँचा लहराता हुआ।"

मुझे अपने कानों पर विश्वास न हुआ। लेकिन थोड़ी देर में मुझे मालूम हो गया कि हर किसी ने सदा रहने वाली दौलत के सवार को अपने तरीक़े से देखा है। परन्तु मैं उसे 'सदा रहने वाली दौलत का सवार' क्यों कह रहा हूँ? ये उपाधि उसे किसने दी? मुझे फिर घबराहट होने लगी। ज्यों-त्यों करके मैंने नमाज़ खत्म की। घर आकर थोड़ा बहुत खाना ज़हर की तरह खाया और लेट रहा।

सवेरे मुझे फ़ज्र की नमाज़ के बाद ही मदरसे पहुँचना था, लेकिन नींद बिलकुल न आई। मेरी नन्ही बहन भी इस घटना पर कुछ डरी हुई सी और चुपचाप थी। अम्मा जी ने हम दोनों पर दरुद शरीफ़ कई घड़ी तक दम किया।

दूसरे दिन से वही पाठशाला के दिन-रात थे। पढ़ाई का शोर था और परीक्षाओं की चिन्ता। हालाँकि अभी कई महीने बाक़ी थे लेकिन बेचारे विद्यार्थियों के स्वभाव में उलझन और घबराहट भी तो बहुत होती है। अचानक एक बड़ी अच्छी बात हुई। ख़ुदा जाने उन सहसवार की बरकत थी या केवल संयोग, कि बारिसों के दिन शुरू होने के कुछ पहले उस्ताद ख़ैरुल्लाह मेमार के यहाँ से सित्ती बीवी का रिश्ता आया, उसी मेरे दोस्त बक़ाउल्लाह के लिए जो उस्ताद ख़ैरुल्लाह की हवेली में उस दिन हमारे साथ था। उसके घर की औरतों ने सित्ती को पसन्द कर लिया था और हर तरह छानबीन करने के बाद रिश्ता भेजा था। अम्मा जी ने और मैंने सोच-समझकर ये रिश्ता स्वीकार कर लिया। एक बार मेरे जी में आया कि सित्ती की भी मर्जी पूछ लूँ, लेकिन हिम्मत न पड़ी। लड़कियों को वैसे सब ख़बर हो जाती है, न जाने कैसे। लेकिन कोई बात मालूम होना और उससे सहमत होना अलग-अलग बातें हैं। मैं दिल ही दिल में दुआ करता रहा कि मेरी बहन ने भी इस रिश्ते को पसन्द किया हो।

मेरे दोस्त बक़ाउल्लाह के घर में खाने पहनने को भगवान का दिया बहुत था। ख़ानदानी शान और ठाट भी थे। लेकिन अपने पूर्वजों के विपरीत बक़ाउल्लाह और उसके पिताजी न मेमार थे, न गणितज्ञ, न खगोलविद और न ही उन्हें इमारतें बनवाने या बनाने में कोई रुचि थी। बक़ाउल्लाह के दादा यानी उस्ताद ख़ैरुल्लाह मेमार ईश्वर की कृपा से अभी जीवित थे। मेमारी और ख़गोलशास्त्र के अलावा उन्हें काव्य और भाषा विज्ञान में इतनी महारत थी कि उनके शागिर्द टेकचन्द बहार उन्हें सबसे अच्छे सूक्ष्म ज्ञानी के नाम से पुकारते थे। ख़ुद टेकचन्द बहार ने फ़ारसी भाषा के अपने सर्वमान्य कोश 'बहार-ए-अजम' के सातवें मसौदे को अभी हाल ही में साफ़ करके अन्तिम रूप दिया था। इस कोश में जगह-जगह ख़ान-ए-आरज़ू को अनुसंधान कर्ताओं में दीप समान और उस्ताद ख़ैरुल्लाह को सबसे अच्छा सूक्ष्म ज्ञानी कहकर उनका ज़िक्र किया था। उस्ताद ख़ैरुल्लाह ने जयपुर के राजा सवाई जय सिंह के लिए बहुत बड़ी वेधशाला दिल्ली शहर के कुछ बाहर बनाई थी। वेधशाला क्या थी ज्योतिष और खगोलशास्त्र की शानदार पाठशाला और प्रयोगशाला थी। तुर्किस्तान तक से बड़े-बड़े विद्वान इस वेधशाला में तारामंडल का अध्ययन करने अब भी आते हैं।

बक़ाउल्लाह के पिता मौलाना सफ़ीउल्लाह का झुकाव सूफ़ीवाद और परमात्मा से लौ लगाने की तरफ़ था। इसलिए उन्होंने दुनिया के किसी हुनर को सीखने के बजाय अपने ताया यानी दिल्ली के बेताज बादशाह और अपने समय के सर्वोच्च पीर मौलाना हज़रत शाह क़लीमुल्लाह साहब जहानाबादी के नूर भरे मज़ार पर बैठ रहना पसन्द किया था। बक़ाउल्लाह की रुचि रमल और जफ़र जैसी भविष्यवाणी की कठिन विद्याओं में थी और इसे इस

नौजवानी में ही रमल और जफ़र के बड़े-बड़े विद्वान अपने बराबर का मानते थे। मुझे पूरी आशा थी कि उसके साथ विवाहित होकर मेरी बहन को संसार और धर्म दोनों की दौलत से बहुत कुछ मिलेगा।

निश्चित किया गया कि मेरे दीक्षान्त के बाद सित्ती बीवी के हाथ पीले कर दिए जाएँ। इसमें अच्छाई का पहलू ये था कि मौसम उस वक़्त तक नर्म हो जाएगा और शायद मुझे भी कहीं काम मिल जाए और हुआ भी ऐसा ही। ख़ुदा की मेहरबानी से दिल्ली के हालात उन दिनों पठन-पाठन के लिए बहुत अनुकूल थे। हज़रत सैयद बन्दा नवाज़ गेसू दराज़ के पूज्य वंशजों में से एक साहब शाह निज़ामुद्दीन औरंगाबादी दिल्ली आकर हज़रत शाह क़लीमउल्लाह साहब जहानाबादी के पाक हाथ में अपना हाथ देकर उनके मुरीद बन गए। उनके साहबज़ादे हज़रत शाह फ़ख़रुद्दीन साहब क़िब्ला जो 1126 हिजरी (1714 ई.) में जन्मे थे, उस समय बहुत छोटे थे। हज़रत शाह क़लीमउल्लाह साहब जहानाबादी 1143 हिजरी (1729 ई.) में परमात्मा से जा मिले। फिर शाह निज़ामुद्दीन साहब भी स्वर्गवासी हुए। उनके देहान्त के बाद हज़रत शाह फ़ख़रुद्दीन साहब क़िब्ला ने दिल्ली को अपना निवास स्थान बना लिया। यहाँ वो 1160 हिजरी (1747 ई.) में तशरीफ़ लाए और जल्दी ही उन्होंने ग़ाज़ीउद्दीन फ़िरोज़ जंग के मदरसे में शिक्षण आरम्भ किया। कुछ ही बरसों में आपकी उक्ति और सूक्ष्म अध्यापन के कारण मदरसा पढ़ने-पढ़ाने वालों से भर गया। अक़सर नए अध्यापकों की ज़रूरत पड़ती। कुछ तो ग़ाज़ीउद्दीन फ़िरोज़ जंग ही के मदरसे के पुराछात्र वहाँ नियुक्त हो जाते और मुझ जैसे ख़ुशनसीब कुछ दूसरे मदरसों से भी ले लिए जाते। इस तरह ख़ुदा का करना ऐसा हुआ कि 1178 हिजरी (1764 ई.) को मुझे ग़ाज़ीउद्दीन फ़िरोज़ जंग के मदरसे में चतुर्थ श्रेणी का अध्यापक नियुक्त कर दिया गया। ग्यारह रुपए माहाना वेतन निर्धारित हुआ। इसके अतिरिक्त धनवान घरानों के विद्यार्थियों के यहाँ से कभी मौसमी तोहफ़े या तीज-त्यौहार के समय त्यौहारियाँ आ जातीं। इस तरह कुल मिलाकर मासिक आय साढ़े चौदह या पन्द्रह रुपए तक बैठती। उजले खर्च और थोड़ा बहुत बचाए रखने के लिए ये बहुत था।

सव्वाल 1178 हिजरी (अप्रैल 1764 ई.) को माँ और माँ जाये की दुलारी मेरी बहन अपने घर को सिधारी। निकाह का समारोह सादा लेकिन रौनक़ से भरा हुआ था। हज़रत क़िब्ला अब्दुल अजीज़ साहब (अल्लाह उनके यश को हमेशा बनाए रखे और उनकी कीर्ति दूर तक फैले) और शाहज़ादा साहिब-ए-आलम मिर्ज़ा सुलेमान शिकोह बहादुर (उनका इक़बाल और राज हमेशा रहे) की ओर से निकाही जोड़े आए और सलामी के रूप में शाह आलमी अशर्फ़ियों की एक-एक थैली भी। हमारे शाह साहब क़िब्ला स्वयं निकाह की महफ़िल की रौनक़ बढ़ा रहे थे।

ये सब तो हुआ। जहाँ तक मैं समझता था, मेरी बहन अपने घर ख़ुश भी थी। लेकिन मेरे दिल पर एक अजीब सा बोझ, एक न समझ में आने वाला डर हर वक़्त बना रहता था, जैसे कोई बहुत ज़रूरी काम करना था, लेकिन मैं भूल गया हूँ कि काम क्या था। और मुझसे इस सम्बन्ध में बहुत जल्द पूछताछ होने वाली है। एक दुखद सूचना ये आई कि बंगाल के नवाब सिराजुद्दौला शहीद के ख़ास विश्वासपात्र बल्कि उनके दाहिने हाथ राजा राम नारायण मौज़ूँ को किसी मामले में अपराधी ठहराकर अज़ीमाबाद में गंगा नदी में डुबाकर मार डाला गया। ये ख़बर यहाँ ज़रा देर से आई लेकिन शहर के तमाम क्षेत्रों में देर तक उनका शोक

मनाया गया। अक़सर लोगों ने राजा रामनारायन मौज़ूँ को फ़िरंगियों के षड्यंत्र का शिकार माना। राजा साहब फ़ारसी के अच्छे कवि थे और रेख़्ता भी कहते थे। बयान किया गया कि डूबते समय उनकी ज़बान पर ये शेर था...

महरुम रफ़्त बे तू लब-ए-तिश्ना-ए-हुसैन
ऐ आब ख़ाक शौ कि तुरा आबरू न माँद

(हुसैन तेरे बग़ैर प्यासे होंठ लिये हुए चले गए, ऐ पानी तू मिट्टी हो जा कि तेरी आबरू अब मिट गई।)

इस शेर की सुन्दरता और मौत के सामने राजा साहब की गम्भीरता और आत्म संयम दोनों की चर्चा शहर में देर तक रही परन्तु मुझे इस घटना में अपने लिए कुछ संकेत भी मिलता महसूस होता था कि अन्जाम की ख़ूबी इसमें नहीं कि इनसान महल या क़िले में बड़े ऐश के साथ नौकरों-चाकरों से घिर हुआ मरे। अन्जाम की ख़ूबी ये है कि सार को न छोड़े। फिर मेरा सार क्या था? सदा रहने वाली दौलत के सवार के बारे में मुझसे शेर कहवाना और ये साबित करना कि वास्तव में वो है? लेकिन मैं उसकी लगाम को पकड़कर उसे रोकना कैसा, उसकी तरफ़ कोई इशारा भी न कर सका। लेकिन क्या ज़रूर कि वो सहसवार परमात्मा के कोई मनोनीत बन्दे ही रहे हों? स्पष्टतया तो वो अल्लाह वाले की (जगह) अल्लाह माफ़ करे, कोई जादूगर या सम्मोहन करने वाले लग रहे थे। नहीं तो भिन्न भिन्न लोग उन्हें एक ही समय में विभिन्न रूपों या बहुरूपों में क्यूँ देखते?

लेकिन फिर मुझसे वो शेर क्यों कहलाया गया, और वो भी ऐसे अवसर पर। लेकिन ये क्या निश्चित है कि वो मेरा ही शेर रहा हो। हो सकता है मैंने उसे पहले कहीं सुना या पढ़ा हो और वो मेरे मस्तिष्क के किसी अज्ञात कोने में सुरक्षित रह गया हो और फिर उस समय अचानक मेरे मस्तिष्क की अँधेरी भूलभूलैया से छूटकर सामने आ गया हो? ऐसा होता तो निःसन्देह है, नहीं तो अनजाने में शब्दाहरण और किसे कहते हैं? लोगों ने पूरी-पूरी ग़ज़लें अपनी समझ में ख़ुद लिखी हैं लेकिन थीं वो दरअसल किसी और की। फिर किससे पूछूँ कि वो शेर है किसका? मीर शम्सुद्दीन फ़क़ीर या टेकचन्द बहार से? लेकिन उनसे पूछने का साहस किसे? ख़ुद हमारे साहब क़िब्ला, और उनके भाई हज़रत शाह अब्दुलग़नी साहब (अल्लाह उन दोनों को सलामत रखे) फ़ारसी के अच्छे ज्ञानी थे परन्तु उनसे भी पूछना आसान न था। ये दोनों बुज़ुर्ग (अल्लाह उनकी हिफ़ाजत करे) विनम्रता और मेहरबानी की मूर्ति थे। लेकिन इस तरह की बात तो पूछे वो जो उनकी ख़िदमत में गुस्ताख़ या खुलकर बात करने वाला हो, मेरी मजाल कहाँ? ख़ान-ए-आरज़ू से मैं अलबत्ता पूछ लेता, वो मेरे स्वर्गीय दादा के मिलने वाले थे। लेकिन ख़ान साहब तो स्वयं कब के स्वर्गवासी हो चुके थे।

लेकिन वो शेर किसी का भी हो इससे क्या? दिल को लगने वाली बात तो ये थी कि शेर दो अलग-अलग पंक्तियों के रूप में आपसे आप मेरे मस्तिष्क में आ गया। और ऐसे अवसर पर जब उसकी एक विशेष सार्थकता सामने आने वाली थी। जिन हालात में वो शेर मुझ पर मानो उतरा था या मुझे याद आया उनमें तो इस शेर को मुझे एक तरह की भविष्यवाणी ही कहना पड़ता था। इस भविष्यवाणी में मेरे लिए संकेत क्या था?

अच्छा ये भी तो हो सकता है कि ये सब मामला उदाहरण या प्रतीक का रहा हो। उन सवार साहब के घोड़े का नाम सियाह क़ीतास तो कुछ इसी रहस्य की ओर उँगली उठाता

दिखाई देता था। सारा संसार जानता है कि दास्तान अमीर हमज़ा एक गढ़ा हुआ क़िस्सा है, उसकी असल कुछ भी नहीं। इसमें पैग़म्बर मुहम्मद साहब (उन पर ख़ुदा का सलाम हो और सलामती हो) के चचा जनाब अमीर हमज़ा के एक घोड़े का नाम सियाह क़ीतास बताया गया है। तो क्या ये बात प्रायिकता से दूर है कि किसी बहुत ही ढीठ बहरुपिये ने एक स्वाँग रचा हो और इस नाम के द्वारा संकेत दिया हो कि ये सहसवार असली नहीं। लेकिन यह भी तो सम्भव है कि वो सहसवार वास्तव में कोई बुज़ुर्ग रहे हों और उन्होंने वास्तव में अपने घोड़े का नाम सियाह क़ीतास रख लिया हो? प्रश्न केवल यह है कि इस घटना में मेरे लिए क्या भेद या संकेत है छिपा हुआ है?

ये बात तो मेरे हृदय में खटकती ही रही थी कि उन सहसवार का इन हालात में प्रकट होना मेरे लिए कोई परीक्षा तो न थी? और अगर थी तो मैं निःसन्देह उसमें असफल रहा था। लेकिन कोई ये तो बताए कि वो इम्तिहान था क्या? और मुझसे किस काम या किस बात की आशा की जा रही थी, मैं कई बार लगभग रुआँसा होकर अपने आपसे पूछता। दूसरी तरफ़ ये कि बहन के विछोह का दुःख मुझे अभी था। माना कि उसका घर मेरे घर से दो घड़ी से कम की दूरी पर था लेकिन यह दूरी मिर्ज़ा साहब के शब्दों में कहा जाए तो शेर की दो पंक्तियों की दूरी थी जो कभी ख़त्म नहीं हो सकती। मैं चाहता था कि रोज़ उसे देखने जाया करूँ लेकिन डर था कि बक़ाउल्लाह हज़ार मेरा दोस्त सही, उसके घर वाले शक कर सकते हैं और बुरा मान सकते हैं कि मैं अपनी बहन के ससुराल वालों की टोह में वहाँ बार-बार जाता हूँ। मुझे यक़ीन था कि मेरी बहन वहाँ बहुत ख़ुश है और आराम से है। लेकिन अकारण ही मेरी अन्तरात्मा बुरा-भला कहती सी लगती थी कि सित्ती बीवी सोचेगी, भाईजान ने तो आना ही छोड़ दिया।

परन्तु सच्ची बात शायद ये थी कि मैं इस सच्चाई को स्वीकार करने को तैयार न हो सका कि मेरी नन्ही सी बहन अब बड़ी हो गई है, घर-बार सँभालने के लायक हो गई है, अपनी गृहस्थी की मालिक हो गई है। वो अब अपनी माँ के घर की प्रबन्धक नहीं रह गई। कोई और ही उसके अपने व्यक्तित्व पर अधिकार रखे हुए है और अपनी गृहस्थी की मालिक बनने के लिए ये क़ीमत सभी लड़कियाँ देर सवेर ख़ुशी या नाख़ुशी से चुकाती हैं। मुझे आशा थी कि मेरी बहन के लिए यह सौदा राज़ी-ख़ुशी का था मज़बूरी या अनिच्छा का न था, और वह अपने भाग्य पर सन्तुष्ट थी। परन्तु मैं तो उस सित्ती बीवी को ढूँढ़ता था जो मुझसे हर रात कहानी सुनती थी और हर दिन अपनी तोतली ज़बान से मुझसे झगड़ती थी।

अम्मा जी कभी-कभी इशारों में मेरी भी शादी की चर्चा छेड़तीं, लेकिन मैं साफ़ कन्नी काट जाता।

कुछ महीने और निकल गए। मैं उस राह भटकी हुई भेड़ की तरह ज़िन्दगी गुज़ार रहा था जो पेट भरने के लिए इधर-उधर मारी-मारी फिरती है, और उम्मीद करती है कि इसके पहले कि भेड़िया उसे फाड़ खाए, उसे घर का रास्ता भी मिल जाएगा। 1179 हिजरी का साल था और सफ़र के महीने के अन्तिम दिन थे (अगस्त 1765) कि शहर में यह सूचना फैल गई कि हमारे बादशाह सलामत ने इस महीने की चौबीस तारीख़ को बंगाल और बिहार की दीवानी अंग्रेज़ कम्पनी के हवाले कर दी। बक्सर की लड़ाई में हार का दिल्ली वालों को इतना ग़म न हुआ था जितना इस घटना पर हुआ। युद्ध में हार-जीत तो होती

ही रहती है। आख़िर अब्दाली ने मराठों को कुछ ही वर्ष हुए यहीं दिल्ली के पास पानीपत के मैदान पर घोर पराजय दी थी। अभी उस घटना को एक दशक भी न गुज़रने पाया है कि मराठागर्दी दोबारा उसी ज़ोर-शोर से नज़र आती है। परन्तु ज़मीन और माल के अधिकर एक बार हाथ से निकल गए तो निकल गए। मुझे तो ऐसा लगता था कि जमशेद जैसे बादशाह का सा सम्मान रखने वाले हमारे सम्राट जिन्हें परमात्मा का साया कहा जाता है अब प्रयाग ही में फ़िरंगियों को साये में जीवन बिता देंगे, लालक़िले को दोबारा दुल्हन बनना नसीब न होगा।

जब हालात ऐसे हों तो पढ़ने-पढ़ाने से मेरा दिल उचाट हो जाना आश्चर्य की बात न होना चाहिए। लेकिन अध्यापक का कर्तव्य तो निभाना ही था। दुर्भाग्य से मुझे तर्क़ पढ़ाने को कह दिया गया और किताब थी रहीमिया मदरसे के पूज्य संस्थापक हज़रत शाह अब्दुर्रहीम साहेब (उनकी कब्र हमेशा पाक रहे) के भी गुरु मीर ज़ाहिद हिरवी की मुल्ला जलाल की पुस्तक पर टीका, जो 'मीर जाहिर मुल्ला जलाल' के नाम से ज्ञानियों में जानी जाती थी। मदरसे के पुस्तकालय से जो पांडुलिपि पढ़ाने के लिए मुझे दी गई दुर्योगवश उसे कीड़ों ने जगह-जगह से खा लिया था और वह ठीक से पढ़ने में न आती थी। मैंने सोचा कि बृहस्पतिबार को ज़ामा मस्जिद पर किताबों, मानचित्रों और अन्य उद्‌भुत चीज़ों का जो बाज़ार लगता है, वहाँ जाकर ढूँढूँगा।

निश्चित दिन पर मैं सुबह-सुबह ज़ामा मस्जिद पहुँचा। आज भीड़ कुछ ज़्यादा थी, मालूम हुआ फ़ैज़ी, ग़नी काश्मीरी, मुनीर लाहौरी जैसे महाकवियों के दीवान की कई अच्छी प्रतियाँ कोई कंधारी पुस्तक विक्रेता आज लाया है। मैं जिस किताब की ख़ोज में था वो सीढ़ियों पर बैठे हुए दुकानदारों के यहाँ न मिली तो मैंने उर्दू बाज़ार के अन्दर का रुख़ किया ही था कि बिलकुल गली के नुक्कड़ पर एक बूढ़े लेकिन अच्छे हाथ पैर वाले पहाड़ी साईस को एक अत्यन्त सुन्दर चितकबरे घोड़े की लगाम थामे हुए देखा। इस क़दर तैयारी का घोड़ा या तो आज देखा था, या सदा रहने वाली दौलत के सवार की जाँघों के नीचे। मैं एक पल के लिए ठिठक गया। ख़ुदा ख़ैर करे, सदा रहने वाली दौलत के सवार का ख़याल मेरे लिए अक़सर फ़ारसी कहावत की तरह मस्त लोगों के सामने कोई धुन याद दिला देने का काम करता था। फिर मैं पहरों नहीं तो घड़ियों उसी के ध्यान में खोया रहता। लेकिन पुनः मेरी निगाह सवारी से हटकर सवार पर पड़ी। गबरू जवान था। दिल चाहे-अनचाहे उसकी तरफ़ खिंचता था। मैं बेइरादा उसकी तरफ़ बढ़ता चला गया। मेरा क़द कोई दो गज़ ऊँचा है और इस लिहाज़ से मैं अपने दोस्तों में अच्छी तरह ख़ासा विशेष था। लेकिन यह जवान मुझसे भी एक दो उँगली निकलता हुआ था। कोई बाइस-चौबीस की उम्र, खुलता हुआ गोरा रंग। तुर्क़ी या मुग़ल शैली की ख़ूबसूरत तरशी हुई नोकदार दाढ़ी, ऊँचा माथा, नीलिमा लिये हरी आँखें पुखराज की तरह जगमगाती हुईं। सर पर पीली हरी रेशमी बल देकर बाँधी हुई पगड़ी। लम्बी ऊँची गर्दन में ज़बरजद की माला, कानों में मोती की मुरकियाँ। बदन पर बहुत हल्के जामावार की हल्की हरी नीमा आस्तीन या ख़फ्तान, जिसका सीना आज के नए चलन के अनुकूल बाईं तरफ़ खुला हुआ। उसके नीचे महीन कपड़े का अँगरखा, इतना महीन कि उसके नीचे कुर्ता न होने की वजह से छाती के शेराना पठ्ठे साफ़ झलकते थे। अँगरखे की आस्तीन तंग और चुनी हुई। कसे हुए डंड, चौड़ी कलाइयाँ।

एक दुकान पर खड़ा वो कोई किताब देख रहा था। मैंने पास जाकर देखा, ग़नी काश्मीरी के दीवान की एक सुनहरी प्रति थी। संयोग से पुस्तक विक्रेता मेरा जाननेवाला निकला। वह किसी और ग्राहक से कुछ बात कर रहा था लेकिन मुझे इशारे से सलाम करके उसने एक किताब उठाकर मेरे हाथ में दे दी। मैंने देखा तो यह उसी 'मीर ज़ाहिद मुल्ला जलाल' की एक सुन्दर प्रति थी जिसकी मुझे तलाश थी। मेरे यहाँ आने में तो दैवीय निर्देश दिखता है, मैंने अपने दिल से कहा। दुकानदार जैसे ही पिछले ग्राहक से ख़ाली हुआ, मैंने अपनी किताब का मूल्य पूछा। थोड़े से मोल भाव के बाद सवा रुपए में सौदा पट गया। अजनबी चाबुक सवार ने दीवान-ए-ग़नी की मुँह माँगी क़ीमत शायद साढ़े आठ रुपए दे दी और रुख़्सत होने के लिए मुड़ा।

मेरी समझ में न आ रहा था कि क्या करूँ। परिचय के बिना उसको सम्बोधित करना तहज़ीब के खिलाफ़ था, और उधर वह शख़्स था कि अपने घोड़े पर सवार होकर चला ही जाने वाला था। वो तो ख़ुदा भला करे मेरे उस परिचित पुस्तक विक्रेता का कि उसने मुश्किल आसान की। सवार की तरफ़ इशारा करके वो बोला...

"मौलवी साहब, आप इन्हें नहीं जानते, यह बड़ी ख़ूबियों के..."

उधर वो घुड़सवार भी शायद मुझसे परिचय का अभिलाषी था। मेरी तरफ़ मुड़ा और बात काटकर बोला, "मौलवी साहब, बन्दगी अर्ज़ करता हूँ। ख़ाकसार को बुद्धसिंह क़लन्दर कहते हैं।"

मेरा चेहरा आप से आप खिल उठा। हाथ मिलाने के लिए बढ़ाते हुए मैंने कहा, "और कमतरीन का नाम ख़ैरुद्दीन है। अफ़सोस कि मैं आपकी तरह शायर नहीं हूँ।"

"शायर तो मैं नहीं हूँ, यूँ ही रेख़्ता में कुछ बक लेता हूँ।"

"शागिर्दी किसकी स्वीकार की?"

"औपचारिक शागिर्द तो किसी का नहीं हूँ लेकिन कभी कभार क़िब्ला मिर्ज़ा मज़हर साहब प्रसाद के तौर पर एक-आध ग़ज़ल पर कुछ संशोधन के नुक्ते लगा देते हैं। इस वक़्त मैं उन्हीं की बरकतों भरी बारगाह में हाजिर होने वाला था।"

"सुब्हान अल्लाह बड़े उच्च कोटि के बुज़ुर्ग हैं। एक दुनिया उनकी मुरीद है। और शायरी में तो क्या रेख़्ता क्या फ़ारसी, अपने वक़्त के शेख़ सादी हैं।"

"हाँ, लेकिन अफ़सोस कि शायरी की तरफ़ जनाब का ध्यान अब नहीं रह गया। रेख़्ता में जो इरशाद हुआ है वो जमा भी नहीं किया। ये भी ऊपर वालों की ही विडम्बना है कि जिस शख़्स ने कितनों को उस्ताद बना दिया, रेख़्ता में उसका ही दीवान संकलित न हुआ। और फ़ारसी का भी दीवान मुश्किल से दो-ढाई दस्ते का होगा।"

हम लोग बातें करते चले, घोड़े की लगाम साईस ही के पास रही। फ़ारसी के शेर मुझे बहुत याद थे, इस वजह से थोड़ी ही देर में बेतकल्लुफ़ी हो गई। आपस के हालात पूछे गए। मालूम हुआ क़लन्दर अपने माता-पिता की इकलौती सन्तान हैं लाहौर के एक गुणवान और बहुत अच्छी हैसियत वाले खत्री घराने में पैदा हुए। वहीं शिक्षा पाई। माता-पिता की बहुत सारी सम्पत्ति यहाँ भी हैं, उसी की देखभाल में लगे रहते हैं। तबीयत का झुकाव शायरी के साथ सूफ़ी मत और वेदान्त की ओर है। हज़रत मिर्ज़ा साहब क़िब्ला के दरबार से दोनों तरह की प्यास ख़ूब बुझती थी। विवाह अभी नहीं हुआ है।

बातों-बातों में हम काली मस्जिद के पास पहुँच गए। उसके पास ही रज्जी-सज्जी की मज़ार है और पीछे ज़रा दूर चलकर मिर्ज़ा साहेब क़िब्ला की ख़ानक़ाह। मैंने घबराकर कहा, "अरे, हम तो ख़ानक़ाह-ए-मज़हरी के बिलकुल पास आ गए। मैं तो निरा ख़ाली हाथ हूँ। मिर्ज़ा साहब की ख़िदमत में पहली बार हाज़िरी हो और कुछ नज़राना या तोहफ़ा पेश न करूँ, ये तो बड़ी भद्दी बात होगी। अच्छा अब आज्ञा प्रदान करें, ग़रीबख़ाना पास है, मैं घर चला जाऊँगा। ख़ुदा ने चाहा तो फिर कभी मिलना होगा।"

"नहीं, ये तो कोई बात न हुई। अमृत जल के स्रोत तक आकर प्यासा वापस जाना कहाँ की बुद्धिमानी है? हज़रत मिर्ज़ा साहब के यहाँ ऐसी कोई पाबन्दी नहीं। जिसका जी चाहे कुछ लाए, जिसका जी चाहे कुछ न लाए।"

"जी चाहने न चाहने वाली बात तो यहाँ है ही नहीं, हज़रत मैं तो बड़ी ख़ुशी से अपनी हैसियत के मुताबिक कुछ नज़राना पेश करूँगा, लेकिन इस वक़्त तैयारी जो नहीं है।"

"चले तो चलिए, यक़ीन फ़रमाइए क़िब्ला मिर्ज़ा साहब कुछ भी ख़याल न करेंगे। मेरा ज़िम्मा।"

मैंने ज़रा तेज़ लहज़े में कहा, "लेकिन मेरी अम्मा जी तो ख़याल फ़रमाएँगी। मेरी अन्तरात्मा तो दुखी रहेगी।"

"क्षमा याचना करता हूँ, बात को ज़रा देर में समझा। अच्छा तो लीजिए ये दीवान-ए-ग़नी मैंने अपने लिए ख़रीदा था, इसे हज़रत को भेंट कर देते हैं।"

"ख़ुदा की पनाह! इतना बहुमूल्य तोहफ़ा आपसे मैं ले लूँ? इसकी क़ीमत में तो मैं पूरा महीना रोटी खा सकता हूँ। ना साहेब, ये मुझसे न होगा।"

"अच्छा इसे मेरी तरफ़ से अनियतकालीन उधार समझिए या किसी वक़्त इसके बदले मुझे थोड़ी सी अरबी पढ़ा दीजिएगा। मैं अरबी में अभी थोड़ा कच्चा हूँ।"

मुझसे भी ज़्यादा बहस करते न बनी। ये भी शंका थी कि ज़्यादा इनकार करूँगा तो बनावट मालूम होगी, "चलिए हमारी आपकी तय रही, हर जुम्मे को मुझसे अरबी पढ़ लिया कीजिएगा।"

मिर्ज़ा साहब की ख़ानक़ाह का दरवाज़ा खुला हुआ था। कोई दरबान भी न था। हम बेखटके अन्दर चले गए। मुख्य द्वार के दोनों तरफ़ एक-एक कोठरी, उसके बाद बड़ा सा आँगन, चारों तरफ़ दालान। आँगन के बीचोबीच नहर बह रही थी, उसके दोनों तरफ़ फूलदार पेड़ जिन पर दो-तीन चिड़ियाँ चहचहा रही थीं। न जाने पालतू थीं या न जाने यूँ ही उड़ती-फिरती चली आई थीं। आँगन के उस पार सामने दोहरा दालान था। अन्दरूनी दालान में, एक ज़रा ऊँची जगह पर, मिर्ज़ा साहब सुशोभित थे। सारी सभा इस तरह सभ्य, सोने की तरह जगमगाती हुई, भरी-पूरी और नफ़ासत भरी लगती थी कि मुझे कहीं रुककर बैठने का साहस न था, मानो उसकी पवित्रता को मेरा व्यक्तित्व इस तरह ख़त्म कर देगा जिस तरह सफ़ेद चादर पर स्याही का धब्बा। हम आहिस्ता चलते बाहरी दालान पर ज़रा ठिठके, तो न मालूम अपने आप से या ख़ुदा जाने मिर्ज़ा साहब की आँख का हल्का इशारा पाकर, जिसे हम लोगों ने महसूस न किया, एक साहब ने फ़रमाया, "तशरीफ़ लाइए, इधर जगह है।"

हम लोग नज़र झुकाए, फूँक-फूँककर पाँव रखते, आगे को चले आए। बुद्धसिंह साहब ने सीने पर हाथ रखकर और ज़रा झुककर आदर दिया, मुँह से बहुत धीमी आवाज़ में कहा,

"क़िब्ला व काबा, तस्लीम बजा लाता हूँ। सरकार का मिजाज़ कैसा है?" मिर्ज़ा साहब ज़रा सा मुस्कुराए, निहायत सुरीली, दिल में बैठ जाने वाली आवाज़ में आपने फ़रमाया, "जीते रहो, दौलत और इक़बाल बढ़ते जाएँ।" फिर मेरी तरफ़ ज़रा सी निगाह के इशारे से देखा, मानो पूछ रहे हों यह कौन शख़्स है।

मैंने दोबारा झुककर सलाम किया, निगाहें नीची रखीं और हाथ बाँधकर बोला, "बन्दे को ख़ैरुद्दीन कहते हैं। क़लन्दर साहब ने हिम्मत दिलाई तो दर्शन और जूतियों को आँख से लगाने के लिए हाज़िर हो गया हूँ।"

उन्होंने उसी अधूरी मुस्कान के साथ फ़रमाया, "क़लन्दर जो कुछ भी कहता है देखा-भाला कहता है। तशरीफ़ रखें।"

उस समय तो मेरी समझ में न आया कि मिर्ज़ा साहब ने क़लन्दर वाली बात क्यों कही लेकिन घर पहुँचकर, जो कुछ घटित हुआ उसको पुनः मस्तिष्क में संकलित करते हुए, और जो कुछ देखा सुना था उसे स्मृति में दोबारा जिन्दा करते हुए मुझे ख़याल आया कि वो हम लोगों के दिल में छिपी बात को जान गए थे। मुझे उनके यहाँ हाज़िर होने में संकोच था और इस संकोच को बुद्ध सिंह क़लन्दर ने यह कहकर दूर करना चाहा था कि मिर्ज़ा साहब के यहाँ नज़राना या भेंट पेश करने की कोई पाबन्दी नहीं। हम दोनों में हुई बात को मिर्ज़ा साहब ने आत्मदृष्टि से समझ लिया था मानो उसकी तस्दीक कर रहे थे।

मैंने 'दीवान-ए-ग़नी' दोनों हाथों पर रखकर पेश की। मिर्ज़ा साहब ने एक निगाह डाली और फ़रमाया, "मौलवी साहब दीवान-ए-ग़नी ख़ूब लाए। माशा अल्लाह!" यह पूर्वाभास का एक और उदाहरण था क्योंकि किताब की ज़िल्द सादा थी, उस पर कोई नाम न था। फिर शायद कोई इशारा हुआ जिसे मैं महसूस न कर सका। वही साहब जिन्होंने हम लोगों को आगे आने का निर्देश दिया था, अपनी जगह से बढ़े। मिर्ज़ा साहब इस बीच किताब मेरे हाथ से ले चुके थे। उन्होंने एक दो पृष्ठ पलटे, फ़रमाया, "हमारे ढब का शायर था।" वो साहब अब तक मिर्ज़ा साहब के बिलकुल निकट आ चुके थे। मिर्ज़ा साहब ने किताब उन्हें सौंपी और ग़नी का शेर कुछ ख़ास अन्दाज़ में डूबकर पढ़ा। उनके पढ़ने का अन्दाज़ सारे जहाँ से निराला था, मैं उसे शब्दों में बयान नहीं कर सकता :

इश्क़ रा दामेस्त दर पश्त-ओ-बुलन्द-ए-रोज़गार
कोहकन दर बेसुतूँ मजनूँ ब सहरा बन्द शुद

(इश्क ने दुनिया की सारी ऊँची-ऊँची जगहों पर जाल बिछा रखा है। फ़रहाद तो बेसुतूँ के पहाड़ों में और मजनूँ मरुस्थल में पकड़ा गया)

मैंने देखा कि उनकी आँखें भींगने लगी थीं कि उन्होंने ख़ुद को सँभाला। हम दोनों अब तक यूँ ही हाथ बाँधे खड़े थे। आपने दोबारा फ़रमाया, "तशरीफ़ रखें।" मेरी भी जान में जान आई, हम वहीं घुटने मोड़कर बैठ गए और महफ़िल के रंग को ज़रा सँभलकर देखा।

हज़रत मिर्ज़ा साहब के पीछे एक साहब निहायत अच्छी सूरत वाले, दुबले-पतले, हल्के पिस्तई रंग की अबा और उसके नीचे बन्द गले का सफ़ेद अँगरखा पहने हुए, सर पर सादा दो पल्ली टोपी, चेहरे पर ग़ज़ब की नर्मी, मोरछल हिला रहे थे। मुझे बाद में मालूम हुआ कि उनका नाम गुलाम अली है, हज़रत के विशिष्ट मुरीदों में हैं लेकिन बिलकुल चाकरों की तरह अपने पीर के सारे काम करते हैं। जो साहब आपकी पेशी में थे उनका नाम मालूम हुआ

कि नईमुल्लाह बहराइची है, पूरब के इलाक़े में हज़रत के खलीफ़ा हैं, लेकिन साल का बड़ा हिस्सा पीर के क़दमों में बिताते हैं। अब मैंने ज़रा आँख ऊँची की तो हज़रत को कुछ ठीक से देखा।

बहुत गोरा रंग, दुबला बदन, लम्बा क़द, सफ़ेद दाढ़ी कुछ नुकीली और कुछ नफ़ासत से तराशी हुई। मूँछें कतरी हुईं लेकिन बहुत हल्की नहीं। बहुत कोमल हल्की हरी ढाके की मलमल के अँगरखे के नीचे दूधिया सफ़ेद शबनम का कुर्ता, इतना सफ़ेद कि मलमल की सब्जी मालूम ही न होती थी। अँगरखे पर कोई अबा या चोगा न था, लेकिन पास ही निहायत सलीके से तह की हुई काग़ज़ी जामेवार की अबा, हल्की हरी और पीली धारियों वाला मशरू का ढीला पाजामा। बड़ी-बड़ी आँखें जिनमें रात के जागने की कुछ-कुछ लालिमा। सर पर चार कोनों वाली कढ़ी हुई टोपी जिसके नीचे से सफ़ेद बालों की एक लट कान के पास काकुल की तरह कुछ बेपरवाही से झलक रही थी लेकिन बेपरवाही ऐसी जिसमें कुछ संचालन भी था। मैंने इस तरह ख़ूबसूरत और रोबदार शख़्स कभी न देखा था। और मैं क्या शायद उस सारी महफ़िल ने कभी न देखा हो। सब लोग इस तरह अदब से थे जैसे कोई दरबार हो। अगर व्यक्तित्व के रोबदाब के लिहाज़ से वो हज़रत मोहइउद्दीन औरंगज़ेब आलमगीर (ख़ुदा उनके मज़ार को ठंडा रखे) लगते थे तो मन मोह लेने के लिहाज़ से हज़रत ख़्वाजा बाक़ी बिल्लाह साहब (ख़ुदा उनकी मज़ार को रोशन रखे) जैसे बड़े सूफ़ी सन्त की याद दिलाते थे।

अब मैंने ये भी देखा कि बाहरी और अन्दरूनी दालानों के बीच में एक मौलवी साहब हाथ बाँधे खड़े थे, गालों पर से पसीना बहकर दाढ़ी में जज्ब हो रहा था। फिर मेरे ख़याल में आया कि, नहीं पसीना नहीं वो तो आँसू थे। मौलवी साहब भर्राई हुई आवाज़ में बोले :

"सरकार की राजसी कृपा की दुहाई देकर प्रार्थी हूँ कि इस नकारा, पापी और नालायक़ का अपराध क्षमा हो और अब इस तुच्छ को सरकार के दरगाह के चाकरों के शुभ पाँवों में बैठने के लिए अधिकृत कर दिया जाए।"

मेरी समझ में न आया कि क़िस्सा क्या है और यह मौलवी साहब कब से और किसलिए इस तरह रो-पीट कर अभ्यर्थना कर रहे थे। जब हम लोग आए तब भी वो मौज़ूद रहे होंगे, सम्भवतः क़लन्दर साहब ने उन्हें देखा भी हो। लेकिन अरबी की कहावत है कि हर नवागन्तुक को डर लगता है और मुझे भी मिर्ज़ा साहब के दरवेशी रोब के कारण कुछ सूझा ही न था। मैंने हिम्मत करके नइमुल्लाह साहब बहराइची की तरफ़ देखा। उन्होंने मेरी मुश्किल आसान की, बोले...

"आप करनाल से तशरीफ़ लाए हैं। सरकार-ए-आली के मुरीद होने के आकांक्षी हैं।"

उन मौलवी साहब को इस कथन से शायद पुष्टि मिली। नइमुल्लाह साहब की तरफ़ मुँह करके लेकिन हज़रत मिर्ज़ा साहब ही को सम्बोधित करते हुए रुआँसी आवाज़ में कहने लगे :

"सरकार-ए-आली की आज्ञा का पालन हो गया है..."

"लेकिन देर में," मैंने पहली बार शाह गुलाम अली साहब को बोलते देखा। अब तक तो वो इतने अदब से थे कि जिसके बारे में कुरान शरीफ़ में है कि मानो उनके सर पर चिड़िया बैठी हुई है। उनका लहज़ा तो बहुत नपा-तुला और गम्भीर था लेकिन चेहरे पर मुस्कुराहट की लालिमा भी थी, जैसे वो परिस्थिति से कुछ मज़ा भी उठा रहे हों, "सरकार-ए-आली

ने आपसे दो बार कहा कि ये लम्बी दाढ़ी-मूँछें, रीछ की सूरत मुझे पसन्द नहीं। दाढ़ी-मूँछें छोटी कराकर आदमी की शक्ल में आइए तो मुरीद करेंगे। परन्तु आप तो अपनी ही शरीअत पर अड़े रहे, क्यों?"

"मगर सरकार यह भी तो मुलाहिज़ा कर लेते कि अब मैंने तौबा कर ली है..."

"हाँ, मगर जब आपको ख़्वाब में चेतावनी मिली कि अपनी भलाई चाहते हो तो वही करो जो हमारे मिर्ज़ा साहब चाहते हैं और उन्हीं के पवित्र दामन से अपने को बाँध लो।" गुलाम अली साहब अब खुलकर मुस्कुरा रहे थे, "लेकिन यहाँ आला हज़रत से तुम्हारी सिफ़ारिस क्या मियाँ क़लन्दर करेंगे?"

"क़लन्दर, कौन क़लन्दर?" मौलवी साहब घबराकर बोले।

इतने में मिर्ज़ा साहब क़िब्ला ने सर उठाया और फ़रमाया, "अच्छा अब वो आइन्दा के लिए सचेत हो गए, कल जुम्मे को मुरीद बना लेंगे।" लगता था वो भी इस मामले का कुछ आनन्द उठा रहे हैं।

मौलवी साहब ने सहसा आगे बढ़कर हज़रत के दामन को चूमा और उनके पाँव के पास बैठकर आँसू पोंछने लगे। साथ-साथ कहते भी जाते थे, "सरकार का करम है, अपार कृपा है।" मिर्ज़ा साहब क़िब्ला यूँ ही सर झुकाए रहे। शायद वो कुछ और कहते कि अचानक मुख्य द्वार से मिली हुई जो छोटी सी गली शायद जनानख़ाने के दरवाज़े को जाती थी, उसके नुक्कड़ से एक शोर उठा। बड़ी सख़्त जाटिनों वाली आवाज़ थी लेकिन लहज़ा भद्र था...

"अरे कहाँ है वह भडुवा मिर्ज़ा, कहीं मर गया क्या, बड़ा पीर औलिया बना फिरता है। ताँबे के पैसे पर रखकर उसकी बोटियाँ चील कौवों को खिलाऊँ। उससे कहो किसी और को अपने नाज़ दिखलाए। यहाँ तीसरा पहर होने को आया, मैं दरवाज़े पर खड़ी-खड़ी सूखती हूँ। अब तक मेरी पालकी के साथ चलने वाले कारिन्दे नहीं आए। ऐ लोगो! बताओ मैं अकेली किस तरह हरे-भरे साहब की दरगाह पर जाऊँ। मैं न जाऊँगी तो क्या वो अपनी माँ-बहनों को भेजेगा? कौन उसके जीवन और स्वास्थ्य की दुआ करेगा, कौन उसके नखरे उठाने वाले मुरीदों को एकत्रित करने का इन्तज़ाम करेगा?"

मैं तो सन्नाटे में आ गया। ये मोतियाँ लुटाता हुआ दरबार, चाहने वाले और प्रेम विश्वास रखने वालों का ये जमघट और ये अपमानजनक बातें। ये ठीक है कि मैंने इसके बारे में सुन रखा था, लेकिन यहाँ तो पानी सर से कई हाथी डुबाव ऊँचा था। ख़ुदा की पनाह इन श्रीमती जी को नरक की आग का भी खौफ़ नहीं? मेरी तो सर उठाने की भी हिम्मत न पड़ती थी, कहाँ यह कि उठकर अभिवादन करूँ और विदाई की आज्ञा चाहूँ। लेकिन मैंने महसूस किया, और फिर कनखियों से देखकर इस अनुभूति की तस्दीक भी की कि महफ़िल में बैठे हुए लोगों में किसी घबराहट या आला हज़रत के मुबारक़ चेहरे पर ज़रा भी पसीने का आभास न था। सव अपनी-अपनी जगह बैठे थे, मानो बाहर की आवाज़ से बिलकुल अनभिज्ञ हों। यहाँ तक कि वो करनाल के मौलवी साहब भी हज़रत मिर्ज़ा साहब की चौकी के पाये से यूँ ही लिपटे पड़े रहे। इतने में शाह गुलाम अली साहब ने कोई इशारा किया तो मैंने देखा कि दो व्यक्ति जो प्यादों का सा लिबास पहने महफ़िल की जूतियों के पास बैठे थे, उठे और झुककर तस्लीम बजा लाते हुए उल्टे पाँव बाहर निकल गए। अन्दर

से एक ख़ादिम निकला, उसने आहिस्ता-आहिस्ता हज़रत से कुछ अर्ज़ किया तो वो ज़रा सा मुस्कुरा दिए।

मुझे बाद में पता लगा कि कारिन्दे बेचारे निश्चित समय से ज़रा पहले आ गए थे और पीरानी साहिब की डाँट-मार खाकर मिर्ज़ा साहब की मजलिस में दुबके बैठे बुलावे की प्रतीक्षा कर रहे थे।

हज़रत को ज़रा मुस्कुराता हुआ देखकर एक साहब ने, जो सूरत और वेश-भूषा से बुख़ारा या समरकन्द के मालूम होते थे, हाथ बाँधकर फ़ारसी में कहा, " 'तफ़सीर-ए-मजहरी' के पवित्र पाठ के लिए आज का दिन निश्चित किया गया था। यदि आप महानुभाव की आज्ञा हो तो बस्ते से पुस्तक निकालूँ और उसका पाठ आरम्भ कर दूँ।" मुझे याद आया कि क़ाज़ी सनाउल्लाह साहब पानीपती जो हज़रत के विशिष्ट मुरीद हैं, इन दिनों 'तफ़सीर-ए-मजहरी' के नाम से कुरान शरीफ़ पर टिप्पणी लिख रहे हैं। उन साहब को जवाब देने के पहले मिर्ज़ा साहब ने हमारी ओर देखा, जैसे संकेत कर रहे हों कि जाना चाहें तो हमें आज्ञा है। हम दोनों ही उठ खड़े हुए और हाज़िर होने की अनुमति चाहकर बाहर आए।

विदाई की आज्ञा प्रदान होने के बाद जब मैं झुककर मिर्ज़ा साहब के कर-कमलों को चूम रहा था तो आपने फ़रमाया, "मौलवी साहब, पाक नवी मुहम्मद साहब जो आपकी सृष्टि के मालिक हैं उनकी बात सदा याद रखो।" यह कहकर उन्होंने पैग़म्बर साहब की बात उन्हीं के अरबी शब्दों में सुनाई जैसा कि उनकी पत्नी हज़रत आयशा (ख़ुदा उनसे राज़ी हो) की ज़बान से सुनी गई थी, "तो फिर क्या मैं अपने परमात्मा का शुक्र करने वाला बन्दा न बनूँ?" मेरे दिल में ख़याल गुज़रा कि क़िब्ला हज़रत इस बात को अपने लिए बड़ी नेमत निर्धारित करते हैं कि उन्हें ऐसी बीवी नसीब हैं जो हर वक़्त उनके अहम और घमंड को मटियामेट करती रहती हैं और ये बड़े शुक्र का अवसर है।

क़लन्दर साहब का साईस सामने ही उनकी प्रतीक्षा में था। परन्तु वो फ़ौरन सवार न हुए, मुझे साथ लिए चलते गए। वो चुप से थे। शायद, उनकी समझ में आ रहा था, न मेरी, कि अब बात क्या करें। लेकिन उनके बारे में मेरा अनुमान ग़लत निकला। वो कुछ कहने के लिए शब्द ढूँढ़ रहे थे। रज्जी-सज्जी के मज़ार के पास आकर वो रुके और कहने लगे :

"हज़रत बायज़ीद किस उच्च कोटि के सूफ़ी थे आपको मालूम ही होगा। एक बार उनका एक चाहने वाला बड़ी लम्बी यात्रा करके उनके दरवाज़े पर पहुँचा। ये वो दिन थे जब शेख़ बायज़ीद का हाल लोगों से छिपा हुआ था। चाहने वालों और माँगने वालों का वो जमघट न था जो कई साल पश्चात हुआ। आने वाले ने आवाज़ दी तो अन्दर से किसी ने डाँटकर कहा, "जा-जा। बड़ा आया उस मुए निखट्टू के टट्टू शेख़ को पुकारने वाला! वो ढोंगी कहीं जंगल में लकड़ियाँ काटने के बहाने किसी पेड़ की छाँव में पड़ा खर्राटे लेता होगा। चल भाग नहीं तो सारी पीरी मुरीदी निकाल दूँगी", क़लन्दर ज़रा मुस्कुराए, "उस बेचारे ने भला ये मीठे बोल काहे को कहीं और सुने होंगे। हवाश खोकर जो भागा है तो फिर शहर से निकल जंगल की ही राह पकड़ी। जंगल में प्रवेश किया ही था कि शेख़ के दर्शन हो गए कि वो एक ऊँचे तगड़े शेर पर सवार चले आ रहे थे। आने वाला दुनिया भर

से बाहर का यह दृश्य देखकर डरा तो शेख़ ने फ़रमाया, "डरो नहीं। मैं उसकी सुनता हूँ तो यह मेरी मेरी सुनता है।"

मैंने कहा, "मेरे मेहरबान, क़िस्सा तो आपने अच्छा सुनाया और हालात के अनुकूल सुनाया। मैंने तो यह भी सुन रखा था कि हद से बढ़ी हुई नाज़ुक मिज़ाजी और सुन्दर चीज़ों से अपार लगाव को देखते हुए आला हज़रत को कहीं से निर्देश मिला था कि फलाँ औरत से निकाह का बन्धन बाँधो। परन्तु मैं तो क़ुरान में परमेश्वर की बात को सामने रखता हूँ और उसी का जाप करता हूँ। क़िब्ला हज़रत को जितना बड़ा बोझ दिया गया है उसे उठाने को उतनी सामर्थ्य भी दी है। मेरी तो क़ुरान के शब्दों में यही दुआ है कि मालिक हम पर ऐसा बोझ न डाले जिसे सहने की शक्ति हममें न हो। मुझ पर ऐसी पड़ती तो मैं बैठ ही जाता।"

क़लन्दर मुस्कुराए, "बेशक परन्तु क़ुरान में यह भी तो है कि अल्लाह किसी आत्मा पर वो करने को मज़बूर नहीं करता जो उसकी क्षमता से बाहर हो। ऐसा न होता तो हम जैसों की तो चारपाइयाँ उठ गई होतीं।"

मैंने दिल में कहा, ख़ुदा करे क्या ग़ज़ब का तेज़, तबीयत वाला और बातों को पा जाने वाला व्यक्ति है। मैंने मिलाने के लिए हाथ बढ़ाए और कहा, "अच्छा तो अगले ज़ुमे को दिन ढले जनाब की प्रतीक्षा करूँगा ख़ुदा हाफिज़।"

"इन्शा अल्लाह," क़लन्दर ने कहा। इधर उन्होंने सवार होकर अपनी राह ली, उधर मैं अपने ख़यालों में गुम अपनी प्यारी बहन के घर की ओर मुड़ गया। जाना तो मुझे अपने घर था, लेकिन शायद मिर्ज़ा साहब के यहाँ घर के अन्दर के रंग की एक झलक ने मेरे दिमाग़ में शादी-ब्याह और घर-बार बसाने की समस्याओं की बात डाल दी। अल्लाह रखे मेरी बहन इतने अच्छे स्वभाव की और मृदुभाषी थी कि बस सुनते रहो। मैंने दिल ही दिल में मियाँ बक़ाउल्लाह को उनके सौभाग्य पर वाह-वाह कही। नहीं तो एक हमारे हज़रत मिर्ज़ा साहब भी तो हैं। ख़ुदा उन्हें सलामत रखे, जीते जी शहीद की पदवी पा चुके हैं।

मैं 'मीर ज़ाहिद मुल्ला जलाल' को पढ़ने-पढ़ाने में ऐसा गुँथा कि और किसी चीज़ की सुध ही न रही। कभी-कभी सहसवार का ख़याल ज़रूर आता, लेकिन सपने में देखे हुए किसी दृश्य या सूरत की तरह। एक मद्धिम सी ख़टक, पुरानी चोट के कभी-कभी ताज़ा हो जाने की सी कसक ज़रूर थी। मगर वो प्रश्न चिह्न न था जो शुरुआती दिनों में मेरी आत्मा में बर्र के डंक सा खटकता था। हाँ एक बार जागने के स्वप्न में उन्हें मैंने ज़रूर देखा। ऐसा लगा कि मदरसे के मुख्य द्वार पर अपना घोड़ा साईस के हाथ में देकर अन्दर आ रहे हैं। मुख्य द्वार मेरी बैठक से बहुत दूर था, और आड़ में था। इसलिए सामान्य स्थिति में मुझे अपनी जगह से दिखाई भी न देता। लेकिन उस वक़्त बिलकुल आईना समान मेरे सामने था। मैं हड़बड़ाकर उठा, किताब जो मेरे हाथ में थी, एक तरफ़ गिरी और चादर जो मैं लपेटे हुए था, खुलकर पाँव में आ रही। इतनी ही देर में वो मंज़र गायब हो गया और सब चीज़ें अपनी पूर्व स्थिति में आ गईं।

मैंने इस बात की चर्चा किसी से न की, बुद्ध सिंह से भी नहीं। मेरा किसी से ऐसा मिलना-जुलना भी न था। बुद्ध सिंह निश्चय ही हर ज़ुमे को आ जाते थे। अरबी का पठन-पाठन तो कम ही होता शेर-ओ-शायरी की बात ज़्यादा। वो अपने शेर मुश्किल ही से

कभी सुनाते। लेकिन एक दिन उन्होंने अचानक अरबी का अध्ययन बन्द कर दिया और मेरे कहे बिना ही अपना शेर सुनाने लगे...

जी को सर-ए-ज़िन्दगी[1] नहीं है
क्या जी के करो कि जी नहीं है

यह शेर उन्होंने कुछ इस पीड़ा के साथ पढ़ा कि मैं थोड़ा घबरा गया। शायर लोग इधर-उधर की बातें शेरों में डालते ही रहते हैं, कोई मरे या जीये उनकी बला से। परन्तु इस शेर को जिस तरह उन्होंने पढ़ा उसमें अजब कसक़ थी, मानो अपना सच्चा हाल कह रहे हों। मुझे हज़रत मिर्ज़ा साहब का एक शेर याद आया कि उन दिनों अक़सर लोगों की ज़बान पर था :

नाला मौज़ूँ मी कुनद उम्रेस्त अम्मा पेश-ए-यार
नीस्त मज़हर दर शुमार-ए-शायराँ गोया हिनूज़

(एक उम्र गुज़र गई कि मज़हर अपने नाले को शेर का रूप दे रहा है परन्तु माशूक़ के सामने अभी शायरों में उसकी गिनती नहीं हो रही है।)

तो शायर साहबान कभी अपने दिल का हाल भी शायद कह डालते हैं, मैंने अपने दिल में कहा। परन्तु क़लन्दर साहब से कुछ पूछने का साहस न हुआ। वैसे तो वो अपने शेर में कुछ इतने गुम थे कि शायद मेरी बात सुनते भी न। फिर उन्होंने दूसरा शेर पढ़ा...

थमते ही थमेंगे अश्क नासिह
रोना है ये कुछ हँसी नहीं है

दूसरे मिसरे में मुहावरा कुछ ऐसा सुन्दर बँधा था कि पढ़े जाइए और लुत्फ़ लिए जाइए। मगर उन्हें प्रशंसा या आलोचना सुनने की सुध कहाँ? आँखें बन्द किए स्वयं झूम रहे थे और बार-बार यही मिसरा पढ़े जा रहे थे, "रोना है ये कुछ हँसी नहीं है।" अचानक मैंने महसूस किया कि उनकी आवाज़ भर्राने लगी है। मैं उठने वाला था कि कटोरे में पानी भरकर उन्हें दूँ कि उन्होंने आँखें खोल दीं। बड़े गर्व और धैर्य से मुझे देखा और ये रुबाई पढ़ी...

जी में जो क़लन्दर के कभी आवेगा
दिल अपने को छीन तुझसे ले जावेगा
ये रोज़ का तेरा चीं बर अबरु[2] रहना
सब ताक़ ऊपर धरा ही रह जावेगा

ये रुबाई पढ़ते-पढ़ते वो उठ खड़े हुए, दस्तूर के विपरीत मुझसे गले मिले, और बोले...

"अच्छा मौलवी साहिब-ए-बन्दा, हम तो चले। मैं मर चुका हूँ, मौलवी साहब सुनते हो...

मैं मर चुका हूँ पतेरे ही देखने के लिए
हबा़बवार[3] तुनुक दम रहा है आँखों में

ये शेर उन्होंने पढ़ा और अपने शेरों का पर्चा, अरबी की पाठ्य पुस्तक, सब वहीं फेंककर ये जा वे जा। जब तक मैं दौड़कर मुख्य द्वार तक पहुँचूँ वो फ़तेहपुरी की भीड़ में गुम हो चुके थे। आज शायद घोड़ा और उसका सामान भी साथ न था।

---

1. जीने की चाह
2. त्यौरियाँ चढ़ाए रहना।
3. बुलबुले की तरह।

मेरी समझ में न आया कि क्या करूँ। कोई बड़ा-बूढ़ा भी घर में न था जिससे राय-मशविरा करूँ। क्या मेरे क़लन्दर साहब को जुनून हो गया है? क्या वो बीमार हैं? क्या उन्हें किसी से प्रेम हो गया है? परन्तु प्रेम वाले तो अक़सर हँसते खेलते निकल जाते हैं। इनका तो मामला ही कुछ और था। आला हज़रत मिर्ज़ा साहब से सहायता के लिए कहूँ? परन्तु उनसे कहूँ तो क्या, पूछूँ तो क्या? और मैं क़लन्दर साहब का लगता भी कौन था और हज़रत साहब के यहाँ का आने जाने वाला भी न था कि उनके यहाँ के नियमों और तरीक़ों से परिचित हूँ। न मालूम ऐसी बातें उनके सामने पेश होती भी हैं कि नहीं। कहीं मेरा जाना गुस्ताख़ी न समझा जाए।

एक बुद्ध सिंह क़लन्दर की हस्ती में मुझे बड़ा भाई, बाप और दोस्त इकट्ठे दिखाई देते थे। अब तक मैं इन तीनों नेमतों से वंचित रहा था। क़लन्दर साहब से अभी पूरी तरह खुल जाने का अवसर न आया था, लेकिन मुझे लगता था कि अगर मेरे सामने कोई समस्या आ जाए और मैं उनसे उसकी चर्चा करूँ तो वो ध्यान से सुनेंगे और बिना स्वार्थ के सच्ची सलाह देंगे। लेकिन अब तो उनका ही हाल कुछ बिगड़ता हुआ लगता था। काश मैं उनके कुछ काम आ सकता।

इसी उलझन में सारा दिन निकल गया, रात भी बीत गई। मुझसे न ठीक से खाया गया न सोया गया। अम्मा जी पूछती ही रहीं कि आज जी कैसा है, न खा रहे हो न ठीक से सो रहे हो। लेकिन मैंने उनसे बहाना कर दिया कि मदरसे में काम के दबाव के कारण सर में दर्द सा हो गया है। रात कटते-कटते कटी तो अचानक मुझे ध्यान आया कि बक़ाउल्लाह से क्यों न पूछूँ। वो रमल, और जफ़र और ज्योतिष का इतना बड़ा ज्ञाता बना फिरता है, कुछ मेरे भी तो काम आए।

सुबह धूप चढ़े की नमाज़ पढ़ते ही मैं बक़ाउल्लाह के यहाँ पहुँचा। वो दीवानख़ाने में बैठ चुका था, एक-दो ग़रज वाले भी आ गए थे परन्तु अभी भीड़ शुरू न हुई थी। मुझे देखते ही उसने उठकर सलाम किया।

“भाईजान साहब क़िब्ला। तशरीफ़ लाइए, ख़ूब आए।” फिर उसने फ़ारसी की एक पंक्ति पढ़ी, आइए आइए मैं आपको आलिंगन कर ख़ूब भींचूँ। फिर वो बोला, “कहिए क्या ख़िदमत करूँ। क़लन्दर साहब का हाल पूछिएगा?”

मैं चकरा गया। बक़ाउल्लाह को मैंने अपनी और क़लन्दर की दोस्ती के बारे में कभी बताया न था। शायद मेरी बहन ने कुछ कह दिया हो। लेकिन उसे ये कैसे मालूम हुआ कि मैं उन्हीं के बारे में पूछने आया हूँ? मैंने कुछ गोलमाल सा जवाब दिया तो वो बोला...

“आइए ज़नानख़ाने में चलते हैं।” फिर उसने बाहरी आगन्तुकों से कहा, “आप साहेबान ज़रा देर ग़म खा लें। बन्दा बात की बात में हाज़िर होता है।”

वो मुझे अपनी ख़ास कोठरी में ले गया जहाँ आने की किसी को अनुमति न थी। मैं अभी मसनद से टेक भी न लगाने पाया था कि वो कहने लगा...

“भाईजान, अब वो किसी और मंज़िल के मुसाफ़िर हैं। वो हवा की तेज़ी से उड़ने वाले सवार हैं। आपके हाथ नहीं आने के।”

“मियाँ कुछ साफ़-साफ़ तो कहो। पहेलियाँ क्यों बुझाते हो।”

"साफ़-साफ़ आप ख़ुद देख लेंगे। उन्हें किसी की लौ लगी है, अब वो लौका हुई जाती है। वो बहुत दिन हमारे आपके बीच न रहेंगे।"

"क्या मतलब, क्या वो ख़ुदा न चाहे बीमार है?"

"आप भी क्या बच्चों की सी बातें करते हैं भाईजान। उनकी आँख कहीं लड़ी थी। लेकिन बात बनी नहीं, या शायद उन्होंने ख़ुद बनानी न चाही। इस सिलसिले में मैंने कुछ छानबीन नहीं की है। आप चाहेंगे तो वो भी मालूम कर दूँगा। लेकिन..."

वो हँसा, "अजी साहब, वो मदद चाहें तब तो। मैंने कहा न अब वो किसी और मंज़िल के राही हैं। पहले तो इतना ही मामला था।"

दिल रा ज सीनाअम बुत-ए-सरकश गिरिफ्त व रफ़्त
दर खाना-ए-मन आमद-ओ-आतश गिरफ़्त व रफ़्त

(ज़िद्दी और घमंडी माशूक़ ने मेरे सीने से दिल निकाल लिया और चलता बना मानो वो मेरे घर में आया, आग ली और चल दिया।)

"लेकिन अब वो आग उनके होश-हवाश के खलिहान को राख कर चुकी है। आपने अरबी कहावत सुनी ही होगी कि इश्क़ वह आग है जो प्रियतम के सिवा हर चीज़ को भस्म कर देती है। परन्तु यहाँ अन्तर ये है कि अब उनका प्रियतम भी वो प्रियतम नहीं। एक ही छलाँग में वो माया से सत्य तक पहुँच गए।"

"तो अब मैं क्या करूँ? उनके माता-पिता को ख़बर करूँ?"

"इससे कुछ न होगा। वैसे उनको सूचना हो ही जाएगी।"

"तुम्हें ये सब कैसे मालूम?"

"मुझे आपका ख़याल रहता है। कल रात मैंने नक्शा खींचा तो निर्देश मिला कि मौलवी ख़ैरुद्दीन के लिए बुद्धसिंह क़लन्दर का हाल मालूम करो। आमतौर पर हम लोग उसी वक़्त कुछ पता लगा सकते हैं जब कोई पूछने वाला प्रश्न पूछे। परन्तु कुछ हालतों में किसी सम्भावित प्रश्नकर्ता या अनुपस्थित प्रश्नकर्ता को सन्दर्भ में लेकर भी जाँच कर सकते हैं। क़लन्दर साहब का हाल बिगड़ गया है भाईजान।"

"मैं अभी उनके यहाँ जाता हूँ।"

"आप जाएँ या न जाएँ वो तो जा चुके।"

"क्या मतलब, क्या वो ख़ुदा न करे चल बसे?"

"नहीं, मगर वो हम और आपके लिए मर चुके हैं।"

मैंने किसी न किसी प्रकार मदरसे का काम पूरा किया। अस्र की नमाज़ पढ़कर मैं बुद्धसिंह क़लन्दर की हवेली को चला। जोगीवाड़ा के ज़रा परे तिराहा बैरमख़ाँ पर उनकी आसमान को छूती हुई हवेली थी। अभी उनकी गली तक पहुँचा भी न था कि बहुत से लोग भीड़ की तरह आते-जाते दिखाई दिए। हरेक के हाथ में कोई सामान था। बड़ा सामान था तो वो उसे सर पर उठाए या उठवाए हुए थे। लोग कह रहे थे बुद्धसिंह क़लन्दर ने बाप दादा का वर्षों में बटोरा हुआ रुपया दिन भर में लुटा दिया। अब हवेली लुट रही है, वो भी अब ख़ाली हुआ चाहती है।

किसी के सर पर बुख़ारा या ईरान का भारी क़ालीन, किसी के हाथ में तुर्की का बना हुआ चीनी गुलदान, किसी के हाथ में हल्ब का बना हुआ आईना जिसके चारों तरफ़

तस्वीरें जड़ी हुईं, इतना बड़ा कि लगभग आदमक़द था और मुश्किल ही से उससे सँभल रहा था। किसी के कंधे पर काशानी मख़मल का गट्ठर। किसी के हाथ में शीराज़ी कबूतरों का जोड़ा, ऊँचे क़द के कबूतर सफ़ेद और सुर्मई, गर्दन उठाकर राहगीरों को देखते, गुटुरगूँ करते हुए। किसी के साथ डोरिया लम्बे-लम्बे पतले अरबी कुत्तों की जंज़ीरे थामे हुए। फिर देखा कि पाँच-सात लोग किसी न किसी तरह एक बेहद भारी पलंग सर पर उठाए हुए। उठाए क्या हज़ार ख़राबी से सर और हाथों पर अटकाए हुए। पलंग के पाये ठोस चाँदी के, पटिट्याँ आबनूसी, पलंगपोश, मिर्ज़ापुरी हल्के रेशमी क़ालीन, नीली साटन के तकिए जिन पर रेशम का कश्मीरी काम बना हुआ, दो रेशमी बनारसी कपड़े के गलतकिये लेकिन निहायत नर्म। ओढ़ने के लिए जयपुरी दुलाइयाँ इतनी हल्की और नाज़ुक जैसे गुलाब की पंखुड़ियाँ। किसी के हाथ में मुँह धोने की चाँदी की परात, इतनी भारी कि उठाए न उठती थी। दो व्यक्तियों के हाथ ताँबे का पानदान कोई बीस शाहजहानी सेर का। एक किताबों के विक्रेता को देखा कि दो मज़दूरों के सर पर किताबों के बस्ते उठवाए चला जाता था। मेरी समझ में न आता था कि ये नादिरशाही है कि अब्दाली लूट है, या क्या है। और इन दोनों की लूटमार ने भी इतना छोड़ा था कि दिन भर से उठ ही रहा था और ख़त्म होने में न आता था? मैं आगे बढ़ता गया, साथ ही हुजूम भी बढ़ता चला गया। हवेली के मुख्य द्वार पर टिकने तक की जगह न थी। बुद्धसिंह क़लन्दर का कहीं पता न था। मैं कुछ देर किसी न किसी प्रकार रुका रहा कि हवेली से कोई कारिन्दा या दारोग़ा निकले तो उससे पूछूँ। मगर शायद अब वहाँ कोई न रह गया था। दूर से मैंने साईस की झलक देखी तो उसकी तरफ़ बढ़ा। लेकिन जब तक मैं पहुँचूँ वो भी किसी तरफ़ निकल लिया था। क्या शानदार घोड़ा था, मैंने अपने दिल में कहा, न मालूम किसके हाथ लगा। परमेश्वर करे कोई क़द्र जानने वाला ही ले गया हो। ऐसा न हो कि किसी ठेले में जोतकर उसकी कमर तोड़ डाले।

वापसी में एक जगह रास्ता रुका हुआ था। मैं बदतमीज़ी से कुहनियाँ मारता आगे निकला कि देखूँ बुद्ध सिंह क़लन्दर न हों। वही थे। वल्लाह वही थे। बिलकुल सादा गेरुआ परिधान पहने हुए, नंगे पाँव। लेकिन ख़ुदा का शुक्र कि घोड़ा रानों तले था। कमर में ख़ंजर, गर्दन ऊँची किए हुए, गले में फ़िरोज़े का तावीज़, होंठों पर ज़रा सी मुस्कुराहट, मानो इस उमड़ी भीड़ को अपनी बारात समझ रहे हों। लोग थे कि टेटे पड़ते थे। कोई सन्तान माँगता था, कोई स्वास्थ्य। कोई सफ़र से अपने बेटे की सुरक्षित वापसी चाहता था। एक बेवा दुखिया तो मौत माँग रही थी कि अब जुदाई नहीं सही जाती। लेकिन वो जैसे सुनी-अनसुनी किए वहीं रुके हुए थे। रास्ता न था, और न ही वो लोगों से कह रहे थे कि हमें रास्ता दो। या शायद उन्हें किसी का इन्तज़ार था?

एक पल के लिए मैंने बुद्धसिंह क़लन्दर से आँखें चार कीं। मुझे उनकी आँखों में भी एक मुस्कान दिखाई दी। मानो कह रहे हों, क्यूँ कैसी रही? फिर उन्होंने सर से हल्का सा इशारा किया, जैसे मुझे पास बुला रहे हों। मैं एक क़दम बढ़ा, फिर मैंने अपने दिल में कहा, उधर जाकर क्या करोगे? तुम बुद्धसिंह क़लन्दर तो हो नहीं, साधारण अध्यापक हो। ज्यों ही मैं रुका, बुद्ध सिंह क़लन्दर ने अपना दायाँ हाथ सीने पर रखा, मानो कह रहे हों, जो निर्णय तुमने लिया वो मेरे सर आँखों पर। इतने में अचानक भीड़ छँट गई और क़लन्दर बड़े

गर्व और धीरज भरे स्वभाव के साथ अपने घोड़े पर सवार कुछ तेज़-तेज़ चलते चले गए। फिर जैसे किसी ने मेरे कान में बिलकुल साफ़-साफ़ कहा :

इनान-ए-ऊ-नागिरिफ़्तन्द अज़ गुज़ार बिरफ्त।

(लोगों ने उसकी लगाम न थामी और वो राह पर से निकलता चला गया) मुझे कँपकपी सी आ गई, जैसे भीगी हुई वायु की जूड़ी आने लगी हो। लेकिन मैंने ख़ुद को सँभाला। ये क्या मूर्खता की बातें हैं? मैंने अपने दिल से कहा। बुद्धसिंह क़लन्दर के पास तो लुटाने के लिए पूर्वजों की दौलत थी, हवेली थी सम्पत्ति थी। और सबसे बढ़कर ये कि दिल था। तुम मदरसे के मौलवी, तुम्हारे पास क्या है? जिसके दिल हो वो दिलदारी करे, दिल का जूआ खेले, जान खपाए। किसी शायर ने कह दिया होगा :

बग़ैर-ए-दिल हमा नक़्श-ओ-निगार बे मानीस्त
हमीं वरक़ कि सियह गश्ता मुद्दआ ई जास्त

(दिल के बिना ये सारे चित्र और फूल पत्तियाँ निरर्थक हैं। यही पृष्ठ जो कि काला पड़ गया है सारा मतलब तो इसी में है।) लेकिन तुम कहाँ के दिलवाले हो? अभी तो तुमने दिमाग़ का प्रशिक्षण लिया है वो भी थोड़ा सा। तुम्हारी उड़ान इन ऊँची हवाओं में नहीं हो सकती। तुम्हारा दिल तो अभी ख़ाली पन्ने से भी निचले स्तर का है। वो पृष्ठ जो यथार्थहीन अग्नि में जलकर ख़ाक सियाह होते हैं, मीर ज़ाहिद और मुल्ला अब्दुल हकीम की पुस्तकों में नहीं। और क़लन्दर के माता-पिता तुम्हारी माँ की तरह विधवा और बेसहारा नहीं, वो झेल जाएँगे, तुम्हारी बेज़बान माँ का क्या होगा।

मैं ख़ुद को समझाता बुझाता, दिल को अक़्ल सिखाता घर को चला। सदा रहने वाली दौलत का सवार क्या बला है? तुमने कहीं से कविता की एक पंक्ति सुन ली थी। अब केवल संयोग था कि वो एक और पंक्ति के साथ तुम्हारी कल्पनाओं में गूँज उठी। ऐसे कहीं तक़दीरें बनती-बिगड़ती हैं? और वो सवार जिसे तुम सबने साँझ भए देखा था अवश्य ही लोगों की आँखों को सम्मोहित कर देने वाला माहिर फ़रेबी रहा होगा। नहीं तो हर किसी को उसकी ही कल्पना के अनुकूल वह क्यों दिखाई देता? हसन बिन सब्बाह, इब्नुल मक़्न, हकीम क़िस्तास उल हिकमत, न जाने कितने ही चालबाज़ दुनिया में आए और चले गए। अगर सब लोग तुम्हारी तरह से उनको पवित्र और प्रामाणिक मान लेते तो आज ये दुनिया का कारख़ाना ख़ुदाई कारख़ाना नहीं बल्कि शैतानों का घर होता।

ख़ुदा की पनाह तो क्या मैं उन्हें शैतान समझूँ? नहीं, कुछ भी समझने की ज़रूरत नहीं। इस बनती-बिगड़ती फ़साद भरी दुनिया में बहुत कुछ ऐसा है, और होता रहता है, जिसका कारण या जिसका नाम भी आम जनता से छिपा रहता है। जिन चीज़ों से तुम्हें मतलब नहीं उनकी फ़िक्र क्या और क्यों करूँ। तुम्हें पराई क्या पड़ी है अपनी नबेड़ों। लेकिन वो मिसरा मुझ पर ही क्यों उतरा? पहली बात तो यह कि कोई जरूरी नहीं कि वो मिसरा तुम्हारा ही हो, या वो शेर तुम्हारा हो। लेकिन माना कि ऐसा अगर है भी तो क्या लोगों की तक़दीरें कविता की पंक्तियों या शेरों पर बनती-बिगड़ती हैं?

इसी उधेड़बुन में मेरा घर आ गया। आज भी मुझसे खाना न खाया गया। अम्मा हज़ार पूछती रहीं लेकिन मैं उनसे क्या बताता? बुद्ध सिंह क़लन्दर के यूँ निकल जाने का रंज़ तो था ही, लेकिन उन्हें मेरी और क़लन्दर की गहरी दोस्ती का कुछ अनुमान न था। और अगर

होता भी तो उनकी समझ में यह बात क्योंकर आती कि शायद क़लन्दर भी सवार...नहीं इन बातों को सोचना भी बड़ी मूर्खता है, मैंने चुपके-चुपके अपने दिल में कहा।

लेकिन एक बात तो थी ही जो दिल में लगी रह गई थी। और कभी-कभी क़लन्दर मुझे राह चलते दिखाई दे जाते तो वो बात ताज़ा हो जाती। लोगों में वो बहुत जल्द पहुँचे हुए फ़क़ीर के रूप में प्रसिद्ध हो गए थे और उनकी राह में आस्थावानों का हुजूम बढ़ने लगा था। लेकिन किसी ने उन्हें बोलते न देखा था। वो थोड़े बहुत गूढ़ इशारों में बात करते। बात क्या करते, कुछ उँगलियों की सी ज़बान में कुछ कहते और आस्थावान उन्हीं इशारों को कुछ अर्थ पहना लेते। अपनी हवेली उन्होंने छोड़ी नहीं थी लेकिन अब वो मुख्यद्वार पर बनी हुई दरबान की कोठरी में रहते थे। उनके माता-पिता उनकी देखभाल के लिए लाहौर से आ गए थे लेकिन उन्होंने स्वीकार न किया। थक-हारकर उनके बाप वापस लाहौर चले गए। उनकी माता अपने पुत्र की देखभाल और सेवा के लिए ठहर गई थीं। वो क़लन्दर के लिए उनके मनपसन्द खाने पकवातीं परन्तु अधिकतर सारा खाना मुहल्ले के दरिद्रों में बँट जाता क्योंकि क़लन्दर ने खाना बहुत कम कर दिया था। अक़सर तो वो पूरे-पूरे सप्ताह भर खाना न खाते लेकिन उनका चेहरा तरो ताज़ा रहता जैसे अभी-अभी छककर उठे हों।

क़लन्दर से मेरी बातचीत तो क्या उस दिन के बाद से आँख भी न मिली थी। लेकिन हम दोनों को एक दूसरे के अस्तित्व का एहसास था। मैं आठ दिन, दस दिन, में उनकी हवेली के सामने से या पास से गुज़र लेता, यद्यपि इसकी वजह मैं न तब समझ सका न अब। बस यही कह सकता हूँ कि हम दोनों एक दूसरे को अपने अस्तित्व का एहसास यूँ ही दिलाते होंगे कि उस राह पर और उस चौखट के सामने मेरे क़दम ज़रूर मुझे ले जाते जिन पर बुद्ध सिंह का भी पाँव पड़ता था। हवेली में माताजी के निवास के कारण वहाँ नौकर-चाकर, दरबान, कहार सभी आबाद थे। परन्तु आमतौर पर वहाँ सन्नाटा सा रहता था। या शायद वो मेरे दिल का सन्नाटा हो। एक बार जब वहाँ से होकर निकला तो किसी को कहते सुना कि बुद्ध सिंह अब तक तो अपनी माता से दो-चार अक्षर बोल लेते थे, लेकिन अब वह बिलकुल मौन रहने लगे हैं।

फिर एक दिन सुना कि बुद्ध सिंह क़लन्दर ने दिल्ली छोड़ दी और बरेली चले गए हैं। क्यूँ, ये किसी को न मालूम था। यूँ तो उनके मानने वाले सहारनपुर, मुरादाबाद और आगरा तक मौज़ूद थे, लेकिन बरेली में उनके किसी विशिष्ट मानने वाले की सूचना न थी। मैं पहले ही की तरह उनकी हवेली पर से गुज़रता रहा। यद्यपि उनकी माता भी अब उसे छोड़ चुकी थीं। शायद लाहौर वापस चली गई थीं। या क्या पता ममता की आँच से बेक़रार होकर बेटे को ढूँढ़ने बरेली चली गई हों। बस एक फूँस सा बूढ़ा भिश्ती हवेली के अन्दर जाता-आता कभी दिखाई पड़ जाता। मालूम हुआ कि वह आँगन में लगे मौलसरी, अनार और तुलसी के पेड़ों को पानी, और क़लन्दर की माता के प्यारे हीरामन तोते को दाना-पानी देने का कर्तव्य निभाता है। तिराहा बैरम ख़ाँ का मशालची शाम की शाम मुख्य द्वार की चौखट पर एक चिराग़ जला जाता। मुझे किसी का शेर याद आया :

रोशन है इस तरह दिल-ए-वीराँ में दाग़ एक
उजड़े नगर में जैसे जले है चिराग़ एक

दिन महीनों में बदलते गए। मेरी उदासी कभी बढ़ती कभी घटती। एक-आध बार सोचा बक़ाउल्लाह से बात करूँ, दिल का हाल कहूँ। पूछूँ मेरे लिए क्या बेहतर है। लेकिन एक तो ये कि साहस न खुलता, दूसरे ये कि पूछता भी तो क्या पूछता। बाहरी तौर पर तो मेरी ज़िन्दगी में कोई कमी न थी। मदरसों के जगत में कुछ लोग अब मेरा नाम भी जान गए थे, मुझे आमतौर पर होनहार और परिश्रमी अध्यापक कहा जाता था। दुनिया के लोगों की नज़र में तो मैं भाग्यशाली ही था। परमात्मा का दिया घर में ज़रूरत के लिए सब कुछ था। विवाह कोई ऐसी आवश्यक बात न थी, और न उसकी कोई जल्दी थी। साधारणतः मेरी उम्र के लोग विवाहित और एक-दो सन्तानों के बाप बन जाते थे। लेकिन कुछ लोग शादी देर में करते, और कुछ तो करते ही न थे। इसलिए मेरा अविवाहित रहना कोई अनोखी बात न थी। अम्मा जी ने भी शादी के लिए मुझसे कहना-सुनना छोड़ दिया था। मैं उम्र के बाईस बरस पूरे करके तेइसवें में था। हाथ-पाँव अब भी कसरती थे, क़द भी एक-आध अंगुल और बढ़ गया था। दाढ़ी ख़ूब भरकर निकली थी। लेकिन मूँछें मैंने बारीक़ न कराई थीं, सिपाहियाना ढब में ज़रा चढ़ी हुई और घनी मूँछें रखता था।

साल 1182 हिजरी (1768-1769) की बसन्त के दिन थे। सूर्य मेष राशि में आया था। ऋतु बदल रही थी, आती गर्मियाँ थीं। मदरसे में छुट्टी थी। सारा शहर हल्के पिस्तई पीले रंग में डूबा हुआ था। क्या हिन्दू क्या मुसलमान बसन्त की लगन सबको थी। सुल्तान जी निज़ामुद्दीन औलिया की दरगाह पर बसन्ती कपड़े पहने औरतों-मर्दों के झुंड शाम-सवेरे नज़र आते थे। पहले ज़माने में मुसलमानों को इस मौसम और उसके मेलों से विशेष रुचि न थी। लेकिन हज़रत सुल्तान जी निज़ामुद्दीन औलिया साहब और अमीर ख़ुसरो का सम्बन्ध बसन्त के त्यौहार से बना तो चैत के महीने का तीसरा सप्ताह होते-होते दिल्ली के सारे मुसलमान बसन्ती रंग में रंग जाते थे। चाँद रात ही से बसन्त चढ़ाने के आयोजनों का सिलसिला चल निकलता। सबसे पहले, अल्लाह मियाँ की बसन्त भोजला की पहाड़ी पर ज़ामा मस्जिद के नीचे चाँद रात को चढ़ती। फिर दिल निकलने पर पैग़म्बर साहब के क़दम शरीफ़ पर बसन्त चढ़ाते। दूसरे दिन सबके क़ुतुब ख़्वाजा क़ुतुबुद्दीन साहब बख़्तियार काक़ी के दरबार में बसन्त पेश होती और तीसरे दिन कव्वाल लोग हज़रत सुल्तान जी साहब की ख़ानक़ाह पर बसन्त ले जाते। इस तरह दिल्ली के बाइसों ख़्वाजा साहब लोगों की दरगाहों पर बसन्त चढ़ती। और हर बसन्त के साथ कव्वालों, गायकों, अच्छी सूरत वालों, हाथों में इत्र, फूल, पान लिए हुए सैलानियों और दर्शनार्थियों की बहुत बड़ी भीड़ रहती।

उस दिन मैं भी बसन्त की सैर को निकला था। चैत की बारह तारीख़ थी, अपने वक़्त के शेख़ हज़रत क़लीमउल्लाह साहब जहानाबादी की बसन्त उठी थी। कव्वालों की एक टोली शाह मुबारक़ आबरू साहब स्वर्गीय की ग़ज़ल गाती जा रही थी :

बैठे हैं ज़र्द पोश झलक से मना बसन्त
चारों तरफ़ से आज उठी जग में गा बसन्त
मारा है जोश रंग-ए-ख़िजाँ ने बहार का
लाई है हुस्न-ओ-इश्क़ को बाहम मिला बसन्त
क्यूँ हो रहे हैं इश्क़ के मारे तमाम ज़र्द
रखती है किसके हुस्न की दिल में हवा बसन्त

टेसू के फूल नईं ये दहकते हैं कोयले
आई जुनू में आग विरह की लगा बसन्त

मैं ख़ुद तो पीले कपड़े में न था, आख़िर मौलवी होने की कुछ शर्म रखनी थी। परन्तु उस समय वास्तव में सारा जगत बसन्ती कपड़ों वालों के चेहरों की आग से पड़ा दहक रहा था। आबरू साहब की ग़ज़ल में वो असर था कि सचमुच जी चाहता था कोई ऐसा होता जिसकी याद में मेरा भी रंग ज़र्द होता। क़लीमउल्लाह साहब जहानाबादी की दरगाह के बिलकुल सामने एक फ़क़ीर अच्छे कपड़ों और शक्ल सूरत वाला सनाई ग़ज़नवी की मसनवी के शेर पढ़ रहा था। क्या शेर थे और क्या आवाज़ थी। अल्लाह रे उस दरवेश का अपनी धुन में रम जाना और वातावरण से बेख़बर हो जाना। उसका पूरा बदन तन्मयता की मूर्ति था। माथे पर एक गर्वीली बल्कि हाकिमों जैसी शिकन। मैं वहीं रुककर रह गया :

पेश मन मा जमाल-ए-जाँ अफ़रोज़
चूँ न मूदी बिरव सिपन्दबिसोज़
आँ जमाल-ए-तू चीस्त मस्ती-ए-तू
आँ सिपन्द-ए-तू चीस्त हस्ती-ए-तू

(दिल और जान को रोशन करने वाली सुन्दरता को न दिखा। और अगर दिखा दिया तो जा काले दाने को जला डाल। वो सुन्दरता क्या है? तेरी मस्ती है। और वो काला दान क्या है? तेरी हस्ती है।)

मैंने अपने दिल में कहा कोई हो भी तो उसको कोई अपने जमाल की मस्ती दिखाए और फिर उस पर अपनी ही हस्ती को भस्म कर डाले कि अब मैं नहीं आप ही आप हैं। अचानक मुझे महसूस हुआ कोई मुझे देख रहा है।

मैंने ज़रा चकित होकर आँख उठाई, कि यहाँ मुझे जानने वाला कौन होगा। मेरे बिलकुल पास ही चार कहारों का एक हवादार रुका हुआ था। उसमें एक बसन्तीपोश। न चाहते हुए भी मेरी निगाह उठी तो उठी ही रह गई।

खुलता हुआ साँवला रंग, बड़ी-बड़ी काली रोशन दिल में घर करने वाली आँखें, घनी भवों के नीचे से मुझे देखती हुईं। लम्बे काले बालों की खजूरी चोटी सीने पर पड़ी। मुबाफ़ के बिना ही इतनी भारी कि गात को दबाए देती थी। हल्के किबरीती काम की ज़र्द मलमल का घेरदार जामा, जिसके दामन पर ज़रा भारी कश्मीरी काम बना हुआ था। जामा कमर पर बेहद तंग, या शायद कमर ही बाल की तरह महीन थी। ऊपरी बदन पर तंग कुर्ती जिसके नीचे मख़मली पेट झलकाता हुआ। कुर्ती के नीचे मनमोहक, कसी हई अंगियाँ। लम्बी गर्दन में सुर्मई सच्चे मोतियों का हार। गात के बीचोबीच गर्दन से ज़रा नीचे नीलम की धुकधुकी जिसके चारों तरफ़ हीरे जड़े हुए। कानों में मटर के दाने के बराबर बिलकुल यकरंग पन्ने की मुर्कियाँ जिन पर जयपुरी मीनाकारी। नाक में चने की दाल के बराबर माणिक की कील। कलाइयों में हरी करेलियाँ, उनके साथ ठोस सोने के शेर के मुँह वाले कड़े। पाँव में सुनहरी जगमग करती जूतियाँ, दीवार की इतनी नीची और दौड़ की इतनी छोटी कि पंजों और एड़ी को मुश्किल से ढकती थीं। बाक़ी पैर पर मेहँदी की बनी पेचीदा फूल पत्तियाँ साफ़ नज़र आती थीं। हाथों की केवल एक-एक उंगली में हीरे की अँगूठी, नाखूनों पर कुछ गुलाबी रंग का चमकीला रौग़न, हथेलियों पर भी मेहँदी की पेचदार फूल-पत्तियाँ प्रमुखता से दिखती हुईं।

दाहिनी कलाई पर लाल चमड़े की पट्टी और उस पर बाज़ का एक बच्चा। जामे का दामन थोड़ा उठा हुआ कि नाज़ुक-नाज़ुक टखने और सुडौल पिंडलियों की बनावट नज़र आती थी। पाँव में सँभलपुरी पाज़ेबें, गुलबदन का पजामा इस क़दर कसा हुआ कि लगता था बदन पर पहना नहीं मढ़ा गया होगा। लेकिन अगर कपड़ा था तो पाजामे में हल्की सही कहीं शिकन तो होती। यहाँ तो थोड़ा बहुत जो कुछ नज़र आता था, बेशिकन और रेशम सा चिकना और ढलवाँ था। मुझे नवाब दरगाह कुली ख़ाँ की पुस्तक दिल्ली के बारे में याद आई जिसमें उन्होंने एक अदबेगम नामक गायिका के बारे में लिखा है। नवाब साहब के कथनानुसार अदबेगम पजामा न पहनती थीं बल्कि कमर से नीचे के बदन को पाजामे की तरह रंगों से सजाती थी और क्या मजाल ये रंग और काट वास्तविक कपड़े से बाल बराबर भी भिन्न मालूम होते। तो क्या ये बेगम भी...?

उस वक़्त तो प्रेम के बाग़ के उस गुलाब को मैंने सरसरी नज़र से देखा था। ये विस्तृत वर्णन आँखों के परदे पर आप से आप ख़ुब सा गया था और मैंने बाद में इनके सारे सूक्ष्म तत्त्वों तक को पुनः अपने आप में जीवित किया। और अदबेगम का ध्यान आते ही तो मेरा काटो तो लहू नहीं बदन में का सा हाल हो गया था। निगाह ऊपर उठाने में शक्ति न थी, और अगर नीची रखता तो क्या जाने बड़े घेर का जामा कब हवा की अठखेली से, या उसके पहलू बदलने में ज़रा और ऊँचा उठ जाता। फिर तो मेरे लिए न तो ठहरने की जगह होती और न जाने के लिए पाँव। और मैं वहाँ से निगाह हटाना भी न चाहता था, भला ख़ुद हट जाने का सवाल कहाँ था।

बहुत आहिस्ता-आहिस्ता मैंने गर्दन उठाई, जैसे इंसाफ़ करने वाले हाक़िम के सामने कोई दोषी सर उठाता है। वो आँखें मुझ पर इसी तरह थीं, तल्लीनता और गहराई में डूबी हुई नहीं परन्तु बेइरादा भी नहीं। मानो आँख किसी चीज़ पर पहुँचकर आप से आप ठहर गई हो।

मैं अजब दुविधा में था। समझ में न आता था कि क्या करूँ। उनको सलाम करूँ, लेकिन मेरी जान न पहचान, और फिर ये भी कि यद्यपि उनके चेहरे और सूरत-शक्ल पर कुछ शाहज़ादियों वाला गर्व सा था, लेकिन ये तो खुली हुई बात थी कि यूँ बेपर्दा खुले हवादार में चलने वाली कोई शरीफ़ज़ादी न हो सकती थी। ऐसों के तो नाम ही से मुझे भागना सिखाया गया था। उनसे सम्बन्ध रखना तो दूर की बात है। लेकिन इस तरह मूर्खों की तरह खड़ा कब तक उन्हें तकता रहूँ। मुँह फेर लेने की न हिम्मत थी और न दिल ही मानता था। बेबस होकर मेरा हाथ सलाम को उठ ही गया।

इधर मेरा हाथ उठा, उधर मुस्कान के प्रकाश की छटा जो अभी तक केवल आँखों तक थी, उनके होंठों पर आ गई। अब मैंने देखा कि होंठों पर कोई बनावटी सुर्ख़ी, यहाँ तक कि पान की लाली भी न थी। लेकिन वो मुस्कान बस इतनी थी कि दाँतों के मोतियों की ज़रा सी झमक मुझ तक पहुँची। अब ये याद नहीं कि उधर से केवल सर ही झुका था कि हाथ भी उठा :

सर अज़ीं तेग़ बुर्दन आसाँ नीस्त
आह मज़हर ख़म-ए-सलाम-ए-कसे

(इस तलवार से सर को बचा ले जाना आसान नहीं। हाय मज़हर सलाम के लिए किसी का झुक जाना।)

मैं अब इस परेशानी में था कि आगे बढ़कर कुछ बात करूँ या न, और बात क्या करूँ। इतने में एक छोटी उम्र की अच्छी सूरत वाली ख़ादिमा, तंग पाजामा, लम्बा कुर्ता पहने कान में बाले, बालों में मेंडियाँ गूँधी हुईं, सीने पर भारी रंगीन दुपट्टा, दोने में कुछ लेकर आई। शायद दरगाह का प्रसाद था। एक छिछलती हुई निगाह मुझ पर डालकर वो हवादार में उन हसीना के सामने वाली कुर्सी पर बैठ गई। उसके बैठते ही कहारों ने हवादार उठाया और मटियामहल की तरफ़ चल पड़े। मैं उधर देखता ही रहा। मुझे धुँधली सी उम्मीद थी कि जाने वाले मुड़कर देखेंगे, लेकिन वो अपनी बाँदी से कुछ बात में मशग़ूल थीं। मैंने आप से आप ही एक क़दम बढ़ाया कि हवादार के पीछे-पीछे जाऊँ लेकिन ग़ैरत आड़े आ गई। मैं और ऐसे सवार के पीछे किसी क़िराए के टट्टू की तरह भागूँ, ये भला कैसा हो सकता था। लेकिन फिर मैं उन्हें पाऊँगा कहाँ? मैंने अपने दिल में कहा और फ़ौरन झिझक गया। पाने न पाने का यहाँ क्या मामला है? मेरा लोक और, मेरा परलोक और, मेरी कहानियाँ और, मेरी सच्चाईयाँ और। नाज़ और विलास वालों का और मेरा क्या जोड़? मियाँ ख़ैरुद्दीन, होश के नाख़ून लो, समझकर बात करो और समझ की बात करो। परन्तु ये जान लेने में हर्ज ही क्या है कि वो कौन हैं? उन्हें मेरी तरफ़ कोई झुकाव तो होगा नहीं, और ख़ुदा न करे मुझे है। लेकिन ये दिल्ली है, यहाँ ऐसे हल्के-फुल्के मामले होते ही रहते हैं। मैं तो कोठों का तमाशबीन भी नहीं हूँ, सिर्फ़ राहगीर हूँ।

मेरी निगाह उसी हवादार पर थी जो धीरे-धीरे भीड़ में गुम हुआ चाहता था।

"अस्सलाम अलैकुम मौलवी साहब," अचानक मेरे कान में आवाज़ आई। मैंने ख़ुद को चोर सा महसूस किया, लेकिन सलाम का जवाब दिये ही बनी। वो हमारे मुहल्ले का भिश्ती था।

"वालेकुम अस्सलाम मियाँ लाल मुहम्मद, आज इस तरफ़ कैसे?"

"कुछ नहीं मियाँ ये जो इस्मतज़हाँ अभी गई हैं मैं इन्हीं के घर के पास का हूँ। उनका हुकुम था कि आज हज़रत शाह जी क़लीमउल्लाह साहब की दरगाह पर आने जाने वालों को पानी पिलाइयो। इसीलिए हाज़िर हुआ था।"

"कौन इस्मतजहाँ?" मैंने जानकर अनजान बनते हुए पूछा।

"वही जिनका हवादार अभी जनाब के कने से गुज़रा है। रजवाड़ों में उनका बालाख़ाना मशहूर है। नवाब अशरफ़ुद्दौला अफ़्रासियाब ख़ाँ बहादुर जो मुँहबोले बेटे हैं ज़ुल्फ़कारुद्दौला नजफ़ ख़ाँ बहादुर के, वो उनके यहाँ बहुत आते-जाते हैं।"

मैंने कुछ उचित जवाब व इनाम देकर उसे रुख़सत किया। दिल में हलचल मची हुई थी, समझ में न आता था कि हाय मैं क्या करूँ, कहाँ जाऊँ। मदरसा बन्द था, घर जाने को जी न चाहता था। सित्ती बीवी के पास कुछ देर बैठ सकता था कि उसे कई दिन से देखा न था। लेकिन सम्भवतः आज वो भी बसन्त के मेले में कहीं गई हो। सच्ची बात यह थी कि मैं कहीं जाना चाहता न था, तरह-तरह के बहाने तराश रहा था।

मैं यूँ ही बेमतलब क़दम उठाता जमुना के किनारे पहुँच गया। वहाँ की चहल-पहल एक आँख न भाई। लेकिन एक हल्की सी आशा की किरण पैदा हुई थी कि शायद शाम होते-होते इस्मतजहाँ इधर बजरों का तमाशा और रोशनी देखने आवें तो मैं भी उन्हें देख लूँगा। लेकिन मुझे उनको देखने की कामना क्यों? ये क्या ख़ामख़याली है? ये सिर्फ़ ख़याल है और असम्भव है और पागलपन है। ख़ानदान की सारी शराफ़त, धर्म और ज्ञान के बड़े

लोगों के पास मेरा उठना-बैठना, अल्लाह वालों के यहाँ जाना-आना, अध्यापक होने का मान-सम्मान, क्या यह सब इसीलिए था कि इसे दिल की हवा में यूँ उड़ा दिया जाए? मगर ख़्वाजा हाफ़िज़ शीराज़ी जिन्हें लोग दैवीय आवाज़ कहते हैं, उनकी तो मशहूर पंक्ति है कि आज़ादी से घूमना-फिरना और भोगविलास का शौक़ जवानी ही में सर्वोत्तम है। लाहौलविला तो मैं गली कूचों में घूमना और भोगविलास आरम्भ कर दूँ और इस्मतजहाँ को एक बार और देखने की मासूम अनुभवहीन सी लालसा क्या गली-गली घूमने-फिरने और भोग विलास के मायने रखते हैं? मैंने अपने दिल में पूछा। नहीं, किसी ने जवाब दिया, लेकिन वो राह उधर ही को जाती है :

तर्सम न रसी ब मक्का तू ऐ ज़ाहिद
की रह कि तू मी रवी ब तुर्किस्तान अस्त

(मुल्ला जी मैं डरता हूँ कि तुम मक्का शरीफ़ न पहुँच पाओगे क्योंकि जिस राह पर तुम चल रहे हो वो तुर्किस्तान जाती है।) शादी कर लूँ? अभी तो नामोनिशान भी नहीं पूछा गया है और तुम इतने ऊँचे उड़ने लगे। ऐसों ही को औरतें कहती हैं कि चीनी में पेशाब करके मुँह तो देखा होता। तुम क्या तुम्हारी औक़ात क्या! वो अशरफ़ुद्दौला की आँखों पर चढ़ी हुई, हज़ारों दिलों और लाखों अशर्फियों से खेलने वाली और तुम एक लगभग दरिद्र मौलवी। और यह भी तो सोच लेते कि अभी तो पहला दिन भी नहीं, न मालूम क्या मामले पेश आएँ। उनके घर पर मुलाक़ात के बाद में बल्कि मेलजोल और घुलमिल जाने के बाद भी सैकड़ों पेंच पड़ सकते हैं। अभी तो यह भी नहीं मालूम कि उनके इरादे क्या हैं। इन लोगों को जान और दिल से खेलना ख़ूब आता है। लोग जान और दिल पर खेलकर इनसे मिलते हैं और ईमान और शान्ति, सम्मान और शान भी खोकर लौटते हैं। मुझे ज्ञान और ज्ञानियों की पुस्तकों से काम है कि लैला-मजनूँ और शीरीं-फ़रहाद की कहानियों से।

जमुना तीर पर भीड़ बढ़ रही थी और मेरे ख़यालों में बिखराव भी उसी हिसाब से पल-पल बढ़ रहा था। बजरे वालों की तैयारियाँ तेज़ी पर थीं। हिन्दू औरतों ने मन्नत और दुआ के दीप भी जमुना जल में अर्पित करना शुरू कर दिया था। क्या पता इनमें कुछ मुसलमान भी हों। अंधविश्वास तो मुसलमानों में भी ज़ोर पर है। तो क्या हुआ? क्या तुम भी मन्नत का दीया अर्पित करोगे? लाहौलविला कुव्वत। अल्लाह मुझे शैतानी अनिष्ट से बचाए। मैं घर जाऊँगा। बहुत हो गया।

लेकिन न मालूम क्या बात हुई कि मैं बहुत देर में घर पहुँचा। अम्मा राह देखते-देखते रुआँसी हो गई थीं। मैंने कोई बेमानी सी क्षमा याचना की और कुछ और कहे बिना दो निवाले खाकर सो रहा। अम्मा जी अलबत्ता देर तक जानमाज़ पर बैठी रहीं फिर शायद वो दो ही तीन घड़ी सोई हों कि फज्र से पहले की नमाज़ के लिए उठ गईं। सुबह नाश्ते के बाद उन्होंने मेरी शादी की बात छेड़ी। इधर एक मुद्दत से वो इस विषय को हाथ न लगाती थीं, मैं चिढ़ता जो था। आज पता नहीं क्यों उन्होंने बड़ी मिन्नत से कहा, “बेटा अब खाली घर नहीं सहा जाता। आँगन में चाँद रोशन हो तो मेरा जी बहले।”

मुझसे न चुप रहते बनती थी न इनकार करते। अजीब बात यह हुई कि इस बार मुझे शादी के विषय पर कोई उलझन या झुँझलाहट न हुई। मैं सर झुकाए बैठा रहा तो अम्मा की हिम्मत बढ़ी।

"मैंने एक बड़ा अच्छा घर देखा है। लड़की बिलकुल चाँद का टुकड़ा, घराना शरीफ़ों का है। तुम्हारे स्वर्गीय बाप के जानने वाले हैं और उन्हीं की तरह सिपाहीगरी करते हैं। मेरे तो जी में आई पैग़ाम पहले भेजवा दूँ, तुमसे बाद में बताऊँ। लेकिन अल्लाह रखे शादी की बात उठते ही तुम न जाने क्यों त्यौरी चढ़ा लेते हो, इसलिए हिम्मत न पड़ी।"

"अम्मा जी, मैं कोई बेज़बान बेटी तो हूँ नहीं कि आप जहाँ चाहें जिसके दामन से चाहे बाँध दें।"

"ऐ लो, देखो ख़फ़ा हो गए न। तो मैं कब कह रही हूँ कि मैंने बात शुरू भी की, पक्की करना तो दूर रहा। मेरी तो सिर्फ़ एक सलाह थी। अब मुझसे काम भी ज़्यादा नहीं होता, सीने में रह-रहकर दर्द उठता है। लगता है अब बहुत दिन मुझे रहना नहीं है..."

"सीने में दर्द?" मैंने बात काटकर कहा, "ये कैसा दर्द है। कब से है? आपने पहले तो कभी बताया नहीं।"

"तो अब क्या मैं अपनी हर छोटी-बड़ी बीमारी तुझसे कहूँगी बेटा? बुढ़ापे में इस तरह के रोग लगते ही रहते हैं। कभी जोड़ों में दर्द, कभी पीठ में दर्द, कभी सीने में दर्द।"

"नहीं। सीने के दर्द की बात और है पूरा हाल बताइए, मैं अभी हकीम साहब के पास जाता हूँ। दर्द बाईं तरफ़ होता है कि दाईं तरफ़? कन्धे या बाजू तक तो नहीं जाता?"

मुझे घबराया हुआ देखकर वो कुछ पछता सी गईं, "ऐ लो, कैसा दर्द और कहाँ का दर्द रहा। अभी जाती सर्दियाँ हैं, फ़सलें बदलती हैं तो हम बूढ़ों को खाँसी, सीने में, जोड़ों में दर्द तो हो जाता है। अपने आप ठीक हो जाएगा। नहीं तो हकीम रुक्नुद्दीन साहब के बनाए हुए तेल की मालिश कर लूँगी। अभी परसों ही तुम्हारी दाई खेलाई आई थी, कह रही थी बीवी जी कोई काम हो तो याद कर लेना।"

"देखिए आपको मेरे सर की सों अगली बार दर्द हो तो मुझे फ़ौरन बताइएगा, छिपाइएगा नहीं।"

"अच्छा बाबा तेरी ही सही। लेकिन ब्याह के बारे में भी तो कुछ बोल।"

मैं कुछ देर चुप रहा, झूठ बोलना चाहता न था और सच बोलने को कुछ था नहीं, "अम्मा जी दो-तीन दिन का वक़्त दीजिए, मैं परसों सोच-साचकर जवाब दूँगा। शादी तो मुझे अब करते ही बने।"

वो खिल उठीं। पहली बार उन्हें मुझसे इतना आशाजनक जवाब मिला था, "ठीक है, तू ख़ूब सोच समझ ले बेटा। मुझे कोई ऐसी जल्दी थोड़ी है। मेरा बच्चा राज़ी हो जाए तो बहुतेरी दुल्हनें हैं।"

मैंने थोड़ा बहुत जो चिकित्सा विज्ञान पढ़ा था उसकी रोशनी में मुझे अम्मा के दर्द की और छानबीन करनी चाहिए थी वो धानपान सी थीं और उनकी कोई बहुत उम्र भी न थी। मैं शादी के कई बरस बाद पैदा हुआ था, फिर भी वो इस वक़्त बहुत होंगी तो बयालीस-पैंतालीस की होंगी। न उनका डील-डौल गठिया की बीमारी वालों जैसा था और न उम्र। सीने के दर्द और मूल कारणों की तरफ़ मेरा ध्यान जाना चाहिए था। परन्तु मैं अपने स्वार्थों के पीछे दौड़ रहा था, मेरा दिमाग़ अपनी ही उलझनों को बहुत बड़ा करके देख रहा था। अगर मेरे हालात संतुलित होते तो मैं शायद अम्मा के रोग के महत्त्व को समझ सकता था।

उस दिन जब मैं घर से निकला तो यह निश्चय करके निकला कि रजवाड़ों की गली में आज वो घर देखकर ही आऊँगा। लेकिन कुछ दूर चलकर मेरी हिम्मत जवाब देने लगी। मैं इधर से उधर बगुला समान चक्कर लगाता रहा। क़िला-ए-मुअल्ला के पश्चिमी फाटक के सामने चौक सादुल्ला ख़ान पर आज अजब बहार थी। यूँ तो वो जगह रोज़ ही दिल को लुभाने वाले अपने आकर्षण और गहमा-गहमी के लिए इस्फ़ाहान, रूम के लिए भी ईर्ष्या का अवसर होता है। परन्तु बसन्त के दिनों में इसकी रौनक़ दस गुनी हो जाती है। हर वस्तु की बहुतायत, हर प्रकार के लोगों का जमाव। दास्तान गो, मौलवी, धर्म प्रचारक, नाचने गाने वाले लौंडे, कंचनियाँ, ज्योतिषी और रम्भाल, हाथ की सफ़ाई दिखाने वाले, हकीम और वैद्य, विशेषकर वो जो गुप्त रोगों की दवा देते हैं और यौन शक्ति बढ़ाने वाली चीज़ों और औषधियों का धन्धा करते और लोगों को लूटते हैं। इसी प्रकार हथियारों के विक्रेता, चिड़ियों और पालतू जानवरों के विक्रेता, शिकारी जानवरों और कुत्तों के व्यापारी, पिंजड़े बनाने वाले, आईना बनाने वाले, इस तरह के दुकानदार तो रोज़ ही होते हैं। बसन्त के दिनों में इत्र और सुगंध के विक्रेता, फूल वाले, कपड़े लत्ते के व्यापारियों और नाचने गाने वालियों की भी बढ़ोतरी हो जाती। मुझे चौक में सैर करते-करते तीसरा पहर आ गया।

मैंने चौक सादुल्ला ख़ान से निकलकर सामने ही चाँदनी चौक के क़हवाख़ानों में एक-दो घड़ियाँ बिताईं। एक कहवाघर में हज़रत ख़्वाजा मीर दर्द का एक युवा उपासक उनकी फ़ारसी रुबाइयाँ गाकर सुना रहा था। कई कवि भी मौज़ूद थे। मैंने फ़ारसी के विख्यात कवि मियाँ नुरुल ऐन वाक़िफ़ को पहचाना और अचम्भा किया। आम हालातों में वो अपना तकिया न छोड़ते थे। शायद बसन्त की कशिश उन्हें भी खींच लाई थी। मेरे जी में आई कि देर तक सुनूँ लेकिन एक ही रुबाई ने ऐसा तड़पाया कि ठहरना असम्भव हो गया :

यक उम्र ज़े दूर मी सुनीदम ऊ रा
दर बर ब ख़याल मी कशीदम ऊ रा
इक्नूँ कि चु आइना रशीदम पेशश
ख़ुद रा ऊ दीद मन न दीदम ऊ रा

(एक ज़माने तक मैं दूर से उसकी महक सूँघता रहा, ख़याल ही ख़याल में उसे अपनी बाँहों में खेंचता रहा। अब जब मैं दर्पण समान उसके सामने पहुँचा तो उसने अपने आप को तो देखा पर मैंने उसे न देखा।)

मेरी आँख भर आई और मैं चुपके से बाहर निकल आया।

आम हालात में मुझे तो चाहिए था कि मैं नहर के दोनों ओर तमाशों और दुकानों की सैर देखता पूरा चाँदनी चौक पार करके फ़तेहपुरी को चला जाता। लेकिन अब हालात किसी भी तरह साधारण न रह गए थे। कटरा नील पहुँचते-पहुँचते मेरे क़दम सड़क के उस पार की उस तंग गली में आप से आप मुड़ गए जो चावड़ी को जाने वाली गली से मिलती थी। कुछ देर बाद मैं चौंका तो देखा कि मैं रजवाड़ों के पास आ गया हूँ। मुझे अपने ऊपर थोड़ी सी हँसी आई और कुछ भय भी लगा। यह भी उलझन हुई कि उस घर का पता किससे पूछूँगा और क्या कहकर पूछूँगा। इसका डर न था कि यहाँ कोई मेरा पहचानने वाला भी होगा लेकिन चोर तो मेरे दिल में था। मुझे लगता था कि हर शख़्स मुझे जानकारी भरी नज़रों

से देख रहा है। मैं सर झुकाए चलता जा रहा था, और मुझे यह भी ख़याल था कि सर उठाऊँगा नहीं तो घर का पता कैसे पूछूँगा। किससे पूछूँ, वो तो बाद की बात थी।

लाल मुहम्मद ने कहा था कि उनका कोठा बहुत अलग, विशेष और मशहूर है। इतना पता किसी भी प्रकार से पर्याप्त न था। लेकिन उस दिन क़िस्मत मेरी अच्छी थी, मेरी मुश्किल आप से आप हल हो गई। उनकी वही ख़ादिमा मुझे सामने से आती हुई नज़र आई जो उस दिन हवादार में थी। और उससे बढ़कर ये कि उसने मुझे पहचानकर सलाम किया। मैं फिर गड़बड़ाया कि सलाम के जवाब में क्या कहूँ, लेकिन उसने मौक़ा न दिया, ख़ुद ही मुस्कुराकर बोली, "मौलवी साहब, आप अच्छे आए। बीवी जी बस अभी कहीं जाने ही वाली हैं। मैं उनके उस्ताद साहब को कहने गई थी कि आज़ तालीम न होगी।"

जाने ही वाली हैं, मैंने दिल में कुछ अफ़सोस और कुछ सन्तोष से कहा चलो जान बची, ज़्यादा देर बैठना नहीं पड़ेगा। लेकिन इतनी दूर आना बेकार ही गया। वो ख़ादिमा तेज़ चलती हुई एक शानदार हवेली के मुख्य द्वार पर रुकी। एक बग्गी जिसके पहियों और दरवाज़े पर पीतल का काम था और जिसमें दो काठियावाड़ी चुलबुले घनी अयाल वाले ख़च्चर जुते हुए थे, दरवाज़े पर खड़ी थी। मैं जब तक दरवाज़े पर पहुँचूँ, मुख्य द्वार पर बैठे दोनों काबुली दरबान उठ खड़े हुए। मैं पहुँचा तो इस्मतजहाँ दरवाज़े पर आ चुकी थीं।

अभी उन्होंने मुझे ठीक से देखा और पहचाना न था। उसी ख़ादिमा की तरफ़ देखकर ज़रा तेज़ लहज़े में बोलीं, "सग़ीरुन्निसा, इतनी देर कहाँ लगा दी?" अभी वो जवाब में कुछ कहने न पाई थी कि उनकी नज़र मुझ पर पड़ी, "अल्लाह मौलवी साहब," उनके मुँह से निकला। लहज़े में कुछ अचम्भा और शायद कुछ प्रसन्नता थी। फिर ज़रा ठहरे हुए लहज़े में, "आपके सर की क़सम, मुझे पहले ही बहुत देर हो गई है। मैं हाथ जोड़कर क्षमा याचना करती हूँ।"

वल्लाह ऐसी नम्र, मीठी और सुडौल नूर के साँचे में ढली हुई भला हूरों की भी बोली क्या होगी। मुझसे कुछ कहा न गया, न आँखें चार की गईं। बस न जाने कहाँ से उर्फ़ी शीराज़ी की पंक्ति दिल से ज़बान पर आ रही :

फ़ुताद समिआ दर मौज-ए-कौसर-ओ तस्नीम

(कान जन्नत की नहरों कौसर और तस्नीम की मौजों में डूब गए)

"चलिए बनाइए नहीं। मैं आपकी तरह आलिम फ़ाज़िल नहीं कि बात-बात पर उर्फ़ी का शेर पढ़ दूँ। अच्छा अब मुझे इज़ाजत दी जाए। देखिए कल ज़रूर आइएगा इसी वक़्त।"

वो बग्गी में सवार होकर चली गईं और मेरे दिल में ईर्ष्या और दुःख की सैकड़ों हलचलें बरपाकर गईं। किसके यहाँ जाना था, क्यूँ जाना था? क्या वो किसी की चाकर हैं? फिर मुझसे किस तरह का सम्बन्ध बनाएँगी? दिल ने कहा, अरे मूर्ख अभी से सम्बन्ध की बातें करता है। अभी तो उस चौखट की धूल भी नसीब नहीं हुई। मुझे इन सोचों में गुम देखकर सग़ीरुन्निसा बोली, "मौलवी साहब क्या मिज़ाज सुस्त हो गया है। अन्दर तशरीफ़ रखें, शरबत के दो घूँट पी लें, कुछ आराम फ़रमा लें।"

लेकिन अब वहाँ ठहरने वाले पाँव किसके पास थे। मैं उसे बन्दगी कहकर रुख़सत हुआ। रास्ते भर दिल में वही हलचल रही। हाय क्या चाहने और मरने लायक सौन्दर्य है परन्तु वो उसका चाहने वाला कौन है? और अगर चाहने वाला नहीं तो वो किसके दामन से बँधी हुई है? मैं ऐसे को माशूक़ (यह शब्द पहली बार मेरी ज़बान पर आया था) बनाकर

क्या करूँ जो मेरा न हो सके? मुझे हकीम सनाई के वो शेर फिर याद आए जो शाह क़लीमउल्लाह साहब की दरगाह के पास सुने थे। इश्क़ में अपने व्यक्तित्व वो थोड़ा ही दिखाते हैं। और दिखाते भी हैं तो फिर अपनी हस्ती को अपनी ही आग में भस्म कर देते हैं। 'भूख गया इश्क़ का अजगर तेरे ग़मख़्वारों को, मुझे मीर तक़ी साहब का मिसरा याद आया। लेकिन इस्मतजहाँ तो ख़ुद ही एक ख़ूबसूरत नागिन है। उससे खेलोगे तो डंसे जाओगे। उसके काटे का मंत्र नहीं। मुझे कुछ वर्ष पहले की एक घटना याद आई कि रूहेलों के नवाब अली मुहम्मद ख़ाँ के बेटे नवाब अब्दुल्ला ख़ाँ को साँप पालने और खिलाने का शौक़ था। उनका दावा था कि वो साँपों को नियन्त्रित करने का जादू जानते हैं और साँप उनके हाथ में आकर बेजान रस्सी हो जाता है। लेकिन वो साँप ही के काटे से मरे। एक जहरीला साँप उनके सामने लाया गया और उन्होंने मन्त्र पढ़कर उसे हाथ में ले लिया। साँप ने पलटकर उन्हें ऐसा काटा कि वो चार घड़ी में परलोक सिधारे। क़ुरान में है कि बेशक हम अल्लाह के हैं और बेशक हमें उसी की ओर लौटकर जाना है। और मुझे तो नियंत्रण का कोई जादू भी न आता था। अगर मैंने इस पागलपन से तौबा न की तो मेरा अंजाम और भी बुरा होना था।

परन्तु क्या इनसान केवल लाभ और हानि के लिए ही जीता है? क्या कोई उच्चतर उद्देश्य नहीं, रोज़ के जीवन से बढ़कर कोई ऊँचा स्थान नहीं? यह घर गृहस्थी, यह कथित सादर ज़िन्दगी, ये पढ़ना-पढ़ाना, ये महफ़िलें और मजलिसें उसी वक़्त तक सार्थक हैं जब तक इनसान के पास कोई बेहतर जीवन पद्धति न हो। काबा शरीफ़ की चारदीवारी में बन्द और सुरक्षित हिरण की तरह बेखटके जीना कोई जीना है? ज़िन्दगी में पहली बार मुझे जीने का एक नया स्वाद नसीब हुआ था और उसके आगे सारी पिछली उम्र बिलकुल फीकी सी थी, बीमारों का खाना लग रही थी। मैं जवान था और स्वस्थ था, ऐसा खाना क्यों खाऊँ? और यह घर क्या और रोज़ी कमाने के तुच्छ और सस्ते तरीक़े क्या? आख़िर बुद्धसिंह भी तो थे। उनके पास क्या न था, लेकिन उन्होंने सब तज दिया, यहाँ तक कि खाना भी। उन्होंने सनाई की इस नसीहत पर अमल करके दिखला दिया :

दस्त-ओ-कुहसार गीर हम चू वुहूश
ख़ान-ओ-मा रा बिमा ब गुर्बा-ओ-मूश
ख़ाना रा गर बरा-ए-कूत कुनन्द
मूर-ओ-जम्बूर-ओ-अंक बूत कुनन्द

(जंगल के जानवरों की तरह मैदान और पहाड़ में बसेरा कर। घर को बिल्ली चूहों के लिए छोड़ दे। रोज़ी की ख़ातिर अगर कोई घर बनाता है तो चींटी, बर्र और मकड़ी)

आज बुद्धसिंह क़लन्दर से बढ़कर ख़ुशनसीब कौन होगा। घर लुटाकर वो किसी तरह घाटे में नहीं। और मैं घर कब लुटा रहा हूँ? मैं तो केवल अपनी कथित, बेअसल इज़्ज़त लुटा रहा हूँ। जब तक मेरी अम्मा ज़िन्दा हैं मैं घर छोड़कर नहीं जाने वाला। मैं इस्मतजहाँ को ब्याह लाऊँगा। नहीं तो उसकी गली की परिक्रमा को निर्वाण का साधन जानूँगा। मैं कल इसी वक़्त इस्मत के यहाँ ज़रूर जाऊँगा। मैं अम्मा को सब कुछ बता दूँगा।

लेकिन अगले दिन ही क्या मैं इस्मतजहाँ के घर फिर कभी न गया। उस रात की भोर होते-होते मुझ पर अंधकार भरे जंगल जैसी कई रातें गुज़र चुकी थीं। फ़ज्र की अज़ान हुई

तो मैंने चैन की साँस ली कि मुझे मालूम था कि ऐसी रात मुझ पर अब न गुज़रेगी। मैंने फैसला कर लिया था कि इस्मतजहाँ के साथ कोई खेल मेरे खेलने का नहीं है। बचपन में हम लोग घर-घर का खेल खेलते थे। एक घर वाले दूसरे के घर मुलाक़ात को जाते, इत्र और पान से उनकी ख़ातिरदारी होती। दोस्ती और रिश्ते बनाए और मज़बूत किए जाते। बीमारी और स्वास्थ की बातें होतीं। हम जानते थे कि ये सब निरा खेल है, स्वांग है लेकिन हमारा उसमें मशगूल हो जाना और छोटी से छोटी बात के लिए हमारा शौक़ इससे कम न होता था। इस्मतजहाँ के साथ इस तरह का भी खेल मेरे लिए न था। और उनकी या किसी की भी राह में ख़ाक हो जाना मेरी कोटि का न था।

मुझ पर वहशत छाई रहने लगी लेकिन अपने अध्यापन कर्तव्यों की पूर्ति और अम्मा की सेवा में मैंने अपनी संलिप्तता और बढ़ा दी। बहशत की मूल घड़ियाँ तब होतीं जब मैं अकेला होता। एक-आध बार रास्तों में इस्मतजहाँ अपने हवादार पर दिखाई दीं और हर बार मुझे लगता कि उनकी आँखों में प्रश्न भी है और बुलावा भी। लेकिन मैंने एक बार के बाद उन्हें कभी आँख भरकर न देखा। उस बार मैंने हाथ उठाकर सलाम किया। जवाब में उनके होंठ खुले, लेकिन उन्होंने क्या कहा, मैंने सुना नहीं।

अम्मा ने जिस रिश्ते का ज़िक्र किया था उसके लिए मैंने हाँ कर दी थी लेकिन थोड़े दिनों बाद अम्मा जी ही न रहीं। एक सुबह मैं फ़ज्र के लिए उठा तो देखा कि वो जानमाज़ पर बिलकुल जड़वत् पड़ी हैं। वो बेहोश थीं और फिर भी उनके चेहरे पर दर्द की सुर्मई परछाईं थी। मैंने जल्दी से पड़ोस की औरतों को पुकारा और सित्ती बेगम के घर पर आवाज़ देता हुआ हकीमों वाली गली में हकीम शरीफ़ साहब की हवेली पर दौड़ता हुआ पहुँचा। फ़रिश्ता रूपी वो बुज़ुर्ग फ़ौरन मेरे साथ सवार होकर हमारे घर तक आए। लेकिन तब तक वो अल्लाह के घर जा चुकी थीं। सित्ती बीवी रो-रोकर ग़श ख़ातीं और जब होश में आती तो फिर रोतीं। ज़ुहर की नमाज़ के बाद मैं उन्हें मेहँदियों के कब्रिस्तान में मिट्टी को सौंपकर आ गया। चालीसवें तक सित्ती बीवी माँ के घर में रही। कई क़ुरान पढ़कर माँ की आत्मा को बख़्शे। ग़रीबों बेघरों को बहुत कुछ दान देती रहीं। आख़िर चालीस दिन पूरे करके आँसू पोंछती घर को सिधारी।

अम्मा के चालीसवें के बाद मेरा मिज़ाज़ और भी दीवानों जैसा हो गया। आख़िर मदरसा छोड़-छाड़ घर में पड़ा रहा। सित्ती बेगम ने हज़ार बार कहा कि भैया शादी कर लो, लेकिन मैंने एक न सुनी और एक दिन उसे बुरी तरह झिड़क दिया कि वह रोती अपने घर चली गई।

शहर में फिर कोई सवार न आया। मैंने इस्मत तख़ल्लुस रखकर शेर कहना शुरू कर दिया। दो-चार शागिर्दों से कुछ नज़राना आ जाता है, गुज़ारे के लिए बहुत है। रातों को बहुत कम सोता हूँ। रोज़ उम्मीद करता हूँ कि आज सोऊँगा और ख़्वाब देखूँगा, लेकिन ठीक से कभी नहीं सोता और ख़्वाब देखे तो मुद्दत हो गई।

इन सोहबतों में आख़िर

इन सोहबतों में आख़िर जाने ही जातियाँ हैं
नै इश्क़ को है सर्फ़ा[1] नै हुस्न को महाबा[2]

(मीर तक़ी मीर—पहला दीवान)

1. चुक जाना, ख़र्च हो जाना।
2. तकल्लुफ़, रोक-टोक

घर से निकले आज लबीबा ख़ानम को पाँचवाँ हफ़्ता था। उसके घराने के लिए घरबदर होने का यह पहला अवसर न था। उसके दादा इफ़राहिम जौदत बेगोविच शताब्दी के आरम्भ में बल्क़ान को छोड़कर अल्मीनिया के शहर नख़जवान में निवास करने लगे थे। और उससे भी कई सदियाँ पहले 1492 में फिलिप पंचम ने ग़रनाता, बल्कि सारे ही स्पेन के मुसलमानों और यहूदियों के सामने शर्त रखी थी कि या तो धर्म छोड़ें या मुल्क छोड़ें अथवा जान से हाथ धोएँ, तो लबीबा ख़ानम के यहूदी नस्ल और धर्म वाले पूर्वज, कवि, धर्म और ज्योतिष के ज्ञानी जैब बिन सालिह ने ज़िलावतनी को गले लगाकर चार सौ बरस के बसे-बसाए घर, पुस्तकालय, और दुनिया के सामान, सबको अपने हाथों से आग देकर सर्बिया के विख्यात नगर बेओग्राद (आज का बिलग्रेड) में पनाह ली थी। वहाँ उन दिनों उस्मानियों का राज था और मुसलमान, यहूदी, ईसाई, पारसी सबके सरों और घरों पर सुल्तान बायज़ीद द्वितीय का प्रेम और आराम भरा साया एक जैसा ठहरा हुआ और प्रकाशदायक था।

उस ज़माने के स्पेन में निवास करने वाले अक़सर यहूदियों की तरह जैब बिन सालिह की भी ज़बान अरबी थी। उसके धार्मिक और लौकिक मूल्यों-मान्यताओं पर मूसा बिन मैमून के दर्शन का गहरा प्रभाव था। मूसा बिन मैमून की शिक्षा यह थी कि जहाँ तक सत्य का प्रश्न है, तमाम धर्म अपने-अपने तौर पर सत्य ही की तरफ़ ले जाते हैं। परन्तु रोज़मर्रा के जीवन और रहन-सहन के लिए इबरानी धर्म ही सबसे अच्छा रास्ता है।

जैब बिन सालिह को उमैय्या वंश के राज का स्पेन और उस्मानियों के ज़माने का बल्क़ान एक जैसे अनुकूल साबित हुए। अन्तर केवल यह था कि वो ख़ुद तो आख़िरी उम्र तक अरबी ही बोलता-लिखता रहा था, लेकिन उसके वंशजों ने अरबी छोड़ दी थी, कि घर से बाहर वह प्रचलन में न थी। जैब के मरने के बाद उसके वंशजों के पुरुषों में से अक़सर ने बेओग्राद में प्रचलित सर्बियाई अथवा बोस्नियाई भाषा के अलावा तुर्की, चर्कसी और फ़ारसी में भी अच्छी क्षमता हासिल कर ली थी। आख़िरी दोनों भाषा यानी चर्कसी और फ़ारसी तो वास्तव में विवाह सम्बन्ध जगह-जगह स्थापित होने के बाद मानो दहेज में आई थीं। फ़ारसी बोलने वाले यहूदियों की ख़ासी बड़ी संख्या व्यापार और राजसी नौकरी के कारण तबरेज़ और यारवान से बेओग्राद तक आना-जाना रखती थी। क़ाफ़ के पहाड़ के दक्षिणी ढलानों पर बसने वाले चर्कसी लगभग सब के सब सुन्नी मुसलमान थे, लेकिन इनमें

इक्का-दुक्का यहूदी ख़ानदान जो मुंशीगिरी करते थे, बेओग्राद में लम्बे समय से बसे हुए थे। वो अपने शारीरिक सौन्दर्य के लिए भी समाज में उतने ही प्रतिष्ठित थे जितनी उनकी कार्यक्षमता राजदरबार में कहावत के तौर पर जानी जाती थी।

दो-ढाई सौ बरस आराम से गुज़रे। जैब बिन सालिह की ख़ानदानी शक्ल-सूरत और नाक-नक्श स्थानीय यहूदी और कुछ-कुछ तुर्की या ईसाई घरानों के रंगों से मिलकर धुँधले पड़ने लगे थे। जैब बिन सालिह के अपने वंशजों में से कोई न बचा था लेकिन उसका नाम बाक़ी था। और कई घराने ऐसे थे जो जैब बिन सालिह को अपना पूर्वज मानते थे। इन्हीं में लबीबा ख़ानम के पुरखें भी थे। ये उन्हीं ईरानियों में से थे जिनका बेओग्राद में आगमन 1500 ई. के बाद आरम्भ हुआ था, यानी उस वक़्त जब उस्मानियों की पकड़ बल्क़ान पर अच्छी तरह जम चुकी थी और यहूदियों को वहाँ ईसाई हुकूमतों के हाथों किसी क्षति की शंका न रही थी। ये लोग जो मूसा पैग़म्बर के समय में मिस्र से आकर भूमध्य सागर के उत्तरी और पूर्वी किनारों पर आबाद हुए थे, और अब ज़माने और विशेषकर रोमन सम्राटों और फिर ईसाइयों के हाथों बार-बार लुटने और अपनी जगह से विस्थापित होने के कारण अपने मूल स्थान और आरम्भिक परम्परा से इतने दूर हो चुके थे कि अब वो ख़ुद को अरब या ईरानी समझने लगे थे। कहने को तो अरब की सरज़मीन और विशेषकर नज़्द के इलाक़े में ऐसे भी लोग कुछ कम न थे जिनके चेहरों का गोरापन और आँखों का नीला रंग क़ाफ़ के पहाड़ पर बसने वाली क़ौमों को भी मात देती थी, लेकिन भूमध्य सागर के उत्तरी और पूर्वी किनारों के मूल निवासियों में अरबी इराक़ के अरब ख़ून की मिलावट का हल्का साँवलापन था। लबीबा ख़ानम के पुरखों की शक्लों पर अब ईरानी गोरेपन के तीखे नाक-नक्शों की भी छटा थी लेकिन उनके घने काले बाल कुछ यूनानी बहार भी दिखा देते थे।

लबीबा ख़ानम के परदादा और परदादी के घराने आपस के क़रीबी रिश्तेदार थे और उनका ज़माना आते-आते जैब बिन सालिह के स्पेनी रंग भूमध्य सागर के पूर्वी इलाक़ों और ईरानी और बल्क़ानी रंग-रूप ने इकट्ठा होकर आपस में घुलमिलकर उनके कुटुम्ब के लोगों की सूरतों पर इनसानी सौन्दर्य की वो गुलाबी छटा रोशन कर दी थी कि देखनेवाले उनकी सुन्दरता की क़सम खाते और कहते कि ये लोग विवाहित जीवन और हमबिस्तरी के लिए नहीं, पूजा के लिए बनाए गए हैं।

सत्रहवीं शताब्दी के समाप्त होते-होते उस्मानियों की शक्ति पूर्वी यूरोप में कमज़ोर पड़ने लगी। सत्ता हालाँकि अभी उन्हीं के हाथों में थी परन्तु अब उनका वो रोब-दाब न रहा था। उत्तरी यूरोप और ब्रिटेन तक फैले हुए मुसलमान ख़ानदान एक-एक करके उस्मानी राज के अधीन देशों की रक्षा में वापस आने लगे थे। आस्ट्रिया के शहर विएना की तुर्की नाकेबन्दी की 1683 में असफलता ने यूरोपीय देशों के दिल से तुर्कों का भय कुछ घटा दिया था। इस नाकेबन्दी की असफलता की यादगार के तौर पर नवोदित चाँद जैसा कुल्चा विएना के नानबाइयों ने आविष्कृत किया था और जिसका नाम सारे यूरोप में Croissant यानी नवोदित चाँद ही मशहूर हो गया था, यूरोप वालों को हर सुबह नाश्ते पर उस्मानियों की हार और वापसी की याद ताज़ा कराता था। दूरदर्शी लोग विशेषकर यहूदी उस दिन की कल्पना से भयभीत रहने लगे जब उनकी ज़मीनों पर दोबारा ईसाइयों का क़ब्ज़ा होगा और दुनिया सारे ग़ैर ईसाइयों के लिए तंग हो जाएगी। सलीबीजंग के सूरमाओं ने 1099 में योरुसलम

को अपने आधीन करने के समय जिस तरह मुसलमान और यहूदी नागरिक अनगिनत क़त्ल किए, उनकी औरतें और बच्चे जिस बेदर्दी से ग़ुलाम बनाए, उनके भवन और धार्मिक केन्द्र जिस उत्साह और बेरहमी से मटियामेट किए गए, वो सब बातें अब भी लोगों के दिलों पर एक सामूहिक भूत की तरह बैठी हुई थीं। क़ौम के बुज़ुर्ग बुद्धिजीवी यह भी कहते थे कि अब अगर हम फ़िरंगियों के ग़ुलाम फिर बने तो कोई सलाहुद्दीन अयूबी हमें रिहाई दिलाने को पैदा न होगा।

17वीं शताब्दी के आख़िरी वर्ष में लबीबा ख़ानम के दादा इफ़राहीम जौदत बेगोविच को अप्रत्याशित तौर पर भूमध्य सागर के पूर्वी छोर की ज़मीन यानी अपने पुराने देश को वापसी का मौक़ा हाथ लगा, और कुछ ऐसे हालात में कि उसे बेओग्राद का निवास छोड़ना ही पड़ गया। हुआ यूँ कि अरमन के शहर नख़्जवान में बिलकुल अचानक ऐसा शक्तिशाली भूकम्प आया कि शहर का बड़ा हिस्सा, और विशेषकर उसका बड़ा बाज़ार तलपट होकर रह गया। शहर की बड़ी आबादी में से कुछ को ज़मीन ही ने खा लिया और कुछ को भूकम्प ने इमारतों के तले कुचलकर मौत के घाट उतार किया। जौदत बेगोविच के एक मामा शहराम याफि भी इसी आपदा के शिकार हुए। वो जौदत बेगोविच के सगे मामा न थे। लेकिन उनके आगे-पीछे कोई न था। विवाह उन्होंने किया न था। उन्होंने अपनी सारी दौलत और समस्त व्यापार का वारिस इफ़राहीम जौदत बेगोविच को घोषित कर दिया था। चूँकि उनकी उम्र अभी बहुत न थी और वे मुश्किल से चालीस के रहे होंगे इसलिए सबको विश्वास था कि उन्होंने दूर-दराज़ रहने वाले इफ़राहीम को केवल औपचारिक रूप से अपना वारिस ठहरा दिया है और किसी उचित अवसर पर वो अपना घर आबाद करेंगे। उनके उत्तराधिकारी और उनके व्यापार को चलाने वाले भी पैदा होंगे और उनके काम सब ठीक चलते जाएँगे।

लेकिन भूचाल ने वो तमाम बातें, वो सारी पूर्वपीठिकाएँ और सारे इरादे पलक मारते में ख़ाक कर दिए। अब शहराम याफि की दौलत का वारिस तो क्या उसके शव को ढूँढ़कर मिट्टी में दफ़नाने वाला भी कोई न था। इफ़राहीम जौदत बेगोविच ने मज़बूरन बेयोग्राद की जमी-जँमाई गृहस्थी, सरकार-दरबार की नौकरी और दोस्तों-साथियों की महफ़िलें सब कुछ तजकर अपनी बीवी, इक़लौते बेटे और बहू के साथ नख़्जवान की राह ली। भाषा और रहन-सहन और समाजी तौर-तरीक़ों की कोई समस्या अवश्य न थी कि अर्मनी ज़बान पर फ़ारसी का इतना गहरा प्रभाव था और है, कि फ़ारसी जानने वाला थोड़े से अभ्यास के बाद अर्मनी भाषा पर नियंत्रण हासिल कर सकता था। ख़ुद फ़ारसी भी उस ज़माने में अर्मनी के बाद सारे अर्मनिस्तान में लोकप्रिय भाषा थी और इफ़राहीम इस भाषा से भली-भाँति परिचित था।

आशा थी, बल्कि आशा क्या सबको लगभग पूर्ण विश्वास था कि शहराम याफि की धन-दौलत और व्यापार का दारिस अपनी कार्यक्षमता, नैसर्गिक गुणों और अनुभव के कारण कुछ ही बरस में भूकम्प द्वारा लाई गई क्षति की भरपाई कर लेगा और मामा का व्यापार आगे प्रगति की राह पर तेज़ी से चल निकलेगा। लेकिन इफ़राहीम को नख़्जवान में आए पाँच महीने भी न हुए थे कि शहर को दूसरे भूकम्प ने खा लिया। और इस शहर ही नहीं कैस्पियन सागर के सारे पश्चिमी तट को भी भूकम्प ने कुछ इस बेतरह लपेटे में ले लिया कि कोई सौ मील तक के समुद्र का पानी उमड़कर बीस और पच्चीस हाथ ऊँची लहरों की शक्ल में चालीस-पचास मील प्रति घंटा की गति से गुर्राता और बढ़ता हुआ समुद्र के तट पर

बीस-तीस मील तक चढ़ आया। बन्दरगाह में खड़े तमाम जहाज डूब गए। व्यापारियों की कोठियाँ, दो मंज़िला और तीन मंज़िला इमारतों के कमरे और कोठरियाँ और छोटे-मोटे बाज़ारी पेशेवरों के ठिकाने सब मटियामेट हो गए। सरकार के प्रतिनिधियों, समुद्र तट के क़ोतवालों और चुँगी वसूलने वालों के दफ़्तर मिट्टी, पत्थर और कीचड़ का ढेर हो गए।

जब साहिल की चढ़ाइयाँ चढ़ते-चढ़ते पानी का आक्रोश कुछ थमा, तो जहाँ-जहाँ ज़मीन ने फटकर उसे स्वीकार कर लिया था, वहाँ कई-कई हाथी डुबाव झीलें पैदा हो गईं। और वो पानी जो कि उन झीलों में न समा सका था, वापसी की राह ढूँढ़ने लगा। कैस्पियन सागर में उतरने वाले नन्हे-नन्हे दरियाओं में इतनी क्षमता कहाँ थी कि करोड़ों घन फुट पानी को सहार सके। थोड़ी ही देर में जल-थल एक हो गए तो पानी ने वापसी की ठानी।

तट पर चढ़ाई के साथ-साथ समुद्र के हज़ारों मरे हुए, अधमरे जानवर, समुद्री पखेरू, कछुए, घोंघे, साँप, ख़ूँखार शार्क और बाम, समुद्र की गहराइयों में देर से गलती-सड़ती लाशें, हड्डियों के ढाँचे, पुराने डूबे हुए जहाजों के तख़्ते, पानी ही की गति के साथ तट और इमारतों में फँसे हुए लोगों के बीच में घुसकर गर्दनों को काटते, रान और कमर की हड्डियों को तोड़ते, चेहरों को बिगाड़ते, इनसानों और जानवरों को गले और पेट के अन्दर दूर तक पहुँचते हुए, ज़मीन की ऊँच-नीच में फँसकर रह गए थे।

इस तोड़-फोड़ और पानी की तेज़ दौड़ ने जगह-जगह मलबे के ऊँचे-नीचे ढेर बनाकर इनसानों का आना-जाना और भी कठिनकर दिया था। थके माँदे, भय और भूख से अधमरे लोग हज़ार ख़राबी से उस ऊँची-नीची, ऊबड़-खाबड़ ज़मीन और मलबे के तले दबी हुई वस्तुओं को यूँ कुरेदते और अपने मुर्दों या ज़िन्दों को यूँ तलाश करते थे जिस तरह चींटियाँ धीरे-धीरे मेहनत करके लम्बे अन्तराल में ज़मीन में नन्हे-नन्हे सुराख़ बनाती हैं। और यूँ भी सारे देश में फैली हुई इस तबाही की पृष्ठभूमि में इनसान की हस्ती चींटी से बढ़कर तुच्छ लगती थी।

अब जो पानी वापस हुआ तो बहुत सारे मलबे, कूड़े-कचरे के साथ कई ज़िन्दा और मुर्दा इनसानों को भी बहाकर लेता गया और बहुत सारी समुद्री वस्तुएँ अपनी यादगार के तौर पर छोड़ता गया। और इनमें सबसे बढ़कर भयभीत करने वाली और घृणात्मक वो काली, चिकनी, चिपचिपाहट से भरी कीचड़ थी, जो कीचड़ से ज़्यादा किसी शैतानी अजगर के मुँह का थूक और झाग मालूम होती थी। इस थूक और झाग जैसी कीचड़ की मोटी परत कहीं बलिश्त भर, कहीं हाथ के अँगूठे भर हर जगह थी।

सारे मुल्क में भी इतने कौवे, चीलें और गिद्ध न थे जो एक दो सप्ताह में मिल जुलकर ज़मीन की सफ़ाई कर सकते। क़ुस्तुन्तुनिया के शीर्ष आसन जिसको बाब-ए-आली कहते थे की तरफ़ से प्राथमिक राहत, ज़ख़्मियों के ज़रूरी इलाज और मृतकों के दफ़नाने की व्यवस्था तो थी, लेकिन शहरों और घरों की सफ़ाई, पुनर्निर्माण और जान-माल की हानि की भरपाई का कोई इंतजाम न था। सड़ती हुई लाशों और हर प्रकार की गन्दगी के ढेर में पलते हुए कीड़े-मकोड़ों के कारण जगह-जगह बीमारियाँ फूट पड़ीं। वो तो ख़ैरियत गुज़री कि हाजियों के क़ाफ़िले अपने समय पर कुछ दिन पहले बग़दाद और दमिश्क से रवाना होने के लिए अरमन छोड़ चुके थे। नहीं तो न जाने क्या क़यामत टूटती। और बाब-ए-आली की तरफ़ से जो भारी धनराशि हर वर्ष हज के क़ाफ़िले पर ख़र्च होने के लिए स्वीकृति होती थी, वो

सारी की सारी नहीं तो उसका बड़ा हिस्सा भूचाल से पीड़ित इलाक़ों में राहत कार्य के लिए लग जाता।

भूकम्प और उसके बाद की आपातकालीन स्थिति और दुर्घटनाओं ने इफ़राहीम के सारे व्यापार, पैतृक सम्पत्ति और अधिकांश इमारतों को ध्वस्त कर दिया। जहाज डूब गए, गोदामों में रखा हुआ माल जमींदोज़ हो गया या डूब गया अथवा सड़ गया। ख़ज़ाने ज़मीन में गड़कर रह गए। केवल कुछ मकान और उनमें थोड़ा बहुत सामान सुरक्षित रहा जिस कारण शरीर और आत्मा में एक कमज़ोर सा रिश्ता बना रह गया। धीरे-धीरे जब स्थिति कुछ सामान्य हुई तो इफ़राहीम जौदत बेगोविच के सारे बाल सफ़ेद थे और कमर झुक चुकी थी। बाग़ में नए-नए जन्मे और नए उगे परों वाले पक्षी को उड़ने की अनुमति ही न मिली। साल का चिराग़ बुझते-बुझते उसका भी जीवन दीप ठंडा हो गया। वो बहार का मौसम और अप्रैल 1701 ई.का मध्य था और वर्ष भर में दो क़यामतों को अपनी कमर पर लाद लेने, फिर किसी तरह खींच-खींचकर उतार लेने वाली बस्ती पर फिर से हरियाली छा रही थी, लेकिन शहराम याफि और इफ़राहीम जैदत बेगोविच का जीवन डंका अन्तिम बार बज चुका था अब वहाँ किसी नई शुरुआत की सम्भावना न थी।

उस वक़्त सारे घराने में लबीबा के बाप इम्मैनुएल बिन इफ़राहीम, उसकी एक दूर की बहन नऊमिया, और लबीबा के सिवा कोई न रह गया था। लबीबा कोई चार बरस की थी और नऊमिया की उम्र का किसी को पता न था। वो एक लम्बी अवधि से बस एक की सूरत ही होकर रह गई थी, मानो उसकी सूरत और उसका बदन गए ज़माने के किसी क्षण में अवशेष मात्र बनकर रह गए हों। पैदाइशी बहरी होने के कारण उसकी ज़बान भी बन्द रह गई थी। वो घर का छोटा-मोटा कामकाज कर देती और जो रूखा-सूखा मिल जाता खाकर किसी कोठरी में पड़ रहती। और अब तो रूखे-सूखे का भी टोटा पड़ गया था।

बार-बार के झटकों ने इम्मैनुएल को मानसिक तौर पर पराजित और व्यावहारिक तौर पर नकारा बना दिया था। यह भी था कि वो अपने बाप से छिपाकर अफ़ीम का नशा करता था। अब कोई रोक-टोक न थी परन्तु साधन भी न थे। इम्मैनुएल ने बेतकल्लुफ़ लबीबा के छोटे-मोटे ज़ेवरों और फिर नऊमिया के छिप छिपाकर रखे हुए अनगढ़ चाँदी के पाज़ेब और तौक़ और बिछुए गिरवी रखकर उधार लेना शुरू किया। जब वो सब चुक गया तो मकान का एक-एक कमरा गिरवी रख-रखकर इम्मैनुएल अपनी लत और बेटी की जान की परवरिश करता रहा। नऊमिया अक़सर बेखाए ही रह जाती। दुबली-पतली, बल्कि सूखी और जीवन के रस-जस से बिलकुल वंचित, उसके बदन में घुलने के लिए भी कुछ न था। अरमन की कड़ी सर्दी उसके लिए जानलेवा साबित हुई। हड्डियों के बुख़ार ने उसे ईंधन की तरह जला डाला। वो साल ख़त्म होते-होते उसका जीवन काल भी समाप्त हो गया। उसके कुछ ही दिन बाद इम्मैनुएल भी सर्दी से अकड़कर मर गया। जिन लोगों के पास कमरे गिरवी थे उन्होंने इतना रहम किया कि गिरवी जायदाद पर क़ब्ज़ा ले लिया और सूद की रक़म पर तकरार न की। लेकिन एक व्यक्ति ऐसा था जिसका नक़द बकाया था। उसने पाँच बरस की लबीबा को ज़ोहरा-ए-मिस्री नामक नाचने वाली के हाथों बेच करके हिसाब बराबर किया।

वो ज़माना ऐसा न था जब नन्हे लावारिस बच्चों और ख़ासकर लावारिस ग़रीब बच्चियों के साथ रहम या रियायत का सलूक किया जाता। ख़रीदे हुए इनसानी बच्चे और ख़रीदे हुए

जानवर में केवल यह फ़र्क था कि जानवर को कभी-कभी अगले पाँव में रस्सी डालकर चारागाह या ऊसर में खुला छोड़ देते थे कि जिस तरह चाहे अपना पेट भर ले। लेकिन इनसानी बच्चों को घर की दीवार के बाहर झाँकने की भी अनुमति न होती थी।

लबीबा ख़ानम पर बचपन में क्या-क्या अत्याचार हुए, उसका विस्तृत वर्णन बेकार है। घर के अन्दर झाड़ू-बर्तन का काम करने और रातों को ज़ोहरा-ए-मिस्री के पाँव दबाने के साथ-साथ वो सुबह-शाम नाच और गाने की तालीम भी हासिल करती। ज़रूरत पड़ने पर उसे नीचे की दुकानों से छोटा-मोटा सामान लाने और बाज़ार के लफंगों की आपस की गंदी बातें सहने के लिए भी भेज दिया जाता। परन्तु सौन्दर्य ऐसी दौलत है जो अपने समय पर बहार लाती है। बनफ्शाँ हो या जंगली गुलाब या चटियल मैदान में लाले का फूल, जब उन्हें खिलना होता है तो पतझड़ के पाँव सूख जाते हैं। बारह-तेरह वर्ष की होते-होते लबीबा ख़ानम नख़्जवान के लिए शहर की आफ़त बन चुकी थी। कहने वाले कभी उसका दिल मोहने को लाड़ और छेड़ कर, कभी हाथ जोड़कर दया भाव में कहते :

फ़रमाँ दिही-ए-किश्वर-ए-दिल कार-ए-बुज़ुर्ग अस्त
नौ दौलत-ए-हुस्नी जे तू ईं कार नयायद

(दिल की सल्तनत पर हुक्म चलाना बड़ा काम है। तुमको सौन्दर्य की दौलत नई-नई मिली है तुमसे ये काम न होगा) लेकिन लबीबा ख़ानम ने भी कोई कसर उठा न रखी, ऐसी धूमधाम की माशूक़ी किसी ने काहे को की होगी। हुस्न परस्तों, आशिक़ मिजाज़ों में कोई ऐसा न था जिसने उससे अपनी आशाएँ न बाँधी हों और जिसकी एक भी आशा पूरी हुई हो। लबीबा ख़ानम ने दिल लेने के वो सारे अन्दाज़ और चाहने वालों को सताने के वो सारे ढंग अपने आप ही प्राप्त कर लिए थे जिनके लिए दूसरे हसीनों को अभ्यास करना पड़ता है :

यकेस्त मानी अगर लफ़्ज़ बेशुमार बुवद
यकेस्त युसूफ़ अगर सद हज़ार पैरहन अस्त

(अगर अगणित शब्द हों तब भी अर्थ तो एक ही है, अगर अलग-अलग लाखों परिधान हों फिर भी सुन्दरता का प्रतीक यूसुफ़ तो एक ही है।)

क्या पहनावा, क्या बातचीत का लहज़ा, क्या आवाज़, क्या उचटती हुई निगाह की हल्की सी छेड़-छाड़, क्या चाल ढाल, क्या उठने-बैठने के ढंग, लबीबा ख़ानम की बोटी-बोटी रोएँ-रोएँ से तमन्ना और लगावट टपकती थी। उसकी एक झलक भी देख लेने वाले को भ्रम होता और बहुत जल्द ही ये भ्रम ठोस विश्वास में बदल जाता कि बस ज़रा सी कोशिश की देर है, जन्नत का यह पखेरू मेरे ही जाल में आएगा। वल्लाह उसकी आँखें कहे देती हैं कि हम तुम्हारी ही राह देख रहे हैं। फूलों की ख़ुशबू की एक लहर है जिसकी शृंखलाओं को दिल की हवा दूर तक फैला रही है। ये ऐसा चमन है जिसमें हर एक का आना-जाना नहीं लेकिन मेरे लिए उसके दरवाज़े खुले हुए हैं। हर कोई इसी उम्मीद में उसके दरवाज़े पर समय से पहले पहुँचता कि भीड़-भाड़ के कारण मुझ पर उसकी निगाह अभी तक ठीक से पड़ी नहीं, आज बस देख लेने भर की देर है, फिर तो हम ही हम हैं लेकिन वहाँ एकाकीपन तो कभी होता ही न था फिर भी हर व्यक्ति समझता था कि लबीबा ख़ानम मुझे और सिर्फ़ मुझे देखना चाहती है।

अपनी मालिक ज़ोहरा-ए-मिस्री से भी उसने ख़ूब गिन-गिनकर बदला लिया। वो हज़ार गिड़गिड़ाती फ़लाँ धनवान या बड़े पूँजीपति के साथ ज़रा लगावट की बात ही कर ले, लेकिन

लबीबा ख़ानम ने वो गुण सीखे ही न थे। एक दिन एक आज़री रईसजादे ने उसके दरवाज़े पर खड़े-खड़े ये कहकर अपने गले पर छुरी फेर ली :

रफ़्तम अज़ कू-ए-तू ऐ ख़ू ब जफ़ा कर्दा बिगो
सर्फ़-ए-औक़ात ब आज़ार-ए-कि ख़्वाही कर्दन

(मैं तेरी गली से चला, ऐ जो तुझे सताने की आदत है कि अब किसको सता-सताकर तू अपना समय बिताएगी।)

और लबीबा ख़ानम ने झरोखे से झाँका तक नहीं, ज़ोह्रा-ए-मिस्त्री चुपचाप देखा करती भी क्या, लबीबा के चाहने वाले और तमाशबीन ताँता लगाए रहते थे। उनकी बदौलत घर में धन वर्षा हो रही थी। उस्मानी दीनार और ईरानी तूमान से लेकर हिन्दुस्तानी रुपए तक कौन सा सिक्का था जिसके थैले रोज़ लबीबा ख़ानम पर चढ़ावे में न चढ़ते हों। वो केवल निर्धारित समय पर दिन में दो बार अपने कमरे से निकलकर दीवानख़ाने की रौनक़ बढ़ाने आ जाती। एक बार तीसरा पहर ढलने के बाद गाने के लिए और दूसरी बार रात गए नाचने के लिए। सर्दी हो या गर्मी इस नियम में बदलाव न होता। घर से बाहर वो कभी निकलती न थी। कभी-कभार किसी बिगड़े दिल हाक़िम या रईस ने धमकी दी कि लबीबा ख़ानम फलाँ वक़्त मेरे महल में हाज़िर न हुई तो उठवा मँगवा लूँगा तो इसका परिणाम यह हुआ कि निर्धारित समय के बहुत पहले बोझ ढोने वाले ऊँटों और सवारी की ऊँटनियों के हुजूम ज़ोह्रा-ए-मिस्त्री के मुख्य द्वार के आगे दिखाई दिए। पता लगा कि सारा घराना उठकर यारवान या किसी और शहर को जा रहा है। अब दबंग से भी दबंग हाक़िम कि ये मजाल न थी कि काफ़िले को रोक लेता या पूछ देता कि तुम्हारा परवाना कहाँ है? एक बार एक अमीर ने इरादा किया भी तो शहर क़ोतवाल ने उससे साफ़ कह दिया कि मैं ज़ोहरा-ए-मिस्त्री को रोककर लबीबा ख़ानम को उठवा तो लाऊँगा लेकिन अंजाम के जिम्मेदार आप होंगे। शहर भर में किसी को उनसे बिछुड़ना मंजूर नहीं। और न यह सम्भव है कि इन लोगों पर कोई अत्याचार या ज़ोर-ज़बरदस्ती हो और शहर वाले चुप देखते रहें। मज़बूरन ज़ोह्रा-ए-मिस्त्री को शहर वालों की तरफ़ से निवेदन पहुचँता कि आप कहीं न जाएँ, मर्ज़ी आपकी, शहर आपका, शहर वाले आपके फिर सारा सामान कपड़े लत्ते, पालतू जानवर, आईने और शीशे के बर्तन इत्यादि सब वापस घर में लाए जाते और रोज़ का नक्शा फिर बन जाता।

ज़ोह्रा-ए-मिस्त्री स्वयं तो मिस्त्री ईसाइयों की तरह क़ुब्ती सम्प्रदाय की थी लेकिन उसने लबीबा ख़ानम के धर्म से कोई मतलब न रखा था और न उसे यहूदी धर्म का कुछ ज्ञान ही दिलवाया था। अपने कुछ यहूदी चाहने वालों की देखादेखी लबीबा ख़ानम को अपने धर्म की कुछ थोड़ी बहुत जानकारी हो गई थी। अपनी मान्यताओं के ऐतबार से वो नए वर्ष के अवसर पर प्रायश्चित का उपवास अवश्य रखती थी, परन्तु इसके आगे उसने अपने, और अपने धर्म या मान्यताओं या जीवन उद्‌देश्यों के बारे में सोचा न था। उसके हिसाब से उसका मूल धर्म अपने चाहने वालों के साथ 'टेढा रखो मगर गिराओ मत' का खेल खेलना था, यानी यह कि उनके साथ ऐसा व्यवहार हो कि हर एक को विश्वास रहे कि सफल मैं ही हूँगा लेकिन कोई उस पर क़ब्ज़ा भी न कर सके। उसने कभी ठहरकर सोचा न था कि क्या उसका ये रवैया किसी नैसर्गिक प्रतिभा या चालाकी पर आधारित था कि उसके लिए

सबसे अच्छी राह यही थी कि अपनी बहुमूल्यतम सम्पत्ति यानी अपने सौन्दर्य और बदन की इस तरह रक्षा करे कि लोग मायूस भी न हों और चाहा हुआ मोती किसी के हाथ भी न लगे और इस तरह यह बेशक़ीमती धरोहर किसी के पास अल्प अवधि के लिए भी न जाए, उसकी क़दर घर बैठे बढ़ती रहे और उसकी झोली कभी एक क्षण को भी ख़ाली न हो? न उसने कभी रुककर यह सोचा था कि क्या उसके दिल की गहराई में कहीं दुनिया और भाग्य के विधाताओं से बदला लेने की भावना लहरें ले रही थी, और वो इस तरह लेखा-जोखा बराबर कर रही थी कि जिस तरह दुनिया ने उसे सुरक्षित घर, प्रेम भरे एक कोने और सामान्य मानवीय सम्मान से वंचित रखा था, उसी तरह वह भी ज़ोह्रा-ए-मिस्री से लेकर अपने ग्राहकों, चाहने वालों (जिनमें औरतें भी थीं), माल-दौलत वालों, उच्च कोटि के लोगों यानी कल के सब सत्ताधारियों को आज अपनी सत्ता तले रखना चाहती थी?

सच तो यह है कि अपने बदन की रक्षा, उसकी खुली और छिपी सुन्दरता और नज़ाकतों और अपनी ही आँख तले खिलते फलते, ख़ुशबुओं से भरते और सोने की तरह दमकते देखना उसकी ज़िन्दगी का मूल सरोकर आप ही बन गया था। बचपन और जवानी के बीच की फ़सल उस पर गुज़री थी, लेकिन वो घर के कामों को मर-मरकर पूरा करने, अपनी मालिका के आदेशों का पालन करने और शिक्षा ग्रहण करने में इस तरह अपने को खपा चुकी थी कि उसे अपने शारीरिक बदलावों का ठीक से पता ही न चल सका था, और न वो यही समझ पाई थी कि वह बदलाव अच्छे हैं या बुरे हैं। उसे केवल यह महसूस होता था कि लोगों की निगाहें अब उस पर कुछ नए ही कोण से पड़ती हैं, और वह दृष्टि जो पहले उसके मुँह पर आकर ठहर जाती थीं, अब गर्दन और उसके नीचे, और फिर कमर और उसके भी नीचे कुछ ढूँढ़ती हुई सी लगती हैं। और इस एहसास के परवान चढ़ने के साथ-साथ उसकी चाल, उसकी चितवन, उसकी आवाज़ के सरगम, कमर झुकाकर कुछ उठाने और सर ऊँचा करके कुछ फेंकने के ढंग, उसका शरमाकर मुँह फेर लेना, इन सब बातों में आप ही आप कोई ऐसा बदलाव भी आ गया था जिससे उसे डर भी लगता था और जो उसे अच्छा भी लगता था। क्योंकि वह इतना तो देख ही सकती थी कि घर में या घर के बाहर किसी भी लड़की में वो बात नहीं जो उसमें है।

फिर उसे जल्द ही, और आप से आप यह बात भी ज्ञात हो गई कि वह, जो अपनी छोटी सी ज़िन्दगी में दूसरों के आधीन रहकर इतने दुःख भोग चुकी थी जो कई जीवन के लिए पर्याप्त होते, अब उसके पास भी एक ऐसी वस्तु थी जिसके द्वारा वह बहुत कुछ सत्ता हासिल कर सकती थी। फिर उसे एकान्त में अपने शरीर को ग़ौर से देखने और उसमें फूल की तरह खिलने के इशारों की धुँधली छाया को अपनी अनुभूति और काल्पनिक शक्ति से ख़ुद को व्यक्त करने में एक मज़ा सा आने लगा। अब उसे ज़ोह्रा-ए-मिस्री की मारपीट भी न उठानी पड़ती हालाँकि उसकी मालिका इस बात का ध्यान रखती थी कि लबीबा के बदन पर व ख़ासकर मुँह या सीने अथवा कूल्हे पर चोट का कोई निशान या दाग़ न पड़ जाए। अब उसे मुँह धोने और नहाने के लिए ख़ुशबूदार साबुन और नहाकर बदन पोंछने के लिए तौलिया भी मिलने लगा वरना पहले अव्वल तो नहाने ही की फ़ुर्सत और इजाज़त न थी, और अगर वो कभी नहा लेती तो कड़ाके के जाड़े होते या बारिशों के दिन, उसे बदन सुखाए बग़ैर वही उतारे हुए कपड़े पहनने पड़ते थे। बालों में डालने के लिए चमेली के तेल की एक छोटी

सी कुप्पी और बाल काढ़ने के लिए लकड़ी की एक पुरानी सी कंघी जिस दिन उसे मिली, उस दिन उसने पहली बार ख़ुद को इनसान महसूस किया।

ज़ोहरा-ए-मिस्री के उस वक़्त का बड़ा इन्तज़ार था जब लबीबा ख़ानम को छोटे कपड़ों और उम्र के बढ़ने के साथ लड़कियों की दूसरी आवश्यकताओं से वास्ता पड़ेगा। लेकिन लबीबा ने उसे यहाँ भी विजयी होने का अवसर न दिया। सौन्दर्य के एहसास के साथ उसमें कुछ ऐसा नैसर्गिक घमंड आ गया था कि ज़ोहरा को भी अब उससे कुछ डर लगने लगा था और वो उसे नवयौवना के गुर बताने या इन मामलों के बारे में पूछने से कतराती थी। जब लबीबा पहली बार रजस्वला हुई तो वो न घबराई न रोई, न उसने ज़ोहरा-ए-मिस्री से कुछ पूछा। आत्मिक और शारीरिक दोनों तरह की कठोरता भोगी हुई तेरह वर्ष की जान ने किसी न किसी प्रकार समझ लिया था कि यह कोई रोग नहीं है और किसी न किसी तरह उसे यह भी पता चल गया था कि इस बात ने उसकी दौलतमंदी में कुछ महसूस होने वाली और कुछ न महसूस होने वाली बढ़ोतरी भी की है।

लबीबा ख़ानम ने अपनी इन्हीं नवप्राप्त सुन्दरता और आकर्षण के साथ नौ वर्ष गुज़ार दिए। 'नै इश्क़ को है सर्फ़ा नै हुस्न को महाबा' को बिलकुल सच करते हुए दोनों ओर पहले ही दिन जैसी चहल-पहल रही।

कहते हैं इक्कीस-बाइस बरस की उम्र में किसी के हुस्न पर जवानी आती है। यह बात कोई उन तमाशबीनों के दिल से पूछता जो बारह-तेरह वर्ष की लबीबा ख़ानम के माँगने वाले थे और जिन्हें यह महसूस ही न हुआ था कि दिनों और महीनों का चक्र भी उसके लिए प्रभावशाली हो सकता है। ऐसा नहीं कि उसके सारे चाहने वाले पहले दिन से वही थे। 'एक अगर जी ले भी गया तो आते हैं मर जाने दो' का क़िस्सा यहाँ भी था। और लबीबा के भी तौर-तरीक़े वही थे। कोई-कोई नवागन्तुक ऐसे भी थे जिनको देखकर यह सोचना भी सम्भव न था कि वो सौन्दर्य के देश के इस यूसुफ़ और प्यार के उद्यान के इस गुलाब को चाहने का दिमाग़ भी रखते होंगे। इन्हीं में एक आधा ईरानी और आधा चर्कसी नौजवान कवि और गवैया था जिसे लोग बायज़ीद शौक़ी के नाम से जानते थे। वह एक समरकन्दी मंडली के साथ शहर-शहर घूमता और ख़्वाजा हाफ़िज़ शीराजी या मौलाना ज़लालुद्दीन रूमी की ग़ज़लें गाया करता था।

लम्बे क़द, छरहरे बदन, नीली आँखों, घुँघराले बालों और क़यामत की रसीली आवाज़ वाला बायज़ीद शौक़ी नाक नक्शे का इस क़दर नाज़ुक था कि अगर जनाना कपड़े पहन लेता, जैसा कि उसकी टुकड़ी वाले कभी-कभी उसे पहना भी दिया करते थे, तो अच्छी ख़ूबसूरत औरत मालूम होता। उसकी उम्र और उसके पूरे हालात का किसी को पता न था। बस एक दिन उसकी टुकड़ी घूमती-फिरती नख़्जवान में आई और बायज़ीद शौक़ी की आवाज़ की धूम मच गई। यहाँ आने के दूसरे-तीसरे ही दिन सुबह बहुत सवेरे न जाने उसके जी में क्या आई कि ज़ोहरा-ए-मिस्री के सामने वाले बाज़ार के चौक पर जा बैठा। अभी इतनी रोशनी न हुई थी कि गलियों के कुत्तों के रूप भी भली-भाँति दिखाई देते। एक-दो घरों के आगे दीप टिमटिमा रहे थे, लेकिन ज़ोहरा-ए-मिस्री के झरोखे में मोमी रंगों की कंदीलों से रोशन बारह फ़ानूसों के शमादान से अब भी लवें फूट रही थीं। इधर इक्का-दुक्का मज़दूर, कुछ इनसान के और कुछ अल्लाह के, और इक्का-दुक्का सिपाही कुछ इनसान के और कुछ

अल्लाह के, अपने कारोबार को जा रहे थे या जाने को तैयार हो रहे थे। और उधर बायज़ीद शौक़ी ने सितार पर हाफ़िज़ शीराज़ी की ग़ज़ल शुरू की :

ऐ शाहिद-ए-क़ुद सी के कसद बन्द-ए-नक़ाबत
वै मुर्ग़-ए-बिहिश्ती के दिहद दाना-व आबत

(ऐ फ़रिश्तों जैसे माशूक़ तेरी नक़ाब के बन्धन कौन खोलता है? और ऐ जन्नत के पखेरू तुझे दाना-पानी कौन देता है?)

सारे वातावरण पर सन्नाटा सा छा गया। ऐसा लगा कि लबीबा ख़ानम के चमन के पक्षी भी जो किसी दूर उगने वाले अपने ही रंग के फूल की याद में गीत गा रहे थे अब कान धरकर सुन रहे हैं कि ये कौन है जिसकी शहर से लेकर बाग़ तक एक आवाज़ है कि दिलों में उतरी चली आती है। फ़ज्र की नमाज़ को जाने वाले भी ठिठककर रुक गए। बहुतों ने ख़याल किया कि ये परदेशी गायक अपनी मीठी धुन सुनाकर और मोहनी सूरत दिखाकर लबीबा ख़ानम को अपनी ओर आकर्षित करना चाहता है। कुछ ने दिल में अफ़सोस किया कि इस सुन्दर मुखड़े वाले नौजवान की भी यहीं मिट्टी ख़राब होनी थी। इस बेचारे को क्या ख़बर कि यहाँ तमाशबीनों की आरज़ूओं की मज़ारों के सिवा चारों तरफ़ कुछ नहीं। लेकिन बायज़ीद एक बेचैन, आसमान को छू लेने वाले हिचकोले से खाते हुए हाल में गुम अपने आप में अकेला, आस-पास से बिलकुल बेसुध था। कभी-कभी वह एक-एक पंक्ति एक-एक घड़ी तक तरह-तरह से दोहराता और नई से नई अदायगी दिखाता :

रफ़्ती ब कनार-ए-मन-ए-दिल ख़स्ता व नाकाम

(तू मुझ टूटे हुए दिल वाले और नाकाम शख़्स के पहलू से उठकर चल दिया।

ख़्वाबम बे सुद अज़ दीदा दरीं फ़िक्र-ए-जिगर सेज़

(जिगर को जलाने वाली इस फ़िक्र में पड़ा हुआ हूँ और नींद मेरी आँखों से चली गई।)

ता जाए के सुद मंज़िल-ओ-मावा-ए-के ख़्वाबत

(आख़िर तू किसके घर पर जाकर ठहरा और तेरे सपने किसके लिए रहने-बसने की जगह बने)

राह-ए-दिल-ए-उश्शाक़ ज़द आँ चश्म-ए-ख़ुमारी

(उस नशीली आँख ने आशिक़ों के दिल को राह में लूट लिया)

या रब न कुनाद आफ़त-ए-अय्याम ख़राबत

(ख़ुदाया ज़माने की आफ़तें तेरे दिन-रात को ख़राब न करें)

यहाँ तक कि जब वो अन्तिम शेर पर पहुँचा तो सुनने वालों को लगा कि अब उनके साथ-साथ बायज़ीद की भी जान चली जाएगी :

हाफ़िज़ न ग़ुलामेस्त कि अज़ ख़्वाजा गुरेज़द
लुत्फ़े कुन ओ बाज़ आ कि ख़राबम ब इताबत

(हाफ़िज़ ऐसा दास नहीं कि मालिक को छोड़कर भाग जाए। कुछ मेहरबानी कर और वापस आ जा कि तेरी नाराज़गी ने मुझे तबाह कर दिया है।)

देखने वालों ने देखा कि ज़ोहरा-ए-मिस्री की हवेली के पट खुले, एक बूढ़ा दरबान बाहर आया और बायज़ीद शौक़ी को अन्दर बुला ले गया। वहाँ बायज़ीद ने क्या देखा, क्या सुना, यह किसी को नहीं मालूम परन्तु उसकी टुकड़ी जब नख़्जवान शहर से कूच करने लगी तो

बायज़ीद उसमें न था। वह रहता कहाँ था, यह भी किसी को न मालूम था। इतना ज़रूर था कि रोज़ सुबह सवेरे ज़ोहूरा-ए-मिस्री की हवेली का फाटक खुलने के पहले ही वह सामने के चौक पर पहुँचकर कभी रूमी और कभी हाफ़िज़ की ग़ज़ल गाता। यहाँ तक कि उसका बुलावा अन्दर से न आ जाता। दो तीन बरस यूँ ही गुज़र गए। बायज़ीद ने किसी और टुकड़ी में सम्मिलित होना भी पसंद न किया था, और न वो कहीं किसी के घर में या किसी समारोह के अवसर पर जाता ही था। शुरू-शुरू में लोग उसे बहुत बुलाते थे, लेकिन फिर सभी ने समझ लिया कि अब वह सिर्फ़ अपने लिए लबीबा ख़ानम के लिए गाता है।

फिर एक दिन यह ख़बर बच्चे-बच्चे की ज़बान पर थी कि लबीबा ख़ानम ने बायज़ीद शौक़ी से विवाह कर लिया, ज़ोहूरा-ए-मिस्री की हवेली रातोरात चुपके से छोड़ दी और सवेरा होते-होते शहर भी छोड़ दिया। ज़ोहूरा-ए-मिस्री ने क्या-क्या उधम न उठाए, क्या-क्या कोशिशें न कीं कि कुछ पता ही चल जाए कि दोनों गए तो कहाँ गए। निःसन्देह किसी ऊँटवाले या काफ़िले से गठजोड़ बहुत पहले से कर रखा होगा। मगर उन दिनों शहर में कोई काफ़िला आया गया न था। ज़ोहूरा-ए-मिस्री ने अधिकारियों का ध्यान मामले की तरफ़ आकर्षित करने के लिए यह कहानी भी गढ़ी कि लबीबा ने बायज़ीद के बहकावे में आकर यह क़दम उठाया है वरना वो ख़ुद तो उससे चिढ़ती और दूर भागती थी। मगर यह बात किसी के भी गले से न उतरी। ज़ोहूरा को लबीबा से प्रेम तो कुछ भी न था लेकिन सोने की चिड़िया को हाथ से देकर अफ़सोस किसे नहीं होता। ज़ोहरा और लबीबा के बीच तो सत्ता का अन्तर्सम्बन्ध मुद्दतों पहले बदल चुका था। अब पलड़ा लबीबा के पक्ष में भारी था। ज़ोहूरा-ए-मिस्री अभी लबीबा के अधिकार में न थी तो उस पर किसी प्रकार का अधिकार भी न रखती थी। विधि अनुसार लबीबा ख़ानम उसकी ख़रीदी हुई लौंडी ज़रूर थी लेकिन उस्मानियों बल्कि साधारणतः किसी भी मुसलमान राज्य में, भागे हुए लौंडी ग़ुलाम की तलाश और उसे वापस पकड़ बुलाने की कोई व्यवस्था न थी। यह मामला ग़ुलाम और उसके स्वामी के बीच था। और जहाँ तक लबीबा ख़ानम का सम्बन्ध था किसी को भी ज़ोहूरा-ए-मिस्री से कोई सहानुभूति न थी और न ही कोई व्यक्ति लबीबा ख़ानम को सही मायनों में ज़ोहूरा-ए-मिस्री की दासी समझता था।

ज़ोहूरा-ए-मिस्री के घर में लबीबा ख़ानम के बन्दी होने, कष्ट और दुःख उठाने, और फिर वहीं एक तरह से राज करने का ज़माना पच्चीस वर्ष से कुछ अधिक समय तक फैला हुआ था। इस तरह वो अब उम्र की तीस मंज़िलें पार कर चुकी थी, कोई भोली-भाली बाला न थी। इसलिए ज़ोहूरा-ए-मिस्री की गुहार कि बायज़ीद शौक़ी मेरी बच्ची को भगाकर ले गया है किसी को भी विश्वसनीय न लगा था।

बायज़ीद शौक़ी की उम्र क्या थी, यह बात किसी को मालूम न थी। और न यह बात भी किसी को ज्ञात थी कि उसके चेहरे का हल्का सुनहरा चम्पई रंग जिसे हुस्नपरस्तों की भाषा में महताबी रंग कहते थे वास्तव में (बारीक़ बीमारी) यानी क्षय रोग का लाया हुआ पीलापन था। उसे खाँसी बिलकुल न आती थी इसलिए लबीबा ख़ानम को भी शक न हुआ कि उसे हड्डी का बुख़ार है। वह अक़सर तुती-ए-हिन्द अमीर ख़ुसरो का शेर पढ़ता परन्तु लोग इस भरम में रहते कि वह यूँ ही रस्मी सी बात कह रहा है :

दरुनम आतश-ए-अन्देशा बन्द अज़ बन्द मी सोज़द।
अफ़ा अल्लाह गर कस रा तप अन्दर उस्तख़ाँ बाशद॥

(मेरे अन्दर सोच और भय की आग जोड़-जोड़ को जलाए देती है, उस शख़्स को ख़ुदा ही बख़्शे जिसकी हड्डियों में बुख़ार हो) नख़जवान छोड़ते वक़्त भी उसे बुख़ार था लेकिन उसने किसी को कुछ शक न होने दिया। बीमारी, और इस पर तुर्रा यह कि उसने मुश्किल रास्ता पकड़ा जो सीधा उनकी मंज़िल को न जाता था। इसमें लबीबा ख़ानम की मर्ज़ी और अनुमति शामिल थी क्योंकि दोनों ही यह चाहते थे कि मंज़िल को अभी गोपनीय रखा जाए।

यह हिजरी 1140 (ई. 1727 सितम्बर) का महीना था। पूर्व में कैस्पियन सागर और पश्चिम में काला सागर, दोनों तरफ़ से ठंडी और बारिश से भरी हुई हवाओं का जोश था। नम हवा, बारिश के कारण सड़क पर कीचड़ और गड्ढे जगह-जगह उनकी यात्रा को और भी कठिन बना रहे थे। उनकी असली मंज़िल तो तबरेज़ थी लेकिन पीछा करने वालों, अगर कोई पीछा करने वाले होते, को धोखे में डालने के लिए उन्होंने उत्तर-पश्चिम की दिशा में रास्ता पकड़ा। इस्फ़हान से शुरू होकर हमादान और किरमान शाह से गुज़रती हुई अब्बासी ख़ानदान द्वारा निर्मित वह शानदार सड़क जो अरुमिया झील के किनारे पहुँचती थी, यारवान होकर दूर उत्तर में तबलीसी को निकल जाती थी। लबीबा और बायज़ीद ने शुरू से अपनी दिशा ऐसी रखी मानो वो किसी जगह पर उसी बड़ी सड़क को पकड़ लेंगे। स्पष्ट है कि इस तरह उनकी यात्रा बहुत लम्बी हो गई, और उन्हें कई जगह कम महत्त्वपूर्ण बस्तियों और कम चलती हुई सड़कों से गुज़रना पड़ा जहाँ पड़ाव के लिए उचित स्थान और सराएँ भी न थीं। वरना तबरेज़ तो नख़्जवान से बस तीस कोस की दूरी पर लगभग सीधे दक्षिण दिशा में था।

दूसरी बात यह थी कि नख़्जवान के उत्तर-पश्चिम और उत्तर-पूर्व का सारा इलाक़ा उस्मानियों के राज़ में था। दक्षिण में कोई बीस-पच्चीस कोस चलकर ईरान की सरहद शुरू हो जाती थी और उस दिशा में ईरान का पहला बड़ा शहर तबरेज़ ही था। ज़बान उन दोनों के लिए कोई समस्या न थी। राजनैतिक संरक्षण अवश्य उनके लिए महत्त्वपूर्ण था। यह वो ज़माना था जब ईरान में ख़ुत्बा और सिक्का तो शाह तुह्मास्प सफ़वी का चलता था लेकिन राज्य का निरीक्षण नादिर क़ुली ख़ाँ के हाथ में था। नादिर क़ुली ख़ाँ ने लगभग शाह तुह्मास्प सफ़वी से अपनी वफ़ादारी और हार्दिक स्नेह को प्रमाणित करते हुए अपना नाम टुह्यास्प क़ुली ख़ाँ रख लिया था। और शाह अब्बास सफ़वी तृतीय की 1736 ई. में मृत्यु के बाद उसने नादिर शाह की उपाधि लेकर ईरान का ताज व राज भी सँभाल लिया था। इस बात को अभी कोई दस वर्ष बाक़ी थे लेकिन अपने अच्छे प्रबन्धन, देश की कुशल व्यवस्था और फ़ौजी कला के कारण तुह्मास्प क़ुली ख़ाँ ने सारे ईरान में अपने झंड़े गाड़ दिए थे।

उस्मानियों और ईरानियों में गाढ़ी कभी न छनी थी। और उन दिनों तो और भी तनातनी थी। उस्मानियों को तुह्मास्प क़ुली ख़ाँ की बढ़ी हुई ताक़त और लोकप्रियता एक आँख न भाती थी। वह उसे एक साधारण ख़ुरासानी चरवाहे की औलाद समझते थे और उससे किसी प्रकार की राजनैतिक वार्ता या उसके साथ किसी सुलहनामे पर हस्ताक्षर करना अपने लिए अपमानजनक समझते थे। लेकिन यह भी था कि दोनों राज्यों के बीच इस तनाव के कारण उस्मानी राज्य से भागकर ईरान में पनाह लेने वालों को आशा थी कि उन्हें वापस उस्मानी अधिकारियों को न सौंपा जाएगा।

पेंचदार राहें लेने और ठहर-ठहरकर यात्रा करने के कारण लबीबा ख़ानम और बायज़ीद शौक़ी ने तीन दिन की यात्रा तीन सप्ताह में पूरी की। तबरेज़ में उन्हें कोई जानता न था,

पूरी सुरक्षा थी। लबीबा ख़ानम अपने साथ इतना नक़द और ज़ेवर लाई थी कि कई साल तक उन्हें रोज़ी-रोटी की चिन्ता न होती। फिर भी, बायज़ीद ने फ़ौरन कुछ तबरेज़ी अमीरज़ादों को संगीत सिखाने की नौकरी प्राप्त कर ली। लबीबा ख़ानम दोबारा घर में बन्द हो गई, लेकिन यह क़ैद घर बनाने की क़ैद थी और हज़ारों कथित स्वतंत्रताओं से बढ़कर थी।

पहली रजब 1143 हिजरी यानी 10 जनवरी, 1731 ई. को लबीबा ख़ानम एक बच्ची की माँ बनी। बच्ची का नाम नूरुस सआदत रखा गया। बच्ची की पैदाइश के तीसरे दिन बायज़ीद को सर्दी लगकर खाँसी शुरू हुई। वह मुश्किल से एक सप्ताह बिस्तर पर रहा और इस बीच उसने चिकित्सक का मुँह न देखा।

"मैं अब मौत ही का मुँह देखूँगा लबीबा ख़ानम।" उसने रुक-रुककर भर्राई हुई आवाज़ में कहा, "मैं तुम्हारा अपराधी हूँ, जब तुमने मुझे पहली बार बुलाया था तो मुझे इनकार कर देना चाहिए था। नहीं तो मुझे चाहिए था कि किसी मौक़े पर तुम्हें बता ही देता कि मेरे चेहरे की गुलाबी लालिमा झूठी है। मौत बहुत दिन से मेरी तलाश में है और यह तलाश बहुत जल्द समाप्त हो जाएगी।"

"तुम क्यों अपराधी ठहरो?" लबीबा ने माथे पर शिकन लाकर कहा, "यह कौन सा न्याय है कि जान भी तुम्हारी जाए और अपराधी भी तुम ही ठहराए जाओ। मुजरिम अगर कोई है तो वह है जिसे कोई तक़दीर कहता है, कोई..."

"चुप, ऐसी बात मुँह से न निकालो जिस पर बाद में पछतावा हो। हम लोग इसलिए बनाए गए थे कि अपनी पूर्णता की हद को पहुँचें। मेरी, और सच कहो तो किसी की भी पूर्णता की सीमा इसके आगे क्या होगी कि तुम तक पहुँच जाए। मैं तुम्हारे योग्य था भी नहीं। कहाँ मेरा कूड़ा-करकट जैसा सीना और कहाँ उस पर तुम्हारे बेमिसाल सौन्दर्य की परछाँईं। इसके बाद मुझे जीने की ज़रूरत भी न थी। इतने दिन तो तुम्हारी मुहब्बत मुझ मुर्दा को जीवित रहने की शक्ति के बदौलत उठाए रही।"

यह कहते-कहते वह अचानक पलंग पर उठकर बैठ गया। न जाने कहाँ से उसके बदन में नई जान आ गई थी कि उसने पूरे सच्चे सुरों के साथ शेर पढ़ा :

चु रसी ब कू-ए-दिलबर बिसिपार जान-ए-मुजतर
कि मबाद बार-ए-दीगर न रसी बदीं तमन्ना

(जब तुम माशूक़ की गली तक पहुँच जाओ तो अपने बेचैन प्राण वहीं तज दो कि कहीं ऐसा न हो कि दोबारा तुम इस तमन्ना की पूर्ति तक न पहुँच सको।)

पलंग के सिरहाने का सहारा लेकर बायज़ीद ने एक बार फिर बहुत धीमे स्वर में यही शेर दोहराया और आँखें बन्द कर लीं।

वह पहली सर्दी नूरुस सआदत के लिए बड़ी कड़ी थी। बल्कि सभी के लिए कड़ी थी कि बूढ़े लोग बताते थे कि ऐसी प्रेमहीन सर्दी तबरेज़ में आधी सदी से न पड़ी थी। नूरुस सआदत को हर पाँच-सात दिन पर खाँसी या ज़ुकाम हो जाता, फिर उसका सीना जकड़ जाता और साँस इस क़दर तेज़ चलने लगती कि उसका फूल सा चेहरा नीला पड़ने लगता। चिकित्सकों की राय थी कि उसे पैदाइशी दमा है। या फिर बाप के असर से उनके भी फेफड़े कमज़ोर हैं। आज के डॉक्टर होते तो शायद उसको एलर्जी बताते। उन दिनों एलर्जी नाम की कोई बीमारी किसी के संज्ञान में न थी। लेकिन एक दो हकीमों ने यह ज़रूर कहा कि

तबरेज़ की सर्द और नम हवा बच्ची के लिए अनुकूल नहीं। कुछ महीने ज्यों-त्यों करके ठंडक को सहार ले तो उसे किसी अपेक्षतया कम ठंडी जगह पर ले जाऊँ। जैसे इस्फ़हान में हवा यहाँ की अपेक्षा ख़ुश्क है और सर्दी भी वहाँ कम पड़ती है। इस्फ़हान में निवास इस बच्ची के लिए लाभकारी होगा।

लेकिन छत्तीस वर्ष की आयु में बेवा हो जाने वाली, दुनिया में बिलकुल अकेली ख़ानम किसके सहारे नई जगह स्थानान्तरित होती? नख़्जवान वापस जाने का प्रश्न था ही नहीं, और वहाँ का मौसम भी बहरहाल तबरेज़ की ही तरह कड़ा और सर्द था। इस्फ़हान में बल्कि तबरेज़ और नख़्जवान के बाहर सारे ईरान में कोई भी उन माँ-बेटी को जानने वाला न था। तबरेज़ में तो लबीबा ख़ानम को बेवा होने के कुछ ही सप्ताह के अन्दर कई प्रभावशाली और कुछ रंगीन मिजाज़ लेकिन उम्रदराज़ लोगों की तरफ़ से शादी या फिर रखैल बनकर रहने के लिए संकेत भी आने शुरू हो गए थे। इशारों के ये सिलसिले लबीबा ख़ानम के लिए अत्यन्त दुखद थे परन्तु इनमें आशा की एक गंदली-धुँधली सी किरण भी थी कि तबरेज़ में रहूँगी तो बिलकुल बेगानी सूखी घास की तरह न रहूँगी। बाग़ की क्यारी में काँटों का फूल न सही तो नहर किनारे की घास समान रौंदी, उजड़ी, पुजड़ी भी न रहूँगी। अब लबीबा में वह घमंड, वह आत्मविश्वास और गौरव न था। अब उसे अपने ऊपर वह इत्मीनान न था जो अपने रूप के तमाम जगत से निराले होने और सारी दुनिया में अपने प्रिय होने की धूम के विश्वास से पैदा होता है। उसके स्वभाव में तुनक अब भी थी परन्तु अब उन नाज़ों को उठाने वाले उठ गए थे। इसके बावजूद इतना तो था ही कि जिस आत्मविश्वास के साथ चाहत वालों ने लबीबा ख़ानम के अकेलेपन में दोस्ती के दरवाज़ों और कोठों के फिर से खुल जाने की निशानियाँ देखी थीं, उससे ज़्यादा आत्मविश्वास और संकेत भरे घमंड के साथ लबीबा ख़ानम ने आशनाई के बालाख़ानों और दृश्यों के हमेशा-हमेशा के लिए काला पड़ जाने के इशारे भी अपने इच्छुकों को भिजवा दिए।

छह-सात महीने की उम्र होते-होते नूरुस सआदत दो-तीन बार मरते-मरते बची। सर्दियाँ जा चुकी थीं परन्तु तबरेज़ की हवा में भीगापन अभी बाक़ी था। नूरुस सआदत के लिए अब भी सुरक्षा न थी। वह इतनी दुबली थी कि उसके हाथ-पाँव गुड़ियों के जैसे मालूम होते थे। चेहरे पर बस दो आँखें ही दिखाई देती थीं, गहरी और सब्ज़ आँखें, जिनमें रोग की दुर्बलता के बावज़ूद अजब चमक थी मानो वह दुनिया और दुनिया वालों को परख रही हो। सुनहरे घुँघर वाले बालों का प्रभामंडल उसके चेहरे के पीलेपन को अगर एक हद तक हल्का करता मालूम होता था तो उसकी आँखों के सब्ज़ नगीनों की झमक में उसके बालों की भी परछाईं उज्ज्वल नज़र आती थी।

मौसम बदला तो दुनिया नूरुस सआदत पर कुछ आसान हुई परन्तु अस्थाई रूप से। नहीं तो उसकी बीमारी उस धागे की तरह थी जो नई फँसाई हुई चिड़िया के पाँव में बाँध देते हैं कि वो उड़ तो सकती है लेकिन बहुत दूर नहीं जा सकती। अट्ठारह महीने की उम्र में नूरुस सआदत एक बार बहुत सख़्त खाँसी-जुकाम और श्वसन रोग से पीड़ित हुई तो उसकी बीमारी लम्बी खिंच गई। वह इतने दिन रोग से पीड़ित रही कि चिकित्सकों को डर लगा कि अगर जाड़ों के आने तक रोग के यही दिन-रात रहे तो लड़की ज़िन्दा न बचेगी। अब लबीबा ख़ानम मज़बूर हुई कि बच्ची की तबीयत के थोड़ा सँभलते ही तबरेज़ को

अलविदा कहकर इस्फ़हान में घर-बार बना ले। उसने दो विश्वसनीय सारबानों के माध्यम से रास्ता दिखाने, सवारी के लिए साँडनियों और सामान उठाने के लिए ऊँटों की व्यवस्था की। उसने घर का अनावश्यक सामान बेच दिया और 1145 हिजरी के रबिउल सानी अर्थात सितम्बर 1732 में इस्फ़हान के लिए रवाना हो गई। कब्रिस्तान शहर से ज़रा बाहर लेकिन इस्फ़हानी सड़क ही पर था। उसने ख़ुश्क आँखों और वीरान दिल के साथ बायज़ीद के मज़ार पर रुककर उससे विदाई ली और वादा किया कि ज़िन्दगी रही तो फिर तेरी मज़ार पर आऊँगी और दर्शन करके ही मरूँगी :

गर बेमानेम ज़िन्दा बर दोज़ेम
दामने कज़ फ़िराक़ चाक सुदस्त
अर बेमीरेम उज्र-ए-मा बिपिज़ीर
ऐ बसा आरज़ू कि ख़ाक सुदस्त

(अगर हम जीवित बचे तो अपने दामन को जिसे बिरह ने फाड़ डाला है, फिर से सीएँगे। और अगर मर गए तो हमारी सफ़ाई स्वीकार कर लो, हाय अफ़सोस कि कितनी सारी आरज़ूएँ थीं जो ख़ाक हो गईं।)

इस्फ़हान की सड़क उन दिनों मियाना, ज़िन्जान, क़ज़्वीन, क़ुम, तेहरान और काशान होकर जाती थी। यह रास्ता ज़रा लम्बा था लेकिन सुरक्षित होने के साथ उसमें एक और ख़ूबी यह थी कि राह रोकने के लिए कोई बड़ी नदी न थी। नहीं तो वर्षाकाल में ऐसी किसी बड़ी नदी को पार करना जिस पर पुल न हो जोख़िम से ख़ाली न था। क़ज़्वीन से तेहरान तक एल्बुर्ज़ पर्वत की चढ़ाइयाँ और घाटियाँ, और फिर इस्फ़हान के बिलकुल पास कर्गस पहाड़ की चढ़ाई और उतार ज़रूर थे। लेकिन वहाँ रफ़्तार के धीमे पड़ जाने के सिवा कोई कष्ट न था। उनकी सवारी की ऊँटनियाँ इराक़ी नस्ल की, अत्यन्त सुन्दर हल्की चलने वाली और हिरनों की सी बड़ी-बड़ी आँखों वाली थीं। उनके सारे बदन पर लाली लिए हुए सुनहरे बाल थे, इतने महीन और नर्म कि मालूम होता था यह बाल नहीं हैं, रेशमी चादरें हैं जो उन्हें अलग से ओढ़ा दी गई हैं। साधारण ऊँटों के बरख़िलाफ उनमें बदमिज़ाजी और हठीलापन बिलकुल न था।

नूरुस सआदत अपने नन्हे से जीवन में पहली बार मज़े का अनुभव कर रही थी कि हवा ताज़ा और नमी से वंचित हो। खुले आसमान पर चिड़ियों की चहचहाहट और उसकी किलकारियाँ लय से लय मिलाती हों और सवारी भी वायु समान तेज़ चलती हो परन्तु झटके बिलकुल न हों।

लबीबा ख़ानम के माथे पर भी बायज़ीद की मृत्यु के बाद पहली बार कुछ खिल उठने की सी लहर आई। उसे आशा होने लगी कि बेटी का स्वास्थ्य और जीवन जिनके चलते उसने अपने बायज़ीद को कब्रिस्तान में अकेला छोड़ दिया था। अब अप्राप्य अभिलाषाएँ न ठहरेंगी, पूरी हो सकेंगी।

वह दो सप्ताह में इस्फ़हान पहुँचे। लबीबा ख़ानम ने सारबानों को मुआवजा और ऊपरी इनाम देकर विदा किया, शाही सराय में एक कोठरी अपने रहने के लिए और एक अपना सामान सुरक्षित रखने के लिए क़िराये पर ली और इत्मीनान की साँस ली।

दूसरे दिन वह रहने के लिए उपयुक्त मकान की खोज में निकली। लेकिन उसे शीघ्र ही मालूम हो गया कि दूसरों के लिए इस्फ़हान निस्फ़जहान (आधी दुनिया) हो तो हो, उसके लिए

वह एक अँधेरे जंगल से बदतर था, कि उसे उसकी व्यापकता में कोई भी कोना सर छिपाने को न मिल सकता था। किसी मर्द, या कम से कम किसी बूढ़ी महिला अभिभावक के बिना उसे किसी घर में प्रवेश न मिल सकता था। कहीं-कहीं मकानों के मालिक उसे चोरी-चोरी ललचाई नज़रों से देखते और कुछ यूँ बात करते कि वो माँ-बेटी को बेक़ीमत या बेक़िराया भी घर दे सकते हैं परन्तु शर्त यह है कि उसकी तरफ़ से भी कुछ और प्रबन्ध का वादा हो। अगर कोई औरत भवन स्वामी होती तो वह इशारों-इशारों में, या अपने बोलचाल के लहज़े से स्पष्ट कर देती कि उसके विचार में लबीबा ख़ानम न बेवा है और न कभी उसकी शादी हुई थी।

अक़सर औरतों के ख़याल में लबीबा एक 'गिरी हुई' या चरित्रहीन औरत थी जिसके आशिक़ ने उसे छोड़ दिया था। रहा ये क़िस्सा कि वो अपनी बेटी के स्वास्थ्य की ख़ातिर तबरेज़ छोड़कर इस्फ़हान आई है, तो साहब तौबा कीजिए, भला कहीं शहर बदलने से स्वास्थ्य भी बदल सकता है? और भला कोई घर से बहुत दूर किसी शहर में इस मतलब से आबाद होता है? माना कि लड़की सचमुच मरियल सी थी परन्तु इससे कुछ साबित नहीं होता। हमे तो इन बीवी की चाल-ढाल, बोलचाल के ढंग और तौर-तरीक़े के ठस्से से साफ़ लगता है कि वह एक नहीं बल्कि कई मर्दों की माशूक़ रह चुकी है, विवाहित तो वह कहीं से लगती नहीं। औरतों ने तो उसे यूँ रद्द किया और मर्दों ने कुछ आशा और कुछ निराशा के साथ यह तात्पर्य निकाला कि लबीबा ख़ानम का सम्बन्ध क़रीब के किसी शहर में किसी नाचने गाने वाली टोली से रहा होगा और वह जिस व्यक्ति की नौकर अब तक थी उससे अनबन हो जाने के बाद क़िस्मत आज़माने के लिए वह इस्फ़हान आ गई है।

अन्ततः लबीबा ख़ानम को जगह मिली, परन्तु बाग़ात नामक मुहल्ले में, यानी उस इलाक़े में जहाँ इस्फ़हान की हुस्नवालियाँ और गाने बजाने वाले लोग रहते थे। लबीबा ख़ानम ने छह साल के विवाहित जीवन में पुराने तौर तरीक़े भुलाए न थे। उसे ये बात भी स्वीकार न थी कि वह किसी घर में नौकरानी बनकर औरतों की गालियाँ खाए और हर बूढ़े जवान मर्द की काम वासना की पूर्ति का साधन बने। और किसी की रखैल बनकर रहने से तो कई गुना बेहतर यही था कि वो अपना स्वामी आप बनकर रहे, दूसरों की पाबन्द बनने की जगह उन्हें अपने आधीन बनाए। औरतों और विशेषकर सुन्दर लेकिन कमज़ोर वर्गों की औरतें उस ज़माने में गाजर मूली की तरह ख़रीदी-बेची जाती थीं और गाजर-मूली ही की तरह कटती और घूर पर फेंक भी दी जाती थीं। इन अपमानों को सहने से तो बेहतर यही था कि वो नचनियों और गवनियों के टोले की सदस्य बनकर रहे। यह निर्णय उसने हज़ार घृणा और नापसन्दगी के साथ किया :

हाल-ए-आँ मुर्ग़चि बाशद कि पस अज़ गुल नाचार
गुंचा-ए-दिल ब ख़स-ओ-ख़ार-ए-गुलिस्ताँ बन्दद

(उस पक्षी का क्या हाल होगा जो फूल के मुरझाने के बाद लाचार होकर अपने दिल की कली को चमन की सूखी घास और काँटों से लगाए।)

लेकिन थोड़ा बहुत आदर जो सम्भव था वह जीवन के इसी तौर में सम्भव था। और उसे भरोसा था कि तबरेज़ की तरह यहाँ भी वह अपना सम्मान स्थापित कर सकेगी।

जहाँ तक इस बात का प्रश्न था कि उसका सौन्दर्य कब तक क़ायम रहेगा, और अब वह सौन्दर्य उसके क्या काम आ सकता था, तो यह कहना काफ़ी है कि कई पहलू से

लबीबा ख़ानम पर पूरी जवानी तो अब आई थी। माँ बनने के बाद उसके चेहरे-मोहरे, चाल-ढाल, उठने-बैठने के अन्दाज़ में उस घमंड मिश्रित स्वाभिमान की वृद्धि हो गई थी जो औरत को अपने जीवन का उद्देश्य पा लेने के बाद महसूस होता है। ज़िन्दाखून की लाली अब उसके होंठों और गालों, उँगलियों के पोरों, पाँव के नाख़ूनों तक से छलकती थी, मानो उसका ख़ून उसके बदन में केवल रवाँ ही न हो बल्कि अपने सामने वाले से बात भी कर रहा हो। उसका बदन जो पहले ज़रा छरहरापन लिए हुए था अब कुछ-कुछ भर गया था। कूल्हे, पेडू और छातियाँ एक अजब मनमोहक ढंग से कुछ और प्रभावी बन गए थे। बूटा सा क़द होते हुए भी जब लबीबा ख़ानम सीधी खड़ी होकर सलाम करती या किसी का सलाम स्वीकारती तो अच्छे-अच्छे लोग उसके व्यक्तित्व के करिश्माई आकर्षण को सहन न कर सकते और आप ही आप उसके पाँव की जूतियों, या अगर वह नंगे पैर होती तो उसके पाँव के अँगूठों की तरफ़ देखते, मानो उसके क़दमों में सर डाल देने का अवसर ढूँढ़ रहे हों।

बाग़ात में घर बसने की देर थी कि वहाँ के रंगीन मिज़ाजों का हुजूम लबीबा ख़ानम के दरवाज़े पर सुबह से शाम तक उमड़ना शुरू हो गया। परन्तु अन्दर आने की अनुमति सबको न मिलती, और किसी को मिलती भी तो पहले से निर्धारित किए हुए समय पर, उसके बाद या पहले नहीं। इन हालातों में कभी-कभी तना-तनी की सम्भावना भी निकल आती। यह नख़्जवान तो था नहीं, जहाँ का बच्चा-बच्चा ज़ोहरा-ए-मिस्री की करामाती गायिका और नर्तकी का ग़ुलाम था। यहाँ थोड़ी बहुत सुरक्षा के उपाय ज़रूरी थे। कुर्दिस्तानियों के क़िस्से उसने बहुत सुने थे कि वह वफ़ादार और जान पर खेल जाने वाले होते हैं। अतः चार लम्बे-तगड़े कड़ियल कुर्दिस्तानी जवान अनचाहे और अप्रिय आने-जाने वालों की रोक-टोक के लिए दरबान नियुक्त कर लिए गए थे। परन्तु मुख्य द्वार के बाहर तो किसी पर रोक-टोक न थी। लबीबा ख़ानम कभी-कभी सवार होकर हवा खाने को निकलती, कभी नूरुस सआदत को सैर कराने ले जाती। लोग उसकी एक झलक देखने के लिए घड़ियों प्रतीक्षा करते :

याराँ हमा पुर .ख़ूँ कि मबादा रवी अज़ बज़्म
जम-ए-ब सर-ए-रह कि कै अज़ अंजुमन आई

(यार लोगों का दिल ख़ून है इस डर से कि कहीं तू महफ़िल छोड़कर चला न जाए और सड़क के किनारे भीड़ जमा है इस इन्तज़ार में कि तू महफ़िल से बाहर कब आता है।)

नख़्जवान में उसकी मजलिस दिन में दो बार होती थी मगर यहाँ उसने केवल एक समय का नियम रखा। नाचना उसने छोड़ दिया था। उसकी मजलिस अधिक से अधिक घंटे-पौन घंटे की होती। बायज़ीद से अपने आत्मिक लगाव की व्यक्तिगत याद के तौर पर वह मौलाना रूम और ख़्वाजा हाफ़िज़ की रचनाएँ अधिक से अधिक गाती थी। लेकिन तबरेज़ की मुहब्बत को अभिव्यक्त करने और उस शहर को अपने दिल में प्रेम और सम्मान व्यक्त करने की ख़ातिर वह मुहम्मद अली साहब तबरेज़ी की ग़ज़लें भी कभी-कभी सुना दिया करती। कभी-कभी इस्फ़हान वालों का ख़याल करते हुए वह कमाल इस्माईल या मोहसिन तासीर के शेर भी सुना देती।

एक बार जब उसने कमाल इस्माईल की रुबाई से महफ़िल शुरू की और 'उश्शाक' नामक सुर में उसकी लय उठाई तो महफ़िल में मौजूद लोगों का क्या जिक्र, बाहर से कान

लगाकर सुनने वालों की भी चीख़ें निकल गईं, लेकिन वह स्वयं यूँ गाती रही मानो समझती ही न हो कि यह रुबाई उससे भी कुछ कह रही है :

बुग ज़श्त-ओ-मरा अश्क रवाँ बूद हनूज़
वन्दर तन-ए-मन बाक़ी जाँ बूद हनूज़
मी गुफ़्त-ओ-मरा गोश बराँ बूद हनूज़
बेचारा फुलानेस्त जवाँ बूद हनूज़

(वह चला गया और मेरे आँसू बहते ही रहे और उस समय मेरे तन में थोड़ी सी जान अभी थी। वह कुछ कह रहा था और मेरे कान उसी की आवाज़ पर थे। 'ये बेचारा तो फलाँ है। अभी तो जवान ही था'।)

महीने और साल यूँ ही गुज़रते गए। लबीबा ख़ानम की उम्र ढल रही थी लेकिन उसके रखरखाव, लोगों से मिलने-मिलाने के नियमों में कोई परिवर्तन न हुआ। उसकी कमाल की सुन्दरता और कला में कमाल की प्रसिद्धि और कुछ वर्ष बाद उसके साथ ही साथ नूरुस सआदत की फ़रिश्तों जैसी ख़ूबसूरती के चर्चे देश भर में फैलने लगे। लबीबा ख़ानम को बड़े लोगों के साथ उठने-बैठने के तरीक़े और नृत्य-संगीत के अतिरिक्त कुछ सिखाया न गया था। पाठशालाओं की शिक्षा से उसे कभी कुछ न मिला था परन्तु अपनी स्मृति क्षमता एवं बात से बात निकाल लेने की दक्षता के बलबूते पर उसने इतना कुछ सीख समझ लिया था कि पढ़े-लिखों की बैठकों में भी वह किसी से हेठी न रहती। गुज़रे हुए कवियों और लेखकों की गद्य एवं पद्य की बहुतेरी कृतियाँ भी उसे कंठस्थ थीं। महफ़िलों में जो कुछ भी वह सुनाती अपनी याद के बल पर और बेअटके-खटके सुनाती थी।

इस्फ़हान की समशीतोष्ण जलवायु ने नूरुस सआदत के स्वास्थ्य पर सचमुच अच्छा असर डाला। अब उसे खाँसी और साँस फूलने के दौरे बहुत कम पड़ते थे, और जब पड़ते भी तो अल्प अवधि के लिए। उसकी शिक्षा-दीक्षा की राह में अब कोई रुकावट न थी। नूरुस सआदत को माँ-बाप के सौंदर्य के साथ-साथ उनके आनुवंशिक गुणों से भी पर्याप्त हिस्सा मिला था। उसकी अपनी बुद्धिमत्ता अलग से थी। संगीत का ज्ञान तो उसने मानो माँ के पेट ही में सीख लिया था। लय और ताल से उसका लगाव भी बहुत बचपन से स्पष्ट होने लगा था और दस-ग्यारह वर्ष की आयु से उसने कविता करना आरम्भ कर दिया था। अकेले में या महफ़िलों में बातचीत और उठने-बैठने के नियमों के लिए भी उसे माँ की गोद से आगे न जाना पड़ा था। लबीबा ख़ानम ने नूरुस सआदत के लिए औपचारिक शिक्षा में कोई कसर न छोड़ी थी। इससे भी आगे बढ़कर उसने बेटी को सुलेख, घुड़सवारी और तीरंदाज़ी की भी शिक्षा दिलाई। उसके रूप का यह रंग था कि जिन लोगों ने लबीबा ख़ानम को नख़्जवान में देखा था, अब नूरुस सआदत को इस्फ़हान में देखते तो एक दो पल के लिए फ़र्क न कर सकते और भ्रम में आ जाते कि लबीबा ख़ानम ने किसी जादू के ज़ोर से अपनी उम्र घटा ली है। उनके स्वभाव में इतना अन्तर अवश्य था कि नूरुस सआदत में अहम का पुट था। उसके साथ यह भी था कि वह हठीली और अल्पभाषी भी थी। इस कारण उसके दिल की बात या उसके हठ की वजह भी मुश्किल से ही जानी जा सकती थी।

एक बात यह भी थी कि माँ ने बेटी के लिए किस प्रकार के भविष्य की योजनाएँ बनाई हैं और बेटी अपने आज के और भविष्य के बारे में क्या सोचती या महसूस करती है, इन

मामलों पर माँ-बेटी में कभी वार्ता न हुई थी। दोनों के दिल में चोर था और ऐसा चोर जो न दबाए दबता था और न दिन के प्रकाश में खुलना ही चाहता था। जैसी शिक्षा नूरुस सआदत को मिली थी, वह तो अमीरों और राजाओं की बेटियों को ही मिल सकती थी। लेकिन नूरुस सआदत की हथेली में अमीरज़ादियों और राजकुमारियों तो क्या मध्यम वर्ग की घरेलू ख़ानम जैसी लकीर भी शायद थी ही नहीं। और क्या वह सम्भव था (उचित होना तो दूर की बात थी) कि माँ के बाद बेटी इस्फ़हान के बाग़ाती रंगीन मिज़ाजों के मनोरंजन और सैर-तमाशे का सामान बन सकेगी, और उसी शान और गर्व के साथ जो उसकी माँ के हिस्से में आई थी? बेटी के स्वभाव में अहम और हठ था, माँ के यहाँ धैर्य और गर्व। परन्तु आत्मसम्मान को हाथ से दिए बग़ैर वह हालात से समझौता भी करना जानती थी। और माँ में जो करिश्माई गुण था कि उसकी तरफ़ औरत मर्द सबके दिल आप ही आप खिंचते थे, क्या बेटी को भी उसमें से कुछ अंश मिला होगा? यह बात तो कुछ दिन के बर्ताव और व्यवहार के बाद ही खुल सकती थी।

फिर यह भी था कि माँ ने तो एक बेटी को जन्म भी दिया था और कुछ वर्ष सही लेकिन वह माशूक़ी और औरतपन दोनों तरह की पदवियों पर आसीन रही थी और बड़ी हद तक मनमानी करके अपने दिन बिताए थे। जीवन के सारे ऊँच-नीच के बावज़ूद लबीबा ख़ानम बहुत भाग्यशाली भी रही थी। क्या ऐसी तक़दीर बेटी को भी मिल सकेगी? नहीं तो यह क्या बात हुई कि जीवन की नाव में सवार तो वह राजकुमारियों के रंग-ढंग से हो और तमन्ना के छोर पर टिकने की बजाय उसकी नाव दूर-दूर तिरस्कार भरी गहराइयों में गोते खाती फिरे?

और नहीं तो क्या कोई जिन्नों-परियों के देश का कोई राजकुमार आकर नूरुस सआदत से ब्याह रचाकर उसे क़ाफ़ के पहाड़ पर ले जाएगा? अली कुली वालिह दाग़िस्तानी की प्रेमिका ख़दीजा सुल्तान तो उसके चाचा की बेटी थी। दोनों आला ख़ानदान से थे और दोनों एक दूसरे पर जान छिड़कते थे। कोई दिन जाता था कि उनका विवाह हो जाता और उनका जीवन बहार की एक लम्बी कविता का उदाहरण बन जाता। लेकिन तक़दीर के एक पलटे ने सब कुछ पलट दिया। पहले तो एक दैत्याकार अफ़गान सरदार ने इस्फ़हान पर कब्ज़ा किया और शाह तुहमास्प को गद्‌दी से उतारकर शहर में लूट शुरू की। इस पकड़-धकड़ में वालिह और ख़दीजा के घर वाले भी आ गए। ख़दीजा को अफ़गान सरदार ने जबर्दस्ती करके अपने महल में डाल लिया। फिर जब नारिद कुली ख़ान ने अफ़गानियों को तलवार से मौत के घाट उतारकर शाह तुहमास्प को मुल्क वापस दिला दिया तो ख़दीजा सुल्तान भी शाह तुहमास्प के पंजे तले आ गई। अली कुली वालिह बेचारा जान के डर से भागकर हिन्द चला गया था। ख़दीजा सुल्तान कभी-कभी चोरी छिपे उसे चिट्‌ठी लिखती लेकिन दोनों ही दुआ के सिवा कुछ भी कर पाने में असमर्थ थे। फिर जब 1148 हिजरी (1736 ई.) में नादिर कुली ख़ान ने शाह तुहमास्प को गद्‌दी से उतारकर उसके नन्हे बेटे अब्बास को अब्बास तृतीय के नाम से गद्‌दीनशीन किया तो बेज़बान ख़दीजा सुल्तान नादिर कुली ख़ान के हत्थे चढ़ी और अब भी उसके महल के किसी कोने में पड़ी वह ज़िन्दगी की घड़ियाँ सिसक रही है। नादिरशाह के दिल्ली पर आक्रमण और क़त्लेआम के समय अली कुली वालिह छिपता फिरा कि ईरानी सिपाहियों का सामना हुआ तो नादिरशाह को प्रसन्न करने के लिए वह फ़ौरन उसकी तिक्का-बोटी कर देंगे।

ऐसी दुनिया और ऐसे ज़माने में नूरुस सआदत जैसी लड़की को पति या अभिभावक के बिना सुरक्षा का कौन सा कोना मिल सकता था? विश्वास है कि लबीबा ख़ानम ने भी इन बातों पर उसी प्रकार विचार किया होगा जिस तरह नूरुस सआदत रातें जाग-जागकर विचार करती थी। लेकिन अपने चरित्र की तमाम मज़बूती के बावज़ूद उसमें साहस न था कि इस मामले पर बेटी के साथ बातचीत का दरवाज़ा खोले। नूरुस सआदत तेरहवाँ वर्ष पूरा कर रही थी और अब उसके भविष्य के बारे में कुछ योजना बनाना बहरहाल ज़रूरी था, उसका अन्जाम जो भी होता।

एक दिन अचानक दोनों के दिलों का फोड़ा एक साथ ही फूट बहा। दोपहर का वक़्त था, नूरुस सआदत अपने निजी शिक्षक से निज़ामी समरक़न्दी की पुस्तक 'सियासतनामा' से पाठ लेकर दीवानख़ाने से आई तो उसका चेहरा तमतमा रहा था। अपनी आदत के ख़िलाफ़ वह अपनी माँ के कमरे में जाकर उससे पहलू मिलाकर बैठ गई, और बोली...

"अम्मा आज आख़ुन्द आग़ा कह रहे थे कि मैंने सियासतनामा इतनी अच्छी तरह पढ़ लिया है जितनी अच्छी तरह उनके किसी मर्द शागिर्द ने भी नहीं पढ़ा।"

"माशा अल्लाह," उसकी माँ ने मुस्कुराकर कहा, "मेरी बेटी है ही हज़ारों में एक। किसी का बेटा भी ऐसा न होगा जैसी मेरी यह प्यारी सी बेटी है।" यह कहते हुए लबीबा ख़ानम ने नूरुस सआदत की ठोड़ी उठाई कि उसके माथे को चूम ले।

"मगर यह क्या?" वह घबराकर बोली, "तुम तो रो रही हो। क्या हुआ, जी तो नहीं माँदा पड़ गया? भूख लगी है? क्या बात है?"

नूरुस सआदत ने बड़ी मुश्किल से संयम बरता और बोली, "आख़ुन्द आग़ा भी मुझे लड़कों से बढ़कर समझते हैं। अम्मा भी यही कहती हैं। लेकिन क्या वास्तव में मैं लड़कों से बढ़कर हूँ?"

"मुझे तो इसमें कोई शक नहीं। और यह मैं इसलिए नहीं कह रही हूँ कि तुम मेरी बेटी हो।"

"तो फिर..." वह रुकते-रुकते अचानक बिख़र गई।

"फिर मैं किस बादशाह की वज़ीर, किस मदरसे की मुख्य अध्यापिका बनूँगी? और कुछ नहीं तो वह कौन सा घर है जो मेरे क़दमों से रोशन होगा? मैं लड़का नहीं हूँ, और हूँगी मैं आपकी प्यारी बेटी लेकिन दुनिया मुझे किसी और नाम से जानना चाहती है।"

एक मुद्दत के बाद, बाग़ात की निवासी होने के उपरान्त शायद पहली बार, लबीबा ख़ानम ने उत्तर देने से ख़ुद को असमर्थ पाया। वह हिम्मत करके कुछ कहने के लिए मुँह खोल ही रही थी कि नूरुस सआदत ने किताबों का बस्ता एक तरफ़ फेंका, क़ीमती नीले पत्थर ज़बरजद के क़लमदान को इस ज़ोर से दीवार पर पटका कि उसके टुकड़े हो गए, रोशनाई के छींटे दीवार के पर्दे और क़ालीन पर बिखर गए।

"मैं लड़का नहीं हूँ।" वह रो भी रही थी और गुस्से में अपनी मुट्ठियाँ भी भींचे हुए थी, "लड़का होती तो सब बुराइयाँ छिप जातीं। और लड़कियों की तुलना लड़कों से की ही क्यों जाए? बोलिए, मेरे लिए कहाँ-कहाँ से प्रस्ताव आ रहे हैं? अगर मैं लड़का होती..."

"तो भी मुझे तुम्हारी फ़िक्र होती, लेकिन उस तरह की नहीं जैसी अब है।" लबीबा ख़ानम ने अन्ततः मुँह खोलने का साहस किया, "दुनिया के दस्तूर को तुम नहीं बदल सकतीं, इन्हीं परम्पराओं के बीच में हम औरतों को अपने जीने के ढंग प्राप्त करने पड़ते हैं।"

"धिक्कार है ज़माने के दस्तूर पर!"

नूरुस सआदत अब भी रोए जा रही थी, "मैंने इतना सब पढ़कर क्या सीखा, क्या पाया? जब मुझे नाच-गाने ही वाली बनकर जीना था तो यह सब ढोंग क्यूँ रचाए गए? जब मेरी जगह नर्क में है तो मुझे स्वर्ग की झलक क्यूँ दिखाई गई?"

लबीबा ख़ानम ने बड़ी मुश्किल से ख़ुद को रोका, बोली, "तो क्या मैं तुम्हारी दुश्मन थी?"

"थीं, थीं, बिलकुल थीं। और अब भी हैं।" नूरुस सआदत ने नर्म परों से भरे तकिये को चीरकर सफ़ेद-सफ़ेद परों को सारे विश्रामगृह में बर्फ़ के गोलों की तरह बिखेरते हुए कहा, "अगर दुश्मन न होतीं तो मुझे कुछ अपनी ही तरह बनने की शिक्षा देतीं। मुझे इस धोखे में न डालतीं कि..."

"तुम एक नर्तकी की बेटी नहीं, शरीफ़जादी हो?" लबीबा ने ज़िन्दगी में पहली बार बेटी पर आवाज़ उठाई, "लेकिन मैं नर्तकी तो नहीं पैदा हुई थी। तक़दीर..."

"तक़दीर, तक़दीर, अल्लाह की मर्ज़ी, दुनिया का दस्तूर, यह सब भी ढकोसले हैं। आपको नर्तकी का जीवन स्वीकार न था तो आपने आत्महत्या क्यों न कर ली?"

यह कहते-कहते नूरुस सआदत को ख़याल आया मैं हद से बहुत आगे बढ़ गई हूँ। बच्चे अनजाने में अपने माता-पिता पर किस तरह अत्याचार कर सकते हैं, उसे आज इसका अहसास हुआ। उसने अपने आँसू सुखाए, पलंग के कपड़े, तकिए बराबर करने की असफल कोशिश की और माँ के गले में बाँहें डालकर बोली :

"अम्मा, मैंने बहुत बुरा किया है। मुझे यह सब कुछ न कहना चाहिए था। लेकिन मैं क्या करूँ, मुझे रातों को नींद नहीं आती कि मेरा क्या होगा।" वह फूट-फूट कर रोने लगी, "और आपके सिवा कौन है जो मेरी ये बातें सुन सके?"

लबीबा ख़ानम की हरियाली लिए हुए नीली जादूभरी आँखों ने इतने आँसू कभी न बहाए थे। उसने कुछ कहा नहीं, नूरुस सआदत का हाथ अपने ठंडे हाथों में ले लिया और आँसू उसके गालों से बहकर बेटी के तपते हुए हाथों पर टपकते रहे।

माँ बेटी में, इस मुआमले पर यह पहली और अन्तिम वार्ता थी (अगर इसे वार्ता कहा जाए)। लेकिन शायद दोनों ने अपने-अपने दिल में समझ लिया था कि फ़ैसला हो चुका है। और दोनों का फ़ैसला एक ही था, यह भी शायद उन दोनों को पता था। तक़दीर भी शायद इसी का नाम है।

लेकिन तक़दीर ने कुछ ही दिन बाद एक और पासा उनके सामने डाला। इसका अर्थ ऊपर से तो कुछ विशेष न था परन्तु उसके साथ कुछ आशय अवश्य सम्बद्ध हो सकते थे। हुआ यूँ कि एक शाम दरबान ने रक्षक आवास की उर्दाबेगनी को सूचित किया कि हिन्द के सम्राट के महामन्त्री एतमादुद्दौला नवाब क़मरुद्दीन ख़ान बहादुर नुसरत जंग का दूत देहली से आया है। बड़ी ख़ानम की अनुमति हो तो कल शाम के समय अपना सलाम और महामन्त्री जी का पत्र पेश करने के लिए हाज़िर होना चाहता है।

लबीबा ख़ानम कुछ आश्चर्य और कुछ उलझन में पड़ी। हिन्द देश के महामन्त्री का दूत और मेरे नाम महामन्त्री का परवाना, यह क्या रहस्य है? लेकिन दूत से भेंट किए बिना रहस्य का हल भी असम्भव था।

अगले दिन तय समय पर लबीबा ख़ानम दीवानख़ाने में आकर बैठी। सारे कमरे में दीवार से दीवार तक काशान के यकरंग क़ालीन का फ़र्श था। उस पर जगह-जगह नाईन,

किरमान और बुख़ारा के छोटे परन्तु भारी क़ालीन पड़े हुए थे मानो यूँ ही बेपरवाही से डाल दिए गए हों, हालाँकि वास्तव में उनकी जगहें बहुत सोचकर चुनी गई थीं। चारों कोनों पर पीतल के भारी जगमगाते हुए मीर-ए-फ़र्श जो क़ालीन को दबाने के लिए रखे गए थे। उनके सामने छोटी किश्तियों में इत्र-फूल-इलाइचियाँ। बीच में एक बहुत बड़े नाव के आकार वाले फूलदान में मौसमी फूल, दीवारों पर कहीं-कहीं सुन्दर लिखावट की वस्लियाँ टँगी हुईं। ऊपर किमख़ाब की छतगीरी, बीच में एक बड़ा लाल फूल बनाकर इस तरह चुन्नटें देकर खिंची हुई कि लगता था लाल रंग के तारे से किरणें फूट रही हैं। छतगीरी से लटकाया हुआ छत्तीस मोमबत्तियों का झाड़ जिनके फ़ानूस भिन्न-भिन्न हल्के रंगों के थे। सबमें काफ़ूरी मोमबत्तियाँ रोशन थीं।

लबीबा ख़ानम के बैठने का स्थान एक चौकी थी, हाथ भर से कुछ कम ऊँची। यह आबनूसी कुर्सी की तरह की चौकी कमरे की पश्चिमी दीवार से मिलाकर लगाई गई थी। चौकी पर मोटा हिन्दुस्तानी क़ालीन, फिर उस पर यमन की बनी हुई छोटी रेशमी चादर जैसी कि बड़े-बड़े विद्वान कंधे पर लपेटते थे। क़ालीन और चादर दोनों चौकी पर इस तरह बिछाए गए थे कि आबनूसी चौकी के किनारों और पायों की नीली रुपहली मीनाकारी साफ़ दिखाई देती थी। लबीबा ख़ानम तुर्की शैली की गहरे हरे सुनहरे रेशम की पेशवाज़ पहने हुए थी। यानी पेशवाज़ टखनों से बस ऊपर तक, और वहाँ अत्यन्त तंग थी। इसके बाद वह किसी तूफ़ान की सी तेज़ी से चारों तरफ़ उठती और फ़ैलती नज़र आती। चुन्नटों के द्वारा कपड़े की फाँकें सी बन जाने के कारण पेशवाज़ का घेर अनावश्यक और अधिक न मालूम होता था। कमर तक पेशवाज़ फिर बहुत तंग हो जाती, इतनी तंग कि कमर की तंगी उभर आती। कमर में सोने के बारीक़ तारों से निर्मित चौड़ा पटका जिसका खटका सुर्मई पुखराज के एक बड़े से डले का था। बदन पर बहुत हल्के नीलापन लिए हुए क़ाशानी मख़मल का पूरी आस्तीनों वाला छोटा कुर्ता जिसके गले के बटन सरन्दीप के सफ़ेद मोतियों के थे। कुर्ते पर आधी आस्तीनों वाली सियाह मख़मल की सोने के काम वाली सदरी। सदरी में कोई बटन न थे, लेकिन उसके गले पर नन्हे-नन्हे माणिक और सफ़ेद नीलम टँके हुए थे। उसकी नाक आभूषणों से परे थी, लेकिन गले में एक डाल के सुर्मई आठ कोणों वाले पुखराजों का हार था और हर पुखराज के चारों ओर सफ़ेद हीरे जड़े हुए थे।

चौकी के सामने लबीबा ख़ानम की जूतियाँ थीं। सफ़ेद हिरण के बच्चे की खाल की बनी हुई, जिन पर फूल पत्तियाँ हाथ से बनाई गई थीं। जूतियाँ देखने में इतनी हल्की थीं कि उन पर काग़ज़ के बने होने का भ्रम होता था। वह चौकी पर इस तरह घुटने मोड़े बैठी थी कि दोनों एड़ियाँ और पाँव का बाक़ी हिस्सा छिपा हुआ था, लेकिन दोनों पाँव की एक-एक, दो-दो उँगलियाँ और उसके मेहँदी लगे नाख़ून कभी-कभी झलक दिखा जाते थे। वह हमेशा इसी पहलू बैठती थी और गाने के समय के अलावा पूरे समय तक महफ़िल में पहलू न बदलती थी। उसके पीछे दो विशेष ख़ादिमाएँ हाथ बाँधे खड़ी थीं और उनके रेशमी पटकों से लटकाए हुए जड़ाऊ खंज़र साफ़ नज़र आते थे।

दीवानखाने तक पहुँचने के लिए एक दालान, एक आँगन और फिर एक बारादरी से गुज़रना पड़ता था। उर्दाबेगनी बाहर से अन्दर आई और बारादरी के बीच वाले स्थान पर रुककर तस्लीमात बजा लाने के बाद बोली...

"बड़ी ख़ानम की ख़िदमत में अर्ज़ है कि हिन्द के सम्राट के महामन्त्री नवाब क़मरुद्दीन ख़ान बहादुर एतमादुद्दौला नुसरतजंग के दूत राय किशनचन्द इख़लास हाज़िर होने के आकांक्षी हैं।"

लबीबा ख़ानम ने कोई हल्का सा इशारा किया या बहुत नीचे लहज़े में हाँ कहा। अगर कोई ग़ैर बैठा होता तो न वह इशारा समझ पाता, न हुक़्म सुन पाता। लेकिन उर्दाबेगनी उल्टे पाँव बाहर गई और एक ही दो क्षण में वापस आई, इस तरह कि वह आगे-आगे थी और आगन्तुक उसके दो क़दम पीछे था। इस बार वह दीवानख़ाने तक आई और ज़रा ऊँची आवाज़ से बोली, "राय किशनचन्द इख़लास देहली से तशरीफ़ लाए हैं।"

पैंतीस-चालीस के बीच की उम्र, दो गज से कुछ निकलता हुआ क़द, बड़ी-बड़ी ग़िलाफ़ी आँखें, गहरा साँवला रंग, किशनचन्द इख़लास का चेहरा दाढ़ी से ख़ाली था। कुछ-कुछ घनी मूँछें अलबत्ता उसके मुख के दोनों तरफ़ से ढलकी हुई थीं। ढलकी हुई मूँछों ने स्पष्ट और मज़बूत ठोड़ी को और भी स्पष्ट कर दिया था। सर पर किश्तीनुमा दोपल्ली टोपी, जिसका मँडवा ज़रा गोलाई लिये हुए और सिरा ज़रा नोक लिये हुए था। पट्टेदार घने काले चमकदार बालों पर वह टोपी बाईं तरफ़ इस तरह टेढ़ी रखी थी कि माथे का एक हिस्सा तो ढक गया था, लेकिन सर और बाल बड़ी हद तक खुले हुए थे। गले में पँचलड़ा सुडौल मोतियों का हार जिस पर एक पीलापन लिये हुए बड़े सफ़ेद मोती के बाद एक छोटा सियाही लिये हुए मोती एक के बाद एक पिरोए हुए थे। महीन फ़ालसई डोरिए का कुर्ता, उस पर नीले मख़मल का अँगरखा जिसे उस वक़्त नीमा भी कहते थे। अँगरखे का पर्दा दाईं तरफ़ से खींचकर बाईं तरफ़ घुंडी से बँधा हुआ, इस तरह कि बाएँ सीने का हिस्सा कुर्ते के नीचे से झलकता था। आस्तीनें आधुनिक शैली के अनुसार ऊपर से काटकर नीचे लटकने के लिए छोड़ दी गई थीं। नीमे की आस्तीनें इस तरह खुली होने की वजह से चौड़ी कलाइयाँ साफ़ दिखाई देती थीं। दोनों कलाइयों में सोने के कड़े। गुलबदन का पाजामा एक बर का, उस पर बड़े घेर का सियाह मख़मली जामा, कमर में सुनहरा पटका, पाँव में सलीमशाही जूतियाँ। पीछे दो नौकर ढँकी हुई सीनियों पर नज़्र का सामान लिये हुए खड़े थे। राय किशनचन्द अख़लास ने जूतियाँ फ़र्श के किनारे उतारीं, ज़रा अन्दर दाख़िल हुआ तो उसने तीन बार झुककर सलाम किया और फिर हाथ बाँधकर बोला...

"दौलत और इक़बाल ज़्यादा हो। मैं हिन्दुस्तान जन्नतनिशान के सम्राट के वज़ीर का भेजा हुआ, उदारता की सुगन्ध से भरा उनका पत्र लेकर उपस्थित हुआ हूँ।" अब तक किशनचन्द इख़लास ने निगाह उठाई न थी। उर्दाबेगनी के हल्के से इशारे पर उसने सर उठाया और कमरे में प्रवेश करके एक छोटे बुख़ाराई क़ालीन पर घुटने मोड़कर बैठ गया, इस तरह कि क़ालीन न इतना दूर था कि बात सुनने में कानों पर ज़ोर देना पड़े, और न इस तरह नज़दीक कि दोनों सही मानों में आमने-सामने हों। अब उसने बड़ी ख़ानम से आँखें चार कीं, और एक ही नज़र में घायल हो गया।

लबीबा ख़ानम के चेहरे पर हल्की सी मगर गर्मजोशी भरी मुस्कुराहट थी। उस वक़्त उसकी उम्र दो कम पचास थी किन्तु वह यूँ भी अपनी आयु से बहुत कम दो कम चालीस की लगती थी, और आज तो उसने विशेष प्रबन्ध किया था। किशनचन्द इख़लास को अपने चेहरे पर पसीना फूटता हुआ महसूस हुआ। उसने निगाह झुकाकर चाहा कि अँगरखे के गले

से रूमाल निकाले कि उसकी नज़र ख़ानम की जूतियों पर पड़ी। पहले तो उसने समझा कि यह काग़ज़ की बनी हुई सजावट की चीज़ें हैं, लेकिन फिर उसने पहचाना कि यह तो उसके ही देश की मशहूर जूतियाँ हैं, इतनी हल्की और इस क़दर नाज़ुक कि उन्हें नंगे फ़र्श पर पहना जाता तो दो घड़ी भी न जाती थी कि कट-घिस कर बेकार हो जाती थीं। उसका जी चाहा, वो जूतियाँ उठाकर कलेजे में रख ले लेकिन उसने देखा कि एक ख़ादिमा ने उसके सामने एक बहुत नीची मेज पर तुर्किस्तानी तश्तरी में मेवे, एक तुर्की प्याली में कहवा और एक इत्रदान रख दिया है जिस पर रंग-बिरंगी फूल-पत्तियाँ बनी हुई हैं। अभी वह उधर अपना ध्यान आकर्षित कर ही रहा था कि उसने महसूस किया कि बड़ी ख़ानम की आँखें उस पर हैं और वह फ़ारसी में कुछ कह रही है...

"आइए बहुत ख़ुशी से आइए। आपका आना हमारे लिए दिली हर्ष की बात है।" वह बोली तो लगा कहीं पर्दे के पीछे धीमे सुरों में विलम्बित जल तरंग बज रही हो। किशनचन्द इख़लास सौ-सौ जान से बली हो रहा था। काश ये इसी तरह कूकती रहें और मैं सुनता रहूँ, "एतमादुद्दौला बहादुर ने हम दूर पड़े हुओं की ख़ुशी के लिए अपनी मेहरबानी और राहत भरी छाँव का नमूना आपके रूप में भेजा है। ख़्वाजा हाफ़िज़ कहते हैं कि राजा अगर भिखारी पर कृपा दृष्टि डाले तो आश्चर्य क्या। मैं सर से पाँव तक कृतज्ञ हूँ। मैं उनकी पवित्र आत्मा पर क़ुर्बान हो जाऊँ तो ये मेरे नसीब की बुलन्दी होगी। फ़रमाइए, मैं किस तरह हुज़ूर के गुलामों के काम आ सकती हूँ?"

किशनचन्द इख़लास पर लबीबा ख़ानम की आवाज़ का जादू कुछ ऐसा चल गया था कि एक क्षण उसे एहसास न हुआ कि सवाल का उत्तर देना है। फिर ज़रा हड़बड़ा कर उसने कमर में बँधी हुई सुनहरी थैली खोली, हिन्द के महामन्त्री का स्वर्णाक्षरों में लिखित पत्र निकाला और भेंट किया। पाँच अशर्फ़ियों के साथ दोनों हाथों पर रखा फिर सीधे खड़े होकर हाथों को सादर लबीबा ख़ानम की तरफ़ बढ़ाया। पुनः एक ख़ादिमा किश्ती लिए हुए आई, पत्र और भेंट को किश्ती में रखा और फिर किश्ती को सर पर रखकर बड़ी ख़ानम के सम्मुख आकर उसे सर से उतारा और ख़ानम को प्रस्तुत किया। लबीबा ख़ानम ने अपने हाथ से पत्र को खोला, उसको ध्यानपूर्वक पढ़ा, फिर कुछ मुस्कुराई मानो पत्र की अन्तर्वस्तु उसे भा गई हो।

फ़ारसी विद्या में भावार्थ यह था, "इक़बाल के निशानों और सुभगता के प्रतीकों वाली, हर फूल और फुलवारी का रंग और सुगन्ध, नृत्य और गायन के आकाश का सितार, नाज और अन्दाज़ के साम्राज्य की साम्राज्ञी, लबीबा ख़ानम की ख़िदमत में एतमादुद्दौला मुहम्मद क़मरुद्दीन ख़ान नुसरत जंग अर्ज़ पेश करता है कि मेरी इकलौती सन्तान का विवाह मेरी बहन और ज़हीरूद्दौला नवाब अज़ीमउल्ला ख़ान के बेटे रिआयत ख़ान से माह सव्वाल 1156 हिजरी (नवम्बर-दिसंबर 1743) में होना निश्चित हुआ है। इस शुभ अवसर पर एक जलसा ऐसा करना चाहता हूँ जिसके समान कोई और आयोजन बूढ़े आसमान की आँख ने भी न देखा हो। और स्पष्ट है कि ऐसी महफ़िल, महफ़िल ही न होगी जिसमें आप अज़ीजा रौनक़ बढ़ाने के लिए उपस्थित न हों। यात्रा का पूरा विवरण और सम्बन्धित व्यय के बारे में जानकारी मेरे सन्तान समान दूत किशनचन्द इख़लास से मिल जाएगी। उम्मीद कि निराश न किया जाऊँगा।"

लबीबा ख़ानम के माथे पर सोच की हल्की सी शिकन एक पल के लिए उभरी लेकिन उसने सर उठाया और गम्भीर लहज़े किन्तु धीमे स्वर में कहा...

"दासी एतमादुद्दौला बहादुर के याद फ़रमाने और उसकी क़द्र बढ़ाने के लिए सर से पाँव तक कृतज्ञ है, मगर..." वह चुप हो गई।

किशनचन्द इख़लास को अपना दम सीने में अटकता महसूस हुआ। दूत कर्म की असफलता का भय तो था ही, और उससे बढ़कर यह कि ये अगर मेरे साथ न गईं तो फिर आजीवन विरह वेदना रहेगी। उस वक़्त उसकी पूरी मानसिक और आत्मिक शक्ति लबीबा ख़ानम पर केन्द्रित थी कि उसका उत्तर अनुकूल हो, और 'मगर' कहकर उसके ठहर जाने में इनकार का संकेत न हो। बात काटने का न साहस था और न अवसर, वह प्रार्थना भरी निगाहों से लबीबा ख़ानम को देखता रहा।

दिल की पच्चीस-तीस धड़कनों के अन्तराल तक चुप रहने के बाद बड़ी ख़ानम ने कहा, "मगर न मैं वहाँ की ज़बान जानूँ और न वहाँ के रीत-रश्म और तौर-तरीक़ों का कुछ ज्ञान रखूँ। और मैं तो सुनती हूँ कि आला हज़रत अमीर ख़ुसरो (उन पर ख़ुदा की रहमत हो) से लेंकर आज चार-पाँच शताब्दियाँ होने को आईं, हिन्द देश में एक से बढ़कर एक संगीतकार हुए हैं और आज भी हैं। मैं तो उनमें बिलकुल गूँगी होकर रह जाऊँगी।"

अबकी बार राय किशनचन्द इख़लास ने खुले बन्दों रूमाल निकालकर पसीना सुखाया फिर ठहर-ठहरकर बोला...

"बड़ी ख़ानम की आज्ञा से असहमत होने की हिम्मत मैं नहीं कर सकता। लेकिन हर फूल का अपना रंग है अपनी सुगन्ध है। आप अपनी जगह हैं हिन्द वाले अपनी जगह। रहा सवाल भाषा का तो शाहजहानाबाद में हुज़ूर को मुझ जैसी टूटी-फूटी फ़ारसी बोलने वाले बहुतेरे मिलेंगे। फिर अर्मनी बोलने वालों का भी कुछ ऐसा अभाव नहीं। साज़ आप अपने साथ ले चलें, सोज़ (गाना) सारे का सारा फ़ारसी में होगा। और जहाँ तक प्रश्न शाहजहानाबाद की आम बोली का है, तो उसे हिन्दी या रेख़्ता कहते हैं। और वह फ़ारसी के इतनी निकट है कि अगर मुझे आपका सहयात्री होने का सम्मान प्राप्त रहा तो आप उसे रास्ते ही में सीख लेंगी।"

किशनचन्द इख़लास ने यह सारी बातें बड़ी ख़ानम के सामने आँखें उठाकर कीं, इस तरह कि वह अपने व्यक्तित्व के आकर्षण और ऊपरी रंग-रूप की कोमलता, ख़ासकर आँखों की दमकती रोशनी के जादू में ख़ुद-ब-ख़ुद जकड़ता जा रहा था। ख़ानम की बड़ी-बड़ी हरियाली लिये नीली आँखें न केवल ये कि ख़ानम के चेहरे के भाव बल्कि शायद दिल के हालात को भी अभिव्यक्त कर रही थीं, बल्कि यह भी कि उनमें जीवन पूर्णता की आश्चर्यजनक अनुभूति थी। रंगीन शम्ओं की लवें कुछ भड़कती या लहरातीं तो प्रकाश की हर नई परछाईं बड़ी ख़ानम की निगाह को अपने तौर पर जगमगा देती मानो आँखों की लौ शम्आ की लौ का जवाब दे रही हों। राय किशनचन्द इख़लास उस वक़्त तो मानो आसमान पर था। ऐसी रोशन ज़िन्दा आँखें उसने कभी देखी न थीं, देखी क्या कभी उनकी कल्पना भी न की थी।

"ठीक, बल्कि बहुत ठीक," लबीबा ख़ानम ने जवाब दिया, "किन्तु यात्रा की कठिनाइयाँ और वहाँ नए माहौल से अपने को परिचित कराने की समस्याएँ भी तो हैं।"

"यात्रा तो हुज़ूर की इंशाअल्लाह ऐसी होगी कि उड़नखटोले की भी कुछ हक़ीकत न रह जाएगी। आपकी आज्ञा होगी तो मैं स्वयं तमाम रास्ता आपकी रक्षा करूँगा।" इस अन्तिम वाक्य को जिस तरह राय किशनचन्द ने कहा उसमें चाह और प्रार्थना का पुट लबीबा ख़ानम से छुपा न रहा, "और अपरिचय का प्रश्न क्या है? आप ख़ुद हज़रत नवाब की मेहमान होंगी। वहाँ आपकी इच्छा पर सारे काम होंगे। वहाँ के सब लोग ख़ुद को आप हुज़ूर के स्वभाव और तरीक़े, पसन्द-नापसन्द से परिचित रहने को अपना सम्मान जानेंगे।"

यह कहते-कहते राय किशनचन्द ने पीछे खड़े हुए आदमियों को इशारा किया। उन्होंने आगे बढ़कर दोनों किश्तियाँ लबीबा ख़ानम की जूतियों के पास रखकर उनके ऊपर से कपड़े हटा दिए। किशनचन्द ने कहा...

"यह एक हज़ार अशर्फ़ियाँ एदमादुद्दौला बहादुर ने आपकी भेंट के लिए भेजी हैं। और यह कुछ जोड़े बन्दगान-ए-हुज़ूर के ख़ादिमों के लिए हैं। आप मेरे देश को अपने शुभगता भरे क़दमों से सम्मानित करें या न करें, इन भेटों का उनसे कोई सम्बन्ध नहीं।"

लबीबा ख़ानम ने अपनी जगह से आधा उठकर सलाम किया, "नुसरत जंग बहादुर को इज़्ज़तों का मालिक और भी विजय प्रदान करे। उनकी दरियादिली ने मेरी कालकोठरी को रातों में रोशनी देने वाले मोतियों से भर दिया है। मैं उनकी कृतज्ञ हूँ।"

"तो फिर यात्रा का सामान ऊँटों पर रखवाने के बारे में क्या आदेश है?" इख़लास की बोली और लहजे ही नहीं सारे बदन से ख़ुशी फूटी पड़ रही थी।

लबीबा ख़ानम पहली बार खुलकर मुस्कुराई, "इतनी भी जल्दी नहीं। मुझे सोचने के लिए समय की दरकार है। मैं परसों अपना फ़ैसला बताऊँगी।"

राय किशनचन्द का चेहरा उतर सा गया। वह अनुमति के लिए उठने ही वाला था कि उसका रंग मुरझाता देखकर बड़ी ख़ानम ने कहा...

"आपने कुछ कहवा, इत्र वग़ैरह की तरफ़ न देखा। तशरीफ़ रखें, आप जहाँ ठहरे हैं वह जगह दूर तो नहीं।"

"हुज़ूर के ग़ुलामों की बन्दा परवरी है," इख़लास ने कहा, "मैं आपके हुक्म का ग़ुलाम हूँ, जा कहाँ सकता हूँ।"

इस बात में भी शौक़ और आरज़ू कि कितनी अनखिली कलियाँ छिपी हुई थीं, इसका अन्दाज़ा बड़ी ख़ानम को भी था। लेकिन वह साफ़ पहलू बचा गई। इस बीच में ख़ादिमा ने कहवे का नया प्याला लाकर इख़लास के सामने रख दिया और पुराना प्याला जिसका कहवा रखा-रखा ठंडा हो गया था, सामने से हटा ले गई। इख़लास अभी प्याला उठा ही रहा था कि बड़ी ख़ानम ने कहा, "राय किशनचन्द, यह शब्द इख़लास आपके नाम का अंश है या आपको शेर कहने का भी शौक़ है और इख़लास जनाब-ए-आली का तख़ल्लुस है?"

लबीबा ख़ानम के मुँह से अपना नाम सुनकर राय किशनचन्द इख़लास को एक अनोखे आनन्द और आह्लाद की अनुभूति हुई। जैसे उसने नाम न लिया हो उसके कन्धे पर हाथ रख दिया हो। हर्षित मनःस्थिति में वह प्याले को मुँह तक न ले जा सका।

"इस तुच्छ अज्ञानी का तख़ल्लुस इख़लास है। हज़रत मिर्ज़ा ग़नी बेग क़बूल कश्मीरी (उनकी मेहरबानियाँ दूर तक फैलें) का शिष्य हूँ।"

"जी, शिष्य होने के क्या मानी? संगीत शास्त्र की शिक्षा बेशक गुरु से प्राप्त की जाती है। कवियों के बारे में कहते हैं कि वो परमेश्वर के शिष्य होते हैं।"

"बजा और दुरुस्त। किन्तु पिछली चार-पाँच दहाईयों से दिल्ली जिसे लोग उर्दू-ए-मुअल्ला कहते हैं में रेख़्ता की शायरी का चलन हुआ है। इस शैली में कविता करने की परम्परा पहले न थी इसलिए शेर-ओ-शायरी के चमन में नए-नए पैदा होने वाले परिन्दों को ज़रूरत पड़ी कि कोई बुद्धिमान और इन बातों की सूझबूझ रखने वाला उन्हें रेख़्ता की शायरी के आसमान में उड़ने के ढंग सिखाए। यह बात बहुत प्रचलित हुई और दो ही चार वर्ष बीते थे कि कई उच्चकोटि के गुरुओं के यहाँ अच्छे-अच्छे शिष्य बन गए। उनकी देखा-देखी फ़ारसी कहने वालों ने भी ख़याल किया कि हम भी क्यों न किसी उस्ताद का दामन थाम लें जिससे हमें लाभ हो और उन्नति भी हासिल हो।"

"ख़ूब, लेकिन गुरु से लाभान्वित होते किस तरह हैं?"

"अक़सर तो उस्ताद कोई शब्द बदलकर ज़्यादा अर्थपूर्ण या ज़्यादा उपयुक्त शब्द रख देता है। कभी-कभी पूरा मिसरा नया कह देता है। मुहावरे में अगर कोई त्रुटि हो तो उसे दूर करने की सलाह देता है, या स्वयं ही ठीक कर देता है। बन्दिश अगर सुस्त हो तो उसे चुस्त कर देता है।"

"क्षमा प्रार्थी हूँ लेकिन यह आख़िरी बात समझी नहीं। ब्रन्दिश की सुस्ती और चुस्ती से क्या आशय है?"

राय किशनचन्द कुछ सोच में पड़ गया, कि बन्दिश की सुस्ती को पहचानना आसान है किन्तु बयान करना मुश्किल। वह सँभल-सँभलकर बोला, "जी, मिशाल के तौर पर कोई शब्द मिसरे में बेकार है या अपना पूरा काम नहीं कर रहा है, या शेर में कोई खुली हुई बुराई नहीं लेकिन उसमें कोई ताज़गी भी नहीं, न शब्दों की, न तुक की और न ही मुहावरे की। यह सब बातें बन्दिश की सुस्ती में गिनी जाती हैं।"

"इन बातों के लिए कुछ क़ायदे भी हैं या केवल उस्ताद की समझ-बूझ पर आधारित हैं?"

"क़ायदे हैं भी और नहीं भी। लेकिन सबसे बढ़कर महत्ता उस चीज़ की है जिसे शायर की पैदाइशी संवेदना कह सकते हैं। फिर अभ्यास और शब्दों के बार-बार प्रयोग करने का भी महत्त्व है।"

"और काव्य शास्त्र का ज्ञान?"

"जी, दुरुस्त फ़रमाया गया। यह बात तो बिलकुल मान्य है कि कविता और काव्य शास्त्र दोनों में गुरु को शिष्य पर सर्वोच्चता प्राप्त है।"

"ख़ूब, तो क्या आप मुझे अपने सुन्दर और सार्थक काव्य से आनन्दित होने का अवसर देंगे?"

राय किशनचन्द के बदन पर एक हल्की सी कँपकँपी या थरथरी छा गई। इस फ़रमाइश में किस क़दर अपनापन था। क्या आप मुझे अपने काव्य, आनन्दित होने, हर एक शब्द के तह में भी एक अतिरिक्त अर्थ था। यह बात उसके दिल में यूँ उतर गई जैसे सुबह की पहली किरण किसी अप्रत्याशित झिरी से शयनकक्ष में आ जाए। लेकिन उस वक़्त उसे अपना एक भी शेर याद न आया। और अगर याद भी आता तो सुनाने का साहस कहाँ था। शेर अगर दिल को पसन्द न आए तो थोड़ा बहुत मान-सम्मान जो प्राप्त है वह भी जाता रहेगा।

"मेरे शेर इस योग्य नहीं, आपको कर्कश लगेंगे। इज़ाजत हो तो हिन्द देश के सबसे बड़े शायर मिर्ज़ा अब्दुल क़ादिर बेदिल की ग़ज़ल पेश करूँ। वह शायद इस उच्च द्वार तक पहुँचने योग्य हो।"

"बहुत ख़ूब इरशाद हो।"

बेदिल की कौन सी ग़ज़ल इस वक़्त मुनासिब होगी। इख़लास ने घबराकर दिल में कहा, 'या अबुल मआनी आपकी धनवान आत्मा पर बलिदान इस समय मेरी मुश्किल आसान कर दीजिए'। शाहज़हानाबाद पहुँचकर आपकी नूर से भरी मज़ार पर मिठाई भेंट करूँगा, और यह कहते-कहते उसकी आँखों के सामने बेदिल की एक ग़ज़ल यूँ झिलमिला गई जैसे किसी ने उसके मस्तिष्क में उज्ज्वल और सुगन्धित कोई पर्चा रख दिया हो। वल्लाह क्या मौक़े की ग़ज़ल थी। उसने प्याले को कुछ दूर रख दिया और पहलू बदलकर दोबारा घुटने मोड़ कर बैठा और धीमी लय में गाने लगा :

सितम अस्त अगर हवसत कसद कि ब सैर-ए-सर्वओ शमन दर आ
तू ज़े गुंचा कम न दमीं दई दर-ए-दिल कुशा ब चमन दर आ

(यह बड़ा ज़ुर्म होगा अगर तुझे इस बात की चाहत हो कि फूल पत्तियों की सैर को निकले। तू खिलने में किसी कली से कम नहीं है, मन के द्वार खोल और चमन में आ जा।)

यह पहला शेर सुनते ही लबीबा ख़ानम को लगा किसी ने कोई चीज़ कलेज़े में चुभा दी। उसने इन सारे अर्से में पहली बार पहलू बदला और ख़ुद दोजानू होकर बैठ गई। राय किशनचन्द की आँखें आधी खुली और आधी बन्द थीं और वह किसी आसमानी विस्तार में खोकर कहे जा रहा था :

प-ए-नाफ़ाहा-ए-रमीदा बू मपसन्द ज़हमत-ए-जुस्तुजू
ब ख़याल-ए-हल्क़ा-ए-ज़ुल्फ़-ए-ऊ गिरहे .ख़ुर-ओ-ब .ख़ुतन दर आ

(जिन कस्तूरियों की महक उड़ चुकी है उसको ढूँढ़ने का कष्ट मत कर। माशूक़ की घुँघराली ज़ुल्फ़ों की कल्पना द्वारा ख़ुद पर रोक लगा और कस्तूरी नगर ख़ुतन में आ जा।)

न फ़सत अगर न फ़ुसूँ दिहद ब तअल्लुक़-ए-हवस-जसद
ज़िह-ए-दामन-ए-तू कि मी कसद कि दरीं रबात-ए-कुहन दर आ

(अगर तेरी साँस तुझे बदन से सम्बन्ध बनाने की हवस के जादू में नहीं डालती तो फिर तेरे दामन का किनारा किसने खींचा कि आ इस पुरानी सराय में आ जा।)

हवस-ए-तू नेक-ओ-बद-ए-तुशुद नफ़स-ए-तू दाम-ओ-दद-ए तू शुम
कि बईं जुनूँ बलद-ए-तू शुद कि ब आलम-ए-तू व मन दर आ

(तेरा लालच तेरे लिए भला बुरा सब कुछ बन गया। तेरी साँस तेरे लिए पशु और कीड़ा-मकोड़ा बन गई। तुझे इस पागलपन की तरफ़ किसने राह दिखाई कि तू इस मैं और तू वाले संसार में आ जाए।)

ग़म-ए-इन्तिज़ार-ए-तू बुर्दाअम ब रह-ए-ख़याल-ए-तू मुर्दा अम
क़दम-ए-ब-पुरसिस-ए-मन कुशा नफ़स-ए-चु जाँ व बदन दरआ

(मैंने तेरी प्रतीक्षा का दुख उठाया है, मैं तेरी कल्पना की राह में मर गया हूँ। मेरा हाल पूछने के लिए एक क़दम उठा, एक दम के लिए प्राण समान मेरे बदन में आ जा।)

चु हवा ज़े हस्ती-ए-मुबहम-ए-ब तअम्मुल-ए-ज़द अम .ख़ुम-ए-
गिरह-ए-हक़ीक़त-ए-शबनमे बि शिगाफ़-ओ-दरदिल-ए-मन दर आ

(मैंने अस्पष्ट हस्ती से रुक-रुककर हवा की तरह पूरा मटका पी लिया है। होश की बूँद क्या है इस गिरह को चीर डाल और मेरे दिल के अन्दर आ जा।)

न हवा-ए-औज-ओ-न पस्तियत न ख़रोश-ओ-होश न मस्तियत
चु सहर चि हासिल-ए-हस्तियत नफ़स-ए-शौ-औ-बसुख़न दर आ

(तू न ऊँचाई का आकांक्षी है और न पस्ती ही तेरी है, न शोर-गुल न होश और न मस्ती ही तेरी है। क्षणभंगुर सुबह की तरह तेरी हस्ती का हासिल क्या है, शब्द बन जा और काव्य के अन्दर आ जा।)

चे कशी ज़े कोशिश-ए-आरीयत अलम-ए-शहादत-ए-बेदियत
बहिश्त-ए-आलम-ए-आफ़ीयत दर-ए-जुस्तुजू बेशिकन दर आ

(माँगी हुई चेष्टाओं के बलबूते पर ऐसी शहादत का दुख क्यों उठाता है जिसका कोई बदला भी नहीं? खोज का दरवाज़ा तोड़ दे और सुरक्षा और सुख-चैन के स्वर्गिक संसार में आ जा।)

ब कुदाम आइना माइली कि ज़े फ़ुरसत ई हमा ग़ाफ़िली
तू निगाह-ए-दीदा-ए-बिस्मिली मिज़ा वा कुन-ओ-ब कफ़न दर आ

(तू किस आइने पर झुका हुआ है कि तू इतने बड़े अवकाश पर ध्यान नहीं दे रहा है? तू तो मरे हुए पशु की आँख की दृष्टि है, अपनी पलकों को खोल और कफ़न के अन्दर आ जा।)

ज़े सुरोश-ए-महफ़िल-ए-किब्रिया हमा वक़्त मी रसद ई सदा
कि ब ख़िल्वत-ए-अदद-ए-वफ़ा ज़े दर-ए-बुरूँ न सुदन दर आ

(परमेश्वर के दरबार का फ़रिश्ता हर वक़्त पुकारता रहता है कि वफ़ादारी के सम्मान के एकाकीपन में दरवाज़े से बाहर न जाने वाले दरवाज़े से अन्दर आ जा।)

ब दर आय बेदिल अज़ीं क़फ़स अगर आँ तरफ़ कशदत हवश
तू ब ग़ुर्बत आँ हमा .ख़ुश न ई कि बिगोयमत ब वतन दर आ

(ऐ बेदिल अगर तेरी आकांक्षा तुझे दूसरी ओर खींचती है तो इस बंदीगृह से बाहर आ जा/तू परदेश में कुछ इतना प्रसन्न नहीं है इसलिए तुझसे कहता हूँ कि घर में आ जा)

उस शाम की लाई हुई मनःस्थिति राय किशनचन्द इख़लास को हमेशा याद रही। बाहर चिनार और सर्व के पेड़ों की पत्तियाँ डूबते सूरज की लाली की पृष्ठभूमि में अब कजलाई हुई लग रही थीं। दीवानख़ाने में रोशनी बाहर से छनकर आना बन्द हो गई थी और फ़ानूसों में जगर-जगर करती मोमबत्तियों की लवें कुछ और भी चमक उठी थीं। खिड़कियों के पर्दों में शाम की हल्की हवा के कारण थोड़ी-थोड़ी सरसराहट थी जैसे राय किशनचन्द इख़लास की गूँजती हुई आवाज़ ने उनमें भी थरथरी डाल दी हो। ग़ज़ल ख़त्म होते ही दोनों ख़ादिमाओं के मुँह से अप्रत्याशित 'वाह-वाह बहुत ख़ूब सुब्हान अल्लाह' के शब्द निकले। और लबीबा ख़ानम तो अपने जानू पर बार-बार हल्के-हल्के हाथ मारती और कहती :

"कैसा अनोखा छन्द है और कैसे अपरिचित शब्द। किन्तु ख़ुदा की क़सम क्या ज़ोर है, क्या ही सुन्दर और नई बातें हैं। कविता में संगीत का सा बहाव और तुक है।"

राय किशनचन्द ने झुककर सलाम किया और फिर दूसरे ही लहज़े में रुबाई पढ़ी :

मिर्ज़ा बेदिल कि रहनुमा-ए-सुख़न अस्त
पैग़म्बर-ओ-ग़ौस-ओ-पेशवा-ए-सुख़न अस्त
यक्तास्त दर आफ़रीदन-ए-तर्ज़-ए-कलाम
विल्लह कि प-ए-सुख़न ख़ुदा-ए-सुख़न अस्त

(मिर्ज़ा बेदिल जो कि कविता में सबको राह दिखाने वाले हैं, वो काव्य के लिए पैग़म्बर भी हैं, मुश्किल आसान करने वाले और सबके पेशवा भी हैं। कविता के नए-नए ढंग पैदा करने में विशिष्ट हैं, और ख़ुदा की क़सम कि वो कविता करने वालों में ईश्वर समान हैं।)

इस रुबाई पर बड़ी ख़ानम ने सर उठाया और बोली...

"दुरुस्त कहा। किसकी है?"

राय किशनचन्द इख़लास पर इस अपार कृपा से लगभग नशा सा छा गया था। फँसी-फँसी आवाज़ में बोला, "बिन्द्राबन ख़ुशगो साहब की रुबाई है। वह स्वर्गीय मिर्ज़ा साहब के परम शिष्यों में हैं।"

"तो क्या ख़ुद मिर्ज़ा बेदिल इस दुनिया में नहीं?"

"उन्हें परमेश्वर को प्यारे हुए कोई बीस वर्ष होते हैं। आदरणीय मेरे पिता भी, परमात्मा उनका साया हम पर बनाए रखे, हज़रत मिर्ज़ा साहब के शिष्यत्व का सम्मान रखते हैं।"

लबीबा ख़ानम एक पल चुप रही फिर बोली, "आपके स्वभाव के प्रतिकूल न हो तो कुछ पूछूँ।"

"आपकी बात और प्रतिकूल हो।" इख़लास ने मुस्कुराकर कहा, "शौक़ से फ़रमाइए।"

"मिर्ज़ा बेदिल तो सम्भवतः इस्लाम धर्म के थे, और जनाब..."

"अलहमदुलिल्लाह मैं हिन्दू हूँ। बिन्द्राबन साहब क़िब्ला भी हिन्दू हैं। हम हिन्द वाले और विशेषकर लेखन वाले सब फ़ारसी लिखते-बोलते हैं और हिन्द के तमाम समुदाय आपस में अपनी-अपनी हद तक भाईचारा रखते और एक दूसरे की सहायता करते हैं।"

"और यहूदी और ईसाई?"

"सब अपने-अपने धर्म की राह चलते हैं। यहूदी तो प्राचीनकाल से हिन्द के वासी हैं, इसाई अवश्य बाद में आए। आला हज़रत शिहाबुद्दीन शाहजहाँ हिन्द के सम्राट के समय में ईसाइयों द्वारा कुछ निम्न वर्ग के लोग बलपूर्वक ईसाई बना दिए गए। ख़ुदा का शुक्र है कि उस वक़्त उनको भली-भाँति दंडित किया गया। अब उनका ज़ोर और प्रभाव बढ़ता जाता है। किन्तु हम उनसे कुछ बहुत मेलजोल नहीं रखते। बहरहाल...

बिहिस्त आँ जा कि आज़ारे न बाशद
कसे रा बा कसे कारे न बाशद

(स्वर्ग वह जगह है जहाँ कोई सन्ताप न हो और जहाँ किसी को किसी से कुछ मतलब हो।) का सा मामला है। मेरे देश को शायद इसीलिए जन्नत निशान कहते हैं," वह पहली बार ज़रा बेहिचक होकर बोला, "अब आज्ञा प्रदान हो। परसों जब आप बुलवा भेजेंगी हाज़िर हो जाऊँगा।"

"आपके लिए बुलावे की ज़रूरत नहीं। कृपापूर्वक आज ही के समय पर कष्ट करें। बन्दी को आपकी राह तकता पाएँगे।" इस अन्तिम वाक्य के अर्थ की तह में भी शायद कुछ

और था। लबीबा ख़ानम राय किशनचन्द को विदा करने के लिए उठीं, पाँव में जूती डाल ही रही थीं कि राय किशनचन्द ने लगभग दौड़कर उन्हें जूतियाँ पहना दीं और इस काम में उसका हाथ पलक झपकते की अवधि के लिए गुलाबी उँगलियों और एडी से छू गया। उसे एक सनसनी सी महसूस हुई, जैसे चाकू की धार पर हाथ रख दिया हो। उठकर तीन सलाम करके वह उल्टे पाँव बाहर तो आ गया लेकिन उसके क़दम ज़मीन पर पड़ते न थे।

उस रात और अगले दिन की अवधि में एतमादुद्दौला के आमन्त्रण के बारे में माँ-बेटी में तीन बार चर्चा हुई। नूरुस सआदत ने कहा...

"अम्मा, मुझे देहली जाने में तो कोई बुराई नज़र नहीं आती। परन्तु इतना लम्बा सफ़र करना, कुछ ही सप्ताह ठहरना और फिर यात्रा का जोखिम उठाकर वापस आना भलाई से दूर मालूम होता है। ज़माना अशान्ति से भरा हुआ है और रास्ते जगह-जगह ख़राब और जोखिम भरे हैं। जाते वक़्त अगर सौभाग्य से हम बच रहे तो रहे। दूसरी बार फिर तक़दीर को आज़माना भलाई की बात नहीं लगती।"

"तो तुम्हारी राय है कि मैं यह निमन्त्रण रद्द कर दूँ?"

"नहीं..." उसने नहीं को ही ज़रा खींचकर कहा, फिर चुप हो गई और एक क्षण बाद बोली, "प्रश्न यह भी है कि आर्थिक दृष्टि से क्या हमें एतमादुद्दौला की उदारता और इनाम की आवश्यकता है?"

"ज़रूरत अभी तो नहीं, परन्तु तुम ख़ुद ही कहती हो कि समय अनुकूल नहीं, और हम जैसों के अनुकूल तो बिलकुल नहीं। फिर गाढ़े समय के लिए जितना रख सकें रख लें तो क्या बुराई है?"

"यही कि..." वह चुप हो गई, फिर मानो हिम्मत करके बोली, "जंगल में जिस पेड़ पर शहद होता है वहीं रीछ भी आ जाते हैं..."

"लेकिन अर्थाभाव में भी सुरक्षा नहीं।"

"अम्मा यही तो मेरी मुश्किल है।" वह ठंडी साँस लेकर बोली, "हमारे लिए न एकाकीपन अच्छा और न भीड़-भाड़ अच्छी।"

"लेकिन हर चीज़ पर नज़र करके देखो तो माल-दौलत का होना उसके अभाव से बेहतर है। अगर ज़ोहरा-ए-मिस्त्री ने मेरे द्वारा इतनी दौलत न कमाई होती और उसका एक ज़रा सा अंश मैं लेकर न निकलती तो मैं और तुम्हारे बाप भीख माँगकर और एड़ियाँ रगड़-रगड़कर सियारों और कुत्तों से भी बुरी मौत मरते।" बड़ी ख़ानम ने ज़रा तेज़ लहज़े में कहा।

नूरुस सआदत सहम गई, "मैं आपके ख़िलाफ़ कुछ नहीं कह रही।"

"नहीं, लेकिन ज़रूरत से ज़्यादा हाँ और ना की भूल भूलैया में पड़ने वाले को रास्ता अक़सर नहीं मिलता। हमें हक़ीक़त को हमेशा सामने रखना चाहिए।" बात किसी निर्णय के बिना ही समाप्त हो गई। अगली सुबह को नूरुस सआदत ने पहल की।

"अम्मा, हिन्दुस्तान कैसा देश है और देहली कैसा शहर है?"

"अगर वहाँ नहीं जाना तो यह सवाल आवश्यक नहीं।"

इस बार नूरुस सआदत के मिजाज़ की स्वाभाविक तेज़ी उभर आई, "अम्मा आप न बात सुनती हैं, न खुलकर कुछ कहती हैं।"

"तो तुम ही खुलकर कहो। मेरी बात तो तुम समझना शायद नहीं चाहती।"

"मैं और आपकी बात न समझूँ, यह हो ही नहीं सकता। मैं यह सोच रही थी कि कुछ दिन या कुछ हफ़्तों ही के बाद दिल्ली से वापस चला आना क्या ज़रूरी है।"

लबीबा ख़ानम सन्नाटे में आ गई। दिल्ली से लौटना कुछ आवश्यक नहीं, उधर उसका ध्यान ही न गया था।

"भविष्य जैसा यहाँ दिखाई दे रहा है इससे बदतर तो शायद वहाँ न हो। और सुनती हूँ देहली बहुत बड़ा शहर है। हमारी भाषा बोलने वाले और हमारे धर्म के लोग भी दिल्ली में, और कोई शहर दिल्ली के पूर्व में कलकत्ता है वहाँ बहुत हैं। वहाँ तो हमारे लाट पादरी भी रहते हैं।"

"यह सब तुमने कहाँ सुना?"

"अम्मा पुस्तकों, सफ़रनामों और आने-जाने वालों से बहुत कुछ पता लग सकता है। हिन्द तो बहुत ही महान देश है और धन की तो वहाँ इतनी बहुतायत है कि हमारे सम्राट आला हज़रत नादिरशाह बहादुर वहाँ से इतना लेकर आए परन्तु लोग कहते हैं कोई विशेष कमी नहीं हुई।"

"तुम्हें धन से इतना लगाव कब से हो गया?" लबीबा ख़ानम ज़रा चिढ़कर बोली।

"कल तक तो आप ही मुझे यह सबक़ सिखा रही थीं...परन्तु मामला धन का नहीं अम्मा," नूरुस सआदत का भी लहज़ा कुछ तेज़ हुआ, "मामला सम्भावनाओं का है। आप मेरे लिए इतनी चिन्तित रहती हैं। वहाँ देश-देश के, भिन्न-भिन्न क़ौमों के और शैलियों के लोग हैं। इस्फ़हान तो दिल्ली का पासंग भी नहीं।"

"तो क्या मेरी बेटी इस्फ़हान से उकता गई?" लबीबा ख़ानम के लहज़े में हल्का सा हास्य रस था।

"अम्माजान यह मज़ाक का वक़्त नहीं।" नूरुस सआदत जब दिल में माँ से रुष्ट होती तो उसे अम्मा की जगह अम्माजान कहती थी।

"कल तक हमें उन राय साहब को जवाब देना है। और अपने सारे हालात को देख-समझकर जवाब देना है। क्या पता यह एक मौक़ा हमें अल्लाह ने उपलब्ध करा दिया हो। और सच यह है कि मुझे इस्फ़हान से लगाव क्यूँ हो? या कहीं से लगाव क्यूँ हो? यह मेरा वतन नहीं। तबरेज़ मुझे याद भी नहीं। हमारी अस्ल मातृभूमि जैसा कि आप बताती हैं, कहीं बहुत दूर पश्चिम के एक देश में है जिसे आपने भी चार-पाँच साल की आयु के बाद नहीं देखा। एक तरह से हम खानाबदोश ही तो हैं। शायद देहली हमें घर दे दे।" उसके लहज़े में कामना की अजब सी उदासी थी।

"हाँ..." लबीबा ख़ानम ने लम्बी सी हाँ की, "हो तो सब कुछ सकता है।" अचानक उसकी आँखें भर आईं। नख़्जवान के भूकम्प की तबाहियों के दृश्य उसके सामने यूँ थे मानो कल की बात हो।

नूरुस सआदत कुछ समझी नहीं। लेकिन माँ के आँसू देखकर वह ख़ुद भी रो पड़ी, "अम्मा आप रुठें नहीं। आप चाहें तो अभी इनकार कहला दें।"

"नहीं, यह बात नहीं, मेरी मुन्नी बेटी।" फिर लबीबा ख़ानम ने कुछ न कहा। नूरुस सआदत को भी मुँह खोलने का दम न था। लेकिन शाम ढलते फिर बात शुरू हुई। लबीबा

ख़ानम की तबीयत इस वक़्त अपेक्षित तौर पर बहुत खिली हुई थी। बात में पहल भी उसी ने की।

"यह भी तो हो सकता है कि हम वहाँ जाकर कुछ लम्बी अबधि तक निवास करें और वहाँ के हालात का अध्ययन करें।"

नूरुस सआदत ने माँ का चेहरा खिला हुआ देखा तो ख़ुद भी खिल उठी, "जी आप ठीक कहती हैं अम्मा। कुछ दिन रहकर हालात देख लें। और शर्त यह रखें कि अगर हमने वापसी की ठानी तो हमें इस्फ़हान तक सुरक्षित पहुँचाने का जिम्मा एतमादुद्दौला बहादुर का होगा।"

"हाँ, यही कुछ मैं भी सोच रही थी। लेकिन..." वह चुप होकर किसी चिन्ता में पड़ गई।

"अरे, आप फिर दुखी हुई जाती हैं। अब क्या हुआ?"

अचानक लबीबा ख़ानम के चेहरे पर न जाने कहाँ से अथाह ग़म टूट पड़ा। इस बार वह केवल आँसुओं से न रोई, हाथों में मुँह छिपाकर इस तरह सिसकियाँ लेने लगी कि नूरुस सआदत की चीख़ निकलते-निकलते रह गई। वह उठी कि किसी ख़ादिमा को बुलाए, लेकिन घबराहट में माँ के पलंग की पट्टी से टकराकर इस तरह गिरी कि माथे से ख़ून बहने लगा।

बेटी को जख़्मी देखकर लबीबा ख़ानम ने ख़ुद को किसी तरह सँभाला, बेटी को उठाया, प्यार किया। चोट पर सुगन्धित मरहम रखकर हल्की सी पट्टी बाँधी फिर बोली...

"ग़म न करो बेटी। मुझे इस वक़्त अपनी एक प्रतिज्ञा याद आ गई थी। तबरेज़ छोड़ते वक़्त मैंने तुम्हारे बाप की कब्र पर वादा किया था कि मरने से पहले एक बार उनकी मज़ार के दर्शन को अवश्य आऊँगी। अगर हम दिल्ली चले गए तो फिर वह वादा क्यूँकर पूरा होगा? और अगर पूरा न किया तो तुम्हारे बाप को कैसे मुँह दिखाऊँगी?" वह फिर बरबस रो पड़ी।

नूरुस सआदत ने माँ की कमर और गर्दन में हाथ डालकर उसे यूँ चुमकारना और प्यार करना शुरू किया मानो वह माँ हो और बड़ी ख़ानम उसकी बेटी हो।

"मेरी अम्मा जानी," उसने माँ को अपने अधिकतम प्रेम भरे ढंग से सम्बोधित किया, "मैंने तो उन्हें मानो देखा भी नहीं, लेकिन मेरा दिल कहता है कि वे हर उस बात को स्वीकारते जिसमें मेरी और आपकी भलाई की कुछ भी सम्भावना होती। और यह कौन कहता है कि ईश्वर न करे आपकी उम्र..." रुदन के वेग से उसका गला भर्रा गया, "समाप्त होने को आई। देहली और तबरेज़ के बीच आवा-जाही कोई बन्द थोड़ी है। अल्लाह ने चाहा तो मैं आपके साथ तबरेज़ जाऊँगी..." अब वह भी ज़ोर-ज़ोर से रोई, "और उनकी मज़ार से लिपटकर रोऊँगी।"

अगले दिन शाम को जब राय किशनचन्द उपस्थिति हेतु हाज़िर हुआ तो यह मालूम करके उसका दिल बैठ गया कि बड़ी ख़ानम से भेंट इस बार न होगी। एक तो न मिलने का दुख, और दूसरा यह डर कि उत्तर शायद नकारात्मक हो। बहरहाल वो पहले ही जैसे मान-सम्मान के साथ दीवानख़ाने में पहुँचाया गया तो यह देखकर चकित हुआ कि बड़ी ख़ानम तो वहाँ मौजूद थीं और बिलकुल पहले की तरह जमकर चौकी पर विराजमान थीं। उसके मुँह से आश्चर्य के बोल निकलने ही वाले थे कि उसे महसूस हुआ कि बात कुछ और है। लेकिन इससे पहले कि वह किसी और ग़लतफ़हमी में पड़ जाता, नूरुस सआदत ने सीधे खड़े होकर उसका स्वागत किया तो राय किशनचन्द ने देखा कि आज की मेज़बान का क़द

बड़ी ख़ानम से ज़्यादा है और उम्र बहुत कम। फिर यह भी था कि मेज़बान के बाल बहुत घनी चोटी की सूरत में कमर से नीचे तक पहुँचे हुए थे।

"तस्लीमात अर्ज़ करती हूँ। मेरा नाम नूरुस सआदत है। अम्मा ने आदेश दिया है कि मैं आपकी मेहमानदारी का सम्मान प्राप्त करूँ। तशरीफ़ रखिए।" आवाज़ भी बड़ी ख़ानम जैसी थी, लेकिन बचपन का ज़रा सा अल्हड़पन लिए हुए इसलिए और भी भली मालूम होती थी। राय किशनचन्द ने लबीबा ख़ानम को पहले न देख लिया होता तो वह ये कहता कि उसने बड़ी ख़ानम से बढ़कर हसीन औरत और नूरुस सआदत से बढ़कर हसीन लड़की न देखी थी और न आगे ही इसकी सम्भावना थी।

राय किशनचन्द इख़लास ने अपने आश्चर्य और निराशा को छिपाने की पूरी कोशिश करते हुए झुककर नूरुस सआदत को दोबारा सलाम किया और "बहुत ख़ूब, हाज़िर होता हूँ" कहकर जूतियाँ उतारकर परसों वाली जगह पर बैठ गया। नूरुस सआदत के संयम और गर्व में नवउम्री का रंग कुछ इस तरह मिला-जुला था कि राय किशनचन्द इख़लास की समझ ही में न आता था कि बात स्वयं शुरू करे या उस तरफ़ से सम्बोधन का इन्तज़ार करे।

"यह फ़रमाएँ कि यहाँ से देहली तक कै मंज़िलें होंगी?"

नूरुस सआदत के मुँह से यह प्रश्न सुनकर इख़लास का दिल बल्लियों उछलने लगा। उसने ज़रा रुककर कहा, "तीस मंज़िलें हैं।" उसकी समझ में न आया कि वह इस लड़की को क्या कहकर सम्बोधित करे। नूरुस सआदत शायद उसके दिल की बात भाँप गई, बोली...

"आप मुझे नूर ख़ानम कह सकते हैं। मैं भी आपके साथ देहली चलूँगी।"

किशनचन्द को अपना बदन फूल सा हल्का लेकिन दिल पत्थर सा भारी मालूम हुआ। इतनी बड़ी प्रसन्नता और ऐसा उत्तरदायित्व एक ही साथ उठाने का उसके लिए पहला अवसर था।

एक-एक करके सब छोटी-बड़ी बातें तय हुईं। इख़लास ने एतमादुद्दौला की तरफ़ से और अपनी तरफ़ से भी हर बात स्वीकार की। इनाम और मुआवजे की कोई बात नहीं हुई लेकिन उसने साफ़ इशारों में यह कह दिया कि आशा से बहुत अधिक होगा। उसने बातों-बातों में बताया कि बहीना-ए-फीलसवार नामक एक गायिका को इन्हीं एतमादुद्दौला ने एक बार सत्तर हज़ार रुपए के ज़ेवर, सोने के बर्तन और परिधान भेंट किए थे।

थोड़ी सी और बातचीत के बाद निश्चित हुआ कि अब से पाँचवें दिन सुबह बड़ी ख़ानम का काफ़िला हिन्द को कूच करेगा :

ता बू-ए-गुले सिलसिला जुम्बान-ए-नसीम अस्त
बर मा रह-ए-आमद शुद-ए-बुस्तां न तुआं बस्त
साइब पर-ओ-वाले बि कुशा मौसम-ए-हिन्द अस्त
दिल रा ब तमाशा-ए-सफ़ा हां न तुआं बस्त

(जब तक कि फूलों की ख़ुशबू हवा की जंज़ीर को हिला रही है तब तक चमन में आने जाने के लिए हमारी राह कोई नहीं रोक सकता। ऐ साइब! अपने परों और बाजुओं को खोल कि अब हिन्द का मौसम है और इस्फ़हान के तमाशों में दिल लगाना मुमकिन नहीं।)

नौकर-चाकर जो साथ चलना चाहेंगे साथ होंगे। जो न चलना चाहेंगे लबीबा ख़ानम की हवेली पर पहले की तरह निवास करते रहेंगे और देखभाल की सेवा अन्जाम देंगे।

यही कारण था कि लबीबा ख़ानम के क़ाफ़िले को घर छोड़े हुए आज पाँचवाँ सप्ताह था। जाना-पहचाना और चलता हुआ मुख्य मार्ग तो तेहरान और मस्हद होकर हिन्दुकुश पहाड़ की बड़ी कठिनाई से पार होने वाली चढ़ाइयाँ पार उतरकर हिरात और फिर काबुल पहुँचकर काबुल से दिल्ली को जाने वाले बाबर के बनवाए हुए मुख्य मार्ग से मिल जाता था। लेकिन तेहरान और मस्हद बहुत ही ठंडे इलाक़ों में स्थित हैं और हिन्दुकुश पहाड़ में प्रवेश करने के बाद यह मार्ग कई जगह पर चार हज़ार गज़ तक ऊँचा था। फिर उस पर जाड़े का मौसम। चिन्ता थी कि नूरुस सआदत की पुरानी बीमारी फिर से आक्रमण न कर दे लिहाज़ा ऊँटवानों और रास्ता दिखाने वालों की सलाह से यह काफ़िला सीधा दक्षिण को चला। यज़द, बाफ़क़, किरमान और ज़ाहिदान से होकर वह दस्त-ए-लून के दूर दक्षिणी सीमा से लगे हुए और अब पूर्व की ओर में यात्रा करते हुए अफ़गानिस्तान में दाखिल हुए। यहाँ उन्होंने दरिया-ए-हिल्मन्द पार करके कन्धार में कई दिन निवास किया कि दस्त-ए-लूत और उसके बाद के सफ़र की थकान न केवल दूर हो जाए बल्कि आगामी यात्रा के लिए वे ताज़ा दम भी हो सकें। कन्धार के बाद उन्हें अफ़गानिस्तान के कुढ़ब राहों का सामना करना था। अब वो ग़ज़नी, काबुल, जलालाबाद, पेशावर और लाहौर होते हुए सरहिन्द पहुँचे। यहाँ उनका क़ाफ़िला देहली से कुल चार दिन की राह पर था।

राय किशनचन्द इख़लास अपने नवाबी सवारों और बहादुरों को लिए तमाम राह साथ-साथ रहा था और बड़ी ख़ानम के सेवक और अंगरक्षक उनके चारों ओर घेरा बनाए रखते थे। राय किशनचन्द एक क्षण को भी लबीबा ख़ानम की पालकी से अलग न होता। लबीबा नूरुस सआदत और राय इख़लास की बातचीत हिन्दी में होती। इस तरह वह दोनों बहुत जल्दी टूटी-फूटी हिन्दी बोलना सीख़ गई थीं। सरहिन्द से गुज़रते वक़्त वे हिन्दी को लगभग ठीक-ठाक समझने लगी थीं हालाँकि बातचीत करने में उन्हें अभी रुकावट महसूस होती थी। एक दिन इख़लास ने उन्हें ये शेर सुनाया :

तुझ बिन दमाग़-ए-शोहबत-ए-अह्ल-ए-चमन न था
गुल वा हुए[1] हज़ार वले[2] हम न वा हुए

"ऐ सुब्हान अल्ला," बड़ी ख़ानम और नूरुस सआदत ने एक साथ कहा।

"यह किसका शेर है?" लबीबा ख़ानम ने पूछा।

"यह तो हमारे मिर्ज़ा वली इस्फ़हानी या बाबा फ़ुग़ानीशिराज़ी का शेर मालूम होता है।"

"यह शेर एक जवान का है जो बूढ़ों जैसा स्वभाव रखता है। कुछ अजब आज़ाद, खोया-खोया और आशिक़ मिजाज़, अपने को लिए दिए रखने वाला और बहुत कुछ समझने वाला व्यक्ति है। नाम उसका मुहम्मद तक़ी है, तख़ल्लुस उसका मीर है। हम सब उसे मीर साहब या मीर जी कहते हैं, हालाँकि वह उम्र में मुझसे छोटा है। इस कम उम्र में भी बड़े-बड़े उस्तादों को अपने सामने तुच्छ जानता है।"

"आपकी उससे जान-पहचान है?" नूरुस सआदत ने पूछा।

"जी हाँ। देहली में हर शायर हर शायर को पहचानता है, बावजूद इसके कि वहाँ लगभग हर घर में एक-दो शायर हैं। कारण इसका यह है कि शेरगोई हमारे यहाँ बहुत नफ़ीस और स्वच्छ गतिविधि मानी जाती है।"

1. खिले, 'खुले', 2. परन्तु।

राय इख़लास ने नूरुस सआदत को पहली बार किसी हिन्दुस्तानी चीज़ में इस तरह रुचि लेते देखा। उसने दिल में ख़याल किया कि यह शेर नूरुस सआदत के दिल में उतरकर किसी नामालूम ढंग से अपनी जगह बना गया है।

"मीर साहब के एक-दो शेर और सुनिएगा?" उसने कहा।

"अगर कष्ट न हो। इस एक शेर ने तो उत्सुकता और बढ़ा दी।" नूरुस सआदत बोली।

इख़लास ने पढ़ना शुरू किया :

मैं कौन हूँ ऐ हमनफ़साँ[1] शोख़्ता जाँ[2] हूँ
इक आग दिल में है जो शोला फ़साँ[3] हूँ
जल्वह है मुझी से लब-ए-दरिया-ए-सुख़न[4] पर
सदरंग मेरी मौज़ है मैं तब-ए-रवाँ[5] हूँ
इक वह्म नहीं बेश[6] मेरी हस्ती-ए-मौहूम[7]
इस पर भी तेरी ख़ातिर-ए-नाज़ुक प गराँ[8] हूँ
ख़ुश बाशी[9]-ओ-तंज़ीह[10]-ओ-तक़द्दुस[11] थे मुझे मीर
असबाब[12] पड़े यूँ कि हर रोज़ से याँ हूँ

"सुब्हान अल्लाह, लगता है मौलाना रूम, बाबा फ़ुग़ानी और मिर्ज़ा साहब की आत्माएँ एक काया में समाहित हो गई हैं।"

"यह मीर साहब तो देखने और मिलने योग्य मालूम होते हैं।" नूरुस सआदत भी बरबस बोल उठी।

"जहाँ आप जैसे कला दक्ष होंगे वहाँ यह शख़्स ख़ुद ही हाज़िर हो जाएगा।" राय किशनचन्द ने कहा। वह ख़ुश था कि सेवा का एक और अवसर हाथ आया, "नहीं तो मैं स्वयं उसे आपके दर्शन करने और चौखट चूमने के लिए ले आऊँगा।"

देहली में उनका प्रवेश कश्मीरी दरवाज़े से हुआ। सबसे पहली बात जो बड़ी ख़ानम ने महसूस की वह शहर का विस्तार था। अभी शाहजहानाबाद की फ़सील का पता न था लेकिन कश्मीरी दरवाज़े के भी बहुत पहले ही से शहर की गहमा-गहमी, बाज़ारों में लोगों की भीड़-भाड़, मस्जिदों में अज़ानें, मन्दिरों में घंटियाँ सब मौज़ूद थीं। तीस हजारी जैसा लम्बा-चौड़ा बाग़ भला किसी ने काहे को देखा होगा। शाहजहानाबाद की दीवार तक पहुँचते-पहुँचते उन्हें कई घड़ियाँ लगीं। द्वार पर क़ोतवाली के सिपाहियों ने उनसे कुछ सवाल जवाब किए। एतमादुद्दौला का नाम सुनते ही सिपाहियों ने आगे कुछ न पूछा और सारे परदेशियों को उसी क्षण प्रवेश का परवाना लिख दिया।

शाहजहानाबाद की चाहरदीवारी पार करके वो जहाँनाराबेगम की सराय की ऊँची और ख़ुशनुमा इमारत से होते हुए फाटक हबशख़ाँ में पहुँचे जहाँ एतमादुद्दौला की एक सजी-सजाई हवेली उनके लिए तैयार कर दी गई थी। लबीबा ख़ानम को एक-दो दिन यह समझने में लगे कि तुग़लकाबाद, बदरपुर से लेकर शाहजहानाबाद तक देहली कई शहरों का संग्रह है और सिर्फ़ शाहजहानाबाद में कोई पाँच लाख लोग रहते हैं, और एक लाख या कुछ कम लोग हर रोज़ शहर में प्रवेश करते हैं और लगभग इतनी ही संख्या में यहाँ से कूच करते हैं। राय

1. साथियों, 2. जान जला हुआ, 3. बिखेरने वाला, 4. काव्य के समुद्र का किनारा, 5. काव्य करने की तेज़ क्षमता, 6. ज़्यादा, 7. कल्पित, 8. भारी, 9. आराम का जीवन, 10. शुद्धता, 11. पवित्रता, 12. हालात।

किशनचन्द इख़लास हवेली तक पहुँचाकर उनसे विदा हो लिया था, लेकिन वह सुबह-शाम हाज़िरी ज़रूर देता। एतमादुद्दौला से अभी बड़ी ख़ानम की भेंट न हुई थी, इसलिए यह कहना सम्भव न था कि लबीबा ख़ानम और एतमादुद्दौला के बीच किस प्रकार के सम्बन्ध बन सकेंगे। और राय किशनचन्द की मजाल न थी कि किसी ऐसी हस्ती से कोई लगाव रखने की कामना करे जो एतमादुद्दौला की आँखों को भा सकती थी। वरना ख़ुद इख़लास की आँखों में चाह और आकांक्षा की झिलमिलाहट इस क़दर स्पष्ट हो चुकी थी कि बड़ी ख़ानम के अपने लोगों में किसी को भी शक न रहा था राय किशनचन्द उनकी पूजा करता है।

एतमादुद्दौला और बड़ी ख़ानम की पहली भेंट ख़ुशगवार माहौल में शुरू हुई और दोनों तरफ़ वालों को एक दूसरे का सम्मान और भरोसा तुरन्त प्राप्त हो गया। एतमादुद्दौला कमरुद्दीन ख़ान नुसरतजंग छोटे क़द, दोहरे लेकिन कसरती बदन के व्यक्ति थे। वह बेहद अच्छे स्वभाव के और अपने ज़माने के दूसरे बड़े आदमियों की अपेक्षा धर्म का पालन करने वाले और सादा मिजाज़ के थे। सूफ़ियों के सुहरवर्दी सिलसिले के संस्थापक हज़रत शेख़ शिहाबुद्दीन सुहरवर्दी उनके पूर्वज थे। उनके घराने में ज्ञान-ध्यान और लौकिक धन-दौलत और आदर-सम्मान की परम्परा कई पीढ़ियों से चली आ रही थी। वह चिन क़लिच ख़ान आसिफ़ जहा निज़ामुलमुल्क के सगे भाई थे। हिन्द में उनके दादा मीर बहाउद्दीन का आगमन औरंगज़ेब आलमगीर के ज़माने में हुआ था। मीर साहब को औरंगज़ेब ने ग़ाज़ीउद्दीन ख़ान बहादुर की पदवी से नवाज़ा और उनसे बड़े-बड़े काम लिए। तब से यह कुटुम्ब अपनी शराफ़त, जातीय शुद्धता और कार्यकुशलता के कारण मुग़ल साम्राज्य के बहुत ही जाने-माने सरदारों का कुटुम्ब रहा था।

हिन्द के इतिहास के बदनाम सैयद भाई जिन्हें बादशाहों का निर्माता कहते थे, उनमें से उमीर उल उमीरा सैयद हुसैन अली ख़ान की शाही फ़ौज के हाथों पराजय और मृत्यु और उसके भाई कुत्बुलमुल्क सैयद अब्दुल्लाह के अपने पद से हटाए जाने के बाद आसमान जैसी ऊँची बारगाह वाले हिन्द के सम्राट मुहम्मद शाह बहादुर ग़ाज़ी ने क़मरउद्दीन ख़ान के बाप मीर मुहम्मद अमीन ख़ान को एतमादुद्दौला की पदवी देकर महामन्त्री नियुक्त किया। परन्तु मुहम्मद अमीर ख़ाँ जल्द ही परमात्मा को प्यारे हुए। उनके बाद बादशाह ने क़मरउद्दीन ख़ान को एतमादुद्दौला नवाब क़मरउद्दीन ख़ान बहादुर नुसरत जंग की पदवियों के साथ महामन्त्री नियुक्त किया।

क़मरउद्दीन ख़ान ने तब से अपनी मृत्यु के समय तक महामन्त्री के पद को बड़ी कुशलता और नेकनामी के साथ निबाहा। उनके ज़माने में मंसूर अली ख़ान सफ़दरजंग और इमादुलमुल्क ग़ाज़ीउद्दीन ख़ान तृतीय जैसे महत्त्वाकांक्षी, सक्षम परन्तु संगदिल और बेज़मीर सरदारों को सर उठाने का मौक़ा बिलकुल न मिल सका था। क़मरउद्दीन ख़ाँ के बाद सफ़दरजंग ने अहमदशाह जैसे सक्षम और बहुगुणी बादशाह को जो मुहम्मदशाह के बाद गद्दी पर बैठा था; उसे सत्ता और प्रभाव से बिलकुल वंचित कर दिया था। और आख़िरकार उसे अन्धा कराके तख़्त से उतार ही दिया। इमादुलमुल्क ग़ाज़ीउद्दीन ख़ाँ ने एक क़दम और आगे निकालकर अहमदशाह के जाँनशीन आलमगीर सानी की हत्या करवा दी। मुग़ल साम्राज्य के पतन, जिल्लत और नाक़ामी भरी मौत के असल जिम्मेदार तो सच पूछिए तो यही दोनों साहबान हैं।

लेकिन यह सब बातें अभी भविष्य के गर्भ में छिपी हुई थीं। नादिरगर्दी के आतंक और नादिरशाही लूट के बावज़ूद देहली का तख़्त रोशनअख़्तर मुहम्मदशाह बादशाह ग़ाज़ी जिसे बाद में अंग्रेज़ के पिट्ठू इतिहासकारों ने मुहम्मदशाह रंगीला बना दिया, उसके पाँव तले अभी मज़बूत था। आसिफ़ निज़ामुलमुल्क और एतमादुद्दौला क़मरउद्दीन ख़ान की शोहरत का सूरज बीच आसमान में चमक रहा था।

लबीबा ख़ानम के सामने एतमादुद्दौला ने कोई शर्तें न रखीं, बस यह कहा कि विवाह के ज़माने में जो महफ़िलें होंगी उनमें से कुछ में आपको ग़ज़लें गाने का कष्ट दिया जाएगा। इसके सिवा आप हर तरह आज़ाद हैं। ये हवेली और इसके नौकर-चाकर सब आपके दरवाज़े के मुलाज़िम हैं लेकिन तनख़्वाह उन्हें हमारे ख़ज़ाने से मिलेगी। राय किशनचन्द इख़लास हर वक़्त मेरी ओर से आपकी पेशी में रहेंगे। विवाह के कर्तव्यों को निबाहकर मैं आपको आगे वार्तालाप के लिए कष्ट दूँगा।

"हाँ, बस एक प्रार्थना या सलाह स्वीकार हो तो दास को अति प्रसन्नता होगी।" एतमादुद्दौला ने इरशाद किया।

"सेविका पूरी तन-बदन से सुन रही है।" बड़ी ख़ानम ने जवाब दिया।

"अर्मनी रीत के अनुसार तो आप जनाब की पद्वी बड़ी ख़ानम और साहबज़ादी (अल्लाह उन्हें सलामत रखे) का शुभ नाम नूरुस सआदत तो बहुत मुनासिब है। परन्तु हिन्द देश में ऐसे नाम केवल सरदारों या राजकुमारों की पर्दानशीन बीवियों के लिए ठीक समझे जाते हैं। यहाँ इन नामों को फिलहाल लम्बित रखकर अपने लिए बड़ी बाई साहब और साहबजादी के लिए नूरबाई साहब नाम या पद्वियाँ चुन ली जाएँ तो बहुत सुन्दर होगा।"

बड़ी ख़ानम एक क्षण के लिए चुप हो गई और उसके चेहरे पर नागवारी की हल्की लकीरें पैदा हुईं। एतमादुद्दौला का तो रोआँ-रोआँ समझ-बूझ से भरा हुआ था। उन्होंने बड़ी ख़ानम के चेहरे पर कोई परछाईं आने से पहले ही देख लिया था कि वह नाराज़ होने वाली हैं। परन्तु इस मामले में सन्धि की कोई सम्भावना न थी। यहाँ की शहज़ादियाँ और अमीरज़ादियाँ कभी यह बर्दाश्त न करतीं कि उनके अतिरिक्त किसी और के नाम इस अमीराना और सुल्तानी ठाठ के हों। वह यह सोचकर आए थे कि अगर बड़ी ख़ानम ने यह प्रस्ताव न माना तो उन्हें इनाम और आदर हालाँकि वैसा ही दिया जाएगा जिसकी वो पात्र थीं परन्तु उनसे किसी महफ़िल में सम्मिलित होने के लिए न कहा जाएगा।

यह बड़ा कड़ुआ घूँट था। लेकिन लबीबा ख़ानम भी समझती थी कि नुसरतजंग ने यह प्रस्ताव यूँ ही न रखा होगा। फिर भी परीक्षा के तौर पर उसने कहा...

"एतमादुद्दौला बहादुर, मैं यहाँ अपना नाम गँवाने नहीं उसे बुलन्द करने आई थी।"

"मेरी भी मज़बूरी आप समझती होंगी," एतमादुद्दौला ने उठते हुए कहा, "आप इस मामले पर ग़ौर कर लें। अब मैं आज्ञा चाहता हूँ।"

"एतमादुद्दौला बहादुर, मैं देहली में आपकी मेहमान हूँ किन्तु अपने घर में बड़ी ख़ानम ही रहूँगी।"

"हमारी आँखें रोशन, हमारा दिल प्रसन्न।" एतमादुद्दौला ने दायाँ हाथ सीने पर रखा, थोड़ा झुके फिर दाएँ हाथ से फ़र्शी सलाम किया। इसके पहले कि वो मुड़ते, उनकी पेशी के

ख़ादिम ने उनके पाँव में जूतियाँ पहना दीं। लबीबा ख़ानम ने फ़ौरन फ़र्श के किनारे तक आकर सात फ़र्शी सलाम किए, "आपकी शक्ति और शान रोज़-ब-रोज़ बढ़े, उम्र, दौलत और इक़बाल ज़्यादा हो। दोबारा आकर दासी को गौरव प्रदान करें, मैं जीवन भर आभारी रहूँगी।" ये बातें कहते-कहते दोनों दरवाज़े से बाहर आ गए। सारी वार्ता इसी बारीक़ी को ध्यान में रखकर हुई कि न एतमादुद्दौला की पीठ बड़ी ख़ानम की तरफ़ हो, और न उन्हें उल्टे पाँव दीवानख़ाने के बाहर आना पड़े।

इस तरह कोई बात स्पष्ट रूप से कहे बिना ही दोनों तरफ़ वालों ने मान लिया कि देहली के छोटे-बड़े लोग लबीबा ख़ानम और नूरुस सआदत को किसी नाम से पुकारें किन्तु अपनी चहारदीवारी के अन्दर उन्हें बड़ी ख़ानम और नूर ख़ानम ही कहा जाएगा।

सुबह अभी हुई न थी, लेकिन फ़ज्र की अज़ान हुए कुछ देर हो चुकी थी। नमाज़ी घरों से निकलकर तेज़-तेज़ मुहल्ले की मस्जिद को जा रहे थे। हौज़क़ाज़ी का छोटा सा मुहल्ला अभी सो ही रहा था। केवल कुछ सफ़ाई करने वाले कान-मुँह लपेटे, मोटी चादरें ओढ़े अपने काम में लगने को तैयार हो रहे थे। सर्दी इस साल थी भी बहुत, और हौज़क़ाज़ी की मस्जिद के सामने सीधी सड़क ख़ानम के बाज़ार से आती थी। पूरी सड़क पर दोनों तरफ़ ऊँची-ऊँची इमारतों के कारण हवाई सुरंग का सा हाल कभी-कभी बन जाता था, यानी बाहर से आती हुई हवा इस तरफ़ आम से कुछ ज़्यादा तेज़ी से बहने लगती थी।

हौज़क़ाज़ी की छोटी सी नहर का पानी बर्फ हो रहा था। लेकिन एक नौजवान मस्जिद की सीढ़ियों से उतरा, उसके क़दम कभी सुस्त पड़ते, कभी तेज़ और उसकी आँखों में रात की ख़ुमारी थी। वह हाथ में काग़ज़ों का एक बस्ता लिए हुए था, उसे नहर के कोर पर रखकर वह पानी पीने के लिए झुका। ये कड़ाके का जाड़ा और यह ठंडा पानी और भोर भए भला कौन पानी पीने उठता है। किन्तु नौजवान को शायद भूख लगी थी जिसे वह ठंडे पानी से मिटाना चाहता था। या फिर उसके स्वभाव ही में इतनी गर्मी थी कि उसे ऐसी हालत में भी प्यास लगती थी।

नहर में चुल्लू डालकर उसने पानी उठाया ही था कि आवाज़ आई...

"ऐ मियाँ साहबज़ादे! अरे मियाँ, तुम मुहम्मद तक़ी मीर तो नहीं हो?" पूछने वाला ढलती उम्र का एक शरीफ़ और ठीक-ठाक स्वभाव का व्यक्ति लगता था। वह महामन्त्री नवाब क़मरउद्दीन ख़ान एतमादुद्दौला की हवेली के रक्षक गृह से नमाज़ के लिए निकला था। हवेली मस्जिद से कोई पचास क़दम पर थी, परन्तु वहाँ उस समय कुछ ही दीप जल रहे थे।

"मैं मुहम्मद तक़ी हूँ तो सही। फिर आपको क्या?" नौजवान ने कुछ तेज़ लहज़े में कहा। बाइस-तेइस की उम्र, लम्बा क़द, दुबला बदन लेकिन चौड़ी कलाइयाँ, ख़ुमार से भरी तेज़ आँखें जो कुछ ख़ास बड़ी तो न थीं लेकिन उनमें गज़ब की ज़िन्दगी और चमक थी। हल्की दाढ़ी, ठोड़ी पर और भी हल्की, लेकिन घनी और चढ़ी हुई मूँछों के कारण चेहरा भरा-भरा लगता था। टोपी या पगड़ी आदि से रिक्त सर के बाल घने और पट्टेदार, बीच में माँग की उज्ज्वल लकीर। सारे बाल सर के पिछवाड़े इस तरह पड़े हुए थे मानो उन्हें खींच-खींचकर सीधा किया गया हो। गले में हल्की बानात का अँगरखा, उसके नीचे ऊनी कुर्ता। बदन पर मोटे मशरू का पाजामा, पाँव में लम्बी नोक की जूती जिसकी एड़ियाँ मोड़

कर दबा ली गई थीं। क़मर में तेलिया रंग का दुपट्टा जिससे कटार लटकी हुई थी। इस वक़्त उसका चेहरा शायद नींद कम आने और थकान से सुता हुआ सा था, और उस पर तुर्रा अचानक यूँ पुकारे जाने पर चिड़चिड़ाहट। वरना उसके मुँह के कोने थोड़े ऊपर को उठे हुए थे, और दोनों आँखों के कोनों पर हल्की-हल्की लकीरें थीं। यह दोनों बातें इस बात का पता देती थीं कि वह विनोदप्रिय मनुष्य था। कुल मिलाकर उसके व्यक्तित्व में एक अनोखा आकर्षण था, देखने वालों के दिल चाहे-अनचाहे उसकी तरफ़ खिंचते थे। लहजे़ में देहली के पास के दक्षिणी क्षेत्र में बोली जाने वाली ब्रज भाषा का लोच ख़ासा स्पष्ट था और उसके मुँह पर बहुत भला लगता था।

अजनबी शख़्स अब कुछ क़रीब आ गया था, "मुझे कुछ नहीं मियाँ साहब। तुम मुझे नहीं जानते, लेकिन तुम्हारा जुनूनी अन्दाज़ तो मशहूर है। और तुम्हारे शेर उससे ज़्यादा।" मुहम्मद तक़ी के चेहरे पर छोटी शर्मिन्दा मुस्कुराहट आई, "मैंने तुम्हें मुशायरों में देखा है और उससे बढ़कर यह कि ज़हीरउद्दौला नवाब अज़ीमुल्लाह ख़ान के बेटे नवाब रियायत ख़ान बहादुर तुम्हारी ग़ज़लें सुनने और तुमसे मिलने के आकांक्षी हैं।"

मुहम्मद तक़ी अचानक फिर चिड़चिड़ा गया, "ऐसा है तो बाक़ायदा पर्चा भेज बुलवाते। ये आधी रात को खुली सड़क पर मुझे टोकने का क्या मतलब?"

"मियाँ साहब तुम तो पुट्ठे पर हाथ ही नहीं रखने देते। अच्छा देखो, मुझे नमाज़ को देर होती है, इतनी देर तुम मेरी कोठरी में बैठो। वो रही महामन्त्री जी के मुहाफिज़ खाने के ऊपर। मेरा नौकर तुम्हें पहचानता नहीं है, मेरा नाम उसे बता देना, अली मुल्लाह ख़ान मुझे कहते हैं। मैं अभी आया।"

यह कहकर वो शख़्स तो लपक-झपक मस्जिद में चला गया, लेकिन मुहम्मद तक़ी कोई घड़ी अपने ख़यालों में गुम वहीं खड़ा रहा। ख़ुदा जाने कौन बन्दा-ए-ख़ुदा है, उसने अपने दिल में कहा। नमाज़ पढ़ता है तो ठीक ही आदमी होगा। शायद शायरी की सूझ-बूझ भी रखता हो। नहीं तो आज कल कौन किसे पूछता है। रियायत ख़ाँ बहादुर को मैं जानता नहीं। ऐसा ही कोई मूर्ख गदहा समान होगा जैसे आज कल के रईस होते हैं। लेकिन मैंने भी तो जल्लादी गुण रखने वाले सौतेले मामा का साथ और उसके घर निवास को लात मार दी है। कब तक अपने शेरों के संशोधन के पर्दे में उनकी ज़हर भरी बातें सुनता और कब तक दूसरों के सामने उनके ये कथन सुनता कि मुहम्मद तक़ी मेरे मज़मून उड़ाता है किन्तु निभा नहीं पाता। मुझे क्या मज़मून की कमी है, और अगर कविता के विषय उड़ाऊँ तो क्या उनके उड़ाऊँ, कि जिनकी कोई पंक्ति चुस्त होती है तो कोई सुस्त। और द्वेष भी वल्लाह उनमें कितना भरा हुआ है। मेरे मनोरोग के दिनों में मुझ पर उन्होंने क्या-क्या सितम न ढाए...

"अरे मियाँ, तुम अभी यहीं सर्दी में ठिठुर रहे हो!" अलीमउल्लाह ख़ान ने मस्जिद के दरवाज़े से ही आवाज़ दी, "अच्छा शायद कुछ संकोच लग रहा था। आओ अब चलते हैं। मैं नमाज़ भी पूरी करके आ गया और तुम वहीं के वहीं हो।"

"चलता तो हूँ, लेकिन एक अनुरोध है।" मुहम्मद तक़ी मीर ने कहा।

"कहो-कहो, क्या मामला है?"

"मुझसे शेर सुनाने को न कहिएगा।"

अलीमउल्लाह ने ज़ोर का ठहाका लगाया, “शायद मेरे बारे में सन्देह है कि तुम्हारे शेर न समझ पाऊँगा। साहबज़ादे, तुमसे शेर सुनने का अनुरोध तो और लोग करेंगे। मैं तो यह जानना चाहता था कि इस कड़कड़ाते जाड़े में तुम नहर का बर्फ़ीला पानी क्यों पी रहे थे।”

अलीमउल्लाह ख़ान के कमरे में अँगीठी जल रही थी। मज़ेदार गर्मी और घरेलू सा बेतक़ल्लुफ़ माहौल, मुहम्मद तक़ी को खड़े-खड़े ही झपकी आने लगी। उसने दोनों हाथों से आँखें मलते हुए कहा, “मुआफ़ कीजिए, शायद कोई तिनका वग़ैरह आँख में चला गया है।”

“ये तिनका नहीं, नींद की खटक है मियाँ साहब। मेरा घर दरवेश का घर है और मेरा हृदय निष्कपट। यह लो कम्बल और उस कोने में पड़कर सो रहो। वह क्या शेर है तुम्हारा :

जब रात सर पटकने में तासीर कुछ न की
नाचार मीर मुटकिरी सी मार सो रहा।”

“यह शेर आपने कहाँ सुना?” मीर ने चकित होकर पूछा।

“यह शेर तो मैंने अभी दो दिन हुए कहा था और सिर्फ़ मक़्ता ही है, अल्ला बेहतर जानता है कि ग़ज़ल कब पूरी करूँगा।”

“क्यों, क्या तुम्हें शेर कहने में बहुत देर लगती है?”

“लगती भी है और नहीं भी।”

मीर ने लम्बी जम्हाई लेकर कहा, “कभी-कभी मत्ला या मक़्ता पहले हो जाए और अच्छा निकले तो ग़ज़ल पूरी करने में...”

इतना कहते-कहते मीर ज़मीन पर ढेर होकर सो गया। न मालूम कितनी रातों का जागा था, या घर के वातावरण में बेतक़ल्लुफ़ी और अपनेपन के अभाव ने उसे इतना निढाल कर दिया था कि ज़रा सी लगाव की गर्मी पाई तो वहीं का वहीं सो रहा। अलीमउल्लाह ख़ान ने उसे उठाया नहीं, उस पर एक कम्बल डाल दिया और स्वयं अपने दैनन्दिन के पाठों में व्यस्त हो गया।

मुहम्मद तक़ी दिन चढ़े तक सोया। उसकी आँख तब खुली जब उसने सपने में देखा कि मुझे बड़े ज़ोर की भूख लगी है और मैं कहीं दावत खा रहा हूँ। सपना देखते ही देखते उसकी आँख खुल गई। वास्तव में उसे बड़े ज़ोर की भूख लगी थी। वह हड़बड़ाकर उठा। अलीमुल्लाह शायद अपने काम पर जा चुके थे, लेकिन उनके ख़ादिम ने फ़ौरन ही अन्दर आकर निवेदन किया :

“तस्लीमात अर्ज़ करता हूँ। नीचे नहाने-धोने का सामान और गुसलख़ाना तैयार है। आप नित्य क्रिया सम्पन्न कर लें, इतनी देर में मैं नाश्ता लगाए देता हूँ। ख़ान साहब एक-आध घंटे में तशरीफ़ ले आएँगे। उन्होंने फ़रमाया है कि नाश्ते के बाद जनाब उनका इन्तज़ार फ़रमाएँ तो बड़ी कृपा होगी।”

जब तक नाश्ता पूरा हुआ, अलीमउल्ला ख़ान भी वापस आ गए।

“माशा अल्लाह, साहब आप तो ख़ूब सोये। उम्मीद है अब ताज़ादम होगे। शायद आप चिन्तित हों कि मैं यहाँ आपको क्यूँ ले आया हूँ। तो अर्ज़ ये है कि मैं नवाब रियायत ख़ाँ साहब का दरबारी हूँ, और वो, जैसा कि मैंने रात कहा आपकी शायरी की बहुत प्रशंसा करते हैं। मुझे यह भी मालूम है कि आपके स्वभाव में तीखापन बहुत है...”

“तीखापन नहीं, अहम या मनमानापन।” मीर ने मुस्कुराते हुए कहा, “ख़ुदा जाने मुझे सबसे लड़ने-भिड़ने में मज़ा क्यों आता है।” फिर उसने अपनी एक कविता से ये शेर बड़े सादा लेकिन मनमोहक अन्दाज़ में पढ़े :

वो तिश्ना दहन हूँ दिल जला हूँ
लब चश[1] जिसका न होवे दरिया
कहते हो जिसे फ़लक हुआ है
मेरे ही ग़ुबार-ए-दिल से पैदा
खिलता तो सही कभू बला से
दिल मेरा भी काश ग़ुँचा होता
वो ख़स्ता हूँ मैं ही जिसको कहिए
रौनक़ अफ़ज़ा[2]-ए-क़ोह[3]-ओ-सहरा

“स्वभाव में इतनी कड़वाहट, और इतनी कम उम्र में, आख़िर क्यूँ?”

“मिज़ाज से ज़्यादा यह मामला मेरी ज़िद का भी है ख़ान साहब,” मीर ने कहा, “मुझे मीर समझा है कम याँ किसु ने। मुझे किसी से कुछ लेना अच्छा नहीं लगता, चाहे भेंट हो, उपहार हो या ख़ैरात। लेकिन स्वभाव में इतनी निस्पृहता भी नहीं कि तंगी महसूस करूँ तो भी चुप रहूँ, किसी पर अपना हाल न ज़ाहिर करूँ। मेरे इस द्वन्द्व में अबू तालिब क़लीम बहुत पहले बयान कर गया है।”

फिर उसने क़लीम का शेर बड़े जोश के साथ पढ़ा :

तबे बहम रसाँ कि बिराज़ी ब आलमे
या हिम्मते कि अज़ सर-ए-आलम तुवाँ गुज़स्त

(ऐसी तबीयत पैदा कर कि संसार से बनाकर रख सके या फिर ऐसी हिम्मत पैदा कर कि संसार को ही छोड़कर निकल जा)

वह हँसा, किन्तु इस हँसी में अपने ऊपर उपहास भी शामिल था, “यह बात तो स्वयं क़लीम से भी न हुई, तो मुझसे क्योंकर हो।”

“अच्छा, तो कल रात का क़िस्सा क्या था? आप रात भर कहाँ रहे, और सुबह-सेवेरे इस क़दर ठंडा पानी क्यों पी रहे थे?”

वो फिर हँसा, “अगर शायरी की भाषा में जवाब दूँ तो यही कहूँगा कि सर्दी में मुँह अँधेरे ठंडा पानी इसलिए पी रहा था कि...

आग सी सीने में सुलगे है कभू भड़की तो मीर
देगी मेरी हड्डियों का ढेर जूँ ईंधन जला”

अलीमउल्लाह बड़े ग़ौर से सुन रहा था, लेकिन अब उसके मुँह से बरबस निकला, “वल्लाह मियाँ क्या ग़ज़ब का शेर कहा है।”

“हाँ, लेकिन आम ज़िन्दगी की ज़बान में जवाब दूँ तो ये कहूँगा कि मेरे पास लौंग के कुछ फूल थे, मैं रात भर उन्हें चबाता रहा था। ज़बान ऐंठ गई थी।”

दोनों हँसने लगे। अलीमउल्लाह ख़ान ने देखा कि मीर जब हँसता है उसका चेहरा बिलकुल बदल जाता है। रूढ़ता की थोड़ी सी भी झलक उसके चेहरे पर नहीं रह जाती।

---

1. मुँह से चखना, 2. रौनक़ बढ़ाने वाला, 3. पहाड़।

चमकीली आँखें जो हँसने में थोड़ी सिकुड़ जाती हैं और भी तेज, चमकदार बन जाती हैं। सारे बदन में आह्लाद की लहर सी दौड़ जाती है और साफ़ लगता है कि यह शख़्स जीवन का स्वाद उठाना जानता है, हँसने-हँसाने से भली-भाँति परिचित है।

"मगर यह रात-रात भर घूमना किसलिए? अगर आपको बुरा न लगे तो पूरा हाल बताएँ।"

मीर ने एक हल्की ठंडी सी साँस छोड़ी, "मेरे सौतेले मामा बल्कि नाम के मामा को आप जानते हैं?"

"कौन, नवाब सिराजुद्दीन अली ख़ाँ आरज़ू? अजी उन्हें कौन न जानेगा? बेजोड़ विद्वान, जगत उस्ताद, फ़ारसी और रेख़्ता दोनों में सारा संसार उनके ज्ञान और गद्य-पद्य का लोहा मानता है।"

"बस-बस, रहने दीजिए।" मुहम्मद तक़ी चिड़चिड़ा गया, "ये सब होगा और शायद नहीं भी होगा। लेकिन वह व्यक्ति बेहद द्वेषी और अपने बराबर किसी को न समझने के रोग का शिकार होने के साथ-साथ अपने छोटों से भी ईर्ष्या करता है।"

"अजी ये क्या कहते हो मियाँ साहब! वे और छोटों से ईर्ष्या करें, द्वेष रखें। ना साहब..."

"तो क्या मैं झूठा हूँ?" मीर का पारा फिर गरम होने लगा, "सच भी बुरा वो जिसको सुनकर लोग कहें तू झूठा है। अजी मेहरबान, आपने वो कहावत नहीं सुनी कि हाथी के दाँत..."

"ठीक, बिलकुल ठीक मियाँ साहब," अलीमउल्लाह ने जल्दी से बात काटी, "मैं कब कहूँ हूँ कि आप झूठ बोलते हो। मैं तो सिर्फ़ यह कह रहा था कि बात ऐसी है कि..."

"बात जैसी भी हो, सच्चाई यही है। आप न माने, न सही। सुनिए इन सौतेले मामा जी की करतूत।" शब्द सौतेले पर विशेष ज़ोर था, "उनकी विशेष गतिविधि यह है कि अपने से कम उम्र के शायरों के काव्य में त्रुटियाँ ढूँढ़ना और उन पर दूसरों के भाव हरण का झूठा आरोप लगाना।"

"आश्चर्य, महा आश्चर्य की बात है।" अलीमउल्लाह ने हल्के से कहा।

"मिर्ज़ा रफ़ी को जानते हैं आप?" मीर ने किसी दक्ष बहस करने वाले के अन्दाज़ में कहा, "चलिए उनसे पुछवा देते हैं कि उन पर क्या मामला गुज़रा।"

"फिलहाल आप ही से सुन लेते हैं मियाँ। आपकी बात का भी उतना ही विश्वास है।"

"मैं उस वक़्त वहाँ ख़ान-ए-आरज़ू के दीवानख़ाने में मौज़ूद था। आख़िर रहता भी तो वहीं था। सुबह शाम उनके यहाँ शायर लोग आते हैं, अपने शेर सुनाते हैं, प्रशंसा और बुराई का सिलसिला चलता है। उस दिन मिर्ज़ा रफ़ी सौदा साहब तशरीफ़ लाए और आते ही उन्होंने मत्ला पढ़ा :

आलूदा[1]-ए-क़तरात[2]-ए-अरक़[3] देख जबीं[4] को
अख़्तर[5] पड़े झाँके हैं फ़लक[6] पर से ज़मीं को

सबने अपने-अपने भर तारीफ़ की क्योंकि आकाश पर तारे चमकने का कारण बहुत अच्छा बताया गया था। हमारे ख़ान अल्लामा मुँह बिचकाए बैठे रहे। जब प्रशंसा का जोर थमा तो आपने फ़रमाया...

शेर-ए-सौदा हदीस-ए-क़ुद्सी[7] है
चाहिए लिख रखें फ़लक पे मलक[8]

---

1. भीगा हुआ, 2. बूँदें, 3. पसीना, 4. माथा, 5. तारा, 6. आसमान, 7. फ़रिश्तों की बोली, 8. फ़रिश्ता।

कोई समझा, कोई न समझा। ईमान कि ये है कि मैं भी न समझा। सब एक दूसरे का मुँह तक रहे थे। जब सब लोग दिल में ख़ुद को पूरी तरह मूर्ख समझ चुके तो आपने मुँह खोला और कहा कि साहब हमारे मिर्ज़ा जी ने तो ईरानी कवि मुहम्मद जान कुद्सी को जा पकड़ा। फिर आपने ये शेर पढ़ा :

आलूदा-ए-क़तरात-ए-अरक़ दीदा जबीं रा
अख़्तर ज़े फ़लक मी निगरद रू-ए-ज़मीं रा

(उसके माथे को पसीने से भीगा हुआ देखकर आकाश पर से तारे ज़मीन का मुँह ताक रहे हैं।)

और सब लोग तो मामा...अरे तौबा ख़ान-ए-आरज़ू की ओर प्रशंसा भरी नज़रों से देख रहे थे कि ख़ूब चोर पकड़ा किन्तु मिर्ज़ा रफ़ी तो एक काइयाँ हैं।" वह हँसकर बोला, "उन्होंने भी ख़ूब पटखनी दी।"

फिर कुछ पल ठहरकर मुहम्मद तक़ी ने कुछ प्रशंसा, कुछ व्यंग्य के लहज़े में कहा...

"दिल में तो ख़ूब ही कटे होंगे, लेकिन ऊपर-ऊपर यूँ ज़ाहिर किया जैसे उनको दाद मिली हो। बढ़कर ख़ान साहब के पाँव पकड़ लिए और फ़रमाया कि बेशक हुज़ूर का कथन प्रामाणिक है। आपने मेरे काव्य को फ़रिश्तों की बोली के समानान्तर बताया। मैं यह शेर दीवान में लिखूँगा तो हुज़ूर का यह कथन भी वहाँ लिखूँगा।"

मुहम्मद तक़ी और अलीमउल्लाह दोनों ही इस व्याख्या पर ख़ूब हँसे। और मुहम्मद तक़ी ने मिर्ज़ा सौदा के लहज़े की नकल ऐसी उतारी कि अलीमउल्लाह अःश-अःश कर गया। कोई नक्काल या भाँड क्या भला ऐसी नकल उतारता। एक क्षण को लगा यहाँ मुहम्मद तक़ी मीर नहीं मिर्ज़ा रफ़ी सौदा बोल रहे हैं।

"अच्छा, लतीफ़े पर लतीफ़ा यह है कि कुछ लोगों का कहना है, यह शेर किसी मुहम्मद जान कुद्सी या अन्य ईरानी शायर का नहीं। ख़ान साहब क़िब्ला ने मिर्ज़ा को शर्मिन्दा करने के लिए तत्क्षण यह शेर कहकर मुहम्मद जान कुद्सी की झोली में उगल दिया।"

"अरे वल्लाह?" अलीमउल्लाह ने आश्चर्य से कहा।

"हज़रत क़िब्ला झूठ-सच का बोझ उस पर जिसने ये बात बताई। मैं अपनी ओर से कुछ नहीं कह रहा। मैंने मुहम्मद जान कुद्सी का दीवान भी नहीं देखा। लेकिन मिर्ज़ा सौदा उस दिन ज़लील ख़ूब हुए।"

मीर मुहम्मद तक़ी के लहज़े से पूरी तरह स्पष्ट था कि उसे सौदा की बदनामी पर ज़रा भी खेद नहीं, "एक और दिन की बात है, मैं उस वक़्त था नहीं, लेकिन कई लोगों ने बयान किया। मिर्ज़ा साहब बेचारे फिर एक मत्ला कह लाए थे और सच्ची बात यह है कि लाजवाब मत्ला था :

बहार बे सिपर[1]-ए-जाम-ओ-यार गुज़रे है
नसीम[2] तीर सी सीने के पार गुज़रे है

सुना है दाद का शोर कुछ थमा तो माम...ख़ान साहब ने ऊँची आवाज़ में कहा कि हाँ साहब किसी और भी उस्ताद ने कुछ ऐसी ही बात कही है...

---

1. ढाल, 2. हवा।

बहार-बे-सिपर-ए-जाम-ओ-यार मी गुज़रद
नसीम हम चु ख़िदंग अज़ किनार मी गुज़रद"

(बहार का मौसम शराब के प्याले और माशूक़ के बग़ैर गुज़र रहा है और ठंडी हवा तीर की तरह मेरे पहलू के पार हो रही है।)

मीर तक़ी खिलखिला कर हँसा, "और मज़ा यह है मेरे साहब कि ख़ान साहब ने उस कल्पित ईरानी उस्ताद का नाम भी न बताया जिसका शेर उन्होंने पढ़ा था। लोगों को साफ़ मालूम हुआ कि यह मत्ला भी बेचारे सौदा को ज़लील करने के लिए ख़ान साहब ने आन की आन में रच लिया था। लेकिन मिर्ज़ा रफ़ी इस बार भी बात को पी गए।"

"अरे मियाँ साहब क्या कभी आपके साथ भी ऐसा मामला हुआ?" अलीमउल्लाह ने पूछा, "आपके साथ तो रिश्तेदारी का लिहाज़ किया होगा?"

"अजी तौबा कीजिए साहब। मामला क्या मामले कहिए। और हर बार मुझे भरी सभा में नीचा दिखाने की तरकीब थी। मिर्ज़ा रफ़ी मुझसे उम्र में बड़े हैं...जाहिल हैं तो क्या हुआ शेर तो वो मुझसे बहुत पहले से कह रहे हैं..."

"अमाँ साहबज़ादे, ये क्या कहते हो, सौदा और जाहिल? मियाँ इतनी भी डींग हाँकना ठीक नहीं। अल्लाह को बुरा लगे है।"

"इसीलिए तो मेरी किसी से बनती नहीं," मीर मुहम्मद तक़ी ने भिन्ना कर कहा, "सच बात कोई सुनना नहीं चाहता। लोग मुझे न जाने क्या समझते हैं। मिर्ज़ा साहब को गाली-गलौज का फ़न तो आता है लेकिन शेर के फ़न में वो बिलकुल पैदल हैं, पैदल। मेरे साहब, ये बात गिरह में बाँध रखिए...

तरफ़ होना[1] मेरा मुश्किल है मीर इस शेर के फ़न में
यूँ ही सौदा कभू होता है सो जाहिल है क्या जाने

कसीदा वह अवश्य कह लेते होंगे किन्तु असल कमाल तो ग़ज़ल में है।"

अलीमउल्लाह के चेहरे से अविश्वास टपक रहा था लेकिन उसने गर्ममिज़ाज युवा कवि से बहस में उलझना उचित नहीं समझा, "तो वो घटनाएँ तो बयान करें जो आप पर बीतीं।"

"ख़ैर, मैं कह ये रहा था कि मिर्ज़ा रफ़ी अपने स्थान पर जमे हुए हैं। इन बातों से उनका कुछ न बिगड़ेगा। लेकिन मेरे बारे में यह झूठ मशहूर हो जाए कि मैं दूसरों की कविताओं का भाव हरण करता हूँ तो शायरी के फ़न में मेरे कमाल को धब्बा लग जाएगा।"

"नहीं, मैं समझता हूँ आपके भी लोग बहुत मानने वाले हैं।"

मीर मुहम्मद तक़ी इस वाक्य पर ज़रा ठंडा हुआ, "एक दिन मैंने ख़ान साहब के मुशायरे में ग़ज़ल पढ़ी। जिसका सबसे आला शेर यह था...

नस्व-ओ-नमा[2] है अपनी जूँ[3] गिर्दबाद[4] अनोखी
बालीदा[5] ख़ाक-ए-रह[6] से है ये शजर[7] हमारा

इस पर ख़ान साहब दाद तो क्या देते, वहीं भरी सभा में कहने लगे, "मियाँ मुहम्मद तक़ी।" उसने अबकी बार ख़ान-ए-आरज़ू के लहज़े की बेहद सटीक नक़ल उतारी, "मामा

1. मुकाबला करना, 2. उगना और बढ़ना, 3. जैसी, 4. बवंडर, 5. बढ़ोतरी पाया हुआ, 6. रास्ते की धूल, 7. पेड़।

ही के घर डाका डाला और वह भी भोंडेपन से। माल को सँभाल न पाए। फिर जब सारी सभा का ध्यान उनकी तरफ़ हो गया तो आपने अपना शेर पढ़ा...

उफ़्तादगीस्त माया-ए-नस्व-ओ-नमा-ए-मन
नख़्लम चु गिर्दबाद ज़े ख़ाक आब मी क़ुरद

(मेरे फलने-फूलने का सामान मेरे ज़मीन पर पड़े रहने में है। बवंडर की तरह मेरा पेड़ धूल से सिंचाई पाता है।)

ख़ुदा की क़सम न पूछिए मैं किस बुरी तरह कटा। सारा मजमा मुझे मलामत भरी आँखों से देख रहा था। और आप विश्वास करें मेरे मेहरबान कि क़सम ले लीजिए जो मैंने मामा...आरज़ू साहब का वह शेर कभी देखा या सुना हो। साफ़-साफ़ भावों का टकराव था परन्तु उन्होंने मुझे नक्कू बना दिया।"

अलीमउल्लाह के चेहरे से अविश्वास इस बार और भी स्पष्ट था। बात केवल अन्तर्वस्तु की न थी। दोनों शेरों के महत्त्वपूर्ण शब्द भी बिलकुल एक थे...नस्ब नमा, गिर्दबाद, ख़ाक, शजर अथवा नख़्ल। फिर कोई कैसे समझ लेता कि वह केवल भावों का टकराव था? बहुत से बहुत ये कह सकते थे कि मुहम्मद तक़ी ने ख़ान-ए-आरज़ू के शेर का जवाब लिखने की चेष्टा की किन्तु सफल न हुआ। फिर भी अलीमउल्लाह ने उस वक़्त चुप रहने ही में शान्ति देखी।

"और कल रात की घटना तो विष से बढ़कर कड़वी थी।" मीर ने कहा, "माम...ख़ान साहब ने कुछ लोगों को खाने पर बुलाया था, मैं भी शरीक़ था। मैंने अभी निवाला उठाया भी न था कि हज़रत फ़रमाते हैं मियाँ मुहम्मद तक़ी, तुमने हमारे शागिर्द राय आनन्द राम मुखलिस का मज़मून उठा लिया और हमें बताया तक नहीं?"

"ख़ान-ए-आरज़ू के लहज़े की नकल इस बार इस कमाल की थी कि अलीमउल्लाह ख़ान को बरबस हँसी आ गई। लेकिन मीर मुहम्मद तक़ी के लिए इसमें हँसी की कोई बात न थी। वह कहता रहा, "और जब मैं उनका मुँह तकने लगा कि आप साहब क्या फ़रमाते हैं, तो उन्होंने मुख़लिस का शेर पढ़ा :

बर दिल-ए-मा तीरा रोज़ाँ अज़ सफ़-ए-मिज़गाँ गुज़श्त
आँ चि अज़ फ़ौज-ए-दकन बर मुल्क-ए-हिन्दुस्ताँ गुज़श्त

(पलकों की भाला मार पंक्ति के द्वारा हम काले नसीब वालों के दिल पर वही गुज़री जो दकन की फ़ौजों द्वारा हिन्द वालों पर गुज़री।)

मैं अब भी न समझा कि बात क्या है। तब उन्होंने कहा अजी अपना ही शेर भूल गए। ऐसा भी क्या खोए-खोए रहना! सुनो, यह तुम्हारा ही तो शेर है..

नैज़ा बाज़ान[1] -ए-मिज़ा[2] से दिल की हालत क्या कहूँ
एक ना कस्बी[3] सिपाही दख़्नियों[4] में घिर गया

साहब मेरी आँखों में ख़ून उतर आया। कहाँ वो मोटे आनन्द राम मुख़लिस का पाठशालाओं के अध्यापकों जैसा शेर और कहाँ मेरा अर्थपूर्ण और नशे जैसी कैफ़ियत वाला शेर। ज़रा सोचिए, ना कस्बी सिपाही जैसे बोलते और सटीक शब्द और नैज़ा बाज़ान-ए-मिज़ा से उनकी अनुकूलता, और कहाँ मुख़लिस साहब का ढीला और सपाट

---

1. भाला मार, 2. पलक, 3. अनाड़ी, 4. दकन के सैनिक।

फ़ौज-ए-दकन और उसके सामने मेरा शब्द दख़्नियों।" उसने हाफ़िज़ शीराज़ी का मिसरा पढ़ा कि भला दोनों राहों के बीच अन्तर तो देखो। कहाँ से कहाँ तक है। और फिर वह कहने लगा...

"मैंने उसी वक़्त निश्चय किया कि अब यहाँ न रहूँगा। खाने में हाथ डाले बग़ैर उठ गया। अपना सामान छोड़-छाड़ उसी वक़्त उनके घर से निकला और जामा मस्ज़िद की राह ली। कुछ पता न था कि कहाँ रहना होगा। बस चलता रहा। रंज और ग़ुस्से ने शायद अंधा कर रखा था।" मीर के चेहरे पर मुस्कुराहट सी आई।

"रास्ता ही भूल गया।...रात भीग चुकी थी, कहीं से भटकता-भटकता हौज़ क़ाज़ी की मस्ज़िद पर आ निकला। वहाँ एक कोठरी ख़ाली पाकर उसमें पड़ रहा। कोई चार-पाँच का समय रहा होगा। तहज्जुज की नमाज़ पढ़ने वाले उठ रहे थे। मुझे मारे सर्दी और भूख के नींद न आई। जब फ़ज्र की अज़ान सुनाई दी तो वहाँ से निकला।"

इतना कहकर वह रुका, फिर कुछ मुस्कुराया। यह बात साफ़ थी कि वह इस तरह मामा जी के यहाँ से उठ आने पर लज्जित है परन्तु वापस भी नहीं जाना चाहता और यह रात भर की शहर में आवारगी उसके ख़याल में कोई बुरी बात भी न थी।

"बाक़ी आप जानते ही हैं।" उसने अपनी कहानी ख़त्म की और अलीमउल्लाह की तरफ़ कुछ यूँ देखा मानो इस पूरे उलझावे के बारे में उसकी प्रतिक्रिया जानना चाहता हो परन्तु किसी बेचैनी बग़ैर। यानी अलीमउल्लाह ने उसके कथन पर विश्वास किया तो क्या और अविश्वास किया तो भी क्या।

"सच तो यह है कि आपके साथ ख़ान-ए-आरज़ू ने बड़ी ज़्यादती की," अलीमउल्लाह ख़ान ने उसे समझाने के अन्दाज़ में कहा, "लेकिन ऐसी बातों पर घर नहीं छोड़ देते। आप कुछ दिन धैर्य रखते, कोई अच्छी नौकरी मिल जाती तो भली-भाँति विदाई ले लेते।"

"देखिए ज़नाब, आप मुझे दुनियादारी न सिखाएँ। ख़ान-ए-आरज़ू से मेरा निबाह नहीं हो सकता तो नहीं हो सकता। और यह पहली बार नहीं कि उन्होंने मुझे ज़लील किया है।"

"मैं समझा नहीं?"

मीर मुहम्मद तक़ी कुछ सोच में पड़ गया। उसके चेहरे पर चिन्ता की लक़ीरें उभर आईं जैसे किसी मानसिक उलझन में हो। अलीमउल्लाह भी चुप रहा कि इस वक़्त मुहम्मद तक़ी अपने दिल से बात कर रहा है। मुझे व्यवधान न डालना चाहिए।

"सुनिए जनाब," कुछ देर की ख़ामोशी के बाद वह अनिच्छा से बोला, "मुझ पर एक ज़माना जुनून का सा बीता है..."

अलीमउल्लाह चौंककर मानो पीछे हट गया।

"अरे! यह कब और कैसे?"

"विस्तृत हालात को बयान करने का अवसर नहीं," मीर ने ज़रा रूखे लहज़े में कहा, "और शायद ज़रूरत भी नहीं। वैसे ये सब बातें खुल ही जाएँगी। मैं इन घटनाओं पर आधारित मसनवी लिख रहा हूँ। फिलहाल ख़ामोशी ही बेहतर है...कहने वाली बात यह है कि उस ज़माने में इन लोगों ने स्वयं या सम्भव है मेरे सौतेले भाई मुहम्मद हसन के बहकाने से मुझे जान से मार डालना चाहा।"

अलीमउल्लाह के चेहरे पर आश्चर्य स्पष्ट हुआ लेकिन उसने कहा कुछ नहीं। मुहम्मद तक़ी ने भी उसकी तरफ़ देखे बिना अपना वर्णन जारी रखा, "ख़ान साहब हर तरह से मेरा बुरा चाहने लगे। अगर मैं सामने पहुँच जाता तो फटकारते। इधर-उधर मुँह छिपाए रहता तो बुलवा भेजते और मेरा अपमान करते। अब आपसे क्या बताऊँ कि मैंने उनसे क्या पाया..."

अलीमउल्लाह ख़ान ने पूछा, "उन्होंने बीमारी की हालत में भी कोई हकीम न बुलवाया?"

"जल्लाद बुलवाते तो बात समझ में आती," मीर ने बुरा सा मुँह बनाकर कहा "वह तो मेरे स्वर्गीय पिताजी (अल्लाह उनके दर्जे़ बुलन्द करे) की एक मानने वाली न होती तो ये लोग मुझे क़ैदख़ाने में फेंकवाकर दम लेते।"

"अल्लाह-अल्लाह, क्या ज़माना आ लगा है," अलीमउल्लाह ने ठंडी साँस भरकर कहा, "मैं आज शाम नवाब रियायत ख़ाँ के दरबार में हाज़िरी दूँगा। वहाँ आपका ज़िक्र भी किसी अच्छे सन्दर्भ में उठेगा। शायद अल्लाह कोई रास्ता निकाले।"

"सारे आदर का मालिक परमात्मा आपको मुझ ग़रीब अज़नबी पर कृपा करने के लिए बड़ी-बड़ी मेहरबानियों से नवाज़ेगा," मीर ने कहा, "लेकिन ख़ुदा के लिए आप कोई ऐसी बात न कहें जिससे आपकी नौकरी पर आँच आए या किसी ऐसी व्यवस्था के लिए मंज़ूरी न दें जिसमें मेरे स्वाभिमान को ठेस लगने का पहलू निकले।"

"ऐसा हरगिज़ न होगा साहबज़ादे," अलीमउल्लाह ने कुछ बुरा मानकर कहा, "मैंने इन रईसों की नौकरी में भाड़ नहीं झोंका है। ख़ैर, इन झगड़ों को यहीं ख़तम कीजिए। रात ढले आप यहीं रहें। शायद आपका बुलावा आए।"

उस रात नवाब रियायत ख़ाँ की महफ़िल में अलीमउल्लाह ने मीर के बारे में बात छेड़ी तो नवाब ने कहा :

"अमाँ वो शख़्स कहता ख़ूब है। एक दिन एतमादुद्दौला मामू हुज़ूर भी उसकी बात कर रहे थे। किन्तु यह ख़ान-ए-आरज़ू का क़िस्सा क्या है? मामू हुज़ूर से उनका अच्छा परिचय है। कहीं ख़ान साहब बुरा न मान जाएँ।"

"नहीं..." अलीमउल्लाह ने नहीं को ज़रा खींचते हुए अदा किया, "नवाब के इक़बाल और अलाहज़रत महामंत्री के दबदबे की बदौलत ऐसा नहीं होगा। मुझे पूर्ण विश्वास है।"

"लेकिन मीर मुहम्मद तक़ी की कहानी में सच कितना है? हम तो नवाब सिराजउद्दीन अली ख़ान को ऐसा न समझते थे।"

"मैंने कुछ सुना तो है...सरकार तक ही यह बात रहे तो अच्छा है।" अलीमउल्लाह ने मजलिस में उपस्थित लोगों की तरफ़ देखकर कहा। नवाब ने उसकी बात सुनने के लिए अपना सर थोड़ा उसकी तरफ़ घुमाया ही था कि सब उपस्थित लोगों ने किसी बहाने से दीवानख़ाने के भिन्न-भिन्न कोनों की तरफ़ ध्यान कर लिया।

"ग़ुलाम को छानबीन के बाद पता लगा है कि मुहम्मद तक़ी का ख़ान-ए-आरज़ू के घराने की किसी हसीना से इश्क़ हो गया था..."

"तो क्या हुआ? मीर तक़ी सैयद है, सूरत-शक्ल का ठीक है, पढ़ा-लिखा है। कर देते दोनों का विवाह।"

"बेशक, सरकार दुरुस्त फ़रमाते हैं परन्तु मुहम्मद तक़ी का झुकाव शिया ज़मात की ओर बहुत है...कुछ लोग कहते हैं, वह सुन्नी ज़मात के महापुरुषों को बुरा कहना ज़रूरी

समझता है...और ख़ान साहब ठहरे शेख़ ग़ौस मुहम्मद ग्वालियारी के वंशज और उनके ऊपर शेख़ फ़रीदउद्दीन बाबा फ़रीद गंजशंकर और सबसे अमीर उलेमोमिनीन हज़रत उमर के वंशज और आप जानते हैं कि शिया ज़मात के लोग उनको कितना बुरा कहते हैं। फिर भला ख़ान साहब मीर से रिश्ता करना क्यों बर्दाश्त करते। उन्होंने नकारा और सख़्ती से नकारा। फिर मुहम्मद तक़ी ने उनकी बुराइयाँ शुरू कर दीं। यही हालात थे या शायद इसके कुछ पहले एक हल्का सा दौरा जुनून का भी मीर तक़ी पर पड़ा। ख़ान-ए-आरज़ू से उसका कोई वास्तविक रिश्ता तो था नहीं, न वंश के लिहाज़ से और न वैवाहिक सम्बन्ध के लिहाज़ से। फिर ख़ान साहब काहे को चिकित्सा की व्यवस्था करते।"

"हूँ, तो यह बात ज़रा दूर तक जाती है।"

"दुरुस्त फ़रमाया सरकार ने। लेकिन अभी एक पहलू और भी है।"

"वो क्या?"

"यह मुझसे मीर तक़ी ने ख़ुद बयान किया। ख़ान-ए-आरज़ू ने उसके कुछ शेरों पर आरोप लगाया कि इनकी अन्तर्वस्तु दूसरों के शेरों से ली गई है। और आरोप भी यह कुछ ऐसा था कि भाव हरण कुछ ठीक साबित नहीं लेकिन भावों का टकराव अवश्य हुआ है। सम्भावना ज्यादा है कि मीर ने दूसरों के शेरों का जवाब लिखा हो और ख़ान साहब उसे भाव हरण बताते हों। मीर को अपने शायरी के कमाल पर जो गर्व है, और सही ही गर्व है, उसको देखते हुए मीर के लिए सम्भव न था कि ऐसे आरोप के बाद वह उनकी छत के नीचे निवास करता, बस वहाँ से निकल लिया।"

"तो तुम्हारे ख़याल में मामूजान हुज़ूर के सामने उसे हाज़िर करने में कोई ख़राबी नहीं।"

"जी नहीं बन्दापरवर। और विश्वास है कि आला हज़रत भी इस बात को प्रशंसनीय जानेंगे कि मीर तक़ी जैसा जर्बदस्त शायर आपके दरबारी नौकरों में हो।"

"और ख़ान-ए-आरज़ू?"

"सरकार का इक़बाल बुलन्द हो, एक विद्वान व्यक्ति हैं, दिल में कपट को पालने वाले नहीं। मुहम्मद तक़ी कहीं रहें, मरें, खपें उनको क्या और उनका शिष्य तो वो बहरहाल है, और रिश्तेदार भी है नाम को सही। वह क्यों बुरा मानने वाले होते?"

"ठीक है, कल दिन चढ़े के वक़्त उसे यहाँ हाज़िर करो। अगर मेरे स्वभाव के अनुकूल निकला तो नौकर रख लूँगा। तुम्हारे कमरे के सामने रक्षक गृह के ऊपर दूसरा कमरा ख़ाली है। मामू हुज़ूर से कहकर वहाँ उसके रहने की व्यवस्था करा दूँगा। खाना हमारे बावर्चीख़ाने से जाएगा। नौकरी से सम्बन्धित कर्तव्य कुछ न होगा। दिन भर श़ेर कहे, घूमे-फिरे जो चाहे करे। रात की मजलिस में अलबत्ता हाज़िरी अवश्य हो।"

रात गए जब अलीमउल्लाह घर लौटा तो मुहम्मद तक़ी न केवल मौज़ूद था बल्कि जाग भी रहा था।

"लो जी मियाँ साहब तुम्हारा काम तो बन गया," उसने मीर की पीठ ठोंकते हुए कहा, "सरकार-ए-आला ने कल दिन चढ़े के वक़्त हाज़िरी का आदेश दिया है। आगे तुम्हारी क़िस्मत। चाकरी की सब छोटी-बड़ी बातें निश्चित हो गई हैं। लेकिन मियाँ तुम ठहरे बिगड़े दिल मानुष, वहाँ ज़रा सँभलकर बात करना। कोई बात नागवार हो तो पी जाना।"

"मेरे साहब, यह तो आपने ज़रा टेढ़ी कही। लेकिन मैं कोई ऐसी बात न करूँगा जिससे आप पर उँगली उठे। आप देखिएगा इंशाअल्लाह सब ठीक होगा।"

"नौकरी लग गई तो तुम्हारे रहने खाने का भी प्रबन्ध वहीं हो जाएगा। ऐसा सरकार ने फ़रमाया है। आज की रात यहीं गुज़ार लो, मैं अपने कमरे में एक चारपाई बिछवाए देता हूँ।"

"अलीमउल्लाह ख़ान साहब, बन्दा आपके एहसान के बोझ तले दबा हुआ है। ईश्वर ने चाहा तो आप मुझे हमेशा अपना शुभेच्छु पाएँगे।"

"मियाँ साहब,शुक्र तो परमेश्वर के लिए है, किसी और के लिए नहीं। मैंने तुम पर कुछ एहसान नहीं किया। यह तो मुँह अँधेरे उठने और फ़ज्र की नमाज़ मस्ज़िद में पाबन्दी से पढ़ने की बरकत है कि मैंने तुम्हे वहाँ देख लिया। अब सोओ, कल सुबह सफलता के लिए भगवान से प्रार्थना करके चलना।"

नवाब रियायत ख़ाँ की हवेली ख़ूब सजी हुई थी। विवाह की तिथि पास आ गई थी। बारात की तैयारियाँ थीं। दुल्हन के जोड़े, ज़ेवर, चौथी , सांचिक़, बरी चढ़ावे के इंतज़ाम वाले मर्द-औरत अपने को अत्यन्त अहम समझ रहे थे। हवेली के अन्दर सादा ज़ेवर बनाने वाले, जड़ाऊ ज़ेवर बनाने वाले, कपड़े पर कढ़ाई करने वाले और ऐसे ही बहुत से कारीगरों का प्रतिनिधित्व करने वाली औरतों और बूढ़े मर्दों की रेल-पेल थी। ज़नाना मुख्य द्वार पर शहनाई बज रही थी। मर्दाना दरबार के आँगन में नहरें बहती हुईं, घनी छाँव वाले पेड़ हर तरफ़ लगे हुए। उनकी छाँव में चौकियाँ बिछी हुईं जिन पर अपनी-अपनी कोटि के लिहाज़ से गाने-बजाने वाले और मुबारकबादियाँ गाने वाले क़तार लगाकर बैठे हुए। अन्दर ख़ास दीवानख़ाने की बारादरी में नवाब के मुलाजिम मिलने-मिलाने वालों को उनके मुनासिब स्थानों पर बैठाकर इत्र, पान और मिठाई से उनकी सेवा कर रहे थे। अलीमउल्लाह ख़ान के बारे में उन्हें मालूम था, लिहाज़ा जब वो मीर को लिए हुए अन्दर की तरफ़ चलते चले गए तो किसी ने कुछ रोक-टोक न की।

चोबदार ने मीर मुहम्मद तक़ी के आगमन की घोषणा की तो हल्का सा इशारा नवाब की तरफ़ से हुआ कि उनको आगे आने दो। मीर ने झुककर सात सलाम किए।

"अमाँ मीर तक़ी, तुम ख़ूब आएँ," नवाब ने बेतकल्लुफ़ी का प्रदर्शन करते हुए कहा, "हम तुमसे मिलने के आपेक्षी थे।" फिर अपनी मसनद के नीचे बाईं ओर संकेत किया और फ़रमाया, "आओ इधर बैठो।"

मीर ने हाथ बाँधकर निवेदन किया, "पीरो मुर्शिद हज़रत मिर्ज़ा बेदिल साहब फ़रमा गए थे :

आतश-ए-दिल शुद बुलन्द अज़ कफ़-ए-ख़ाकिस्तरम
बाज-मसीहा-ए-शौक़ जुम्बिश-ए-दामान-ए-कीस्त...

(मेरी मुट्ठी भर राख से दिल की ज्वाला फिर भड़क उठी है, ऐ इश्क़ तू जो मेरा मसीहा है एक बार और ये बता कि यह किसके दामन की हवा है।)

लेकिन मेरे लिए तो आप ही वो मसीहा हैं जिसका नाम इश्क़ है और आपका बुलावा दामन की वो हवा है जिसने मेरी राख को फिर से रोशन कर दिया। दास पर आपने जो कृपा की है उसके लिए दास हृदय की गहराई से आपकी प्रशंसा करता है।"

"ख़ूब। इंशाअल्लाह तुम हमें भी अपना सहारा देने वाला देखोगे। शर्त वफ़ादारी की है। कहो, इधर कुछ कहा? जी चाहे तो सुनाओ।"

"आलीजाह इस दरबार में बुलावे ने इतना हर्षित किया कि मेरा दिल जो कली समान बन्द था, खिल गया तो यह रूबाई हुई।" फिर मीर ने अनोखे सादा और दिल को लुभाने वाले अन्दाज़ में कुछ हल्की सी मुस्कुराहट के साथ रूबाई पढ़ी :

है तुझसे मुहाल जी उठाना मुझको
फिर जिन्नी[1] कहे कोई सयाना मुझको
सर मेरा लगा है नक्श-ए-पा से तेरे
सजदे को ख़ुदा के भी बजाना[2] मुझको

सब सुनने वालों ने रूबाई की प्रशंसा की। नवाब ने भी मुस्कुराकर कहा "दुरुस्त।" अब उनका ध्यान दूसरी ओर आकर्षित होने वाला था कि फिर एक बार कुछ ठहरकर उन्होंने मुहम्मद तक़ी की तरफ़ मुँह किया :

"अमा मीर तक़ी अब नवाब सिराजउद्दीन अली ख़ान आरज़ू की ओर वापस लौटने का जी तो न चाहेगा?" इस वाक्य में थोड़ी सी छेड़ के साथ थोड़ी सी चिन्ता भी थी।

"पीरो मुर्शिद," मीर ने हाथ बाँधकर अर्ज़ किया, "आपकी सोच का आभारी हूँ।" फिर उसने वहशी यज़्दी का शेर पढ़ा :

दिल नीस्त कबूतर कि चु बर्ख़ास्त नशीनद
मां अज़ सर-ए-बामे कि परीदेम परीदेम

(दिल कोई कबूतर नहीं कि जब उड़े तो फिर वापस आकर वहीं बैठ जाए। हम तो जिस कोठे से उड़े तो वहाँ से बस उड़ गए।)

"दुरुस्त," नवाब ने फिर कहा, "हाँ, इस नौकरी में तुम्हारा कार्यभार क्या होगा तुम्हें अलीमउल्लाह ख़ान बता देंगे। रहने और खाने की व्यवस्था भी सरकार से हो जाएगी। अब तनख़्वाह बताओ क्या स्वीकार होगी?"

"आलीजाह आपकी ग़रीब परवरी के चलते इतना सब है तो वेतन की क्या ज़रूरत? एकान्त का एक कोना और आपके इक़बाल के सूरज की कृपा दृष्टि, और मुझे कुछ दरकार नहीं।"

अलीमउल्लाह ख़ान यह सुनकर मीर के भले स्वभाव और अच्छे सलीक़े पर ख़ुश तो हुए लेकिन दिल में यह भी कहा कि तबीयत का अजब आज़ाद मनुष्य है। अरे भाई गुज़ारे के लिए कुछ तो ले लेता। इतने में नवाब ने कहा..

"नहीं, कुछ तो होना ही चाहिए। चलो पच्चीस रुपए महीना वेतन स्वीकार कर लो।"

मीर मुहम्मद तक़ी ने झुककर तीन सलाम किए। नवाब की आँख का इशारा पा कर अलीमउल्लाह ने कहा, "आज से आठ दिन बाद बृहस्पतिवार को हमारे सरकार नवाब साहब की बारात है। मीर मुहम्मद तक़ी भी हाज़िर रहें तो..."

"मुनासिब है," नवाब ने कहा, फिर दूसरी ओर ध्यानाकर्षित हो गए। बंगाल का एक जौहरी कामरूप के पहाड़ों के उस पार बहने वाली इरावती नदी की घाटी के मानक लाया था। प्याजी रंग के ये नगीने सारे संसार में अपनी अद्भुत चमक के लिए प्रसिद्ध थे।

1. आत्मा के साये वाला। 2. अदा करना।

अलीमउल्लाह ख़ान ने नवाब के खजाँची से कहकर मीर को सात रुपए बतौर पेशगी दिलवा दिए थे। इस रक़म में सर्दी का बिस्तर, एक पलंग, एक छोटी चौकी, घडौंची, दो-चार ज़रूरी बर्तन-बासन उपलब्ध हो गए। बारात के लिए नए कपड़ों का इंतज़ाम बज़ाज और दर्ज़ी के यहाँ से उधार पर हो गया। मुहम्मद तक़ी के दिन-रात चैन से गुज़रने लगे। यहाँ तक कि बारात का दिन और वक़्त आ गया।

उस समय तक बड़ी नूरबाई साहब और बाई साहब के सौन्दर्य और कला में कमाल के चर्चे हर तरफ़ फैल चुके थे। और दिल्ली तो हमेशा ही से बेफ़िक्रों, गप्पेबाजों, अफ़वाह और चटपटी ख़बरें फ़ैलाने वालों का शहर रहा है। कोई कहता ये फ़िरंगिनें हैं, एतमादुद्दौला के हाथ पर मुसलमान हो गई हैं। कोई कहता एतमादुद्दौला ने बेटी से अपनी शादी का पैग़ाम दिया है। अपनी बेटी के ब्याह से फ़ुर्सत पा लें तो अपना भी ब्याह रचाएँगे। कोई कहता उनको पाँच लाख तो बेल दिया गया है। सफ़र के ख़र्च और शहर में रहने-सहने के ख़र्च और अमीरों, रईसों की तरफ़ से इनाम अलग। कोई कहता निज़ामुलमुल्क के घराने की किसी बेगम ने बड़ी बाई साहब को अपनी साथी और गोइयाँ बनाने के लिए दकन से पैग़ाम भेजा है। यूँ समझिए कि जितने मुँह थे उससे ज़्यादा बातें थीं।

बारात के जुलूस में दो हज़ार बाराती थे और कोई पाँच हज़ार नौकर। सबसे आगे ढाई-तीन सौ लोग हाथियों पर थे और उनके बाद कोई सौ-डेढ़-सौ बाराती हवादारों में या रथों पर। उनके पीछे कोई चार सौ सज्जन घुड़सवार। यहाँ तक कि लोगों को तो अपनी ख़बर थी, लेकिन बारात के शेष सदस्यों और नौकरों-चाकरों को अपने फ़ौरी हमराहियों के सिवा कुछ पता न था, बस इतना मालूम था कि हम बारात में हैं। सारे रास्ते फुलवारी लुटती आई थी। चाँदी के रुपए, सच्चे गोटे के फूल और हार, चाँदी के कड़े जिनमें पीले या लाल अक़ीक़ जड़े हुए थे, सुनहला और कटैला नामक जोधपुरी और बीकानेरी कम क़ीमती पत्थरों के हार, चाँदी और सोने के छल्ले और इक्का-दुक्का आधी अशर्फ़ी। माल को लूटने वाले पाँच-सात ज़ियाले हाथ-पाँव अवश्य तुड़ा बैठे, और एक-आध की जान भी गई, लेकिन बहुत से घराने उस रात ख़ुशहाल हो गए।

एतमादुद्दौला की तरफ़ से निवेदन था कि बारात के साथ आतिशब़ाजी हो तो हो किन्तु ढोल-ताशे न हों। इसका लिहाज़ रखते हुए लड़के वालों ने शहनाई, नफ़ीरी, आदि को तो स्थगित रखा था लेकिन आतिशबाज़ी इस क़दर थी कि धुएँ के मारे रास्ता नज़र न आता था। हालाँकि ख़ुद बारात के साथ रोशनियाँ बहुत थीं और एतमादुद्दौला ने भी ख़ानम के बाज़ार से लेकर हौज़क़ाज़ी तक बारात के सारे रास्ते में दोनों तरफ़ लट्टू, कँवल और मृदंग लगवा दिए थे लेकिन सड़क पर जगह-जगह सर्दी की धुँध सी जमी हुई मालूम पड़ती थी।

एतमादुद्दौला के बेटे मीर इंतज़ामुद्दीन स्वयं बारातियों के स्वागत के लिए हौज़ क़ाज़ी की गली के सिरे पर थे। दूल्हा और उसके कुछ मुख्य रिश्तेदार या बड़े-बूढ़ों के अलावा अब सब लोग वहाँ से पैदल चले। उनकी सवारी के जानवर बुलबुलीख़ाने के लम्बे-चौड़े मैदान में उतारे गए जहाँ उनके लिए उत्तम व्यवस्था थी।

दिल्ली वालों का कहना था कि इस शादी के बाद दूसरी धूम-धाम की शादी राजा जुगल किशोर के बेटे की हुई। राजा साहब को दिल्ली के दरबार में बंगाल के सूबेदार के वकील की हैसियत से बड़ा मान-सम्मान और आदर प्राप्त था। दिल्ली वाले यह भी कहते थे कि

टेढ़ी चाल चलने वाले आसमान को ये दोनों शादियाँ न भाईं। अहमदशाह बादशाह-ए-देहली के आख़िरी बरस में एतमादुद्दौला के बेटे मीर इंतज़ामुद्दीन, जो आज बारात का स्वागत कर रहे थे, इंतज़ामुद्दौला और ख़ान-ए-ख़ान की पदवियों के साथ महामंत्री बने लेकिन इमादुलमुल्क ग़ाज़ीउद्दीन ख़ान ने षड्यन्त्र करके उन्हें मरवा दिया। राजा जुगलकिशोर पर सिराजुद्दौला के शहीद होने के बाद बुरा वक़्त पड़ा। आख़िर वो शुजाउद्दौला के पास अवध चले गए। फिर वह फ़र्रुख़ाबाद गए जहाँ एक हाथी के पाँव तले आकर उन्होंने परमेश्वर को प्राण अर्पित किए।

बारात के आने के कुछ पहले बड़ी बाई साहब और नूरबाई साहब हाथी पर सवार होकर स्वागत गृह में पहुँचीं। उनके हाथी का हौदा खुला हुआ था, यानी एक छतरी के सिवा उन पर कुछ न था। हाथ में रोशनी लेकर साथ चलने वालियाँ हौदे में थीं और हाथी के आगे और पीछे भी। इस तरह सुन्दरता के नज़ारे की फुलवारी लूटने वालों की बन आई। सबने उन्हें जी भर के देखा। उस वक़्त नूरुस सआदत के रूप पर वही फबन और बहार थी जो कई बरस पहले उसकी माँ पर नख़्जवान में गुज़र चुकी थी। कहते हैं कि उस बारात का तमाशा देखने वालों में कुछ ऐसे भी थे जो बारात की फुलवारी लुटने के समय में नहीं बल्कि नूरुस सआदत को देखकर बेहोश हुए थे।

ज़ाहिर है कि माँ-बेटी की शोहरत मीर तक भी पहुँच चुकी थी, और ज़ाहिर है कि देहली के आधे बाशिन्दों की तरह वह भी संसार को चमकाने और भड़काने वाले उनके सौन्दर्य को देखने का अनदेखा चाहने वाला था। बारातियों की लगभग अन्तिम पंक्तियों में होने के कारण मीर को विवाह मंडप में किसी उचित स्थान के मिलने बल्कि दाख़िल होने ही के लाले थे। लेकिन उसकी तक़दीर उन दिनों चमकी हुई थी, संयोग से अमीरूल उमरा शाहनवाज़ ख़ान स्वर्गवासी के बेटे शम्सामुद्दौला आशूरी ख़ान मीर-ए-आतश ने उसे देख लिया। स्वर्गीय अमीरूल उमरा से मीर का परिचय उनके भतीजे ख़्वाजा मुहम्मद आसिम के द्वारा हुआ था और स्वर्गीय अमीरूल उमरा ने मीर के लिए एक रुपया रोज़ का वज़ीफा तय कर दिया था जो उसे अमीरूल उमरा शाहनवाज़ ख़ान के जीवन पर्यन्त तक मिलता रहा। शम्सामुद्दौला आशूरी ख़ान मीर-ए-आतश ने चोबदार भेजकर मीर को बुलवा लिया और अपने पास बिठा लिया। बाई साहब लोगों की कुर्सियाँ बिलकुल सामने थीं। एक निगाह पड़ते ही मीर की हालत ग़ैर हो गई। उसे यह भी भ्रम हुआ कि नूरू बाई साहब ने भी उसकी तरफ़ एक छिछलती हुई निगाह डाली है :

थी नज़र या कि जी की आफ़त थी
वो नज़र ही विदा-ए-ताक़त थी
होश जाता रहा निगाहों के साथ
सब्र रुख़सत हुआ इक आह के साथ
बेक़रारी ने कज अदाई की
ताब-ओ-ताक़त ने बेवफ़ाई की
क्या कहूँ तर्ज़ देखने की आह
दिल जिगर से गुज़र गई वो निगाह
चुपके मुँह उनका देख रहता मैं
जी में क्या-क्या पर कुछ न कहता मैं

मीर को यह भी भय न था कि उसके इस तरह सुध-बुध खो देने को कोई देखे तो मामले की तह को फ़ौरन पहुँचेगा, फिर क्या-क्या न झगड़े और बुराइयाँ होंगी। फिर उसकी नज़र किशनचन्द इख़लास पर पड़ी जो एतमादुद्दौला की तरफ़ से बाई साहब लोगों की ख़ातिरदारी और उनके साथ-साथ रहने को नियुक्त था और इसलिए वह उनके पीछे एक कुर्सी पर सब लोगों से अलग बैठा था। आँखें चार होते ही राय किशनचन्द मुस्कुराया। दोनों ने एक दूसरे के दिल का हाल फ़ौरन जान लिया। राय किशनचन्द जिन निगाहों से बड़ी बाई साहब के रूप-स्वरूप को देखता था उससे मीर ने साफ़ समझ लिया कि वह उसका प्रतिद्वन्द्वी नहीं। एक इस्फ़हानी पूरी नंगी तलवार से कट मरा है तो दूसरा रूम के छोटे ख़ंजर से।

मीर को कुछ याद नहीं कि उस रात बड़ी बाई साहब ने क्या गाया, क्या सुनाया। उसे इतना याद ज़रूर है कि अगर वह नूरबाई साहब की सूरत पर न मर मिटा होता तो बड़ी बाई साहब की आवाज़ के जादू में अवश्य फँस गया होता। और फिर, या राय किशनचन्द इख़लास इस संसार में रहता या मुहम्मद तक़ी मीर। बताने वाले बताते हैं कि बड़ी बाई साहब ने सबसे पहले ख़्वाजा हाफ़िज़ की ग़ज़ल गाई...

रोशन अज़ पश्तौ-ए-रूयत नज़रे नीस्त कि नीस्त
मिन्नत-ए-ख़ाक-ए-दरत बर बसरे नीस्त कि नीस्त

(तेरे चेहरे के प्रकाश से रोशन कोई आँख नहीं है कि न हो। तेरे दरवाज़े की धूल का एहसान कोई दृष्टि नहीं है जिस पर कि न हो।)

सुब्हानअल्लाह, वो वातावरण के समानान्तर अनुकूल ग़ज़ल, वो कविता जैसे तमाम कविताओं की सम्राट, वो इराक़ नामक ईरानी राग के सौंधे इत्र में डूबी हुई, कूकती, दूर तक जाती हुई आवाज़। वो गोरा गला और उसके ऊपर वो बनाव श्रृंगार से बिलकुल वंचित, तिलिस्माती शहज़ादियों सा जादू जगाता हुआ चेहरा। ऐसा लगा कि जलसे में कोई नहीं है, केवल एक रूप है और एक स्वर है। कोई अपनी जगह से हिलता न था, जैसे सब के सब जादू की कमन्द में बँध गए हों। संगीतशास्त्र के समझने वालों का तो ये हाल था मानो जन्म-जन्म के प्यासे को पहली बार पानी मिला हो। और जब उसने ये शेर गाया।

अज़ सर-ए-कू-ए-तु रफ़्तन न तुआनम गामे
वरना अन्दर दिल-ए-बेदिल सफ़रे नीस्त कि नीस्त

(मैं तेरी गली के आगे एक क़दम भी नहीं चल सकता वरना इस दिल हारे हुए के दिल में कौन सी यात्रा है कि नहीं है।)

तो उसके साथ मिर्ज़ा साहब का यह शेर भी जोड़ दिया :

हम चु अज़्म-ए-सफ़र-ए-हिन्द की दर हर दिल हस्त
रक़्श-ए-सौदा-ए-तु दर हेच सरे नीस्त कि नीस्त

(हिन्द की ओर चल पड़ने के इरादे की तरह जो हर दिल में है। तेरे प्रेम के पागलपन का नाच कोई ऐसा सर नहीं है कि जिसमें न हो।)

ये दोनों शेर उस वक़्त के हिसाब से इतने सटीक थे और कुछ इस कमाल के साथ गाए गए थे कि सारा मजमा आपे से बाहर हो गया। जवान सब के सब खड़े होकर उसकी

आवाज़ में आवाज़ मिलाकर गाने लगे। और बूढ़ों ने रान पर हाथ थपक-थपककर ताल देना शुरू कर दिया। वो एक घड़ी से ज़्यादा तक यही दो शेर गाती रही और कभी किसी तरफ़ से, कभी किसी तरफ़ से, मजमा आवाज़ में आवाज़ मिलाता या ताल देता रहा। अगर वो ज़रा भी ठहरती तो श्रोताओं की तरफ़ से एक बार और, ख़ानम एक बार और की आवाज़ें बार-बार उठतीं। यहाँ तक कि लबीबा ख़ानम पसीने-पसीने हो गई। विवश होकर उसे शीशा उठाकर गुलाब के हल्के शर्बत से गला तर करना पड़ा। और ये ग़ज़ल तो उसे बहरहाल पूरी ही करनी थी वरना सुनने वाले उसे भला छुट्टी कब देते :

बजुज़ ई नुक्ता कि हाफ़िज़ ज़े तू ना .ख़ुश नूद अस्त
दर सरापा-ए-वजूदत हुनरे नीस्त कि नीस्त

(केवल इस बिन्दु के सिवा कि हाफ़िज़ तुझसे दुखी है, तेरी हस्ती के सँरापा में कोई ऐसी अच्छाई नहीं है कि न हो।)

मुहम्मद तक़ी मीर सवेरा होते-होते घर वापस पहुँचा। अलीमउल्लाह ख़ान अभी दूल्हा मियाँ की पेशी में वहीं था। मीर को भी नींद अब क्या आती। एक दो घड़ी करवट बदलकर उठ खड़ा हुआ, शमा रोशन की और सरापा लिखने बैठ गया :

क्या कहूँ कैसा क़द्द-ए-बाला[1] है
क़ालिब-ए-आरज़ू[2] में ढाला है
एक जागह से एक जागह .ख़ूब
पैकर[3]-ए-नाज़ुक उसका सब महबूब
मू-ए-सर[4] ऐसे जी भी करिए नियाज़[5]
बल ही ख़ाया करें ये उम्र दराज़
उस जबीं[6] से है दिल की कब जाज़िब
सुब्ह-ए-सादिक के दावे हैं काज़िब[7]
कहूँ चितवन के, देखने के तौर
इस क़ियामत पे, वो क़ियामत और
क्या झमकता है हाय रंग क़बूल
जैसे मुखड़ा गुलाब का सा फूल
वर्ग-ए-गुल से ज़बाँ है नाज़ुकतर
फूल झड़ते हैं बात-बात ऊपर
क्या कहूँ कम हैं ऐसे शीरीं गो
वो ज़बाँ काश मेरे मुँह में हो
दम ब दम सू-ए-गोश[8] इशारा-ए-शुभ
गौहर[9]-ए-गोश या सितारा-ए-शुभ
कुंज-ए-लब आरज़ू-ए-जान ओ दिल
आगे चलना निगाह को मुश्किल
उन लबों से जो कोई काम रखे

---

1. ऊँचा क़द, 2. कामना का साँचा, 3. काया, 4. सर के बाल, 5. अर्पित, 6. माथा, 7. झूठा, 8. कान की तरफ़, 9. मोती।

क़ंद[1]-ए-मिस्री को क्यूँ न नाम रखे
जो हलावत[2] उन्हों की कहिए अब
हम दिगर से[3] जुदा न होवें लब
ऐसी होती नहीं है सुर्ख़ लबी
रंग गोया टपक पड़ेगा अभी
देख अज़ बस[4] बर आम्दा[5] सीने
ऐसा मालूम[6] दिल जो यूँ छीने
वो कफ़-ए-दस्त[7] राहत-ए-जाँ है
काश सीने पे रख दे ग़म याँ है
सद्र[8] के नाहीए[9] से ले ता नाफ़[10]
चुप कि जागह है क्यूँ के कहिए साफ़
इससे फिर आगे गुँचा-ए-गुल है
याँ सुख़न बाबत[11]-ए-तअम्मुल[12] है
हाय उससे ख़ुदा जुदा न करे
दूर उससे जीऊँ ख़ुदा न करे

इन शेरों को अंकित करते-करते दिन चढ़ आया था। मीर की आँखों में रतजगे की लाली और दिल में चाहत के काँटों की चुभन थी। जी चाहता था अभी फाटक हबश ख़ाँ पहुँच जाए। लेकिन वहाँ धँसने कौन देगा? हथियारबन्द रक्षक, दरबान, उर्दाबेगनी सब गर्दन लेंगे। सैयद जाति का सम्मान भी मिट्टी में मिलेगा और उस अनमोल रतन की झलक दूर से भी न दिखाई देगी। राय किशनचन्द के पास चलूँ परन्तु इस वक़्त वह कहाँ होगा। तो क्या हुआ दो ही तो जगहें हैं। अपने घर पर होगा तो क्या कहना। और अगर उनके यहाँ पेशी में होगा तो उसकी हवेली के नौकरों से उसके आने-जाने के रोज़मर्रा की सूचना तो मुझे मिल जाएगी। आख़िर कभी तो घर आता होगा।

और ये शेर? क्या जब मुलाक़ात हो तो उनको सुना दूँ? लाहौल विला क़ुव्वत, इससे बढ़कर भोंडी और मूर्खता भरी बात क्या होगी। पहली मुलाक़ात और ऐसी बे तकल्लुफ़ी अल्लाह-अल्लाह करो मीर साहब। बुद्धि और आदर दोनों ही जमुना जी में फेंक आए हो क्या? 'चूमते ही गाल काटा' इसी को कहते हैं। बल्कि यहाँ तो अभी गले लगाना और प्यार करना कैसा, प्यार की कल्पना भी नहीं हो सकती।

इसी उधेड़बुन में दोपहर हो गई। अलीमउल्लाह के हुजरे का दरवाज़ा खुला नज़र आता था। शायद अभी कुछ ही देर पहले वह वापस आए होंगे। मीर ने सोचा, चुपके से निकल चलिए, वरना ख़ान साहब देख लेंगे तो घड़ियों बिठाए रखेंगे।

रात का पहना परिधान अब ज़रा मल-दल गया था, लेकिन मीर को न धैर्य था, और न उसके पास कपड़ों की ऐसी बहुतायत ही थी कि रोज़-रोज़ नए लिबास बदलता। मुँह पर दो छींटे मारकर वह कटड़ा नील को चल दिया जहाँ राय किशनचन्द इख़लास का घर था। तक़दीर अब भी साथ दे रही थी कि इख़लास उसे घर पर ही मिल गया।

1. शक्कर, 2. मिठास, 3. एक-दूसरे से, 4. बहुत, 5. उभरे हुए, 6. जाना बूझा, 7. हथेली, 8. सीना, 9. इलाक़ा, 10. नाभि, 11. जगह, मौका, 12. रुकना।

"मियाँ जान, मुझे मालूम है।" इख़लास ने उसका हाल चाल पूछने के बाद और किसी भूमिका के बिना कहना शुरू किया, "मुझे मालूम है तुम बेवक़्त अचानक क्यों आए हो, मियाँ तुम भाग्यशाली भी और दुर्भाग्य वाले भी। ख़ैर..."

इन शब्दों ने मीर की बेसब्री दूनी कर दी, "क्यों, बदनसीब क्यों साहब-ए-मन? अच्छा पहले ख़ुशनसीबी वाली बात बताइए।"

"ख़ुशनसीब यूँ कि नूरबाई साहब तुम्हें जानती हैं।"

यह सुनकर मीर को चक्कर सा आ गया। उसे इख़लास और ख़ुद अपना बदन हवा में झूलते हुए से लगे, "मु...मुझे जानती हैं? कैसे? क्या उन्होंने मेरा कलाम कहीं सुना है? कल के पहले देखा तो कभी न होगा? क्या वो रेख़्ता समझ लेती हैं? मगर सुना वो लोग तो ईरानी अर्मनी हैं।"

"सब्र, मीर जी सब्र। सब्र का फल मीठा होता है।" इख़लास ने मुस्कुराते हुए कहा, "इतने घबराए हुए बावलों जैसे अन्दाज़ में बात करोगे तो मेरी सुनोगे क्या।"

"दास क्षमा प्रार्थी है राय साहब। परन्तु परमात्मा के वास्ते सब बातें एक साँस में कह जाइए।"

"तो तुम समझोगे ख़ाक," इख़लास ने हँसकर कहा। फिर ईरान से दिल्ली तक यात्रा की अवधि में माँ बेटी के हिन्दी सीखने, मीर की शायरी से परिचय प्राप्त करने, और उसमें नूरुस सआदत की दिलचस्पी का संक्षिप्त वर्णन मीर के समक्ष किया। मीर का तो दिमाग़ सातवें आसमान पर था। उसे यह क्या ध्यान आता कि इस ठंडी छाँव के साथ चिलचिलाती धूप भी लगी हुई है, "वो मौला तेरी शान, मौला तेरी शान" जैसे शब्द बार-बार कहे जा रहा था। किशनचन्द इख़लास ने कहा :

"अच्छा, अब धरातल पर उतर आओ मीर साहब। मुख्य बात तो सुन लो।"

मीर मानो चौंक-सा गया, "मुख्य बात? अब कौन सी मुख्य बात होगी राय साहब?"

"तुम जानते हो, मैं एतमादुद्दौला बहादुर का नौकर हूँ। और ये औरतें..." मीर को शब्द औरतें बहुत बुरा मालूम हुआ लेकिन किशनचन्द की बात सुननी ज़्यादा ज़रूरी थी इसलिए उसने टोका नहीं, "...एतमादुद्दौला की मेहमान हैं, बल्कि उनकी नौकर हैं। उन्होंने उनके नाम तक बदलकर लबीबा या बड़ी ख़ानम के बजाय बड़ी बाई साहब और नूरुस सआदत या नूर ख़ानम की जगह नूरबाई साहब रखवा दिए हैं।"

"तो फिर?" मीर ने ज़रा झल्लाकर पूछा, "हमें इससे क्या?"

"अमाँ, बात तो समझो," राय किशनचन्द ने भी ज़रा तेज़ लहज़े में जवाब दिया, "वो लोग महामंत्री की नौकर, मैं भी उन्हीं का चाकर। उनसे किसी प्रकार का सम्बन्ध बनाना, या तुम्हें उन लोगों से मिलाना मेरे लिए हद दर्ज़ा दोष की बात होगी। दोष की बात क्या मेरी अपनी नौकरी ख़तरे में पड़ जाएगी।"

"परन्तु महामंत्री की सरकार में तो सुनता हूँ ख़ुशहाली तवायफ़ पहले ही से नौकर है।"

'अमाँ इतना भी नहीं समझते कि इन रईसों के यहाँ उन जैसी दर्जनों पड़ी रहती हैं।"

मुहम्मद तक़ी को राय किशनचन्द का लहज़ा फिर अपमान भरा लगा। उसे गवारा न था कि बड़ी बाई साहब और ख़ासकर नूरबाई साहब के लिए कोई ऐसे अपशब्द कहे कि रईसों के यहाँ उन जैसी दर्जनों पड़ी रहती हैं। किन्तु साधारण तौर पर तो इख़लास के कथन में सच्चाई थी।

"अच्छा तो मेरे मेहरबान, आप होंगे एतमादुद्दौला के चाकर। मैं तो नहीं हूँ, जो जी चाहेगा करूँगा।"

"नौकर तो एक लिहाज़ से मियाँ जान तुम भी हो," किशनचन्द इख़लास ने यूँ मुस्कुराकर कहा कि उसकी बात का बुरा मानना मोहाल था, "एतमादुद्दौला के न सही उनके भानजे और सगे दामाद के सही। हम नेक-ओ-बद सभी तुम्हें समझाए जाते हैं। आगे तुम्हारी मर्ज़ी, बस इसका ख़याल रख लीजो कि तुम्हारे इश्क़ की ज्वाला से कोई चिंगारी मुझ बेचारे के खलिहान पर न आ गिरे।"

"भाईजान क़सम ले लीजिए। ख़ुदा न ख़ास्ता आप पर किसी नुकसान का शक भी आने के पहले मैं राह से हट जाऊँगा।"

"मेरी मानो तो थोड़ा ठहर जाओ। एतमादुद्दौला बहादुर ने बड़ी बाई साहब से सात महफ़िलों का वादा लिया है। इसके बाद देखें हवा किस तरफ़ बहती है। शायद ख़्वाजा हाफ़िज़ के शब्दों में हम लोगों को उठा ले जाने वाली हवा हो और वो हमें चहेते यार से मिला दे।"

मीर जब किशनचन्द के यहाँ से उठा था तो दिल में क़सम ख़ाकर उठा था कि इख़लास की सलाह पर अमल करेगा। लेकिन जैसा कि सादी शिराज़ी के शेर में है उसके दिल में सब्र के लिए वही जगह थी जो छलनी में पानी की। जैसा कि उसने कुछ वर्ष बाद एक, मसनवी में लिखा :

दिल के गुबार ने राह जो पाई
शहर में गोया आँधी आई
सर पर उसके संग[1] *हमेशा*
जी पर अरसा तंग हमेशा
बार-ए-दामन[2] *तार-ए-ग़रीबाँ*
दामन ख़ुर्ब-ओ-जवार[3]*-ए-ग़रीबाँ*
पामाली[4] *में मिस्ल-ए-ज़्यादा*
नक़्श-ए-क़दम सा ख़ाक उफ़्तादा[5]
रखता सदा था वो दीवाना
विर्द-ए-ज़बाँ[6] *ये शेर-ए-दाना*
सार फ़ुआदी शक़्क़न शक़्क़न
*हक़्क़न हक़्क़न हक़्क़न हक़्क़न**
होश-ओ-ख़िरद[7]*-नाशाद गए सब*
दीन ओ-दिल बर्बाद गए सब
कोई न उस पर साया गुस्तर[8]
अपना हाथ अपने ही सर पर
नै क़ाबे नै[9] *दैर के क़ाबिल*
मज़हब उसका सैर[10] *के क़ाबिल*

(*मेरा दिल फट कर टुकड़े-टुकड़े हो गया। सत्य की क़सम, सत्य की क़सम, सत्य की क़सम।)

---

1. पत्थर, 2. दामन का बोझ, 3. आस पास, 4. पाँव से कुचलना, 5. पड़ा हुआ, 6. बार-बार कहना, 7. अक़्ल, 8. फैलाने वाला, 9. ना, 10. देखना

उसके दिल में बार-बार ये बात आती कि स्वयं नूरुस सआदत का झुकाव कुछ उसकी तरफ़ था। और कुछ नहीं तो उसकी शायरी की वज़ह से यह झुकाव था। अगर इस मौक़े पर उसके क़दम सुस्त पड़ते हैं तो सम्भव है बल्कि सम्भव ही क्या निश्चित है कि मौक़ा हाथ से निकल जाएगा। इन माशूक़ों का क्या है, इन्हें चाहने वालों की कमी नहीं। और ये लोग होते भी अस्थिर चित्त के हैं। और यह तो अभी उठती उम्र की हैं और अनुभव भी कुछ नहीं रखतीं। चाहे कोई अपनी ओर ललचा ले। ये लोग सोने की थैली चाहने वाले और कुर्सी और सिंहासन के पुजारी हैं। यहाँ अपने पास क्या है? एक ख़ानदानी शराफ़त और उसकी इस ज़माने में कोई क़द्र नहीं और शायरी जिससे तोपें नहीं दग सकतीं। माना कि वह मेरे नाम से परिचित हैं किन्तु वहाँ तक पहुँचूँ तो कैसे? अनदेखे परिचय को देखे परिचय में कैसे बदल दूँ? फिर राय किशनचन्द इख़लास का पाँव भी दरमियान है। उन पर कोई बात आई तो बड़ा बुरा होगा।

एक मुश्किल यह थी कि नूरुस सआदत का ख़याल आते ही मीर लज़्ज़त भरी कल्पनाओं में डूब जाता। बात बहुत जल्द आपसी बातचीत से बढ़कर हाथ को हाथ लगाने, फिर बाज़ुओं और मुँह को छूने तक पहुँचती। उसके आगे तो मैदान खुला हुआ था। वह कभी नूरुस सआदत का मुँह चूमता, कभी उसकी आँखों और सीने को प्यार करता। कभी-कभी उसकी घूमती-फिरती कल्पनाएँ जानी पहचानी राहों से कुछ और भी हट जातीं। पर्दे उठने लगते और वह उन जगहों पर जा पहुँचता जिनको ध्यान में लाने में उसकी ताक़तवर, बेलग़ाम और ज़मीन के हर कोने की ख़बर लाने वाली कल्पना शक्ति भी अक्षम थी। वह दुनिया की हर लज़्ज़त को ध्यान में ला सकता था परन्तु नूरुस सआदत के बदन की छिपी हुई जगहें तो क्या उसके होंठों और गालों पर प्यार करने की लज़्ज़त के स्पर्शबोध या दृष्टिबोध के बिम्ब पूरी तरह उसके वश न थे। बनते ही न थे, बनते-बनते टूट जाते थे। उस वक़्त तो एहसास इस क़दर जीवन पूर्ण, कल्पना शक्ति इस क़दर तरल और सोचने का मज़ा इस क़दर हंगामेदार था कि उसे अपने मस्तिष्क में इकट्ठा करने के लिए स्पर्श के लहरिए भी न मिलते थे, शब्दों का तो प्रश्न ही क्या है।

उन दिनों और रातों के अस्त हो जाने के बहुत दिन बाद, और उन दिनों और रातों के लाए हुए घावों के भर जाने के भी बहुत दिन बाद कहीं जाकर मीर को क्षमता नसीब हुई कि खोए ज़मानों के उन वहमों और केवल काल्पनिक क्षणों की कुछ भी व्याख्या कर सके :

हाय लताफ़त[1] जिस्म की उसके मर ही गया हूँ पूछो मत
जब से तन नाज़ुक वो देखा तब से मुझमें जान नहीं
गूँद के गोया पत्ती गुल की वो तरक़ीब बनाई है
रंग बदन का तब देखो जब चोली भीगे पसीने में

क्या सूरत है क्या क़ामत[2] दस्त-ओ-पा[3] क्या नाज़ुक है
ऐसे पुतले मुँह देखो जो कोई कुलाल[4] बनावेगा
अब कुछ मज़े पे आया शायद वो शोख़ दीदा[5]
आब[6] उसके पोश्त[7] में है जूँ[8] मेवा-ए-रसीदा[9]

---

1. कोमलता, 2. कद, 3. हाथ-पैर, 4. मूर्तिकार, 5. तेज़-तर्रार, 6. चमक, पानी, 7. त्वचा, 8. जैसे, 9. पका फल।

पानी भर आया मुँह में देखे जिन्हों के हाय
वै किस मज़े के होंगे लब हाय ना मकीदा[1]
वो सीमतन[2] *हो नंगा तो लुत्फ़-ए-तन पे उसके*
सौ जी गए थे सदक़े ये जान-ओ-माल क्या है

क्या लुत्फ़-ए-तन छिपा है मेरे तंग पोश का
उगला पड़े[3] *है जामे से उसका बदन तमाम*
जी फट गया है रश्क[4] *से चस्पाँ*[5] *लिबास के*
क्या तंग जामा लिपटा है उसके बदन के साथ

वै कपड़े तो बदले हुए मीर उसको कई दिन
तन पर है शिकन तंगी-ए-पोशाक से अब तक
बू कि ये कुम्भलाए जाते हो नज़ाकत हाय रे
हाथ लगते मैले होते हो लताफ़त[6] *हाय रे*

मीर ने अभी नूरुस सआदत के मुँह और कलाई-हथेली और हाथों की उँगलियों के सिवा देखा ही क्या था। किन्तु उसने नूरुस सआदत के बदन के हर हिस्से पर अपने चुम्बन के निशान डाल दिए थे। कब, कितने और कहाँ, इन सब का हिसाब उसके जेहन में था यद्यपि बार-बार बदलता रहता था :

जिस जाय[7] *सरापा में नज़र कीजिए*[8] *उसके*
आता है यही जी में यहीं उम्र बसर कर

बदन के उल्लास, लालच और कामना के दबाव, कल्पना शक्ति के ज्वालामुखी, इनके हंगामों में अक़्ल बेचारी की आवाज़ कौन सुनता। लेकिन आख़िर कई दिन बाद मुलाक़ात की एक राह सूझी यद्यपि जोख़िम भरी और ग़लत भी होने की सम्भावना रखती थी। मीर ने केसरी रंग के काग़ज़ के बड़े से पर्चे पर अपनी सुन्दर लिखाई में जो शफ़ीआ और शिकस्ता मिली हुई शैली की थी, "मैं कौन हूँ" वाली ग़ज़ल के वही शेर लिखे जो राय किशनचन्द माँ-बेटी को सुना चुका था और जिनकी प्रशंसा नूरुस सआदत ने की थी। फिर नीचे हाफ़िज़ शीराज़ी के एक मशहूर शेर की पहली पंक्ति लिखी जिसका अर्थ था, 'मेरी आँखों के कोठे पर जहाँ से सब कुछ दिखाई देता है वहीं आपका घर है। फिर नीचे लिखा, 'रक़ीमा-ए-नियाज़, मीर मुहम्मद तक़ी, तख़ल्लुस मीर'। अब वो उसे लपेटकर बन्द ही करने वाला था कि ख़याल आया कि कैसे मालूम हो कि यह चिट्ठी किसके नाम है? माना कि मैं दरबान या पहरेदार को बहुत जोर देकर कहला दूँगा कि यह नूर ख़ानम साहब के लिए है। लेकिन इन बेअक़्लों का क्या है, क्या मालूम वो इसे ले जाकर बड़ी बाई साहब को दे आएँ और कुछ बताएँ भी न। देर तक सोचा किया। फिर यही समझ में आया कि माँ से तो बात छिपाई जा सकती नहीं। और चिट्ठी जिसके भी हाथ पड़े नूरुस सआदत को ख़बर हो ही जाएगी। यह निश्चय करके और चिट्ठी को बार-बार पढ़कर चाबी के रूप में लपेटा,

1. चूसना, 2. चाँदी से बदन वाला, 3. बाहर निकलना, 4. ईर्ष्या, 5. कसा हुआ, 6. कोमलता, 7. जगह, 8. देखना।

मुहल्ले के एक होशियार लौंडे के हाथ पर एक दाँग रखा और इस तरह अपना पत्र फाटक हबश ख़ाँ में साहब की हवेली पर भिजवा दिया।

अभी ख़त पहुँचा भी न होगा यहाँ इन्तज़ार शुरू हो गया, बल्कि नेक़ शगुन के तौर पर एक शेर भी हो गया...

सद सिहर[1] -ओ-यक रक़ीमा[2] ख़त मीर जी का देखा
क़ासिद[3] नहीं चला है जादू मगर चला है

लेकिन कुछ बात बन न पाई। वहाँ से जवाब क्या, कोई संकेत भी न मिला कि चिट्ठी पहुँच गई है। और यह भी किसे पता कि पहुँच ही गई हो। मीर तरह-तरह के बहाने करके फाटक हबश ख़ाँ की तरफ़ जाता, उस हवेली के सामने से निकलता कि शायद कोई देख ले और बुलावा ही आ जाए। या कोई सूरत कुछ और संदेशा भिजवाने की निकले। और...और यह तो सिकन्दर-ए-आज़म जैसी शान की बात होती अगर नूर ख़ानम कहीं हवेली में आती-जाती दिखाई दे जाती। कभी वह मन ही मन में ईश्वर से प्रार्थना करता कि वहाँ पहुँचकर मुझे बेहोशी आ जाए। या किसी देव जैसे बेक़ाबू घोड़े की टापों के नीचे आ जाऊँ, शायद उस हवेली का कोई निवासी मुझ पर दया करके अन्दर उठवा ले जाए। हकीम के आते तक तो मैं अन्दर पड़ा रहूँगा। और शायद वो देखने भी आ जाएँ कि यह कौन मेरे दरवाज़े पर दुर्घटना का शिकार हुआ है। कभी वह मुहल्ले के लौंडे को डाँट-फटकार लगाता कि अबे मेरा ख़त तू कहाँ और किसे दे आया।

"क़ुरान क़सम मीर साहब मैं आपका ख़त बस बिलकुल वईं दे आया जहाँ आप फ़रमाए थे। जवाब मिला नईं क्या? चाहो अपना पैसा वापस ले लो। नईं तो कहो अपने ख़ान फिर दौड़कर चले जावें, जवाब ले ही कर फिरें।'

मीर को हँसी आ जाती, लाहौल विला कूवत मैं भी क्या बावला हो रिया हूँ, वह दिल में सोचता। फिर वह चौंकता, "हो रिया हूँ...यह मैं क्या बोल गया? यह शाहजहानाबाद की चहारदीवारी में रहने वाले मेरी ज़बान ही ख़राब कर देंगे।" वह दिल ही दिल में मुस्कुराता, "ठीक है, बाहर वाले मेरा अंजाम बिगाड़ दें और अन्दर वाले ज़बान की बोटियाँ कर डालें, यह दिल्ली है, यहाँ जो हो जाए थोड़ा है।"

अगर मीर का हास्य बोध उसका साथ न देता तो शायद उसे दोबारा जुनून का शिकार होना पड़ता। वह ख़ुद पर हँसना जानता था। जिस तरह वह अपने क़ासिद की बात पर हल्के-फुल्के अन्दाज में हँस सकता, जिस तरह वह अपनी आगरे की बोली पर दिल्ली की बोली का प्रभाव फैलते देखकर हँस सकता था, उसी तरह वह अपने इश्क़ और कामना पर भी हँस सकता था। उसे कदापि यह भ्रम न था कि मेरा इश्क़ इस दुनिया से बाहर किसी और दुनिया, किसी अन्य ग्रह अथवा किसी और तारामंडल से आया था। उसे मालूम था कि यह सब इसी दुनिया के खेल हैं। मैं न पहला आशिक़ हूँ न नूरुस सआदत पहली माशूक़। अपनी-अपनी दुनिया सबको बड़ी लगती है, वरना है ये बहुत नन्ही सी, तुच्छ सी दुनिया। इसके इश्क़ क्या और उसमें जान का खपाना-घटाना क्या, उसकी लैला क्या और फ़रहाद कौन। इसकी दीवानगियाँ क्या, इसकी असफलताएँ क्या। ये सब एक बहुत ही छोटी सी बिसात के खेल हैं। और हैं ये सब खेल। मैं कवि तो शायद बहुत बड़ा हूँ किन्तु आशिक़

1. सौ जादू, 2. अर्ज़ी, 3. पत्र वाहक।

मैं वैसा ही हूँ जैसा कोई भी होता है। इसमें बदन के तक़ाज़े भी हैं, अहम का दबाव भी, और शायद...कहीं कोई अपना आपा खो देने की, किसी पर अपने को अर्पित करने की, अपने आपे को मारकर किसी और के आपे में खो जाने की तमन्ना भी। लेकिन ये तमन्ना, ये अन्दर से मिट जाना भी केवल मेरा नहीं। मुझसे पहले कितने ही इस राह पर चल चुके हैं। क्या इनसान और क्या ईश्वर सबकी ख़ोज में मंज़िलें एक ही सी हैं और वो सबको तय करनी पड़ती हैं, उद्देश्य मिले या न मिले। उसे शेख़ शरफ़उद्दीन बू अली क़लन्दर पानीपती के नाम से मशहूर एक शेर याद आया और उसके साथ ही एक और शेर अमीर ख़ुसरो का भी। हज़रत क़लन्दर पानीपती कहते हैं :

गुलाम-ए-रू-ए-वू बूदम असीर-ए-मू-ए-वू बूदम
गुबार-ए-कू-ए-वू बूदम नमीदानम कुजा रफ़्तम

(मैं उसके मुखड़े का ग़ुलाम था, मैं उसके बालों का बन्दी था, मैं उसकी गली की धूल था फिर पता नहीं मैं कहाँ चला गया।)

और हज़रत अमीर ख़ुसरो फ़रमाते हैं...

दर रह-ए-बे नियाज़ियत सद चु हुसैन-ए-कर्बला
तश्ना बिमांद बर गुज़र ता ब ज़ुलाल कै रसद

(आपकी (ईश्वर की) स्वच्छन्दता के चलते कर्बला में मारे गए हुसैन की तरह सैकड़ों तेरे पथ पर प्यासे पड़े रहे, भला मीठे पानी तक कौन पहुँच सका।)

तो वह उन लोगों से ऊपर उड़ नहीं सकता था...आह लेकिन वो बदन क्या बदन होगा जिससे कामुक सुगन्ध सी निरन्तर फूटती महसूस होती थी। काश वह भी आनन्दराम मुख़लिस की तरह कह सकता...

नाख़ुन तमाम ग़श्त मुअत्तर चु बर्ग-ए-गुल
बन्द-ए-क़बा-ए-कीस्त कि वा मी कुनेम मा

(मेरे सारे नाख़ून गुलाब की पंखुड़ी की तरह सुगन्धित हो गए। यह भला किसकी क़बा के बन्द हैं जिन्हें मैं खोल रहा हूँ।)

और उसे यह भी मालूम था कि इश्क़ का जुनून हो या अक़्ल के इतराते चमत्कार, ये सब चलती फिरती छाँव हैं। यह सारी सृष्टि ही कोई सपना है जिसे एक भव्य अस्तित्व वाली शक्ति देख रही है। ऐसा कोई मरुस्थल है जो देश, काल परिस्थिति से परे है और वह मरुस्थल उसके लिए बिस्तर है, अंतरिक्ष के एक सिरे से दूसरे सिरे तक फैला हुआ या शायद उससे भी अधिक विस्तार वाला मरुस्थल और वह हस्ती, वह अस्तित्व जान बूझ कर एक स्वप्न बुन रहा है, और हम सब उसी स्वप्न के परिक्षेत्र में सायों की तरह दौड़ते फिरते हैं। या शायद फिर उस हस्ती को भी अपने ख़्वाबों पर क़ाबू नहीं? क्या ये सब किसी और के स्वप्न हैं जो वह हस्ती देख रही है। मृत्यु और जीवन में कोई अन्तर नहीं। स्वप्न के अन्दर सोना-जागना बराबर है। वेदान्तवादी कहते हैं सारी की सारी सृष्टि एक अथाह चेतना में हर समय मौज़ूद है। और अस्तित्व की एकता को मानने वाले सूफ़ी कहते हैं, 'ला मौज़ूद इल्ललाह' (कुछ भी मौज़ूद नहीं केवल परमात्मा) तो फिर या तो सब कुछ है या कुछ भी नहीं। मैं किसी से इश्क़ करूँ, वो मेरे जाल में आए न आए, मैं किसी का शिकार हूँ या नहीं हूँ सब बराबर है। मैं किसी को देखूँ, या कोई मुझे न देखे दोनों ही बराबर हैं।

लेकिन...शिकार होने, धूल और रक्त में नहाने, बुद्धि के परिधान को चाक करने, फिर ये नक़ली ऊपरी लिबास उतार फेंकने और फिर हस्ती के आवरण को छिन्न-भिन्न करने का अलग मज़ा क्यूँ हो? मज़ा अलग तो अवश्य है। रोज़ की ज़िन्दगी से भागकर, आदर और सम्मान को तजकर, कोई उधर क्यों जाता है? यह आँधी जो इस वक़्त मेरी हस्ती को इस तरह हिला रही है, झिंझोड़ रही है, जिस तरह अपने आप ही काँपते हुए बेद के वृक्ष को समुद्री तूफान झुकाता, फिर उठाता, फिर झुकाता है, क्या ये अपने आप ही उतर जाएगी, सो जाएगी? क्या ये अपने आप को स्वयं ही प्रमाणित करती है या केवल आत्म छलावा है? लेकिन जो भी हो, जीने का औचित्य, जीने की लज्ज़त, जीने का मूल्य सब कुछ यहीं मिलता है। यही आँधी चाहे हुए मोतियों में से कुछ को कहीं से न कहीं से उड़ा लाएगी।

इनसानों को किसी से लगाव क्यूँ होता है? क्या यह किसी शाश्वत प्रतिज्ञा का तकाज़ा है या मानव के उस आदि काल की यादगार है जब उसे क़दम-क़दम पर नई और अजनबी मृत्यु का सामना करना था और वंशवृद्धि न होती तो घर, कुटुम्ब और फिर कबीला सब मिट जाते? तो क्या इश्क़ कुछ नहीं बस संतान और नस्ल को बाक़ी रखने का बहाना है? नहीं, हस्ती को या अपनी अन्दरूनी चेतना को बचाए रखना भी तो कोई बात है, वह ख़ुद से कहता। ख़्वाजा हाफ़िज़ शीराज़ी क्यों कह गए...

'हरगिज़ न मीरद आँ कि दिलश ज़िन्दा शुद ब इश्क़' (वह जिसका दिल इश्क़ द्वारा जीवित हो गया वो कभी भी नहीं मरता) लेकिन वह कौन सा इश्क़ है जो दिल को ज़िन्दा कर देता है, और वह कौन-सा दिल है जिन्हें इश्क़ इस तरह ज़िन्दा कर देता है? मुझे तो नूरुस सआदत का दिल चाहिए, केवल इतनी मुद्दत के लिए कि वो अपने बदन को मेरा बदन बना दे। मैं उसे बेलिबास करूँ ख़ुद रात भर जागूँ और मेरे बाज़ू उसके पहलू की निर्वस्त्रता के नीचे सो जाएँ। उसे शहीदी क़ुमी का शेर याद आया...

ख़ुश आँ शबे कि दर आग़ोश गीरमत ता रोज़
बज़ेर-ए-पहलू-ए-तू दस्त-ए-मन ब ख़्वाब खद

(वह रात भी कितनी अच्छी रात होगी कि मैं भोर होने तक तुझे अपने बाज़ुओं में लिए रहूँ और तेरे पहलू के नीचे दबा हुआ मेरा हाथ सो जाए।)

तौबा है, ये भी कोई आरज़ू है, उसने अपने दिल में कहा। अगर कुछ है ही नहीं, उसके दिल ने जवाब दिया, तो जो तमन्ना रखो, जिस हसरत को हसरत से दिल में तकते रहो सब एक है। मीर के ये शेर उसी ज़माने के हैं...

मुझ सा बेताब होवे जब कोई
बेक़रारी को जाने तब कोई
अब ख़ुदा मग़फ़िरत[1] करे उसको
सब्र मरहूम था अजब कोई
और महजूँ[2] भी हम सुने थे वले
मीर सा हो सके है कब कोई
कि तलफ़्फ़ुज़[3] तरब का सुन के कहे
शख़्स होगा कहीं तरब[4] कोई

---

1. बख़्शना, 2. दुःखी, 3. शब्द अदायगी, 4. प्रसन्नता।

ऊपर अंकित किए गए शेरों में मीर का आत्म सम्मान और उसके साथ उसके अन्दर की पीड़ा और सबसे बढ़कर उसका हास्यबोध भी साफ़ झलकता है। अब यह शेर देखें...

हस्ती अपनी हबाब[1] की सी है
ये नुमाइश सराब[2] की सी है
बारहा उसके दर प जाता हूँ
हालत अब इज़्तिराब[3] की सी है
मैं जो बोला कहा कि ये आवाज़
उसी ख़ाना ख़राब[4] की सी है
चश्म-ए-दिल खोल उस भी आलम पर
याँ कि औक़ात ख़्वाब की सी है

आया जो वाक़ए[5] में दर पेश आलम-ए-मर्ग[6]
ये जागना-हमारा देख तो ख़्वाब निकला

मक़ाम-ए-फ़ना[7] वाक़ए में जो देखा
असर[8] भी न था गोर[9] मंज़िल का अपने

मर कर भी हाथ आवे तो मीर मुफ़्त है वो
जी के ज़ियान[10] को भी हम ख़ुद जानते हैं

इन सोहबतों में आख़िर जाने ही जातियाँ हैं
नै इश्क़ को है सर्फा नै हुश्न को महाबा

गोया मुहासिवा[11] मुझे देना था इश्क़ का
इस तौर दिल सी चीज़ को मैंने लगा दिया
थी लाग उसकी तेग़ को हमसे सो इश्क़ ने
दोनों को मारिके[12] में गले से मिला दिया
सब शोर-ए-मा-ओ-मन[13] को लिए सर में मर गए
यारों को इस फ़साने ने आख़िर सुला दिया।
इश्क़ वो है कि जो थे ख़ल्वती[14]-ए-मंज़िल-ए-क़ुद्स[15]
वो भी रुसवा-ए-सर-ए-कुचा-ओ-बाज़ार हुए

ये सब तो था, लेकिन वहाँ से कोई जवाब न आना था, न आया। दिन, बल्कि हफ़्ते और फिर कई महीने गुज़र गए। बड़ी बाई साहब की सातों महफ़िलें भी हो चुकीं। कुछ लोग कहते थे अब वो वापस ईरान को सिधारेंगी। कुछ कहते थे नहीं, अब वो हिन्दुस्तान, बल्कि

---

1. बुलबुला, 2. मरीचिका, 3. अत्यन्त बेचैनी, 4. बेघर, घर उजाड़ने वाला, 5. वास्तविक, स्वप्न, मृत्यु, 6. मृत्यु, 7. मिट जाने का स्थान, 8. निशान, 9. कब्र, 10. घाटा, 11. हिसाब, 12. युद्ध, 13. अहम, 14. छुप के रहने वाले, 15. फ़रिश्तों का आवास।

देहली ही में यहाँ के जीवन की शोभा बढ़ाएँगी। मुहम्मद तक़ी मीर के दिल में आशा की एक लहर उठती तो दस लहरें निराशा की उसके सारे वज़ूद को ख़ौलते हुए पानी से नहला देतीं। राय किशनचन्द के पास जाने की हिम्मत न थी। उसे सैयद ख़्वाजा मीर दर्द साहब के शागिर्द क़यामुद्दीन क़ायम का एक शेर बहुत पसन्द था। क्या विचित्र बात थी कि वो शेर उसे अब याद आया, और ऐसे लम्हे में जब उसकी भी हिम्मत जवाब दे रही थी :

नहीं कहता मैं दिल तर्क-ए-तमन्ना
प जितनी हो सके उतनी हवस कर

और इस पर तुर्रा ये कि इस शेर में बड़े-बूढ़ों वाले नसीहत भरे लहज़े ने उसे झल्लाहट में डाल दिया। उस रात उसने पक्का इरादा कर लिया कि कल दिन चढ़े फाटक हबश ख़ाँ की हवेली का दरवाज़ा ज़रूर खटखटाऊँगा, हो सो हो।

रात भर इसी उधेड़बुन में उसे नींद न आई थी। लेकिन अगले दिन सूर्योदय होते ही उसकी तक़दीर का सूरज सबसे ऊँचे घर में पहुँच गया। अभी वो घर से निकलने की तैयारी ही में था कि राय किशनचन्द इख़लास का सन्देश पहुँचा कि बहुत जल्द जाकर मिल जाओ।

मुहम्मद तक़ी मीर ने राय किशनचन्द के घर तक की राह धड़कते हुए दिल और कँपकँपाते हुए हाथ-पाँव के साथ तय की। लेकिन वहाँ पहुँचकर तो बाछें ही खिल गईं। इख़लास कहीं जाने को तैयार था किन्तु उसने फ़ौरन बड़ी आवभगत के साथ मीर को बिठाया।

“आओ मियाँ जान ईद मिलो,” उसने हँसते हुए कहा, “मुझे महामंत्री बहादुर की पेशी में दीवान-ए-ख़ास पहुँचना है इसलिए देर तक बैठ नहीं सकता। बस मतलब की बात सुन लो। मुबारक़ हो।”

“काहे की मुबारक़ दे रहे हो राय साहब? कुछ बात खोलकर तो कहो।”

“मियाँ जान एतमादुद्दौला नुसरत जंग बहादुर ने बड़ी बाई साहब से फ़रमाया कि जिस काम के लिए उन्हें इस्फ़हान से दिल्ली जन्नत निशान तक आने का कष्ट दिया गया था, वह ईश्वर की कृपा से भली-भाँति सम्पन्न हुआ। अब उन्हें आज़ादी है। देहली सारे हिन्दुस्तान और दकन का दिल है, स्वर्ग समान है। अगर वो यहाँ तशरीफ़ रखना चाहें तो हवेली उनकी, सरकार के मुलाज़िमान भी उनके। परन्तु अब वो ख़ुद को एतमादुद्दौला बहादुर का पाबन्द न समझें। बस कभी-कभी उनकी दावत को स्वीकार कर महामंत्री जी के महल की रौनक़ बढ़ाने तशरीफ़ ले जाया करें तो बहुत मेहरबानी होगी।”

मीर का मुँह खुला का खुला रह गया, और जब वह बोला तो उसकी ज़बान में हकलाहट थी।

“ये, ये...क...कैसे हुआ और क्यूँ? कोई ब...बद्मजा करने वाली बात तो नहीं हो गई?”

“अमाँ नहीं। महामंत्री नवाव क़मरउद्दीन ख़ाँ साहब जैसे देवता समान और कढ़े हुए स्वभाव के व्यक्ति से ऐसी किसी बात का सवाल ही नहीं।” फिर उसने मीर के कान के पास मुँह ले जाकर धीमी आवाज़ में कहा, “दो बातें हैं, किन्तु एक ज़रा गोपनीय है।”

“सन्तुष्ट रहें, आप मेरी तबीयत से वाकिफ़ हैं।”

"इसलिए तो दोनों बातें बता रहा हूँ मियाँ जान।" इख़लास ने मीर की पीठ ठोंकते हुए कहा।

"पहली बात तो ये कि उम्दतुलमुल्क ने एतमादुद्दौला से निवेदन किया कि अनुमति हो तो वो भी कभी-कभी माँ-बेटी को अपने यहाँ कष्ट दें, या उनकी हवेली पर महफ़िलें हों तो उनमें शरीक़ हो सकें।"

"कौन उम्दतुलमुल्क, नवाब अमीर ख़ान अन्जाम?"

"हाँ और कौन यहाँ उम्दतुलमुल्क है? वही इलाहाबाद के सूबेदार, कोड़ा जहानाबाद और कड़ा मानिकपुर के फ़ौजदार शाही क़िले में आला हज़रत शाह-ए-हिन्द मुहम्मद शाह पादशाह ग़ाज़ी (ख़ुदा उनके मुल्क़ को सलामत रखे) के मुँह लगे अमीर।"

"भई सुब्हान अल्लाह," मीर ने कहा, "तो फिर एतमादुद्दौला बहादुर ने हाथ खेंच ही लिया? बड़ा जिगरा है उनका।"

"अजी इन बाई साहब लोग जैसी कितनी तो उनकी जेब में पड़ी रहती हैं।" राय किशनचन्द की यह बात मीर को बुरी लगी, लेकिन इस बार भी चुप रहना उचित जान कर उसने कुछ न कहा, केवल धीमी आवाज़ में यह पूछा, "और वो दूसरी बात?"

किशनचन्द इख़लास ने इधर-उधर देखा, जैसे इत्मीनान कर रहा हो कि पास कोई है तो नहीं। फिर मीर की तरफ़ बिलकुल झुककर उसने कहा, "दूसरी बात यह कि मीर इंतज़ामुद्दीन ख़ान बहादुर का आकर्षण कुछ नूरबाई साहब की तरफ़ दिखाई देता था। हज़रत महामंत्री को यह बात पसन्द न थी कि इस उठती उम्र में वह यह शौक़ शुरू कर दें, किन्तु स्वयं एतमादुद्दौला बहादुर का मेलजोल माँ-बेटी से रहा तो मीर इंतज़ामुद्दौला ख़ान बहादुर को अवश्य अवसर मिलते। लिहाज़ा सरकार ने वो जड़ ही काट दी।"

किशनचन्द इख़लास ने ज़ोर का ठहाका लगाया। उधर मीर के भी दिल में फुलझड़ियाँ छूट रही थीं, दोनों दोस्तों के लिए रास्ता अब पहले से बहुत बेहतर हो गया था। थोड़ी देर और बातचीत करके दोनों ने अपनी-अपनी राह ली।

घर पहुँचने के थोड़ी ही देर बाद, इसके पहले कि मीर अपने सौभाग्य पर दिल खोलकर नाज़ करता और नूरुस सआदत की हवेली को जाने के बारे में कोई योजना सोचता, एक चोबदर ने दस्तक दी, सलाम किया और एक मुहर लगी चिट्ठी मीर के हाथ में देकर यह कहता हुआ वापस चल दिया कि उत्तर की आवश्यकता नहीं है। मीर ने चिट्ठी खोली तो वह उसका अपना ही पर्चा था किन्तु हाफ़िज़ के शेर का पहला मिसरा जो उसने लिखा था उसके ठीक नीचे उसी शेर का दूसरा मिसरा अति सुन्दर लिखावट में अंकित था...

करमनुमा व फ़रुद-आ-कि-ख़ाना ख़ाना-ए-तुस्त

(कृपा करें और आ जाएँ कि यह घर आप ही का घर है)

मीर प्रसन्नता के तीव्र प्रवाह से मरते-मरते बचा। लेकिन जब ज़रा तबीयत सँभली तो उसने व्यवहारिक बातों पर ग़ौर करना शुरू किया। कब जाऊँ? पहले से सूचना भेजकर, मिलने का समय निश्चित कराके जाऊँ? कोई तोहफ़ा ले जाऊँ? अगर ले जाऊँ तो क्या ले जाऊँ? तोहफ़ा दोनों के लिए हो या एक के लिए? और अगर एक के लिए तो किसके लिए? क्या मालूम उनकी मर्ज़ी यह हो कि अभी आ जा, तोहफ़े नज़राने या समय निश्चित कराने

का प्रबन्ध न कर। परन्तु वहाँ मुझे कोई पहचानता तो है नहीं, अभी चला जाऊँ तो अपने बारे में क्या कहूँ, क्या कहकर ख़बर भेजवाऊँ? ये कहूँ कि नूर ख़ानम के बुलाए हुए मीर तक़ी जो शायर हैं, वो आए हैं? और अगर कोई पूछे कि सबूत क्या है तो क्या यह पर्चा दिखा दूँ? मगर वह कहीं बुरा न मान जाएँ कि मेरा ख़त दूसरों को क्यों दिखाया?

मीर मुहम्मद तक़ी इन्हीं विचारों में खोया हुआ था कि अचानक आवाज़ सुनाई दी, "बचिएगा जनाब। ज़रा हट के, मियाँ साहब होंत, ज़रा बचके।" उसने घबराकर सर उठाया तो देखा कि वह लाल कुएँ के बाज़ार से गुज़र रहा है और कुछ ही दूर पर फ़ाटक हबश ख़ाँ और फिर बड़ी बाई साहब की हवेली है। ऐ लो, मैं यहाँ कैसे और क्यूँ पहुँच गया? उसने अपने दिल में कहा। मैं घर से निकला कब। अब जो ज़रा और अक़्ल ठिकाने आई तो देखा कि वही पर्चा हाथ में है। शायद उसे देखते ही मैं निकल खड़ा हुआ, घर को कुंडी भी नहीं लगाई। उसने दिल में कहा कि यह कोई ऊपर वाले की सहमति की बात मालूम होती है। अब उनकी हवेली ही पर चलूँ, हो सो हो।

बड़ी बाई साहब की हवेली के शानदार मुख्य द्वार पर रोज़ से ज़्यादा चहल-पहल थी किन्तु आने जाने वाले अधिकांश कारीगर जैसे लोग मालूम होते थे। शायद किसी समारोह या जश्न का इंतज़ाम हो रहा था। कहीं चौकी-पहरे वाले मुझे भी इन्हीं कारीगरों में न समझ लें, उसने कुछ घबराकर दिल में कहा। लेकिन अब तो फाटक सामने ही था और रक्षकगृह से बाहर निकलकर एक लम्बे तड़ंगे विदेशी जैसे लगते आदमी ने फ़ारसी में किसी से कुछ कहा। लेकिन नहीं, उसका सम्बोधन तो उसी से था।

"आँ जनाब का शुभ नाम शायद मीर मुहम्मद तक़ी और तख़ल्लुस मीर है।" इसमें प्रश्न पूछने से ज़्यादा सूचना का लहज़ा था मानो वह व्यक्ति केवल सत्यापन कर रहा हो।

"जी हाँ, मैं ही मीर मुहम्मद तक़ी, शायर हूँ।" उसके हवास कुछ इतने खोए हुए से थे कि पहले यह जवाब उसने फ़ारसी में न देकर अरबी में दिया। लेकिन फ़ौरन ही रुककर फ़ारसी में वही बात दोहराई।

"तो तशरीफ़ लाएँ, जनाब का इंतज़ार है।"

या मौला, यह मैं क्या देख-सुन रहा हूँ? उसने दिल में कहा किन्तु वह लम्बा-तड़ंगा सन्तरी उसे तेज़-तेज़ क़दम चलाकर अन्दर की ड्योढ़ी तक ले आया। वहाँ उसने दरवाज़े पर दस्तक दी, एक उर्दाबेगनी बाहर निकली। रक्षक ने मीर की तरफ़ इशारा करते हुए उससे किसी अनजानी ज़बान शायद तुर्की में कुछ कहा और सलाम करके रुख़सत हुआ। उधर उर्दाबेगनी ने मीर को झुककर सलाम किया और उसे अपने पीछे-पीछे अन्दर तक ले आई।

मीर को ख़याल था कि मुझे दीवानख़ाने में ले जाया जाएगा लेकिन नहीं, उर्दाबेगनी उसे दीवानख़ाने से जुड़े हुए बाईं ओर के एक तंग से दरवाज़े पर ले गई। वह दरवाज़ा पर्दे में इस तरह छिपा हुआ था कि पहली नज़र में पता ही न चलता था कि वहाँ कोई दरवाज़ा भी है। दरवाज़े के पीछे कोई एक गज़ चौड़ा और पाँच-सात गज़ लम्बा गलियारा था जिसके आख़िर में दोनों तरफ़ दरवाज़े थे। एक दरवाज़े को उर्दाबेगनी ने आहिस्ता से खोला, और झुककर सलाम करते हुए मीर से फ़ारसी में कहा कि अन्दर तशरीफ़ ले चलिए।

कमरे में दीवार से दीवार तक क़ालीन था। हल्के हरे कंवल जल रहे थे, और लौंग के इत्र की हल्की मगर भीनी ख़ुशबू हवा में थी। कमरे के दूसरे सिरे पर क़ालीन की ही तरह का और क़ालीन जैसे कपड़े का भारी पर्दा था। शायद उसके पीछे कोई दरवाज़ा होगा, मीर ने ख़याल किया। एक दीवार से मिलाकर तुर्की शैली का दीवान बिछा हुआ था। उसके सामने ही उससे भिन्न, लेकिन न मालूम क्यूँ बिलकुल उचित लगती हुई दो कुर्सियाँ थीं। मीर को बाद में मालूम हुआ कि वो चीनी तुर्किस्तानी शैली की थी। बीच में एक नीची सी मेज़ पर फिर किसी अजनबी शैली में बनाया गया मेज़पोश था। मेज़ पर और दो ताक़ों में फूलदान, फूलदानों में ताज़ा फूल। एक तरफ़ को कुछ नीची सी चौकी, जिस पर हाथी दाँत के पतले पत्तर की बनी हुई शतरंज की बिसात, और हाथी दाँत ही के मुहरे। तुर्की दीवान के एक सिरे पर दो किताबें, लेकिन दोनों बन्द। उनकी सुन्दर ज़िल्दसाज़ी से मालूम होता था कि अत्यन्त बहुमूल्य और प्रेम से रखी, पढ़ी जाने वाली पुस्तकें हैं।

मीर की समझ में न आ रहा था कि यूँ ही खड़ा बौड़म सा हर चीज़ तकता रहूँ, या कुर्सी पर बैठ जाऊँ। देखने में तो ये घरेलू और अनौपचारिक सा मुलाक़ात का कमरा था जहाँ नूरुस सआदत अपनी हमजोलियों से मिलती होगी। मेरा बेझिझक बैठ जाना शायद अच्छा न समझा जाए, उसने अपने दिल में कहा। लेकिन यूँ खड़े-खड़े कब तक...वो निगाह झुकाकर अपने जूतों को देखने लगा जो वैसे भी कुछ अच्छी कोटि के न थे, और अब तो उन पर रास्ते की धूल भी ख़ूब जमी हुई थी। मुझे जूते उतारकर...

"तस्लीमात," किसी ने फ़ारसी में कहा, "मुझे आने में कुछ देर हो गई, शर्मिन्दा हूँ। किन्तु आप तशरीफ़ तो रखें।"

मीर ने हड़बड़ाकर सर उठाया। कमरे के दूसरे सिरे का पर्दा उठाकर नूरुस सआदत अन्दर आ गई थी परन्तु मीर को ख़बर भी न हुई थी। न जाने कब से वह मुझे इस तरह गवारों के समान कमरे में चारों तरफ़ ताकते और फिर अपने गन्दे जूतों पर ग़ौर करते देख रही होंगी। उसके पाँव लड़खड़ाए, और वह वहीं फ़र्श पर बैठ गया। ख़ुदा का शुक्र है कि ढेर न हुआ, उसने अपने दिल में कहा। पसीना भी पोंछने की हिम्मत न थी।

"म...मैं क्षमा चाहता हूँ," उसने नूरुस सआदत के क़दमों पर नज़र झुकाए हुए कहा, "म...मैं कु...कुछ खो...खो सा गया था।"

नूरुस सआदत आगे बढ़कर, नहीं बल्कि ज़मीन से एक क़दम ऊपर हवा में तैरती हुई सी आई और मीर के पास कुर्सी पर बैठ गई। वह मेरे इस क़दर नज़दीक क्यों आ गई...? मीर की समझ में कुछ न आया। उसने झुककर नूरुस सआदत के पैरों और जूतियों को प्यार किया, आँखों और माथे से लगाया, और फिर उन्हें अपने सीने से चिमटाकर यूँ जकड़ लिया गोया अब ज़िन्दगी इस जगह और इसी तरह गुज़ार देगा। वह बार-बार दोनों पैरों को चूमता रहा और उसके आँसू टपक-टपककर कभी नूरुस सआदत के पाँव और कभी उसके अपने ग़रीबान को तर करते रहे। नूरुस सआदत भी यूँ ही रोके-टोके बिना बैठी रही, मानो वह मीर के पास वाली कुर्सी पर इसी उद्‌देश्य से आ बैठी है। कभी-कभी वह उसके बालों में अपनी उँगलियों से हल्की-हल्की कंघी करती, कभी उसके बालों को थोड़ा उलझाकर फिर हाथ से बराबर कर देती। कहा परन्तु उसने कुछ भी नहीं, जैसे शब्दों की ज़रूरत न थी।

मीर यह कभी न बता सकता कि उस पर कितना समय इस हाल में गुज़रा, शायद उसे झपकी सी आ गई थी। इतना उसे याद रहा कि जब भी उसने अपना हाथ नूरुस सआदत के पाँव से आगे बढ़ाना चाहा, उसका हाथ झटक दिया गया। यहाँ तक कि वह नूरुस सआदत के हाथ भी न चूम सका। बस इतना ज़रूर था कि नूरुस सआदत ने अपनी बेहद लम्बी चोटियाँ अपनी कमर पर दोपट्टे से कस रखी थीं। कभी-कभी उन नीलाहट लिए काले गेसुओं की कोई लट मीर के हाथ लग जाती तो वह उसे भी आँखों से लगाता और प्यार करता।

उन दोनों में उस वक़्त की पहली मुलाक़ात जो याद रही शायद वास्तव में पहली न थी। मुमकिन है, दोनों ने कुछ स्वप्न के से अन्दाज़ में अपने प्रेम या कामनाओं को अभिव्यक्त किया हो। मीर ने एक शेर इस घटना के कोई पचास वर्ष बाद और फिर एक और शेर साठ-बासठ वर्ष बाद कहा था। उससे अन्दाज़ा होता है कि उस पहली मुलाक़ात में नूरुस सआदत के पाँव को चूमने और चूमते रहने ने उसके दिल पर कितना गहरा प्रभाव डाला था...

पाँव छाती पे मेरी रख चलता
याँ कभू उसका यूँ गुज़ारा था
पाँव पे सर रखने की मुझको रुख़सत[1] दी थी मीर उनने
क्या पूछो हो सर मेरे मिन्नत सी मिन्नत[2] है अब

"तुम्हें मैंने बहुत याद किया, और तुमने...?" उसने हिन्दी में कहा। उसकी आवाज़ में लबीबा ख़ानम की झमक थी, लेकिन नवउम्री के कारण उसमें चाँदी की घंटियों जैसी सफ़ाई थी, जैसे संगमरमर की कोई मूर्ति जिसकी हर लक़ीर अत्यन्त सफ़ाई और नज़ाकत से तराशी गई हो। उसकी हिन्दी रवाँ थी, किन्तु उसके लहज़े पर ईरानियत का प्रभाव स्पष्ट था। पुलिंग और स्त्रीलिंग में भी एक-आध बार ग़लती कर जाती थी। हिन्दी के भ, फ जैसे उच्चारण और ट, ड, ढ आदि को वह अभी अदा न कर सकती थी। यह ज़रा तोतलापन उसके मुँह से इस क़दर भला लगता था कि जी चाहता था हर शब्द पर मुँह चूम लीजिए।

"याद नहीं किया, जान और ईमान और मुहब्बत को दुआ देता रहा।"

"ये क्या बात हुई, क्या यह कोई नया ढंग है भूलने-भुलाने का?"

"नहीं तुम्हारी जान को दुआ देता रहा कि तुमने मुझे इतनी बड़ी दौलत बस उठाकर दे दी। उदारता हो तो ऐसी हो। और ईमान को दुआ करता रहा कि मेरे दिल में वो रहता या तुम्हारी सूरत। उसने चुपचाप तुम्हारे लिए जगह ख़ाली कर दी। और मुहब्बत को दुआ करता रहा कि मेरी जान न ले जाए कि मैं मुहब्बत करता रहूँ।"

"बातें अच्छी कर लेते हो।" उसने मीर के गाल पर हल्की सी चपत लगाई।

"नहीं, सच यह है कि याद करता भी क्योंकर...

तेरे बेखुद जो हैं सो क्या चेतें
ऐसे डूबे कहीं उछलते हैं

"चेतें?" उसने ठोड़ी पर हाथ रखकर ज़रा सोचने के लहज़े में पूछा, "चेतें का क्या अर्थ है?"

"हिन्दी वाले होश में आने को चेतना कहते हैं।" उसने जवाब दिया।

1. अनुमति, 2. एहसान, भलाई।

“दुरुस्त। तुम बढ़ा-चढ़ाकर बात करना ख़ूब जानते हो,” उसने फ़ारसी में कहा, “मगर शेर अच्छा कहते हो।”

“मुझे अपनी शायरी बहुत प्यारी है, कि उसी ने मुझे तुम तक पहुँचाया।”

“सो तो हुआ।” उसने अजब दिल को मोह लेने के से लहज़े में कहा, “लेकिन अगर तुम अच्छे आशिक़ साबित न हुए तो तुम्हारी शायरी किस काम की?”

“अच्छा आशिक़, यानी...” वह फिर कुछ गड़बड़ा गया।

“ये फिर बताऊँगी।” मीर ने समझा कि नूरुस सआदत यूँ ही कुछ ठिठोली कर रही है। लेकिन जब उसने सर उठाकर देखा तो उसके चेहरे पर बला की गम्भीरता थी। उसकी समझ में न आया कि क्या जवाब दूँ। बरबस उसकी ज़बान पर अपने ही ये शेर आ गए...

ख़ुर्शीद[1]-ए-सुब्ह निकले है इस नूर से कि तू
शबनम गिरह में रखती है ये चश्म-ए-तर कि हम
ये तेग है ये तश्त है ये हम हैं कुश्तनी[2]
खेले है कौन ऐसी तरह जाने पर कि हम

मीर का ख़याल था कि इन शेरों पर नूरुस सआदत कुछ ख़ुश होगी, लेकिन वो यह देखकर काँप गया कि उसकी आँखों में आँसू छलक रहे थे। उसे कुछ कहने की हिम्मत न पड़ी। और न वो समझ ही सका कि नूरुस सआदत के दिल में क्या बात खटक रही है। उसने उसका हाथ थाम कर दिलासे के कुछ शब्द कहने की कोशिश की लेकिन नूरुस सआदत ने अपना हाथ झिटककर छुड़ा लिया। कुछ देर सन्नाटा रहा।

“मेरे दिल में कुछ डर है।” आख़िर उसने मुँह पर से चुप की मुहर तोड़ी। मीर चौंककर कुछ कहने वाला था कि नूरुस सआदत ने ज़रा सख़्ती से कहा, “चुप, बस चुप सुनते रहो, नहीं तो मैं भी चुप हो जाऊँगी।”

मीर ने हाथ जोड़कर क्षमा माँगने का इशारा किया। इस पर अचानक वो थोड़ा हँस दी, “यह तरीक़ा तुम हिन्दियों का अच्छा है क्षमा माँगने का। मुँह से कुछ न बोलो, बस हथेलियाँ मिलाकर रह जाओ। अगला कुछ बोल ही न सके।” वह फव्वारे की तरह खिलखिलाई, “और तुम लोग बात-बात पर कान क्यों पकड़ते हो?”

मीर ने सोचा, मैं भी थोड़ा हँसा दूँ, शायद यही सिलसिला चल निकले।

“हाँ, हम लोग कान पकड़ते हैं मगर खाते नहीं...” नूरुस सआदत मुस्कुराई लेकिन बात काटकर बोली, “अच्छा मेरी बात सुनो। बस।”

वह अचानक फिर उदास हो गई, “बचपन ही से मैं कुछ स्वप्न देखती रही हूँ। कभी धुँधले, कभी धूप की सूई की तरह तेज़ और रोशन। और अब वो सपने विश्वास में बदल गए हैं।”

उसके बदन में हल्की सी कँपकँपाहट थी, जैसे तप आने वाला हो। उसने अपने पाँव खींचकर घुटने मोड़ लिए और सर उठाकर बैठ गई। इस तरह बैठने में उसके नाज़ुक-नाज़ुक पाँव जानुओं के नीचे छिप गए। कभी-कभी एड़ी या उँगली झलक जाती। सुराहीदार गर्दन उठी तो जोबन कुछ तन गए, कमर की तंगी और गात का उभार कुछ और स्पष्ट हो गया। ये सब अदाएँ जो नूरुस सआदत ने अचेतनता में अपनी माँ से प्राप्त की थीं मीर को बहुत

1. सुबह का सूरज, 2. मारे जाने के योग्य।

अच्छी लगीं। उसने नूरुस सआदत की जूतियों को और भी अपनेपन के साथ अपनी गोद में भर लिया।

नूरुस सआदत की आँखों के कोने आँसू से जगमगा रहे थे लेकिन उसने अपनी नज़रें मीर के चेहरे पर गाड़ दीं, और कहने लगी।

"मुझे रुसवा होना है। मैं तनहाई की मौत मरूँगी। और मेरी माँ...मेरी माँ मुझसे दुखी रहेंगी।"

"राजकुमारी, यह तुम क्या कह रही हो। क्या किसी ज्योतिषी..." लेकिन उसने फिर मीर की बात पूरी न होने दी, "मेरी तमन्ना है कि वो मेरा आशिक़ हो जो मुझे रुसवाई से, तनहाई की मौत से, और माँ को मेरे कारण दुखी होने से बचा ले।"

मीर सन्नाटे में आ गया। क़िस्मत का लिखा हो तो कोई उसे दुआ-ताबीज़ से बदलने की चेष्टा करे। जो रोग हो तो कोई दवा करे, जो बला हो तो कोई दुआ करे। लेकिन यहाँ तो दुनिया ही कुछ और थी।

"तुम्हारे नाज़ों के आसमान पर रुसवाई के हल्के से भी हल्के बादल का साया भी न आने पाएगा कि मैं तुम्हारी दुनिया से निकल जाऊँगा।" मीर ने कुछ देर चुप रहने बाद सँभल-सँभलकर कहना आरम्भ किया, "और तनहा तो तुम कभी हो ही नहीं सकती नूर ख़ानम। तुम तो अपने आप में स्वयं सम्पूर्ण हो। एकाकी होने का अर्थ यह नहीं कि चाहने वालों की भीड़-भाड़ न हो। तनहा न होने का अर्थ है आत्मिक सन्तुष्टि का होना, और वो तुम्हें शुरू से प्राप्त है और सदा प्राप्त रहेगी।"

फिर मीर ने 'जामी' की मसनवी यूसुफ़ जुलैख़ा के शेर बड़े जोश से पढ़े जो परमेश्वर के नितान्त सौंदर्य की शान में थे :

जमाल-ए-मुत्लक़ अज़ क़ैद-ए-मज़ाहिर
ब नूर-ए-ख़ेश हम बर ख़ेश ज़ाहिर
दिल आरा शाहिदे दर हजला-ए-ग़ैब
मुबर्रा दामनश अज़ तुहमत-ए-ऐब
सबा अज़ तुर्रा अश नुग्सस्ता तारे
नदीदह चश्मश अज़ सुर्मा ग़ुबारे
नवा-ए-दिलबरी बा ख़ेश मी साख़्त
क़िमार-ए-आशिक़ी बा ख़ेश मी बाख़्त

(नितान्त सौंदर्य जो दिखाई देने वाली चीज़ों में दिखाई नहीं दे सकता अपने ही नूर के द्वारा अपने ऊपर ज़ाहिर था। रहस्यमयी दैवीय कोठरी में एक माशूक़, दिलों को सजा देने वाला परन्तु उसका दामन किसी भी त्रुटि के आरोप से शुद्ध। हवा के किसी भी झोंके ने उसकी ज़ुल्फ़ों का एक तार भी नहीं तोड़ा और न उसकी आँखों ने किसी भी सुरमे की कोई धूल देखी। वह अपने ही साथ दिलों को उड़ा ले जाने वाला संगीत सृजित करता और आशिक़ी का जूआ अपने ही साथ खेलता।)

"तुम भी तो उसी हस्ती की परछाईं हो, उसी नूर का एक टुकड़ा हो। तुम्हारे लिए पतन कहाँ, तुम्हें तनहाई और रुसवाई से क्या डर?"

नूरुस सआदत का चेहरा दमक उठा, "सच कहा तुमने। ये किसके शेर हैं? मुझे और भी सुनाओ।"

मीर ने उस मौक़े के और बहुत से शेर पढ़े। नूरुस सआदत के दिल की धड़कनें शायद तेज़ हो गई हों लेकिन उसके मुखड़े पर दिल के ठहराव का ओज था।

कुछ देर बाद नूरुस सआदत ने मीर की गोद से अपनी जूतियाँ खींचकर पहनीं, लेकिन चलने के लिए उठी नहीं। मीर ने जूतियों के पहनने को अपने लिए संकेत समझा और उठने का इरादा किया तो नूरुस सआदत ने उसके कंधे को दबाकर ये इशारा दिया कि वह उसे अभी जाने नहीं देना चाहती। फिर वह बोली...

"जानते हो मैंने तुम्हें क्यों बुलवाया?"

"मुझे ज़मीन से उठाने और सम्मान देने को, और काहे को?"

"हुस्स, तुम मर्दों को केवल हरा ही हरा दिखाई सुनाई देता है। भले मूर्ख..." इस पदवी पर मीर तो गद्गद हो गया। सर झुकाकर बोला, "ठीक कहा तुमने मेरी जान और मेरी दुनिया तुम्हीं तो हो।"

"सुनो, उम्दतुलमुल्क ने अम्मा से बात की थी। मैं उनकी पाबन्द ठहरा दी गई हूँ, लेकिन गाने के सिवा कोई ख़िदमत न होगी। उम्दतुलमुल्क को यहाँ आना होगा तो कहलाकर आएँगे और अगर बुलाना होगा तो कई दिन पहले बता देंगे। साधारण समारोहों में तुम मुझसे मिल सकते हो, जनसाधारण की तरह। किन्तु यहाँ आने के लिए तुम्हे मेरे बुलावे का इंतज़ार करना होगा और..."

"तो क्या रोज़ मिलना न होगा?" मीर ने घबराकर पूछा।

"बहुत ख़ूब मीर साहब। आईने में आज मुँह नहीं देखा क्या?" वो हँसी किन्तु इस हँसी में ठिठोली करने का कोई लहज़ा न था। फिर गम्भीरता से बोली, "और देखो, हमारे यहाँ कब जाते हो, कब आते हो, इसकी ख़बर किसी को न हो।"

"मजाल नहीं जो इस आज्ञा से बाल बराबर भी आगे बढ़ूँ या पीछे हटूँ।" वह मुस्कुराया, "और अपने ख़ज़ाने का प्रचार, पक्का मूर्ख ही हो जो यह काम करे।"

"अब सिधारो, बहुत बातें न बनाओ। मर्द बच्चों के छिछोरेपन का हाल मैं भली-भाँति जानती हूँ। परन्तु सुन रखो, मुझे रुसवा किया तो पछताओगे।" यह कहते-कहते वह उठ खड़ी हुई, "देखो, परसों शुक्रवार की रात को मेरा इस शहर, बल्कि सारी ज़िन्दगी का पहला मुज़रा है। उम्दतुलमुल्क के यहाँ। आ सको तो आना।"

"जान दरमियान हो तब भी आऊँगा।" मीर ने सर झुकाकर सीने पर हाथ रखा। नूरुस सआदत ने सलाम के लिए हाथ उठाया था कि न जाने किस तरह वह एक क़दम आगे बढ़ आई और उसने ख़ुद को मीर की बाँहों में पाया। मीर ने उसके मुँह, माथे, नाक, कान, गर्दन और गालों पर दर्जनों प्यार कर डाले। नूर ख़ानम थोड़ी देर तो क़समसाई, फिर अपने चुपके से मीर के मुँह को ख़ुद प्यार करके अपना सर उसके सीने पर टिका दिया। परन्तु जब मीर ने अपनी ही पंक्ति 'ऐ काश वो ज़बान हो अपने दहन (मुँह) के बीच' के अनुसार काम करना चाहा तो नूरुस सआदत ने उसके सीने पर हाथ रखकर उसे आहिस्ता से पीछे धकेलते हुए कहा, "अब जाओ, निकलो। नहीं तो चाँटा मार दूँगी।"

मीर को कुछ याद नहीं कि वह किस तरह बाहर आया और उस समय घड़ियाल ने क्या बजाया था। न उस मुलाक़ात का कोई हाल ही वह उस वक़्त या उसके कुछ दिन बाद भी काग़ज़ पर अंकित कर सका। लेकिन उस पहली बार का आलिंगन और नूरुस सआदत को

अपनी बाँहों में भर लेना और उसकी लज़्ज़त और हृदय की प्रफुल्लता उसे शायद कभी न भूली। वह आजीवन इस पर घमंड करता रहा जैसा कि उसके दिल के खिलेपन से भरे निम्नांकित शेरों से पता चलता है जो उसने कई वर्ष बाद लिखे :

बख़्त-ए-बरगश्ता[1] फिर जो यार हुए
इस तरह मुझसे वै दो चार हुए
वै तो हर चन्द अपने तौर के थे
पर तसर्रुफ़[2] में एक और के थे
करते ज़ाहिर में इहतियात बहुत
मुझसे भी रखते इख़्तिलात[3] बहुत
रफ़्ता रफ़्ता सुलूक[4] बीच आया
हाथ पाँव को अपने लगवाया
गाह बेगाह[5] पाँव फैलाते
मेरी आँखों से तल्वे मलवाते।
हँस के सीने पे पाँव रख देते।
दिल गेरा यूँ भी हाथ में लेते।
गह गहे[6] दस्त[7] दी हम आग़ोशी।
हम सरी[8] हम किनारी[9] हम दोशी[10]।

जिस दिन मुहम्मद तक़ी मीर और नूरुस सआदत के बीच में प्रेमालाप हुआ, उसके अगले दिन तीसरे पहर को राय किशनचन्द इख़लास असाधारण सज-धज और आन-बान के साथ फाटक हबश ख़ान की हवेली पर पहुँचा। पीछे एक नौकर झउआ सर पर रखे हुए, उसके पीछे दो और नौकर सरों पर सीनी लिए हुए। झउए और सीनी सब पर सुनहरे काम के कपड़े का सरपोश। राय इख़लास को फ़ौरन दीवानख़ाने में बिठाया गया। तीनों नौकर दीवानख़ाने के दरवाज़े पर बारादरी में रहे। किशनचन्द को इस्फ़हान की पहली मुलाक़ात याद आई। उसने दिल में दुआ की कि जिस तरह उस मुलाक़ात का अंजाम अच्छा हुआ उसी तरह इसका भी परिणाम ठीक हो।

कुछ ही क्षणों बाद लबीबा ख़ानम दीवानख़ाने में दाख़िल हुई। राय किशनचन्द ने सीधे खड़े होकर ससम्मान तीन बार सलाम किया और कहा–

"बड़ी ख़ानम हवा के झोंकों की स्वाधीनता मुबारक़ हो।"

लबीबा को राय किशनचन्द का मतलब समझने में कुछ देर न लगी। किन्तु उसने अनजान बनकर कहा, "बहुत ख़ूब, आपको भी मुबारक़ हो। परन्तु विशेष रूप से मुझे ये मुबारक़बाद क्यों?" शायद वह चाहती थी कि किशनचन्द की ज़बान से मतलब के शब्द साफ़-साफ़ अदा हों और असल बात का आरम्भ भी वहीं से हो।

"ज़नाब-ए-आलिया, दिलों पर एक रोक थी, वह हट गई। अब आप किसी की पाबन्द नहीं और मैं वफ़ादारी की कँटीली जंज़ीरों में बँधा हुआ नहीं। हाथ-पाँव आज़ाद हैं।"

---

1. उल्टी हुई क़िस्मत, 2. कब्जा, 3. मिलना-जुलना, 4. मेहरबानी, 5. कभी न कभी, 6. कभी न कभी, 7. मौक़ा, 8. निकट आ जाना, 9. पहलू मिलाना, 10. कंधे से कंधा जोड़ना।

वो हँसी, "बँधे हुए हाथ-पाँव धरे रह जाते हैं तो खुले हुए हाथ-पाँव टूटते भी हैं, ख़ासकर जब वो गुस्ताख़ हों।"

"जो गुस्ताख़ होते हैं, वफ़ादार नहीं होते।"

"दुरुस्त, हाथ कंगन को आरसी क्या।" उसके लहज़े से पूरी तरह स्पष्ट था कि वह इस वार्ता से हर्षित है। राय किशनचन्द ने इशारा किया तो तीनों नौकर एक-एक करके अन्दर आए। उन्होंने अपने सरों का बोझ उतारकर क़ालीन पर रखा, फिर सात सलाम करके उल्टे पाँव बाहर चले गए।

"राय साहब आज क्या ले आए और किसके लिए?" बड़ी ख़ानम अब भी उसे छेड़ने ही के अन्दाज़ में थी।

"उसके लिए जिसके लिए सृष्टि की भरी महफ़िल की हर चीज़ है। जिसके पास सब कुछ है किन्तु एक चीज़ नहीं।"

"वो क्या चीज़ है और आप क्या वही लेकर आए हैं?" लबीबा ख़ानम ने पहली बार कुछ ऐसे लहज़े में बात की जिसमें ज़रा लगाव की महक थी।

"वो तो मैं रोज़ ही लाता हूँ लेकिन आप ध्यान ही नहीं करतीं।"

"अच्छा, ऐसी कौन सी चीज़ है? आप तो अच्छे-ख़ासे शायर थे। मीर हैदर मुअम्माई के शागिर्द कब से हो गए कि पहेलियाँ बुझा रहे हैं?"

राय किशनचन्द का दिल ज़ोर से धड़का, कहूँ या न कहूँ उसने अपने दिल से पूछा। दिल ने कहा, कह दे। इससे बढ़कर अवसर कौन सा होगा? और अगर कहना नहीं था तो इस तरह तैयार होकर आया क्यों था? उनके नाराज़ होने का ख़तरा है? वो तो है ही। कब न था? 'सब कहने की बातें हैं कुछ भी न कहा जाता', उसे मुहम्मद तक़ी मीर की पंक्ति याद आई।

"क्या हुआ, चुप क्यों हो गए ज़नाब? बात शुरू की तो उसे ख़त्म भी करते। या क्या देहली वालों की परम्परा इन बातों में कुछ और है?"

इख़लास को इन शब्दों में साफ़-साफ़ अनुमति बल्कि निमंत्रण दिखाई दिया। आख़िर वह बोल पड़ा, "आपके यहाँ जो चीज़ नहीं है वह किशनचन्द इख़लास के पगचिह्न हैं कि आपकी चौखट के आगे जाने की उनको आज्ञा ही नहीं।"

बड़ी ख़ानम निश्चित रूप से ऐसी ही किसी बात की अपेक्षा कर रही थी। परन्तु जब वह बात कही गई तो उसके हृदय पर चोट सी पड़ी। उसे कुछ भय और कुछ जोख़िम का भी एहसास हुआ और हर्ष के कम्पन का भी। उसका चेहरा इन अलग-अलग तरह के भावों को आईना दिखाने में असमर्थ था, और यह आसान था कि वह चुप होकर आँखों में आँसू भर लाए।

राय किशनचन्द घबरा गया कि अब क्या करूँ, क्या कहूँ। वह अपनी जगह से उठकर लबीबा का हाथ अपने हाथ में लेने का साहस जुटा रहा था कि वो बहुत धीमी आवाज़ में बोली, "राय किशनचन्द आपने मुझे बड़े संकट में डाल दिया। मैं ख़ुद को इस सम्मान के योग्य नहीं समझती।"

"यह आप क्या फ़रमाती हैं? मैं अलबत्ता..."

लबीबा ख़ानम ने अजब शाहाना अन्दाज़ में हाथ उठाकर इख़लास को आगे कुछ कहने से रोका, फिर वह कहने लगी...

"मुझे बायज़ीद शौक़ी के बाद और उसके पहले भी कोई शख़्स न मिला जिसकी तरफ़ देखने का भी मेरा जी चाहे।"

अचानक उसके लहज़े में लगाव की हल्की सी गर्मी पैदा हो गई, "तुमको देखने और तुमसे बात करने की ओर मेरा जी कुछ झुकने लगा तो मैं बहुत डरी। मैं तो हमेशा के लिए बायज़ीद से ब्याही जा चुकी हूँ, एक बार नहीं जीवन की हर साँस के साथ। तुम्हारी दिलचस्पी भी मुझ पर खुल चुकी थी, लेकिन मुझे उससे कोई डर न था। डर तो मुझे अपने से था, और है..."

उसने रुककर अपने आँसू सुखाए। मैं प्रेम अभिलाषा के कारोबार में निर्धन और निहत्थी हूँ किन्तु तुम्हारी बातें न जाने कहाँ से ख़ज़ाने लेकर आ जाती हैं और मेरे क़दमों और दामन को तमन्ना के मोतियों से भर देती हैं। मैं न चाहती थी कि पर्दा खुले और बात आगे बढ़े। मेरे दिल का, मेरी आत्मा का बड़ा हिस्सा राख जैसी रेत का चलता बढ़ता मैदान बन चुका है। वहाँ कुछ ठहर नहीं सकता, उग नहीं सकता। किन्तु जो सलामत है उसके गली-कूचों में तुम मुझे आवाज़ देते हुए से लगते हो।"

वह चुप हो गई। शायद वह किशनचन्द की तरफ़ से किसी जवाब, किसी वादे, किसी प्रतिज्ञा या घोषणा की अपेक्षा कर रही थी, या शायद उसमें अब आगे कुछ कहने की सामर्थ्य न थी। किशनचन्द इख़लास मूर्तिवत चुप बैठा अपने दिल की धड़कन सुनता रहा। एक लम्बी चुप्पी के बाद वह बोली...

"क्या जाने रेत और राख की ये बस्ती तुम्हें रास भी आएगी, कहीं तुम उसकी वीरानियों से घबरा न उठो।"

"ऐसा न कहो, ऐसा हरगिज न होगा।"

"मैं तुम्हें चौखट के पार तो बेशक बुला लूँ," उसने गोया राय किशनचन्द की बात सुनी ही नहीं थी, "लेकिन वहाँ बहुत वीराना है।"

"उस वीरानी में जान दे देना मुझे दिल्ली पर राज करने से बेहतर है," इख़लास ने दृढ़ता से कहा, "हम दोनों ही उकताहट की मंज़िलों से बहुत दूर आ चुके हैं। और बच्चों की तरह जी बहलाने और ख़ुश करने के रंग भी हमारे दिलों से कब के उड़ चुके हैं। कामुकता तुममें कभी थी नहीं और मैं कामुकता की नगरी के हर कूचे में मुद्दतों आया-गया हूँ। अब वहाँ मेरे लिए आकर्षण का कोई सामान नहीं।"

वह अचानक उठ खड़ा हुआ, "फिर अब काहे का डर। तुम रवि हो मैं धूल का कण। कण कितना ही मटमैला हो चुका हो रवि की चमक के अन्दर आकर उज्ज्वल हो ही जाता है। और सूर्य पर कितना ही ग्रहण क्यों न हो लेकिन कफ़न के दामन पर शोभा के लिए दाग़ तो दे ही सकता है।"

राय किशनचन्द इख़लास का अगला क़दम उसे लबीबा ख़ानम के बराबर ले आया। वह झिझककर कुछ पीछे हटी लेकिन इख़लास ने उसकी ठोड़ी उठाकर उसकी आँखों में देखा, उसे अपनी ओर खींचा। किसी विरोध के बिना वह मानो बेइरादा उसके सीने से आ लगी।

उम्दतुलमुल्क नवाब मुहम्मद मीर ख़ान अंजाम के बाप का नाम मीर ख़ान था, लेकिन औरंगज़ेब ने मेहरबानी के तौर पर उसमें एक अलिफ़ लगाकर अमीर ख़ान कर दिया। शाह

नेमतुल्लाह वली उनके पूर्वज थे। नवाब अमीर ख़ान को औरंगज़ेब के दरबार में विशेष निकटता प्राप्त थी। वही स्थिति अब उनके बेटे की थी जो उम्दतुलमुल्क की पद्वी से सम्मानित और मुहम्मद शाह पादिशाह के विशिष्ट सरदारों में थे।

मुहम्मद अमीर ख़ान छोटे क़द के दुबले-पतले व्यक्ति थे। उनकी बोटी-बोटी से सूझ-बूझ और बुद्धिमानी टपकती थी। छोटे डील के बावज़ूद वह अपनी चमकीली आँखों, मुस्कुराते हुए चेहरे, बात को जल्द पा जाने की दक्षता रखने और हाज़िर जवाबी के कारण हर महफ़िल में उच्चतम दिखाई देते थे। सरकारी और वित्तीय नियंत्रण, देश की व्यवस्था भली-भाँति चलाने तथा एल्चीगरी में उस वक़्त कोई उनके मुक़ाबले पर न आ सकता था। उसके ऊपर काव्य में उनकी समझ, स्वयं कविता करना और उदारता। सैकड़ों ही गुणी-ज्ञानी लोगों की सरपरस्ती और पालन-पोषण उनकी सरकार से होते थे। कवियों और गाने-बजाने वालों पर उनकी विशेष कृपा रहती थी। संगीत विद्या के इतने बड़े माहिर कि बड़े-बड़े डोम और कलावन्त उनके आगे कान पकड़ते थे। स्वयं वे फ़ारसी के शायर थे, रेख़्ता बहुत कम कहते थे परन्तु इस कला की बारीक़ियों से भी वे भली-भाँति परिचित थे। निगाह अक़सर नीची रखते और जितना गर्म और मज़ेदार फिकरा कहते, उसी प्रकार गम्भीरता से निगाह नीची रखकर सहज रूप से कहते थे। छोटे क़द और नाज़ुक हाथ-पाँव के कारण कभी-कभी वो ज़नाना परिधान पहन लेते तो लोगों के लिए उन्हें पहचानना अत्यन्त कठिन हो जाता।

जुलाई 1734 में जब विख्यात ईरानी शायर शेख़ अली हंज़ीं जान बचाकर और दुर्दिन में ईरान से देहली आए तो सबसे पहली चौखट जिस पर उन्होंने माथा रखा वह उम्दतुलमुल्क की हवेली ही थी। और नवाब ने अली हंज़ी की अधिकांश आशाओं से बढ़कर उनकी सरपरस्ती की। स्वयं उन्होंने जो कृपाएँ अली हंज़ी के साथ कीं वो तो अलग, सबसे बड़ी बात ये कि उम्दतुलमुल्क ने उन्हें मुहम्मद शाह के दरबार तक पहुँचवाने की व्यवस्था कर दी। वहाँ से शेख़ अली हंज़ीं को बीस लाख रुपए की भारी धनराशि एकमुश्त प्रदान हुई। अब इसे शेख़ के मिजाज़ की टेढ़ और स्वभाव की कड़वाहट कहें या नेक़ियों को भुला देने की उनकी आदत और घमंड आदि के बावज़ूद वो हिन्द देश को 'काले दिनों वाला शयनकक्ष' और यहाँ के शायरों को निरर्थक कहते थे और हिन्दुस्तान के फ़ारसी कवियों को प्रामाणिक समझना तो दूर उन्हें मापदंड से निम्न और भाषा की कोमलताओं से अनभिज्ञ जानते थे।

एक बार शहज़ादा अहमद शाह के दूध शरीक़ भाई नवाब अशरफ़ अली ख़ान फ़ुग़ाँ ने मुहम्मद शाह पादिशाह के समक्ष मतला पढ़ा :

शम्अ रु[1] मत राह दे ख़िलवत में परवाने के तईं
ऐ तेरे क़ुर्बान हम क्या कम हैं जल जाने के तईं

सबने प्रशंसा की। उम्दतुलमुल्क ने कहा, "नवाब साहब, शेर यूँ तो निहायत रंगीन और मज़मून निहायत रोशन है। लेकिन अगर 'ऐ तेरे क़ुर्बान' की जगह 'ऐ तेरे बल जाएँ' इरशाद होता तो मतला किसी और ही कोटि का हो जाता, क्योंकि 'बल जाएँ हम' का वाक्य परवाने के जल जाने के साथ सबसे अनुकूल प्रतीत होता है।"

1. चेहरा

सब यह सलाह सुनकर फड़क उठे, यहाँ तक कि हज़रत ज़िल्ले सुब्हानी ने भी अपनी मुबारक़ ज़बान से फ़रमाया :

"सुब्हान अल्लाह ऐ तेरे बल जाएँ हम। उम्दतुलमुल्क ने ठीक कहा शेर की काया में जान पड़ गई।"

ख़ान-ए-दौरां शम्सामुद्दौला अब्दुसमद ख़ान बहादुर जंग, जिन्होंने अपनी बहादुरी, समस्याओं के समाधान और दूरदर्शिता के कारण बड़ा नाम पैदा किया था, हमेशा इस फ़िक्र में रहते कि उम्दतुलमुल्क को लाजवाब कर दिया जाए, इसलिए एक बार भरे दरबार में उन्होंने बहुत सोच-समझकर एक बात कही...

"ज़िल्ले सुब्हानी अनुभव बताता है कि हर वह समुदाय जिसके नाम में शब्द 'बान' लगा होता है, उसके लोग फ़सादी और बहुधा ग़द्दार निकले हैं, जैसे शुतुरबान गाड़ीबान, बहलीबान, आदि।"

बादशाह ने उम्दतुलमुल्क की तरफ़ देखा, उन्होंने दायाँ हाथ सीने के बाएँ तरफ़ रखा और ख़ान-ए-दौरां को सम्बोधित करके कहा, "दुरुस्त है मेहरबान।"

ऊँची आवाज़ से हँसने का तो कोई प्रश्न ही न था कि ये बादशाही, रोब और आदर के प्रतिकूल थी। लेकिन ख़ान-ए-दौरां की शर्मिंदगी के ख़याल से किसी ने आँख भी ऊँची न की। नादिरशाह के हमले में जिन मुहम्मदशाही सरदारों ने दिल्ली की रक्षा में अपनी जान की बलि दी उनमें ख़ान-ए-दौरां अब्दुसमद ख़ान भी थे।

उम्दतुलमुल्क का उदार हाथ मीर मुहम्मद तक़ी तक भी कभी-कभी पहुँच जाया करता था। इस तरह दोनों में आपसी परिचय तो था ही, और इस समय तो नवाब रियायत ख़ाँ का भी सम्बन्ध था, इसलिए मीर को उम्दतुलमुल्क की आलीशान हवेली में निर्धारित समय प्रवेश मिलने में कोई कठिनाई न हुई।

उस वक़्त नूरबाई की प्रसिद्धि और विशेषकर ये बात कि यह उनका पहला मुजरा है देहली के बच्चे-बच्चे की ज़बान पर थी। बहुत से बड़े लोग तो बिन बुलाए पहुँच गए थे, और मुख्य द्वार के बाहर कान लगाकर सुनने वालों की तो गिनती थी। संयोग से मीर को एतमादुद्दौला के रिश्तेदारों और हवाली-मवाली के साथ जगह मिली, इसलिए वह महफ़िल का मज़ा भली-भाँति ले सका। उसने अपने सौभाग्य पर शुक्र किया कि जहाँ वो था वहाँ गाने वाली की आवाज़ और हर साज़ की आवाज़ साफ़ सुनी जा सकती थी।

नूर ख़ानम की तरफ़ नज़र भरकर देखने की तो सम्भावना ही न थी लेकिन मीर जहाँ बैठा था वहाँ से गानेवालियों और बजाने वालों में कुछ विशेष दूरी न थी इसलिए वह इधर-उधर नज़रें करने के बहाने उसे भी देख लेता था। नूरुस सआदत ने एक बार उससे आँखें चार कीं लेकिन इस तरह जैसे ये बात बस संयोगवश हो गई हो। बड़ी ख़ानम भी मौज़ूद थीं, किन्तु उन्होंने मीर और मीर ही क्या किसी की ओर भी न देखा। वह केवल उम्दतुलमुल्क और एतमादुद्दौला के सलाम को उठीं। शेष सरदारों और रईसों को उन्होंने बैठे ही बैठे झुककर तस्लीम की।

जब महफ़िल ठीक से सज चुकी तो लबीबा ख़ानम ने दो जानू होकर सब श्रोताओं को औपचारिक सलाम किया और फ़ारसी में एक छोटा सा औपचारिक वक्तव्य दिया जिसका हिन्दी अनुवाद इस प्रकार है—

"पूज्य नवाब उम्दतुलमुल्क बहादुर, आदरणीय सरपरस्तों एवं मित्रों आप सब कला में दक्ष और ज्ञानी-गुनी हैं। ये बच्ची हर लिहाज़ से अभी पाठशाला में पढ़ने वाली शिष्या से बढ़कर नहीं और यह उसकी प्रथम सभा है। जो कुछ ये प्रस्तुत करे, उसे संशोधन की निगाह से मुलाहिजा करें और उसकी त्रुटियों को क्षमा करें। साधारणतः बड़ों से पहले छोटों को ग़ज़ल सुनाने या गीत गाने का अवसर दिया जाता है। परन्तु यह समय विशेष समय है, इसलिए मैं इस आकाशगंगा जैसी सभा का आरम्भ हज़रत मौलवी रूमी साहब की एक रुबाई से करती हूँ। यह बच्ची भी रूमी ही का क़लाम प्रस्तुत करेगी।"

उम्दतुलमुल्क ने कोई संकेत अवश्य दिया होगा किन्तु कोई उसे देख न सका। ऐसा लगा कि उनका दरबारी दरोग़ा अपने आप ही आगे आया, उसके पीछे दो चोबदार दो बड़ी सीनियाँ लिए हुए। उम्दतुलमुल्क ने एक सीनी पर से कश्मीरी जामावार का दुशाला उतारकर नूर ख़ानम को पहनाया। दूसरी सीनी पर से उन्होंने ढाके की मलमल का एक थान उठाया जिसे गोल लपेट कर मोटाई में मर्दाना तर्जनी के बराबर कर दिया गया था और जिसके दोनों सिरों पर सोने के छल्ले चढ़ा दिए गए थे। ये थान उन्होंने बड़ी ख़ानम को पेश किया। दोनों ने उठकर और सीधे खड़े होकर अपने तोहफ़े स्वीकार किए।

हर तरफ़ सन्नाटा हो गया। बड़ी ख़ानम ने उम्दतुलमुल्क को सम्बोधित करके रूमी की रुबाई राग भैरवी में गाई :

आँ रा कि ख़ुदाए चूँ तू यारे दादअस्त
ऊ रा दिल-ओ-जान-ए-बेक़रारे दादअस्त
ज़िन हार तमा मदार ज़ाँ कस कारे
ज़ी रा कि ख़ुदाशा तुर्फ़ा कारे दादअस्त

(जिसको भी ख़ुदा ने तुझ जैसा माशूक़ दिया है उसे एक बेचैन दिल और जान भी प्रदान किया है। उससे किसी भी काम की अपेक्षा न रख क्यूँकि ख़ुदा ने तो उसे कुछ और ही काम दे दिया है।)

श्रोताओं की पंक्तियों से बरबस वाह-वाह और सुब्हान अल्लाह का शोर उठा। ख्वाज़ा नासिर अन्दलीब के दोनों आदरणीय पुत्र सैयद ख़्वाज़ा मीर दर्द और सैयद मुहम्मद मीर असर जिन्होंने अभी सूफ़ियाना जीवन नहीं आरम्भ किया था, रईसों की पंक्ति में बिलकुल आगे बैठे थे। दाद देते उनकी ज़बान न थकती थी। इसी बीच अन्दर से उर्दाबेगनी ने आकर उम्दतुलमुल्क से कान में कुछ कहा। उम्दतुलमुल्क अपनी जगह से उठे और उन्होंने बड़ी बाई साहब से कुछ कहा। मालूम हुआ कि अन्दर बेगमात, ख़ासकर एतमादुद्दौला की बहू यानी मीर मुईनुद्दीन ख़ान बहादुर उर्फ मीर मुन्नू की बीबी मुग़लानी बेगम की फ़रमाइश है कि पर्दे में बैठी बेगम साहबों की कुर्सियाँ ठीक जगह पर नहीं हैं, उन्हें गाने की आवाज़ साफ़ सुनाई नहीं दे रही है। कुर्सियों को दोबारा सही जगह पर लगाया जा रहा है जितनी देर तक उनकी जगहें पुनः ठीक करके न लग जाएँ नूरबाई साहब को गाने का कष्ट न दिया जाए।

जितनी देर में चुपके-चुपके ये बातें हुईं अन्दर से संदेशा आ गया कि अब सब ठीक है, सभा दोबारा आरम्भ हो। नूर ख़ानम ने सीधे खड़े होकर सबको सलाम किया और फ़ारसी में कहा, यदि मेरे गाने में कोई कमी हो तो उसे मेरी अल्पायु समझकर

क्षमा करें। फिर उसने मौलाना रूमी की रुबाई अमीर ख़ुसरो के आविष्कृत राग यमन कल्याण में गाई :

कै बाशद-ओ-कै बाशद-ओ-कै बाशद-ओ-कै
मैं बाशद-ओ-मैं बाशद-ओ-मैं बाशद-ओ-मैं
मन बाशम-ओ- मन बाशम-ओ-मन बाशम-ओ-मन
वै बाशद-ओ-वै बाशद-ओ-वै बाशद-ओ-वै

(कब होगा और कब होगा और कब होगा और कब, शराब हो और शराब हो और शराब हो और शराब, मैं हूँ और मैं हूँ और मैं हूँ और मैं, वो हो और वो हो और वो हो और वो ;)

सैयद ख़्वाजा मीर दर्द और सैयद मुहम्मद मीर साहबान तो झूम-झूम उठे कि मानो अब वो उठकर नृत्य करने लगेंगे। मीर के गाल आँसुओं से भीग गए और महफ़िल में तो कोहराम सा मच गया। बड़ी ख़ानम की पुख़्ता पुराने ताँबे की घंटियों जैसी सच्ची और ठुकी हुई आवाज़ के मुक़ाबले में नूर ख़ानम की ज़रा कुवाँरापन लिए हुए, कुछ बारीक़, चाँदी के घुँघरूओं जैसी आवाज़, राग यद्यपि अपेक्षतया सादा लेकिन अदायगी बिलकुल सच्ची और गति न विलम्बित न द्रुत, बल्कि कहीं बीच की सी। और कलाम में पैग़म्बरों के बोल जैसा ज़ोर और जोश। बाद में मालूम हुआ कई बेगमात बेहोश हुईं, उन्हें होश में लाने के लिए जड़ी बूटियाँ सुँघानी पड़ीं और कई बुज़ुर्गों की ख़िदमत में ख़मीरा मखारीद पेश किया गया।

जब हंगामा कुछ कम हुआ तो साज़िन्दों ने दोबारा साज़ ठीक-ठाक किए और नूरुस सआदत ने राग जोगिया में मौलाना रूमी की ग़ज़ल आरम्भ की :

अन्दर दो कौन जाना बे तू तरब न दीदम
दीदम बसे अजायब चूँ तू अजब न दीदम
गोयन्द सोज़-ए-आतश बाशद नसीब-ए-काफ़िर
महरुम-ए-आतश-ए-तू जुज़ बू लहब न दीदम
मन बर दरीचा-ए-दिल बस गोश-ए-जाँ निहादम
चन्दाँ सुख़न सुनीदम अम्मा दो लब न दीदम
ऐ साक़ी-ए-गुज़ीदह मनिन्दत ऐ दो दीदह
अन्दर अजम न यामद अन्दर अरब न दीदम
चन्दाँ बि रेज़ बादह कज़ ख़ुद शवम पियादह
कन्दर ख़ुदी व हस्ती गैर-ए-तअब न दीदम
ऐ शीर-ओ-ऐ शकर तू ऐ शम्स-ओ-ऐ क़मर तू
ऐ मादर-ओ-पिदर तू जुज़ तू न सब न दीदम
पौलाद पारहा यम आहन रुबास्त इश्क़त
अस्ल-ए-हमा तलब तू दर तू तलब न दीदम

(ऐ जान मैंने तेरे बग़ैर दोनों संसारों में सुख न देखा। मैंने बड़ी-बड़ी अजीब चीज़ें देखीं मगर तुझ जैसी अजब चीज़ न देखी। लोग कहते हैं कि आग की जलन उसके नसीब में है जो तुझे झुठलाए, किन्तु मैंने तो अबू लहब (पैग़म्बर साहब का जानी दुश्मन) के सिवा किसी को तेरी आग से वंचित न देखा। मैंने जान लगाकर अपने दिल की खिड़कियों से सुनना चाहा, मैंने सुनी तो बहुत सी बातें लेकिन (कहने वाले) दो होंठ न देखे। ऐ सबके चुने हुए

साक़ी तुझ जैसी दो आँखें न तो अजम में (ईरान) उतरीं और न मैंने अरब में देखीं। इतनी शराब लुढ़ा कि मैं स्वतः गिर जाऊँ (अपना आपा खो दूँ), क्योंकि अहम में और हस्ती में मैंने दुख छोड़ कुछ न देखा। ऐ तू जो दूध है और तू जो शकर है और ऐ तू जो सूर्य है और ऐ तू जो चन्द्रमा है और ऐ तू जो मेरा माँ-बाप है मैंने तेरे सिवा कोई वंशावली न देखी। मैं लोहे के टुकड़े समान हूँ और तेरा इश्क़ चुम्बक है, सारी आकांक्षा का सत तू है पर मैंने तुझमें कोई आकांक्षा न देखी।)

उस महफ़िल का हाल बयान करने के लिए कवि रूमी ही की क़लम काम आ सकती है। मीर ने कई वर्ष बाद कुछ महफ़िलों में अपनी ग़ज़ल गाए जाने के बारे में कुछ शेर लिखे थे। सच तो यह है कि इन शेरों की प्रेरणा नूरुस सआदत की उस पहली महफ़िल से मिली थी जिसका कुछ वर्णन ऊपर किया गया। मीर ने लिखा :

मुतरिब[1] ने पढ़ी थी ग़ज़ल इक मीर की शब को
मजलिस में बहुत वज्द की हालत रही सब को

इस ग़ज़ल पर शाम से तो सूफ़ियों को वज्द[2] था
फ़िर नहीं मालूम कुछ मजलिस की क्या हालत हुई

मुतरिब से ग़ज़ल मीर की कल मैंने पढ़ाई
अल्लाह रे असर सबके तईं रफ़्तगी[3] आई

इस महफ़िल के बाद नूरबाई साहब की प्रसिद्धि और सम्मान को पर लग गए। उम्दतुलमुल्क से बड़ी ख़ानम और नूरबाई का मेलजोल इतना बढ़ा कि रईस और गायिका के औपचारिक सम्बन्धों से बढ़कर कुछ ऐसा मामला हुआ जैसा सरपरस्त और उससे संबद्ध व्यक्तियों में होता है। अमीराना रोब-दाब को अलग रखकर बेतक़ल्लुफ़ बातचीत और हँसी-ठिठोली भी होने लगी।

जैसा कि ऊपर कहा गया, उम्दतुलमुल्क को ज़नाना वेशभूषा पहनने में भी रुचि थी। या फिर वो मर्दाना कपड़े भी ऐसी बनावट या रंग के पहन लेते जो साधारणतः स्त्री वर्ग में लोकप्रिय होते। ऐसे ही एक बार वो अपनी एक महफ़िल में यूँ तशरीफ़ लाए कि एक बर का रेशमी पाजामा पहने हुए थे, तेज़ नारंगी रंग कपड़े पर मयूरी नीले रंग की ज़रा स्पष्ट धारियाँ और भी बहार दे रही थीं। जब वो महफ़िल में दाख़िल हुए तो बड़ी बाई साहब के मुँह से बरबस निकला...

"उम्दतुलमुल्क ने आज तो बड़ा काफ़िर (माशूक़ों जैसा) पाजामा बदन पर सजा रखा है।"

फ़िकरा ज़रा धीमे स्वर में कहा गया था, लेकिन ऐसा भी नहीं कि कोई सुन न सके। उद्देश्य भी यही था कि सीधे-सीधे फ़ब्ती का अन्दाज़ न हो और उम्दतुलमुल्क सुन भी लें। चुनांचे उन्होंने सुन लिया और महफ़िल में मौजूद और लोगों ने भी सुना। हँसना तो बहरहाल तहज़ीब के खिलाफ़ था। बुज़ुर्ग मुस्कुरा दिए, और नौजवान मुँह में रूमाल ठूँसकर अपने-अपने ग़रीबान देखने लगे।

उम्दतुलमुल्क ने ये सब देखा, फिर निगाहें नीची किए-किए संजीदगी से बोले...

"जी, मगर इसमें थोड़ी सी मुसलमानी (लिंग) भी है।"

---

1. गायक, 2. बेकाबू होना, 3. बेहोशी।

हँसना तो अब भी सम्भव न था किन्तु दाद और प्रशंसा के शब्दों पर कोई पाबन्दी न थी, ख़ासकर जब नवाब ने इतना गरम और चुभता हुआ फ़िकरा सर किया हो। दाद तो बड़ी बाई साहब की तरफ़ से भी आई थी लेकिन बड़ी ख़ानम सिर्फ़ दाद देकर चुप रहने वाली न थी। जब वाह-वाह की आवाज़ें धीमी पड़ीं तो बोल उठी...

"इसी दो रंगी के कारण तो नवाब हर वक़्त आँखें नीची किए रहते हैं।"

दो रंगी का शब्द यहाँ क़यामत ढा रहा था। नवाब ने ये फ़िकरा इतना पसन्द किया कि गले की ताबीज़ जो असली पन्ने की थी उतारकर बड़ी ख़ानम को भेंट कर दी।

उम्दतुलमुल्क कभी-कभी माँ-बेटी को मुशायरे में बुलाते। दोनों, और विशेषकर नूरुस सआदत रेख़्ता में भी इस क़दर पारखी निकली थीं कि उनकी दाद न मिलने पर शायरों की नज़र में ख़ुद अपना कलाम हल्का मालूम होने लगता।

एक बार उम्दतुलमुल्क के मुशायरे की शमाँ शुभ से बढ़कर शुभ सितारों के मिलन की शमाँ बन गई। शाह हातिम को छोड़कर दिल्ली के तमाम बड़े रेख़्ता कहने वाले कवि मौज़ूद थे। उपस्थित कवियों में शरफ़उद्दीन मज़मून, नज्मुद्दीन सलाम और अशरफ़ अली ख़ाँ फ़ुग़ाँ बूढ़ों का प्रतिनिधित्व कर रहे थे। माने हुए नए उस्तादों में मिर्जा रफ़ी सौदा, मीर मुहम्मद तक़ी मीर और सैयद ख़्वाज़ा मीर दर्द थे। फ़ारसी कहने वालों में भी मिर्जा मज़हर 'जाने जाना' को छोड़कर सब बड़े लोग सभा में उपस्थित थे। आनन्दराम मुफ़लिस, शेख़ अली हंज़ी, शाह नुरुल ऐन बाक़िफ़, टेक चन्द बहार, मीर शम्सुद्दीन फ़क़ीर, बेदिल के शागिर्द सुखराज सबक़त, मीर अफ़ज़ल साबित इलाहाबादी, और स्वयं ख़ान-ए-आरज़ू। शेख़ अली हज़ीं का इरादा उन दिनों अवध के देश जाने का था और एक तरह से यह उनका विदाई समारोह था। कुछ रेख़्ता के शायरों ने रेख़्ता के साथ फ़ारसी भी सुनाई, फ़ारसी वालों ने केवल फ़ारसी। रेख़्ता और फ़ारसी दोनों में इस तरह का मिसरा भी निश्चित किया गया था किन्तु बुज़ुर्ग उस्तादों को तरह के बाहर भी पढ़ने की अनुमति थी।

मुशायरे का आरम्भ शायद किसी बुरी घड़ी में हुआ था। किसी की ग़ज़ल न जमी, बड़े-बड़े शायर छोटे हुए जा रहे थे। उस पर ज़ुल्म यह कि फ़ारसी हो या हिन्दी अली हज़ीं कभी दबी ज़बान से कभी ज़रा ऊँची आवाज़ में ज़्यादातर शेरों पर आलोचना भी करते चलते। लोग इस ख़याल से बात को टालते चले गए कि शेख़ हिन्द में हमारे मेहमान हैं और फिर अब वह देहली छोड़कर जाने ही वाले हैं।

मुशायरा शाह नूरुल ऐन वाक़िफ़ के कलाम पर समाप्त होना था। वह शायरों में सबसे ज्येष्ठ न थे किन्तु घर से इस क़दर कम निकलते थे कि किसी भी जगह उनकी मौज़ूदगी महफ़िल के आयोजकों के लिए और श्रोताओं के लिए गौरव का कारण होती। उन्होंने बिलकुल डूबकर झूम-झूमकर सुरीली लय में अपनी ग़ज़ल पढ़ी। मीर को उसके कुछ शेर याद रह गए :

गह मी फ़िशारद गह मी गुज़ारद
या रब चिदारद ग़म बा दिल-ए-मन

(कभी-कभी वो मुझे भींच डालता है, कभी-कभी छोड़ देता है। हे भगवान ग़म का मेरे दिल से किस किस्म का रिश्ता है।)

रहमे न दारी बायक मुसलमाँ
काफ़िर दिल-ए-मन तर्सा दिल-ए-मन

(ऐ मेरे काफ़िर दिल, ऐ मेरे अग्निपूजक दिल तुझे एक अकेले मुसलमान पर करुणा नहीं आती।)

गुफ़्ती के दारद ईं गून ख़्वारत।
मिर्ज़ा दिल-ए-मन आक़ा दिल-ए-मन

(आप पूछते हैं कि वो कौन है जो तुझे इस क़दर तुच्छ बनाए हुए है, तो वह कोई नहीं मेरा मिर्ज़ा मेरा आक़ा मेरा दिल है।)

एक तो बोलते हुए शब्द फिर कलाम की अद्‌भुत रवानी और लहज़े की ऐसी मस्ती और बेख़ुदी। मुशायरा पहली बार गोया जाग उठा। परन्तु शेख़ अली हज़ीं मुँह बनाए सुनते रहे। शायद उन्हें इस बात पर नाराज़गी थी कि दूसरों की तरह ख़ुद उनकी भी ग़ज़ल आज फली-फूली न थी। लेकिन जब दुरुस्त वाह-वाह, सुब्हान अल्लाह का शोर थमा तो इस बार शेख़ ने ऊँची आवाज़ में कहा...

"शाह साहब, ग़ज़ल ख़ूब थी, मगर वल्लाह फ़ारसी न थी।"

नूरुल ऐन वाक़िफ़ तो इन चीज़ों से बेपरवाह थे, उन्होंने कुछ जवाब न दिया यद्यपि त्यौरी पर उनके भी बल आ गए थे। मजमा एक क्षण के लिए सन्नाटे में आ गया। वह जो चलने के लिए तत्पर थे और अपनी जूतियाँ और छड़ियाँ ढूँढ़ रहे थे, वहीं रुक गए। अचानक मिर्ज़ा रफ़ी ने तीखे स्वर में कहा...

"जनाब शेख़ साहब, ग़ज़ल हिन्दुस्तान में भी होती है।"

शेख़ अली हज़ीं को अब भी मजमे की सूरतेहाल का अनुमान न हुआ था, चमककर बोले,

"बेशक, लेकिन ईरान की ज़बान और है, ईरान की साहित्यिक रुचि और है। हिन्द के शायरों को ईरानी बोली पर पूरी तरह नियन्त्रण नहीं।"

"ईरान के कवियों ने हिन्दी और अरबी शब्दों को अपनी नियन्त्रित भावाभिव्यक्ति दी है।" ख़ान-ए-आरज़ू अब तकल्लुफ़ को परे रखकर बहस में शरीक़ होने पर मजबूर हुए, "हिन्द के भाषा पारखी भी अपनी दक्षता भर फ़ारसी शब्दों को अपने भाव प्रदान कर सकते हैं।"

"हिन्द में भाषा पारखी का होना असम्भव है।"

"ईरान में ग़लती करने वाले सम्भव हैं तो हिन्द में भाषा पारखी भी सम्भव हैं। इन्साफ़ की नज़र चाहिए।" ख़ान-ए-आरज़ू ने कहा।

"जिसकी ज़बान हो वही उसे बरत सकता है।" अली हज़ीं ने तिनतिना कर जवाब दिया।

"मामला रोज़ की साधारण या बोल चाल की भाषा का नहीं शेख़ अली हज़ीं, साहित्यिक भाषा का है। साहित्यिक भाषा किताबों से सीखी जाती है।" ख़ान-ए-आरज़ू ने समझाने के अन्दाज़ में कहा।

"अहले ज़बान, मुहावरों को जानने वाले, ये सब बातें बकवास हैं।" अचानक मुहम्मद तक़ी मीर ने महफ़िल के बीच में खड़े होकर घोषणा के से अन्दाज़ में कहा, "भाषा उसकी

है जो ज़बान के साथ उस तरह खेल सके जिस तरह बच्चा माँ से खेलता है। क्षमा करें ज़नाब अली हज़ीं, भाषा कोई पवित्र विधवा नहीं कि उसकी ओर आँख का ज़रा सा भी इशारा हो तो उसकी सात्विकता भंग हो जाए। आप ईरान वालों की शायरी ठिठुरती जा रही है क्योंकि आप लोग फ़ारसी ज़बान में हिन्दुस्तानियों की भावाभिव्यक्ति से अलग-थलग पड़े हैं। सुनिए, ये शेर सुनिए, और लाइए जवाब इनका।"

फिर मीर ने मिर्ज़ा बेदिल के निम्नलिखित शेर अपनी मामूली आवाज़ में नहीं, अभ्यस्त शेर सुनाने वालों की सी दूर-दूर तक फैलती हुई आवाज़ में पढ़े...

अज़ दिलम बुगज़स्त-ओ-ख़ूँ दर चश्म-ए-हैरत साज़ माँद
गर्द-ए-रंगे यादगारम ज़ाँ बहार-ए-नाज़ माँद

(वो मेरे दिल को छोड़कर चला गया और अचम्भे से बनी मेरी आँखों में ख़ून रह गया। नाजों के उस बहार से इस प्रकार रंगों की धूल ही मेरे लिए यादगार रह गई।)

शम्अ-ए-यकरंगी ज़े फ़ानूस-ए-ख़मोशी रोशन अस्त
नीस्त जूज़ तार-ए-नफ़स चूँ नाला अज़ आवाज़ माँद

(माशूक़ से मिलकर एक हो जाने की शमां ख़ामोशी के फ़ानूस में रोशन होती है। जब नाला अपनी आवाज़ खो बैठे तो साँसों के अलावा और कोई तार नहीं।)

ऐ बसा मानी कि अज़ ना महरमी हा-ए-ज़बाँ
बा हमाँ शोख़ी मुकीम-ए-पर्दा हा-ए-राज़ माँद

(हाय अफ़सोस कि कितने ऐसे अर्थ थे और कितनी ऐसी बातें थीं अपने तमाम चुलबुलेपन और सुन्दरता के बावज़ूद भाषा के अज़नबी होने के कारण रहस्य भरे पर्दों में छिपी रहीं।)

तमाम लोग इन शेरों के भाव और प्रबलता और विशेषकर अन्तिम शेर के रहस्यमय और अर्थपूर्ण प्रभाव में गुम थे। मीर ने कहा, "आपका नन्हे से नन्हे शिशुओं को पढ़ाने वाले अध्यापकों जैसा मस्तिष्क इसी में उलझा रहेगा कि 'चश्म-ए-हैरत साज' दुरुस्त है कि नहीं। 'गर्द-ए-रंग' और 'मानी-ए-शोख़' और 'नामहरमी हा-ए-ज़बाँ' जैसे अनूठे शब्दों के लिए आप शब्द कोश के पन्ने पलटेंगे। किन्तु ये शेर लोगों के दिलों में उनकी ज़बानों पर बने रहेंगे। आपकी ईर्ष्या भरी आँख न मज़मून देखेगी, न कलाम की रवानी पर नज़र रखेगी..."

"मुहम्मद तक़ी हठीले स्वभाव का है और अपने सिवा किसी को कुछ समझता नहीं, लेकिन सच यह है कि इस वक़्त उसने जो भी कहा, ठीक कहा।" ख़ान-ए-आरजू ने राय आनन्दराम मुफ़लिस को सम्बोधित करके कहा।

"बजा है पीरो मुर्शिद," आनन्दराम मुफ़लिस ने आदर-भरे स्वर में कहा। वो मोटे इस क़दर थे कि बैठ जाते तो उठना मुहाल हो जाता, लेकिन उनकी आवाज़ बारीक़ थी।

अली हज़ीं अकेले और सारी सभा एक तरफ़, किन्तु थे वो परले सिरे के ज़िद्दी। भिन्नाकर बोले, "हमने सादी और हाफ़िज़ के कलाम में 'मिर्ज़ा दिलेमन, आक़ा दिलेमन' कहीं नहीं देखा। बाबा फ़ुग़ानी के यहाँ भी 'चश्म-ए-हैरत साज़' जैसी अर्थहीनता का गुज़र नहीं, सब टकसाल बाहर, सब हिन्दी।"

"गुस्ताख़ी माफ शेख़ साहब, सादी और हाफ़िज़ पर शायरी ख़त्म हुई न, बाबा फ़ुग़ानी के बाद ज़बान थककर बैठ गई। काव्य करने वाले मिज़ाजों और बहार का

आविष्कार करने वालों ने हर ज़माने में नई-नई फुलवारियाँ खिलवाई हैं। टेकचन्द बहार ने तेज़ लहज़े में कहा, "हम अगर आपका लोहा मानते हैं तो आपसे बढ़कर बेदिल और सरख़ुश और नासिर अली का सम्मान करते हैं और आपकी कविताओं को उन्हीं के आईने में देखते हैं।"

श्रोताओं में से एक साहब जो शायद शेख़ अली हज़ीं के शागिर्द थे, बोले, "आख़िर हिन्दियों में मौलाना अबुल बरक़ात मुनीर लाहौरी भी तो हैं। उन्होंने लिखा है कि ज़हूरी और उर्फ़ी और ज़ुलाली वग़ैरह की लाई हुई दूर की कौड़ियाँ फ़ारसी काव्य के कोमल बदन पर एक बोझ हैं। हमें हाफ़िज़ और सादी जैसों की शैली को स्वीकार करना चाहिए।"

बहस में हस्तक्षेप करने वाले नए साहब को ख़ान-ए-आरज़ू ने घूरकर देखा कि पढ़े-लिखों की सभा में यह अपढ़ कौन आ घुसा। उन्होंने सर्द लहज़े में कहा' "आप ज़नाब ने दास की पुस्तिका 'सिराज़-ए-मुनीर' शायद नहीं देखी वरना इस मामले में मुँह खोलने का कष्ट न फ़रमाते।

"और जब हमारे उस्ताद और मुर्शिद ज़नाब ख़ान-ए-आरज़ू अपनी लाजवाब किताब 'तम्बीहुल गाफ़िलीन' पूरी करेंगे तो शेख़ साहब की भी सब शेख़ी निकल जाएगी।" आनन्दराम मुख़लिस ने कहा।

ये बहस न मालूम कब तक चलती, जिन्हें घर जाने की जल्दी थी वो पहलू भी बदल रहे थे, कि निकलने का कोई मौक़ा हाथ आ जाए तो अच्छा। लेकिन सभा के आयोजक के आदर का ख़याल रखते हुए किसी को उठने का साहस न था। इतने में उम्दतुलमुल्क के दारोग़ा ने आकर सूचना दी कि सरकार नवाब साहब को ज़िल्ले सुब्हानी ने क़िला-ए-मुअल्ला में याद फ़रमाया है। नवाब ने सभा जल्दी से भंग की और उठ खड़े हुए नहीं तो मुहम्मद तक़ी मीर तो अभी और भी कुछ कहने के लिए तैयार हो रहा था। शेख़ अली हज़ीं के माथे पर से बल न जाना था और न गया। शाह नुरुल ऐन वाक़िफ़ अलबत्ता हर्षित थे कि उन्हें मुँह खोलने की आवश्यकता ही न थी।

मुशायरे को समाप्त करके जब उम्दतुलमुल्क सवार होने के लिए बाहर निकले तो छद्म सुबह हो चुकी थी। लोग नमाज़ के लिए तेज़-तेज़ डग भरते जा रहे थे। वह जुमे का दिन था और जनवरी 1747 की छह तारीख़ जल्दी की वजह से नवाब ने अपने साथ हमेशा चलने वाले सवारों को भी न रखा था। वह ख़ुद अपने हाथी पर केवल एक पेशी के चोबदार के साथ थे, पीछे चार सशस्त्र सवार। उम्दतुलमुल्क उन चन्द सरदारों में थे जिन्हें दीवान-ए-ख़ास के मुख्य द्वार तक हाथी पर आने की अनुमति थी, इसलिए वह तो सवारी पर बैठे-बैठे आगे निकल गए और उनके सवार सादुल्लाख़ाँ के चौक पर घोड़े से उतरकर पैदल चले। शाही महल में यूँ भी कोई ख़तरा न था।

दीवान-ए-ख़ास के मुख्य द्वार पर उम्दतुलमुल्क का हाथी रुका, नक़्क़ारे पर चोट पड़ी। नियमानुसार पेशी के चोबदार को पहले उतरना चाहिए था। परन्तु जल्दी के कारण उम्दतुलमुल्क ही पहले उतर आए। उनके उतरते-उतरते रक्षक गृह के अन्दर से ढाठा बाँधे हुए दो व्यक्ति कूदकर बाहर आए और ख़ंजर के ऐसे सधे हुए हाथ उन्होंने उम्दतुलमुल्क को मारे कि एक ने दिल के और दूसरे ने जिगर के दो टुकड़े कर दिए। ज़मीन पर आते-आते वो बेजान शव हो चुके थे।

पीछे से आते हुए सवारों ने उम्दतुलमुल्क को गिरते देखा तो कुछ ने उनको सहारा देना और कुछ ने दौड़कर क़ातिलों को पकड़ना चाहा। सहारा देने के लिए तो वहाँ था ही कुछ नहीं और लाल क़िला जैसी लक़दक़ इमारत में जिसमें राहदारियों, खिड़कियों और चोर दरवाज़ों की कमी नहीं, किसी भागते को पकड़ लेना कहाँ सम्भव था।

उम्दतुलमुल्क की मृत्यु पर दिल्ली के कई घरों में सियापा पड़ गया। कई विधवाओं ने ख़ुद को दोबारा बेवा और कई यतीमों ने दोबारा ख़ुद को यतीम पाया। घटना चूँकि दीवान-ए-ख़ास के ठीक सामने हुई थी और हत्यारे हाथ न आ सके थे इसलिए बहुत से खुलेआम बादशाह को इस में संलिप्त ठहराते थे। उनका कहना था कि उम्दतुलमुल्क बादशाह के बहुत मुँहलगे थे, यहाँ तक कि उनकी बातें कभी-कभी गुस्ताख़ी की हदों को छू लेती थीं इसलिए बादशाह उनसे नाख़ुश थे। और बादशाह की आँख का इशारा पाकर रोज़ अबजूँ ख़ाँ ख़्वाजासरा ने किराए के दो हत्यारे उपलब्ध किए। उन्हें इनाम में भारी रक़म मिली और वो रकम बादशाह की बेगम उदमबाई के ख़ज़ाने से आई थी।

कुछ का कहना था कि उदमबाई ने उम्दतुलमुल्क को इसलिए मरवा दिया कि नवाब को उदमबाई के पेट से पैदा मुहम्मदशाह बादशाह के बेटे शाहज़ादा मुजाहिद उद्दीन अबू नस्त अहमद (जो अहमदशाह के नाम से बादशाह बना) की वलीअहदी स्वीकार न थी। कुछ लोग बल्कि अक़सर लोग इस ख़याल के थे कि शाही दरबार में उम्दतुलमुल्क की लोकप्रियता कुछ सरदारों को एक आँख न भाती थी और इमादुलमुल्क ग़ाज़ीउद्दीन ख़ान जिसने बाद में बादशाह आलमगीर सानी को मरवाया था, उसने या सफ़दरजंग के बहकाने पर कुछ पेशेवर डाकुओं को इस काम पर लगाया गया था।

एक ख़याल यह था कि नवाब अमीर ख़ाँ की हत्या केवल संयोग थी। उनके कुछ नौकर जिन्हें उन्होंने नौकरी से निकाल दिया था बहुत दिन से उनके पीछे लगे हुए थे। उस रात बादशाह के अचानक बुलावे ने उन्हें अवसर उपलब्ध करा दिया।

सच्चाई जो भी हो दिल्ली में आम विचार यही था कि उम्दतुलमुल्क मुहम्मद अमीर ख़ान अन्जाम जैसा जागते मस्तिष्क का स्वामी, हर मामले में अच्छी राय देने वाला, ऐसा लायक और सर्वोच्च रईस अब मुग़ल बादशाहों के हाथ न लगेगा। 'ग़मे उम्दा' शब्दों से उनके मरने की तारीख़ निकलती है। चूँकि स्वर्गीय नवाब को औरतों जैसी वेशभूषा धारण करने का भी शौक़ था इसलिए किसी ने औरतों की भाषा में वाक्य लिखा जिससे तारीख़ निकलती थी...वो ही लोगों अमीर ख़ान मुआ। बाज़ लोगों ने यह भी कहा कि यह तारीख़ नूरबाई साहब ने कही थी। असलियत यह है कि यह दोनों बातें ग़लत हैं। न इस वाक्य से नवाब अमीर ख़ान के मरने की तिथि मालूम होती है और न ये नूरुस सआदत का बनाया वाक्य है। यह बात अलग है कि लबीबा ख़ानम और नूरुस सआदत ने ग्यारह दिन तक उम्दतुलमुल्क का सोग किया।

दिल्ली फिर दिल्ली है। अमीर ख़ान अन्जाम की मौत पर कुछ दिन दिल्ली में सनसनी और अफ़वाहबाज़ियाँ रहीं। फिर हालात अपनी पुरानी मस्ताना चाल पर आ गए...

खो गए दुनिया से तुम हो और अब दुनिया हो म्यां।

उम्दतुलमुल्क के बाद फाटक हबस ख़ाँ की हवेली में रहने वालों के रोज़ाना जीवन में बदलाव अवश्य आ गया। बड़ी ख़ानम ने नूरबाई साहब को अब किसी का पाबन्द न किया

लेकिन मिलने-जुलने और रहन-सहन में पहले से अधिक सख़्ती कर दी। इन दोनों की प्रसिद्धि पहले से ही आसमान को छू रही थी। अब नूरबाई साहब दूसरे रईसों की महफ़िलों को सुशोभित करने लगी। ख़ुद उनकी हवेली पर भी ग़ज़ल और संगीत के अवसर आते रहते थे। उनके यहाँ माल दौलत की वृद्धि इतनी हुई कि दिल्ली वालों की भी आँख चकाचौंध हो गई।

नूर ख़ानम का आखों-देखा हाल नवाब दरगाह कुली ख़ान सालारजंग प्रथम ने जो उन दिनों हैदराबाद से दिल्ली आए हुए थे, यूँ लिखा है :

"नूरबाई दिल्ली की डोमनियों में से है। उसकी शान की बुलन्दी इस क़दर है कि बड़े-बड़े रईस उसे देखने की चेष्टा करते हैं और कुछ उसके घर भी जाते हैं। उसका घर बड़े लोगों के घरों जैसी आन-बान रखता है। दरबार की सजावट और बनावट और सुन्दरता और उसकी सवारी के साथ चलने वालों, आगे-आगे आवाज़ देने वालों और चोबदारों की रेलपेल ये सब वैसी है जैसी रईसों और सरदारों के साथ होती है।

"वो आमतौर पर हाथी पर सवार होकर निकलती है। और जिस रईस के घर जाती है वह उसे कम से कम एक नग क़ीमती पत्थर भेंट करते हैं। और जब उसे कहीं बुलाया जाता है तो एक भारी रक़म उसके घर पहले से भेज दी जाती है। इससे अनुमान कर सकते हैं कि जब वो विदा होती होगी तो उस वक़्त उसे क्या और कितना प्रस्तुत किया जाता होगा। न जाने कितनों ने अपनी सारी सम्पत्ति भेंट चढ़ा दी है।

"नूरबाई शेर की बेमिसाल समझ रखती है। उसकी बारीक़ियों को सुन्दरता से बयान करती है। उसकी आम बोलचाल की स्वच्छता का क्या कहना। कान बहार की नहरों में ग़ोता खाता है। और मुहावरा इतना सटीक और सही अवसर पर बोलती है मानो उसकी ज़बान फूलों की पँखुड़ियाँ तराश रही हो।

"आपसी आचार-व्यवहार की वह पारंगत है और उसके यहाँ आने-जाने और उठने-बैठने के नियम ऐसे हैं कि अच्छे-अच्छे उस्ताद उससे सबक़ लें। और महफ़िल में सारे ही श्रोताओं की ख़ातिरदारी का लिहाज़ वह इस क़दर रखती है कि बड़े-बड़े तहज़ीब और उच्च व्यवहार वाले उसके शिष्य बन सकते हैं।

"वह अपनी टोली के साथ महफ़िलें सजाती है और टोली के हर सदस्य को बेगम या ख़ानम कहकर सम्बोधित किया जाता है।"

मुहम्मद तक़ी मीर और राय किशनचन्द इख़लास का आना-जाना पहले ही की तरह था। सावधानी अलबत्ता पहले से कुछ कम थी लेकिन ऐसा भी न था कि दोनों बे-खटके हवेली में आएँ-जाएँ। मीर के इश्क़ की तो फिर भी लोगों को सुनगुन लग गई थी किन्तु किशनचन्द इख़लास के बारे में किसी को ख़बर न थी क्योंकि वह शुरू से ही हवेली में आता-जाता था। नूरुस सआदत से मीर के शारीरिक सम्बन्ध अभी गले लगाने और कमर में हाथ डालने के आगे न बढ़े थे। वह उसकी तरफ़ देखती तो ऐसी निगाहों से थी गोया चाहती हो कि पहल मीर ही की ओर से हो, परन्तु उसका व्यवहार और लहज़ा ऐसा कभी न होता कि मीर की हिम्मत खुलती।

सम्बन्धों की इस असन्तोषजनक स्थिति में जहाँ रतिक्रिया तो क्या ऊपरी मेल मिलाप भी बहुत सीमित स्तर का था, मीर को बड़ी घुटन महसूस होती थी। यद्यपि वह हर्षित था कि आने-जाने और बेरोकटोक बातचीत और हँसी-ठिठोली के तो अवसर उपलब्ध थे, लेकिन

उसकी बेसब्र तबीयत उसे किसी भी क्षण, चैन न लेने देती। कई वर्ष के बाद उसने अपनी एक मसनवी में कुछ शेर अपनी उस ज़माने की मनःस्थिति के बारे में लिखे...

सूरत उनकी ख़याल[1] में हर दम
ख़्वाब[2] में हों जो मिज़ा[3] बाहम[4]

मैं तो बिस्तर प दिल शिकस्ता[5] उदास
चाँद सा मुँह उन्हों का तकिये पास
मैं बिछौने पे बेख़ुद-ओ-बेख़्वाब
एक पैकर[6] परी का सा हम ख़्वाब[7]

शब कटी सूरत-ए-ख़याली से
दिन को हूँ मैं शिकस्ता हाली से
आशन यार सारे बेगाने
कि हुए मीर जी तो दीवाने
रिश्ता-ओ-रब्त उन्होंने तोड़ दिया
मिलना जुलना सबों से छोड़ दिया
शौक़ से उनका हाल दीगर गूँ[8]
पारा पारा दिल-ओ-जिगर सबख़ूँ
जी पड़ा तरसे[9] साथ सोने को
दिल परीशान जम्अ[10] होने को

परन्तु नूरुस सआदत अपनी ही चाल पर क़ायम थी। ऐसा नहीं कि वो मीर का परीक्षण कर रही हो। बात शायद यह थी कि उसके दिल का भय वैसे का वैसा था। मीर का स्वभाव पित्तई तो था ही, उसकी शायरी भी ज़ोर पर थी और उसकी प्रसिद्धि भी। उसका अहंकार एक तरफ़ और नूरुस सआदत की दूर-दूर रहने की प्रवृत्ति एक तरफ़, ये दोनों मिलकर उसके हृदय पर पित्तई दाग़ की चमक को रोज़ बढ़ावा दिए जाते थे। इसी बीच उसने नवाब रियायत ख़ाँ से भी बिगाड़ कर लिया।

एक रात नवाब के बगीचे में बेतक़ल्लुफ़ महफ़िल थी। शेर पढ़े और सुने जा रहे थे। मीर ने उस वक़्त अपनी एक नई ग़ज़ल सुनाई थी। हमेशा की तरह ग़ज़ल बहुत सफल रही, यहाँ तक कि नवाब ने भी उसके एक-दो शेर गुनगुनाकर पढ़े। परन्तु दुर्योग की बात यह थी कि उसी समय एक नौजवान डोम भी दरबार में हाज़िर हुआ जिसका गाना उन्हें बहुत पसन्द था। रियायत ख़ाँ ने छूटते ही कहा :

"अमाँ मीर मुहम्मद तक़ी, अपनी इस ताज़ा ग़ज़ल के कुछ शेर हमारे सुल्ताना को भी याद करा दो। जब तुम न होगे तो उससे सुन लिया करेंगे।"

मीर को बुरा तो बहुत लगा कि मेरी ग़ज़ल ये कमबख़्त कल का छोकरा गाता फिरे। इसके बाप का पता न माँ का। फिर भी संयम से काम लेकर उसने अर्ज़ किया–

1. सपना, 2. नींद, 3. पलक, 4. साथ, 5. टूटा, 6. काया, 7. साथ लेटा हुआ, 8. बदला हुआ, 9. बहुत उत्सुक, 10. मिलना।

"सरकार मेरी क़द्र बढ़ा रहे हैं किन्तु मियाँ सुल्ताना अभी बाल अवस्था में हैं अभी उन्हें हद्दू मियाँ की बन्दिशें याद करने दें तो मुनासिब, बल्कि बहुत मुनासिब होगा।"

"अमाँ तुम भी क्या बातें कहो हो मुहम्मद तक़ी। हद्दू ख़ान साहब की बन्दिश और है, ग़ज़ल के बोल और हैं। तुम्हें हमारे सर की क़सम कुछ आनाकानी न करो।"

मीर ने मज़बूर होकर पाँच शेर सुल्ताना को याद करा दिए। लेकिन उस दिन सलाम करके वो जो उठा है तो फिर नवाब रियायत ख़ाँ की नौकरी पर न गया। कुछ दिन बाद एतमादुद्दौला की हवेली वाला घर भी खाली कर दिया और कोई सिलसिला ढूँढ़कर स्वर्गीय नवाब अमीर ख़ान की हवेली में उठ रहा।

कुछ दिन फिर बेकारी में गुज़रे। बेरोज़गारी और ख़ासकर इस बात के एहसास ने कि नूरुस सआदत उसे निखट्टू समझती होगी, उसके स्वभाव की गर्मी और भी बढ़ा दी थी। इस समय की मनःस्थिति उसने एक शेर में लिखी थी परन्तु ग़ज़ल बहुत दिन बाद पूरी हो सकी थी। उन दिनों शेर कहने के लिए तबीयत कहाँ से हाज़िर होती। मीर का शेर था :

इतनी भी बदमिज़ाजी हर लहज़ा मीर तुमको
उलझाव है जमीं से झगड़ा है आसमाँ से

उसी ज़माने में कुछ अच्छी बातें भी हुईं। रियायत ख़ाँ ने मेहरबानी और सरपरस्ती की दृष्टि से मीर के एक भाई को उसकी जगह नौकर रख लिया। बाद में मीर की रंजिश भी दूर हो गई। एक बार जब मीर का सामना रियायत ख़ाँ से हुआ तो नवाब ने खेद प्रकट किया। मीर ने कहा, "सरकार-ए-आलीजाह पुरानी बातों पर ख़ाक डालिए। अब मैं अपनी जगह ख़ुश हूँ। अपने एक दोस्त असद यार ख़ान के माध्यम से नवाब बहादुर जावेद ख़ान ख़्वाजा सरा बहादुर की ड्योढ़ी पर नौकर हो गया हूँ।"

कुछ दिन आराम से गुज़रे। फिर अचानक एक बहुत ही आराम की बात हुई। मीर के सारे गिले शिकवे चाहे आसमान से चाहे ज़मीन से धुल गए। उसे ऐसा लगा मानो वो दोबारा पैदा हुआ है।

मीर ने तिसंग का कभी नाम न सुना था और न ही ऐसी किसी अनजानी और गुमनाम जगह पर जाने की उसने अपेक्षा की थी। लेकिन एक दिन राय किशनचन्द इख़लास और मीर दोनों ही दिल्ली से मेरठ जाने वाली संकरी और दुखदायक सड़क से यात्रा कर रहे थे क्योंकि तिसंग नाम का एक कस्बा मेरठ के कुछ आगे स्थित था। बात यह हुई कि नवाब बहादुर ज़ावेद ख़ाँ ख़्वाजासरा की कुछ सम्पत्ति वहाँ थी जिस पर स्थानीय ज़मींदार ने बलपूर्वक कब्ज़ा कर लिया था। नवाब बहादुर ने उसे बेदख़ल करने के लिए सिपाही भेजे तो वो गढ़ी ख़ाली करके भाग गया। अब नवाब बहादुर ने गढ़ी पर दोबारा कब्ज़ा करने और लगान की वसूली के लिए वहाँ का सफ़र करने का निर्णय किया। जश्न मनाने के लिए बड़ी ख़ानम, नूर ख़ानम, मियाँ हिंगा नर्तक एवं गायक, और कई और नाचने-गाने वालों को आमन्त्रित किया गया। मीर इस क़ाफ़िले में नवाब बहादुर के साथ शामिल था और राय किशनचन्द के बग़ैर बड़ी ख़ानम कहीं बाहर निकलती न थी।

क़ाफ़िले में कोई सवा सौ-डेढ़ सौ व्यक्ति थे। फरवरी 1748 की कोई तारीख़ थी। थोड़ी-थोड़ी तेज़ होती हुई धूप बहार दे रही थी कि अचानक काली घटा उमड़कर आई और मूसलाधार मेघ बरसने लगा। मेघ कोई एक घंटा बरसा किन्तु जब क़ाफ़िला साहिबाबाद से

गुज़रकर मेरठ वाली सड़क पर मुड़ा तो मालूम हुआ कि हिंडन नदी में अचानक बारिश के कारण बाढ़ आ गई है। किश्तियों तक पहुँचने के लिए जो चह बाँधा गया था वह टूट गया है। अब छोटी डेंगियों में बैठकर बड़ी नाव तक जाना होगा। इस बीच शाम भी हो चुकी थी। कोई उचित जगह पास में न थी जहाँ इतना बड़ा क़ाफ़िला आराम से रात बिता सके। दरिया से उतरना ही उतरना था।

हिंडन छोटी सी नदी थी और तमाम छोटी नदियों की तरह जब वो बाढ़ पर आती तो क़यामत के तूफ़ान उठाती। मीर ने वापस आकर उसका हाल यूँ लिखा :

शब कि दरिया पे हो के राह पड़ी
पानी के सत्ह पे निगाह पड़ी
दामन-ए-अब्र[1] पाट दरिया का
दे गिरह तू कहे[2] कि बाँधा था
आब तह्‌दार[3] और तीरा[4] बहुत
लहर उठती जो थी सो खीरा[5] बहुत
पानी पानी था शोर से तूफ़ान
देख दरिया को सूखती थी जान
जज़्र-ओ-मद[6] सब हवास खोता था
ख़िज़्र[7] का रंग सब्ज़ होता था
किसू दरवेश का था युम्न-ए-क़दम[8]
जा के पहुँचे जो उस किनारे हम
वरना आमाल[9] ने डुबोया था
गौहर-ए-जाँ[10] से हाथ धोया था

शेष सफ़र का हाल बहुत लम्बा है। इतना कह देना पर्याप्त है कि वो ग़ाजियाबाद होते हुए दो दिन में तिसंग पहुँचे। ज़मींदार की लम्बी-चौड़ी गढ़ी में सारा क़ाफ़िला समा गया। नवाब बहादुर ने अलबत्ता अपने और अपने कुछ विशिष्ट साथियों के लिए ख़ेमे लगवाए। बड़ी ख़ानम को भी एक ख़ेमा मिला। किन्तु शाम होते-होते हवा अचानक तेज़ हो गई। नूरुस सआदत ने ज़िद की कि हमें हवेली में कमरा दिया जाए, मुझे डर लगता है कि ख़ेमे आँधी में कहीं उड़ न जाएँ। ज़ाहिर है कि उसकी इच्छा पूरी की गई।

उस रात सफ़र की थकान के कारण महफ़िल बहुत कम समय के लिए सजी। कस्बे में कहीं घूमने-फिरने या आनन्द लेने की सम्भावना थी ही नहीं। दिन डूबने के ढाई तीन घड़ी बाद हर तरफ़ नींद और सन्नाटे का राज था। उस रात मीर की तक़दीर ने उसका साथ दिया। नींद उसे आती न थी। नूरुस सआदत इतनी पास और मैं इतनी दूर। काश नींद ही आ जाती। किन्तु तक़दीर जागती तब तो आँख सोती।

चारपाई के सिरहाने कुछ दूर पर एक ताक पर धीमी रोशनी की शमाँ जल रही थी। मीर ने दरवाज़े की तरफ़ पीठ मोड़ कर अपनी ही एक पंक्ति के अनुसार काम किया था :

'चल अब कि सोवें मुँह पर दुपट्टे को तानकर'

---

1. बादल का विस्तार, 2. मानो, 3. गहरा, 4. काला, 5. सर उठाने वाला जिद्‌दी, 6. ज्वार-भाटा, 7. रास्ता दिखाने वाले बुज़ुर्ग, 8. सौभाग्य भरा पाँव, 9. क़दम, 10. मोती जैसे प्राण।

अचानक उसे महसूस हुआ कि मोमबत्ती की लौ और उसके बीच कोई आ गया है। किसी चोर की तो सम्भावना थी नहीं। भूत-प्रेत में उसे यूँ ही सा विश्वास था। उसने चादर का एक सिरा ज़रा खोलकर कनखियों से देखा तो कुछ दिखाई न दिया। शमाँ ठंडी हो चुकी थी और दरवाज़ा बन्द था। कमरे में वही कोमल सी ख़ुशबू थी जिसके बारे में वह कभी निश्चित न कर सका कि नूरुस सआदत के बदन की अपनी ख़ुशबू है या उसने कोई इत्र लगा रखा है।

अब तो उसे डर लगा। कौन है ये हस्ती? मुझसे क्या चाहती है? मैं ख़्वाब देख रहा हूँ या यहाँ कोई जादू चल रहा है?

उसने एक ही साथ चादर सर से उतार फेंकी और चारपाई भी छोड़कर खड़ा हो गया। बाहर के किसी चिराग़ की बहुत धुँधली सी रोशनी दरवाज़े की झिरी से छन रही थी। नूरुस सआदत ने हाथ बढ़ाकर उसका मुँह छुआ...नूरुस सआदत? उसका दिल इस ज़ोर से धड़का मानो अब रुक ही जाएगा। हल्की सी हँसी, चूड़ियों की बहुत धीमी सी खनक। वो आकर चारपाई पर बैठी तो पुराने पट्टी-पायों ने ज़रा सी आवाज़ की तो मैं ख़्वाब में भी ये सब सुन सकता हूँ? उसका गला बिलकुल सूख गया था। उसने कहना चाहा, "नूरुस सआदत, तुम यहाँ कहाँ?" लेकिन उसके हलक़ से केवल एक फँसी-फँसी आवाज़ निकली जैसे फाँसी का फन्दा लग गया हो। उसकी टाँगें जवाब दे गईं और वह पलंग की पट्टी थामकर ज़मीन पर बैठ गया। मैं बैठ गया हूँ कि ढेर हो गया हूँ? वह अन्दर ही अन्दर मुस्कुराया। यह स्वप्न भी अच्छा स्वप्न है कि मुझे मालूम है कि मैं स्वप्न देख रहा हूँ। किन्तु मेरा हाथ ये किसकी जूतियों पर है? और इन जान से ज़्यादा प्यारी जूतियों में उनसे भी बढ़कर प्यारे पाँव किसके हैं? उसने एक जूती को आँखों से लगाना चाहा तो वो फिसलकर उसके हाथ में आ गई। नूरुस सआदत का पैर ठंडा हो रहा था...नूरुस सआदत का? नूरुस सआदत यहाँ...लेकिन उसने पाँव को आहिस्ता-आहिस्ता मलना चाहा कि ज़रा गर्मी पहुँचे तो उसका हाथ फिसल नूरुस सआदत...उस स्वप्नदर्शी हस्ती की पिंडली तक पहुँच गया। वह एक बार का बहुत ही हल्के दोनों तरफ़ रोएँ वाले काशानी मख़मल का पाजामा पहने हुए थी। जीवन में यह पहला अवसर था कि उसका हाथ नूरुस सआदत की पिंडली तक पहुँच सका था। फिर उसने बहुत भयभीत परन्तु कामुकता से बेक़रार होकर हाथ ऊपर ले जाना चाहा। घुटना फिर जाँघ...परन्तु नूरुस सआदत तो मख़मली पाजामा कभी न पहनती थी? उसने सर उठाया तो दरवाज़े की झिरी से छनकर एक किरण उसकी आँख पर पड़ी फिर नूरुस सआदत ने भी सर उठाकर उसका दूसरा हाथ अपने हाथ में लिया तो किसी और कोण से एक किरण ने अन्दर आकर उसकी भी आँखों में अगियारी सी रोशन कर दी। मीर की साँस बेक़ाबू हो रही थी, और नूरुस सआदत...नहीं उस स्वप्नदर्शी हस्ती की भी साँसें तलपट थीं। दो शताब्दियों से ऊपर बीत जाने के बाद, जब दोनों हस्तियाँ वास्तविक रूप में स्वप्न समान बन चुकी थीं, किसी कहने वाले ने इस बात को यूँ बयान किया, 'मुलायमत है अँधेरे में उसकी साँसों से/दमक रही हैं वो आँखें हरे नगीं की तरह'। मीर ने वो दृश्य ख़ुद देखा था, लेकिन उस वक़्त उसके पास सादा सरल शब्द भी न थे, छन्दयुक्त पंक्तियों की क्षमता कहाँ से आती। परन्तु अपने बारे में उसने कुछ दिन बाद अवश्य कहा, 'आईने को भी देखो पर टुक इधर भी देखो/हैरान चश्म-ए-आशिक़ दमके है जैसे हीरा'। लेकिन उस समय...उसका

हाथ जानुओं के बीच में कहीं था। उसका दूसरा हाथ उसकी मेहमान के हाथ में अब भी था। वो जो एक पल के लिए किरण अन्दर चमकी थी अब जा चुकी थी। शायद हवा का रुख़ बदल जाने के कारण बाहर के चिराग़ की लौ भी किसी और दिशा में लहरा रही थी। उसने अपने हाथ पर हल्का सा खिंचाव महसूस किया। उसने अपने को ढीला छोड़ दिया, ख़ुद को पलंग की तरफ़ खिंचने दिया और फिर पलंग की पट्टी को बिलकुल चिमटा लिया, मानो उसे भी अपनी आगोश में भर लेगा। अब क्या करूँ, उसने सोचा। शायद वह 'लड़की? हस्ती? नूरुस सआदत?' चाहती थी कि मीर उसे हम आगोशी और इसके बाद की मंज़िलों और प्रणय के तौर-तरीक़ों से परिचित कराए। शायद मीर भी उससे यही चाहता था। शायद मीर भी इन राहों का अजनबी मुसाफ़िर था, या शायद उसका साहस न होता था और वह चाहता था हर क़दम के साथ अनुमति भी प्राप्त हो। उसे फ़ारसी का एक शेर याद आया। मेहरबानी और प्रेम के साथ और बेखटके मेरा हाथ अपनी तरफ़ खींच ले कि मैं बहुत लज्जित हूँ, मुझे हम आगोशी नहीं आती। अचानक मीर को अपना हाथ मधु की नहर तक पहुँचता महसूस हुआ। उसे नूरुस सआदत के बदन के बारे में कुछ पता था नहीं कि पहले के देखे हुए प्रतीकों और चिह्न से वह पहचानता कि वह बदन उसका है कि किसी और का। जहाँ-जहाँ उसका हाथ पहुँचता, वह जगह पहले से ज़्यादा नर्म और गर्म लगती थी। दिल में न जाने कब से कुरेद थी कि पेडू की पहाड़ी अत्तारों के तख़्ते की तरह चिकनी और फिसलाऊ होगी या वहाँ नहर के किनारे जमी हुई दूब का सा आलम होगा। इस सन्दर्भ में उसे ख़ुसरो की दो रुबाइयाँ याद आईं जिन्हें दिल में भी दोहराने की हिम्मत उसमें न थी...जहाँ उसका हाथ था वो दोनों तरफ़ रोएँदार मख़मल का टुकड़ा था या...नूरुस सआदत (अगर वो नूर ख़ानम नहीं तो फिर कौन है वो?) का सर तकिये पर था, बाईं कलाई और हथेली कुछ नींद और कुछ थकान के अन्दाज़ में उसके माथे पर, और उसकी आँखें बन्द थीं। रुख़ थोड़ा सा मीर की तरफ़ लेकिन चेहरे पर आशा या भावी आनन्द के भाव की जगह कुछ गम्भीरता लिए हुए तनाव, मानो वो ख़ुद नहीं जानती कि यहाँ क्या होने वाला है। या शायद जानती थी लेकिन पूछ न सकती थी। परन्तु उस कल्पित स्वप्नदर्शी रमणी के गले में आवाज़ तो थी ही नहीं पूछती कैसे...तो क्या वह चाहती थी कि शब्दों के बजाय व्यवहार में उसे बताया जाए? अँधेरे में भी उसके चेहरे पर रोशनी सी थी। इस रोशनी में उसके घने बाल तकिए और चारपाई की पट्टी और फ़र्श पर बिखरे हुए। मीर ने अपना हाथ उसके हाथ से निकालकर उसके कंधे पर, फिर गर्दन के पास सीने पर रखा। हल्की सी कँपकँपी थी, वहाँ सीने का उभार नर्म लेकिन मज़बूत महसूस होता था। मीर ने बहुत आहिस्ता से कहा, "नूरुस सआदत तुम्हें सर्दी लग रही है?" वह कुछ न बोली इतना लम्बा और तारतम्य भरा स्वप्न किसी ने भला काहे को देखा होगा। मीर ने अपने दिल में कहा। उसकी ढूँढ़ती हुई उँगलियों को गहराई का रास्ता शायद मिलने वाला था। वहाँ तराई और रेशमी सनोबर के जंगल थे और असल रास्ता कंजूस की आँख समान तंग था। उस लड़की ने आँख भी न खोली। मीर ने धीरे से नूरुस सआदत...ख़्वाब ख़ानम का सर ज़रा सा उठाया और अपना दूसरा हाथ उसकी गर्दन में यूँ झुककर डाल दिया कि दोनों के मुँह पास-पास आ गए। उसे लगा कि कल्पित हस्ती के होंठ बहुत ज़रा से खुले हैं, इतने कि दाँतों की मोतियाँ झमक जाती हैं। मीर ने उसके मुँह पर मुँह रख दिया, हल्की ज़ाफ़रानी सेब जैसी ख़ुशबू उसकी

ज़बान पर थी। उसे किसी का फ़ारसी शेर याद आया 'मेरे होंठों पर होंठ रखकर कहा तेरे प्राण होंठों पर आ गए हैं अब तू चुप हो जा।' सारे बदन में नर्म की सी लहर। बेज़बान बदन शायद अपने को अभिव्यक्त करने को बेक़रार था और परिधान उसकी असमर्थता का द्योतक था। मीर ने ज़रा झुककर और आगे बढ़कर हाथ धीरे-धीरे नीचे उतारा। वह इस क़दर हल्की थी कि हाथ का नीचे खिसका लेना कुछ मुश्किल न था। (वो रमणी कल्पित थी न, सब कुछ आसान था) मीर का हाथ अब उसकी कमर और कूल्हों पर था। वो स्वर्ग की दीवार थामने वाले पुश्ते, वो क़यामत पैदा करते सूर्य, वो अनार के फूलों जैसे रंग वाले छोटे गुम्बद, और वो उसकी नमी, काश ये काशानी दीवार हमारे बीच न होती। अब मीर का धड़ पलंग पर था। आगे के लिए जगह कम थी, परन्तु नूर ख़ानम...वहम पर बनाए हुए स्वप्न ने अपना बदन शायद चुरा लिया, या शायद बदन ने स्वयं राह को समतल कर दिया कि मीर को भी उस ज़रा तंग से बिस्तर पर जगह मिल गई। अब उस दूसरे बदन के निशान कुछ स्पष्ट हो चले थे। मीर का हाथ कमर और कूल्हों के नीचे से मानो आप ही आप खिसककर सामने की तरफ़ सीने और बगल की कोमल घाटियों में अपने लिए राह ढूँढ़ रहा था। मीर को जामी का फ़ारसी शेर याद आया...'दो छातियाँ दोनों जैसे नूर के लट्टू। काफ़ूर के ठीक बीचोबीच से उठते हुए दो बुलबुले।' काश ज़रा रोशनी होती। थोड़ी सी रोशनी ग़रीबान से तो फूट रही थी मानो भोर होने वाली हो। 'छातियाँ सारी की सारी नूर और सीना सब का सब कोमल। एक सवेरा और दो सूर्य भला किसी ने कभी सुना भी है।' कमाल है ये पंक्तियाँ मीर मुहम्मद अली हशमत की कब और कहाँ याद आईं। मीर मुहम्मद अली साहब तो स्वयं जनाना और मर्दाना दोनों प्रकार के सौन्दर्य के सामान का मुकम्मल नमूना थे। काश ये सब शेर मैं ऊँचे स्वर में पढ़ सकता। मगर लोग जाग जाएँगे। और न भी जागें तो ये कल्पित बेगम तो शायद सुन भी नहीं सकतीं। किसी और संसार की कृति मालमू होतीं। 'बदन में उसके थी हरजाए दिलकश/बजा बेजा हुआ है जा ब जा दिल'। मीर ने एक उम्र के बाद इसी क्षण को याद करके ये शेर कहा था। नूरुस सआदत ख़्वाब...रमणी का हाथ जो माथे पर था मुँह से मुँह मिलते ही अब मीर की पीठ पर आ रहा था। फिर जब मीर का हाथ सामान-ए-हुस्न के गोलाकार मीर-ए-फ़र्श तक पहुँचने की कोशिश में था तो किसी तरह वो नूरी हाथ...नूरुस आ...नूर का टुकड़ा हाथ नूर...अजनबी लड़की और मीर के जिस्मों के बीच में था जहाँ दोनों का सीना और पेट एक दूसरे से चस्पाँ थे। फिर वो हाथ चुपके से अन्दर तक रेंग गया। मीर को भ्रम सा हुआ कि नीचे जो बदन है उसने अपनी असमर्थता पर क़ाबू पा लिया है। बन्द ढीले हो रहे हैं।

मीर की आँख खुली तो दिन निकल चुका था। उसके कमरे का दरवाज़ा पहले की तरह खुला हुआ था, सुबह की गुलाबी किरणों के साथ सवेरे के पक्षियों के गीत की मदिरा भी आत्मा और मस्तिष्क को सींच रही थी। ताक में शमाँ बुझ चुकी थी...बुझा दी गई थी? अभी तीन अंगुल मोम शेष थी इसलिए यह सम्भावना बहुत कम थी कि अपने आप बुझ गई हो। रात की मेहमान (नूरुस सआदत) की कोई निशानी न थी। यहाँ तक कि चूड़ी की किरची या चोटी का कोई तार या मख़मल का एक धागा भी न था। बिस्तर पर पसीने की नमी निस्सन्देह कहीं-कहीं मौज़ूद थी। मगर ख़ुद मीर को बिस्तर पर पसीना बहुत आता था। हकीम कहते थे कि यह रक्तचाप के कम हो जाने का चिह्न है।

मीर ने जीवन भर हमेशा क़सम खा-खा कर कहा कि वो उस रात जागा बिलकुल न था। अगली सुबह जब दिन चढ़े उसकी आँख खुली तो उस क्षण के बाद पहली बार खुली थी जब उसने भारी चादर से अपना मुँह ढँककर पीछे दरवाज़े की तरफ़ कर लिया था। लेकिन वो इस बात पर भी क़ुरान उठाने को तैयार था कि उस रात कोई मामला पेश आया था ज़रूर। वह चाँद का टुकड़ा सी लड़की जो भी रही हो, लेकिन थी ज़रूर। और यह भी नहीं कि सब कुछ केवल स्वप्न में ही घटित हुआ हो। इनसान सोते में जागने के ख़्वाब देखता है और जागते हुए भी भली-भाँति सो जाता है। और अगर कोई व्यक्ति सोते में उठकर चल सकता है, दौड़ सकता है, साधारण जीवन की गतिविधियाँ सम्पन्न कर सकता है, तो सोते में वो माशूक़ से भी यूँ गले मिल सकता है कि सब मज़े जागने के हों। रात कोई आया था, इसका एक मात्र भौतिक प्रमाण अधजली मोमबत्ती थी। मोमबत्ती का अधजला रह जाना इस बात का प्रमाण था। यदि मोमबत्ती को अपना सामान्य जीवन पूरा करने दिया जाता तो वो पिघल कर मोम की एक छोटी सी छपड़ी में बुझती।

किन्तु मोमबत्ती को हवा का झोंका भी तो बुझा सकता है? मीर की कोठरी का दरवाज़ा खुला हुआ था, यह स्वयं मीर का कथन है। और उस रात हवा तेज़ थी इसकी गवाही सब देते हैं। रही बिस्तर पर पसीने की नमी, तो उसका हाल ऊपर वर्णित हो चुका। और ये भला क्योंकर सम्भव था कि अनजानी जगह में अपना सुरक्षित कमरा छोड़कर नूरुस सआदत लगभग सारी रात कहीं और रहे? न उसमें इतना साहस था और न बड़ी ख़ानम ऐसी बेख़बर सोने वाली थी कि ये सब आना-जाना हो और वो सचेत न हो। और यह बात तो प्रायिकता से बिलकुल परे थी कि ये सब माँ की जानकारी में हुआ हो।

नूरुस सआदत उस दिन सर के दर्द और ताप के कारण अपने कमरे में ही रही। शाम की महफ़िल में भी सिर्फ़ बड़ी ख़ानम और मियाँ हिंगा ने प्रस्तुति की। अगली सुबह क़ाफ़िले ने देहली के लिए प्रस्थान किया तो नूरुस सआदत, जैसा कि तरीक़ा था, जनानी ड्योढ़ी से अपनी पालकी में सवार हुई। किसी को सुनगुन भी न मिली कि वो कौन सी पालकी में है।

नूरुस सआदत का ताप कई दिन तक न गया। मुहम्मद तक़ी मीर और किशनचन्द इख़लास बाहर से हाल-चाल मालूम करके वापस हो जाते। आठवें दिन जब मुहम्मद तक़ी मीर को नूरुस सआदत से मिलने की अनुमति मिली तो दोनों पहले ही जैसे उल्लास से मिले, परन्तु अधिकतर वार्ता नूरुस सआदत की बीमारी के सन्दर्भ में हुई। उस रात के बारे में मुँह खोलने का साहस मीर को न था और न उसे अब भी पूरी तरह विश्वास था कि कोई आया भी था। एक भय उसे यह भी खाए जा रहा था कि अगर सचमुच नूरुस सआदत ही उस रात को आई थी तो क्या रात के भोगे हुए कष्ट और रूहानी थकन के कारण उसको बुख़ार आ गया था? वो इस क़दर नाज़ुक स्वभाव और कोमल काया की थी कि उसके अस्तित्व पर जिस्म से ज़्यादा जान का भ्रम होता था। मीर ने उस ज़माने में भी और चालीस-पचास वर्ष बाद भी नूरुस सआदत के व्यक्तित्व के इस आयाम को बार-बार अपने शेरों में लिखा :

लुत्फ़-ए-बदन को उसके हरगिज़ पहुँच सके न
जा पड़ती थी हमेशा अपनी निगाह जाँ पर

लबालब है वो हुस्न-ए-मानी[1] से सारा
न देखा कोई इस नजाकत से अब तक
लुत्फ़ उसके बदन का क्या कहूँ
मीर क्या जानिए जान है कि तन है

क्या तन-ए-नाज़ुक है जाँ को भी हसद[2] जिस तन पे है
क्या बदन का रंग है तह[3] जिसकी पैराहन पे है

नाज़ुक बदन है कितना वो शोख़ चश्म दिलबर
जान उसके तन के आगे आती नहीं नज़र में

सच तो यह है कि कई साल बाद मीर ने जो एक शेर माशूक़ की नाज़ुकी के सन्दर्भ में कहा था वो नूरुस सआदत ही की नजाकत पर आधारित था...

हूँ दाग़-ए-नाज़ुकी[4] के किया था ख़याल-ए-बोस[5]
गुलबर्ग सा जो होंठ था वो नील गूँ हुआ

ये बात मीर के अनुभव में थी। नूरुस सआदत को प्यार करते समय जिस जगह भी वो ज़रा सा दबाव डाल देता वहाँ कुछ पल के लिए हल्का सा नील पड़ जाता था।

वो महीना बीत गया। मौसम कुछ गर्म और ख़ुश्क हुआ तो नूरुस सआदत की तबीयत पूरी तरह स्वस्थ हुई। परन्तु ये चार ही दिन की चाँदनी थी। उसे रह-रह कर हल्का ताप हो जाता। भूख कम हो गई थी। देखने में तो ये जिगर की कमज़ोरी के लक्षण थे, उसी की दवा-दारू होती रही।

अठारहवीं शताब्दी में हिन्द का इतिहास सच पूछिए तो दग़ाबाज़ियों और ग़द्दारियों का इतिहास है। ऐसी ही एक दग़ाबाज़ी एतमादुद्दौला के भानजे शाहनवाज़ ख़ान ने की जब उसने अहमदशाह दुर्रानी जिसे अहमदशाह अब्दाली भी कहते थे को हिन्द पर आक्रमण और विजय का निमन्त्रण दिया। फ़तह दिलाना शाहनवाज़ ख़ान का जिम्मा था, शर्त बस यह थी कि विजय के बाद देश का प्रधानमंत्री उसे बनाया जाए।

अहमदशाह दुर्रानी ने समझा था कि जब जंगल में हाथी मरता है तो उन गिद्धों, गीदड़ों और लकड़बग्घों की बन आती है जो सबसे ज़्यादा ढीठ होते हैं। लेकिन बीमार हाथी पर पहला अधिकार उसी का होता है जो उसकी जीवन डोर को काट देता है। दुर्रानी की नज़र में शाहनवाज़ ख़ाँ की हक़ीक़त एक लँगड़े गिद्ध से अधिक न थी। हिन्द का मुहम्मदशाह पादशाह उन दिनों बीमारी के बिस्तर पर पड़ा हुआ था और दुर्रानी उसे जंगल का बीमार हाथी समझकर उस पर अपना आधिपत्य निश्चित कर रहा था। किन्तु यह सूचना उसे शाहनवाज़ ख़ान से न मिली थी कि बादशाह के ऊँचे इरादों और कड़ी सूझ-बूझ में कोई कमी न आई थी और वो अहमदशाह के मुक़ाबले के लिए एक भारी फ़ौज इकट्ठा कर रहा था।

दो लाख की फ़ौज एतमादुद्दौला के नेतृत्व में देहली से सरहिन्द पहुँची और अहमदशाह की फ़ौजों के सामने आई। एतमादुद्दौला का नायब कमीदान उनका बेटा मोइनुल उर्फ़ मीर मुन्नू था। एतमादुद्दौला के ख़ेमों की सुरक्षा राय किशनचन्द इख़लास के ज़िम्मे थी। मुहम्मद

1. आन्तरिक सौन्दर्य, 2. ईर्ष्या, 3. झलक, 4. नाज़ुक होने का अफ़सोस, 5. प्यार करने का विचार।

तक़ी मीर भी नवाब बहादुर के दीगर कर्मियों के साथ शाही लश्कर में उपस्थित था। पहले दिन की लड़ाई में केवल हल्की झड़पें हुईं, न इसको जीत और न उसको क्षति।

अगले दिन, शुक्रवार 22 मार्च, 1748 को दुर्रानी की फ़ौजों ने पौ फटते ही मुहम्मदशाह की फ़ौजों पर जमकर गोलाबारी शुरू कर दी। एतमादुद्दौला अपने ख़ेमों के अन्दर दिन चढ़े के बाद की नमाज़ पढ़ रहे थे कि दुर्योगवश एक गोला ठीक उनके ऊपर गिरा और उन्होंने इसी हालत में अपने प्राण सृजनहार को सौंप दिए। राय किशनचन्द इख़लास उस समय स्वयं पहरे पर था। दुश्मन ने शायद अपनी तोप के निशाने और मार का सही अनुमान लगा लिया था। अगले चार, पाँच गोले भी ताबड़तोड़ ख़ेमे के घेरे के अन्दर ही गिरे। राय किशनचन्द इख़लास का दायाँ पाँव घुटने पर से और बायाँ बाज़ू कंधे के पास तक इस क़दर क्षतिग्रस्त हुए कि आख़िर उन्हें जंग के मैदान ही में काटना पड़ गया।

लेकिन जंग का नक़्शा सँभालना उस वक़्त की सबसे बड़ी और महत्त्वपूर्ण ज़रूरत थी। मोइनुलमुल्क ने असीम साहस और हाज़िर दिमागी से काम लेकर एतमादुद्दौला की मृत्यु को छिपाए रखा और स्वयं उनके हाथी पर सवार होकर मुक़ाबले को निकला। उधर जंग के सच्चे नियन्ता ने ये नियन्त्रण किया कि मुहम्मदशाही फ़ौज का एक गोला सीधा दुर्रानी के बारूदख़ाने के अन्दर पड़ा। गोले की धमक और फिर उसके फटने से बारूदख़ाने में आग लग गई। सैकड़ों सिपाही तो पलक झपकते में कोयला हो गए। आग जब फैली तो दुर्रानी के पाँव उखड़ गए। शाही फ़ौजों ने लाहौर तक उसका पीछा किया और फिर उसे हिन्द की सीमाओं से बाहर निकालकर ही दम लिया।

हिन्द के सम्राट मुहम्मदशाह ने अपनी बीमारी के बिस्तर से ही मोइनुलमुल्क को लाहौर का हाक़िम नियुक्त किए जाने और शाहनवाज़ ख़ान को तुरन्त बर्ख़ास्त करने के आदेश भेजे। मोइनुलमुल्क अपनी मृत्यु (नवम्बर 1753) तक इसी उच्च पदवी पर बने रहे। उनकी मौत के बाद इमादुलमुल्क ग़ाज़ीउद्दीन ख़ान फिर अपनी चाल चल गया। उसने मोइनुलमुल्क की बेवा मुग़लानी बेगम को बेदख़ल कराकर अपने एक मित्र आदीनाबेग़ ख़ाँ के नाम परवाना जारी करा दिया। अबकी बार ग़द्दार बनने का गौरव मुग़लानी बेगम को नसीब हुआ। उसने लाहौर का हाक़िम बनाए जाने की शर्त पर अहमदशाह को दोबारा हिन्द पर धावे का निमंत्रण दे दिया।

यद्यपि उपरोक्त घटनाएँ हमारी कहानी से सम्बन्धित नहीं हैं। किन्तु इसलिए अंकित की गईं कि जिन ग़द्दारियों ने 18वीं सदी में इस देश को तबाह कराया उनका कुछ ब्यौरा यहाँ हो जाए।

राय किशनचन्द को मीर और उसके साथी चारपाई पर डालकर हज़ारों दिक्कतों के साथ दिल्ली लाए। अप्रैल, 1748 का महीना आरम्भ हो चुका था। बड़ी ख़ानम ने आदेश दिया कि चिकित्सा में कोई भी कमी न की जाए। लेकिन गर्मियाँ आ गई थीं हज़ार रोक-थाम के होते हुए भी घाव पर मक्खियाँ भी एक दो बार आ ही जाती थीं, किशनचन्द के घाव बिगड़ने लगे, उनमें मवाद पड़ गया और पट्टी ठीक न बन सकने के कारण उन्हें दिन-रात ठंडी हवा और स्वच्छ जगह की दरकार थी। ये सब किशनचन्द इख़लास के कटड़ा नील वाले घर में उपलब्ध न था। फिर बड़ी ख़ानम ने राय किशनचन्द के पिता अचलदास की अनुमति से किशनचन्द को अपनी हवेली में उठवा लिया।

उधर मुहम्मद रोशन अख़्तर मुहम्मदशाह के जीवन का सितारा भी डूब रहा था। सम्राट की बीमारी का बिस्तर बहुत जल्द ही मौत की सेज में बदल गया। 16 अप्रैल, 1748 को उसने सदा के लिए आँख बन्द कर ली। उसने 29 वर्ष राज किया और सच यह है कि नादिरग़र्दी के ज़माने के अतिरिक्त उसने बड़ी शान से राज किया। अहमदशाह दुर्रानी के विरोध में उसकी सफल मुहिम उसकी अन्तिम मुहिम ठहरी और इतिहास के पन्नों पर वो 'फ़त्हे ख़ुदासाज़' (ईश्वर की बनाई हुई विजय) कहलाई। मृत्यु के समय उसकी आयु कोई 46 वर्ष की थी। दो दिन बाद उसका बेटा अबूनस अहमदशाह की उपाधि लेकर पानीपत में राजगद्दी पर बैठा।

मई 1748 के अन्तिम दिन थे जब जाने माने कवि राय किशनचन्द इख़लास ने भी अन्तिम साँस ली। 22 मार्च, 1748 को तोप की जो घटना हुई थी उसके बाद से उसे होश न आया था। जब उसने प्राण अर्पित किए तो बड़ी ख़ानम उसकी पट्टी से लगी बैठी थी, यद्यपि उस वक़्त तक राय किशनचन्द के घावों से ऐसी दुर्गन्ध आने लगी थी कि हकीम और शल्य विशेषज्ञ भी पास आने से कतराने लगे थे।

किशनचन्द इख़लास की चिता को जब आग दी गई तो देहली के कई फ़ारसी कवि और काव्य पारखी निगमबोध घाट पर उपस्थित थे। मीर भी उनमें था। बूढ़े अचलदास ने इकलौते बेटे का शोक दस दिन तक मनाया फिर कलेजे पर पत्थर रख लिया। बड़ी ख़ानम ने किशनचन्द इख़लास का शोक ऊपर-ऊपर तो 21 दिन तक किया लेकिन दिल का हाल ईश्वर जानता है। मीर भी हवेली के दूसरे लोगों की तरह बड़ी ख़ानम के साथ मातमदारों में था। नूरुस सआदत की लगातार बीमारी पर चिन्ता के साथ अब उसे बड़ी ख़ानम के बारे में भी परेशानी थी कि इख़लास का रंज उन्हें बीमार न डाल दे।

जून 1748 का मध्य था जब एक मुलाक़ात में नूरुस सआदत ने मीर से कहा :

"आज हमारी आख़िरी मुलाक़ात है। फिर मिलना न होगा।"

मीर को अपने कानों पर विश्वास न हुआ, "क्या कह रही हो? मैं समझा नहीं।"

"यही कि अम्मा ने वापस ईरान जाने का निर्णय कर लिया। वो कहती हैं तबरेज़ जाकर अब्बा के मज़ार की देखरेख और सेवा करेंगी," उसने बेरंग लहज़े में लेकिन कुछ उकताहट के साथ कहा।

"और ये सारा घर, ये सामान, और सबसे बढ़कर तुम?"

"हवेली और इसका जो सामान स्वर्गीय एतमादुद्दौला का है, उनके वारिसों को वापस हो जाएगा। बाक़ी सब कुछ महीने-दो-महीने में औने-पौने बेचकर हम घर की राह लेंगे।"

शब्द 'घर' नूरुस सआदत ने अजब कड़वे और व्यंग्य भरे लहज़े में अदा किया था।

"मगर क्यों? भला यहाँ क्या नहीं है जो तबरेज़ में होगा?" मीर ने कहा, "और वहाँ की हवा भी तो तुम्हारे अनुकूल नहीं?" वो दिल्ली छोड़ने के पक्ष में तमाम सम्भव तर्क तलाश रहा था।

इतनी बात करते-करते वह हाँफ गई थी, "जरा वो सीने की दवा की शीशी और साफ़ प्याला उठा दो," वो बोली, "इससे तुरन्त आराम हो जाता है।"

"मगर तुम इस क़दर बीमार हो। इतना लम्बा सफ़र कैसे पूरा करोगी?"

"मैं ऐसी बीमार भी नहीं। वैसे, सफ़र मेरे पूरी तरह स्वस्थ होने पर शुरू होगा और एक हकीम साथ चलेगा।"

"मगर क्यूँ? क्यूँ? वो जानू पर हाथ मारकर लगभग चिल्लाकर बोला।

"शश्श! धीमी आवाज़ में बोलो, वरना चुप रहो।" ये कहते हुए उसने मीर का चेहरा दोनों हाथों में ले लिया और इस तरह उसके बोल में जो ज़रा सा खुरदुरापन था वो मिठास में परिवर्तित हो गया।

"मगर क्यूँ? मेरी जान और मेरे जहान, आख़िर क्यूँ?"

"अम्माँ कहती हैं कि एतमादुद्दौला ने हमें बुलाया, घर दिया, सम्मान दिया। उम्दतुलमुल्क ने हर तरह का अच्छा व्यवहार किया। राय किशनचन्द शमाँ पर पतंगे की तरह फ़िदा रहा। अब ये तीनों नहीं हैं तो दिल्ली में काहे का रहना। अब हमें गाढ़े वक़्तों में शरण कौन देगा।"

"और तुम? तुम भी उनसे सहमत हो? मेरे बिना तुम रह लोगी, या इन मामलों में तुम्हारी कोई राय नहीं?"

नूरुस सआदत का चेहरा लाल हो गया। वो सीधी खड़ी हो गई, लड़खड़ाई, किन्तु फिर भी सहारा लिए बिना खड़ी रही।

"मीर मुहम्मद तक़ी, मैं मर्द के बिना रह सकती हूँ। अपनी माँ के बिना नहीं। तुमने मेरी हस्ती में रंग भरे। किन्तु ये हस्ती उनकी दी हुई है।"

वो एक पल चुप रही। मीर का सर शर्मिन्दगी से झुका हुआ था। लगता था अब रो पड़ेगा, "मैं जानती हूँ मैं अब अच्छी नहीं होने की। तबरेज़ हो या दिल्ली, मेरे लिए सब बराबर है। पिछले कई सप्ताह में अम्मा ने राय किशनचन्द के सड़ते हुए घावों की जिस-जिस तरह देखभाल की, मरहम पट्टी की, उनके माँ-बाप के भी बस की बात न थी। मरहम पट्टी करने वाले हकीम तक नाक पर इत्र का फ़ाहा रख लेते थे, और वो दिन के आठ पहर में एक ही बार आते थे। मेरी अम्मा का स्वभाव कितना कोमल है, तुम जानते हो। लेकिन मैं अगर पट्टी से लग गई तो क्या तुम मेरी देखभाल करोगे?"

"क...करूँगा। अवश्य करूँगा।"

"हूँ," उसने प्यार भरी नज़र से मीर को देखा, "तुम मर्दों को मैं ख़ूब समझती हूँ। चलो, जाना, तुमने कह दिया, यही बहुत है।"

आज उसने मीर को पहली बार 'जाना' कहा तो उसके बदन का कण-कण झूम उठा। परन्तु ये वक़्त लगावट की बातों का न था, "तुम मुझे आज़मा के तो देख लेतीं।"

वह थोड़ा हँस दी, लेकिन इस हँसी में मज़ाक उड़ाने का अन्दाज़ न था, "ख़ता मुआफ़, तुम आजमाइश के भी योग्य नहीं हो। अच्छा यही बताओ मुझे कहाँ रखोगे, किसका इलाज़ कराओगे?"

मीर चुप होकर रह गया। वो बोली, "और देखो मैंने तुमसे बहुत पहले कह दिया था कि मुझे तनहाई की मौत के स्वप्न आते हैं। मैं तनहा नहीं मरना चाहती। न अम्मा को दुःखी करना चाहती हूँ। उनका मुझसे रुष्ट होना भी तनहाई की मौत लेकर आएगा।"

"तो क्या मैंने तुम्हारी शर्तें नहीं निभाईं? मैंने तुम्हें रुसवा नहीं होने दिया।"

"ठीक कहते हो तुम। किन्तु मैंने अगर तुम्हारी लगाम अपने हाथ में न रखी होती तो तुम्हारा इश्क़ मुझे गलियों और बाज़ारों की धूप में लाकर डाल देता। सब देखते कि नूर ख़ानम पाबन्द किसी की है और प्रियतमा किसी की। तुममें धैर्य तो है नहीं।"

वो मुस्कुराई। इस बार उसकी मुस्कान में कुछ छेड़ भी थी, "अपने शेर भूल गए तुम? तुम्हीं ने तो कहा है...

मस्तूरी[1] .ख़ूब रूई[2] दोनों न जम्अ होवें
ख़ूबी का काम किसी इज़हार[3] तक न पहुँचा

"ख़ैर चलो, ये तो ठठोल की बातें थीं। सच्ची बात यह है कि मैं तुम्हारी कृतज्ञ हूँ...और ईमान की यह है कि तुम शेर ख़ूब कहते हो। तुम कहते हो शेर की दुनिया और है, शायर की दुनिया और है। कुछ ज़रूरी नहीं कि जो बातें शेर की दुनिया में सच हों वो शायद की दुनिया में भी सच हों। होगा, लेकिन शेर की दुनिया शायद ज़्यादा सच्ची होती है, क्यूँ?"

"नूर ख़ानम अब मुझे आगे शर्मिन्दा न करो। मेरा बस चले तो मैं तुम्हें अपनी खाल की जूतियाँ पहनाऊँ।"

"मेरी माँ को देखो, उन्हें तक़दीर ने आजीवन सताया। एक मैं उनकी ज़िन्दगी की पूँजी हूँ, मैं उन्हें कैसे छोड़ दूँ, विशेषकर जब मेरा भी जीवन अब जितना है उन्हीं के दम से है।"

"मैं तुम्हें न जाने दूँगा। मुझे एक बार बड़ी ख़ानम से मिल लेने दो, मैं उन्हें मना लूँगा।"

"बड़ी ख़ानम से मिलने की राह में कोई बाधा न होगी किन्तु तुमने मेरे सवालों का जवाब न दिया। मुझे कहाँ रखोगे, क्या इलाज़ करोगे मेरा, मैं पलंग से लग गई तो क्या मेरा बदन साफ़ करोगे, मेरे गन्दे कपड़े धोवोगे...?"

"ये सब काल्पनिक प्रश्न हैं। आदम की सन्तान पर जो पड़ती है वो गुज़र भी जाती है। मैं सब सहार लूँगा।"

नूरुस सआदत बोली, "कहना आसान है...और एक बार का बोझ हो तो शायद चींटी भी उठा ले। लेकिन प्रतिदिन सुबह, शाम, रात इस रंग में बिताना...तुम भी इनसान हो, मर्द हो। और उससे बढ़कर ये कि तुम हज़ार दिलोजान से मेरी सेवा करो लेकिन कभी बेध्यानी में भूले से भी तुम्हारे मुँह पर नागवारी या उकताहट अथवा थकन की परछाईं भी मुझे दिखाई दे गई तो मैं...मैं भगवान जाने क्या कर डालूँ, स्वयं जहर खा लूँ या तुम्हें ही ज़हर दे दूँ। वो तुम्हारे ही तो सूफ़ी सन्त थे, मन्सूर हल्लाज को जनसाधारण के अनगिनत पत्थरों ने वो चोट न पहुँचाई जो उन्हें उनके दोस्त शिब्ली के एक फूल से पहुँची..."

मीर बेसब्री से बोला, "तुम परीक्षा लिए बिना ही अक्षम करार दे रही हो। यह बड़ा अत्याचार है..."

नूरुस सआदत के मुँह पर पीली सी मुस्कान आई, "बदनाम होगे, जाने भी दो इम्तेहान को," ये उसने कुछ ऐसी प्रेम के दुख में डूबी चिन्ता के साथ कहा जैसे कोई माँ छोटे से बच्चे को किसी कठिन काम से रोके कि ये तेरे बस का नहीं, तू मुफ़्त हलकान होगा, "मैं तुम्हें क्षमताहीन नहीं कहती, हरगिज़ नहीं, जाना। परन्तु मैं मानवीय मज़बूरियों और तक़दीर की जबरदस्ती दोनों से भलीभाँति परिचित हूँ। मेरी माँ और उनके बाप-दादा के जीवन के हालात से तुम अनभिज्ञ नहीं हो। हमारी क़ौम की तक़दीर ही में दरबदर भटकना है तो कोई क्या कर लेगा। हमारा घर बनने से पहले ही उजड़ेगा।"

"लेकिन नूरुस सआदत, चार दिन ख़ुश रहकर जी लेना दुःख भरी लम्बी से लम्बी आयु से बेहतर है," मीर ने कहा।

---

1. छिपा रहना, 2. सुन्दरता, 3. अभिव्यक्ति।

"ख़ुशी किसे कहते हैं? और किसकी ख़ुशी? क्या तुम भूल गए कि हम यहाँ ख़ुश रहने के लिए नहीं कटने-मरने और भभक-भभककर जलने बुझने के लिए लाए गए हैं?"

मीर से कोई जवाब न बन पड़ा, "ज़िस्म और जान में ख़ुशी की एक बूँद विष भरे समुद्र को भी ठंडा कर सकती है," वो ठहर-ठहरकर बोला, "परन्तु..."

"हाँ! यही परन्तु तो सब कुछ है। कब तक के लिए कोई जीए और किसकी ख़ुशी के लिए जीए। मेरी माँ की ख़ुशी मेरी ज़िन्दगी में है, और तुम जानते हो मैं अम्माँ के साथ रही तो शायद कुछ दिन और जी लूँगी। और उन्हें ख़ुश रखकर जी लूँगी। तुम्हारे पास रही तो शायद और जीऊँ और अम्माँ को दुखी अलग करूँ। तुम हज़ार मेरा साथ दो लेकिन जब मुझे मौत आई और मैं तनहा रही तो मैं तुम्हें बद्दुआ भी न दे सकूँगी।"

उसने आँसू सुखाए, पहले मीर के फिर अपने, "देखो, अब मुझसे मिलने न आना। अम्माँ बुलाएँ तो भी न आना।" वो ज़ार-ज़ार रोई, "इस बार तो मैंने किसी तरह अपने दिल को समझा लिया। दूसरी बार तुम्हें देखूँगी तो मुझे किसी चीज़ पर क़ाबू न रहेगा।"

वो दीवान के तकिए में मुँह डालकर रोती रही। मीर कब उठकर चला आया उसने देखा नहीं।

इस वार्ता के अगले ही दिन नूरुस सआदत पलंग पर पड़ गई। कई दिन बाद हकीमों ने निश्चय किया कि उसे भी अपने बाप की तरह तपेदिक है। और बायज़ीद की तो केवल हड्डियाँ प्रभावित थीं, नूरुस सआदत का पेट भी उसका निशाना बन चुका था। अब उसकी ज़िन्दगी साल-छह महीने से ज़्यादा न रह गई थी। उसे रोज़ शाम ताप आ जाता किन्तु जिस समय ताप न होता उस समय भी उसका जी निढाल रहता। भूख उसे बिलकुल न लगती थी। उस पर ज़ुल्म ये कि हर औषधि उसे लाभ की बजाय हानि पहुँचाती थी। दवा पीते ही उसे उल्टी हो जाती। एक महीना मुश्किल से गुज़रा होगा कि वो हड्डियों की माला बनकर रह गई। खाने में वो केवल उबाले हुए ताज़ा इंज़ीर खा सकती थी और दवा के तौर पर हकीम इब्नेसीना के नुस्खे के अनुसार बनाया हुआ शर्बत। ये दो चीज़ें तो वो हलक़ से उतार लेती, और किसी चीज़ की तरफ़ देखना भी उसे मंजूर न था।

लबीबा ख़ानम रो-रो कर नूरुस सआदत से कहती कि मीर मुहम्मद तक़ी को बुलवा दूँ, मेरे बच्चे का दिल बहल जाएगा। परन्तु नूर ख़ानम की एक नहीं तो हज़ार नहीं थी। आख़िर एक दिन लबीबा ख़ानम ने कहा कि तबरेज़ जाने का इरादा स्थगित कर दें तो कैसी रहे? "और मेरा चाँद, मेरी गुड़िया चाहे तो इरादा रद्द ही कर दूँ।"

"अम्मा आपका निर्णय ठीक था। देहली हमारे रहने की जगह नहीं। और आपको अब्बा के साथ अपना वादा भी पूरा करना है।" वो रो कर बोली, "और मैं आपकी गोद में सर रखकर मरना चाहती हूँ। अब्बा को आपने जो शान्ति उनके मरते वक़्त पहुँचाई उसी की मैं भी हक़दार हूँ।"

"तेरा हक़ सब हक़ है जाना। मेरी जान कोई ले ले और तुझे अच्छा कर दे, अच्छा न कर दे तो दो-चार बरस तेरे लिए आराम की ज़िन्दगी और बढ़ा दे तो ये भी हक़ होगा।"

"अब मैं जीना भी नहीं चाहती अम्मा जानी। देहली छोड़कर जीना कोई जीना नहीं। और आपको दिल्ली से न जाने दूँ तो ये तीसरी मृत्यु आप पर थोपने का अधिकार क्या?

और आप न होंगी तो मैं फिर भी अकेली हो जाऊँगी। हम सब एक दूसरे से इस तरह बँधे हुए हैं कि न मुक्त हो सकते हैं और न एक दूसरे को मुक्त कर सकते हैं।"

वो बड़ी देर चुप रही, फिर कहने लगी, "अम्मा यहाँ से कूच करने का सामान जल्द कर लेतीं तो अच्छा था। मैं यहीं मर गई तो कहीं की न रहूँगी। हो सके तो मुझे अब्बा के पास ही दफ़नाइएगा अम्मा।"

सफ़र का सामान तैयार करते-करते एक महीना और लग गया। सबसे बड़ा सामान तो कोई उचित काफ़िला था जो उन्हें तबरेज़ नहीं तो इस्फ़हान या तेहरान तक ले जाता। फिर उस क़ाफ़िले का, रहबरों और सुरक्षा कर्मियों का भी प्रबन्ध हो गया। एक अनुभवी हकीम भी साथ चलने पर राज़ी हो गए। मुहम्मद तक़ी मीर सब ख़बर रख़ता था, जिस दिन ये लोग देहली से चले हैं, वो फ़ाटक हबस ख़ाँ के नुक्कड़ पर आधी रात से आकर ठहर गया था। भोर हुई तो जाने वालों ने कूच किया। लेकिन नूरुस सआदत की पालकी हर तरफ़ से बन्द थी। मीर को उसकी झलक क्या, चूड़ी की खनक तक न सुनाई दी :

वो क्या चीज़ है आह जिसके लिए
हर एक चीज़ से दिल उठाकर चले
कोई ना उम्मीदाना करते निगाह
सो तुम हमसे मुँह भी छिपाकर चले

एतमादुद्दौला और उम्दतुलमुल्क के यहाँ से भी कुछ लोग अलविदा कहने आए थे। हवेली के नौकर-चाकर तो थे ही। पास-पड़ोस के भी लोग थे। किशनचन्द इख़लास का बूंढ़ा बाप नेत्रहीन हो चुका था। किन्तु पालकी में सवार होकर आया था। हर तरफ़ दूर-दूर तक सिसकियों का एक लम्बा सिलसिला था।

यात्रा के बीसवें दिन वे हिरात से तीन दिन की दूरी पर थे। नूरुस सआदत पर अब बेहोशी सी छा रही थी। उसके हकीम ने बड़ी ख़ानम से कहा कि अगर धावे के रूप में चलें तो एक दिन एक रात में हिरात पहुँच सकते हैं। रोगी को रुकने और आराम की सख़्त आवश्यकता है। फिर हिरात में कुछ विख्यात हकीम भी हैं। उन्हें शायद कोई बात सूझ जाए। नहीं तो मुझे डर है कि साहबज़ादी तीसरे दिन का सवेरा न देखेंगी।

अपने लोगों को, जो गिनती में तीस थे क़ाफ़िले से अलग करके बड़ी ख़ानम ने धावे का आदेश दिया। वो सारा दिन चलते गए। शाम होते-होते चढ़ाई की राह ख़तम होकर उतार आरम्भ होता था। लेकिन अभी वो कुछ ही दूर गए थे कि अचानक बारिश शुरू हो गई। उतार की राह, रात का समय हर तरफ़ ख़तरा ही ख़तरा था। परन्तु सूखे रास्तों पर यात्रा किसी न किसी प्रकार जारी रह सकती थी। बरसते पानी में तो इसका कोई सवाल न था। रुकने में भी जोख़िम थे किन्तु किसी सुरक्षित जगह पर ईश्वर के सहारे रात बिताई जा सकती थी।

क़ाफ़िले को वहीं रोककर बड़ी ख़ानम ने दो अनुभवी रहबरों को आगे भेजा, पहाड़ों में कोई सुरक्षित गुफा या किसी पहाड़ी का छज्जा ऐसी ढूढ़ें जो वर्षा और हवा से उन्हें कुछ छुटकारा दे सके। एक-डेढ़ घंटे के बाद उन्होंने वापस आकर ख़ुशख़बरी सुनाई कि सुरक्षित स्थान मिल गया है। जहाँ तक सम्भव था तेज़ क़दम रखते हुए सारे क़ाफ़िले वालों ने पनाह की जगह पर पहुँचकर ईश्वर का शुक्र अदा किया, बारिश भी अब हल्की पड़ती प्रतीत होती थी। अगर भाग्य अच्छे रहे तो सूर्योदय के पहले-पहले वो सफ़र दोबारा शुरू कर सकते थे।

नूरुस सआदत पर बेहोशी वैसी ही थी लेकिन अब शायद ठंडी रात की बारिश और हवा की वजह से उसकी साँस खड़खड़ाती हुई सी आ रही थी। हकीम ने औषधियों की टिकिया घिसकर और कुछ दुआ पढ़कर एक ज़रा सा टुकड़ा उसकी जुबान पर रखा तो हालत ऊपरी तौर पर कुछ बेहतर हुई, साँस के आने-जाने में आसानी हुई और शोर कम हो गया।

लबीबा ख़ानम सारी रात बेटी का मुँह तकती रही। जब नूर ख़ानम की साँस की आवाज़ हल्की पड़ने लगी तो उसने समझा कि दवा ने पूरा असर दिखा दिया है। अचानक नूरुस सआदत ने अपना हाथ बढ़ाया जैसे कुछ टटोल रही हो। माँ ने बेटी का हाथ अपने हाथ में लेकर दुआ पढ़नी शुरू की। वो सुबह तक दुआएँ पढ़ती रही। नूरुस सआदत की जान कब निकली उसे मालूम न हुआ।

नूरुस सआदत की कब्र हिरात में बनी। मज़ार के पत्थर पर फ़ारसी में केवल इतना लिखा गया :

'नूरुस सआदत
सत्रह साल और सात माह की आयु में अपनी माँ की गोद छोड़कर चली गई
आँखों और दामन से छूट जाने वाली तू किस हाल में है।'

लबीबा ख़ानम ने कब्र पर एक छोटा सा लेकिन बहारदार और सुन्दर मक़बरा बनवा दिया। उसी के पास एक कोठरी में वो भी दिन-रात रहती।

क़ाफ़िले वालों और हकीम को उसने दूने-चौगुने इनाम और सम्मान के साथ विदा किया। मुहम्मद तक़ी मीर के लिए चाँदी के तारों से बने हृदय के आकार के एक छोटे से डिब्बे में नूरुस सआदत ने अपने बालों की एक छोटी लट पहले से रख छोड़ी थी। उसके हाथ अपने बेजोड़ सुलेख में उसने बेदिल के शेर क़ाग़ज के एक पर्चे पर लिख दिए थे कि मेरी मौत के बाद उन्हें भी मीर तक़ी मीर को भेजवा दें।

जिन्स-ए-शिकस्त आँ चे पैदा शवद
बरीं आस्तां क़ीमतश वा शवद
शिकस्त-रु-तू ईं जा दुरुस्ती नुमाँस्त
कि बह्र-ए-करम सर बसर मोमियास्त
मुहीते के रंग-ए-गुहर नक्श बस्त
न ख़्वाहद ज़े अमवाज ग़ैर अज़ शिकस्त
सलामत न मी ज़े बद अज़ साज़-ए-मौज
शिकस्त अस्त अन्जाम-ओ-आग़ाज़-ए-मौज
बराँ गुल कुनद गिरिया अब्र-ए-बहार
कि रंग-ए-शिकस्तन न कर्द इख़्तियार

(टूटने-फूटने के प्रकार की जो भी चीज़ पैदा होती है उसका मूल्य इस चौखट पर ही खुलता है। यहाँ पर तेरा टूटना तुझे दुरुस्ती की राह दिखाता है कि ईश्वर की कृपा के असीम समुद्र में मरहम ही मरहम है। वो समुद्र भी जो मोती का रूप लेकर एक जगह जम जाता है वो मौजों से कुछ नहीं चाहता पर ये कि मौजें उसे तोड़ डालें। मौज की प्रवृत्ति को सुरक्षा से कोई शोभा नहीं, टूटना ही मौज का आरम्भ भी है और अंजाम भी। बरसात के बादल उस फूल पर आँसू बहाते हैं जिसने टूटने अर्थात् रंग के उड़ जाने का रंग न प्राप्त किया।)

फूलों और पत्थरों की दास्तान की ये आख़िरी पूँजी देहलवी हकीम ने भीगी आँखों के साथ बड़ी ख़ानम से लेकर हिफ़ाजत से मुहम्मद तक़ी मीर को पहुँचा दी।

मीर ने कई बार इरादा किया कि अपनी जान दे दूँ। लेकिन जब भी वो उसे कार्यरूप प्रदान करने के लिए कोई क़दम उठाता, नूरुस सआदत की सूरत उसके सामने आ जाती, और हर बार इस तरह जैसे वो उसे कोई काग़ज़ या पत्र दे रही हो। मीर ने पहले तो इसे केवल कल्पना का खेल और जीते रहने की नैसर्गिक आकांक्षा के लिए एक बहाना समझा। किन्तु कुछ समय बाद वो नूरुस सआदत को ख़्वाब में भी देखने लगा। शुरू में उसका ख़्वाब बस यही होता कि नूरुस सआदत उसे कोई काग़ज़ दे रही है। फिर वह ये देखने लगा कि काग़ज़ का केवल एक पर्चा नहीं, पूरा दस्ता है। अन्त-अन्त में वह नूरुस सआदत को काग़ज़ क़लम लेकर कुछ लिखते हुए देखने लगा। हर ख़्वाब में वह यह भी देखता कि मैं नूरुस सआदत के पीछे जाकर उसके कन्धों पर से झुककर देखना चाहता हूँ कि वह क्या लिख रही है। कहीं वह मुझे ख़त तो नहीं लिख रही? कहीं वह कुछ सन्देशा तो नहीं कहलाना चाहती? किन्तु जैसे ही वह उसके पास आता, वो हवा में घुलकर ग़ायब हो जाती।

नूरुस सआदत के जाने के बाद शायरी मीर से छूट गई थी। उसे लगता था कि काव्य की रचना करने और पढ़ने-पढ़ाने का दरवाज़ा उस पर हमेशा के लिए बन्द हो चुका है। और ये ठीक भी था, कहने के लिए अब कुछ रहा न था। दिल की दास्तान को काग़ज़ पर लाने के लिए आदमी नहीं, शेर का कलेजा दरकार होता है और बात फिर भी ठीक से नहीं कही जाती। धीरे-धीरे आत्महत्या के इरादे धुँधले पड़ते गए। और इसी लिहाज़ से उसके ख़्वाब भी धुँधलाते गए। उसी ज़माने में, नूरुस सआदत के स्वर्गवासी होने की ख़बर मिलने के सवा या डेढ़ साल बाद उसने पहली बार शेर कहा :

निशाँ अश्क-ए-ख़ूनी के उड़ते चले हैं
ख़िज़ाँ हो चली है बहार-ए-ग़रीबाँ

ये शेर कहकर वो इस क़दर रोया कि नूरुस सआदत के जाने पर भी उस क़दर न रोया था। अब उसे मालूम हो गया था कि दुनिया ने उसे पराजित कर दिया है। अब उसे यह भी मालूम हो गया था कि वो चाहते हुए भी नूरुस सआदत की सेवा और तीमारदारी उस तरह न कर सकता था जिस तरह की सेवा और तीमारदारी का अधिकार वह उस पर रखती थी।

लबीबा ख़ानम भी कुछ दिन के बाद बेटी के मक़बरे पर नज़र न आई। शायद वो तबरेज़ चली गई, शायद नहीं गई। या शायद गई और वहाँ कुछ दिन शौहर के मज़ार पर प्रेम रहस्य से भरी बातें करके कहीं और जा रही। या शायद वह गई किन्तु रास्ते ही में कहीं मर खप गई। इस्फ़हान और हिरात में वह बहरहाल फिर न दिखाई दी।

आफ़ताब-ए-ज़मी

आफ़ताब-ए-ज़मी हूँ लेकिन
मुझसे रोशन है आसमान-ए-सुख़न

हयातुन्निसा बीवी उर्फ़ भूरा बेगम—ये उन पर्दे वाली बीवी का नाम था और घर का पता...लेकिन उसी में तो कठिनाई थी।

ढूँढ़ते-ढूँढ़ते दिन का तीसरा पहर होने को आया था और वो घर न मिलना था न मिला। कहने को तो बिलकुल आसान सी राह थी, झवाई टोले में हकीम मुन्नन साहब के अहाते के पिछवाड़े से एक गली फूटती है, बताने वालों ने मुझे बताया था। गली आगे चलकर बन्द हो जाती है कि वहाँ मोतमदुद्दौला बहादुर आग़ा मीर अवध शासन के प्रधनमंत्री के किसी दुश्मन की हवेली थी। जब वो साहब किसी बात पर शाही दरबार में नापसन्द ठहरे तो मोतमदुद्दौला बहादुर को मौक़ा हाथ आया। जिस व्यक्ति ने मस्जिदें और बेगुनाह ग़रीबों और दयनीय लोगों के घर गिरवाने में कोई हिचक न महसूस की थी उसके लिए उस बदनसीब की हवेली गिरवाना क्या मुश्किल था जिससे देश का राजा स्वयं नाराज़ हो। बहरहाल, मुझे बताया गया था कि उस ध्वस्त हवेली के खंडहरों के ज़रा पहले एक अँधेरी सी गली और है। उसमें प्रवेश कर जाएँ। वह आपको थोड़े घुमाव-फिराव दिखाएगी किन्तु आख़िर में गन्दा नाला नामक मुहल्ले के फाटक पर लाकर छोड़ देगी। वहाँ पहुँचकर पूछ लीजिएगा कि राजा झाऊ लाल के दारोग़ा के वंशज कहाँ रहते हैं। कुछ तो नाले के इधर हैं और कुछ नाले के परली तरफ़।

“उन्हीं के घरों में से एक घर में वो बीवी रहती हैं, शायद। इसलिए कहा कि उस्ताद मुसहफ़ी की घरवाली एक अवश्य थीं जो उस्ताद के स्वर्गवासी होने के बाद यहाँ से निकलीं। लेकिन ख़ुदा माफ़ करे, आपको शायद ख़बर हो, स्वर्गीय उस्ताद के सम्बन्ध और आशनाइयाँ...सो पता नहीं कि ये वही हैं या कोई और। सम्भावना और अनुमान दोनों कहते हैं कि वही होंगी। नाम उनका मैंने बता ही दिया है। अब जनाब स्वयं जाकर मालूम कर लें।

मुश्किल यह थी कि ध्वस्त हवेली के आसपास कोई गली फूटती दिखाई न देती थी। मैं हकीम मुन्नन साहब के अहाते के दो-तीन चक्कर लगा चुका था। कई आने-जाने वालों से पूछा, किन्तु किसी ने भी वांछित सूचना उपलब्ध न कराई। बरसात के दिन, सख़्त उमस वाली गर्मी और उस पर तुर्रा यह कि रास्तों की बदबू और कीचड़। मैं तो थक-हार गया ही था, मेरे साथ जो मज़दूर तोहफ़ों की सीनी उठाए चल रहा था, वो भी मेरी आवारागर्दी के कारण अब कुछ जी छोड़ता हुआ सा लग रहा था।

कहने को तो मैं भी लखनऊ का था किन्तु केवल नाम मात्र को। सितम्बर 1793 में जब मैं इस स्वर्ग समान शहर में पैदा हुआ तो उसके कुछ ही समय बाद हमारे दुर्भाग्य से मेरे पूज्यवर पिता लाला कांजीमल सबा जो आम लोगों में चाँदी वाले के नाम से मशहूर हुए। चाँदी वाले वो इसलिए कहलाए कि चाँदी का व्यापार उनका पुश्तैनी पेशा था। मेरे स्वर्गीय दादा जी दिल्ली के सुप्रसिद्ध छुन्नामल चाँदीवालों के छोटे भाई थे। बड़े भाई से किसी बात पर बिगाड़ हुआ तो उन्होंने सीधे लखनऊ की राह ली। ये नवाब वज़ीरुल ममालिक आसिफ़ुद्दौला याहृया ख़ाँ बहादुर हिज़ब्र जंग का सखावत से भरा हुआ ज़माना था। दादा जान ने एक ही दो बरस में कारोबार को इस तरह ऊँचाई और विकास दिया कि दौलत, इज़्ज़त, शोहरत हर बात में वो दिल्ली निवासी अपने बड़े भाई से बढ़ गए।

नए सिरे से कारोबार जमाने की मेहनत और देहली छोड़ने के दुख ने मेरे स्वर्गीय दादा जी की ज़िन्दगी के कई वर्ष कम कर दिए। अप्रैल 1790 में पचास वर्ष की आयु में वो भगवान को प्यारे हुए। उनके बाद सारी दौलत और कारोबार मेरे फ़रिश्तों जैसे पिता कांजीमल सबा के हाथ लगा कि वह स्वर्गीय दादा जी के इकलौते बेटे और सारी सम्पत्ति के वारिस थे। अफ़सोस कि कांजीमल सबा को भी मिटने वाले इस संसार में बहुत दिन रुकने का अवसर न मिलना था।

लाला कांजीमल सबा के कुछ मरने के ऐसे दिन न थे। किन्तु जिसे मौत आनी हो तो उसे हज़ारों बहाने हैं। उन्हें कई महीने से हल्का बुख़ार रहता था। कभी-कभी कमर में भी दर्द की शिकायत करते। हकीमों और वैद्यों ने इन शिकायतों को साधारण शारीरिक दुर्बलता समझकर ताक़त की दवाएँ देना शुरू किया किन्तु कुछ ख़ास लाभ न हुआ। बीमारी के बावज़ूद वो रोज़मर्रा साधारण लोगों की सी ज़िन्दगी गुज़ारने से परहेज न करते। होली की तीसरी शाम थी। स्वर्गीय पिताजी नहा-धो सज-बनकर दोस्तों से मिलने के लिए घर से निकले। अपने प्रिय इराकी घोड़े को सवारी के लिए चुना। नौकर-चाकर मशाल-बरदार हमेशा की तरह साथ थे। कुछ ही क़दम गए होंगे कि अचानक सामने से किसी के जन्म का जुलूस निकला। मेरे बाप की जान जाना आज ही के दिन के लिए लिखा था। फ़ारसी की कहावत कि 'एक जाता है और दूसरा उसकी जगह ले लेता है' शायद ऐसे ही अवसर के लिए कहा गया था।

बाज़ारों में घूमने-फिरने वालों और जुलूस का तमाशा देखने वालों की भीड़ के ऊपर भीड़, चारों तरफ़ चर्ख़, बान, अनार, हवाई बुर्ज का जोश। हालाँकि ऐसे मौक़े पर युद्ध वाली आतिशबाजी नहीं, गुलकारी आतिशबाजियाँ काम में लाते हैं। किन्तु उस दिन और उस वक़्त ख़ुदा जाने किस पापी को शैतानी सूझी कि एक हाथी चिंघाड़ की बत्ती को आग दिखाकर उसने मेरे पिता के तेज़ दौड़ते घोड़े के बिलकुल पैरों तले ही डाल दिया। ज़ोर का धमाका हुआ। असील घोड़ा नाज़ुक मिज़ाज भड़ककर बेकाबू हो गया। स्वर्गीय पिताजी ने रान बाग़ बनाए रखने और पटरी जमाए रखने की हज़ार चेष्टा की परन्तु घोड़ा बेलगाम हो चुका था। पिताजी ने घोड़े के साथ एक चक्कर खाया और आन की आन में बीस क़दम दूर सर के बल गिरे और बेहोश हो गए। जब होश आया तो बुख़ार के साथ कमर में सख़्त दर्द था। कई दिन की छानबीन और कई-कई बार पेशाब की जाँच के बाद सुनिश्चित किया गया कि असल रोग तो रीढ़ की हड्डी का तपेदिक था। घोड़े से गिरने के सदमे ने उनकी बीमारी को और गहरा कर दिया था। अब बिस्तर पर बिना हिले-डुले लेटे रहने के सिवा कोई उपाय न था।

पिताजी तीन महीने बिस्तर से लगे रहे। बहुत शारीरिक कष्ट उठाकर अन्ततः उन्होंने अपने प्राण परमात्मा को अर्पित कर दिए।

मेरी माँ की आँखों में दुनिया अँधेरी हो गई। मैं दूध पीता बच्चा था, मुझे गोद में लेकर वो हवेली की बावली में छलाँग लगाना चाहती थीं लेकिन ख़ादिमाओं और रिश्तेदारों ने दौड़कर मज़बूती से उनकी कमर थाम ली। हकीम लोग बुलाए गए, माताजी के दिल को ठहराने और सुलाने के लिए तीव्र दवाएँ दी गईं, लेकिन होश में आने पर उनकी एक ही रट थी, 'मैं अब न जीऊँगी। मैं सती हो जाऊँगी।' वो तो कहिए कि मेरे मामाजी और कुछ और ननिहाली, ददिहाली लोग बहुत जल्द पहुँच गए। दिल्ली से आने वालों में स्वर्गीय पिताजी के मामा के एक लड़के लाला अजयचन्द भी थे। पिताजी के कोई सगा भाई तो था नहीं, वो इन्हीं के साथ पले-बढ़े थे और उन्हें सगे भाई से बढ़कर समझते थे। बालिग होने पर लाला अजयचन्द दिल्ली वापस चले गए लेकिन उनके और मेरे पिता के बीच भाईचारा और प्रेम पूर्ववत् रहा। अब मेरे ननिहाली लोगों ने सारा कारोबार लाला अजयचन्द को सौंप दिया और ख़ुद मेरी माँ को और मुझे अपने साथ पटना ले गए।

उस वक़्त की परेशानी और घबराहट में कुछ ठीक से तय भी न हो सका कि मेरे चाचा कब तक हमारे कारोबार और जायदाद की देख-रेख के लिए लखनऊ में रहेंगे। हम लोग गिरते-पड़ते पटना पहुँचे। फिर मुझे और मेरी माँ को बहुत जल्द पटना शहर के शोरगुल से भरी हुई नम हवा से दूर मेरे नाना के देहाती बँगले में भेज दिया गया।

हज़ारीबाग के घने हरे-भरे जंगलों के बाहरी सिरे पर एक छोटे से पहाड़ी चश्मे के दामन में बने हुए दो-चार कमरों के इस सुन्दर बँगले में पहुँचकर मेरी माँ फिर वहीं की हो रहीं। उन्होंने फिर लखनऊ और लखनऊ ही क्या पटना का भी मुँह न देखा। फरवरी 1825 में उनकी आँख बन्द हुई। इस सारे ज़माने में लखनऊ की कोठियाँ, जायदाद और व्यापार पर मेरे चाचा और उनकी सन्तान कब्ज़े में बने रहे। न उन्होंने कभी पूछा कि तुम लोग कैसे हो और न हमने कभी सोचा कि लखनऊ वापस जाएँ।

मेरे स्वर्गीय पिताजी को अपने गुरु हज़रत शेख़ ग़ुलाम हमादानी मुसहफ़ी से बहुत मुहब्बत थी। देहली से लखनऊ आगमन पर हज़रत शेख़ साहब उनके यहाँ कुछ दिन मेहमान भी रहे थे। किन्तु आपसी व्यवहार और प्रेम बना रहे इसके लिए साथ रहने की आवश्यकता न थी। हज़रत शेख़ जब से लखनऊ तशरीफ़ लाए थे उसी वक़्त से मेरे पिता की तरफ़ से सर झुकाकर विनम्र सेवा और हज़रत उस्ताद की तरफ़ से मेहरबानी और शिक्षा-दीक्षा का सिलसिला जो शुरू हुआ तो वह मेरे प्रिय पिताजी के देहावसान पर ही समाप्त हुआ।

स्वर्गीय माताजी जब हमसे छूटीं तो उसके कुछ ही दिन बाद हज़रत शेख़ के देहान्त की ख़बर हम लोगों तक पहुँची। उनका निधन तो 1824 ही में हो चुका था। किन्तु यह सूचना हम लोगों तक देर में पहुँची। जाहिर है कि मैंने उनका नाम ही नाम सुना था। किन्तु लखनऊ की बात चलती तो मेरी माँ हज़रत शेख़ की चर्चा अवश्य करती थीं और उनकी बातचीत से लगता था कि वो उनसे पर्दा भी नहीं करती थीं। उनका दर्ज़ा वही था जो हज़रत उस्ताद की किसी चहेती बहू का होता किन्तु शेख़ साहब के व्यक्तित्व में कुछ ऐसी मोहनी थी और उनके वज़ूद में कुछ ऐसा जादू भरा था कि माताजी चाहे अनचाहे उनकी बेटी बन बैठी थीं।

माताजी के स्वर्गवास के बाद ननिहाल में मेरे लिए कोई विशेष आकर्षण न रह गया था। उनकी जबानी शेख़ साहब की बातें सुन-सुनकर मुझे भी उनसे एक तरह का लगाव पैदा हो गया था। सो उनके प्राण त्याग देने की ख़बर सुनकर एक धक्का सा लगा। फिर शेख़ साहब के एक मित्र राय साहबराम ख़ामोश ने उनके निधन पर एक फ़ारसी शेर कहा था जिससे उनके मरने की तिथि भी निकलती थी। वह शेर हम लोगों तक पहुँचा तो मेरे दिल में लखनऊ जाने का शौक़ और भी बढ़ गया।

घर में अध्यापकों की मेहनत और मामाजी की सख़्ती के कारण मैंने फ़ारसी, हिन्दी, थोड़ी बहुत अरबी, गणित, हिसाब-किताब लिखना और दूसरे आवश्यक ज्ञान सीख लिए थे। फ़ारसी के उस्तादों में मिर्ज़ा बेदिल, शेख़ फ़ैज़ी, आनन्दराम मुख़लिस, नज़ीरी, साइब, अली हंज़ी, ख़ान-ए आरज़ू वग़ैरह की कविताओं से भली-भाँति परिचित था। और रेख़्ता के उस्तादों में से अक़सर की शायरी अच्छी तरह देखभाल कर और सोच-समझकर पढ़ी थी। विशेषकर राय सर्वसुख दीवाना, ख़ुदा-ए-सुख़न, मीर तक़ी मीर, मालिक-ए-सुख़न मिर्ज़ा सौदा, हज़रत ख़्वाजा मीर दर्द, और फिर हज़रत शेख़ मुसहफ़ी के काव्य संग्रहों को मैंने अच्छी तरह पढ़ा था और अक़सर पढ़ता रहता था। स्वर्गीय पिताजी की देखा-देखी अपने नाम दरबारीमल के साथ तख़ल्लुस 'वफ़ा' भी मैंने टाँक लिया था। लेकिन हक़ बात यह थी कि मैंने उस वक़्त तक दो ही चार क़िते और पाँच पंक्तियों वाले एक दो छन्द लिखे होंगे और वह भी किसी उस्ताद की देख-भाल के बिना ही। ग़ज़ल या रुबाई कहने का साहस न था। मसनवी या कसीदा लिखने के लिए न कोई बात ही सूझती थी और न ही कोई ऐसा था जिसकी प्रशंसा में कसीदा या मसनवी लिखी जाती।

राम साहबराम ख़ामोश का हज़रत शेख़ के बारे में शेर सुनकर मेरे दिल में अजब हूक सी उठी। जी चाहा कि मैं भी लखनऊ जाऊँ, हज़रत उस्ताद के किसी चर्चित शागिर्द जैसे ख़्वाजा आतश साहब या मुंशी मुज़फ़्फ़र अली साहब असीर की शागिर्दी का धागा कमर से बाँध लूँ। अधूरा ही दुनिया से उठूँ लेकिन किसी पूर्णता प्राप्त की शागिर्दी की सूर्य जैसी ऊँची टोपी तो सर पर हो। यूँ तो हज़रत शेख़ के शागिर्दों में मिर्ज़ा अमान अली ख़ाँ ज़बीह अज़ीमाबादी गोया हमारे पड़ोस ही में थे क्योंकि हज़ारीबाग से अज़ीमाबाद केवल चार दिन की दूरी पर था, लेकिन मुझे तो लखनऊ का आकर्षण लिए जाता था। सब शायरों के उस्ताद ख़ुदा-ए-सुख़न हज़रत मीर साहब (ख़ुदा उनके दर्जे ऊँचे करे) क्या ख़ूब फ़रमाते हैं...

'जिस तरफ़ देखो मारिका[1] सा है
शहर है या कोई तमाशा है
चश्म-ए-बद्दूर ऐसी बस्ती है
यही मक़सद है मुल्क-ए-हस्ती है
लखनऊ दिल्ली से भी बेहतर है
कि किसू दिल की लाग इधर है'

इसे संयोग ही कहिए कि लखनऊ जाना जो बहुत कठिन और बहुत दूर की बात लगती थी वास्तव में बहुत आसान निकली। मैंने अपने चाचा को लिखा कि मैं आगे की पढ़ाई के लिए लखनऊ आना चाहता हूँ। जायदाद और दुकानों के बारे में एक हर्फ़ न लिखा और सच

1. हंगामा-धूमधाम।

यह है कि मुझे एक दमड़ी भी वापस मिलने की आशा न थी। किन्तु ख़ुदा चाहे तो क्या नहीं हो सकता। मेरी चिट्ठी का जवाब आया और शीघ्र आया। चाचा ने लिखा कि जब चाहो आ जाओ हम तुम्हारी राह देख रहे हैं। कहो तो सफ़र का खर्च भेज दें। अपनी लम्बी चुप पर उनकी तरफ़ से खेद तो न था परन्तु मेरे बारे में हल्की सी शिकायत ज़रूर थी कि मेरी माँ ने ससुराल वालों को और मैंने अपने ददिहाल को दिल से बिलकुल ही निकाल दिया था।

"ख़ैर ये सब बातें तो होती रहेंगी," उन्होंने लिखा, "अब तुम बस आ ही जाओ, खाना वहाँ खाओ तो पानी यहाँ पीयो। सबकी आँखें तुम्हारे लौटने ही पर लगी हैं।"

अन्धा क्या चाहे, दो आँखें। मैंने सफ़र का सारा सामान जुटाया। सामान और तोहफ़े बहली पर लादे। दो नौकर साथ लिए, उन्हें बहली पर रखा और अपने लिए दो बढ़िया घोड़े चुने। मुझे औरतों में कुछ विशेष रुचि न थी। अपनी उम्र के मर्दों में रहना और पुरुषोचित कार्यों जैसे शिकारबाज़ी, बिनौट, बन्दूक और तमंचा चलाना, थोड़ी बहुत ज्योतिष विद्या, ये मेरे उन दिनों के शौक़ थे। शादी मैंने की न थी इसलिए कुटुम्ब कबीले का कोई झगड़ा-टंटा न था। अपनी ही विद्या के बल पर कुंडली बनाई और शुभ घड़ी देखकर माताजी और हज़ारीबाग को सलाम करके निकल चला। हज़ारीबाग से अज़ीमाबाद पटना की यात्रा तीन ही दिन में पूरी की। फिर एक दिन वहाँ ठहरकर लखनऊ के लिए अब जो हो सो हो कहकर रवाना हुए।

महेन्द्रुघाट पर गंगाजी की वो शान थी कि बस। हर तरफ़ चमकती चमकीली लहरें, लम्बा-चौड़ा घाट, नदी के पाट की सर चकरा देने वाली चौड़ाई, किश्तियों, छोटे-बड़े बजरों, निवाड़ों का हुजूम, रईसों की मोर पंखियों और पनसूइयों की झकाझक करती चहल-पहल, बोझ लादने वाले खलासियों का शोर, ऊँटों का अड़ना अड़ाना, घोड़ों की हिनहिनाहट, गदहों का रेंकना, बच्चों की चीख़-पुकार, नावों पर चढ़ाई जाती बैलगाड़ियों, बहलियों और रथों की चरख-चूँ, कई बड़ी किश्तियों से सुबह के नाश्ते की तैयारी का धुआँ अब तक उठता हुआ, कहीं ब्राह्मण देवता लोग सूर्य और गंगा मैया की पूजा एवं संस्कारों में तन्मय, एक पूरी दुनिया थी जिससे मैं अब तक बेख़बर रहा था। जी में लहर सी आई कि मैं भी क्यूँ न किश्ती से यात्रा करूँ। परन्तु पूछने पर मालूम हुआ कि बनारस पहुँचकर फिर भूमार्ग ही को पकड़ना होगा। अतः यहीं से ज़मीनी काफ़िलों के साथ लगे रहना ही उचित है।

2

जुमे का मुबारक़ दिन था और 7 जुलाई, 1825 की तारीख़, जब हम स्वर्ग समान हिन्दुस्तान की राजधानी शाहजहानाबाद के जोड़ीदार रंगों और सुगंधों के देश की राजधानी शहर लखनऊ में आ पहुँचे। अल्लाह-अल्लाह क्या शहर और क्या शहर की बाहरी आबादियाँ सब हल्के गुलाबी रंग में रँगे हुए से लगते थे। सफ़तउद्दौला, हैदर ख़ान बहादुर बादशाह ग़ाज़ी के राज और शासन चलाने और उससे बढ़कर यह कि सफलतापूर्वक चलाने के दिन थे। सारे संसार के लोग और चारों खूँट की प्रजा इस एक शहर में इकट्ठा थी और एक ही रंग में रँगी हुई थी। जब मैंने लखनऊ छोड़ा था तब मैं दूध पीता बच्चा था और आज जब इधर वापस हुआ हूँ तो 28-30 साल का जवान था। हालाँकि ज़रा कम अनुभव वाला था और मैंने

दुनिया कुछ न देखी थी। लखनऊ की शान और चहल-पहल देखकर आँखें फटी रह गईं। किन्तु निश्चित है कि मैं यदि दुनिया भर में घूमे हुए होता तो भी आज इसी हाल में होता और इसी हाल को पहुँचता।

ऐसा नहीं कि ग़रीब-गुरबा लखनऊ में न थे—बेशक थे, और कुछ राहों में जहाँ से मैं गुज़रा, बहुत थे। और इसे संयोग कहिए या यह कि शहर लखनऊ की इच्छा थी कि मुझे यहाँ पहुँचते ही मेरे पिताजी के स्वर्गवास की कहानी याद दिलाई जाए। हम लोग जिस क़ाफ़िले के साथ थे वह छपरा, बलिया, ग़ाज़ीपुर, बनारस, गोपीगंज, इलाहाबाद, सोराम, सलोन और उन्नाव होता हुआ लखनऊ नगर के दक्षिण-पश्चिमी सीमा पर निकला था। यहाँ पहुँचकर क़ाफ़िले का बड़ा हिस्सा तो चारबाग़ होकर दिलकुशा की तरफ़ निकल गया और हम ऐशबाग के कब्रिस्तान का चक्कर काटकर अकबरी दरवाज़े की तरफ़ चले।

हम थोड़ी ही दूर गए होंगे कि बारात का शोर सुनाई पड़ा। मालूम हुआ नवाब आली जनाब गवर्नर जनरल बहादुर के दरबार में शाही राजदूत नवाब मुहम्मद ख़लीलुद्दीन ख़ान के भतीजे की बारात है। हाथियों और ऊँटों की वो बहुतायत थी कि बस पूछिए मत। हम तो एक घने पेड़ के नीचे दुबककर सुरक्षित रहे परन्तु फुलवारी लूटने वालों की वो गत देखी कि ख़ुदा याद आ गया। नवउम्र लड़कियाँ मैले चीकट दुपट्टे ओढ़ें, पाजामे उनके चीथड़े, अक़सरों के बदन कुर्ते या सलूके से वंचित, बालों की जगह बये की झोंझ सी सर पर बनाए। उधर से लौंडे, लफंगे, भीखमंगे जिनका हाल उन लड़कियों से भी बद्तर। चेहरों से वहशत टपकती हुई, मिट्टी धूल से अंटे होने के कारण बालों का रंग काले की जगह गंदा माशी। कइयों के बदन पर केवल एक काली या कलौंस लिए हुए गज़ी की लंगोट और एक-दो तो बग़ैर इसके ही। सबके बदन से पसीने और मैल और चिकटे तेल की दुर्गन्ध फूटती हुई। उन्हें न हाथियों के पाँव तले आने का डर था न ऊँटों के चौड़े खाई जैसे जबड़ों के अन्दर सर देने का। दो चार तो हमारे सामने घायल हुए। एक की खोपड़ी घोड़े की टाप से चूर-चूर हुई। और फिर जब रुपया-अशर्फ़ी फुलवारी लूटने वाले सफल होकर बारात की भीड़ से बाहर निकले तो शराबी बदमाशों ने अक़सर कमज़ोर औरतों और बूढ़ों को चाकू दिखाकर या केवल डरा-धमकाकर सारी लूट स्वयं हथिया ली। किसी ने प्रतिरोध किया तो उसे दो ठोकरें ऊपर से लगाईं। निश्चित है कि घर पहुँचते-पहुँचते यदि उनका घर कोई था, तीन-चार बूढ़े औरत-मर्द तो निःसंदेह प्राण अर्पित कर चुके होंगे।

कहते हैं उस ज़माने में लखनऊ जैसा धन-धान्य से परिपूर्ण नगर सारे हिन्दुस्तान में बंगाल के शहरों से लेकर कर्नाटक के समुद्री तटों तक कोई न था। फिर मैं बारात की सज-धज भी क्या लिखूँ। ख़ेमों और शामियानों का एक मुहल्ला था जो पहियों, रथों, ऊँटों और कहारों के सहारे सुलेमान पैग़म्बर के चलते-फिरते तख़्त का नमूना पेश कर रहा था। बारात के साथ बेशुमार नौकर-चाकर और सिपाही भी थे। मुझे अकबरी दरवाज़े से ज़रा इधर ही एक गली से होकर ख़यालीगंज अपने पुश्तैनी मकान तक पहुँचने में कोई एक घंटा लग गया। शाम अच्छी तरह भीग चुकी थी लेकिन सब लोग वहाँ मेरी प्रतीक्षा में थे। चाचा और चाची ने पूरी आवभगत के साथ मुझे उतारा। रहने के लिए पुरानी हवेली के कमरे जो मेरे पिता के समय से बन्द थे पहले ही खुलवा दिए गए थे। आराम का हर सामान मौज़ूद था किन्तु चाचा के ज़ोर देने पर वो रात मैंने उन्हीं की हवेली में गुज़ारी।

सवेरा होते ही चचा ने मेरे बाप की दुकान की कुंजियाँ, ज़मीनों और मकानों के कबाले और हिसाब-किताब के काग़ज़-पत्तर मुझे सौंपे और फ़रमाया।

"लो मियाँ, ये सब आज से फिर तुम्हारा है। स्वर्गीय भाई की सम्पत्ति और दुकान से जो लाभ हुआ उसका पाई-पाई का हिसाब मौज़ूद है।" वो ज़रा देर चुप रहे लेकिन मुझे भी कुछ कहने की हिम्मत न थी, "ये ज़रूर है कि वो सारा लाभ हमने अपने ऊपर ख़र्च किया। अब तुम इसे हमारी देखभाल का पारिश्रमिक समझो या उधार के समान..."

अब मुझे उनकी बात काटने के सिवा चारा न था, "चाचा जी, मैं इसे पारिश्रमिक समझूँगा न उधार। जो अधिकृत था वो काम में लाया। अब आप मेरी अमानत मुझे वापस दे रहे हैं मैं इससे ज़्यादा और क्या चाह सकता था?"

3

राह की थकन को दूर करने, लखनऊ में क़दम ज़माने और दुकान के कामों को समझ लेने के बाद मुझे हज़रत शेख़ के वंशजों की तलाश हुई। मेरे चाचा के घराने में कोई शायर न था। और न किसी को शेर-ओ-शायरी से कुछ लगाव ही था। वो शेख़ साहब के नाम से तो परिचित थे और यह भी जानते थे कि अब वो इस दुनिया में नहीं हैं किन्तु इससे ज़्यादा उन्हें कुछ न मालूम था। संयोग से मेरी दुकान में एक नायब मुंशी सालार बख़्श उर्फ सलारु मियाँ निकल आए। उन्हें स्वर्गीय शेख़ साहब के घर और मज़ार के बारे में जानकारी थी। सलारु मियाँ ने बताया कि शेख़ मुसहफ़ी साहब ने कोई सन्तान नहीं छोड़ी। उनका अन्तिम निवास स्थान मंसूर नगर के पास कालीता गंज के एक मकान में था जो उनका अपना ही मकान था। मंसूर नगर के पास ही दरगाह हज़रत अब्बास के पिछवाड़े एक कब्रिस्तान है, वहाँ उन्हें दफ़न किया गया। मकान में अब कौन रहता है यह उन्हें ज्ञात न था।

सलारु मियाँ ने रास्ता बताया तो मुझे कलीतागंज पहुँचने और स्वर्गीय उस्ताद साहब का घर ढूँढ़ने में कोई परेशानी न हुई। ज़रा नीची कुर्सी का लेकिन पक्का मकान था। मुख्य द्वार ठीक सड़क ही पर खुलता था, कोई अहाता या फाटक न था, और न कोई ड्योढ़ी या सहदरी जहाँ बैठकर आगन्तुक शेख़ साहब के बाहर निकलने की प्रतीक्षा कर सकते थे। दीवारों पर चूने की सफ़ेदी थी किन्तु कुल मिलाकर वातावरण कुछ उजड़ा-उजड़ा लगता था। मैंने दरवाज़े की कुंडी खटखटाई। ख़याल था कि उस्ताद साहब की विधवा यहीं रहती होगी तो कोई मामा-दाई वग़ैरह भी साथ होगी।

कई बार दरवाज़े को थपथपाने और कुंडी खटखटाने के बाद मैं निराश हो चला था कि अन्दर से कोई फँसी-फँसी हाँफती सी आवाज़ आई, मानो बोलने वाला दमे का रोगी हो, "आते हैं, आते हैं। काहे को दंगा मचाते हो साहब।"

फिर दरवाज़ा चरचराहट के साथ खुला जैसे बहुत कम खुलता हो। एक दुबले-पतले बूढ़े से व्यक्ति बाहर आए। चुग्गी दाढ़ी, चौंधियाई हुई सी आँख, बदन में मलगजा मोटे कपड़े का कुर्ता, उसी तरह के कपड़े का ढीला पाजामा पहने हुए, अँगरखे सदरी से वंचित। उनकी आवाज़ में भी दरवाज़े की सी चरचराहट थी।

"फ़रमाइए, कौन साहब हैं?"

"उस्ताद मुसहफ़ी का दौलतख़ाना यही है?"

"था तो सही लेकिन अब यहाँ हम रहते हैं।" वो खीसें निकालकर गँवारों के से अजीब घमंडी लहज़े में बोले, "उस्ताद के दिन लद गए।"

"और...आप?" मैंने ज़रा अटक-अटककर पूछा।

"मैं उनके छोटे भाई स्वर्गीय ग़ुलाम समदानी के साले का भानजा हूँ। बचपन से लखनऊ में रहता आया हूँ। उस्ताद का अकेला वारिस मैं ही हूँ।"

"और उनकी घरवाली मोहतरमा उस्तानी बेगम...?"

"घरवाली, कौन घरवाली?" वो बिफरकर बोले।

"कौन हैं आप उस वेश्या को घरवाली बताने वाले? न निकाह, न विदाई, न मायके का पता, न माँ-बाप की ख़बर।" वो खाँसने लगे लेकिन जोश-ए-बयान में कमी न आई थी। "मैंने उसे चलता कर दिया, सुनते हो मियाँ साहबज़ादे? और अब तुम कौन हो उसका पता निशान ढूँढ़ने वाले? क्या वो तुम्हारी कुछ लगती है?"

मेरी समझ में न आता था कि बात को कैसे आगे बढ़ाऊँ। ये तो निश्चित था कि इन हज़रत ने केवल इस छोटे से मकान के चलते बेचारी बेवा को जबरदस्ती बेदख़ल कर दिया और धौंस ये रखी कि वो न निकाही थी और न मुताही, उसका कोई अधिकार ही न था। किन्तु वो गईं तो गईं कहाँ? यहाँ उनको पूछने वाला-वालीवारिस भला कौन होगा। चुग्गी दाढ़ी वाले साहब तो कह रहे थे कि उनके माँ-बाप का पता नहीं। ख़ुदा मालूम यह झूठ है या सच। शायद बेचारे मर-खप ही गए हों। आज कल मरते किसे देर लगती है।

"लेकिन आपने उन्हें कहाँ भेज दिया?" मैंने साहस करके पूछा।

"भेज दिया? मैं क्यों भेजता? चली गई होगी चौक के किसी कोठे पर। हम शरीफ़ लोगों को इन बातों की कुछ ख़बर नहीं।" ये कहते-कहते उन्होंने दरवाज़ा झटके से बन्द कर लिया। मेरे जी में तो आई कि दरवाज़ा फिर से भड़भड़ाऊँ और इस तरह कि एक पट टूट ही तो जाए और इन शरीफ़ जात की गर्दन में हाथ देकर एक-एक पटखनी बताऊँ। किन्तु एक बड़े मियाँ जो रास्ते में चलते-चलते रुककर यह सब तमाशा देख रहे थे, आगे आए और बोले।

"मियाँ साहब, क्या हज़रत शेख़ की बीवी को ढूँढ़ रहे हैं?"

"जी, मगर ये शैतान की औलाद पुट्ठे पर हाथ ही नहीं रखने देता।" मैंने भिन्ना कर कहा किन्तु यह बिन्दु भी मुझसे छिपा न रहा था कि उन महोदय ने 'बीवी' कहा था 'बेवा' या बेगम नहीं।

"वो क्या बताएगा, उसके बाप का पता है न जात-पात की ख़बर। ख़ुद को शेख़ साहब का विवाह सम्बन्धी रिश्तेदार बताता है। ये सब हथकंडे इस ज़रा से मकान को हथियाने के थे। क़ोतवाल के पिट्ठुओं को चाँदी के कुछ सिक्के देकर अपना उल्लू सीधा कर लिया। ग़रीब बीवी रोती हुई घर से निकली।"

"तो अब वो भला कहाँ मिलेंगी?" मैंने लगभग निराश होकर पूछा। इसके जवाब में उन बुज़ुर्ग ने गन्दे नाले और राजा झाऊ लाल के वंशजों के घरों का वही पता बताया जिसकी तलाश में अब मुझे कई पहर हो चुके थे।

उस दिन तो नहीं, लेकिन बाद के दो-तीन दिन बाद एक दिन मैंने दोबारा लखनऊ के गली-कूचों की ख़ाक छानने की ठानी। उस दिन सलारु मियाँ साथ न थे। शहर में आँखों

की बीमारी फैली हुई थी और सलारु मियाँ की भी आँखें उठ आई थीं। वो आँखें बन्द करके अपनी कोठरी में पड़ गए थे। मैंने एक मज़दूर के सर पर तोहफ़ों की सीनी रखवा ली थी। ख़याल था कि उससे राह बाट ढूँढ़ने में भी मदद मिलेगी। किन्तु वह मुझसे भी ज़्यादा अनभिज्ञ निकला। उसे मच्छी भवन, शीश महल, ख़याली गंज, इमामबाड़ा हुसैनाबाद, रस्तोगी मुहल्ले आदि से ज़्यादा की कुछ ख़बर न थी।

आख़िरकार रास्ता मिल ही गया और अपने आप ही मिला। हुआ यूँ कि कुछ तो बताने वाले की भूल थी और कुछ मेरी। असल सूरत यह थी कि हकीम मुन्नन साहब के अहाते के पिछवाड़े नहीं, बल्कि उनके मकान और अगली हवेली के बीच में एक पतली सी गली थी, इतनी पतली कि उसमें धूप भी शायद ही कभी पहुँच पाती हो। उस गली के पीछे की तरफ़ एक और अहाता था और उस अहाते के पिछवाड़े वो नाला बहता था जहाँ हमें पहुँचना था। जिस गली में हमें जाना था उसके नाके़ पर किसी ने देर से एक छकड़ा कुछ यूँ खड़ा कर दिया था कि गली पर नज़र जाती न थी। जब वो छकड़ा हटा तो गली भी नज़र आई और बाक़ी सारा रास्ता भी स्पष्ट हो गया।

छोटा-सा घर था, कुछ कच्चा कुछ पक्का। नाले के ऊपर डाट की एक कमज़ोर सी पुलिया, पुलिया के सिरे पर तीन सीढ़ियाँ जो उसे घर की तंग ड्योढ़ी से मिलाती थीं। नाले का पिछला किनारा ज़रा ऊँचाई पर था और ख़ुद वो घर नाले के दूसरे किनारे से कोई चार-पाँच हाथ ऊपर एक छोटे से टीले पर अटका हुआ सा लगता था। नाले की दुर्गन्ध, कूड़े के ढेर, जिन पर भैंसे, सुअर और कुत्ते विराजमान। मुझे हज़रत उस्ताद के चाहने वाले पुराने दोस्त स्वर्गीय मीर हसन के शेर याद आए।

ज़े बस[1] *ये शहर है बीहड़ पे बसता*
कहीं ऊँचा कहीं नीचा है रस्ता
किसी का आसमाँ पर घर-हवा में
किसी का झोंपड़ा तहतस्सरा[2] *में*
हर एक कूचा यहाँ का तंगतर है
हवा का भी बमुश्किल वां गुजर है

पुलिया की ईंटों को लोनी लग चुकी थी, और उस घर की कुर्सी भी लोनी और काई से बदरंग हो रही थी। मुझे पुलिया को पार करने में संकोच लग रहा था कि कहीं ढह ही न जाए। लेकिन फिर मैंने दिल में कहा यह क्या मूर्खता भरी बात है। दिन-रात यह पुलिया प्रयोग में है। इसे गिरना होता तो अब तक गिर चुकी होती। और सच पूछिए तो उस इलाक़े में बहुतेरे घर ऐसे ही थे, और मुझे बहरहाल उस ड्योढ़ी पर पहुँचकर दरवाज़े को खटखटाना था।

मज़दूर को पीछे-पीछे आने का इशारा करके मैंने ज़रा लपक-झपक पुलिया और सीढ़ियाँ पार की और ड्योढ़ी के दरवाज़े पर सुरक्षित उतरा। दरवाज़ा बन्द तो शायद न था किन्तु उस पर टाट का भारी पर्दा पड़ा हुआ था। मुझे हज़रत शेख़ का शेर याद आया।

पड़ती नहीं है उसपे तेरे नूर की चमक
ऐ माहरू[3] *न पर्दा-ए-दर अपना टाट कर*

---

1. चूँकि, 2. पाताल, 3. चन्द्रमुखी।

मैंने बढ़कर दरवाज़े पर दस्तक दी तो तुरन्त एक दस-बारह साल का लौंडा ऊँचा ढीला पाजामा और सदरी पहने हुए, पाँव जूतियों से वंचित, बाहर आया।

"जी, फ़रमाइए," उसकी आवाज़ में हमारे पूर्वांचल के लहज़े की मिठास थी।

मैं दुविधा में था कि ग़लत दरवाज़े पर तो नहीं आ गया। परन्तु अब आ गया था तो मतलब की बात कहनी ही थी, "वो...मुझे...उस्तानी जी साहब तशरीफ़ रखती हैं?" मैंने अटकते हुए कहा।

"जी कौन? उस्ताद शेख़ मुसहफ़ी साहब की घरवाली से मिलने को तशरीफ़ लाए हैं?" उसने पूछा। मुझे इत्मीनान हुआ कि सही दरवाज़े को खटखटाया है, और यह भी कि मेरी तरह और भी सलाम-दुआ करने वालों का आना-जाना यहाँ था। इसलिए मेरा इस तरह अचानक आ जाना शायद कुछ आपत्तिजनक न था।

"अगर उन्हें कष्ट न हो तो मैं ज़रा सलाम करना चाहता हूँ," मैंने कहा, "और कोई ख़ास काम नहीं है।"

"क्या कह दूँ, ज़नाब कहाँ से तशरीफ़ लाए?"

"बेटा, बस ये कह दो क्रि स्वर्गीय लाला कांजीमल सबा का बेटा दरबारीमल वफ़ा बिहार के इलाक़े से सलाम को हाज़िर हुआ है।"

"बहुत मुनासिब," कहकर वह लड़का झपटकर अन्दर गया, फिर क्षण भर में बाहर निकला। उसके एक हाथ में पुरानी सी चटाई और दूसरे में कुछ उतना ही घिसा-पिटा मोढ़ा था। चटाई बिछाकर उसने मोढ़ा उसके सामने रखा। मुझे बैठने का इशारा करके वह फिर अन्दर गया। इस बार बाहर आया तो वह एक छोटी सी तिपाई लिए हुए था। तिपाई मेरे सामने रखकर वह फिर अन्दर गया। इस बार वह हमारे लिए पानी लाया था, ताँबे के बड़े से गिलास में मेरे लिए और मिट्टी की छोटी सी घड़वी में मेरे मज़दूर के लिए। उसकी सारी चाल-ढाल और काम करने का तरीक़ा यह सब इस तरह सधे हुए थे कि उनमें किसी छोटी सी नदी की लहरों जैसी रवानी थी।

"भई बहुत ख़ूब," मैंने कहा, "तुम तो अपने काम में बड़े कुशल हो। क्या नाम है तुम्हारा, कहाँ के हो?"

"मेरा नाम मुहम्मद राजा है जनाब," उसने जवाब दिया, "मैं कंतित ज़िला मिरज़ापुर का हूँ।" मुझे याद आया कि कंतित में मुसलमान शरीफ़ों और सूफ़ियों की बड़ी बस्ती है। नवाब शुजाउद्दौला बहादुर के मुफ़्ती-ए-आज़म अल्लामा मुहम्मद इब्राहीम बनारसी जो ख़ान-ए-अल्लामा जैसे बड़े विद्वान के उस्तादों में थे वो कंतित ही के निवासी थे। मैं अभी मुहम्मद राजा से कुछ और पूछता किन्तु जिस काम से आया था उसे पूरा करना अभी बाक़ी ही था। मैंने अपने मज़दूर को इशारा किया तो उसने बढ़कर अपने सर से सीनी उतारी और राजा को थमा दी। सीनी में एक चादर के तले भागलपुरी रेशम का एक थान, एक थैली में लखनवी शाही टकसाल के 101 रुपए, और एक टोकरी में लखनऊ के सुप्रसिद्ध हलवाई शेख़ कोली के यहाँ की मिठाई थी। भागलपुरी थान मैं अजीमाबाद पटना से हज़रत शेख़ के घर पर विशेष भेंट के लिए लाया था।

अन्दर से अब हुक्का ताज़ा होने के संकेत आने लगे थे। निहायत हल्के उत्तम कोटि के खमीरे की ख़ुशबुओं की लपट से मेरा मन सुगन्धित होने लगा था। मुहम्मद राजा ने किसी

न किसी प्रकार भारी सीनी को सँभाला और अन्दर की राह ली। फिर पुनः हुक्का उठाए हुए बाहर आया। उसी वक़्त दरवाज़े पर हल्की सी आहट हुई। मैंने निगाहें अपनी जूतियों पर मज़बूती से जमाए रखीं ताकि पूरा-पूरा पर्दा बना रहे। हल्की सी खाँसी के बाद पर्दे के पीछे से आवाज़ आई।

"मियाँ साहबज़ादे आपने यहाँ तशरीफ़ लाने का कष्ट किया। यही बहुत था इस पर इतने तकल्लुफ़ और सामान की क्या ज़रूरत थी। मैं तो आपकी अगवानी और ख़ातिरदारी का कुछ भी बन्दोबस्त न कर सकूँ हूँ। मुझे नाहक़ शर्मिन्दा किया आपने। किन शब्दों में शुक्रिया अदा करूँ, शेख़ साहब ही आपका हक़ अदा कर सकते थे।"

आवाज़ हल्की-सी फँसी-फँसी-सी लगती थी, जैसे किसी-किसी बहुत नाज़ुक मिज़ाज वालों के साथ होता है कि ऊँची आवाज़ में बात नहीं कर सकते लगभग फुसफुसाहट भरे लहज़े में बोलते हैं। या शायद इस वक़्त हज़रत शेख़ की याद में शोक का प्रभाव छा गया हो। उनकी भी बोली में पूरब का लोच लहरें ले रहा था। इस कारण बोलने वाली की आयु का भी अनुमान ठीक से न होता था। बूढ़ों की सी आवाज़ तो हरगिज़ न थी।

मैं ज़रा सँभलकर बोला, "क़िब्ला उस्तानी साहब शर्मिन्दा तो मैं हूँ कि आप पर इतनी विपदा पड़ी और मैं यहाँ न था कि आपके किसी काम भी आता। बस कुछ ही दिन हुए अज़ीमाबाद के आगे के इलाक़े से हाज़िर हुआ हूँ।"

"अफ़सोस कि आपके पिता मेरे ज़माने के पहले थे। मैंने उन्हें नहीं देखा, किन्तु शेख़ साहब कभी-कभी उनकी बात करते थे, और ये तो वह अक़सर कहते थे कि एक मुद्दत तक वो आपके पिता के घर पर रहे थे।" उन्होंने अपनी विपदा की बात बीच से उड़ा दी। बज़ाहिर वो किसी अनजान आदमी के सामने अपने अपमान का मामला वार्ता में लाना पसन्द न करती थीं। मुझे स्वाभिमान की यह अदा अच्छी लगी। मैंने भी उन्हीं की बात का अन्दाज़ अपनाया।

"जी हाँ, उनके देहान्त के दुःखद समय पर मैं भी बहुत छोटा था। विधवा होते ही मेरी माँ मुझे लेकर मायके चली गई थीं। अभी कुछ महीने हुए वो भी स्वर्गवासी हुईं।"

"इन्ना लिल्लाही इन्ना इलैही राज़िऊन[1] रहे नाम अल्लाह का," उन्होंने उसी सरग़ोशी भरे स्वर में कहा, "तो साहबज़ादे अब आप बिलकुल तनहा रह गए, अफ़सोस।"

"जी, इस तरह अकेला भी नहीं। यहाँ वापस आकर मैंने अपना पुश्तैनी कारोबार सँभाल लिया है। इरादा है कि यहीं रहूँगा। ख़्वाजा आतश का शागिर्द बनकर शायरी करूँगा और इज़ाजत होगी तो कभी-कभी सलाम को हाज़िर हो जाया करूँगा।"

"मियाँ साहब आप जुग-जुग जीएँ। अपने पाँवों को कष्ट देकर ज़रूर आते रहें। बन्दी पर एहसान होगा।"

"मेरी स्वर्गीय माताजी को हज़रत शेख़ बहू समान समझते थे। वो शायद उनसे पर्दा भी न करती थीं। मुझे हज़रत शेख़ के हालात सुनने की बहुत हार्दिक इच्छा है, यदि आप कष्ट करके मुझ पर ये मेहरबानी कर सकें।"

---

1. क़ुरान की एक पंक्ति जिसका अर्थ है कि बेशक हम अल्लाह के हैं और अल्लाह ही की तरफ़ लौटने वाले हैं।

"लाल मियाँ, आप तो मेरे बेटे की तरह ठहरे। जब जी चाहे तशरीफ़ लाएँ, शेख़ साहब की बातें याद करके मेरा भी जी बहलेगा।"

"बेहतर है, अब मुझे आज्ञा दी जाए।" मैं उठता हुआ बोला, "कुछ दिन बाद फिर आपकी चौखट पर माथा टेकने को हाज़िर होऊँगा।"

"लाल मियाँ साहब..." लहज़े में कुछ हिचकिचाहट, कुछ शर्मिन्दगी-सी झलक रही थी, "एक अनुरोध सुनते जाइए।"

मुझे थोड़ी-सी घबराहट हुई कि अब तक तो ये इतने आत्मविश्वास के साथ वार्तालाप कर रही थीं फिर अचानक यह अभाव क्यूँ? मैं मोढ़ा छोड़ चुका था, वहीं रुककर बोला, "इरशाद।"

"आप ये इतना क़ीमती रेशमी थान ले आए हैं, मैं बेवा औरत, ये मेरे किस काम का? और इसके जोड़े बनवाऊँ भी तो कहाँ पहनूँ..." वो फिर ठहर गईं।

"अब रख ही लीजिए, मैं इसे वापस तो न ले जाऊँगा।" मैंने जल्दी से कहा।

"जी, मैं कुछ और कह रही थी...अगर आप बुरा न मानें तो मैं इसे...कहीं बेच दूँ..."

मुझे इत्मीनान सा महसूस हुआ कि और कोई बात न थी, "जनाब-ए-आली, आपका माल है जिस तरह चाहें अपने काम में लाएँ।"

4

शहर में सहालगें चल रही थीं। ग़रीबों के घरों में चाँदी के ज़ेवरों और अमीरों के यहाँ चाँदी के बर्तनों की ख़रीदारियों का बाज़ार गर्म था। मुझे हज़रत शेख़ के यहाँ जाने की फुर्सत कोई एक महीना बाद ही मिल सकी। शर्मिन्दगी मिटाने के लिए इस बार भी कुछ तोहफ़े साथ लेता गया था। वहाँ पहुँचकर पहली बात यह दिखाई दी कि घर पहले की अपेक्षा कुछ साफ़-सुथरा लग रहा था। सफ़ेदी भी ताज़ा-ताज़ा हुई थी। मुहम्मद राजा ने मुझे देखकर तीन बार झुककर सलाम किया, मेरी लाई हुई चीज़ें अन्दर ले गया और फिर फ़ौरन ही बाहर आकर बोला, "बीवी साहब आपको बुलवा रही हैं।"

मैं गड़बड़ा गया। अन्दर बुलवा रही हैं? अचानक यह बेतकल्लुफ़ी कैसी? मरता क्या न करता, पर्दा हटाकर मुहम्मद राजा के पीछे-पीछे अन्दर प्रवेश किया।

बहुत छोटी-सी अँगनाई, उसके एक तरफ़ शौच स्थान, एक तरफ़ रसोई। अँगनाई से मिला हुआ दूसरे सिरे पर बहुत तंग-सा दालान। उसमें एक पलंगड़ी बिछी हुई जिस पर मामूली फ़र्रुख़ाबादी चादर का पलंगपोश। उसके सामने नमाज़ की चौकी के बराबर लकड़ी का तख़्त जिस पर हल्का सा क़ालीन बिछा हुआ। दालान के बाद सिर्फ़ एक तंग-सा कमरा। यही कुछ इस घर की बिसात थी। कमरे का दरवाज़ा बन्द दालान में कोई न था। मैं थोड़ी सी हिचकिचाहट के बाद तख़्त पर बैठ गया, इस तरह कि मेरी पीठ कमरे के दरवाज़े की तरफ़ थी।

मुहम्मद राजा हुक्का ताज़ा करने में लगा था। मुझे महसूस हुआ कि कमरे का दरवाज़ा खुला है। मैं अप्रत्याशित उठ खड़ा हुआ। मुड़ कर देखा तो भूरा बेगम सामने थीं। मैंने झुककर आदाब किया।

"जीते रहें लाल मियाँ। अच्छे तो रहे? बहुत दिन बाद याद किया।" उनकी आवाज़ अब भी पहले जैसी फँसी-फँसी हुई-सी थी।

मेरी समझ में न आ रहा था कि निगाह कहाँ रखूँ। आँख उठाए बग़ैर बात करना भी कुछ उचित न था। उन्होंने शायद मेरी मुश्किल समझ ली। ख़ुद आकर पलंग पर बैठ गईं, मुझे तख़्त पर बैठने का इशारा करती हुई बोलीं–

"मियाँ वफ़ा साहब, आपके जाने के बाद मैं बहुत देर तक शेख़ साहब के उस ज़माने को सोचती रही जब मैं न थी। आपने कहा था न कि आपकी माताजी का उनसे पर्दा न था। और आपने मुझ पर इतना उपकार किया कि मेरा बेटा भी इससे ज़्यादा क्या करता...?

उनकी आँखें कुछ छलकने लगीं थीं। और बात भी थोड़ी बहुत मेरी समझ में आ रही थी। उन्हें कुछ सिसकी सी आई जिसे रोककर वो बोलीं, "मैं बूढ़ी बेवा औरत, आपके बाप मेरे साहब के ख़ास लोग थे। आप मेरे बच्चे की तरह हैं। अब आपसे पर्दा क्या करूँ।"

उन्होंने दुपट्टे से आँखें ख़ुश्क कीं। मुझे सर उठाने की ज़रा हिम्मत हुई तो मैंने उन्हें भरपूर देखा।

उनकी आयु यही कोई 45-46 की रही होगी। नाटा-सा क़द, नर्म बदन। बहुत गोरा रंग, गोल चेहरा जिसका नक्शा नाज़ुक और झुर्रियों से वंचित। पतले-पतले होंठों पर पान का लाखा जमा हुआ। नाक ज़रा दबती हुई-सी जैसी कुछ-कुछ कम उम्र वाली लड़कियों की होती है, सर पर दुपट्टा लेकिन बहुत भारी चोटी पीठ पर लटकती हुई। बालों का रंग कभी भूरा सुनहरा रहा होगा किन्तु अब कहीं-कहीं से मलगज़ा होने लगा था। बहुत बड़ी-बड़ी कुछ हरियाली लिये हुए भूरी आँखें। अब समझ में आया कि उन्हें भूरा बेगम क्यों कहते थे। चेहरा किसी विशेष भाव से रिक्त परन्तु आँखें मानो बात करती-सी थीं। दूसरी बार आँख उठाई तो लगा कि बाईं आँख की पुतली अपनी जगह से तिल बराबर हटी हुई है किन्तु बोलती हुई आँखों में वो शान है कि यह ऐब भी भला लगता है। मुझे हज़रत शेख़ की ग़ज़ल याद आई। क्या पता इन्हीं के लिए कही हो...

हैं तेरी सेहर-ए-सामिरी [1] आँखें
न करें क्यूँ के काफ़िरी आँखें
जहर खाते हैं इनपे क्या-क्या लोग
हैं जो केरी सी बस हरी आँखें
मुसहफ़ी कितनी ज़ेब [2] देती हैं
गोरे चेहरे प' साँवरी आँखें

मैं तो उन्हें देखता का देखता ही रह गया। मोटे सफ़ेद मलमल का ढाई गज़ का दुपट्टा ओढ़े, मलागीरी रंग की महमूदी का तंग पाजामा और उसी कपड़े का लम्बा ढीला कुर्ता पहने। नाक-कान सब ज़ेवर से बिलकुल ख़ाली, केवल दोनों सुडौल कलाइयों में सोने की एक-एक हल्की चूड़ी। अगर उनके चेहरे पर शरीफ़ज़ादियों जैसी शान न होती तो मैं उन्हें किसी रईसज़ादी की ख़ादिमा समझता।

मेरे दिल में हज़ारों सवाल गूँज रहे थे। यह बेगम मेरे दादा उस्ताद की ब्याही बीबी थीं या मुताही? मुताह का चलन तो केवल शिया लोगों में है। हज़रत शेख़ तो शायद शिया नहीं

1. सुप्रसिद्ध जादूगर सामिरी का ज़ादू, 2. अच्छा लगना।

सुन्नी थे। तो फिर क्या ये बीबी बारह इमामों को मानने वाली शिया थीं? अगर शेख़ साहब की ब्याहता थीं तो उन्हें उस चुग्गी दाढ़ी वाले ने इतनी आसानी से बेदख़ल कैसे कर दिया? और यह दूसरा मकान उन्हें कहाँ से मिला। हज़रत शेख़ के पास यह कितना अर्सा रहीं। कहाँ की हैं? बोली से तो मेरे ननिहाली घर की तरफ़ की मालूम होती हैं। कोई ख़ानगी या वेश्या तो हरगिज़ नहीं लगतीं। या इलाही मुआमला क्या है।

मेरे चेहरे पर आते-जाते रंगों को उन्होंने शायद ठीक पढ़ लिया। मुहम्मद राजा से दोबारा हुक्का ताज़ा करने और शर्बत-पान हाज़िर करने को कहकर वो बोलीं।

"आपके बाप को मैंने नहीं देखा लेकिन शेख़ साहब की किताब में उनका ज़िक्र पढ़ा है। उनके स्वर्गवास के समय मैं शेख़ साहब को जानती भी न थी।"

मेरे स्वर्गीय पिताजी का ज़िक्र कुछ इसी प्रकार से वह पहले भी कर चुकी थीं। इस वक़्त वही बात छेड़ने से उनका तात्पर्य शायद यह था कि उन्हीं के सम्बन्ध से बातचीत शुरू करूँ।

"आपका और हज़रत दादा उस्ताद का साथ तो बहुत लम्बी अवधि तक रहा होगा?" मैंने सोच-सोचकर ये शब्द कहे।

"हाँ," उन्होंने एक शब्द में उत्तर दिया फिर चुप हो गईं। शायद वो चाहती थीं कि वो स्वयं कोई बात न कहें, मैं ही कुरेद-कुरेदकर पूछूँ और पता लगाऊँ।

"तो आपका उनसे निकाह या...या, त...ताल्लुक...?" मुझे शब्द मुताह का उच्चारण करने में स्वयं शर्म सी आ रही थी। ख़ुदा जाने ये सुन्नी हैं कि शिया हैं। सुन्नी होंगी तो बुरा मान सकती हैं।

उनके चेहरे पर पीली सी मुस्कान आई।

"लाल मियाँ आप तो कलीतागंज वाले मकान पर जा चुके हैं।"

उनका मतलब शायद यह था कि वहाँ सब कुछ सुन ही चुके होंगे, फिर लिहाज़ कैसा।

"जी, गया तो था लेकिन..."

"अच्छा तो सुनिए," उनके स्वर में अचानक कुछ बल आ गया था, "मैं शेख़ साहब के साथ कोई 26-27 वर्ष रही। शेख़ साहब स्वयं सुन्नी थे, लेकिन नाम के, वो शियों में शिया, सुन्नियों में सुन्नी, यहाँ तक कि अधर्मियों में अधर्मी।" वो फिर चुप हो गईं। मेरी समझ में न आया कि अब कौन सी बात पूछूँ कि जो बात का सिलसिला दोबारा चलाने में सहायक हो। फिर उन्होंने दिल ही दिल में कोई निर्णय लिया और बोली।

"अच्छा शेख़ साहब के धर्म और विश्वासों के बारे में फिर कभी बताऊँगी। लेकिन मैं अपने बारे में कुछ नहीं जानती कि शिया हूँ या सुन्नी। ये भी नहीं मालूम कि मुसलमान भी हूँ कि नहीं।" मैंने कुछ कहना चाहा, लेकिन मेरा मुँह खुला का खुला रह गया। भूरा बेगम ने महसूस भी न किया कि मैं कुछ कहना चाहता था। अब उनकी बात में रवानी कुछ ज़्यादा थी।

"मैं सवा-डेढ़ साल की थी जब मेरी माँ ने मुझे जन्नत आरामगाह मिर्ज़ा मंगली मरहूम की हवेली पर बेच दिया। साल और महीने मुझे याद नहीं लेकिन उस ज़माने में वो बनारस ही थे। अवध का नवाब बनने में देर थी। बाद में मुझे किसी ने बताया कि हम लोग गाज़ीपुर के हैं। वहाँ साहब बहादुर लोगों ने नील की व्यापक खेती शुरू की तो गल्ला महँगा होते-होते अकाल की नौबत आ गई। बहुत सी माँओं ने अपने बच्चे बेच

दिए कि बच्चा पालने की जगह अपना पेट पाल लें और बच्चे को भी एक वक़्त पानी मिला दूध मिल जाए।"

"अरे, हाय अफ़सोस, अल्लाह रहम करे।" मेरे मुँह से बरबस निकला किन्तु भूरा बेगम ने सुना भी नहीं।

"जन्नत आरामगाह की बेगम ने मेरा नाम हयातुन्निसा रखा।" उनके चेहरे पर अजब दर्द भरी मुस्कान की लक़ीर आई।

"ईश्वर के भी खेल निराले हैं। अकाल में फ़ाक़ा भरी माँ की भूखी मरती हुई दूध पीती बच्ची और नाम हयातुन्निसा (तमाम स्त्रियों की जान)।" वह एक पल चुप रहीं, "किन्तु मेरे भूरे बालों और आँखों के रंग के कारण मिर्ज़ा बेगम ने मुझे भूरा बेगम कहना शुरू कर दिया। फिर यही नाम चल निकला।"

"तो आपकी शिक्षा-दीक्षा शिया ढंग से स्वर्गीय नवाब अवध की हवेली में हुई?" मैंने कुछ कहने के लिए कहा।

"हाँ, एक तरह से यह ठीक है। लेकिन जब मैं पाँच साल की हुई तो मिर्ज़ा मंगली ने मुझे अपने निजी अंगरक्षक दस्ते के कप्तान फ़तेह अली ख़ान और उनकी बेगम को सौंप दिया। उन मियाँ-बीबी के कोई औलाद न थी। उन लोगों ने भी मेरा पालन-पोषण शिया तरीक़े से किया। लिखाया-पढ़ाया, मर्सिया और नौहा पढ़ने की बारीक़ियाँ बताईं, उठने-बैठने के आदाब सिखाए। आम चलन के विपरीत मुझे फ़ारसी और थोड़ी बहुत गणित भी सिखाई। मैं वहाँ रही तो कप्तान बेगम की ख़ादिमा के तौर पर, परन्तु मुझे आसानियाँ सब घर की तरह की हासिल थीं।"

"तो आप हज़रत शेख़ के निकाह में उस वक़्त आईं जब नवाब सआदत अली ख़ाँ बहादुर यहाँ लखनऊ में नवाबी की गद्दी पर बैठे?"

उन्होंने कुछ रुआँसा मुँह बनाया, देर तक चुप रहीं। फिर और भी धीमी आवाज़ में बोलीं।

"नहीं, ऐसा नहीं हुआ।" वो कुछ खो सी गईं। फिर उन्होंने सन्दर्भहीन सी एक बात कही।

"मिर्ज़ा मंगली को दिल्ली के बादशाह ने कैसे-कैसे ख़िताब दिए थे, अशरफ़ुल वुज़रा, आज़मउलउमरा, यमीनउलद्दौला, मुबारिज़ जंग। परन्तु उनकी हुकूमत का इलाक़ा नवाब आसिफ़उद्दौला के राज्य के क्षेत्रफल का बस आधा था।"

"जी हाँ। अंग्रेज़ बहादुर ने वज़ीरअली ख़ाँ से गद्दी छीनकर मिर्ज़ा मंगली को दे तो दी किन्तु क़ीमत पूरी वसूल की।" मैंने कड़ुवे लहज़े में हज़रत शेख़ का शेर पढ़ा :

मालिकउलमुल्क[1] नसारा[2] हुए कलकत्ता ले
ये तो निकली अजब एक वज़्अ[3] के जंजाल की ख़ाल

"ख़ैर तो मिर्ज़ा मंगली की नवाबी में कप्तान फ़तेहअली ख़ाँ शीर्ष पर पहुँचे। उनको ज़फ़रउद्दौला ख़िताब मिला। रियासत की फ़ौजों के सबसे बड़े कमीदान मुकर्रर हुए। मैंने भी अच्छे हाथ-पाँव निकाले थे। शेख़ साहब की जान-पहचान कप्तान साहब से, आना-जाना भी था। लेकिन मैंने उन्हें कभी देखा न था।"

इतना कहकर वो थोड़ा रुकीं।

---

1. देश के मालिक, 2. ईसाई, 3. बनावट।

"तो क्या उन्होंने आपके लिए विवाह का सन्देशा भेजा?" मैंने पूछा। उनके चेहरे पर दोबारा कुछ दुःख और कुछ नाराज़गी के चिह्न दिखाई दिए। ज़रा ठहरकर वो बोली :

"मैं बड़ी हो चुकी थी लेकिन मुझे औरत-मर्द के मामलों के बारे में केवल इतना ही पता था कि लोगों की शादियाँ होती हैं। कप्तान बेगम का एक भतीजा था, शफ़ी बेग उसका नाम था। था तो बिलकुल निखट्टू लेकिन बहुत बना-ठना रहता। वो जब भी हमारे घर आता मुझे छेड़ता। कभी कूल्हे पर बुकटा भर लिया, कभी दुपट्टा खींच लिया, कभी गले में हाथ डाल दिया। मैं उसके डर से भागी-भागी फिरती। कभी-कभी वो रात का खाना देर में खाकर हमारे यहाँ ही सोने को ठहर जाता। ऐसी रातें तो मुझे दस मुहर्रम की रात हो जातीं। मैं अदबदाकर कप्तान बेगम के पलंग के नीचे अपना बिस्तर लगा लेती। वो हज़ार बिगड़तीं कि मुर्दार मुझे इस तरह नींद न आएगी लेकिन मैं और क्या करती। शफ़ी बेग की शिकायत करती तो अपनी ही नाक-चोटी ख़तरे में पड़ जाती।"

मैंने बड़ा साहस करके पूछा, "तो क्या आख़िर में...आपको उससे कोई लगाव पैदा हो गया, या...?"

"तौबा है। मुझे उसकी शक्ल से नफ़रत थी। मुआ ख़्वाजा सराओं की तरह सजा बना रहता था।"

"तो फिर...दादा उस्ताद...?" मैंने सवाल के स्वर किन्तु ज़रा झिझकते हुए कहा।

"वही तो बता रही हूँ।" उन्होंने कुछ इस तरह कहा जैसे बात बताने वाली न हो लेकिन वो बताना चाहती भी हों, "एक दिन कप्तान बेगम ने कहा कि दरवाज़े के नौकर ख़ुदा जाने कहाँ मर गए हैं। भूरा तू ज़रा उस्ताद मुसहफ़ी को दीवानख़ाने में पानों भरा ये ख़ासदान तो पहुँचा आइयो। और देख वहाँ रुकना हरगिज़ नहीं।"

मेरे बदन में हल्की सी थरथरी पैदा हुई। मुझे ऐसा लगा जो कुछ उन पर हुआ या होने वाला था वो मुझ पर भी गुज़र रहा था।

"वो 1799 का साल था, सर्दियों का मौसम। रमजान शरीफ़ का महीना आने वाला था। कुछ दिन पहले ज़फ़रउद्दौला कप्तान फ़तेह अली ख़ाँ की सालगिरह पर मुझे औरंगाबादी हिमरु का जामा बनवा दिया गया था। जामा पहचानने का ज़िन्दगी में यह मेरा पहला अवसर था। उस कपड़े की नर्मी और मोर जैसे रेशमी नीले हरे रंग मुझे अब तक याद हैं। मैं ख़ुद से ज़्यादा अपने जामे को देखती रहती थी। कप्तान बेगम का हुक्म सुन, ख़ासदान हाथ में ले, झट दहलीज पार कर, दीवानख़ाने का पर्दा उठा, झपाक से अन्तर पहुँच ही तो गई।

"सारे समय मेरी निगाह अपने जामे पर थी। अब जो अन्दर आई हूँ तो शेख़ साहब को वहाँ बैठा हुआ देखा। उई अल्लाह यहाँ तो कोई है, बरबस मेरे मुँह से निकला।

"उस वक़्त उनका हुलिया क्या बयान करूँ, अजब जादू जगाने वाला व्यक्तित्व था। कप्तान साहब के यहाँ एक से एक लोग आते-जाते थे। उनमें मंदराज़े और बीसवाड़े के राजपूत, फ़र्रुख़ाबाद के लम्बे-तड़ंगे कान्य-कुब्ज ब्राह्मण, काबुल के ख़ान, कभी-कभी ईरान के आग़ा लोग भी मिलने आ जाते। सभी को छिप-छिपा, ताक-झाँक कर हम लोग देख भी लेते थे। किन्तु शेख़ साहब जैसा कपड़ों में भला लगने वाला, सन्तुलित हाथ-पाँव वाला व्यक्ति कभी न देखा था। गोरा रंग, लम्बा क़द, चौड़ी कलाइयाँ, भरे-भरे डंड। उनकी आयु पचास से कम क्या रही होगी, लेकिन सर पर पट्टेदार बाल और तरशी हुई दाढ़ी बिलकुल

काली, बालों में अजब तरह की चमक। हल्की गोल चिकन की टोपी कुछ बेपरवाही से सर पर धरी हुई, दो-चार बालों की लटें टोपी से नीचे उतरकर माथे और कानों पर बिखरी हुईं। एक हाथ में हुक्के की नय, दूसरे हाथ में क़लम। किसी मोटी सी किताब में कुछ लिख रहे थे। हुक्का ठंडा हो चुका था किन्तु उन्हें पता न था।

"मेरी आवाज़ सुनकर उन्होंने आँखें उठाईं। मैं मुँह पर हाथ रखकर पीछे हटी लेकिन पाँव क़ालीन की सिलवट में उलझ गया। वो मुझे भरपूर देख रहे थे। सुतवाँ नाक, मुस्कुराती हुईं आँखें। अल्लाह क्या आँखें थीं। बड़ी आँखों पर लम्बी-लम्बी पलकें क्या भला औरतों की होंगी। मैं जल्दी से सलाम करके उल्टे पाँव वापस आ गई।"

"हज़रत शेख़ उस वक़्त पचास से एक ही आध मास कम के रहे होंगे," मैं बीच में बोला, "उनकी बीवी, मेरा मतलब है ब्याही बीवी शायद जवानी ही में मर गई थीं।"

"नहीं, मामला कुछ ज़्यादा उलझा हुआ था। लेकिन मुझे उन बातों की क्या ख़बर होती, और मुझे उनसे मतलब ही क्या था। वो फिर ख़ामोश हो गई। उनके दिल में उस ज़माने की यादें शायद साधारण से ज़्यादा मलगज़ी थीं और उनमें हर्ष का विस्तार और संताप दोनों के रंग मिल-जुलकर एक हो गए थे।"

"कुछ दिन बाद मैंने सुना कि शेख़ साहब ने मुझसे मुताह करके मुझे अपने घर ले जाने के लिए नवाब ज़फ़रउद्दौला से बात की है। शरीयत के हिसाब से मुताह और निकाह में क्या अन्तर होता है, मुझे कुछ न मालूम था। न ही कोई मुझसे पूछने आया कि तू क्या चाहती है। मेरे साथ की कई ख़ादिमाएँ बहुत कुछ खाई-खेली थीं। उन्होंने कभी बातों-बातों में मुझे शिक्षित करना चाहा तो मैं उन्हें झिड़क देती। और जहाँ तक मुताह या निकाह का सम्बन्ध था तो हममें से अक़सर बस यूँ ही घर में डाल ली जाती थीं। निकाही तो बड़ी चीज़ है, मुताही भी भाग्यवालियों में गिनी जाती थीं।"

"आपके माता-पिता फिर कभी आपको देखने या आपको लेने वापस न आए?" मैंने सर झुकाए हुए पूछा। न मालूम क्यूँ उस वक़्त उनको रूबरू देखने की हिम्मत न थी।

"माता-पिता..." उन्होंने ठंडी साँस भरी, "माता-पिता थे ही नहीं। कप्तान साहब के किसी नौकर ने बाद में मुझे बताया कि मेरे बाप ने मेरी माँ को छोड़कर रापटगंज मिरज़ापुर की किसी आदिवासी औरत को घर में डाल लिया था और वो उधर ही कहीं मर-खप भी गया। मेरी माँ किसी और के घर पड़ रही। फिर पता नहीं उस पर क्या बीती।" उनकी आवाज़ बिलकुल मद्धिम हो गई थी, "मुझे तो उसकी सूरत भी थोड़े ही दिन बाद भूल गई।"

"तो आपको कभी पता न लग सका कि आप वास्तव में किस धर्म और किस जाति की हैं।" मैंने पूछा।

"असल-नक़ल मैं नहीं जानती। इनसान का पालन-पोषण जिस जाति वालों में हो वही उसकी भी जाति है।" उनके स्वर में ज़रा तेज़ी थी, "शेख़ साहब कहा करते थे ये सब दुनिया में जीने और आदम की सन्तान से आपस में निबाह करने के लिए ढकोसले हैं।"

"क्षमा चाहता हूँ, मैंने बस यूँ ही पूछ दिया था।" मैंने शर्मिन्दगी से कहा।

"नहीं, कोई बात नहीं।" उन्होंने ऊपरी ठंडे दिल से कहा, किन्तु उनकी आवाज़ में कुछ कँपकँपी थी, "सच तो यह है कि मेरी असल जात-पात मुझसे छिपाई गई। शायद इसलिए कि मेरे बाप-माँ किसी नीची जात के थे। हो सकता है मुसलमान भी न रहे हों।"

उन्होंने मुहम्मद राज़ा से पानी मँगाकर ठहर-ठहरकर घूँट-घूँट पीया मानो गले में कुछ अटक गया हो। उनकी साँस बराबर न थी। मैं घबरा गया कि कहीं बेहोशी न आ जाए। मैं उठा था कि किसी हकीम या अत्तार के यहाँ से दवा का प्रबन्ध करूँ कि वो अचानक ख़ुद ही उठ खड़ी हुईं और बोलीं :

"अच्छा लाल मियाँ, आज मेरी तबीयत कुछ ख़राब सी हो रही है। अब तुम जाओ। जीती रहूँगी तो ये पूरी कहानी विस्तार से कहूँगी।" वो कमरे में चली गईं। मुहम्मद राजे ने मुझे आरोप लगाती हुईं नज़रों से देखा। और दिल में ख़ुद से घृणा करता हुआ मैं लौटा। भला मुझे उनके माता-पिता और जाति-धर्म में बारे के पूछने की क्या पड़ी थी।

5

कुछ शर्मिन्दगी और कुछ चिन्ता के कारण मुझे वापस जाने की जल्दी थी। मैं उनकी सहायता भी करना चाहता था। क्योंकि दयनीयता उनके कुल्हिया बराबर घर के कोने-कोने से टपकती थी। लेकिन सबसे बढ़कर यह कि मुझे दादा उस्ताद की बातें जानने, उनके तौर-तरीक़े समझने की उत्कृष्ट इच्छा थी। उनकी शायरी मुझे लखनऊ के चौक और बनारस के दशाश्वमेघ घाट से भी बढ़कर आकर्षक और चहल-पहल से भरपूर मालूम होती थी। इन्हीं स्थानों की तरह दादा उस्ताद की कविताएँ भी अप्रत्याशित हालातों और घटनाओं, घुमाव-फिराव और चमक व गर्मी से रची-बसी थीं। मैं अक़सर सोचता था कि स्वयं वह शख़्स कैसा होगा जिसने ऐसी कविता की है।

मैंने आज तक किसी उस्ताद शायर को देखा न था, उससे भली-भाँति जानना और पहचानना तो दूर की बात थी। दादा उस्ताद की कविताएँ मेरी नस-नस में उतर गई थीं और भूरा बेगम के द्वारा मुझे हज़रत शेख़ के व्यक्तित्व, चरित्र एवं गुणों को जान सकने का जो अवसर मुझे मिल रहा था उसे गँवाना बड़ी मूर्खता की बात होती। किन्तु फ़ारसी कहावत 'संसार के काम किसी ने न समेटे' के बावज़ूद संसार के कामों को हर कोई समेटकर ही उठना चाहे। मैं भी दुकान के संसार में इतना उलझा कि कोई महीने-सवा महीने के बाद ही उधर का रुख़ कर सका।

इस बार जो मैं पहुँचा तो भूरा बेगम को जूड़ी से पीड़ित पाया। बारी का ताप था, हर तीसरे दिन आता था और इस क़दर हुलहुलाकर चढ़ता था कि जान के लाले से पड़ जाते थे। ताप एक बार आता तो कम से कम दो दिन रहता। 16-17 दिन से यही दिन-रात थे।

बारिशें जा चुकी थीं और लखनऊ का उमस भरा, तरह-तरह की भाप लिए हुए मौसम शुरू हो चुका था। जिधर देखिए घरों पर कँपकँपी वाले ताप का आक्रमण था। भूरा बेगम का घर तो नाले पर था, उस पर तुर्रा नाले से उठने वाली नमी से भरा हुआ दुर्गन्ध का प्रवाह। सारे शहर में ग़रीब रोगियों के लिए शाही चिकित्सालय कोई न था। एक-दो अंग्रेज़ अपने तौर पर दवा-इलाज करते थे किन्तु शहर के लोग, क्या धनवान क्या दरिद्र वहाँ कम जाते थे कि धर्म या जाति या जान जाने का जोख़िम था। शेष बचे साधारण हकीम और वैद्य, तो वो अपने पुराने नियमों के पाबन्द थे, रोगी के घर न जाते थे। उनके चिकित्साकक्ष तक जाकर नब्ज़ दिखाना अनिवार्य था। भूरा बेगम अकेली कहीं जाने के योग्य तो थीं नहीं,

मुहम्मद राजे की तीमारदारी और हकीम मुन्नन साहब को हाल कहलाकर अत्तार के यहाँ से दवा बँधवा लाने पर उनका इलाज निर्भर था।

उस दिन उनके ताप की बारी थी। लगभग बेसुध पड़ी थीं। गोरा रंग ताप के प्रभाव से कलौंस गया था। बार-बार पानी माँगती थीं, लेकिन शायद हकीम ने पानी कम पिलाने को कहा था। दुर्बल इतनी हो गई थीं कि उठना-बैठना दूभर था। पलंग के पायंती पेशाब के लिए चीनी का बर्तन रखा हुआ था और उसकी खराँध सारे कमरे में थी। मैंने इलाज के लिए कुछ रक़म उनके सिरहाने रख दी, मुहम्मद राजा को देख-रेख के तरीक़े समझाए और यह कहकर चला कि ज़रूरत पड़ने पर मुझे तुरन्त और बेझिझक बुलवा लेना। मुहल्ले के लौंडे के हाथ मैंने एक रुपया रखा और ख़ूब समझा दिया कि भूरा बेगम अगर मुझे बुलवाएँ तो कहाँ और किस तरह मुझे ख़बर करनी है।

बहुत धीरे-धीरे वो ठीक हुईं। आपस में हमारी बातचीत का सिलसिला फिर शुरू हुआ। बीमारी की कमज़ोरी के कारण शुरू-शुरू में तो देर तक बात न हो पाती, परन्तु ज्यों-ज्यों मुझसे उनकी अन्तरंगता बढ़ती गई उनकी झिझक भी घटती गई। और वो अपने और हज़रत शेख़ के हालात ज़्यादा खुलकर बयान करने लगीं। हाँ यह ज़रूर था कि उनके वर्णन में क़िस्सा-कहानी की तरह तारतम्यता न थी। जिस वक़्त जिधर चाहतीं बात का रुख़ मोड़ देतीं। मसलन उन्होंने पिछली बार अपनी बात यहाँ समाप्त की थी जब शेख़ साहब उनसे मुताह करके उन्हें अपने घर ले जाने वाले थे लेकिन वहाँ पहुँचने के तुरन्त बाद की बातें उन्होंने बहुत देर बाद बताईं। मैं अब उनके बिखरे हुए शब्दों और वाक्यों को अपने तौर पर जोड़कर व्याख्या के तौर पर पेश करता हूँ। यही कारण है कि आगे जो कुछ मैं लिखूँगा उसमें शब्द तो लगभग सारे ही उनके हैं लेकिन उनके साथ वार्ता करने वाला अर्थात मैं इस वर्णन में कहीं मौज़ूद नहीं हूँ।

6

रमजान का पवित्र महीना शुरू हो चुका था जब मैं शेख़ साहब की मुताही बीवी होकर आई, उसी घर में जहाँ से एक उम्र के बाद मुझे निकाले जाने की फ़जीहत का सामना करना पड़ा। कप्तान बेगम ने चार जोड़े मेरे साथ कर दिए थे, और चाँदी, कुन्दन के वो हल्के-फुल्के ज़ेवर जो मुझे समय-समय पर इनाम में मिलते रहे थे। मेरे जाने पर न कोई रोया न किसी ने कलेजे से लगाकर रुख़सत किया। बस चुपचाप न हँसती न रोती डोली पर सवार हो गई।

मुझे बदन के मामलों का कुछ पता न था। इतना ज़रूर मुझे समझा दिया गया था कि औरत के बदन को बरतने के लिहाज़ से निकाह और मुताह दोनों एक हैं। शेख़ साहब ने कप्तान साहब की हवेली ही में मुताह के शब्द अरबी में पढ़ दिए थे इसलिए मेरा उनसे पर्दा न रहा था। डोली के साथ-साथ चलते हुए उन्होंने एक-आध बार मुझसे बात करनी चाही, किन्तु मुझे शर्म और शर्म से बढ़कर उलझन थी कि अब मेरा क्या होगा।

मैं रोज़ा रखे हुए थी। यूँ तो साधारणतया शिया घरानों में रोज़ा नमाज़ का चलन कम ही होता था लेकिन जब से नसीराबाद के मौलाना, मेरा मतलब है मौलवी सैयद दिलदार अली साहब का प्रभाव लखनऊ में बढ़ा तो अक़सर छोटे-बड़े लोगों ने उनके आदेश पर चलते हुए मुहर्रम के मातम इत्यादि के साथ-साथ नमाज़ और रोज़ा जैसी अनिवार्य किन्तु भुलाई हुई

बातों की तरफ़ भी ध्यान देना शुरू किया। कप्तान साहब के यहाँ भी इन बातों का अनुपालन होने लगा। इस कारण हम लोग भी रोज़े रखते और नमाज़ें पढ़ते थे। शेख़ साहब को जब मालूम हुआ कि मैं रोज़ा रखे हुए हूँ तो उनके चेहरे से कुछ नागवारी, कुछ निराशा प्रकट हुई। शायद उन्होंने कुछ और मंसूबे बना रखे थे। फिर भी, उन्होंने मुझे गोद में उठाकर पलंग पर ला बिठाया, कहारों की छुट्टी कर दी और छेड़-छाड़ शुरू कर दी। मैं उन्हें बार-बार परे करती और वो बार-बार कुछ हास्य-विनोद के साथ कुछ लाग-लगाव के वाक्य कहते और पुनः कोशिश करते। एक बार उन्होंने ज़रा झुंझलाकर कुछ ऊँचे स्वर में कहा :

"ओफ़्फ़ोह भई भूरा बेगम किनार-ओ-बोस में रोज़ा न टूट जाएगा।"

मेरी समझ में न आता था कि हँसूँ या नाराज़ होऊँ। अच्छे तो वो मुझे भी बहुत लगते थे किन्तु रोज़ा तोड़ने का दंड़ कौन भरता और यह पाप कौन मोल लेता। अचानक वो हँसकर बोले, "लो भई ये तो मिसरा ही हो गया : 'किनार-ओ-बोस में रोज़ा न टूट जावेगा।' अच्छा लीजिए मैं आपकी ख़िदमत में कुछ हीरे-मोती हाज़िर करता हूँ, बस अभी हाज़िर करता हूँ।" वह मेरी तरफ़ पीठ करके पलंग पर बैठ गए और कुछ गुनगुनाने लगे।

ज़ुहर की नमाज़ का वक़्त हो गया था। मौक़ा उचित जानकर इधर-उधर नज़र दौड़ाई। शौचालय के पास छोटा सा आबदारख़ाना था। मैंने चुप-चुपाते उठकर वज़ू किया जानमाज़ के बारे में पूछने की हिम्मत न थी। जहाँ तक निगाहों ने ढूँढ़ा सारे घर में जानमाज़ क़ुरान शरीफ़ के कोई अंश भी न थे। मैंने अटकल से पता किया कि पश्चिम किधर होगा, और ज़मीन ही पर जहाँ वो चटाई बिछी हुई थी, नमाज़ शुरू कर दी।

जैसे-तैसे मैंने नमाज़ खत्म करके मुँह फेरा ही था कि शेख़ साहब ने पीछे से आकर मेरे गाल में हल्की सी चुटकी ली, फिर अचानक मेरा मुँह अपनी तरफ़ करके एक प्यार ले ही तो लिया, "तौबा है," मेरे मुँह से ऊँची आवाज़ में निकला, "मेरा रोज़ा ख़राब कर दिया।" किन्तु शेख़ साहब ने सुनी अनसुनी कर दी, "लीजिए, मुलाहिजा फ़रमाइए।" उन्होंने कहा। मैं दुपट्टे से अपना मुँह और होंठ रगड़ रही थी और उनकी तरफ़ से मुँह फेरे हुए थी कि उन्होंने अजब मनमोहक लहराती हुई सी आवाज़ में पढ़ना शुरू किया।

किया मैं फ़र्ज़ कि आया है सर प माह-ए-सियाम[1]
जहाँ में फेरी है[2] *उसने सला*[3]*-ए-इस्मत-ए-आम*[4]
हमारी चाह का देखें तो होवे क्या अंजाम
वले करे है यही अर्ज़ बन्दगी में ग़ुलाम
असीर[5]*-ए-रंज-ए-कुहन*[6] *ग़म से छूट जावेगा*
किनार-ओ-बोस[7] *में रोज़ा न टूट जावेगा*

मैं अपने शौक़ को दूँ तूल अब कहाँ तक जान
ग़रज यही है मेरी मुसहफ़ी का कहना मान
तेरा तो अब भी है क़ाबू समझ, न हो नादान
गले में डाल दे बाँहें कि निकले टुक अरमान

---

1. रोज़े का महीना, 2. फैलाई है, 3. पुकार, 4. सबका पवित्र रहना, 5. क़ैदी, 6. पुराना दुःख, 7. गले लगाना, प्यार करना।

असीर-ए-रंज-ए-कुहन ग़म से छूट जावेगा
किनार-ओ-बोस में रोज़ा न टूट जावेगा

मुझे उस वक़्त शेर और शायरी की कुछ भी समझ न थी किन्तु इतना तो मैं भी देख रही थी शेख़ साहब बात-बात में बे-ऐब शेर कह देते हैं। बहुत दिन बाद मुझे मीर तक़ी साहब की ये पंक्ति सुनने को मिली तो मैंने अपने दिल में कहा कि ये तो शेख़ साहब पर बिलकुल ठीक बैठती है :

सद रंग मेरी तब्अ है मैं मौज-ए-रवाँ हूँ।

उस दिन उन्होंने उस कविता के दर्जनों छन्द दो तीन घड़ी में कह डाले लेकिन सब मुझे सुनाए नहीं। मुझे बाद में इसका कारण मालूम हुआ। उस कविता में मेरे अतिरिक्त भी और किसी की तरफ़ संकेत थे। किन्तु उस समय तक मुझे पता चल गया था कि शेख़ साहब पुरानी सुन्दरियों को पूरी तरह भुलाते कभी न थे, और ज़िन्दगी के हर मौक़े पर हसीन स्त्रियों का जमघट उनके लिए मौज़ूद रहता था। इस मामले में वो कुछ मज़बूर से थे। जो औरत उन्हें दो-चार बार देख सुन लेती उन पर मानो लट्टू होकर रह जाती थी। उनकी हुस्न परस्ती के चलते कुछ बरस मैंने बड़े मानसिक विषाद में गुज़ारे फिर दिल पर पत्थर रख लिया।

बात कुछ आगे निकल गई। मैं दिन भर शेख़ साहब के शेर सुनती रही, उनके विनोद भरे वाक्यों पर दिल ही दिल में मुस्कुराती रही। उनकी काम वासना की आग की गर्मी से मेरा भी बदन तमतमाने लगा था। मैंने उसी रात उन्हें क़ामयाब और मुग्ध होने दिया।

उन दिनों कड़ाके की सर्दी पड़ रही थी, फिर भी मैंने बहुत जल्द उठकर मारे-बाँधे आबदारख़ाने के बर्फ़ जैसे ठंडे पानी से स्नान किया। सहरी बनाने का प्रबन्ध कर रही थी कि शेख़ साहब ने अचानक आकर मेरा माथा चूम लिया और ये बन्द पढ़े :

हाल पर उसके हुई थी लुत्फ़[1] कि तेरी नज़र
बर्ना बख़्त[2] ऐसे कहाँ रखता था ये ख़स्ता जिगर
लेक[3] गुस्ताख़ी लगाकरने वो जब होकर निडर
और लगा रुख़ पर तेरे आने ख़जालत[4] का असर
रात तुझको मुसहफ़ी जी से दुआएँ दे गया
सर से ले पाँव तलक तेरी बलाएँ ले गया

जबकि फिरता था बदन पर तेरे प्यारे उसका हाथ
थरथराती थी पड़ी जूँ मौज-ए-दरिया तेरी गात
ख़ुशनसीबी की कहूँ उसकी वले क्या तुझसे बात
यक दिगर कि कशमकश ही में जो आई आधी रात
रात तुझको मुसहफ़ी जी से दुआएँ दे गया
सर से ले पाँव तलक तेरी बलाएँ ले गया

उफ़ वो उस रात की ठंडक, वो ठंडे पानी से मेरा स्नान और उस पर ये पंक्तियाँ। लाज के मारे मुझे कँपकँपी छूट गई, "बस चुप रहिए" कहकर मैंने अपना बदन चुराना चाहा कि

1. कृपा, मेहरबानी, 2. तक़दीर, 3. लाज, 4. लेकिन।

कँपकँपी कुछ कम हो। शेख़ साहब ने अपना दुशाला लाकर मेरे जिस्म पर डाल दिया। (मुझे बहुत बाद में मालूम हुआ कि इस कविता की भी प्रेरणा किसी और हस्ती से मिली थी और अस्ल में शेख़ साहब ने

'बेनसीबी की कहूँ उसकी वले क्या तुझसे बात'

लिखा था। हमारे हाल के अनुकूल करने के लिए उन्होंने उसे ख़ुश नसीबी कर दिया।)

फिर रमजान के महीने भर यही दस्तूर रहा कि रात-भर मैं उनकी ख़िदमत करती, सुबह की नमाज़ से लेकर रात तक अल्लाह के दरबार में रोज़ा-नमाज़ बन्दगी बजा लाती। परन्तु अभी मैं ये न समझ पाई थी कि शेख़ साहब की मुताही बीवी होकर रहने और इस तरह उनकी सम्पूर्ण एकाग्रता और लगाव का केन्द्र होकर जीने को अपना सौभाग्य समझूँ या ना। कप्तान साहब की हवेली में मुझे यहाँ से ज़्यादा आराम और सुविधा थी, किन्तु वहाँ सुरक्षा न थी। कोई मेरा वाली वारिस न था। किन्तु यह शेख़ साहब भी कुछ ज़्यादा ही रसिक हैं, जब तक मेरी जवानी है शायद मुझे अपने से अलग न करें, यूँ ही क़ुर्बान होते रहें। लेकिन क्या भरोसा जवानी कब तक की है। मैंने बड़ी बीमारी या पेट के फोड़े या फिर औलादें जनने और मर्द की ख़िदमत करने के कारण अच्छी-अच्छी खिंचा-खिंचाया, कसा-कसाया बदन रखने वाली लड़कियों को 22-24 की आयु में सूखी छुईमुई की डाल सा मुर्झाते देखा था। बदन हड्डियों का हार, मांस नाम को नहीं। और औरत की सूरत जहाँ ज़रा कजलाई, बदन ज़रा ढीला हुआ, वहाँ वो मर्द के दिल से उतरी। फिर तो निकाही औरतों तक का अल्लाह हाफ़िज़ है। हम जैसी मुताहियों और निघरियों का तो पूछना ही क्या है।

शेख़ साहब मुझे अच्छे तो बहुत लगते थे, उनमें प्रियतम बनने की शान थी ही। इसकी मुझे आकांक्षा ही हो सकती, आशा नहीं, कि जिस दिल से मैं उन्हें चाहूँगी उसी दिल से वो भी मुझे चाहेंगे। मैं हज़ार जान खपाकर उनका सत्कार करूँ, लेकिन वो इसका फल दें तो। अंधा तब पतियाय जब दो आँखें पाय।

एक बात यह भी थी कि शेख़ साहब हालाँकि बिलकुल फटेहाल न थे किन्तु कुछ ख़ास धनवान भी न थे। ये वो दिन थे जब साहिब-ए-आलम मिर्ज़ा सुलेमान शिकोह बहादुर के यहाँ उनकी नौकरी समाप्त हो चुकी थी। सैयद इंशा साहब से उनकी नाराज़गी और झगड़े भी दूर हो चुके थे। नवाब आसिफ़उद्दौला बहादुर की आँख बन्द होते ही सैयद इंशा पर लखनऊ के दरवाज़े खुल गए थे। तफ़ज़्ज़ुल हुसैन ख़ान-ए-अल्लामा के माध्यम से वो नवाब सआदत अली ख़ाँ के दरबार तक पहुँच चुके थे। उनके दिन रात नवाब साहब का दिल मोहने में बीतते। ऐसे में शेख़ साहब जैसे बिगड़कर बनने वाले दोस्त का दिल हाथ में लेने की फुर्सत उन्हें कहाँ होती। और न यह ही सम्भव था कि सैयद इंशा उन्हें नवाब के दरबार तक पहुँचाने का साधन बन जाएँ।

मिर्ज़ा सुलेमान शिकोह बहादुर की अन्यायपूर्ण बातों से दुखी होकर शेख़ साहब एक लम्बी अवधि तक घर बैठ गए थे। फिर मुहम्मद ईशा तन्हा, नूरुल इस्लाम मुन्तज़िर, हैदर अली गर्म जैसे शार्गिदों और पंडित विद्याधर जैसे जिगरी दोस्त के बार-बार आग्रह करने के फलस्वरूप अब वो शहर के बाहर रोशनआरा बाग़ के मासिक मुशायरों में भाग लेने लगे थे। शागिर्दों से कुछ भेंट, नज़राना आ आता, ज़फ़रउद्दौला कप्तान फ़तेहअलीख़ान और एक-दो प्रमुख रईस कुछ रक़म की सेवा प्रदान कर देते। उजले खर्च न सही किन्तु दो वक़्त की रोटी

आराम से मिल जाती थी। जीवन बिताने के लिए यही बहुत था कि मैं भला कौन से कोटर में ठाट-बाट से पली थी।

कभी-कभी मुझे लगता था कि शेख़ साहब ने अपनी ग़रीबी के कारण मुझसे निकाह न किया था। या शायद वो अपनी स्वतंत्रता बनाए रखना चाहते हों। किन्तु उन दिनों तो सारा दिन घर बैठे मुझसे चुहलें करते, मेरी तारीफ़ें करते। कभी कहते कि मैं जो भी कपड़ा पहनती हूँ फ़बता है। कभी मेरे हाथ-पाँव के सुडौल होने की बात करते, कभी आँखों और बालों की प्रशंसा करते। लगता था अब वो मेरे सिवा किसी को आँख उठाकर न देखेंगे। मेरा पहली ईद का जोड़ा कप्तान बेगम ने भेजा था। मैं जब उसे पहनकर उनके यहाँ जाने को तैयार हुई तो उन्होंने तुरन्त शेर पढ़ा :

हम तो कभी कहें न कि कपड़े उतारिए
पहना करें गर आप इसी वज़्अ का लिबास

मैं शरमा कर कमरे की तरफ़ भागने लगी तो उन्होंने फिर शेर पढ़ा :

छिप करके देख तू भी किसी ढब से मुसहफ़ी
पहना है आज यार ने तेरे नया लिबास

यह सब तो था, परन्तु मुझे और भी कई उलझनें थीं। शेख़ साहब का मजहब मुझ पर कुछ भी खुलता न था, न वो कभी इस मामले में किसी का मुँह खोलना पसन्द करते थे। रमजान के पूरे महीने में उन्होंने न कोई रोज़ा रखा और न किसी वक़्त की नमाज़ पढ़ी। हदीस, क़ुरान मजलिस, मर्सिया, ऐसी कोई किताब घर में ढूँढ़े न मिलती थी। मैंने उनकी ज़बान से कोई वाक्य ऐसा न सुना था जिससे उनके शिया होने का अनुमान होता, और न कभी पैग़म्बर साहब के किसी साथी, किसी पीर या औलिया का ज़िक्र उनकी ज़बान पर आता था।

ईद की नमाज़ वो ज़रूर पढ़ने गए। पंडित विद्याधर ने उन्हें एक बड़ा प्यारा चुलबुला सा कठियावाड़ी टट्टू रमज़ान के शुरू में तोहफ़े के तौर पर दिया था। मेरे दिल में सन्देह था कि वो नमाज़ पढ़ने से ज़्यादा अपने टट्टू का प्रदर्शन करने गए। मुझे कप्तान बेगम ने डोली भेजकर बुलवा लिया था। शेख़ साहब जब नमाज़ को निकले तो मैं डोली में बैठ ली। निश्चय हुआ था कि नमाज़ के बाद वो मुझे कप्तान साहब की हवेली से ले लेंगे। परन्तु उन्होंने सारा दिन यार दोस्तों से मिलने-मिलाने में लगा दिया। मैं कप्तान की हवेली में पड़ी सूखती रही। जब उन्हें बहुत देर हुई तो मुझे रोना आने लगा। अपनी साथी-सहेली गोइयाँ की सान्त्वना के बावजूद मैंने रो-रो कर आँखें सुजा लीं। अगर मैं निकाही बीवी होती तो वो भला इस तरह का व्यवहार मेरे साथ करते?

गई रात वो मुझे लेने आए। कुछ शर्मिन्दा से थे, कि उन्हें शायद कुलमाकनी से सुन गुन लग गई थी कि मैं नाराज़ और दुखी हूँ। लेकिन रास्ते भर मैं कुछ न बोली और न उन्होंने ही मुँह खोला। घर पहुँचकर मैंने ये कहते हुए ज़ोर से कमरे के पट अन्दर से बन्द कर लिए कि "खाना तो आप खा ही चुके होंगे। मुझे नींद आ रही है, मैं अब सोती हूँ।" घर में एक कोठरी सी और थी। शेख़ साहब वहाँ सोए या टहलकर रात काटें, मेरी बला से। मैं तो रंज और ग़ुस्से में भुनकर कोयला हो रही थी।

शेख़ साहब ने "अरे-अरे, बीवी ज़रा सुनो तो सही" कहकर दरवाज़े को बन्द होने से रोकना चाहा। परन्तु मैंने धड़ाम से कुंडी लगा ली। उन्होंने कुछ-कुछ अन्तराल पर बार-बार

दरवाज़ा खटखटाया, लेकिन मैंने सुन के भी जवाब न दिया। आँसू मेरी आँखों में उमड़े आ रहे थे। आज जीवन में पहली बार मैंने तमन्ना की कि काश मेरे भी बाप-माँ होते। रोते-रोते मुझे आशा के विपरीत नींद आ गई। शेख़ साहब ने ख़ुदा जाने कब तक दरवाज़ा खटखटाया, मुझे कुछ पता न चला।

सहरी के लिए बहुत भोर में उठने की आदत तो मुझे थी ही, मैं कोई चार बजे कुछ घबराई हुई सी उठी तो शेख़ साहब को पलंग पर न पाया। एक क्षण के लिए मैं समझी नहीं कि माज़रा क्या है। फिर अचानक रात की बात याद आई तो शर्मिन्दगी और डर से कुछ काँपते हुए मैंने चुपके-चुपके दरवाज़ा खोलने की चेष्टा की। मौला करें वो कोठरी में आराम से सो गए हों। कहीं घर छोड़कर चले न गए हों, मैंने बदहवासी की सी हालत में अपने दिल में कहा। मेरे अन्दर से डर की ठंडी लहर यूँ उभरी कि मेरे होंठ एकदम में पपड़ा गए, गला सूख गया।

दरवाज़ा बाहर को खुलता था, लेकिन मैंने उसके पट हल्के से धकेलना चाहा तो वो खुला ही नहीं, जैसे कोई चीज़ अड़ रही हो। मेरी चीख़ निकलते-निकलते रह गई। हाय मेरे मौला मुश्किलकुशा कोई बदरूह भूत-प्रेत न हो जिसने मुझे इस कमरे में बन्द कर दिया है। शेख़ साहब बेशक घर छोड़ गए हैं। अब मैं यहीं सर टकरा-टकराकर मरूँगी। मुझ कमबख़्ती मारी को इतना ग़ुस्सा काहे को आ गया था। मर्द लोग इधर-उधर सैरें करते ही रहते हैं। क्या ईद क्या मुहर्रम, उनके लिए सब बराबर है। मैंने जल्दी-जल्दी में उल्टी-सीधी, ग़लत-सही दुआ पढ़कर दरवाज़े के पटों के बीच की झीरी से झाँकना चाहा। कोई भारी सी चीज़ बेशक अड़ रही थी, परन्तु वो क्या चीज़ थी समझ में न आता था। मैंने दोबारा कुछ और साहस जुटा कर दरवाज़े को धकेला तो उस भारी चीज़ में हरकत हुई, फिर शेख़ साहब का मुस्कुराता हुआ किन्तु नींद सा चेहरा प्रकट हुआ। मैंने हड़बड़ाकर दरवाज़ा पूरा खोल दिया। या अल्लाह वो उसी पहली रात वाला दुशाला ओढ़े हुए वहीं मेरी चौखट पर सो गए थे।

डर और शर्मिन्दगी से मेरे पसीने छूट रहे थे। शेख़ साहब ने दरवाज़ा पूरी तरह खुल जाने दिया, फिर सीधे खड़े होकर शेर पढ़ा :

"जब रात सर पटकने ने तासीर कुछ न की
नाचार मीर मुटकिरी सी मार सो रहा

कहिए भूरा बेगम मिजाज़ कैसे हैं?" मैं दौड़कर उनसे लिपट गई।

"ये आपने क्या किया? सर्दी लग जाती तो?"

"तो क्या दरवाज़ा तोड़ डालता?" वो ज़ोर से हँसे, "आपका क्या जाता, मेरा ही दरवाज़ा टूटता।"

अजब तरह के आदमी थे। मर्द जात और उसे गुस्सा न आए, अचानक मुझ पर फिर झल्लाहट का दौरा पड़ा।

"आपको हँसी सूझी है और मेरी जान आधी रह गई," मैं उनसे लिपटी हुई बोली, "दिन भर आपकी राह देखा की। लेकिन आपने तो ईद अपने होतों-सोतों में गुज़ार दी। मैं कौन लगती हूँ आपकी।" मैंने रोना शुरू कर दिया किन्तु वो एक शब्द न बोले।

"बताइए, अभी बताइए, आप शिया हैं कि सुन्नी हैं? आपने मुझसे निकाह क्यों न कर लिया?" मैंने आँसुओं के हुजूम और रंज के जोश में उनके सीने पर मुक्के मारते हुए पूछा। वो अब भी कुछ देर चुप रहे। फिर आहिस्ता से मेरे हाथों को अपने हाथ में लेकर बोले :

"हाँ मैं पैदाइशी सुन्नी हूँ, किन्तु वास्तव में..."

"वास्तव में क्या है क्या नहीं मैं नहीं जानती। आपके धर्म में मुताह नहीं होता बस ये जानती हूँ। आपके यहाँ मुताह हराम है।"

"लेकिन तुम्हारे यहाँ तो जायज़ है।"

"लेकिन आप जब मुताह मानते ही नहीं तो मैं बस आपकी रखैल ठहरी। फिर मैं यहाँ क्यों ठहरूँ, चौक में जाकर बैठ जाऊँगी।" मैंने अपने को छुड़ाना चाहा किन्तु वो मुझे बहुत मज़बूत थामे हुए थे।

"छी, ऐसी बात नहीं कहते," वो ऐसे लहज़े में बोले मानो मैं कोई नन्ही सी बच्ची हूँ, "अच्छा मैं तुमसे निकाह कर लूँगा, क़सम खाकर कहता हूँ। कहो जनाब-ए-अब्बास की क़सम खाऊँ, कहो बीवी ख़दीजा की सौगन्ध उठा लूँ..."

मुझे न जाने क्यूँ उन पर प्यार सा आ गया। लेकिन नाराज़गी उस पर अभी हावी थी, "ये सब गुनाह की बातें हैं। आप बड़ी रोटी (क़ुरान शरीफ़) भी हाथ में ले लें तो मुझे ऐतबार न होगा।" मुझे उनके चेहरे पर शर्मिन्दगी की साँवलाई सी लहर दौड़ती दिखाई दी। शायद निकाह की बात उन्होंने मेरा दिल रखने को कह दी थी, वरना उनका कोई इरादा ऐसा न था। किन्तु उन्होंने ये भी बे-शक महसूस कर लिया था कि मैं उनके झूठ को पा गई हूँ। उन्होंने मेरे ठोड़ी के नीचे उँगली रखकर मेरा मुँह उठाया और बोले :

"ज़रा धैर्य रखो। निकाह भी हो जाएगा। तुम पर कोई ऐब नहीं और मैं कहीं भागा थोड़ी जाता हूँ।" मुझे उनके लहज़े में सच्चाई की सुगन्ध महसूस हुई। या शायद वो मेरा भ्रम था क्योंकि मैं तो उन पर भरोसा करने के लिए तन-मन से राज़ी थी। किन्तु वो शब्द, वो वादा, वो ताज़ा कश्मीरी सेबों जैसी रस टपकाती आवाज़, वो मनमोहनी मुस्कान...शायद उन्होंने चुपके से मुझ पर मोहनी पढ़ भी दी। एक क्षण के लिए मैंने उस आवाज़ की मिठास और हृदय को छलने वाले उस वादे की भूल-भुलैया में गुम होकर आँखें बन्द कर लीं।

"इस वादे से पीछे हटना हरगिज़ न होगा साहब। यह ख़याल रहे कि मैं आपको क़यामत तक पाबन्द ठहराऊँगी।" मैंने यह बात कुछ इस तरह से कही मानो मुझे विश्वास तो था ही, बस बात की ख़ातिर बात कह रही थी।

फिर वो शेख़ ग़ुलाम हमदानी मुसहफ़ी ही क्या जो अनिच्छुक से भी अनिच्छुक प्रेयसी और कठोर से भी कठोर दिल माशूक़ को पक्के वादे के बिना ही उसे दम भर में रिझा न लें। उन्होंने मेरी कमर में हाथ डाला, सर को सीने से लगाया, फिर धीमे क़दम चलते हुए उसी कमरे में प्रवेश कर गए जिसकी चौखट से लगकर उन्होंने रात गुज़ारी थी।

सारा दिन वो मुझे लिए पड़े रहे। दरवाज़ा बार-बार खटखटाया गया, कभी भंगन, कभी भिश्ती, कभी कोई शागिर्द या दोस्त। लेकिन यहाँ खाने-पीने तक की सुध तो थी नहीं, कुंडी कौन उतारता और दरवाज़ा कौन खोलता। दिन कब छिपा रात कब आई, मुझे पता ही न चला। टट्टू के लिए पड़ोस का एक अस्तबल वो पहले से तय कर चुके थे नहीं तो वो बेचारा सर्दी और भूख प्यास से मर ही गया होता।

गई रात वो बाहर निकले। मैं दिल में सोची, लो अब यह ख़ुदा जाने कब की ख़बर लाएँगे। लेकिन नहीं वो तो अकबरी दरवाज़े से निकले, पक्के पुल की तरफ़ दोनों तरफ़ नानबाइयों की ग़मकती हुई दुकानें झाँकीं। अपनी पसन्द से शीरमाल और कबाब बनवाए। सैयद हुसैन ख़ान के कटरे पर अब्दुल्ला गंधी से मेहँदी के तेल की एक कुप्पी ख़रीदी और दम के दम में वापस आए तो शेर उनकी ज़बान पर जारी थे :

आदमीयत से भरा हो जो सरापा आदमी
क्यूँ बिछड़ जावे यकायक हाय ऐसा आदमी
ख़ूबरू[1] देखे हज़ारों गर्चे अपनी उम्र में
आज तक हमने वले[2] तुझसा न देखा आदमी
इश्क़ का कूचा वो कूचा है कि जिसमें हमनशीं
बात कहते यूँ ही हो जाता है रुसवा आदमी
ऐ ज़ुलेख़ा[3] जान इस सौदे को तू सौदा-ए-मुफ़्त।
चर्ख़[4] ने यूसुफ़ सा तेरे हाथ बेचा आदमी
ख़ाक को मेरी भी गर चाहे करे बाग़-ओ-बहार
वो जो मुश्त-ए-ख़ाक से करता है पैदा आदमी

7

निकाह तो उन्होंने मुझसे किया, किन्तु कई साल बाद। वर्ष 1814 का आगमन था और ठंडक अच्छी ख़ासी पड़ रही थी। शेख़ साहब सवेरे ही कहीं के लिए निकल खड़े हुए थे। कह गए थे कि दिन के खाने पर एक-दो दोस्तों को भी लाऊँगा। मैं खाना पका, नहा-धो, साफ़ कपड़े पहन, धूप में बाल सुखा रही थी कि कुंडी खड़की। शेख़ साहब एक ख़ास अन्दाज़ में जंज़ीर खड़काते थे, मैं फ़ौरन पहचान गई कि वही हैं। दुपट्टा सँभालती हुई दौड़ी, दरवाज़ा खोला तो क्या देखती हूँ कि शेख़ साहब आगे-आगे उनके पीछे शेख़ नासिख़, उनके साथ मियाँ हैदर अली आतश। मैं भौचक रह गई कि या अल्लाह इन लोगों को लाना था तो कुछ ख़ास प्रबन्ध किया होता। अब क्या करती, जल्दी से दालान में चटाइयों का फ़र्श कर दिया और ख़ुद पान बनाने में लग गई।

शेख़ नासिख़ और ख़्वाजा हैदर अली से मेरा पर्दा न था। शेख़ नासिख़ को शेख़ साहब अपना शागिर्द भी मानते थे और अभिभावक भी। और ख़्वाजा आतश पर तो उनकी वो सारी चाहतें क़ुर्बान थीं जो वह अपने किसी पुत्र को देते। उन्होंने मुझसे आरम्भ के दिनों में ही कह दिया था कि इन दोनों को अपना बड़ा भाई समझो। बल्कि जो बात मुझसे भी न कह सको इनसे बेखटके कह सकती हो।

मैं चौकी पर बैठी पान लगा रही थी और दिल में कुछ चिन्ता थी कि आज इन लोगों में वो हँसी-मजाक की बातें और शेर-ओ-शायरी की चर्चा नहीं हो रही है जो उनका आम तरीक़ा था। फिर मैंने कनखियों से देखा कि तीनों एक-एक करके आबदारख़ाने में गए, बज़ू

---

1. सुन्दर, 2. लेकिन, 3. मिस्र के बादशाह की बीवी जो यूसुफ़ पर आशिक़ थी, 4. आसमान।

किया फिर चटाई पर दो जानू बैठ गए मानो कोई धार्मिक सभा का आयोजन कर रहे हों। अचानक शेख़ साहब ने ज़रा ऊँची और कुछ खरखराती हुई आवाज़ में कहा :

"हयातुन्निसा बीवी, आओ यहाँ हमारे पास बैठ जाओ।" मैंने कान खड़े किए। वो मुझे हयातुन्निसा कभी न कहते थे, हयातुन्निसा बीवी तो दूर की बात रही। या अल्लाह क्या होने वाला है। कहीं यह मुझे छोड़ तो नहीं रहे हैं? किसी और को समर्पित तो नहीं कर रहे हैं? मैं ख़ासदान वहीं छोड़-छाड़ काँपते क़दमों से आकर शेख़ साहब के बराबर बैठ गई।

"नहीं, सामने बैठो।" उन्होंने कहा। विवश होकर मैं उठी और चटाई के एक कोने पर उनके सामने टिक गई, इस तरह कि शेख़ नासिख़ और मियाँ हैदर अली एक तरफ़ थे, उनसे कुछ दूरी पर शेख़ साहब, और उनके सामने मैं। अचानक शेख़ नासिख़ उठे और उन्होंने तारों की कढ़ाई का एक बढ़िया लाल दुपट्टा मुझे यूँ ओढ़ाया कि घूँघट सा निकल आया। फिर शेख़ साहब ने सुन्नियों के नियमानुसार निकाह का ख़ुत्बा अरबी में पढ़ा। ख़ुत्बा ख़तम करके वो बेहद नर्म आवाज़ में बोले :

"हयातुन्निसा बीवी उर्फ भूरा बेगम, मैं शेख़ ग़ुलाम हमदानी मुसहफ़ी तीन सौ रुपए बादशाही महर के बदले जो तुम्हें अभी अदा किया जाएगा, शेख़ इमान बख़्श नासिख़ और ख़्वाजा हैदर अली आतश की गवाहियों के साथ तुमसे निकाह करता हूँ। तुम्हें कुबूल है?"

मेरी सिसकी छूट गई और फ़ौरन ही ये सिसकियाँ ऊँची आवाज़ के रुदन में बदल गईं। शेख़ नासिख़ औरत को जानते भी न थे, और मियाँ हैदर अली फ़रिश्ता समान, मुझसे आँख मिलाते तक डरते थे, उनकी समझ में क्या ख़ाक आता कि मैं क्यूँ रो रही हूँ। शेख़ साहब भी एक क्षण के लिए गड़बड़ा गए। फिर बोले, "घबराओ नहीं। बस ये कह दो कि निकाह तुम्हें कुबूल है।" लेकिन मैं तो रोए जा रही थी। लगता था हाथ-पाँव में जान नहीं रह गई, ज़बान गूँगी हो गई है। शेख़ साहब ने हाथ बढ़ाकर मेरे सर पर रखा तो मैं कुछ घबराकर, कुछ सहमकर पीछे सिमट गई।

"क्या हुआ, डरती क्यों हो?" शेख़ साहब का लहज़ा न था, रास्ता भूले हुए किसी बच्चे के सर पर चुमकार भरा हाथ था, "नहीं मंज़ूर तो कोई बात नहीं, यूँ ही कह दो।"

मगर मेरे आँसू थे कि थमते न थे, "न...नहीं... कुबूल है," मैंने अटक-अटककर ये शब्द कहे।

शेख़ साहब के लहज़े में इस बार थोड़ी सी मुस्कान थी। बोले, "नहीं कुबूल कि हाँ कुबूल है? कुछ साफ़ तो कहो।"

"कुबूल है," मैंने सिसकी और फुसफुसाहट के मिले-जुले स्वर में कहा। तीनों साहबों ने दुआ के लिए हाथ उठाए और देर तक अरबी में दुआएँ पढ़ते रहे। मेरा रोना कुछ हल्का पड़ा तो मैंने बढ़कर शेख़ साहब के पाँव पकड़े और उनके कंधे से अपना सर टिका दिया। शेख़ साहब ने बाज़ू थामकर मुझे उठाया और कहा :

"आज तुम पलंग पर बैठो। हम लोग दस्तख़्वान लगाएँगे और तुम्हें खाना खिलाएँगे। नवेली दुल्हन काम नहीं करती।" फिर उन्होंने शेख़ नासिख़ की तरफ़ देखा। शेख़ नासिख़ ने अपनी कमर में बँधी हुई मख़मली थैली खोलकर मेरे शेख़ साहब की तरफ़ बढ़ाई। उन्होंने उसे आहिस्ता से मेरे क़दमों में रख दिया। फिर जब घर अकेला हुआ तो मैंने थैली के पेच खोले। पूरे तीन सौ रुपए बादशाही थे, बिलकुल ताज़ा-ताज़ा टकसाल से ढलकर निकले

हुए। मुझे बहुत बाद में मालूम हुआ कि वो रुपए शेख़ नासिख़ ने उधार दिए थे परन्तु इस शर्त पर कि वापस न होंगे।

मैंने थैली को उलट-पलट कर देखा। कोई काग़ज़ या निकाहनामा न था। मुझे ख़याल भी न आया कि पूछूँ कोई काग़ज़ लिखा जाएगा कि नहीं।

8

उस वक़्त तक मैं शेख़ साहब के साथ रहते-रहते और उनकी बातों को समझते-सीखते शेर को समझने और अच्छे-बुरे शेर को पहचानने में कुशल हो चुकी थी। तमाम बड़े उस्तादों, शेख़ साहब के दोस्तों और विशिष्ट शिष्यों के नाम और काव्य से परिचय प्राप्त करने के साथ-साथ मैंने बहुतेरे शेर मौखिक याद कर लिए थे। मेरी स्मरण शक्ति शुरू ही से अच्छी थी, शेख़ साहब के शेरों का आनन्द उठाने का अवसर मिला तो यह शक्ति और भी चमक उठी। शेख़ साहब की शायरी में हर तरह के मज़मून की बहुतायत मुझे हमेशा चकित करती थी और उनमें ये असाधारण गुण था कि वो किसी भी बात को शेर की विषय-वस्तु बना लेते थे। एक दिन बुढ़ापे की चर्चा होने लगी। मैंने बातों-बातों में कहा कि 'बूढ़े चोंड़े' का मज़मून ग़ज़ल में किसी ने न लिखा होगा। शेख़ साहब बोले, किसी ने नहीं बाँधा तो न सही, हम तो बाँध सकते हैं। फिर बस ज़रा देर ग़ौर करके उन्होंने शेर पढ़ा :

अगर परवाना उससे लग चले है प्यार में आकर
कहे है शम्आ मेरे बूढ़े चोंड़े[1] *पर करम कीजे*

कमाल का शेर था, बेढ़ब मज़मून और उस पर बिलकुल नया अर्थ सोने पर सुहागे का काम कर रहा था। मेरे मुँह से निकल गया, "पहले से कह रखा था?"

उस दिन वो पहली बार मुझ पर ख़फ़ा हुए, "पहले से कह रखने का क्या मतलब। क्या मैं किसी मज़मून में बन्द हूँ। क्षमा कीजिए मैं आपके लखनऊ का कोई कूढ़मग़ज फालतू बकने वाला नहीं हूँ मज़मून जिसके हाथ न लगते हों। ये पूरब के जंगली नया मज़मून लिखना क्या जाने।"

वो अचानक बैठे-बैठे उठ खड़े हुए। और फिर उन्होंने ये शेर यूँ डपटकर सुनाए मानो मुशायरे में पढ़ रहे हों :

ज़ाँ डालता है मुसहफ़ी क़ालिब[2] *में सुख़न के*
मुश्किल है कि तुम उसकी तरह शेर को ढालो
कू[3] *ज़मज़मा*[4]*-ए-देहली-ओ-कू लहज़ा-ए-पूरब*
क्यूँ उसकी तरफ़ होते हो[5] *नाहक़ को रज़ालो*[6]

मैंने घबराकर क्षमा माँगी, "हाय अल्लाह ये मेरा मतलब थोड़ा ही था। कौन आपको कहेगा कि किसी भी मज़मून में पीछे रह सकते हैं? और लीजिए ताब में आकर मुझे भी रज़ालों में डाल दिया।"

मैंने आख़िरी वाक्य उन्हें छेड़ने के लिए कहा था। किन्तु मेरी बात उन्हें वाकई बुरी लग गई थी। वो कुछ देर तक मुझसे खिंचे रहे। आख़िर उन्हें ख़ुश करने के लिए मैंने वही उपाय

---

1. पके बालों का जूड़ा, 2. ढाँचा, 3. कहाँ, 4. गीत, 5. विरोध करना, 6. नीच, तुच्छ।

सोचा जो कभी खाली न जाता था। शेख़ साहब के मिज़ाज का ख़मीर चार तत्वों से बना था। प्रथम तो स्वाभिमान और अपने को बहुत कुछ समझना, दूसरा काव्य शक्ति और काव्य की समझ-बूझ, तीसरा हुश्नपरस्ती, चौथा हास्य प्रधानता और हँसमुखपन। वो अपने आगे किसी को कुछ समझते न थे। मैं समझती हूँ कि उनमें इस क़दर हास्य प्रधानता न होती तो उनका आत्माभिमान बर्दाश्त योग्य न रहता।

हिन्दी में मीर तक़ी साहब और फ़ारसी में मिर्ज़ा क़तील के सिवा वो किसी का सम्मान न करते थे। मियाँ जुरअत और सैयद इंशा की ज्ञान क्षमता पर उन्हें सन्देह था। वो कहते थे कलावन्तों की तरह बीनकारी और भांडों की तरह रूप भर लेने से कोई उस्ताद नहीं बन जाता। अनावश्यक फ़ारसी-अरबी के प्रदर्शन को भी वो आपत्तिजनक समझते थे और कहते थे कि काव्य रस और चीज़ है, और पांडित्य और चीज़। एक बार उन्होंने किसी के आग्रह पर मुफ़्ती ग़ुलाम हज़रत के निधन की तारीख़ लिखी। मियाँ बेताब ने वो कविता देखी तो कहा कि यूँ तो वो पंक्ति जिससे तिथि बनती है, बहुत सुन्दर है किन्तु शब्द मुफ़्ती को इस तरह छन्दबद्ध किया गया है कि मुफ़्ती की जगह मुफ़्त सुनने में आता है, यानी इ की आवाज़ दब गई है। शेख़ साहब ने भी यह बात सुनी लेकिन अनसुनी कर दी।

संयोग ऐसा हुआ कि एक बार मियाँ बेताब शेख़ साहब से मिलने हमारे घर तशरीफ़ लाए। बातचीत में उन्होंने ये बात दोहराई कि शब्द मुफ़्ती का आख़िरी अक्षर दब रहा है और मुफ़्ती की जगह मुफ़्त पढ़ा जाता है। इसे ठीक कर देते तो ख़ूब होता। शेख़ साहब की त्यौरी पर बल आ गए। उन्होंने फ़रमाया कि ख़ुद मेरे तख़ल्लुस मुसहफ़ी में आख़िरी अक्षर सौ जगह दबकर छोटा हो गया होगा। किसे दिमाग़ है जो दुरुस्त करे। बेताब साहब बोले, "तो क्या आप फ़ारसी-अरबी में स्वर को दबाना या काट देना उचित समझते हैं?" शेख़ साहब ने फ़रमाया :

"फ़ारसी, अरबी कोई क़ाबे शरीफ़ में छूटे हुए पवित्र हिरण समान तो नहीं कि उसे हाथ लगाना अपराध माना जाए? शब्द तो शब्द है जिस तरह अच्छा लगे उसी तरह छन्दबद्ध कीजिए। ये सैयद इंशा के उठाए हुए झगड़े हैं कि अरबी-फ़ारसी शब्दों के साथ कुछ विशेष व्यवहार रखना चाहिए। यह सब केवल इसलिए है कि अपनी विद्वत्ता की अनुचित नुमाइश हो सके। फ़ारसी वाले तो धड़ल्ले से अपनी भाषा और ग़ैर भाषा दोनों के शब्दों में स्वर को दबा देते हैं, तोड़-मोड़ लेते हैं।"

ऐ मुसहफ़ी क़द्र-ए-मुर्ग़-ए-बुश्तां[1] *हरगिज़*
रखता नहीं गो कि होवे सयाना कौव्वा
अलफाज़ मतीन[2] *और लुग़त*[3] *ला-ला कर*
नाहक़ न बना तू रेख़्ते को हौव्वा

मियाँ बेताब ने दिल में कुछ भी सोचा हो, किन्तु शेख़ साहब के सामने मुँह खोलने का साहस न रखते थे। उन्हीं दिनों शहर में यह बात चल रही थी कि मीर तक़ी साहब बहुत बूढ़े हो गए हैं, उनके बाद काव्य संसार की बादशाही किसे मिलेगी। यही बातें सुनकर एक दिन शेख़ साहब घर आए तो मुझसे कहने लगे, "यह बेवक़ूफ़ जो कुछ देख नहीं सकते और

---

1. चमन में गाने वाली चिड़िया, 2. भारी, 3. दूसरी भाषा के शब्द।

गली में बन्द हैं, इतनी सी बात नहीं जानते कि उनके कहने-समझने से कुछ नहीं होता। होता वही है जो कविताओं का सृजनहार बल्कि हर चीज़ का रचयिता निश्चित करे। वरना मीर क्या चीज़ है, सौदा क्या है। मुझको इन लोगों की परवाह क्या है।"

फिर अचानक वो हँसकर बोले, "लो भई ये तो ग़ज़ल का मत्ला ही हो गया :

मीर क्या चीज़ है सौदा क्या है
मुझको इन लोगों की परवाह क्या है"

फिर उन्होंने इस पर ग़ज़ल कही। लेकिन सच यह है कि मीर तक़ी साहब, और फिर मिर्ज़ा सौदा का आदर वो बहुत करते थे। और यह भी है कि आत्माभिमान भी उनमें बहुत था। शहज़ादा मिर्ज़ा सुलेमान शिकोह बहादुर के दिल का ग़ुबार दूर करने में वो इसीलिए असफल रहे कि कहने को तो खेद प्रकट करने वाले शेर लिखकर उन्हें समर्पित करते किन्तु वास्तव में वो अपनी ही प्रशंसा करते और शहज़ादे को यूँ सम्बोधित करते कि मानो वो नासमझ बच्चा हो। एक बार जब सैयद इंशा से उनकी बिगड़ी हुई थी और इस कारण शहज़ादा स्वयं उनसे नाराज़ था तो शेख़ साहब ने कसीदे में लिखा कि आप कान के कच्चे हैं और आपके दरबारी सब नालायक :

मिज़ाज में ये सफ़ाई कि कर लिया बावर[1]
किसी के हक़ में किसी ने जो कुछ किया तक़रीर[2]
मुसाहिब[3] *ऐसे कि गर कुछ किसी से लग़ज़िश*[4] *हो*
तो उसके रफ़अ[5] *की हरगिज़ न कर सकें तद्बीर*
वले[6] *मिज़ाज-ए-मुकद्दस*[7] *जो ला उबाली*[8] *है*
नहीं ख़याल में आता ख़याल-ए-हर्फ़-ए-हक़ीर[9]

वो कसीदा इस तरह लिखते जैसे अपने अभिभावक की प्रशंसा की जगह अपनी ही प्रशंसा कर रहे हों। हज़रत अली की शान में एक कसीदा इस तरह आरम्भ किया है कि मानो उनकी नहीं अपनी शान का बख़ान कर रहे हों :

हो चुका दौर-ए-मीर और मिर्ज़ा
अब ज़माने में है मेरा दौरा[10]

और इन्हीं मिर्ज़ा सुलेमान शिकोह बहादुर को सम्बोधित करके उन्होंने ज़रा देखिए किस शान और किस ठाट से कहा :

मुझको न देख देख तू मेरे कलाम को
कौल-ए-अमीर[11] *को न समझ इतना सरसरी*
मादिह[12] *को मुझसे तुझसा ही ममदूह*[13] *था ज़रूर*
तू हैदरी[14] *अगर है तो हूँ मैं भी क़म्बरी*[15]
इन्साफ़ को तो हाथ से मत दे तू दहख़ुदा[16]
गर बन्दा परवरी न कुनी बन्दा परवरी[17]

---

1. विश्वास, 2. वार्ता, 3. दरबारी, 4. त्रुटि, 5. दूर करना, 6. लेकिन, 7. पवित्र, 8. ध्यान न देने वाला, 9. छोटा, तुच्छ, 10. राज, 11. हज़रत अली का कथन कि यह न देखो कि किसने कहा, देखो कि क्या कहा, 12. प्रशंसा करने वाला, 13. जिसकी प्रशंसा की जाए, 14. हज़रत अली को मानने वाला, 15. हज़रत अली के ग़ुलाम क़म्बर का मानने वाला, 16. मालिक, 17. ऐ बन्दा परवरी अगर तू बन्दा परवरी न करे।

उनकी ज़िन्दगी का बड़ा हिस्सा संरक्षक की तलाश और दुनिया को आजीविका देने वालों की प्रशंसा में गुज़रा। किन्तु यह पेशा उन्होंने अपनी पसन्द से चुना था। उनका शेर है और यह केवल मज़मून नहीं उनका सच्चा हाल है :

सारे हुसूल-ए-ज़र[1] के सब असबाब[2] जल गए
नाचार हमने शायरी ही इख़्तियार की

उन्हें विद्या और विद्वत्ता के आदर का ख़याल बहुत था। उनका बस चलता तो वो किसी बड़े आदमी के दामन से ख़ुद को न बाँधते, आज़ाद जीते और आज़ाद रहते। यह भी उन्हीं का शेर है :

हैफ़[3] इसका मुझको आता है अरस्तू सा बशर[4]
मुल्क-ए-दानिश[5] छोड़कर जाह-ओ-हशम में जा फँसा[6]

यह ग़ज़ल उन्होंने मेरे सामने कही थी। मैंने पूछा कि अरस्तू कौन था तो उन्होंने कहा कि बीवी वो हम सबका गुरु और मार्गदर्शक था। हम सृष्टि को जितना समझे हैं उसके और उसके मानसिक शिष्यों जैसे इब्नेसीना और इब्नेरुश्द और मुल्ला अब्दुल हकीम स्यालकोटी और मुल्ला महमूद जौनपुरी आदि पवित्र अस्तित्व के कारण समझे हैं। ख़ान-ए-अल्लामा को देखो कितनी उच्च कोटि का ज्ञान रखते थे। दरबारदारी ने उन्हें किसी काम का न रखा। शआदत अली ख़ाँ को नवाबी दिलाने में उनके प्रयास सबसे आगे थे। परन्तु गद्दी पर बैठकर नवाब ने ख़ान-ए-अल्लामा को यूँ टाला कि उन्हें कलकत्ता कम्पनी दरबार में अपना दूत बनाकर भेज दिया। इसे एक तरह का बनवास ही समझो। आख़िरकार वो वतन से दूर मुर्शिदाबाद में मरे। अभी कुछ दिन की बात है।

मैंने ये बातें कुछ समझी कुछ ना समझी। फिर भी डरते-डरते मैंने पूछ ही लिया :

"संसार को जानने के लिए नबी के आदेश और पवित्र इमामों की उक्तियाँ काफ़ी नहीं क्या?"

वो मुस्कुराए, "केवल संसार नहीं सृष्टि। और सृष्टि को समझने के लिए धर्म में आस्था और बुद्धि दोनों ज़रूरी हैं। अल्लाह ने क़ुरान में ख़ुद कहा है कि तुम लोग बुद्धि का प्रयोग क्यों नहीं करते? अल्लाह ने इनसान को भौतिकी ज्ञान की शक्ति भला क्यों प्रदान की। भौतिक ज्ञान की शक्ति के नीचे सब कुछ है। शेर सुनो :

लौह[7]-ओ-क़लम-ओ कुर्सी[8]-ओ-अर्श[9] और ये अफ़लाक[10]
ऊँचे हैं प हैं क़ुव्वत-ए-इदराक[11] के नीचे

मैं कुछ समझी नहीं किन्तु ये शेर मुझे बड़ा डरावना लगा। ये कनौंड़ा भौतिक ज्ञान क्या हुआ ख़ुदा माफ़ करे इमामों और नबी के आदेशों और क़ुरान शरीफ़ से भी बढ़ गया। क्या मालूम अल्लाह मियाँ उनके साथ इस शेर के कारण क्या मामला करे। मैं पहले ही कह चुकी हूँ कि उनकी धार्मिक आस्थाएँ मुझ पर खुलती न थीं। कभी माननीय इमामों की प्रशंसा में शेर कहते तो कभी सुन्नियों के बुज़ुर्गों को सराहते। कभी सुन्नियों को बुरा कहते तो कभी शियों को जाहिल और राह से भटका हुआ बताते। रहा नमाज़-रोज़ा और क़ुरान शरीफ़ का पाठ, तो ये काम उनसे कभी न हुए। अरबी वह ख़ूब जानते थे किन्तु मैंने उनके हाथ में कोई धार्मिक ग्रंथ कभी न देखा।

---

1. धन कमाना, 2. साधन, 3. अफ़सोस, 4. आदमी, 5. ज्ञान संसार, 6. शान-शौक़त, 7. आसमानी ज्ञान की तख़्ती, 8. ईश्वर की कुर्सी, 9. शीर्ष आसमान, 10. आसमान, 11. भौतिक ज्ञान की शक्ति।

आख़िरी दिनों में वो क़ुरान शरीफ़ ज़रूर पढ़ने लगे थे और कभी-कभी सुन्नी तरीक़े से इशा की नमाज़ भी पढ़ लेते। ख़ैर ये तो आख़िरी वक़्त की बात थी। जिस वक़्त का मैं ज़िक्र कर रही हूँ, एक दिन बैठे-बैठे कहने लगे :

"सुनती हो दुनिया में इतनी बुराई, इतना अत्याचार इतना अन्याय है। ईमानदारी और सत्य निष्ठा कभी-कभी ही सामने आती है। मुझे तो यक़ीन है कि अल्लाह मियाँ ने अपने सब काम शैतान को समर्पित कर दिए हैं। फिर उन्होंने शेर पढ़ा, और शेर क्या पढ़ा मेरी तो जान ही ले ली :

फ़ित्ने[1] लाखों ये उसी ने तो उठाए जिसके
'कुन'[2] के कहने में हुए आलम-ए-इम्काँ तैयार[3]

"अल्लाह, तौबा कीजिए तौबा। ये बातें मेरे सामने आप बकते हैं और मुझे भी गुनहगार करते हैं।" मैं अपने गालों पर हाथ मारते हुए कान पकड़ते हुए बोली, "यह रह-रह कर आपको हो क्या जाता है? अल्लाह को मुँह दिखाना नहीं है क्या?"

"भूरा बेगम, अल्लाह के यहाँ इंसाफ़ होता तो न यहाँ फ़िरंगी होते और न टीपू सुल्तान की शहादत होती। इस ज़माने में मुझ जैसा बिरला जौ की रोटी और ठंडे पानी के कुल्हण की धुन में दिन रात एक करता :

मुसहफ़ी मैं तो तिही दस्त[4] रहा क्या हासिल
गो मुए पर मेरा दीवान मुतल्ला[5] होवे"

उनके लहज़े में थोड़ा बहुत दुख लेकिन ढेर सारा कड़ुवापन था।

"ईश्वर के लिए अब चुप रहिए, वो सब देखता और सुनता है। वो सब कामों का बनाने वाला है। वो चाहेगा तो आपके दर-ओ-दीवार तक को सोने से लिपवा देगा।"

"ख़ुदा को इतनी फ़ुर्सत कहाँ भूरा बेगम," वो कुछ त्यौरी पर बल लाकर बोले, "बू अली कहता था कि ईश्वर कहो या अल्लाह कहो वह इनसानी जीवन के विस्तृत ब्यौरे से अनभिज्ञ है..."

"ख़ुदा जाने कौन मुवा बेहया, अधर्मी बू अली आपका दोस्त है। ऐसों की सोहबत से तो फ़िरंगी की क़ैद भली।"

वो कहकहा मारकर हँसे, "हाँ उसकी दोस्ती में राह तो भटकना ही है।" फिर अचानक उनके माथे पर बल आए जैसे किसी गुत्थी को सुलझाने की कोशिश में हो, "लेकिन सोचो तो कि वो सम्पूर्ण शुद्धता की अवस्था में अपने आप ही में स्थापित है। वो भला इससे निचली अवस्था में क्योंकर आ सके हैं? ये भला किस तरह सम्भव है कि वो राजाओं और कोतवालों की तरह कचहरी-अदालत खड़ी करे? दुनिया के काम बन्दे के कर्मों से जुड़े हुए हैं और साफ़-पाक दिल वालों की चेष्टाएँ दुनिया की पूजा करने वालों के षड्यंत्रों के कारण पट पड़ती हैं।"

मैंने उँगलियों में कान दे दिए, "मैं अब कुछ न सुनूँगी। जाइए, आप भी कुल्लियाँ कीजिए, मुँह साफ़ कीजिए, तौबा कीजिए कि ख़ुदा को झुठलाने का ज़ंग आपके दिल से दूर हो।"

---

1. उपद्रव, 2. हो जा (क़ुरान में ख़ुदा का वक्तव्य), 3. सम्भावनाओं का संसार, 4. ख़ाली हाथ, 5. सोने से लीपा जाना।

वो हँसते रहे और ये अजब तमाशे की बात थी कि एक तरफ़ तो ऐसी बातें कि शैतान सुने तो पनाह माँग जाए और दूसरी ओर यह भी कि वो ईमानदारी, अमानतदारी, छोटों से प्रेम और उनके लिए अपना स्वार्थ छोड़ देना, बड़ों का आदर और सम्मान इन सब बातों में वो बेजोड़ थे। ख़्वाजा हैदर अली तो ख़ैर उनके शागिर्द ही थे। उनकी प्रशंसा वो बढ़-चढ़कर कर सकते थे। लेकिन शेख़ नासिख़ के बारे में उन्होंने यहाँ तक कहा और लिखा कि बुढ़ापे और क्षीणकाया के बावज़ूद मैंने शायरी में अपनी शैली छोड़कर शेख़ नासिख़ की शैली अपना ली है। सैयद इंशा से लड़ाई के समय उन्होंने सैयद साहब या उनके हवाली-मवालियों के बारे में कुछ अपशब्द कहे हों तो मुझे उसका पता नहीं, किन्तु मैंने अपने 25-30 वर्ष के साथ में उनकी ज़बान को किसी की पीठ पीछे बुराई से प्रदूषित होते न देखा। उनमें स्वाभिमान बहुत था लेकिन वो अपने को हर जगह आगे-आगे न दिखाते थे। कुछ ऐसा था कि उन्हें कवि के रूप में अपने कमाल और चिन्तक के रूप में अपनी बुद्धि पर पूरा-पूरा भरोसा था। इस कारण वो ज़रूरत ही न समझते थे कि अपने कमाल को दूसरों पर साबित करने की चेष्टा में अपना प्रदर्शन करते चलें।

मैं समझती हूँ कि वो अगर इतने स्वाभिमानी और ख़ुद को इतना लिए-दिए रहने वाले न होते तो अमीरों-रईसों से अच्छी निर्वाह कर लेते और हमारा जीवन ज़्यादा समृद्ध होता। सच यह है कि आम शायरों को जैसा मैंने ज़फ़रउद्दौला कप्तान फ़तेहअली ख़ान की चौखट पर नाक रगड़ते, अपने प्रतिद्वन्द्वी शायरों की बुराइयाँ ढूँढ़ते और आमतौर पर स्वयं को नीच साबित करते देखा और सुना था, उसके आधार पर मैं शायरों के समुदाय को दोनों संसारों में सबसे निम्न ही समझती थी। शेख़ साहब ने मेरी आँखें खोल दीं। उनके जो शेर मुझे सबसे पहले याद हुए उनमें यह भी था, और मैंने हमेशा उसे बिलकुल सच माना :

हम मुसहफ़ी ग़नी [1] हैं शेर-ओ-सुख़न की दौलत [2]
रूत्बा हमारे आगे रखता है सीम-ओ-ज़र [3] क्या

यह शेर उन्होंने उस वक़्त पढ़ा था जब मैंने दबी ज़बान से इच्छा व्यक्त की थी कि हम अगर धनवान होते तो मैं अपनी भावी सन्तान के गले में सोने का तावीज़ डलवाती। बच्चा तो ख़ैर जाता रहा, लेकिन यह शेर यादगार बन गया।

रहा सवाल शेर कहने और शेर समझने की क्षमता का तो उनके जल्द से जल्द और अधिक से अधिक संख्या में शेर कह डालने की धूम तो सारे ज़माने में थी। मैं कह ही चुकी हूँ कि वो किसी मज़मून, किसी विधा में बन्द न थे। कभी-कभी कोई दबी ज़बान से कहता कि मिर्ज़ा रफ़ी का कसीदे में और मीर तक़ी का ग़ज़ल में जोड़ नहीं, तो कभी वह चुप हो जाते और कभी कहते :

आफ़ताब-ए-ज़मी [4] हूँ मैं लेकिन
मुझसे रोशन है आसमान-ए-सुख़न [5]
है ग़ज़ल मेरी गर चे सिह्र-ए-हलाल [6]
पर कसीदे में देख शान-ए-सुख़न
देखकर रूत्बा-ए-सुख़न को मेरे
सज्दा करते हैं सरकशान-ए-सुख़न [7]

1. धनवान, 2. कारण, 3. चाँदी-सोना, 4. पृथ्वी का सूर्य, 5. काव्य, 6. पवित्र जादू, 7. काव्य के घमंडी।

और सच ये है कि वो मीर तक़ी और मिर्ज़ा रफ़ी सौदा के कायल भी थे। ये भी उन्हीं के शेर हैं :

गुरुर-ए-शायरी ऐ मुसहफ़ी अच्छा नहीं इतना
तुझे क्या मीर-ओ-मिर्ज़ा से है जब ऐ बे अदब निस्बत
गो कि तू मीर से हुआ बेहतर
मुसहफ़ी मीर फिर भी मीर ही है
मुसहफ़ी दिल्ली को लिख भेजी थी मैंने ये ग़ज़ल
सच बता सुन के इसे दर्द-ओ-असर[1] *ने क्या कहा*

और सबसे बड़ी बात ये कि वो अपने से कम आयु या कम हैसियत वाले शायर को निम्न न समझते थे। वो सम्भवतः काव्य के संसार के नवागन्तुकों और नवसिखियों का दिल बढ़ाते थे, उनके कलेजे में छुरियाँ न मारते थे। हाथ तंग होने के वक़्त भी वह ज़रूरत वालों के लिए सेहरा, रुख़सती, मुबारक़बादी ग़ज़ल आदि मुफ़्त में ही लिख दिया करते। हाँ किसी ने ख़ुशी से कुछ भेंट किया तो उन्हें संकोच भी न था।

बहुत शीघ्रता से और बहुसंख्य शेर कहने के साथ वो यह भी समझते थे कि किसी का समग्र काव्य चुना हुआ सा नहीं होता। उनका तो हो ही न सकता था कि वो इस रवानी से और उठते-बैठते शेर कहते थे जिस तरह और लोग साधारण वार्तालाप करते हैं। उन्होंने जलालुद्दौला मेंहदी अली ख़ान के मुशायरे में एक ग़ज़ल पर बड़ी दाद पाई थी। उसमें दो शेर ये थे :

आख़िर तो अर्श पर है अरवाह[2]*-ए-साइराँ भी*
जावेंगे वाँ तो उनकी गर्म अंजुमन करेंगे[3]
बाद अज़ फ़ना[4] *भी हमसे ऐ मुसहफ़ी न होगा*
हम इस ज़बाँ के होते तर्क-ए-सुख़न[5] *करेंगे*

मुझे ख़ूब याद है जब ये शेर सुनकर मैंने कहा कि 'इस ज़बाँ' से आपका तात्पर्य रेख़्ता की ज़बान भी है और अपने मुँह की ज़बान भी तो उन्होंने मुझे इस प्रेम और प्रशंसा की निगाह से देखा कि मैं मारे ख़ुशी के कँपकँपा उठी। शायरी और शेर की कला के बारे में उनकी मौलिक समझ-बूझ उनकी प्राप्त की हुई समझ-बूझ से बढ़कर थी। एक तरफ़ तो वो यह भी कह गए :

ऐ मुसहफ़ी मुश्किल है ग़ज़ल एक सी कहना
इक बैत कहीं अच्छी भी हो जाती है दस में

तो दूसरी तरफ़ उन्होंने मानो अपने आपको सम्बोधित करके कहा :

कारगाह[6]*-ए-सुख़न का फ़र्क़ न पूछ*
जैसी जिसकी है बाफ़्त[7] *बुनता है*

मैं कभी-कभी सोचती उनसे पूछूँ, आप कौन सी बाफ़्त की कहते हैं, शायर के स्वभाव की, उसकी कार्यक्षमता की, उस्ताद की शिक्षा-दीक्षा की, या फिर तक़दीर की? लेकिन पूछने की हिम्मत न हुई क्योंकि वो अपने शेर का मतलब बताने से गुरेज़ करते थे। यदि

---

1. दर्द और असर (सगे भाई और शायर), 2. आत्माएँ, 3. बैठक लगाएँगे, 4. मरने के बाद, 5. कविता को छोड़ देना, 6. कार्यशाला, 7. बुनावट।

किसी ने बहुत ज़ोर डाला तो कहते मुझसे अर्थ और तात्पर्य की बात न करो। मैं शेर में गुम हूँ और शेर मुझमें :

सदक़े हूँ सुख़न के मुसहफ़ी मैं
सदक़े है मेरे सुख़न हमेशा

9

उनकी हुस्नपरस्ती? इस सम्बन्ध में और क्या कहूँ। बस इतना और सुन लीजिए कि इश्क़ उनकी ज़िन्दगी की कक्षा। उनका आख़िरी वक़्तों का शेर है :

शरीफ़[1]-ए-काबा से ले ता फ़क़ीह[2]-ए-दानिशमन्द[3]
रखे है दिल में हर एक चाह ख़ूबसूरत की

उन्हें चाहे जाने से ज़्यादा चाहने की चाह थी। उनके घर में मुझे प्रेम और प्रणय निवेदन हमेशा मिला किन्तु मैं नहीं कह सकती कि घर के बाहर उनके लगाव किससे थे, लाग कहाँ-कहाँ लगती थी। मुझसे पहले तो निःसन्देह उनके बहुत से माशूक़ थे। एक ही समय में भी उन्होंने कई जगह दिल अटका रखा था, उनकी कविताओं से कभी-कभी ऐसा शक मुझे गुज़रा। उनकी बातचीत में प्रेम और प्रेमियों की बात हमेशा झलक जाती थी किन्तु सभ्यता के दायरे के बाहर वो कभी न होते थे। मैंने कुछ दिन पहले आपसे कहा था न कि शायद ही कोई ऐसी औरत हो जिसे वो अपनी ओर आकृष्ट न कर लेते हों, कुछ ही देर के लिए सही। मुझे लगता है मर्दों, ख़ासकर बनने-ठनने वाले मर्दों के साथ भी यह मामला था।

उनके शेरों पर जाइए तो लगता है उन्होंने बाज़ार वाली वेश्याओं से लेकर नए जवान होते हुए लड़कों तक को समय-समय से ताक रखा होगा। उनकी जवानी का शेर है शायद देहली में कहा होगा :

छोड़ा न मियाँ मुसहफ़ी तुमने लौंडा
तुम काम में अपने ग़रज़ उस्ताद हो कोई

अब ख़ुदा ही जाने सच क्या है झूठ क्या है। उनके कुछ और शेरों से तो बिलकुल उल्टा ही मतलब निकलता है और ईमान की कहूँ तो इस विषय में मुझे कोई दिलचस्पी नहीं कि उन्होंने कै इश्क़ किए और किस-किस से किए। इश्क़ में उन पर जो गुज़रती थी वो मेरे लिए ज़्यादा महत्त्व की बात है। उनके वजूद का एक रुख़ शेर था तो एक रुख़ इश्क़ भी था। दोनों को एक दूसरे से शक्ति और सहायता पहुँचती थी। सैयद इंशा से वो इसलिए भी दिल में उलझते थे कि उनकी ग़ज़लों में माशूक़ का जलवा उन्हें दिखाई न देता था।

"अजीब शख़्स है," एक दिन वो मुशायरे से कुछ ताव खाए हुए से आए और दरवाज़े से प्रवेश करते ही बोले, "पता नहीं क्यूँ उसे न हाथ-पाँव और मुँह दिखाई देते हैं, न दिल दिखाई देता है। हद यह है कि वो ख़ुद को भी नहीं देखता, सिर्फ़ महफ़िल को देखता रहता है।" फिर उन्होंने सैयद इंशा की ग़ज़ल के शेर सुनाए :

---

1. सरदार, 2. धार्मिक विद्वान, 3. बुद्धिमान।

माँगा जो मैंने बोसा[1] उनसे चमन के अन्दर
बोले कि याँ नहीं चल मच्छी भवन[2] के अन्दर
क्या घात की जगह है चम्पे के झाड़ नीचे
मेहँदी की टट्टियों के ओझल चमन के अन्दर
बल बे[3] तेरा अकड़ना ले हाथ में तमंचा
और आ के बैठना यूँ मजलिस में तन के अन्दर

फिर वो कहने लगे, "देखो इन शेरों में क्या ज़ोर है, ज़बान में क्या सफ़ाई है। किन्तु दिल को छू लेने वाली बात या अर्थ की गहराई या अर्थ की बहुतायत, ये सब नाम को नहीं। उस मर्दे आदमी ने दो ग़ज़ला पढ़ा था। कुछ मज़मून प्रेम भरे हुए भी थे किन्तु ज़्यादातर शेर ऐसे ही थे कि बस वाह-वाह कर लीजिए, इसके आगे कुछ न था।"

यह बहस मेरी क्षमता से ऊँची थी इसलिए मैं कुछ न बोली। उन्होंने अपनी ग़ज़ल के शेर मुझे न सुनाए और न मुझमें उनसे कहने का साहस था। किन्तु बाद में मैंने उनके काग़ज़ों में ढूँढ़ा तो वो ग़ज़ल मिल गई। दो शेर आप भी सुनें :

था सुर्ख़पोश कोई शायद चमन के अन्दर
शोला सा शब फिरे था सर्व-ओ-समन[4] के अन्दर
गोरे बदन का उसके आलम मै रात देख
एक नूर का झमकड़ा था पैरहन[5] के अन्दर

छोटी सी ग़ज़ल थी, किन्तु इन शेरों को इंशा साहब की ग़ज़ल के सामने रखकर देखा तो मैं समझी कि शेख़ साहब ने जो ये कहा कि इंशा साहब माशूक़ को भी नहीं देखते, महफ़िल को देखते रहते हैं, तो उसका क्या मतलब था। मुझे लगा कि शेख़ साहब की आँखें तो सारी उम्र ही माशूक़ के नूर का झमकड़ा देखती या ढूँढ़ती रही थीं। फ़ारसी-अरबी मैं नहीं जानती, दिल्ली का मुझे पता नहीं परन्तु इतना कह सकती हूँ कि लखनऊ के शायरों में यहाँ तक कि ख़ुद मीर तक़ी साहब के यहाँ भी मैंने ऐसी तलाश न देखी और देखना भी न देखा :

एक बिजली की कौंध हमने देखी
और लोग कहे हैं वो बदन था

हर चन्द[6] कि था क़ाबिल-ए-दीदन[7] बदन उसका
पर आँख न ठहरी जो ख़ुला पैरहन उसका

कौन आया था नहाने लुत्फ़-ए-बदन से जिसके
लहरों से सारा दरिया आग़ोश हो गया है

बर्क़[8] की तरह जला ख़ाक किया मज़रा-एक-दिल[9]
कर गई हमसे ये धानी तेरी पोशाक सुलूक

---

1. चुम्बन, 2. लखनऊ का एक पुराना भवन, 3. वाह-वाह, 4. चमेली का पेड़, 5. परिधान, 6. हालाँकि, 7. देखने योग्य, 8. बिजली, 9. दिल की खेती।

सीना साफ़ों[1] से ख़बर आलम-ए-उल्वी[2] की तू पूछ
अर्श-ओ-कुर्सी[3] है यहाँ अक्श फ़िगन[4] आईने में

जमना में कल नहा कर उसने जो बाल बाँधे
हमने भी जी में अपने क्या-क्या ख़याल बाँधे
रंगीनी-ए-बदन का करूँ क्या बयाँ कि हाय
इक तह गुलाबी सी है तेर पैरहन में ज़ोर

शम्आ को क्या उससे निस्बत है फ़ुरोग़[5]-ए-हुस्न में
यानी है वो नूर का शोला सरापा तन चिराग़

मनिन्द[6]-ए-हबाब-ए-लब-ए-जू[7] जिस्म कहाँ है
एक रूह है तू जामा[8]-ए-नाज़ुक बदनी में

क्या अजब हरगिज़ तेरे हुस्न-ए-सफ़ेद[9]-ओ-सुर्ख़ से
हो गुलाबी पर्दा-ए-चश्म-ए-तमाशाई[10] का रंग

जिस वक़्त कि देखा है खुला यार का सीना
ऐ मुसहफ़ी हम लुत्फ़-ए-सहर[11] भूल गए हैं

मुहताज-ए-इत्र[12] कब हैं वो पैराहन-ए-बुताँ[13]
जोश-ए-अरक़[14] से जिनकी महकती हैं चोलियाँ

बिखरी लटों में उसका ये आलम है दिल फ़रेब
हो जूँ असावरी[15] में कटी मार[16] की शबीह[17]

लिखना कमर का उसकी इलाक़ा[18] सुरीं[19] के साथ
इक मु[20] से खेंचनी हैं दो कुहसार[21] की शबीह

इतने शेर हैं कि वो पढ़ें और सुना करे कोई। और यह आख़िरी शेर तो जब भी मुझे याद आता है, मैं शर्म के मारे मुँह छिपाकर दोहरी हो जाती हूँ किन्तु मुस्कुराए बग़ैर भी नहीं बनती।

---

1. गोरे सीने वाली बाला, 2. ऊपर की दुनिया, 3. आसमान पर ख़ुदा का सिंहासन, 4. परछाईं डालता हुआ, 5. चमन, 6. प्रकार, 7. नहर के किनारे बुलबुला, 8. कपड़ा, 9. सफ़ेद, 10. आँख का पर्दा, 11. सुबह का सुख, 12. इत्र के ज़रूरतमन्द, 13. सुन्दर लोगों के कपड़े, 14. पसीने का ख़ून बहना, 15. एक रागिनी जिसके चित्र में लहराते सर्प दिखाए जाते हैं, 16. साँप, 17. चित्र, 18. सम्बन्ध, 19. नितम्ब, 20. बाल (जिससे कमर की उपमा दी जाती है), 21. पहाड़।

आप पूछते हैं कोई तो होगी जिसने उनका दिल दुखाया होगा। कोई तो होगी जिस पर उनक़ा जादू न चला होगा तो सच यह है कि मुझे नहीं पता। और सच बात ये भी है कि मुझे ये कुरेद होती ही क्यों। एक-दो रुबाइयों में किसी 'मख़्फ़ी' का नाम मैंने ज़रूर देखा। शेख़ साहब ने उन्हें 'कसाईनी की बेटी' कहा है। किन्तु सम्भव है ये मख़्फ़ी बीवी उनके शागिर्द सआदत यार ख़ाँ रंगीन की शागिर्द और चहेती रही हों। मैंने सुना है कि एक ज़माने में रंगीन साहब का दिल-जिगर एक कसाई की बेटी के हाथों कीमा हो रहा था। सारे लखनऊ में उनके क़िस्से थे कि एक तरफ़ तो कसाईनी का बाप मियाँ रंगीन की तिक्का बोटी करने पर तुला हुआ था। और दूसरी तरफ़ बेटी पर रंगीन जैसे अमीरज़ादे क़बाब हो रहे थे। या हो सकता है इन मख़्फ़ी बेगमा पर शेख़ साहब ही तेल माश हो रहे हों। मर्दों की बातें मर्द ही जाने।

एक और थीं जो उनके साथ सवा डेढ़ साल रहीं किन्तु शेख़ साहब की ग़रीबी उन्हें बहुत सालती थी, शेख़ साहब के लिए नहीं अपने लिए। आख़िर किसी कुटनी के बहलावे में आकर वो हुस्न झुलसी उन्हें छोड़ ही गई। एक और भी थीं। मुझे लगता है वो कोई नौकरानी या आया रही हो। मैंने अपनी भिश्तिन से सुना है कि शेख़ साहब ने बदनामी के डर से उसका पेट गिरवाया। किसकी बदनामी कैसी बदनामी? शेख़ साहब को बदनामी का डर काहे को होता? ख़ैर होगा। न जाने आप मर्दों को इन बातों की कुरेद क्यों रहती है।

लो आपको फिर इस्मत की याद सताने लगी। आप तो जानते ही हैं उसका ज़माना वो था जब मैं माँ के पेट में भी न आई थी। मैं इन बाज़ारी आबरू गँवाई हुई छिनालों के बारे में क्या जानूँ? वैसे तो महफ़िलों में वो ज़रूर ही गाने बजाने वालियों को देखते होंगे। उनके शेरों में गुन्ना और गुल्लू जैसे नाम भी मैंने सुने हैं। परन्तु वो इधर-उधर ताक-झाँक के क़ायल न थे। वो शारीरिक बातों में भी दिली लगाव को महत्त्वपूर्ण जानते थे।

आप कहते हैं शेख़ साहब के कुछ बहुत पुराने दोस्तों की ज़बान से इस्मत जहाँ का नाम सुना गया है कि उन्होंने वास्तव में शेख़ साहब को बहुत तंग किया था। मैं तो इतना ही जानती हूँ जितना शेख़ साहब ने मुझे अपने आप बताया। हुआ यूँ कि एक बार उन्हें बहुत तेज़ ताप चढ़ा यहाँ तक कि उनकी हालत कुछ सन्निपात की सी हो गई और उसी आलम में उन्होंने रुबाई की ये पंक्ति पढ़ी, पढ़ी क्या बस रुक-रुककर मुँह ही मुँह में कही :

मर जावेंगे यूँ ही इस्मत इस्मत करते।

अब मुझे क्या ख़बर ये मुँह पीटी इस्मत कौन है। अल्हणपन की घबराहट में मेरे मुँह से निकला, "कहाँ रहती है, बुलवा दूँ?"

उन्होंने अचानक आँख खोलकर ग़ौर से मुझे देखा। थोड़ी लालिमा लिए पर इतनी रोशन आँखें कि लगता था बीमार ही नहीं हैं। इशारे से पानी माँगा। मैं कटोरा भरकर लाई, धीरे-धीरे करके तीन-चार घूँट मैंने उन्हें पिलाए। आश्चर्य की बात यह हुई कि पानी पीते ही वो सो गए। मैं घबराई कि कहीं पानी का काँटा तो नहीं लग गया, लेकिन करती क्या। अकेली और अनुभवहीन एक-आध बार उन्हें हल्के-हल्के झिंझोड़ा तो उनकी आँख फिर खुली तो किन्तु अधखुली ही रही। मैंने दिल में शुक्र अदा किया कि सब ठीक है। शाम होते-होते वो जागे तो ताप का ज़ोर टूट चुका था। मैं उनके पास ही ठोड़ी पर हाथ रखे बैठी थी।

उन्होंने मेरा हाथ अपने हाथ में लेकर अज़ब दिल को मोहने वाले अन्दाज़ में मेरी हथेली पर उँगलियाँ फेरीं, जैसे कुछ लिख रहे हों। फिर जो कुछ उन्होंने बताया वो उन्हीं की ज़बान में कहती हूँ।

10

वो भी क्या दिन थे कि बह्र-ए-इक निगह[1] ऐ मुसहफ़ी
सालहा[2] ढूँढ़ा किए दिल्ली में हम इस्मत का घर

मेरा दिल्ली में शुरू का ज़माना था। तक़दीर की ख़ूबी कि रोज़ी कमाने और गए हुओं की याद के साथ-साथ माशूक़ों से दिल लगाने का रोग वहाँ भी मेरे पीछे लग गया। मैं किसी से रूठकर अमरोहे से आँवले के लिए निकला था। अफ़सोस कि आँवले की सोहबतों का दीया सवेरा होने के पहले ही बुझा दिया गया।

ज़ुल्फ़कारउद्दौला और मराठों के लम्बे हाथों के हस्तक्षेप ने पलक झपकते में उस सारे चमन को बर्बाद कर दिया। रुहेलों ने पचास बरस जिसकी देख-भाल और सजावट की थी तो स्वर्ग समान मजलिस ठंडे नरक से भी ठंडी और मरघट से भी अधिक सुनसान हो गई। मैं वहाँ से उठा और गिरता-पड़ता लखनऊ पहुँचा। मिर्ज़ा सौदा साहब की ख़िदमत में हाज़िर होने का अवसर मिला तो देखा कि उन्हें लम्बे रेशमी बालों वाले कुत्तों का बनाव-शृंगार करने से फ़ुर्सत नहीं। वैसे भी उनका और मेरा जोड़ ही क्या था। वो संसार के चारों कोनों में माने हुए उस्ताद, बड़े-बड़े अमीरों और ख़ुद नवाब अवध के पसन्दीदा शायर। प्रशंसा भरे कसीदे लिखने में विख्यात और लोगों की हँसी उड़ाने और बुराई करने में कुख्यात। उम्र में मुझसे कोई 45-50 वर्ष बड़े। जितनी मेरी आयु थी उससे दूने समय से तो वो शेर कह रहे थे। कुछ ही दिन में लखनऊ से उकता कर मैंने शाहजहानाबाद की राह ली।

अमरोहे की किसी काली आँखों वाली हिरनी के पलकों के झपकने की याद लखनऊ पहुँचने पर भी हृदय में शूल की तरह थी ही, दिल्ली में भी उसने पीछा न छोड़ा। कुछ इस बात का ग़म भी था कि मैं उसके पास से चला क्यों आया। उसने मेरी बेकारी की जो कही तो वो कोई ताना न था। यह और बात है कि दिल में चोर होने के कारण उसका वो वाक्य मुझे ख़ंजर की नोक समान चुभा।

उन दिनों मैं बहुत कुछ लिखा-पढ़ा न था। सारा लड़कपन, सारी जवानी मैंने गोलियाँ खेलने, कनकौवे उड़ाने और मुहल्ले वालियों से आँखें लड़ाने के सिवा कुछ न किया था। लेकिन जिन बातूनी और मानक जैसे लाल-लाल होंठों वाली ने बातों में लगाकर और लम्बी घुँघरवाली ज़ुल्फ़ों के डोरे डालकर इस बार मेरे दिल का धागा साफ़ काटा था और अब वो अपनी मेहँदी लगी उँगलियों में पेंच देकर उसे झूले झुला रही थी। वो कुछ और ही चीज़ थी :

दिल नज़्र कर चुके है परीवश के हो सो हो
ऐ मुसहफ़ी अब आगे मुकद्दर है और हम

---

1. एक निगाह देख लेने की ख़ातिर, 2. सालोसाल।

मेरा तो जी चाहता था हर वक़्त उसे सामने बिठाए उसका मुँह देखता रहूँ और वो घरवालों के हाथों मजबूर थी। चोरी छिपे की मुलाकातों में जी के अरमान कहाँ निकलते। एक दिन मैंने बातों-बातों में टोह लेनी चाही कि हम शादी क्यों न कर लें। वो खिलखिलाकर हँसी, "और खाओगे क्या? खिलाओगे क्या? खाली पेट के चोंचले कब तक चलेंगे?"

मुझे ऐसा लगा जैसे भीड़ ने डंक मार दिया हो, "तो क्या तुम्हारा जी नहीं चाहता...?" मैं बात पूरी न कर सका।

"हाँ, चाहता तो है।" वो हर शब्द पर ज़ोर देकर बोली, "लेकिन मैंने अभी कुछ सोचा नहीं। तुम अगर किसी लायक होते..."

"मैं शायर तो हूँ। एक दिन बड़ा उस्ताद बनूँगा। महान से महान रईस मेरे शागिर्द होंगे, देख लेना।"

वो फिर हँसी, "तब आना। तब देखेंगे।"

मैं उठा और उठकर चल दिया। वो मुझे बुलाती रही, "अरे मैं तो तुम्हें छेड़ रही थी, सुनो तो सही। तुम्हें मेरी जान की क़सम।" लेकिन मुझे ज़िन्दगी में पहली बार गुस्सा आया था और घोर अपमान महसूस हुआ था। घर में मुझे रोकने वाला भी कोई न था। दो भाई अल्लाह को प्यारे हो चुके थे, तीसरे ने संसार तजकर फ़क़ीरी ले ली थी। मैंने भी अमरोहा को तज दिया और भरे संसार से अकेला ही युद्ध करने को निकल खड़ा हुआ। मज़े की बात यह कि युद्ध का सामान तो क्या, सफ़र का सामान भी कुछ न था। बस दिल को ख़ुश करने वाला यह भ्रम था कि मुझे उस्तादों का भी उस्ताद बनना है। काश कि मेरी आँखें भविष्य को देख सकतीं और ये दो शेर जो मैंने कोई आधी शताब्दी बाद कहे उन्हें अपनी तक़दीर के पर्चे पर लिखा देख लेता।

है शायरों की अब के ज़माने में ये मुआश[1]
फिरते हैं बेचते हुए काला[2]*-ए-शायरी*
लेता नहीं जो मोल कोई मुफ़्त भी उसे
ख़िफ़्फ़त[3] *उठा के आते हैं घर वाए*[4] *शायरी*

लेकिन तब तो हौसले ऊँचे थे और निराशा का सर झुका हुआ था। लखनऊ में असफलता भी उम्मीद की डोरी को काट न सकी थी। और कुछ नहीं तो शायरों के अभ्यास और रंग चोखे हो चले थे। लोग मुझे मुशायरों में बुलाते, मेरे घर के मुशायरे में अपने शेर सुनाने के लिए आते। एक दिन सैयद ख़्वाजा मीर साहब की एक महफ़िल में उनको देखा तो देखता रह गया। उनकी सूरत तो कुछ विशेष न थी किन्तु पोर-पोर, बोटी-बोटी से कामुकता टपकती थी। उनका उठना-बैठना, गर्दन के झुकाव, ढलके हुए दुपट्टे को हाथों से दुरुस्त करने के तौर, हर चीज़ में एक अदा निकलती थी। और हर अदा पुकार-पुकार कर कहती थी कि हम कलेजे में ख़ुबने के लिए बने हैं। तिस पर कपड़े तो उनके बदन पर इस तरह सज रहे थे कि बस, मानो कपड़ों ने उनका बदन पहन लिया था :

---

1. पेशा, 2. बेचने की चीज़, 3. शर्मिन्दगी, 4. अफ़सोस है।

ऐ तुर्क-ए-ग़म्ज़ाज़न कि मुक़ाबिल निशस्तई
दर दीदहअम ख़लीद-ओ-दर दिल निशस्तई
आराम कर्दहई ब निहाँ ख़ाना-ए-दिलम
ख़ल्क-ए-बदीं गुमा कि ब महफ़िल नशस्तई

(ऐ नाज़ करने वाले माशूक़ तुम जो सामने बैठे हुए हो तो मेरी आँखों में ख़ुब गए हो और मेरे दिल में आ बैठे हो, तुम मेरे दिल के अन्तस में आराम कर रहे हो और लोग ये समझ रहे है कि तुम महफ़िल में मौज़ूद हो।)

मैं हिम्मत जुटा रहा था कि अपने पास बैठे हुए व्यक्ति से उनका नाम पूछूँ कि किसी ने कहा, "अच्छा तो आज इस्मतजहाँ भी विराज़ी हुई हैं।" मुझे वो नाम इतना अच्छा लगा कि जी चाहा कि अब सारी ग़ज़लों में इसी नाम को बार-बार लिखूँ। ज़ेवर और लिबास का सरापा तो मैंने वहीं कहना शुरू कर दिया :

कानों में जड़ाऊ उसके बाला
हो जैसे सितारादार हाला[1]

बीनी[2] *की चमक जबीं*[3] *पर ऐसी*
जो डाँक[4] *न हो न नगीं*[5] *पर ऐसी*

नथ नाक में हाला-ए-क़मर[6] *थी*
या क़ुल्ज़ुम[7]*-ए-हुस्न की भँवर थी*

कानों में वो बालियाँ तिलाई[8]
करती थीं अदा से कज अदाई[9]

अलमासी[10] *कड़े कलाईयों में*
हल कर्दा[11] *क़मर सफ़ाईयों*[12] *में*

हाथों में वो पोर पोर छल्ले
थे जिनसे ब ख़ूँ तपाँ[13] *महल्ले*

जुगनू[14] *वो गले में माह पारा*[15]
जूँ[16] *माह के पास हो सितारा*

जोड़ा वो ब रंग-ए-जाफ़रानी
हो देख जिसे परी दीवानी

---

1. आभामंडल, 2. नाक, 3. माथा, 4. चमकीली पन्नीजो नग के नीचे लगाते हैं कि उसकी चमक बढ़ जाए, 5. नग, 6. चाँद, 7. समन्दर, 8. सोने की, 9. टेढ़ा स्वभाव, 10. हीरे का, 11. घोला हुआ, 12. गोरापन, 13. ख़ून में तड़पते हुए, 14. एक ज़ेवर, 15. चाँद का टुकड़ा या चमकीला, 16. जैसे जोड़ा वो बरंग-ए-ज़ाफ़रानी।

फिर तिस पे वो सीना बन्द गुलदोज़[1]
जो दिल से फ़रिश्ते के चुने सोज़[2]

फिर नीम तना[3] *वा दाम*[4]*-ए-बुलबुल*
काढ़े हुए जिसमें सैकड़ों गुल

फिर कफ़्श[5] *वो रश्क*[6] *-ए-माह-ओ-ख़ुर्शीद*[7]
हम पंजा[8] *ब-ताज़-ए-फ़र्क*[9]*-ए-जमशीद*[10]

किसने क्या पढ़ा, ख़ुद मैंने क्या पढ़ा, मालूम नहीं। बस मैं हर-हर बहाने से बार-बार उन्हें देखता रहा। घर वापस आया तो दोस्तों, जान पहचान वालों से उनका हाल पूछा। लोगों ने कहा, "मियाँ ग़ुलाम हमादानी, बड़े बुरे घर में तुम्हारी गोट अटकी। ये अमरोहा नहीं है। इस चौखट पर पहुँचने की आशा रखना है तो सोने के बनकर आओ। ये मिट्टी की टोकरी वहाँ न चलेगी।" लोगों की नसीहतों पर मुझे शेख़ अबू सईद की रुबाई याद आई। काश मैंने उनकी बात सुन ली होती :

पुरसीद ज़े मन कसे कि माशूक़-ए-तू कीस्त
गुफ़्तम कि फ़ुलाँ कस अस्त मक़सूद-ए-तू चीस्त
बिनशिस्त-ओ-हाय-हाय बरमन बि गिरीस्त
कज़ दस्त-ए-चुनी कसे चिसाँ ख़्वाही ज़ीस्त

(मुझसे किसी ने पूछा कि मेरा माशूक़ कौन है। मैंने कहा कि फ़लाँ शख़्स है, मगर तुम क्यों पूछते हो। तो वो आदमी वहीं बैठ गया और मुझ पर हाय-हाय करके रोने और कहने लगा कि ऐसे के हाथ से तू किस तरह ज़िन्दा बचेगा?)

लेकिन मुझे दौं सी लग गई थी। किसी-कल चैन न था। कई महीने की खोज़ के बाद मैंने इस्मतजहाँ के घर का पता तो लगा लिया था किन्तु वहाँ जाने की हिम्मत न थी। जैसा कि मीर तक़ी कहते हैं :

'शाहिद परस्तीयों[11] *का हम पाश*[12] *ज़र*[13] *कहाँ है'*

जी था कि उमड़ा आता था। ये ग़ज़ल उन्हीं वक़्तों की है :

आती है यही जी में फ़रियाद करूँ रोऊँ
रोने ही से टुक अपना दिल शाद करूँ रोऊँ
इस वास्ते फ़ुरक़त[14] *में जीता मुझे रखा है*
यानी मैं तेरी सूरत जब याद करूँ रोऊँ

कभी-कभी उसकी तरफ़ जा निकलता तो देखता अमीरों की सवारियाँ एक से एक सजी-बनी गली के दोनों तरफ़ लगी हुई हैं और मुझ जैसे दरिद्र शौक़ीनों को इस्मतजहाँ के हब्शी रक्षक और तिलंगे डंडे मार-मार भगा रहे हैं। मैं चुपचाप बदन चुराए सर झुकाए निकल

1. फूलदार, 2. ठंडा करना, 3. आधी आस्तीन का ऊँचा कुर्ता, 4. जाल, 5. जूती, 6. ईर्ष्या, 7. सूरज, 8. बराबरी करने वाला, 9. सर, 10. एक महान सम्राट, 11. प्रेम पूजकों, 12. हमारे पास, 13. दौलत, 14. बिरह।

जाता। आख़िर एक दिन दर्शन हो ही गए, अगर इसको दर्शन कहें कि मैंने उसे दूर से देखा और उसे मेरे होने का पता भी न चला :

क्या उसकी चश्म-ए-मस्त की देता न कुछ भी दाद
होता जो कोई मर्दुम-ए-होशियार[1] दरमियाँ

मेरा सौभाग्य यह कि उसके हब्शी रक्षकों में एक जो सबसे बढ़कर जल्लाद था उस दिन मुख्य द्वार पर न था वरना उसकी गली का कुत्ता किसी की हड्डियाँ तोड़ता न तोड़ता, वो कमबख़्त सदा इसी काम में आनन्द का अनुभव करता था। मैं गली की दूसरी ओर एक तमोलन से झूठ-मूठ की चुहलें कर रहा था कि एक ज़रा सा शोर सा हुआ। मालूम हुआ अफ़रासियाब ख़ान बहादुर ने अपनी विशिष्ट सवारी का रथ भेजा है। इस्मतजहाँ कई बार मनाही कर चुकी हैं किन्तु आज तशरीफ़ ले जावेंगी। मैंने लपककर गली पार की और मुख्य द्वार से बिलकुल लग कर खड़ा हो गया। जब तक दरबान लाठी उठाकर मुझे वहाँ से खिसकाए वो बाहर ही तो आ गईं। उफ़ वो बदन इस क़दर तैयार और कोमल कि फल से रस की तरह टपका पड़ता था, वो ज़ुल्फ़ इस क़दर मनमानी करने वाली कि उनके हाथों से उड़ी जाती थीं :

ज़े तर्री ख़ास्त अन्दाँमस चकीदन
ज़े बाज़ी ज़ुल्फ़श अज़ दस्तस करीदन

(उसका बदन इतना तर था कि बिलकुल टपका पड़ता था उसकी लटें इतनी खिलंदड़ी थीं कि उसके हाथ से उड़ी जाती थीं।)

ज़िन्दा, बुलन्द स्वीकार का कोमल, बहुत कोमल झोंका मुझ तक पहुँचा तो मैं बेहोश होते-होते रह गया। मियाँ ज़ुरअत के शेर का मतलब अब समझ में आया :

कहाँ है गुल में सफ़ाई तेरे बदन की सी
भरी सुहाग[2] की तिस पर ये बू दुल्हन की सी

मैंने झुककर सलाम किया। एक हल्की सी छिछलती हुई निगाह थी, ख़ुदा जाने मेरे लिए या हुस्न के किसी और भिखारी के लिए। मैं तो सर झुकाकर ही ख़ुश था :

नियाज़ आरद कसे कू इश्क़ बाज़ अस्त
के इश्क़ अज़ बेनियाज़ाँ बेनियाज़ अस्त
न साज़द आशिक़ी बा सरफ़राज़ी
कि बाज़ी बर न ताबद इश्क़बाज़ी

(जिसे इश्क़ की लगन लगती है वो तो प्रार्थी ही होता है, क्योंकि जो प्रार्थना से वंचित है इश्क़ स्वयं उससे वंचित है। आशिक़ी में और सर उठाकर चलने में कोई मेल नहीं, इश्क़ तो खिलन्दणेपन को बर्दाश्त ही नहीं कर सकता।)

मुझे विश्वास है कि वो मेरे वज़ूद से बेख़बर रहीं किन्तु मेरे दिल में भड़कती हुई कामना और प्रेम की ज्वाला की गर्मी शायद उन्हें ज़रूर ही पहुँची हो। मुझमें आँख भरकर देखने का साहस तो था नहीं, बात करने का साहस कहाँ से होता। इसके बाद कई बार ऐसा हुआ कि हवेली में आते-जाते मैं उन्हें देखकर ख़ुश हो लेता। देखने से सन्तोष क्या

---

1. जो व्यक्ति होश में हो, 2. सौभाग्य।

होता, मेरे तेज़ दौड़ते हुए प्रेम के घोड़े को एक और एड़ लग जाती। कभी-कभी उनके यहाँ शायरों की महफ़िल सजती तो मैं जागते सपनों में महल बनाता कि मुझे भी बुलाया जाएगा। परन्तु वहाँ तो :

दर बज़्म-ए-ऊ क़सम ब बदीं हम न बुर्दनाम
हरचन्द गोश दर पस-ए-दीवार दाश्तम

(उसकी महफ़िल में किसी ने बुराई के साथ भी मेरा नाम न लिया हालाँकि मैं दीवार के पीछे कान लगाए खड़ा रहा।)

वाला रंग था। मैंने इतनी टोह लगा ली थी कि इस्मतजहाँ किसी की पाबन्द नहीं किन्तु किसी से उनका गहरा मेलजोल भी नहीं। सब यही कहते कि मियाँ उसका ख़याल दिल से निकाल दो। अगर वो तुमको सर पर बिठाएगी भी तो केवल इसलिए कि इस तरह कोठे के छज्जे से तुम्हे नीचे फेंकने में आसानी होगी। और यहाँ उम्मीदवारी में सराबोर होने की यह हालत कि जब भी उन्हें दूर से देखता और उनकी बेध्यानी का तीर दिल पर खाता तो दिल यही करता कि सब्र कर शायद अगली बार उनकी आँख तुझ पर पड़ ही जाए :

आँ बेमुरव्वती कि तू हर रोज़ मी कुनी
ख़ुदरा दिहम फ़रेब कि फ़र्दा नमी कुनद

(वो बे मुरव्वती कि जो तू हर रोज़ मेरे साथ बरतता है, मैं उसके बारे में अपने दिल को बहलाता हूँ कि अगली बार न करेगा।)

और आख़िर एक बार सामना हो ही गया, आँखें चार होने की नौबत आ गई। छड़ियों का मेला था, मैं भी दिल के जुनून से तंग आकर और इस उम्मीद के साथ मेले को चला कि शायद वो दिखाई दे जाएँ। और इस बार एक दो बोल बोल लेने का अवसर मिले। मीर मुहम्मद तक़ी ख़ूब कहते हैं :

वा उससे सर-ए-हर्फ़[1] *हो हरचन्द की सर जाए*
हम हल्क़-ए-बुरीदा[2] *से तक़रीर करेंगे*

और हुआ भी कुछ ऐसा ही। वो एक फूल वाले की दुकान पर अपना रथ रुकवाकर गजरे ख़रीद रही थीं कि उधर से मैं आ निकला। भय, रोब और आशा की एक लहर बिजली की तरह मेरे दिल से मेरी कमर तक दौड़ गई। लगा, मैं आज ही जवान हुआ हूँ। पास से दर्शन और घुल-मिलकर वार्ता और उत्सुकता की बेतकल्लुफ़ अभिव्यक्ति की चाह मुझ पर कुछ इस तरह छा गई जैसे कोई भीगी लकड़ी देर से सुलग रही हो, धुआँ दे रही हो, और अचानक भड़क उठे।

जेब में हाथ डाला तो ख़ुदा का शुक्र बजा लाया कि कुछ रक़म निकल आई जिससे मैं गुलदस्ता नहीं तो हाथ में लेकर सूँघने वाला फूल तो ख़रीदकर उस दरबार में भेंट कर सकता था। जल्द पैसा फेंककर माल उठाया, रथ के पास पहुँचा तो वो पर्दा गिराने ही वाली थीं। मैंने जल्दी से बढ़कर सलाम किया, फूल पेश किया। सलाम का जवाब माथे पर ज़रा सी शिकन और हाथ के हल्के से इशारे से मिला। फूल रथबान के पीछे बैठी हुई ख़ादिमा के हाथ में गया। यही रथवान को आगे बढ़ने का संकेत भी था, हाय अब मैं क्या करूँ, कहाँ जाऊँ।

---

1. बात का सिलसिला खुलना, 2. कटा हुआ गला।

रथ चलने ही वाला था। मैंने तहजीब और सावधानी को अलग रखा और हाथ बाँधकर ऊँची आवाज़ में और बड़े मीठे स्वर में मौलाना जमाली का शेर पढ़ा :

मारा ब ख़ाक-ए-कूयत पैराहनेस्त बर तन
आँ हम ज़े आब-ए-दीदह सद चाक ता दामन

(तुम्हारी गली की धूल हमारे बदन का कपड़ा है और वो भी ऐसा कि आँसुओं के बहते रहने के कारण दामन तक सौ जगह चाक हो गया है।)

तीर निशाने पर बैठा, होंठों पर हल्की और कोमल मुस्कान आई हालाँकि आँखों तक न पहुँची। उन्होंने झुककर ख़ादिमा के कान में कुछ चुपके से कहा। ख़ादिमा ने मेरी तरफ़ काली भौंरा सी आँखें उठाईं और बोली–

"बीबी जी फ़रमाती हैं आपको कहीं देखा है। किन्तु इस वक़्त यहाँ ठहर नहीं सकतीं। कभी हवेली पर पधारने का कष्ट करें।"

उसकी बात ख़त्म होते-होते रथ आगे बढ़ गया, परन्तु मेरे क़दम तो आसमान पर बादलों के साथ थे। घर का सारा रास्ता मैंने हँसते, मुस्कुराते, राह चलते बच्चों से छेड़छाड़ करते, गुनगुनाते गुज़ारा :

ख़ुश आँ ज़मा कि निकोयाँ कुनन्द ग़ारत-ए-शहर
मरा तू गीरी व गोई कि ई असीर-ए-मन अस्त

(वो वक़्त कितना अच्छा होगा जब हसीन लोग शहर को लूटते फिरते होंगे और ऐसे में तू मुझे पकड़ ले और कहे ये क़ैदी मेरा है।)

अगले दिन का सवेरा हुआ तो नशा कुछ उतरा, चिन्ताओं ने घेरा। किस तरह जाऊँ, क्या लेकर जाऊँ, कोई ग़ज़ल, रुबाई कहकर पेश करूँ, कपड़े क्या पहनूँ? सोचते-सोचते सूझी कि हकीम मीर क़ुदरतउल्ला कासिम से पूछूँ। वो मुझ पर कृपा दृष्टि रखते हैं और इन बातों में अनुभवी भी हैं। जो राय वो देंगे वही ठीक होगी। हकीम साहब से मेरा मेलजोल तो था ही थोड़ी बहुत बे-तकल्लुफ़ी भी थी, इस कारण कि मैं और हकीम साहब दोनों हज़रत मौलाना फ़खरुद्दीन साहब (परमेश्वर उनकी कब्र को ठंडा रखे) को अपना पीर और प्रमाण मानते थे। इसके अतिरिक्त मौलवी नूर अहमद और हकीम सनाउल्लाह फ़िराक़ की दोस्ती भी हम दोनों के बीच में एक माध्यम थी। फिर ख़याल को अमल में लाने में क्या देर थी। हकीम साहब का दौलतख़ाना मेरे घर के पास ही चेलों के कूचे में था। मैं बात की बात में वहाँ जा पहुँचा।

हकीम साहब की एक बात तो जी को ख़ुश करने वाली थी और एक बात दिल को ठेस पहुँचाने वाली। उन्होंने फ़रमाया :

"मियाँ मुसहफ़ी, वहाँ जाना तो कुछ कठिन नहीं। मैं स्वयं तुम्हें लिए चलूँगा। परन्तु इस्मतजहाँ के यहाँ तुम्हारी दाल गलनी सम्भव नहीं। वो केवल दौलत की बन्दी है, और दौलतवालों को भी वो उँगलियों पर नचाती है। ये तो बाज़ारी माशूक़ों का तौर है ही, किन्तु यहाँ उससे बढ़कर यह कि उसकी नस-नस में बेवफ़ाई और बेमुरव्वती भरी हुई है।"

उनकी बात पर मुझे ज़्यादा विश्वास न हुआ, "क्यूँ आख़िर ऐसी ख़ास वजह क्या हुई?" मैंने पूछा।

"इसकी एक छोटी सी कहानी है," हकीम साहब बोले, "ग़ाजीउद्दीन ख़ान के मदरसे के एक नौजवान मौलवी साहब थे, ख़ैरुद्दीन नाम के। न जाने क्यूँ और कैसे इस्मतजहाँ का दिल उन पर आ गया। और देखने वालों को लगता था कि मौलवी साहब का भी झुकाव उनकी तरफ़ है। किन्तु कुछ ऐसा उलझाव पड़ा कि उनकी उम्मीदों का पौधा फल-फूल न सका। तब से इस्मतजहाँ ने जो रंग बदला तो दुनिया भर के आशिक़ों की क़ातिल बन बैठीं। अब वो हर दौलतमन्द को कुछ दिन मुँह लगाती हैं फिर धता बता देती है।"

"अल्लाह-अल्लाह। और वो मौलवी बेचारा?"

"बस वो घर बैठ रहा, इस्मत तख़ल्लुस रखकर शेर कहता है।"

मेरा दिल बैठने लगा। मेरे पास अति उल्लास और उठती जवानी के जोश के सिवा क्या था जो इस्मतजहाँ मुझ पर मेहरबान होतीं। सूरत-शक्ल मेरी उन दिनों बहुत अच्छी ज़रूर थी, लेकिन दिल्ली में उन दिनों अर्मन से लेकर ख़ता और ख़ुतन तक के गबरू मौज़ूद थे। विशेषकर उनकी किरग़िज़ियों का क्या कहना था जो अब्दाली के साथ आए और यहीं रह पड़े थे। लम्बे तड़ंगे, हाथ-पाँव ऐसे मानो शाह बलूत की टहनी, इस्पात के बने सन्दूक़ सा सीना, बादाम की सी नोकदार और उकाब की सी सुई से भी ज़्यादा तेज़ भूरी आँखें, फिर धन-दौलत से उनका घर भरा हुआ। मुझे कौन चारा डालता और मुझे कौन पूछता कि भैया तू कौन है।

"कहो किस सोच में पड़ गए मियाँ साहब?" हकीम साहब ने मेरी विचार तन्द्रा तोड़ते हुए कहा, "जो होगा, होगा। कल मैं तुम्हें उसके यहाँ ले चलूँगा। फिर देखेंगे।"

अगले दिन मैं अपने हिसाब से बहुत बढ़िया जोड़ा पहनकर चलने को तैयार हुआ। हकीम साहब ने मुझे दो शाह आलमी आधी अशर्फ़ियाँ उधार दीं कि वहाँ पेश कर दीजो। हम हवादार पर बैठे। हकीम साहब तमाम रास्ता लोगों के सलाम लेते और दोस्तों-परिचितों का हाल पूछते चले। इस्मतजहाँ की हवेली पर उस वक़्त भी सवारियों की भीड़ थी। मेरा जानी दुश्मन वो हब्शी रक्षक हकीम साहब के लिए घास के तिनके से ज़्यादा मूल्य न रखता था। उसका हाथ सलाम के लिए उठा का उठा ही रह गया और हम अन्दर थे।

मुझे यह देखकर आश्चर्य हुआ कि अन्दर सीढ़ियाँ चढ़कर ऊपरी मंज़िल पर एक और रक्षकगृह था। वहाँ तुर्किनों और हब्शिनों का बोलबाला था।

उन्होंने बस इशारा किया कि सीढ़ियों के उधर उतर जाइए।

हम सीढ़ियों से उतरे तो एक लम्बा-चौड़ा आँगन सामने था। हरा-भरा, नारंगी और नीबू, फ़ालसे और खिरनी, करौंदे और आम के छोटे-छोटे पेड़। रात की रानी और भूचम्पा और चाँदनी की झाड़ियाँ। बीच आँगन में चबूतरा, चबूतरे के चहुँओर नहर बहती हुई। नहर के दोनों ओर रंगीन फ़व्वारे। कुछ दरख़्तों पर बारीक़ जाली मढ़ी हुई, इतनी महीन कि एक नज़र में दिखाई न दे। इन जाली मढ़े पेड़ों में कुछ नहीं जो हज़ार-दो-हज़ार लाल रंग के लाहौरी लाल, हरे रंग के भोपाली लाल, संदली रंग के बंगाली लाल चहचहाने में इस तरह मगन कि सारा आँगन गूँज रहा था। उसी में लका और नकाबपोश और रेशमपरे कबूतरों की गुटुर-गूँ जो सारे आँगन में आज़ाद घूमते थे। एक नौकरानी पीछे-पीछे उनकी बीट और चोंच से गिरे हुए तिनके उठाती हुई।

आँगन के पिछली तरफ़ सफ़ेद झकाझक करती हुई बारादरी, बारादरी के छत पर आँगन जिसमें मोर और सुनहरे रंग के लम्बी दुम वाले कुछ पखेरू टहलते हुए। मैं उन्हें पहचान न सका किन्तु बाद में मालूम हुआ कि वो चीनी तीतर हैं और उस देश में केवल बादशाह और बड़े-बड़े वज़ीर ही उनको पालने का अधिकार रखते हैं।

आँगन के एक कोने में भारी सुनहरा पर्दा पड़ा हुआ दरवाज़ा था और उसके पीछे कमरा। मैं अनाड़ी गँवारों की तरह चारों तरफ़ देख रहा था कि हकीम साहब ने मुझे हल्के से इशारा करके कमरे के अन्दर का हाल देखने और समझने का संकेत दिया।

कमरा क्या था बिलकुल शाही दीवान-ए-आम था। अंतर यह कि लोग जगह-जगह क़ालीनों पर खड़े न थे, बैठे हुए थे। हुक्के और पान का दौर था। एक तरफ़ साज़िन्दे साज़ों को दुरुस्त करने और सुर मिलाने में व्यस्त। एक तरफ़ एक मसनद जिस पर कोई बैठा न था किन्तु एक ख़ादिमा सुनहरा मोरछल लिए खड़ी थी। सारे में हिना के इत्र की हल्की-हल्की ख़ुशबू फैली हुई थी। जब मेरे होश और ठिकाने आए तो मैंने देखा कि छत के चारों कोनों पर जो फ़ानूस थे उनमें महीन-महीन छेद थे और ऊपर कहीं से किसी आले के द्वारा उन सुराखों से हिना के इत्र और जल का कोमल मिश्रण थोड़ी-थोड़ी देर बाद फुहार की तरह बरसाया जाता था। मेरा तो वो हाल था जो आलिफ़-लैला वाली कहानी में अबुल हसन का भी न हुआ होगा, जिसे अचानक हारून रशीद के महल में पहुँचा दिया गया था। उस पर यह निराशा और ग़म कि ऐसी चौखट पर तो मुझे माथा रगड़ना भी नसीब न होगा, मिलने-मिलाने और साथ सोने की तो बात ही क्या।

मैं इसी उधेड़बुन में था कि कमरे के जिस सिरे पर मसनद थी और जहाँ ख़ादिमा पंखा हिला रही थी, उसका पर्दा हटा और इस्मतजहाँ ने प्रवेश किया। सबको छोड़कर उनकी नज़र हकीम साहब ही पर पड़ी। वो एक-दो क़दम उनकी आगवानी को बढ़ीं और बोली :

"तस्लीमात अर्ज़ करती हूँ। अल्लाह हकीम साहब आपने हमें बिलकुल ही भुला दिया।"

"ऐसा तो नहीं इस्मत बेगम, लेकिन दुनिया है, काम लगे ही रहते हैं। वरना तुमसे मिलने को किसका जी न चाहेगा।"

हकीम साहब आगे बढ़ते-बढ़ते बिलकुल उनकी बगल में खड़े हो गए थे और मैं भी उनके दामन से लगा कुछ दुबका सा खड़ा था। मुझे उन्होंने देखा, किन्तु परिचय चाहने की कोई बात न की। मैं तो उनकी आवाज़ में गुम था मानो किसी ऊँची जगह हवा में हिचकोले खा रहा हूँ। ऐसी सधी हुई, ठुकी हुई लेकिन सुरीली आवाज़ क्या किसी श्यामा की होगी। सब उतार-चढ़ाव बेहद सँभलकर अदा हो रहे थे। स्वर में हल्की सी स्वागत की मुस्कान लहरें ले रही थी परन्तु उसमें खुलकर बात करने का आमन्त्रण न था। हर चीज़ एक दूरी से थी।

"और ये मेरे दोस्त शेख़ ग़ुलाम हमादानी हैं। अमरोहे से आए हैं, अच्छे शायर हैं। मुसहफ़ी तख़ल्लुस करते हैं। तुम्हारे दरवाज़े तक पहुँच जाने की तमन्ना में आए हैं।"

"बहुत ख़ूब।" अब उनके लहज़े में दोस्ताना उत्साह का नाम भी न था। उन्होंने मुझे आँख भरकर देखा न इस बात की हवा लगने दी कि कल ही की बात है, उन्होंने मुझे हाज़िरी का आदेश दिया था। मैंने झुककर सलाम किया तो उन्होंने "आदाब पेश करती हूँ, तशरीफ़ रखिए," कहा। इस बीच ख़ादिमा पान-फूल, इलायची की किश्ती लेकर आगे आ गई थी।

मैंने एक गिलौरी उठाई और दोनों आधी अशर्फ़ियाँ आहिस्ता से किश्ती में धर दीं। हकीम साहब ने भी कुछ भेंट किया किन्तु मैं उसे देख न सका।

सब लोगों को सलाम करके और उनके सलाम लेकर इस्मतजहाँ मसनद पर आई। जब तानपूरा अच्छी तरह सध गया तो उन्होंने ख़ुसरो की ग़ज़ल से महफ़िल आरम्भ की :

मुसलमाना बिरफ़्त अज़ दस्त-ए-मन दिल
चु दीदम आँ चुना शक्ल-ओ-शिमाइल
ज़हे शानि ख़ुदा कज़ लुत्फ़ बिन ग़ाश्त
अज़ी साँ सूरते अज़ आब व अज़ गिल
न बाशद चूँ जमालत मजलिस अफ़रोज़
अगर ख़ुरशीद बिन शीनद व महफ़िल

(ऐ भाई मुसलमानो, दिल मेरे हाथ से तब निकल गया जब मैंने ऐसी सूरत शक्ल देखी। वाह परमेश्वर भी कितना अच्छा सृजनहार है कि उसने कितने प्रेम से पानी और मिट्टी द्वारा ऐसी सूरत बना दी अगर सूर्य भी महफ़िल में आकर बैठ जाए तो महफ़िल में वो प्रकाश न फैलेगा जो तुम्हारे सौन्दर्य से फैलता है।)

अब मेरी घोर मूर्खता देखिए कि मैं समझा यह ग़ज़ल विशेषकर मेरे लिए गाई जा रही है। स्वर और कला दोनों अपनी पूरी ऊँचाई पर थे ही, सच यह है कि ग़ज़ल के गायन को प्रशंसा की कुछ भी आवश्यकता न थी। परन्तु मैं इन शेरों का सम्बोधन स्वयं पर समझ ख़ुश हो रहा था और मुस्कुरा-मुस्कुराकर इस्मतजहाँ को दाद दे रहा था।

समारोह समाप्त हुआ और सब चलने को उठ खड़े हुए। दीवानख़ाना ख़ाली होने लगा। मैं और हकीम साहब भी उठे, किन्तु मेरा जी न चाहता था कि वहाँ से जाऊँ। क्या पता उन्हें मुझसे कोई बात करनी हो, या मुझे रोककर कुछ मज़े-मज़े की बातें करें। अधिकांश लोग अपनी-अपनी जूतियाँ ख़ादिमाओं के हाथ से पहनकर बाहर जा चुके थे। शेष दरवाज़े की तरफ़ चल पड़े थे। हकीम साहब न चाहते हुए भी मेरे कारण रुके रहे। किन्तु कनखियों से मुझे देखते रहे मानो संकेत कर रहे हों कि अब चलो। जब इस्मतजहाँ ने उन्हें दोबारा तस्लीमात कही तो हकीम साहब से न रहा गया। मेरी कुहनी पर सख़्ती से हाथ रखकर उन्होंने मुझे गोया बाहर की तरफ़ धकेला। इस्मतजहाँ अन्दर जाने के लिए मुड़ी और उसी वक़्त एक सौदागर बच्चा जो सर से पैर तक हीरे-मोतियों से लदा हुआ था और जिसके व्यक्तित्व से धन की बहुत गहरी बास आ रही थी, उनके साथ-साथ पर्दा हटाकर अन्दर चला गया। स्पष्ट था कि वो रात यहीं रहेगा।

मुझ पर एक ओर तो जैसे घड़ों पानी पड़ गया और दूसरी तरफ़ ऐसी आग लगी कि महसूस हुआ मेरे कपड़े सब इसी वक़्त जल उठेंगे। तौबा, ये बेहयाई और ये बेमुरौव्वती। काश कि ज़मीन फट जाती और मैं यहीं उसमें समा जाता। लेकिन दीवानख़ाने में अब सिर्फ़ नौकर रह गए थे। मैं भी हड़बड़ाकर हकीम साहब के साथ बाहर निकला। रास्ते भर वो अपने विचारों में गुम रहे और मैं अन्दर ही अन्दर जलता उबलता रहा :

जाँबर हो[1] किस तरह तब-ए-सौदा[2]-ए-मुसहफ़ी
हाँड़ी सा ख़दबदाए है कुछ उस जवाँ का मग़ज[3]

1. जान बचना, 2. जुनून का बुख़ार, 3. भेजा।

वाला हाल था, हकीम साहब को मेरे हाल की कुछ ख़बर हो गई होगी कि मुझे घर पहुँचाकर हवादार में बैठते हुए उन्होंने फ़रमाया :

"मियाँ मुसहफ़ी, राजा चन्द्रभान ब्राह्मण के एक शेर का लुत्फ़ उठाओ। कहता है :

मता-ए-हुस्न-ए-तुरा तुर्फा रोज़-ए-बाज़ार अस्त
कि कस न याफ़्ता-ओ-आलमे ख़रीदार अस्त

(तेरे सौन्दर्य के माल के बाज़ार का दिन अज़ब है कि मिला किसी को नहीं और एक संसार उसका ग्राहक है।)

अच्छा ख़ुदा हाफ़िज़, परसों मुशायरे में तो आओगे?

मैंने बुझी हुई आवाज़ में जी हाँ कहा और सलाम करके अपनी कोठरी के अन्दर हो गया।

हकीम साहब के क्या ख़ूब वचन थे लेकिन हाय मिर्ज़ा जलाल असीर किस मनःस्थिति में कहता है :

दिल रा चिगूना मन-ए-मुहब्बत कुनद कसे
गीरम के बिश नवद चे नसीहत कुनद कसे

(दिल को कोई मुहब्बत से किस तरह रोके माना कि वो सुन लेगा लेकिन उसको नसीहत क्या की जाए)

उन दिनों दिल पर जो गुज़रती थी उसे मैंने इन शेरों में अंकित किया है।

जो परी भी रूबरू हो तो परी को मैं न देखूँ।
मेरी आँखें बन्द कर दो कि किसी को मैं न देखूँ।
दिल-ए-गर्म.ख़ून-ए-उल्फ़त [1] मेरे बर [2] में रख दिया है।
सू-ए-गुल तो मुल्तफ़ित [3] हूँ जो कली को मैं न देखूँ।

मेरा दिल लगा है जिसमें मेरा जी गया है जिस पर
मेरी क्योंकि ज़िन्दगी हो जो उसी को मैं न देखूँ
मेरी तुझसे ज़िन्दगी है तू मेरा ज़िगर है जी है
किसे देखकर जियूँ फिर जो तुझी को मैं न देखूँ

मैंने नियमित रूप से वहाँ जाना आरम्भ किया। अक़सर तो अन्दर तक पहुँचना ही न होता और होता भी तो उसी प्रकार भरी सभा में और सभा के समापन पर वही दृश्य सूई की तरह आँख में चुभता कि कभी कोई अमीर का बेटा, कभी कोई सौदागर बच्चा, कभी कोई मराठा सरदार उन्हें लेकर हवेली के अन्दर चला जाता। मैं अपनी छोटी हैसियत के अनुकूल कुछ भेंट भी ले जाता लेकिन उनकी निगाह न मुझ पर कभी ठहरी न मेरी तुच्छ भेटों पर। बहुत हुआ तो कभी किसी समय के अनुकूल बिना किसी तैयारी के शेर सुनाने का हुक्म होता और वो मेरे लिए मुश्किल न था। लेकिन शेरों की दाद भी कभी ठीक से न मिली। हर बार अगर नहीं तो हर तीसरे चौथे बेहयाई के वो खेल देखता और अवश्य ये दिल में ठहराता कि अब न जाऊँगा। परन्तु तौबा कीजिए कैसा इरादा

1. प्रेम के गर्म ख़ून से भरा दिल, 2. शरीर, 3. आकर्षित।

और कहाँ की नीयत, होता वही कि जहाँ ज़रा सा मौक़ा लगता मेरे पाँव बस उधर ही को उठते :

कौल आबरू का था कि न जाऊँगा उस गली
होकर के बेक़रार देखो आज फिर गया

दो-ढाई साल यही दिन-रात रहे। इस पूरी मुद्दत में सिर्फ़ एक बार गले लगाने और प्यार करने के मज़े मिले और वो भी यूँ कि बारादरी की सीढ़ियाँ उतरने में सौभाग्य से मेरा उनका दो पल के लिए अकेले में साथ हो गया था और उन्होंने मुझे कुछ इस अन्दाज़ से देखा था मानो उनका भी जी चाह गया हो। इस तंग समयावधि में भला जी के अरमान क्या निकालता, ज़रा सी हाथ बढ़ाने की हिम्मत की थी कि सख़्ती से मेरा हाथ झटक दिया गया।

परन्तु आह उस ज़रा से मिलाप का स्वाद मेरे दिल ने हज़ारों बार तो उठाया होगा। दिन-रात उठते-बैठते उसी क्षण को बार-बार दिल में दोहराता, तरह-तरह से स्मृति में ताज़ा करता। मैं उन चन्द क्षणों को तोड़कर और भी अल्पावधि में बाँटता और हर पल का अलग आनन्द लेता। वो उन होंठों की कोमल ताज़गी, उस लम्बी गोरी गर्दन् की ठंडी कोमलता, मेरे हाथ के नीचे उस कंधे की हल्की गर्मी। उस नर्म किन्तु कठोर गात की मेरी छाती पर चुभन, वो मेरे मुँह के नीचे उनके ज़रा से खुलते हुए होंठों और ज़बान की तरी का मीठा स्वर्ग सा स्वाद, वो मेरा हाथ उनकी चोटी को छूकर नीचे कुछ ढूँढ़ता हुआ और उसका झटक दिया जाना। वो पहली बार निकटता की गर्मी और स्पर्श की थरथरी, मैंने उस सारी घटना को जो चार सीढ़ियाँ उतरते समाप्त हो गई थी दिल में इतनी बार दोहराया था कि उसकी अवधि मिलन की अधिकतम लम्बी रात से भी अधिक हो गई।

ये तो बाद की बातें थीं। उस दिन इन सब पर तुर्रा था आशाओं के बढ़ जाने का हर्ष, कि अब तो राह खुल गई है, अब इस पर जहाँ तक यात्रा कर सकेंगे उसका आधार अपने साहस पर है। अन्तिम पड़ाव तो स्वर्ग का केन्द्रीय कक्ष ही होगा।

मैं जब ज़रूरी काम छोड़कर अगले ही दिन वहाँ पहुँचा तो पता लगा कि राजा जुगलकिशोर के पुत्र कुँवर महेन्द्र किशोर उन्हें अभी-अभी अपने साथ लिवा ले गए।

"कहाँ, और क्यूँ?"

"क्यूँ से तुम्हें क्या मतलब है शेख़ जी?" उनका हब्शी दरबान मुँह बिगाड़कर बोला, "रहा सवाल कहाँ का, तो कुतुब साहब के आगे कोई जगह है सुल्तान पुर, वहाँ की झील में बजरे की सैर और चिड़ियों के शिकार की ठनी है।"

"और वापसी कब होगी?"

"यही कोई पाँच-सात दिन लग जावेंगे। अमीरों की बातें अमीरों ही को सुहावें। तुम काहे को कुरेद में पड़े हो। चलो लम्बे पड़ो, अपना रास्ता नापो।"

मेरे दिल में किस क़दर आक्रोश था, क्या बताऊँ। बस यूँ कहें कि पिछले तमाम महीनों और वर्षों के पाप और नेकियों के उल्लंघन और बेशर्मियों की तमाम घटनाओं को जोड़कर भी उतना क्रोध न लगता जितना उस वक़्त लगा। हद दर्जे की लज्जाहीनता है कि मुझे गले से लगाने और प्यार करने के बाद किसी क्षत्रिय बच्चे पर अपनी उदारता दर्शाना पसन्द किया। मैं जला-भुना और लगभग आँसू भरी आँखों से घर लौटा। रास्ते ही में ये रुबाई हो गई।

है हैफ़[1] तो ये कि बा ज़माल-ए-चूँ-हूर[2]।
इस्मत[3] और होवे माइल[4]-ए-फ़िस्क-ओ-फुजूर[5]।
ये वो है मसल[6] कि मुसहफ़ी कहते हैं।
बर अक्स[7] निहन्द नाम-ए-ज़ंगी काफ़ूर।

घर पहुँचा तो हकीम सनाउल्लाह ख़ाँ फिराक़ सामने से आते हुए दिखाई दिए कि मुझसे भेंट को आए थे। इस्मतजहाँ पर मेरा फ़िदा होना कोई ढँकी-छिपी बात न थी। मैंने छूटते ही अपनी रुबाई पढ़ दी। अब वो बेचारे बड़ी दुविधा में पड़े कि ऐसी रुबाई की दाद क्या दें। फिर भी चौथी पंक्ति में कहावत ऐसी सुन्दरता और सहजता से बैठी थी कि उन्हें दाद दिए ही बनी। मैंने क्रोध और झुँझलाहट में ये भी ख़याल न किया कि इस रुबाई को लोगों में फैलाकर मैं अपने लिए गड्ढा खोद रहा हूँ। और मूर्खता पर मूर्खता ये कि अगले दो-चार दिन में जो भी दोस्त मुझे मिला मैंने उसे ये रुबाई सुनाए बग़ैर न छोड़ा।

आगम की अनदेखी करना इसे ही कहते होंगे कि मैं ये भी भूल गया कि इसी देहली में मुझ जैसे कितने ही और थे जो मेरी तरह असफल होने के कारण इस्मत से जले बैठे थे। उनकी ज़बानी इस मेरी रुबाई की शहर में ख़ूब चर्चा हुई। कई दिन की प्रतीक्षा और पूछताछ के बाद मुझे उनकी वापसी की सूचना मिली। मैंने आव देखा न ताव, महफ़िल के निर्धारित समय पर उनकी हवेली पर जा पहुँचा। उस दिन महफ़िल कुछ ज़्यादा ही सजी हुई और भरी-पूरी थी। शायद इसी लिए इस्मतजहाँ भी वक़्त से ज़रा पहले महफ़िल को सुशोभित करने आ गईं। कहाँ तो उनकी आँख ही मुझ पर न पड़ती थी, कहाँ अब मुझे देखा तो फ़ौरन बोलीं : "आइए ज़नाब शेख़ ग़ुलाम हमादानी मुसहफ़ी अमरोहवी।" उन्होंने एक-एक शब्द पर ज़ोर देकर कहा। मेरा माथा उसी वक़्त ठनका कि विशेष ध्यान शैली के अन्दर दाल में साफ़ कुछ काला नज़र आ रहा था, "फ़रमाइए आजकल शायरी तो ख़ूब चमकी हुई है?"

मैं सर झुकाए अपने पाँव के अँगूठों को देख रहा था कि वो कितने बेड़ौल लग रहे थे। सर झुकाए ही झुकाए मैंने फँसी-फँसी आवाज़ में कहा, "जी, सब कृपा है आपकी।" अब मुझे पूरा-पूरा शक हो गया था कि इस पूछने का मतलब क्या है परन्तु मेरे लिए न तो वहाँ ठहरने का औचित्य था और न भाग खड़े होने के लिए पाँव में ताक़त। दिल ही दिल में अपनी मूर्खता और ज़ल्दबाज़ी को बुरा भला कह रहा था।

"और ये रुबाई जनाब ही की चमत्कार भरी कला का नमूना है?" अब मज़बूरन मैंने सर उठाया तो उनके हाथ में काग़ज़ देखा। रुबाई शब्द सुनते ही मेरे तो बदन का सारा लहू सूख गया था। किन्तु मरता क्या न करता, धीरे से बोला, "जी, मैं समझा नहीं।" अब तक तो महफ़िल में मौज़ूद हर व्यक्ति क्या साज़िन्दे, क्या गाना सुनने वाले, क्या नौकरानियाँ यहाँ तक कि उनकी हब्शी बिल्ली, सबका ध्यान मेरी ही ओर आकर्षित हो चुका था। सबकी आँखें गोया मुझी पर गड़ी हुई थीं।

"जी, क्या यह आप ही का कोमल लेखन है?" उन्होंने नफ़रत भरे स्वर में मेरी रुबाई की चौथी पंक्ति पढ़कर पूछा।

---

1. खेद, 2. हूर जैसी सुन्दरता के बावज़ूद, 3. कौमार्य, 4. झुका हुआ, 5. कौमार्य भंग करना, 6. कहावत, 7. हब्शी का नाम उल्टा काफ़ूर रख देते हैं।

मैं चुप रहा। अचानक उन्होंने एक अजब क़ातिलों जैसी अदा से उस काग़ज़ को फाड़ कर टुकड़े-टुकड़े किया। फिर उस बेचारे तुच्छ पर्चे के अमूल्य पुर्जों को पाँव तले रगड़ती हुई बोलीं :

"अब आप वहीं तशरीफ़ ले जाएँ जहाँ से सर के बल रेंगकर निकले थे। अब मैं फिर आपको यहाँ न देखूँ।"

मेरी दुनिया अँधेरी तो हो ही गई थी, परन्तु उस वक़्त उससे भी ज़्यादा दुःख उस अपमान और ज़िल्लत का था जो उस समय वहाँ के लिए मेरे भाग्य में लिख दी गई थी। और फिर यह कि ये मामला सुधार में आने वाला न था। मैं कहता तो क्या कहता, एक क्षण यूँ खड़ा रहा मानो मेरे पाँव में जड़ें उग आई हों। अचानक मेरे पीछे कोई खाँसा, बल्कि लगा कि खाँसी को रोकने के लिए किसी ने दुपट्टा मुँह में ठूँस लिया हो। मुझमें साहस न था कि मुड़कर देखूँ, किन्तु ये बात साफ़ थी कि वो खाँसी नहीं हँसी थी जिसे कोई रोकने की चेष्टा कर रहा था।

मैं उस अन्धे की तरह मुड़ा जिसके हाथ की लकड़ी छिन गई हो। ख़ुदा का शुक्र है दरवाज़े तक भली-भाँति पहुँच गया, किसी से टकराया नहीं। बाहर निकला ही था कि किसी ने पीछे से मेरी आस्तीन खींची। मैं चौंककर मुड़ा तो वही भौंरा सी काली आँखों वाली ख़ादिमा थी।

"बीबी जी ने फ़रमाया है कि गली के दोनों सिरों पर हब्शी और तिलंगे आपको देखते रहेंगे।" उसके स्वर से मैं यह न पढ़ सका कि उसे मुझ पर अफ़सोस था या वह मुझे दया का पात्र समझ रही थी। किन्तु संदेशा बिलकुल साफ़ था। हवेली तो क्या गली की धरती पर भी मेरे पाँव का आना वर्जित था। मैंने कुछ न कहा। अब कहने को रहा ही क्या था।

इस दुख भरी घटना के बाद मैं कई साल दिल्ली में रहा किन्तु इस्मतजहाँ के दर्शन से आँखें फिर न रोशन हुईं। वहाँ से वापस आने के कुछ दिन बाद तक मैंने भिन्न-भिन्न स्रोतों से क्षमा याचना के पर्चे भिजवाएँ, कोई जवाब न मिला मानो मेरा वज़ूद उनकी दीवार पर कोई धब्बा था जिसे उन्होंने खुरचवाकर साफ़ कर दिया था। इस्मत फिर भी मेरे हृदय के अन्दर इस तरह थीं जैसे पत्थर पर बनाए हुए चिह्न। दिन तो ज्यों-त्यों गुज़र जाता किन्तु रात को जितनी बार आँख खुलती और आँख बार-बार खुलती तो ज़बान पर इस्मत ही का नाम होता। दिन में भी उनकी याद आने और मेरे दिल का पैमाना भर आने के बहाने हरदम ही उपलब्ध रहते। मैं अपने ऊपर बहुत गर्व करता था और मेरा कहना था कि भला ऐसा कौन सा गम होगा जो वक़्त के बहाव को ख़ून की नदी में बदल दे। मर्द सब कुछ सह जाते हैं। परन्तु अब मुझे मालूम हुआ कि इश्क़ जब गुल खिलाता है तो चारों खूँट आग ही लगती है। मिर्ज़ा रफ़ी सौदा साहब ने क्या अच्छा कहा है :

दाग़ मत खाइयो तैं इश्क़ का हम कहते थे
क्यूँ दिला की है न इस गुल ने बहार आख़िरकार

लेकिन ये भी कब तक चलता? रोने की आदत पड़ जाए तो रोना-गाना सब एक हो जाते हैं। यही इश्क़ स्वयं बहुत बड़ा झूठ भी है। जब दिल ही पिस जाए तो कुछ बाक़ी नहीं रहता :

दिया फ़िशार[1] मेरे दिल को इश्क़ ने याँ तक
कि उसमें ख़ून तो क्या रंग-ए-आरज़ू न रहा

1. निचोड़ना-दबाना।

11

"आपने सैयद इंशा और हज़रत शेख़ के आपसी मतभेदों का कुछ जिक्र न किया।" मैंने एक दिन बातों-बातों में पूछा।

"मैं क्या जिक्र करतीं, उन दिनों मैं उनके साथ न थी। जो कुछ हुआ वो बातें शेख़ साहब के स्वभाव के बहुत खिलाफ़ थीं। और मेरा ख़याल है सैयद इंशा भी इन बातों को अपने लिए कुछ बहुत गर्व का विषय नहीं समझते थे।"

"लेकिन दोनों में औपचारिक ढंग से मेल तो न हुआ?" मैंने पूछा।

"नहीं, मेल न हुआ तो दुश्मनी भी न रही। आप तो जानते हैं कि हुज़ूर नवाब वज़ीर आसिफ़ुद्दौला ने शेख़ साहब की फ़रियाद पर उनके साथ इंसाफ़ किया और इंशा साहब को शहर से निकाल दिया था। वो तो इन घटनाओं के कुछ ही दिन बीते थे कि नवाब वज़ीर को मौला ने उठा लिया। इंशा साहब फिर हँसी ख़ुशी लखनऊ आकर रह-बस गए।"

"मुलाकातें तो होती ही होंगी? साथ-साथ मुशायरे भी पढ़ते होंगे?" मैंने पूछा।

"मेरे संज्ञान में तो कभी कोई ख़ास मौक़ा मुलाक़ात या साथ रहने का न आया। हाँ इंशा साहब और मिर्ज़ा क़तील साहब की याद में शेख़ साहब ने एक मक़्ता ज़रूर कहा था :

मुसहफ़ी किस ज़िन्दगानी पर भला मैं शाद हूँ
याद है मर्ग-ए-क़तील-ओ-मुर्दन[1]-ए-इंशा मुझे

"हज़रत शेख़ और सैयद इंशा साहब में झगड़े का कारण क्या हुआ?" मैंने पूछा, "आप तो कहती हैं हज़रत शेख़ के व्यक्तित्व में ऐसी मनमोहिनी थी कि वो हर एक को अपना चाहने वाला बना लेते थे?"

वो कुछ शरमा कर मुस्कुराईं, "हर एक तो मैं नहीं कहती किन्तु माशूक़ों पर ज़रूर उनका रंग बहुत जल्द जमता था।"

मैं उनकी शर्मिन्दगी का ख़याल करके एक पल चुप रहा। समझ में न आता था कि बात का सिलसिला किस तरह आगे बढ़ाऊँ। इतने में ज़मीन पर निगाह जमाए-जमाए वो ख़ुद ही बोलीं, "मुझे कभी-कभी ऐसा महसूस हुआ कि शेख़ साहब के दिल में मिर्ज़ा क़तील के लिए ज़्यादा जगह है, सैयद इंशा के लिए कम। और यह बात तो है ही कि शेख़ साहब सारे लखनऊ में मिर्ज़ा क़तील के सिवा किसी को अपना जोड़ीदार न समझते थे। उनका शेर है :

और तो सानी कोई उसका नहीं
मुसहफ़ी का है क़तील अलबत्ता चोट

"कहने को तो इंशा साहब और क़तील साहब में भी बहुत गाढ़ी दोस्ती थी लेकिन वो क़तील को अपने से कम समझते थे। सम्भव है उन्हें यह बात बुरी लगी हो कि शेख़ साहब उनके मुक़ाबले में क़तील को महत्त्व देते हैं। वैसे, मैंने ज़फ़रउद्दौला बहादुर के यहाँ किसी को कहते सुना था कि सैयद इंशा में हज़ार अच्छाइयाँ हैं, लाख क्षमता हैं किन्तु वो चाहते हैं कि हर कोई हर वक़्त उनके गुण गाता फ़िरे।" वो मुस्कुराईं, "उन्हीं की तो पंक्ति है, मेरी तरफ़ तो देखिए मैं नाज़नीं सही।"

---

1. निधन।

"चोर तो मैं कैसे कहूँ, लेकिन हो सकता है उनका स्वभाव ऐसा रहा हो कि वो लोगों को शीघ्र ही अपना विरोधी समझ लेते हों। मुझे विस्तृत तो नहीं मालूम परन्तु शायद दिल्ली में भी इंशा साहब के साथ ऐसा कुछ मामला गुज़रा था।"

"जी हाँ। एक घटना हुई तो थी। परन्तु मिर्ज़ा साहब और हज़रत शेख़ की दोस्ती अधिक गहरी शायद इस कारण भी थी कि दोनों के स्वभाव में बहुत सी बातें समान थीं।" मैंने कहा। फिर एक पल कुछ सोचकर मैंने उन्हें याद दिलाया, "और कुछ ऐसा भी है कि जब हज़रत शेख़ दूसरी बार लखनऊ पधारे और दोबारा भी दुखी होकर यहाँ से जाने लगे तो मिर्ज़ा क़तील साहब ने हर तरह से शेख़ साहब का दिल बढ़ाया और सहायता की तथा उन्हें लखनऊ छोड़ने से रोका।"

वो बोलीं, "जी हाँ ठीक है, उनके आपसी प्रेम का यह हाल था कि एक कसीदे के शीर्षक में शेख़ साहब ने मिर्ज़ा साहब को अपना माशूक़ लिखा है। किन्तु यह भी सत्य है कि आपके पिताजी ने भी उन कठिन दिनों में शेख़ साहब की बहुत सेवा की। सच्चा सेवक शिष्य हो तो कांजी मल सबा या राय टीकाराम तसल्ली जैसा हो।"

मैंने जवाब दिया, "हज़रत शेख़ ने भी तो राय टीकाराम की प्रशंसा में कसीदा लिखकर और मेरे स्वर्गीय पिताजी का हाल बहुत प्रेमपूर्वक लिखकर उन दोनों को हमेशा-हमेशा के लिए जीवन प्रदान कर दिया।"

"लाल मियाँ ये आपका प्रेम और भलमनसाहत है। क्यों न हो, आख़िर किस बाप के बेटे हैं।"

"आप मुझे शर्मिन्दा करती हैं।" अब मेरे सर झुकाने और लज्जित होने की बारी थी, "मैंने आपकी जो कुछ थोड़ी सेवा की है वो उस प्रेरणा और लाभ का सौवाँ हिस्सा भी नहीं जो मुझे आपकी सेवा करके मिलता रहा है।"

वो सर झुकाकर चुप हो गईं। मेरी भी समझ में न आता था कि मूल विषय पर किस तरह वापसी हो। इतने में राजा मियाँ बोल उठे, "मियाँ साहब पान दोबारा हाज़िर करूँ?"

मुझे बात के टूटे हुए सिलसिले को जोड़ने का अच्छा अवसर हाथ लगा। मैंने कहा, "पान तो नहीं, लेकिन पानी पिलवा दो तो आनन्द रहे। पर बेटा, ज़रा ठंडा पानी हो।"

"अभी लीजिए जनाब।" ये कहकर वो पलक झपकते जाली से ढके हुए थाली जोड़ गिलास में पानी ले आया। पानी पीते-पीते मैंने उस्तानी साहब को सम्बोधित करके कहा, "आपको हज़रत शेख़ का वो शेर याद होगा जो पानी पीते-पीते पानी के सन्दर्भ में मुझे अभी याद आया। वही जिसमें धर्मों और सम्प्रदायों के आपसी मतभेदों की बात कही गई है। शायद आख़िरी किसी दीवान में है।"

वल्लाह, हज़रत उस्ताद के शेर उन्हें ख़ूब ही याद थे। मेरा वाक्य समाप्त न हुआ था कि वो पुनः बोल उठीं, "जी, सातवें दीवान में फ़रमाते हैं, मुलाहिज़ा हो :

इख़्तिलाफ़ात[1] *-ए-मज़ाहिब*[2] *ने सफ़ा*[3] *सब खो दी*
गर चे सद[4] *ज़र्फ़*[5] *में था बर लब-ए-जू*[6] *पानी एक*"

---

1. मतभेद, 2. धर्म या रास्ते, 3. स्वच्छता, 4. सौ, 5. बर्तन, 6. नदी के किनारे।

"सुब्हान अल्लाह," मेरे मुँह से बरबस निकला, "आप हज़रत शेख़ ही की नहीं उनकी कविता की भी आशिक़ थीं।"

उनका मुँह कान की लवों तक लाल हो गया। उस वक़्त उनकी सूरत इतनी भली लग रही थी क्या बताऊँ। किन्तु मुझे यह भी लगा कि मैं हद से बढ़ गया हूँ। मैंने फ़ौरन बात का रुख़ बदल दिया, "तो आपकी राय में हज़रत शेख़ की तबीयत में छल-कपट बिलकुल न था। और वो किसी से नाराज़ भी होते तो केवल अस्थायी तौर पर होते थे।"

"मेरा उनका जितना साथ रहा उसके आधार पर तो मैं यही कहती हूँ।" उन्होंने ज़रा रुककर जवाब दिया। फिर आगे कहने लगीं :

"परन्तु सच्ची बात यह है कि अपने हृदय में तो वो शुरू से बिलकुल साफ़-सुथरे थे। शेर कहने और शेर पढ़ने के सिवा उन्हें दुनिया के झमेलों से कुछ सरोकार न था। हज़रत अली की शान में उनका जवानी के ज़माने का कसीदा है। उसमें फ़रमाते हैं :

मैं मद्ह[1] करूँ अपनी तो कुछ ग़म नहीं उसका
पर मुझसे कभी हज्व[2] न कहवाए तबीयत
किस वास्ते ये शेवह्[3] है मज़मून-ए-अकाबिर[4]
होता है सुख़न मूजिब[5]-ए-ई जा[6]-ए-तबीयत"

"गुस्ताख़ी माफ़, कभी आप पर तो खफ़ा हुए होंगे?" मैंने साहस करके पूछा।

"सच यह है कि ऐसा बहुत ही कम हुआ। पल दो पल के लिए नाराज़ हो जाने की बात और है। हाँ एक बार वो मुझसे दो-तीन पहर रूठे रहे थे।" वो ज़रा सा मुस्कुराई किन्तु इस बार मुस्कान में थोड़ी सी लज्जा भी थी।

"अरे वल्लाह।" मैंने ज़रा उत्सुकता से कहा, "भला कब और क्यूँ...?"

उन्होंने मेरी बात पूरी न होने दी, "कभी और वो क़िस्सा सुनाऊँगी। इस समय अगर यह बता ही दूँ कि एक ज़ात ऐसी थी जिसे वो आजीवन नापसन्द करते रहे।"

"ऐ लीजिए," मैं फिर ज़रा अनौपचारिक होकर बोला, "कौन थे वो ज़ात-ए-शरीफ़। और अब तक उनका ज़िक्र आप छिपाए रहीं?"

वो फिर हँसी, किन्तु इस बार उस हँसी में हल्की सी चंचलता भी थी, "कोई ज़ात-ए-शरीफ़ नहीं, सिर्फ़ एक ज़ात थी फ़िरंगियों की ज़ात। मेरी जानकारी में तो उन्हें ज़िन्दगी भर फ़िरंगियों से नफ़रत रही।"

"अच्छा, क्यूँ क्या इसके पीछे कोई ख़ास बात थी? उस ज़माने के लोग तो फ़िरंगियों से कुछ ज़्यादा मेल-जोल न रखते थे?"

"नहीं, मिलना-जुलना तो उन लोगों का कुछ न था।" उनकी त्यौरी पर थोड़ा सा बल आया। और अगर ख़ास बात से आपका मतलब यह है कि क्या वो कभी किसी मूई, लुचनी अफ़रंगिन या लाल कुर्ती वाली की ओर झुके किन्तु सफलता न पा सके, तो ऐसी भी कोई बात मेरी जानकारी में नहीं।"

---

1. प्रशंसा, 2. निन्दा, 3. तरीक़ा, 4. बुज़ुर्ग जिसे बुरा समझते हैं, 5. कारण, 6. दुःख।

"क्षमा प्रार्थी हूँ," मैंने गड़बड़ाकर कहा, "मेरा हरगिज़ ऐसा कोई मतलब न था। मैं तो यह कह रहा था कि शायद कभी किसी फ़िरंगी शागिर्द से उन्हें दुख पहुँचा हो..."

"फ़िरंगियों से वो दूर-दूर ही रहते थे।" उन्होंने जैसे मेरी बात सुनी ही नहीं, "और फ़िरंगियों की सूरत उन्हें एक आँख न भाती थी। वो उनकी सूरत को बेनमक और फीकी बताते थे। उनका शेर है :

मुझको इतना बेनमक भी हुस्न भाता ही नहीं
क्या कहूँ फीका है कैसा क़ौम-ए-इसाई का रंग"

मुझे भी अचानक एक शेर याद आ गया। उनकी बात को लगभग काटते हुए मैं बोल उठा, कि कहीं शेर न भूल जाऊँ या वो बात ही भूल जाऊँ जिसे पूछना चाहता था, "वाह सुब्हान अल्लाह, ईश्वर आपका भला करे। आपने हज़रत उस्ताद के एक शेर के बारे में मेरी एक मुश्किल तो चुटकी बजाकर हल कर दी।"

"जी मैं समझी नहीं।"

"जी, शेर मुलाहिज़ा हो :

है ये फ़लक-ए-सिफ़्ल[1] वो फीका का फ़िरंगी
रखता है मह-ओ-ख़ुर[2] से जो पास अपने दो बिस्कुट

फीका सा फ़िरंगी तो आपके बताने से अब समझ में आ गया, किन्तु ये दो बिस्कुट क्या चीज़ है।" मैंने पूछा।

वो अजब ढंग से हँसी जैसे कोई बड़ी बहन चहेते छोटे भाई के भोलेपन पर हँसे या जैसे कोई मेहरबान चाहने वाली...तौबा-तौबा मेरा मस्तिष्क किधर बहक गया। उन्होंने फ़रमाया, "साहब को क्या फ़िरंगीखानों से कुछ रुचि नहीं रही?" जी नहीं, फ़िरंगी खाने कहाँ और हम कहाँ। और हाँ अंग्रेज़ी पढ़े हुए मेरे एक दोस्त के पास शेक्सपीयर साहब का बनाया हुआ कोष भी है जिसमें रेख़्ता के शब्दों का अर्थ अंग्रेज़ी में लिखा हुआ है। उसमें भी ये शब्द न मिला।

"अरे मियाँ, इन्हें अंग्रेज़ी टिकियाँ समझिए, कोई-कोई नमकीन होती हैं तो कोई-कोई मीठी। फ़िरंगियों के कारखानों में हज़ारों के हिसाब से बनती हैं और लोहे के डिब्बों में भरकर अंग्रेज़ी साहबों के खाने के लिए विलायत से आती हैं। इनमें न घी न ज़ीरा न सौंफ न मैदा न ज़ाफ़रान, हाँ एक कोमल सी भीनी-भीनी ख़ुशबू ज़रूर होती है जो किसी अंग्रेज़ी फूल से बनती है। ज़्यादा ठहरती नहीं, बहुत जल्द ख़राब हो जाती है। खाने में ये टिकियाँ कुरकुरी और भुरभुरी होती हैं। खाइए तो कुट-कुट की आवाज़ निकलती है, शायद इसीलिए उन्हें बिस्कुट कहा जाता है।"

"तो क्या आपको या हज़रत शेख़ को उनसे कुछ रुचि थी?"

"अल्लाह, तौबा कीजिए साहब। वो तो यूँ हुआ कि आला हज़रत शाह-ए-ज़मन ग़ाजीउद्दीन हैदर बहादुर के कुछ अंग्रेज़ हवाली मवालियों ने अंग्रेज़ी खानों की एक दुकान दिलकुशा में खोली तो वहाँ ये टिकियाँ भी उपलब्ध थीं। एक डिब्बा शेख़ साहब एक दिन

---

1. नीच, 2. चाँद-सूरज।

मेरे लिए भी लाए थे। जैसे विलायत के साहब लोग बेरंग, वैसे ही उनके खाने भी बेरंग। शहर में टिकियाँ तो न चलीं, हाँ ये शब्द चल गया।"

मैंने कुछ सोचकर कहा :

"अच्छा, हज़रत शेख़ की तबीयत अंग्रेज़ों से शायद इसलिए भी दूर भागती होगी कि वे स्वयं रूहेलखंड के इलाक़े के थे। और उस इलाक़े के रईसों और रियाया दोनों को फ़िरंगी चालबाज़ियों के चलते उन्होंने कटते-मरते बहुत देखा था।"

"हाँ, ये सम्भव तो है।" उन्होंने शब्द हाँ को ज़रा खींचकर कहा, "उन्हें यह ख़याल तो ख़ैर था ही कि यहाँ की धन-दौलत, और ख़ासकर कारीगरों की कला और घरेलू उद्योग सब अंग्रेज़ों के हत्थे चढ़ रहे हैं, या उनकी चाल ऐसी है कि मुल्क हिन्द सारे का सारा उनके जाल में फँस रहा है। उनके शेर हैं :

अफ़सोस कि ली छीन नसारा[1] कि सगों[2] ने
यूँ हाथ से इस फ़िरक़ा-ए-इस्लाम की रोटी

हिन्दोस्ताँ में दौलत-ओ-हश्मत[3] जो कुछ भी थी
काफ़िर फ़िरंगियों ने ब तदबीर खेंच ली

मालिकउलमुल्क[4] नसारा हुए कलकत्ता ले
ये तो निकली अजब एक वज्अ[5] कि जंजाल की खाल

तोड़ जोड़ आवे है क्या ख़ूब नसारा के तईं
फ़ौज-ए-दुश्मन से वहीं लेते हैं सरदार को तोड़
तब जानू मैं कि दीन-ए-मुहम्मद के हैं हरीफ़[6]
जब रोज़-ए-हश्र[7] हो रुख़-ए-अहल-फ़िरंग[8] सुर्ख़

देखिए ऐसे शेर तो वही कहेगा जिसके दिल को लगी हो।"

"हाँ, इसमें तो कोई शक नहीं। किन्तु शेख़ साहब ने एक-आध जगह फ़िरंगियों का नाम कुछ नम्रतापूर्वक भी तो लिया है?"

"बेशक लिया होगा। परन्तु ऐसे शेरों को भी ज़रा ग़ौर से देखें तो उनका भी लहज़ा मज़ाक उड़ाने का है। भला इस तरह के शेरों को प्रशंसा के शेर कौन कहेगा :

ऐ मुसहफ़ी लीलाम[9] में कल हम भी गए थे
कर आए हैं एक तुर्फ़ा[10] फ़िरंगन का नज़ारा

ज़ख़्म-ए-शमशीर-ए-निगह[11] हैफ़[12] कि अच्छा न हुआ
करने को उसकी दवा डॉक्टर अंग्रेज़ आया

इन शेरों में प्रशंसा से ज़्यादा व्यंग्य और आपत्ति के पहलू हैं।" उन्होंने मुँह बनाकर कहा, "भला कौन शरीफ़ज़ादे और शरीफ़ज़ादियाँ अपने घरों के सामान नीलामी में ख़रीदती या बेचती हैं?"

---

1. ईसाई, 2. कुत्ता, 3. शान, 4. देश के मालिक, 5. बनावट, 6. बराबर के, 7. क़यामत का दिन, 8. अंग्रेज़ों का चेहरा, 9. नीलाम, 10. अजीब अनोखी, 11. आँख की तलवार का घाव, 12. अफ़सोस।

मुझे एक-दो शेर ऐसे याद आ रहे थे जिनमें 'गोरों' के रंग की साफ़-साफ़ प्रशंसा थी। परन्तु मैंने इस मामले में चुप रहना बेहतर जानकर एक और पहलू से बात बढ़ाई, "तो गोया फ़िरंगियों के तईं हज़रत उस्ताद का तौर-तरीक़ा सैयद इंशा जैसा न था।"

"मैं सैयद इंशा साहब के बारे में क्या कह सकती हूँ।" वो कुछ ज़रा बेदिली से बोलीं, "शायद आप ठीक कहते हो।"

"मेरा मतलब ये है कि सैयद साहब के स्वभाव में जो हँसोड़पन था उसकी झलक साहब बहादुर लोगों के बारे में उनकी बातों में मिलती है। बेली साहब रेजिडेंट थे और मीर मुंशी अली नक़ी ख़ाँ साहब जब साहब रेजिडेंट के साथ दरबार से चलते तो सैयद इंशा बड़े गम्भीर स्वर में और ऊँची आवाज़ में कहते मीर मुंशी साहब का अल्लाह बेली।"

"होगा," वो ज़रा उकताए हुए लहज़े में बोलीं, "मैंने मीर मुंशी साहब का नाम पहले कभी नहीं सुना।"

मुझे महसूस हुआ कि वो कुछ थक सी गई हैं। या शायद सैयद इंशा का ज़िक्र उन्हें कुछ ख़ास भाया नहीं। मैंने कहा, "अब आज्ञा चाहता हूँ, किन्तु पहले वो बात सुना दें जिस कारण हज़रत शेख़ आपसे पहर-दो पहर नाराज़ रहे थे। मेरी इस विनती को गुस्ताख़ी न समझें। मैं..."

उन्होंने पहली बार मेरी बात काटी, "नहीं, गुस्ताख़ी की कोई बात नहीं, किन्तु कभी और सही। आज के लिए क्षमा प्रार्थी हूँ।" उनका चेहरा न जाने क्यूँ कुछ उतरा हुआ सा लग रहा था।

मैंने झुककर आदाब किया। मुहम्मद राजा मुझे गली के नुक्कड़ तक छोड़ने आया। मैंने उसे एक रुपया इनाम दिया और घर के लिए सवार हो गया।

12

मुझे इस बात को जानने की लौ लगी हुई थी कि ऐसी क्या बात हुई जिस पर हज़रत शेख़ को इतना गुस्सा आया कि वो भूरा बेगम से पहरों खिंचे-खिंचे रहे। इसलिए मैं दूसरे ही दिन सब ज़रूरी काम छोड़कर गन्दा नाला जा पहुँचा। किन्तु राह में मुझे ध्यान आया कि वो ख़ुदा जाने कोई बहुत परदे वाली बात रही हो और भूरा बेगम उसे ज़ाहिर करना पसन्द न करें। कल उनके चेहरे पर हल्का सा तनाव शायद इसी कारण था कि मैं उन बातों को कुरेद रहा था जिन्हें वो ढकी-छुपी रखना चाहती थीं। और फिर शेख़ साहब के बारे में तो बहुत से सवाल मेरे मस्तिष्क में और थे। पहले वही पूछ लूँ, फिर देखा जाएगा।

ये बातें सोचकर जब मैंने उनके दरवाज़े पर दस्तक दी तो जवाब मिलने में असाधारण विलम्ब हुआ। मेरा माथा ठनका कि कहीं कोई अप्रिय बात न हो गई हो। ख़ैर राजा मियाँ ने दरवाज़ा खोला तो पता लगा कि "बाज़ी बेगम का जी कल रात से कुछ ख़राब है, लेकिन आप अन्दर चले चलिए। आपसे तो कोई परदा नहीं।"

मैं अन्दर गया तो वो चादर ओढ़े कमरे से बाहर आईं। उनका चेहरा सुता हुआ था और बड़ी-बड़ी आँखों के चारों तरफ़ काले निशान थे। मैंने बहुत पूछा लेकिन उन्होंने इतना ही बताया कि रात नींद न आई थी। मैंने विस्तार से पूछना चाहा तो वो हर बार टाल गई।

लेकिन मैंने वापस जाना चाहा तो उन्होंने उसकी भी अनुमति न दी। मैंने कनखियों से देखा कि वो चुपके-चुपके अपना हाथ पेडू पर और कमर के पीछे ले जाती हैं और बार-बार हल्के से दबाती हैं जैसे वहाँ दर्द हो। मुझे अचानक ख़याल आया कि कहीं वो कपड़ों से न हों। हालाँकि उनकी उम्र की औरतें रजोनिवृत्त हो जाती हैं, लेकिन या तो उनके साथ अभी ऐसा न हुआ था, या मैंने शुरू-शुरू में उनकी आयु का जो अनुमान लगाया था वो ठीक न था और वो अपनी असल उमर से ज़्यादा लगती थीं। बनाव-शृंगार से उन्हें कोई लगाव न था, या कम से कम अब न था। शायद इस वजह से भी उनकी उम्र असल से ज़्यादा लगती हो।

यह ख़याल आते ही मैं गड़बड़ाकर उठा और बोला कि आज आज्ञा दीजिए, फिर कभी हाज़िर होऊँगा।

"नहीं नहीं लाल मियाँ साहब, बैठिए तो सही," वो बोलीं, "राजा हुक्का ताज़ा कर रहा है फिर चाह बनाएगा। मैंने आपके लिए रकाबगंज से चाह मँगवाई है।"

"अच्छा, चाह का आपको शौक़ कब से हुआ?" मेरे मुँह से निकला। फिर मैं दिल ही दिल में लज्जित हुआ कि ये भी कोई पूछने की बात थी।

उनके सूखे हुए चेहरे पर ज़िन्दगी की हल्की सी लहर आई, "शेख़ साहब कभी-कभी मेरे लिए लाया करते थे। वो ख़ुद तो कहवा पीते थे, लेकिन फ़रमाते थे कि...कि दर्दों के लिए चाह बहुत लाभदायक है। उन्होंने वक्तव्य ज़रा हड़बड़ाहट में ख़तम किया।

'दर्दों' का शब्द सुनकर मैं भी एक बार फिर लज्जित-सा हुआ और मैंने अपने दिल में कहा कि उनके ऋतु के दिनों के बारे में मेरा अनुमान ठीक था। किन्तु अचानक उनके चेहरे पर गुलाबीपन की हल्की सी तह दिखाई दी तो मैंने दिल ही दिल में इत्मीनान की साँस ली।

"चाह के बारे में आपको एक मज़े की बात बताऊँ।" वो बोलीं।

"बहुत ख़ूब, माशा अल्लाह। फ़रमाएँ।"

"क्या आपको मालूम है 'चाह' को 'चाय' भी कहते हैं, और अरबी में इसे साय कहते हैं?"

"जी नहीं। मैंने इस शब्द और इस वस्तु की कोई खोज नहीं की।"

"शेख़ साहब के पास हकीमी विद्या की एक पुरानी किताब थी। 'ख़राबादीन-ए-मासूमी' सा कुछ उसका नाम था। उसके अन्त में बहुत से ख़ाली पन्नों पर किताब के किसी पिछले मालिक ने कई नुस्खे, टोटके और अलग-अलग औषधियों की तासीरें लिखी थीं। एक पन्ने पर चाह के बारे में एक कहानी लिखी थी कि ख़ता के देश में कोई लड़की थी। उसके निचले धड़ को फ़ालिज लग गया था और बोलने में हकलाती भी थी। एक दिन वो यूँ ही बिस्तर पर पड़ी थी कि अचानक एक कौवा आया और उसके बिस्तर पर कुछ छोटी-छोटी हरी पत्तियाँ गिराकर चला गया। ऐसा कई बार हुआ।"

"वाह साहब ये बड़ी अचरज की बात है।"

"अभी असल बात तो आपने सुनी ही नहीं। लड़की ने यूँ ही पाँच-सात पत्तियाँ उठा मुँह में डाल लीं और उनको चबाया तो बिलकुल नया स्वाद लगा, कुछ कसैला तो कुछ बनफ़्शा और उन्नाब जैसा। धीरे-धीरे एक-एक करके वो सारी पत्तियाँ चबा गई। अल्लाह का करना कि चन्द घड़ी में उसे अपने पिण्डे में बल महसूस हुआ। देखते ही देखते वो अपने पाँव पर खड़ी हो गई और उसकी हकलाहट भी जाती रही।"

"अरे वल्लाह करतार के भी खेल निराले हैं।"

"इसमें क्या शक है। ख़ैर तो फिर उस लड़की के पिता और भाइयों ने उस कौवे का घोंसला ढूँढ़ निकाला और कौवे का पीछा करते हुए वो एक जंगल तक पहुँचे जहाँ हज़ारों झाड़ियों पर वही पत्तियाँ उग रही थीं। उस बूटी का नाम तो उन्हें मालूम न था। लिहाज़ा उन्होंने उसे 'चाय' कह दिया कि ख़ता देश की भाषा में 'कौवे' को 'चाय' कहते हैं।"

"वल्लाह अजब अद्भुत क़िस्सा है। बिलकुल गुल बकावली या बद्र-ए-मुनीर के क़िस्सों जैसा।" मैंने कहा।

"अब सच्चाई जो भी हो लेकिन ये तो है कि शेख़ साहब जब मेरी ज़रूरत देखते तो चाय पीने को अवश्य कहते थे।"

"तो हज़रत दादा उस्ताद आपकी हर चीज़ का ख़याल रखते थे...साधनों की कमी इस पर कोई रोक न लगाती थी।"

"वो दीन-हीन तो न थे, लेकिन मैंने उन्हें सही मायने में पैसा वाला कभी न देखा। ख़ुशामद से उन्हें घृणा थी। वो कहते थे कि वास्तविकता में तो सब इनसान बराबर हैं, ख़ासकर इस ज़माने में जब न सन्त-महात्मा लोग हैं, न ऋषि-मुनि और मैं भी अपनी जगह पर अपने परिक्षेत्र का मालिक हूँ फिर किसी की ख़ुशामद क्यों करूँ?"

इतने में चाह बनकर आ गई थी। ये वो चाह थी जिसे लखनऊ में 'कश्मीरी चा' कहते थे न मालूम क्यूँ। या शायद इस कारण कि अंग्रेज़ साहब लोगों की चाह के बरख़िलाफ इसमें दूध, शक्कर और कुछ मसाले भी पड़ते थे।

"राजा मियाँ मुझे भी ज़रा सी चाह दे देना," कहते हुए वो फिर मुझसे बोलीं, "और उनमें सखावत भी बहुत थी। किसी ने कुछ माँगा तो जो कुछ बन पड़ा उसको दिया ज़रूर। मैं उनकी इस आदत से कभी-कभी दुखी भी होती। किन्तु वो यही कहते कि भूरा बेगम देने वाले ही को मिलता है।"

"परन्तु दादा उस्ताद के आख़िरी वर्षों की शायरी कुछ बहुत ज़्यादा नहीं। क्या ऐसा तो नहीं जो लोग कहते हैं कि वो अपने शेर बेचते थे..."

मैंने उनके चेहरे का रंग बदलता हुआ देखा और मुझे ख़याल आया कि मैंने फिर ग़लत बात कह दी। भूरा बेगम साहब को तो बस आक्रोश आ गया। चादर उन्होंने बदन से अलग उतार फेंकी। दोपट्टे का भी होश न था कि ठीक से सँभालें, "जिन लोगों ने मुँह से ऐसे कलाम निकाले मौला करेगा तो उनको क़ब्र में दोमुँही रस्सी ही डसेगी। बड़े आए कमबख़्त कहने वाले कि उनका आख़िरी वर्षों का कलाम सारा बिक गया..."

"मैं क्षमा चाहता हूँ उस्तानी साहब।" मैंने खड़े होकर हाथ जोड़े, "मेरी ऐसी कोई मंशा न थी। मैं तो सिर्फ़ एक बाज़ारी बात का ज़िक्र कर रहा था।"

"जी, भाड़ में जाएँ ऐसे बाज़ारी लुच्चे।" वो चेहरा और आँसू पोंछते हुए बोलीं, "सुनिए साहब, उन्होंने सैयद इंशा वाली घटना के बाद दो-चार बरस अलग-थलग रहना ज़रूर अपना तरीक़ा बना लिया था किन्तु अपनी तबीयत को कहाँ ले जाते? उन्होंने उसी ज़माने में कवियों का अपना परिपत्र पूरा किया, नज़ीरी निसापुरी के जवाब में पूरा दीवान फ़ारसी का लिखा, एक और फ़ारसी दीवान जो वह पहले से तैयार कर रहे थे उसे भी पूरा किया। हिन्दी का चौथा और पाँचवाँ दोनों दीवान उसी ज़माने के हैं। एक गद्य की किताब फ़ारसी में

'मजमाउल फ़वाइद' नाम की लिखी। मज़मून तो उनके सामने हाथ बाँधे खड़े रहते थे। उन्हें शेरों की क्या कमी थी।"

'मजमाउल फ़वाइद' का नाम सुनकर मेरे कान खड़े हुए। ये किताब तो आज तक शायद किसी ने भी न देखी थी।

"ये मजमाउल फ़वाइद' क्या कोई धार्मिक श्लोकों और वचनों की किताब है?" मैंने उनकी बात लगभग काटते हुए बेसब्री से पूछा। परन्तु उन्होंने सुनी अनसुनी कर दी।

"वो बड़े मुरव्वत वाले शख़्स थे। वो अपनी चाहत को छिपाते न थे, और न ही अपनी पसन्द-नापसन्द को व्यक्त करने में उन्हें कोई तकल्लुफ़ था। छोटों की इच्छा और ख़ुशी का ख़याल जैसा वो रखते थे क्या किसी और उस्ताद ने रखा होगा।" वो ज़रा गरम होकर बोलीं, "अगर किसी शिष्य या रोज़ के उठने-बैठने वाले ने उनका कोई शेर पसन्द किया या किसी ग़ज़ल की जी खोलकर प्रशंसा की तो बेखटके वो शेर बल्कि सारी ग़ज़ल उसको भेंट कर देते थे।"

वो साँस लेने के लिए ज़रा रुकीं तो मैंने कहा, "बेशक मेरे हज़रत की सखावत तो कहावत बन गई है।" किन्तु वो मेरी बात पर ध्यान दिए बिना इस तरह बोलती चली गईं मानो मैं मौज़ूद ही नहीं हूँ और वो किसी समाचार लिखने वाले को पर्चा लिखवा रही हो।

"और लोगों को अपने शेरों से इतना प्रेम होता है कि वो उन्हें अपनी मानसिक सन्तान कहते हैं। ऐसे लोग अपने शेरों को यूँ सीने से लगाए रहते हैं जैसे बन्दरिया अपने मृत बच्चे को चिमटाए-चिमटाए घूमती है। और मेरे शेख़ साहब का ये आलम कि उनका काव्य मानो दस्तरख़्वान था और सारी दुनिया उनकी मेहमान। अब अगर कोई क़द्रदान या शिष्य ऐसे में शुक्रिया अदा करने के तौर पर एक-दो रुपए उनके क़दमों में रख देता तो क्या ये शेर बेचना हुआ? क्या शिष्यों पर उस्ताद का इतना भी अधिकार नहीं?"

"क्यों नहीं, बेशक इससे भी ज़्यादा हक़ है।"

"तो फिर ये शेर बेचने की बात कहाँ से उड़ा दी आप लोगों ने...?"

"मैंने नहीं, कदापि नहीं ऐसी कोई बात मैंने ख़ुद से नहीं कही। मैं तो बस सुनी-सुनाई अर्ज़ कर रहा था," मैंने हाथ मलते हुए सर झुकाकर कहा, "शर्मिन्दा हूँ कि ऐसी बात ज़बान पर लाया ही क्यों।"

अब उनका आक्रोश कुछ कम होने लगा था। कुछ पल चुप रहकर उन्होंने ठंडी साँस ली और बोलीं, "साहब आप मेरे बच्चों की तरह हैं। उम्र में न सही लेकिन रिश्ता तो वही है। आपके दादा उस्ताद तो वो शख़्स थे कि माँगने वाले को तन के कपड़े उतारकर बख़्श देते। शेर की क्या बात है, शेर तो वो जब जितने चाहते कह लेते। ग़लत नहीं कहा था :

है मुसहफ़ी वो शख़्स जो आवे उसे टूटा[1]
तनख़्वाह में नौकर को ये दीवान लगा दे

"सुब्हान अल्लाह कलाम में क्या ज़ोर है और क्या अच्छा मज़मून।"

अब वो ज़रा और नर्म पड़ीं, "उन्होंने 'मजमा-उल फ़वाइद' में अपने घराने के पुराने हालात कुछ अपनी आपबीती और अपने चिन्तन की बातें लिखी हैं। जिन दिनों वो यह

1. पैसे की कमी होना।

किताब लिख रहे थे उसी ज़माने में उन्होंने एक ग़ज़ल कही जिसके कुछ शेरों पर मैंने ज़रा उल्टी सीधी बात कह दी थी..."

अवश्य ये वही घटना रही होगी जिस पर हज़रत शेख़ उनसे नाराज़ हुए थे, मैंने दिल में कहा। किन्तु पूछूँ तो कैसे। आज तो मैं कई जन्म की उनकी नाराज़गी का सामान पहले ही उपलब्ध करा चुका था। मैंने चुप रहने ही में बेहतरी समझी। एक-दो क्षण बाद वो स्वयं बोलीं, "शेख़ साहब के धार्मिक विश्वासों के बारे में मैं आपसे पहले ही बता चुकी हूँ..."

"जी।" मैंने कुछ विशेष उत्सुकता दिखाए बग़ैर साधारण स्वर में कहा कि उन्हें ख़याल न आए कि मैं किसी विशेष बात की जिज्ञासा में हूँ।

"कभी-कभी वह मुझसे कहते भूरा बेगम मानव सबसे बड़ी वास्तविकता है। मैं घबराकर कहती आप ये क्या कह रहे हैं? अल्लाह, नबी, इमाम, क़यामत, कुरआन, काबा ये सब कुछ नहीं? तो वो कहते, बेगम साहब, मैं किसी धार्मिक दृष्टि से नहीं साधारण मानवीय दृष्टिकोण से यह बात कह रहा हूँ। मनुष्य को सर्वश्रेष्ठ रचना आख़िर क्यों कहा गया है? मैं कहती कि ये बारीक़ बातें आप बड़े-बड़े आलिमों और मौलाना लोगों के लिए छोड़ दें। हमें इन बातों से क्या लेना-देना। वो हँसकर चुप हो जाते।"

मैं पूरे तन-बदन को कान बनाए सुन रहा था। बीच में कुछ पूछने या हूँ-हाँ करने की भी हिम्मत न थी कि पता नहीं क्या बात उनकी मनःस्थिति को बदल दे।

"गर्मी के दिन थे, नींद न उन्हें ठीक से आ रही थी न मुझे। मच्छरों और खटमलों की बहुतायत, हवा बन्द, और हमारा छोटा सा घर। मैं उन्हें पंखा झलती तो वो पंखा मेरे हाथ से लेकर मुझे झलने लगते। गर्मी से तंग आकर मैने दोपट्टा अलग कर दिया था और सिर्फ़ ऊँची चोली का शलूका मलमल का और ढीला सूसी का पायजामा पहने लेटी थी। पायजामे के भी पायँचे मैंने थोड़े बहुत उठा रखे थे। एक बार उन्होंने पंखा ज़रा ज़ोर से हिलाया तो शलूका और एक पायँचा ज़रा और उठ गया। बस उसी वक़्त उन्होंने मतला पढ़ ही तो दिया :

शब पेश-ए-नज़र हुस्न का बाज़ार तो रखा
खटमल का मैं ममनूँ[1] हूँ कि बेदार[2] तो रखा

"चलिए हटिए, मैंने तुनककर मुँह फेरते हुए कहा। आपको तो हर वक़्त हर मज़मून पर शेर ही सूझते हैं। यहाँ गर्मी के मारे जान जा रही है...मैंने करवट लेकर सोने की कोशिश की, और ख़ुदा मालूम कब मुझे नींद आ ही गई परन्तु जब-जब आँख खुलती तो चिराग़ को रोशन और शेख़ साहब को लिखता हुआ देखती। वही मुई खटमल वाली ग़ज़ल पूरी कर रहे होंगे, मैंने दिल में कहा।

"सवेरा होते-होते मुझे अच्छी नींद आ गई। फ़ज्र की नमाज़ भी छूटते-छूटते रह गई। शेख़ साहब अब बेख़बर सो रहे थे, उनके जागने का वक़्त भी अभी न था। वो काग़ज़ जिस पर वो रात ग़ज़ल लिख रहे थे उनके तकिए के नीचे से झाँक रहा था। वो मुझे अपने नए शेर ख़ुद ही सुनाते या पढ़ने के लिए दे देते थे। इसलिए मैंने आहिस्ता से, इस तरह कि उनकी नींद न उचटे, वो काग़ज़ उनके सिरहाने से खींच लिया।

1. आभारी, 2. जागता हुआ।

"लम्बी ग़ज़ल थी, लगभग दो ग़ज़लों के बराबर। किन्तु वो न थी जिसमें उन्होंने कल रात मत्ला कहा था।"

वो कुछ देर चुप रहीं जैसे उस सुबह की बातें याद कर रही हों फिर उन्होंने मुहम्मद राजा को आवाज़ दी कि मेरे पलंग के नीचे जो छोटा सन्दूक़ रखा है उसे उठा ला। राजा मियाँ ने सन्दूक़ ला हाज़िर किया तो उन्होंने उसमें से टटोलकर कुछ पुराने काग़ज़ निकाले।

"अट्ठारह शेर की ग़ज़ल थी। उसमें सात शेरों का किता था जिसे पढ़कर मेरी तो जान ही निकल गई।"

उन्होंने पढ़ना शुरू किया। आवाज़ में हल्की सी कँपकँपाहट और शेरों के मज़मून को नापसन्द करने का भाव झलक रहा था :

यक शब[1] जो अश्क[2] से भी मैं आगे निकल गया।
इस जुस्तजू[3] में देखूँ तो है लामकाँ[4] कहाँ।

नागह[5] सरोश-ए-ग़ैब[6] ने ये दी मुझे निदा[7]
आता है याँ भटकता हुआ ऐ जवाँ कहाँ

मैंने कहा मैं ख़ाना-ए-सन्ना-ए ख़ल्क़ को[8]
दुनिया में ढूँढ़ता न फिरा था कहाँ कहाँ

आख़िर पता मिला था मुझे बर फ़राज-ए-अर्श[9]
पर दिल कहे था मुझसे तू पहुँचा वहाँ कहाँ

हिम्मत दलील बन के ले आई तो है मगर
बतलावें तो ये बात है उसका निसाँ कहाँ

झुँझला के तब ये उसने कहा मुझसे बेशुऊर
क्या लामकाँ को ढूँढ़ें है, है लामकाँ कहाँ

जा मुल्क-ए-तन[10] की आलम-ए-हस्ती[11] में सैर कर
तुझको वहीं मिलेगा निसाँ याँ निसाँ कहाँ

वो इन शेरों को पढ़कर चुप हो गईं। जैसे समझ में न आ रहा हो कि बात को किस तरह आगे बढ़ाएँ। और मैं इधर दम साधे बैठा था कि अगर मैं ग़लत न समझा था तो इन शेरों से साफ़-साफ़ अपनी ही पूजा करने या लौकिक वस्तुओं को लामकाँ के सत्यों पर प्रधानता देने का रुझान स्पष्ट था। किन्तु उनकी ख़ामोशी से बात भी प्रकट होती थी कि

---

1. रात, 2. आँसू जो दूर तक बहते हैं, 3. तलाश, 4. वो जगह जहाँ कुछ भी नहीं है, लामकाँ होना एक ईश्वरीय गुण है, 5. अचानक, 6. रहस्यमय फरिश्ता, 7. आवाज़, 8. सृजनहार का घर, 9. परमेश्वर के सिंहासन के ऊपर, 10. शरीर का देश, 11. संसार की स्थिति।

वो इन शेरों के बारे में मुझसे कुछ सुनना चाहती हैं। बरबस होकर मैंने ख़ामोशी की मुहर तोड़ी और ठहर-ठहरकर कहा :

"अगर मैं ग़लत नहीं समझा तो इस क़िते में हज़रत शेख़ ने पदार्थ को आत्मा पर प्रधानता दी है या उनकी सूरत को वस्तुओं के मूल सत्य की अन्तर्वस्तु निर्धारित किया है।"

उन्होंने गहरी साँस ली, जैसे उन्हें कोई उलझन थी जो मेरी बात से दूर हो गई, "यही तो उस वक़्त मैंने भी अपने दिल में कहा था," वो बोलीं, "मैं दार्शनिक लोगों की तरह बाल की खाल निकालना क्या जानूँ। परन्तु मैं डर रही थी कि यह शेर यदि लोगों में प्रचलित हुए तो मुल्ला-मौलवी लोग क्या शिया क्या सुन्नी इनका मतलब वही निकालेंगे जो शेख़ साहब के ख़िलाफ़ जाएगा। और मानो ऐसा न भी हुआ तो अल्लाह तो है, वहाँ उसके दरबार में शेख़ साहब क्या कहेंगे और किस प्रकार क्षमा याचना करेंगे।"

"किन्तु यह तो शायरी है, मज़मून बनाने की बात है। कभी लोग ऐसी बातें निकालते ही रहते हैं।" मैंने सँभल-सँभलकर कहा।

"आप ठीक कहते हैं," वो बोलीं, "किन्तु ये शेर उस वक़्त तो मुझे बिलकुल अहम् की पूजा और अधर्म पर आधारित लगे। इस शायरी का ज़ोर तो देखिए। साफ़ मालूम होता..."

"यह केवल मज़मून बनाने की बात नहीं है।" मैंने उनकी बात पर सहमति व्यक्त की, "लेकिन फिर भी, शेर तो शेर है।"

उन्हें मेरी बात से सन्तोष होने के बजाय कुछ और बेचैनी हुई, "नहीं-नहीं, ऐसा हरगिज़ नहीं। उनके विचार सारे के सारे अधर्म पर आधारित कहे जा सकते हैं।" इतना कहकर वह फिर चुप हो गईं, जैसे अपने अन्दर किसी संघर्ष का सामना कर रही हों। और यह तो स्पष्ट ही है कि मुझे कुछ और कहने या पूछने की हिम्मत न थी। मैंने दिल में कहा कि इस समय उन पर मानसिक दबाव बहुत है और उनका स्वास्थ्य भी ठीक नहीं। आज बात को यहीं समाप्त कर दें तो अच्छा हो। ये ख़याल करके मैंने उठने की कोशिश की तो उन्होंने इशारे से मुझे बैठे रहने को कहा।

अचानक उनकी आँखों से आँसू निकल पड़े। दोनों आँखें नदी की तरह बह निकलीं, किन्तु न सिसकी थी न आवाज़। बस सर झुकाए वो रोए चली जा रही थीं। मुझे और भी घबराहट हुई कि अब क्या करूँ। वो दुपट्टे से आँसू सुखातीं और जिस तेज़ी से वो ख़ुश्क होते उसी तेज़ी से फिर बह निकलते। मुहम्मद राजा दौड़कर कटोरे में पानी लाया। उन्होंने रुक-रुककर कठिनाई से दो-चार घूँट पीए। थोड़ा सा पानी चुल्लू में लेकर मुँह पर छिड़का। मैं चुपचाप सारा दृश्य देखता रहा। अचानक उन्होंने बहुत धीमी आवाज़ में बोलना शुरू किया। इतने नीचे स्वर में बोलीं कि मुझे कभी-कभी कानों पर ज़ोर देना पड़ता था।

"उस दिन ख़ुदा जाने कौन सी कमबख़्ती मुझमें समा गई थी, शेख़ साहब के धार्मिक विश्वास की त्रुटियों पर दुःख और आक्रोश था। उनको नरक के दंड से बचाने की धुन थी या इस बात का डर था कि मौलाना मौलवी लोग उनसे नाराज़ होंगे। उनके विश्वासों का हाल तो मुझे लगभग पहले ही दिन से मालूम था। और जहाँ तक प्रश्न यह था कि वे नरक जाएँगे या स्वर्ग तो यह मामला उनके अल्लाह के बीच था। मैं कौन होती थी उन पर दरोग़ा होकर बैठने वाली..."

मैंने चुप रहना उचित समझा, किन्तु एक क्षण बाद मैंने इतना ज़रूर कहा, "किन्तु हज़रत शेख़ का भला चाहना तो आपका अधिकार और कर्तव्य था।"

"था, या शायद नहीं था। वो अच्छा-बुरा मुझसे बेहतर जानते थे। अब तो मैं यही कहती हूँ कि काश मैंने इस बात को इतना लम्बा न खिंचने दिया होता।"

उन्होंने सन्दूक़ में टटोलकर काग़ज़ के दो टुकड़े मेरी तरफ़ बढ़ाए। मैंने उठकर उनके हाथ से वो काग़ज़ लिए तो देखा कि निहायत पक्की और सुन्दर शिकस्ता लिखाई में वही ग़ज़ल थी और क़ाग़ज दो टुकड़े था। बात कुछ-कुछ मेरी समझ में आ रही थी।

"ये...ये हज़रत शेख़ की लिखाई है, और आपने आक्रोश में इस काग़ज़ को..."

उनकी आँख में फिर आँसू भर आए। उन्होंने सर के इशारे से हाँ कही। मैं सन्न-सा होकर रह गया। हज़रत शेख़ जैसा स्वाभिमानी और ऊँचे दिमाग वाला शख़्स, और अपनी कविता का अपनी ही बीवी के हाथों ये हाल देखे। ख़ुदा की पनाह। वो जितना भी ख़फ़ा होते कम था।

रुआँसी आवाज़ में भूरा बेगम ने कहा, "जब वो जागे तो मैं उनसे ख़ूब ही लड़ी। फिर मैंने ये काग़ज़...ये काग़ज़...उनके सामने फा...फाड़ डाला। मैंने कहा कि आपको ख़ुदा का डर न हो, मुझे तो है। उनके चेहरे पर एक रंग जाता, एक रंग आता। परन्तु उन्होंने केवल इतना कहा, भूरा बेगम आपको ये अधिकार न था। न मेरी ग़ज़ल फाड़ने का, न मेरे धार्मिक विश्वासों पर दरोग़ा बनकर बैठने का। मैं इनसान को सब कुछ समझता हूँ। और हमारे पैग़म्बर मेरी जान उन पर कुर्बान हो, सबसे अच्छे इनसान थे मगर फिर भी इनसान ही तो थे...क़ुरान में है..."

"मैंने बात काटकर कहा, मैं ये सब बारीक़ियाँ क्या जानूँ। मेरी समझ से तो अल्लाह के बाद नबी और नबी के बाद इमाम, बस यही सच्चा धर्म है, यही सब कुछ है। बाक़ी सब ढकोसले हैं। ख़ुदा जाने आप अपना ईमान किस शैतान के पास गिरवी रख आए हैं। मैं लगभग रोती हुई लेकिन तेज़ आवाज़ में बोली। शेख़ साहब अब तक पलंग ही पर बैठे हुए थे। अब वो एक़दम से उठ खड़े हुए और बोले, आपका दिमाग़ चल गया है। इस वक़्त आपसे बात करना ख़तरे से खाली नहीं। ये कहकर उन्होंने खूँटी पर से अपना चोगा उतारा, दरवाज़े की कुंडी खोली और ये जा वो जा। मैं देखती ही रह गई।"

"हे राम!" मेरे मुँह से निकला, "ये तो बड़ा बुरा हुआ।"

"ये आप मुझसे कह रहे हैं।" वो ज़रा तेज़ लहज़े में बोलीं, "उस वक़्त जो हालत मुझ पर गुज़र गई उसका हाल मैं आपसे क्या बताऊँ।"

कुछ देर तक सर झुकाए वो सन्दूक़ में कुछ तलाश करती रहीं, फिर बोलीं :

"मैं पहले तो गुमसुम बैठी रही। मुझे अपनी मूर्खता के कारण आशा थी कि वो अभी वापस आ जाएँगे। परन्तु थोड़ा समय गुज़रने के बाद मैंने अचानक दरवाज़ा बन्द होने की आवाज़ मानो दोबारा सुनी। दरवाज़े का खुलना तो मैंने ख़ुद ही देखा था। फिर जब उन्होंने ज़ोर से दरवाज़ा बन्द किया तो वो आवाज़ भी मैंने सुनी। किन्तु उस समय शायद मेरे दिमाग़ ने उसे स्वीकार न किया था, मैं समझी ही न थी कि क्या हुआ। अब कोई एक घड़ी बाद उस आवाज़ का अर्थ मुझ पर खुला कि शेख़ साहब बाहर चले गए हैं। अब वो कब आएँगे...आएँगे भी कि नहीं? मेरा दिल कह रहा था कि ज़रूर आएँगे, मुझे इस तरह छोड़कर

वो जा नहीं सकते। लेकिन मेरी बुद्धि कह रही थी कि शायद कई दिन तक न आएँ, या भगवान न करे कभी न आएँ...तो मैं क्या करूँगी।"

उनके आँसू फिर बह निकले, "मैं घर में बिलकुल अकेली, पास-पड़ोस के घरों से भी हमारा मिलना-जुलना बहुत न था। शेख़ साहब को शेर से छुट्टी न थी। और हम इतने खाते-पीते भी न थे कि लोगों के यहाँ आते-जाते, दावतें करते, मिलते-मिलाते। फिर अभी तक मैं मुताही ही थी, ऐसी औरतों को लोग अपने घरों में बुलाते कम थे।"

"जफ़रउद्दौला बहादुर के यहाँ से तो आपका सम्पर्क बना रहा होगा," मैंने कहा, "फिर ख़्वाजा आतश थे, और दूसरे शागिर्द थे..."

"किन्तु मैं अकेली जान, औरत ज़ात घर से बाहर कैसे निकलती? और मान लिया निकल भी जाती तो कहीं इतनी देर में शेख़ साहब वापस आ गए और मैं उन्हें घर में न मिलती..?"

"जी, ये बात तो है।" मैंने सर झुकाए धीरे से कहा।

"एक दो घड़ी और उनकी राह मैंने धैर्य से देखी। फिर ज़ोर-ज़ोर से रोना शुरू कर दिया। किन्तु मुहल्ले वाले भी शायद बहरे थे कि कोई पूछने को न आया कि तुझे क्या कष्ट है। जब मैं ख़ूब रो चुकी तो अपने दिल को मैंने यह कहकर समझाना शुरू किया कि भूरा, तुझे तेरी माँ की गोद से छुड़ाकर भी मालिक ने पाला-जिलाया, खिला-पिलाकर बड़ा किया। मौला अली सब मुश्किलों को आसान करने वाले हैं। वो चाहे तो क्या नहीं हो सकता। तूने किसी का कुछ बिगाड़ा नहीं है और अभी शेख़ साहब को गए देर ही कितनी हुई। माना तू उनकी दोषी है किन्तु जो कुछ तूने किया उनकी भलाई के लिए ही किया।

"इस तरह अपने दिल को तसल्ली दे मैंने नहा-धो कर साफ़-सुथरे कपड़े पहने। और इस बीच में पीर दीदार का कुंडा, पीर यकायक का रोज़ा, चेहलकुज़ी के ताक़ और न जाने कितनी मन्नतें मान डालीं। आधी-अधूरी दुआएँ जो मुझे याद थीं, मैंने पढ़ डालीं फिर अचानक दिल में एक बात आई। मुझे लिखना तो आता था किन्तु बहुत सुन्दर लिखाई न थी। हाँ और लड़कियों से कुछ बीस ही लिख लेती थी। मैंने साफ़ काग़ज़ उनके क़लमदान से निकाला, पुरानी क़लम को धोकर साफ़ किया। फिर मौला का नाम लेकर वही सारी ग़ज़ल काग़ज़ पर साफ़-साफ़ उतारी।"

उन्होंने अपने सन्दूक़ में फिर ढूँढ़ा और इस बार एक बड़ा काग़ज़ जो कई बार का तह किया हुआ और खोला हुआ लगता था, यूँ ही तह किया हुआ मेरी तरफ़ बढ़ाया। मैंने जब उसे खोला तो वही ग़ज़ल थी ज़रा कच्चे किन्तु दिल को मोहने वाले अक्षरों में लिखी हुई। मक़्ते के ज़रा नीचे लाल स्याही से लिखा था : 'क्षमा की प्रार्थी आपकी दासी हयातुन्निसा उर्फ भूरा' और उसके भी नीचे हज़रत शेख़ की सुन्दर शिकस्ता लिखाई में अंकित था किन्तु ज़रा मिटा-मिटा सा 'मुसहफ़ी तुमसे ख़फ़ा ही कब था।' मैं समझ तो गया था कि ये अक्षर मिटे से क्यूँ हैं किन्तु उनकी तरफ़ देखकर मैंने पुष्टि चाही तो उन्होंने कहा, "जी हाँ।" फिर वो दुपट्टे से आँखें सुखाती हुई बोलीं : "मैंने ज़ुहर की नमाज़ का सलाम फेरा ही था कि दरवाज़े की कुंडी फिर उसी अन्दाज़ से खटकी। मैं तो बिलकुल सुन्न होकर रह गई, लगता था यहीं जानमाज़ पर ढेर हो जाऊँगी। फिर अक्ल ने आड़े हाथ लिया कि होश में आ, ये मौक़ा देर करने का नहीं। मैं काँपते पाँव से उठी, जूती पहन रही थी कि बड़े ज़ोर का चक्कर

आया। फिर मैं कुछ इस तरह बेतरह गिरी कि चौकी का कोना माथे में चुभ गया और ख़ून बहने लगा। मुझे कुछ ख़बर न हुई। मैंने दरवाज़ा खोला तो शेख़ साहब ने मेरे चेहरे को ख़ूनमख़ून देखा और कुछ का कुछ समझ बैठे।"

मैंने आज पहली बार उनके चेहरे पर मुस्कान का सच्चा प्रकाश देखा। उन्होंने आँचल ज़रा सरकाया तो मैंने माथे के ठीक बीच में बिन्दिया की तरह का गोल निशान देखा। उन्होंने उस पर इस तरह हाथ फेरा मानो वही दाग़ उनके लिए सारे मुखड़े में सबसे प्यारी वस्तु हो।

13

वर्ष 1539 और 1540 के दिन आला हज़रत मुहम्मद नरीरउद्दीन हुमायूँ बादशाह के लिए बड़े कठिन थे। उनकी फ़ौजों की जगह-जगह पराजय हो रही थी। वर्ष 1540 में उनकी अगणित सेनाओं और सरदारों को शेरख़ान सूरी ने चौसा के स्थान पर घोर पराजय दी। न केवल यह कि वो बचे-खुचे लश्कर और सामान तथा शाही ख़ेमों को ढकेलता हुआ गंगा के उस पार बहुत दूर तक ले गया, बल्कि उसने फ़ौरन ही शेर शाह के नाम से अपनी बादशाही की घोषणा करके दिल्ली और आगरा की राह ली। उधर हुमायूँ के दरबार की चौखट के वफ़ादार जियाले एकत्र होकर शेरख़ान सूरी से अन्तिम संग्राम के लिए फ़ौजी सामान एवं हथियार उपलब्ध करा रहे थे, ख़ज़ाना जुटा रहे थे, और उन अफ़गान कबीलों के सरदारों से सम्पर्क स्थापित कर रहे थे जो अभी शेरख़ान के कब्जे और दबाव से दूर थे।

इसी वर्ष 1540 में मुहम्मद नसीरुद्दीन हुमायूँ के रास्ते और विजय सफलता के रास्ते अलग-अलग होने वाले थे। कन्नौज के स्थान पर निर्णायक युद्ध होने वाला था। देश की रियाया बौखलाई हुई थी और यह समझने में असमर्थ कि मुरझाते हुए तैमूरी तुर्रे को सलाम और सम्मान के फूल पेश करे या युद्ध की लालिमा से लहलहाते हुए सूरी गुलाब का स्वागत करे।

शेरख़ान ने एक नई विधि अपनाई थी कि वो साहस, वफ़ादारी और सिपहसालारी के गुण रखने वाले ग़ैर अफ़गानों को भी अफ़गान घोषित कर देता। इस अवसर पर एक औपचारिक और बहुत विस्तृत प्रवेश प्रक्रिया सम्पन्न की जाती। फिर नवआगन्तुक सरदार और उसके कबीले को एक नया अफ़गानी नाम दिया जाता। ये ग़ैर अफ़गान सरदार अथवा कबीले केवल राजपूतों के न थे। उनमें कई मुसलमान ग़ैर अफ़गान समुदाय और ग़ैर मुस्लिमों में ब्राह्मण व वैश्य भी शामिल कर लिए जाते। धर्म या ज़ात-पात की शर्म न थी। शर्त केवल यह थी नवआगन्तुक सरदार या कबीले में 'अफ़गानी' गुण हैं या नहीं।

इन नवआगन्तुक अफ़गानों की वफ़ादारी शेरख़ान के साथ तो सीसा पिलाई गई दीवार की तरह दृढ़ थी किन्तु आपस में उनके तनाव, झगड़े और एक दूसरे पर बाज़ी ले जाने की कोशिशें अभी वैसी की वैसी थीं। बल्कि कुछ कबीलों और सरदारों के यहाँ तो और भी बढ़ गई थीं। लोहानी लोगों में घमंड बहुत था। वो अपने आगे किसी को कुछ समझते न थे। दक्षिणी विहार के सुल्तान का बेटा जलाल ख़ाँ लोहारी हालाँकि नवयुवक था और शेरख़ान का शिष्य था लेकिन वो ख़ुद को तमाम अफ़गानियों से उच्चतर समझता था। शेरख़ान ने कुछ ही वर्षों में उसके सारे बल निकाल दिए। दूसरी ओर सारंगख़ानी पठान थे जो असल

में तुर्क बच्चे यानी तुर्क और ग़ैर तुर्क अमीरों के गुलामों की सन्तान थे और अपनी जवाँमर्दियों के कारण धीरे-धीरे अफ़गानों के समुदाय में सम्मिलित हो गए थे। सारंगख़ानियों और फ़ार्मुलियों में बिलकुल न बनती थी। फ़ार्मुली अपनी असल में शेख़ज़ादे थे। परन्तु फ़ार्मुलियों की सबसे ज़्यादा दुश्मनी क़ायमख़ानियों से थी जो नस्ल के राजपूत थे।

कन्नौज के युद्ध को अभी कुछ समय बाक़ी था। अमरोहा, सँभल, हातिमसराय वग़ैरह के फ़ार्मुली और क़ायमख़ानी अभी अपनी ही दुश्मनियाँ निकालने में लगे हुए थे। उन्हें हुमायूँ का साथ देना मंज़ूर न था, और शेरशाह के साथ होने के पहले वो सल्तनत की बिसात पर अन्तिम बाज़ी के परिणाम की प्रतीक्षा में थे।

अमरोहा से कोई 15 कोस की दूरी पर एक गाँव शेख़पुर है जहाँ फ़ार्मुलियों की धाक थी। उसके दक्षिण-पूर्व में कोई तीन कोस पर मँझावली गाँव है जहाँ के वासी उस समय अधिकतर राजपूत और दूसरी जातियों के लोग थे। मँझावली और शेख़पुर को मिलाती हुई एक कच्ची सड़क थी जो धनुष आकार में दोनों गाँवों के पास से होकर एक छोटे से गाँव पर समाप्त होती थी जिसका नाम घरौरा मलकाँव था। यहाँ की आबादी सारी की सारी फ़ार्मुलियों की थी। मँझावली और शेख़पुर को मिलाने वाली धनुषाकार सड़क से ज़रा हटकर मेरे पूर्वजों की जन्म भूमि अकबरपुर थी। थी मैं इसलिए कहता हूँ कि भूमि का वो हिस्सा अब पृथ्वी पर केवल काले ऊसर के रूप में है जिस पर कहीं-कहीं पलाश या ढाक के पेड़ों से हरियाली और फूल के मौसम में उनके लाल-लाल फूलों से कुछ लालिमा लिए हुए भयंकर प्रकाश दिखाई देने लगता है।

कहने को तो हम लोग भी शेख़ क़ौम के थे, परन्तु फ़ार्मुली शेख़ज़ादे पठानों की ज़बरदस्तियों के लम्बे हाथ हमें चैन से जीने न देते थे। आए दिन के झगड़े, किसी की ज़मीन को बलपूर्वक जोत लेने का किसी दूसरे पर सच्चा या झूठा आरोप, किसी फ़ार्मुली की लड़की किसी शेख़जादे के लड़के के साथ भाग गई, तो ये आरोप कि उसे भगा लिया गया है, किसी का बैल किसी ने ज़बरदस्ती बाँध लिया और दावा किया कि यह मेरी ज़मीन में चर रहा था। ये रोज़ के झगड़े-टंटे थे। कभी-कभी ख़ून-ख़राबे की भी नौबत आ जाती।

हम शेख़ लोग पुस्तकों और खेतियों के लोग थे और फ़ार्मुली पठान अपने को तलवारियों का सरदार समझते थे। उनके पास हथियारों की भी बहुतायत थी। पराजय बहुधा हमीं लोगों की होती। जब से ताज और सिंहासन के लिए पठानों और आला हज़रत नसीरुद्दीन हुमायूँ के बीच युद्ध आरम्भ हुआ था, देश की व्यवस्था बिगड़ी हुई थी और पठानों के खिलाफ़ सुनने को यूँ भी कोई तैयार न होता था।

शेख़ क़वामुद्दीन हमारे गाँव अकबरपुर के सम्भ्रान्त लोगों में थे। एक दिन सूचना मिली कि घरौरा मलकाँव के एक झगड़ालू और सशक्त ज़मींदार बिलाल ख़ाँ के जवान बेटे की रहस्यमय परिस्थितियों में हत्या हो गई है। उसका धड़ कहीं मिला है और सर कहीं उस पगडंडी पर जो घरौरा मलकाँव से शेख़पुर को एक ज़रा घने जंगल जलेबी और बबूल, भटकटैया और झड़बेरियों के जंगल से होकर मिलाती थी। अब न जाने सचमुच ग़लतफ़हमी के आधार पर या मौक़े का फ़ायदा उठाकर हम लोगों को जड़ से उखाड़ फेंकने के अच्छे बहाने के तौर पर घरौरा मलकाँव की तरफ़ से यह अफ़वाह उड़ी कि ये क़त्ल शेख़ क़वाम के एक बेटे ने प्रेम प्रतिस्पर्धा में किया है। और यह प्रतिस्पर्धा एक

चरवाहे की लड़की के प्रेम के कारण थी क्योंकि उस चरवाही लड़की का झुकाव बिलाल ख़ाँ के बेटे की तरफ़ था।

शेख़ कवाम अभी व्यवस्था कर रहे थे कि किसी तरह किसी को दूत बनाकर भेजें और बिलाल ख़ाँ को विश्वास दिलाएँ कि मेरा बेटा हरगिज़ इस हत्या का दोषी नहीं। इतने में दूसरी अफ़वाह ये उड़ी कि घरौरा मलकाँव की तरफ़ से कई सौ पठानों की भीड़ हमारे गाँव को लूटने और तबाह करने को चल पड़ी है। शेख़ साहब की समझ में कुछ न आया सिवाय इसके कि इस अफ़वाह की पुष्टि के लिए किसी हरकारे को भेजें। शाम होते-होते हरकारे ने आकर ख़बर दी कि कुछ तैयारियाँ सी हो तो रही हैं, किन्तु जो भी होगा कल बिलाल ख़ाँ के बेटे को दफ़नाने के बाद ही होगा।

अफ़सोस कि शेख़ क़वामउद्दीन और दूसरे बड़े-बूढ़ों ने अब भी सुरक्षा के कोई प्रबन्ध न किए। इतना भी न किया कि अपनी औरतों व बच्चों को अन्यत्र सुरक्षित जगह भेज देते। औरतें पकाने-राँधने में व्यस्त हुईं और मर्द लाठियाँ और दूसरे हथियार जुटाने लगे, किन्तु हर चीज़ बड़ी सुस्ती बल्कि अनिच्छापूर्वक हो रही थी।

यहाँ शाम का सन्नाटा कुछ गहराया तो गाँव के चारों तरफ़ से मशालों की रोशनियाँ हमारी तरफ़ बढ़ती दिखाई दीं। हम अभी समझ भी न पाए थे कि ये डाकू हैं या पठान या और कोई पाजी क़ौम, कि इतनी ही देर में घरौरा मलकाँव के सारे बूढ़े जवान, यहाँ तक कि नवयुवक लड़के एक हाथ में मशाल और दूसरे हाथ में नंगी तलवार लिए हमारे बीच में थे। हमलावरों ने पूरी तरह सोच-समझकर और पूरी व्यवस्था के साथ आक्रमण किया था। लम्बे-तगड़े अधेड़ आयु के आक्रमणकारियों ने पूरे गाँव को घेरे में ले लिया था, किसी को भागने का रास्ता न था। इधर गाँव के अन्दर घुस आने वाली भीड़ ने एक साथ बीसियों घरों को आग लगा दी।

पलक झपकते में आग हर घर, हर खलिहान, हर दालान, हर बँगले तक फैल गई या फैला दी गई। शेख़ क़वाम की बीवी अपने दुधमुँहे बच्चे निज़ाम को भुसैले में छिपा आई कि शायद उसकी जान बच जाए। उसने ये न सोचा कि बच्चा इस पकड़-धकड़ में सुरक्षित भी रहा तो जाएगा कहाँ। और भूसे के ढेर में उसका दम घुटकर मर जाना भी कुछ आश्चर्य की बात न होती। परन्तु उस समय किसी को कुछ सूझता न था। मशालों और जलते हुए छप्परों की लाल लपलपाती रोशनी में केवल परछाइयाँ और धुँधली ख़ून में लिथड़ी हुई लाशें दिखाई देती थीं और हवा में कच्चे गोश्त के जलने की भयानक चिराँध फैली हुई थी। शेख़ क़वामुद्दीन तो पहले ही हल्ले में मारे जा चुके थे, अब उनकी पत्नी को भी तलवारों से काटकर हमलावरों ने भुंसैले में आग लगाने की ठानी।

भूसे में अभी आग पूरी तरह लगी न थी। यूँ भी उस आलम में धुआँ ज़्यादा था, आग कितनी कहाँ लगी है यह स्पष्ट दिखाई न देता था। हमलावरों को अकबरपुर वासियों का क़त्लेआम करते एक पूरा घंटा बीत चुका था। अत्याचार से पीड़ितों के शोर और शोलों की लाली और धुएँ के भूरे मलगज़े बादलों ने शेख़पुर और मँझावली के लोगों में भी ये बात फैला दी कि ये रात अकबरपुर के वाशिन्दों पर अन्तिम रात है। फिर कुछ तो लूटमार के मतलब से और बहुधा तमाशा देखने के लिए लोग घरों से निकले और घोड़ों-घोड़ियों, साँडनियों पर सवार धावा मारते हुए अकबरपुर पहुँचे। कुछ तो अपनी बहुओं और बीवियों को भी मौत

के मनोरंजन में हिस्सा दिलाने लाए थे। इन्हीं में शेख़पुर के एक ज़मींदार शेख़ मम्मू की पत्नी भी थी। उसने भुसैले में आग लगते देखा तो पुकारकर कहा, "अरे ज़रा रुको, लोगों ज़रा रुको। कहीं इसमें कोई बेज़बान ढेर-डंगर न हो।" यह कहती हुई वो भीगा दुपट्टा मुँह पर लपेटकर भूसख़ाने में घुस पड़ी।

वहाँ जानवर तो कोई न था। परन्तु जिस प्रकार अल्लाह पाक पालनहार ने अपने दोस्त इब्राहिम पैग़म्बर के पक्ष में भड़कती हुई आग को आदेश दिया था कि ऐ आग तू इब्राहिम पर ठंडी और सुरक्षित बन जा, उसी तरह वहाँ शेख़ क़वाम का बेटा निज़ाम पुआल के एक ढेर तले आधा दबा हुआ अपना अँगूठा चुसुर-चुसुर पी रहा था मानो माँ की छाती से लगा हुआ दूध पी रहा हो। शेख़ मम्मू की पत्नी को कोई सन्तान न थी। ममता की आँच जानवर समान मनुष्य की लगाई हुई आग पर छा गई। वो उस शैतानी आग में बे-खटके कूदकर मासूम दूधपीते बच्चे को अपने दुपट्टे में लपेटकर निकाल लाई। अद्भुत करिश्मे और कोमल सूक्ष्म तत्वों का सृजन करने वाले परमेश्वर का यह मामूली चमत्कार देखिए कि शेख़ की औरत ने आग में उत्पन्न उस बच्चे का नाम निज़ाम रखा जबकि उसे बिलकुल ज्ञान न था कि बच्चे के माँ-बाप ने भी उसका यही नाम रखा था।

बारह वर्ष बीत गए। निज़ाम ने अपनी कृत्रिम माँ की गोद में वो आराम और वो प्रेम पाया कि उसकी वास्तविक माँ भी उससे अधिक क्या करती। परन्तु कुदरत के खेल निराले हैं। भाग्यों के रचयिता और सब कामों के करतार के खेल कौन जान सकता है। एक दिन शेख़ निज़ाम के सहपाठियों ने उसे बे-बाप का होने का ताना दिया। वह रोता हुआ घर आया और अपना सच्चा हाल जानने के लिए अपनी माँ से हठ करने लगा। बच्चे के बार-बार पूछने पर और उसके हृदय की पीड़ा को देखकर शेख़ मम्मू की औरत ने अपना संयम खो दिया और सारा हाल निज़ाम को कह सुनाया।

निज़ाम जो उस समय तक गर्व की गोद में पला था और जो ख़ुद को शेख़ मम्मू और उनकी पत्नी का वास्तविक बेटा समझकर दूसरों को अपने से कम बल्कि तुच्छ समझता था अब उसे पता लगा कि मैं न केवल बिन माँ-बाप का हूँ बल्कि उन लोगों की उदारता के सहारे पला-बढ़ा हूँ जो किसी न किसी हद तक मेरे माता-पिता की हत्या में शामिल थे। सारा दिन और सारी रात आत्म स्वाभिमान और गम का जहर उसके हृदय की हाँड़ी में खौलते जल के समान जोश मारता रहा। सुबह होते-होते वह उठा और घर वालों की आँख बचाकर गाँव छोड़ गया।

राह के दुःख-दर्द सहता, कभी फ़ाका करता, कभी मेहनत मज़दूरी करता युवा निज़ाम दिन-रात शेख़पुर की धूल अपने दामन् से झाड़ता और वहाँ की कड़वी यादों को भी दिल से मिटाने की चेष्टा करता वह आख़िर दकन देश पहुँच गया। यहाँ वह एक भिश्ती के घर मेहमान हुआ। भिश्ती ने मेहमान की सेवा और परदेशी की देखभाल के तमाम कर्तव्य ख़ुशी-ख़ुशी पूरे किए, यहाँ तक कि दूरी की जगह निकटता और अनजानेपन की जगह प्रेम पैदा हो गया। शेख़ निज़ाम को परदेश में घर मिल गया और एक कृतिम पिता के बदले सईद भिश्ती जैसा इनसान मिला जिसने निज़ाम को अपना मुँह बोला बेटा बना लिया। मुसीबत के कुएँ और बेनामी के दरिया से निकलकर अब शेख़ निज़ाम ने सईद भिश्ती के साथ उच्च कोटि के सैयद घराने में भिश्ती का काम करना शुरू कर दिया।

दिन गुज़रते गए। निज़ाम के हृदय से हिन्द देश की अँधेरी यादें मिटने लगी थीं। कम आयु के कारण निज़ाम को कभी-कभी सैयद की महलसरा के अन्दर भी भिश्ती का काम करने का अवसर मिल जाता था। हालात के बदलाव और मातृभूमि और माता-पिता के प्रेम भरे पालन-पोषण से दूर होने के बावज़ूद निज़ाम के प्रकाशमय माथे से शराफ़त और नेकी की चमक स्पष्ट थी। एक बार सैयद की बेगम ने निज़ाम को देखा और उसे यह बोध हुआ कि यह अनूठा मोती भिश्ती की नदी से नहीं निकला है। और एक दिन उसने पूछ ही लिया कि "निज़ाम तू किस ज़ात और किस क़ौम का है?"

"मैं सैयद ज़ादा हूँ," निज़ाम के मुँह से निकला। यह सुनते ही सैयद की बेगम के तो दिल की कली खिल उठी। उसने बहुत मिन्नत करके भिश्ती को राज़ी किया और निज़ाम को अपने प्रेम भरे घर में लेकर अपना मुँह बोला बेटा ठहराया। निज़ाम को बेशक़ीमती कपड़े पहनाकर पाठशाला में बिठाया गया और अलग से भी एक बड़े ज्ञानी की सेवा में भेजा गया। कुछ समय उपरान्त ज्ञान और कला के पौधे की जड़ें निज़ाम के दिल-दिमाग में गहराई तक पहुँच गईं।

उसकी डालियों ने पंखे की तरह हवा करके निज़ाम के चेहरे को वो ठंडक और राहत दी कि सभी लोग उससे ईर्ष्या करने लगे।

जब निज़ाम पाठशाला से पढ़कर निकला तो ज्ञान-ध्यान के तमाम आभूषणों की चमक उसमें थी और हर तरह के अदब-आदाब और सभ्यता के रहस्यों को वह जान चुका था। सैयद की एक बेटी थी जिसका सौन्दर्य पूरे चाँद को शरमाता और हर तरह के सूघड़पन, बनने-सँवरने के तरीक़ों, और गृहस्थी के कामों में बेजोड़ थी। सैयद ने अपनी वो बेटी निज़ाम से ब्याह दी।

दुनिया में ईर्ष्या करने वालों और लगाने-बुझाने वालों की कमी नहीं। उस जगह भी ऐसे लोग थे जो दिल से चाहते थे कि सैयद की बेटी से स्वयं विवाह करें। उन्होंने निज़ाम के हालात की छानबीन भी की तो उसकी ज़ात और घराने का मामला कुछ और ही पाया। उन्होंने जाकर सैयद के कान में यह बात डाल दी कि आपका दामाद सैयद नहीं, शेख़ भी नहीं, निरा नव मुस्लिम है। उस पर दुर्भाग्य यह कि इस कथन का प्रमाण यूँ भी उपलब्ध हो गया कि उसी ज़माने में शेख़पुर के कुछ बेरोज़गार युवक नौकरी की तलाश में उधर आ पहुँचे थे। उन्होंने जब निज़ाम को इस ठाट-बाट से रहते देखा तो ईर्ष्या की आग उनके सीने की भट्ठी में भड़क उठी। उन्होंने भी यह ख़बर उस इलाके में जगह-जगह फैला दी कि निज़ाम न सैयद है न शेख़ बल्कि नया-नया मुसलमान हुआ है।

सैयद के बेटों को अपना यह अपमान सहन न हो सका। उन्होंने चाहा कि निज़ाम को तुरन्त तलवार से मौत के घाट उतार दें और उसे उसकी करनी का फल चखाएँ कि उसने सैयद होने का ढोंग रचाकर हमारी बहन से विवाह कर लिया है।

किन्तु सैयद की बेगम ने बेटों को रोका कि जो हुआ, हुआ। किसी भी मनुष्य की सन्तान को जो हमारा दामाद बन चुका है, जान से मार देना कोई औचित्य नहीं रखता। हाँ ये करते हैं कि दोनों मियाँ-बीवी को निज़ाम के वतन भेज देते हैं कि इनसान अपनी मातृ भूमि ही में ख़ुश रह सकता है।

फिर कुछ दिन बाद यही किया गया। निज़ाम और उसकी पत्नी को बड़ी शान और नौकर-चाकर के साथ बहुतेरे सामानों सहित हिन्द देश के लिए रवाना किया गया। रास्ते में

कुछ ऐसे हालात पेश आए कि निज़ाम की दौलत और शान और दबदबा दिन प्रतिदिन बढ़ने लगे, यहाँ तक कि उसका धन और यश दोनों बादशाहों जैसे हो गए। चारों तरफ़ निज़ाम के धनवान होने और यशस्वी होने का शोर फैला। जहाँ-जहाँ से उसका क़ाफ़िला गुज़रता लोग समझते कि कोई बड़ी बलवान सेना किसी सुल्तान या सिपहसालार के नेतृत्व में यहाँ से गुज़र रही है।

संयोग ऐसा हुआ कि निज़ाम का क़ाफ़िला ऐसे इलाक़े से गुज़रा जहाँ राँगड, जो कि राजपूतों के एक सम्प्रदाय हैं बहुत शक्तिशाली थे। राँगड़ों के एक बड़े आदमी ने निज़ाम की शान और ठाट-बाट से प्रभावित होकर अपनी एक लड़की को निज़ाम से विवाहित करना चाहा। अपनी सैदानी पत्नी की अनुमति से निज़ाम ने उस युवती से विवाह कर लिया और उससे सन्तानें बहुत पैदा हुईं।

परन्तु बी सैदानी की गोद सूनी की सूनी रही। शेख़ निज़ाम को इस बात का बहुत दुख था। जब लम्बी अवधि बीत गई और सैदानी की आशा क्षीण हो निराशा में परिवर्तित हुई तो उन्होंने ख़ुद फ़रमाया कि आपकी नस्ल मुझसे जारी न होगी। आप एक विवाह और करें और अपनी ही क़ौम में करें। सैदानी बेगम के आदेशानुसार शेख़ निज़ाम ने एक नवमुस्लिम शेख़ज़ादी से विवाह किया। एक साल ही गुज़रा था शेख़जादी के यहाँ बेटा पैदा हुआ। सबने ख़ुशियाँ मनाईं, किन्तु शेख़जादी के मस्तिष्क में घमंड का गाढ़ा धुआँ चक्कर काटने लगा। सन्तान वाली होने के गर्व से चूर होकर उसने अपने को सैदानी बेगम से बढ़-चढ़कर समझना आरम्भ कर दिया।

जब शेख़ज़ादी का घमंड बहुत बढ़ा और सैदानी बीवी ने उसके हाथों बहुत अपमान उठाए तो मज़बूरन उन्होंने शेख़ज़ादी को श्राप दिया। थोड़े ही दिनों में शेख़जादी का बेटा मरा और फिर उसने भी अपने जीवन को यमराज को सुपुर्द किया। पास के इलाकों और गाँवों में सैदानी बीवी की आध्यात्मिक शक्ति की धाक बैठ गई। शेख़ निज़ाम और उनके तमाम नौकर-चाकर और रिश्तेदार भी सैदानी से डरते और हर काम उनके इशारे पर करते थे।

कुछ समय उपरान्त सैदानी बीवी ने निज़ाम को आदेश दिया कि अपनी ही क़ौम में एक विवाह और करो। चुनांचे यह विवाह हुआ, और ईश्वर की कृपा से वह स्त्री भी गर्भवती हुई और निर्धारित समय पर उसने एक बेटा जना। माँ ने बेटे को सैदानी के क़दमों में ला डाला कि आप ही इसकी माँ भी हैं और बाप भी, मैं तो केवल सेविका हूँ। बी सैदानी ने नवजात को गोद में लेकर माँ की पीठ पर हाथ फेरा और कहा यह मेरा बेटा है किन्तु तुम इसकी दाई हो। लो इसे दूध पिलाओ, पालो-पोसो। फिर ऐसा ही हुआ।

अब उस तेजस्वी सन्तान की बारह पीढ़ियाँ गुज़र चुकीं, और उसका सिलसिला मुझ दास पर समाप्त होता है। मैं सन्तानहीन हूँ, मेरे भाइयों के भी कोई सन्तान नहीं। इस तरह अब इस ख़ानदान के बाक़ी रहने का आधार मुझ गुनहगार की शायरी पर निर्भर है जो मेरी सन्तान है। अल्लाह बाक़ी रहेगा और सब मिट जाएँगे जैसा कि क़ुरान में है तेरे शक्ति और सम्मान भरे पालनहार का मुँह हमेशा बना रहेगा।

मैं, शेख़ ग़ुलाम हमादानी मुसहफ़ी अमरोहवी जो बाद में देहलवी और फिर लख़नवी हुआ अपने पूर्वजों के हाल पर आधारित यह लेखन अपनी इस किताब में लिखे जाता हूँ

जिसका नाम 'मजमा उल फ़वायद' है ताकि अगले ज़माने के लोग सबक़ प्राप्त करें। और यह हालात मैं इसलिए भी लिख रहा हूँ कि लोगों को मालूम रहे कि मैं प्रसिद्ध पूर्वजों का वंशज हूँ। इस ज़माने के भेड़ बकरियों जैसे लोगों की तरह जातिहीन नहीं हूँ।

14

'मजमा उल फ़वायद' कहने को तो छोटी सी किताब थी, किन्तु इसमें हज़रत शेख़ के पुराने ख़ानदानी हालात (जिनका संक्षिप्त विवरण मैंने उन्हीं की जबानी पिछले अध्याय में प्रस्तुत किया) उनके अतिरिक्त शेख़ साहब के व्यक्तिगत मामलों और विश्वासों के बारे में भी बहुत सी नई धारणाएँ थीं। कुछ बातें मुझ पर स्पष्ट भी न थीं। चुनांचे जब मैं यह किताब उस्तानी साहब को वापस करने गया तो यह ख़याल रखकर कि अवसर होगा तो वो बातें पूछ लूँगा। 'मजमा उल फ़वायद' में उसकी पूर्ति की तिथि न लिखी होने के कारण मैंने अनुमान किया था यह 1812/1813 में लिखी गई होगी क्योंकि शेख़ साहब ने इसमें लिखा है कि इस किताब को लिखते वक़्त उन्हें लखनऊ में रहते तीस वर्ष हो रहे हैं। दूसरी बात यह कि इस पुस्तक में भूरा बेगम का ज़िक्र उनके नाम के साथ न था। केवल यह कहा गया था कि मुताह की हुई एक स्त्री मेरे साथ कोई बारह वर्ष से हैं। उनसे भी कोई सन्तान नहीं है।

"अगर तबीयत पर भारी न हो तो एक-दो बातें पूछूँ?" मैंने अर्ज़ किया। उस दिन उनके चेहरे पर बहाली थी।

"जी, लाल मियाँ साहब, आपकी बातें तो मुझ पर भारी कभी न थीं। ज़रूर पूछिए।"

"आपकी कृपा और छोटों पर आपकी मेहरबानी है। मैं पूछना यह चाहता था कि 'मजमा उल फ़वायद' कब पूरी हुई?"

"सही तारीख़ तो मुझे याद नहीं, लेकिन साल यही 1228 हिजरी (1812 ई.) आरम्भ हुआ था, यह ठीक से याद में है।"

"और उस वक़्त तक आप हज़रत शेख़ से विवाहित नहीं हुई थीं?"

"नहीं। विवाह जिस वर्ष हुआ वो 1229 हिजरी था। सही तारीख़ पूछें तो पहली रबीउल अउव्वल और सोमवार का दिन (1814 ई.) था।"

"तो आप उनके साथ कोई सत्ताइस वर्ष थीं?"

"जी यही समझ लीजिए, एक दो महीने का फ़र्क हो सकता है।"

"अफ़सोस कि हज़रत शेख़ ने अपनी किताब 'मजमा उल फ़वायद' को आगे न बढ़ाया, वरना शायद आपके साथ विवाह का ज़िक्र उसमें आ जाता।"

"आ भी जाता तो क्या था?" वो कुछ दुःखी होकर बोलीं, "असल चीज़ तो निकाहनामा थी वरना गवाहियाँ शेख़ नासिख़ और मियाँ हैदर अली की मौज़ूद ही थीं।"

"जब आपसे घर खाली कराया गया तो ये लोग खड़े नहीं हुए और उन्होंने दुष्ट लोगों को रोका नहीं?"

"उन्हें समय ही कहाँ मिला?" वो उसी दुःख भरे स्वर में बोलीं, "स्वयं की शिया मजलिस, सुन्नियों की क़ुरानख़्वानी सब चीज़ें अपने तरीक़े और वक़्त से हुईं। हर व्यवस्था में शेख़ साहब, ख़्वाजा साहब, पंडित विद्याधर, ख़्वाजा साहब के शिष्य दोस्त अली ख़लील

और बहुतेरे लोग आगे-आगे थे। जब क़फ़न-दफ़न और ये सब रश्में ठीक-ठाक हो गईं तो ज़रा दम लेने के लिए सब अपने-अपने ठिकानों को चले गए। अगली रात को ये शैतान आ धमके कि अभी घर खाली करो।" वो आँसू पोंछने लगीं।

"तो क्या आपको रात की रात निकलना पड़ा?"

"यही समझिए।" वो कुछ देर तक सर झुकाए रहीं, "शेख़ साहब के आख़िरी दिनों में एक बेवा नौकरानी रख ली गई थी। मैं अपने शरीर के कपड़ों के अतिरिक्त एक-दो साफ़ जोड़ों की गठरी और शेख़ साहब के काग़ज़ों वाला सन्दूक़ लेकर उन्हें बेवा मेहरी के घर चली गई। अल्लाह बख़्शे बड़ी नेक औरत थीं।"

"अफ़सोस, मुहल्ले वाले सब देखा किए?"

"कोई सामने भी न आया, न ही शेख़ साहब के उन कथित रिश्तेदार ने मुझे अगले दिन कुछ और सामान ले जाने या देने की बात की। बाद में कप्तान बेगम से मालूम हुआ कि वो लोग थाने के दारोग़ा और सिपाहियों को पहले ही मिला चुके थे।"

"जफ़रउद्दौला बहादुर ने आपकी कोई मदद न की?"

"उन्होंने जाँच कराई तो पता लगा कि मुझे बेदखल करने वालों के पीछे कुछ बड़े लोग भी हैं लिहाज़ा मामला आगे बढ़ाने में उन लोगों की बदनामी होगी। कप्तान बेगम ने अगले दिन शेख़ नासिख़ के द्वारा यह मकान मुझे तीन सौ रुपए में दिलवा दिया। क़ीमत मैंने महर के रूप में उसे अदा की। बेगम साहब ने ऊपर से भी बहुत कुछ दिया। मुहम्मद राजा को भी उन्होंने ही मेरे यहाँ काम पर लगाया। तब से यहीं पड़ी हूँ।"

"काश हज़रत शेख़ ने कोई लिखित या लिखित न सही ज़बानी वसीयत कर दी होती। परन्तु निकाहनामे का न होना उनकी बहुत बड़ी भूल थी।" ये आख़िरी वाक्य मेरे मुँह से बरबस निकल गया।

"भूल? इसमें भूल की क्या बात है?" वो फ़ौरन बिगड़ उठीं, "निकाहनामा होता भी तो इतने दिन रखा रह जाता? आख़िर काग़ज़ ही तो था, बड़ी-बड़ी चीज़ें इधर-इधर हो जाती हैं।"

उनका बिगड़ उठना अपनी जगह पर लेकिन मैं इस बात पर पीछे हटने वाला न था। आख़िर मेरे यहाँ क़ीमती वस्तुओं का कई पीढ़ियों से कारोबार चला आ रहा था। बे-शक वहाँ विश्वास और पत बड़ी चीज़ थी परन्तु काग़ज़ वहाँ भी सबसे अधिक महत्त्वपूर्ण था। हज़रत शेख़ को निकाहनामा अवश्य ही लिखना था। जब मैं कुछ देर चुप रहा तो उन्होंने ख़ुद ही बात छेड़ी।

"ख़ैर, हम आप शेख़ साहब के कहे-किए पर उँगली रखने वाले कौन होते हैं। सच बात यह है कि मैंने भी कुछ दबाव न डाला क्योंकि इसमें मुझे एक तरह की बदसगुनी नज़र आती थी जैसे मैं ख़ुदा न करे उनके दुनिया से जाने के बारे में कोई व्यवस्था कर रही हूँ। महर तो उन्होंने उसी वक़्त दे ही दिया था और मैं उन रुपयों को आख़िर तक सेंत कर रखे रही।"

"और वसीयतनामा...."

"आपको शायद मालूम नहीं कि शेख़ साहब की अन्तिम बीमारी क्या थी।" वो मेरी बात काटकर बड़े दुःख से बोलीं। इस बार उनके स्वर इतने कातर थे कि उनके होंठ बिलकुल सूखे हुए और चेहरा सँवलाया हुआ लग रहा था।

"जी, क्षमा चाहता हूँ। उस तरफ़ मेरा ध्यान न गया था।"

" ज़िन्दगी के आख़िरी ढाई-तीन महीने वो शब्द भूल गए थे।" अब वो फूट-फूट कर रो रही थी, "अपने वक़्त का सबसे बड़ा शायर और उसे मामूली-मामूली चीज़ों के लिए शब्द याद न आएँ। या अल्लाह ये कहाँ का इंसाफ़ है?"

मैं मूर्खों की तरह उनका मुँह तक रहा था। शब्द भूल गए थे? मामूली-मामूली चीज़ों के लिए शब्द याद न आएँ? यह बीमारी थी या कोई भूत-प्रेत उन पर आ गया था?

"वो...वो...प...पढ़ तो लेते होंगे। या श...शायद लि...लिख...लेते हों? यह बीमारी कैसी थी? क्या इसकी कोई दवा नहीं?"

"हकीम, वैद्य, सयाने, ओझे यहाँ तक कि एक मुआ अधर्मी नापाक चीज़ें खाने-पीने वाला अंग्रेज़ डॉक्टर भी आया। किसी से कुछ न हुआ। कोई समझ ही न सका कि यह बीमारी है कि बला है, क्या है।"

"मैं अभी समझा नहीं कि शब्द भूलने से आपका क्या आशय है। क्षमा चाहता हूँ आपके लिए ये बातें दुख से भरी हुई हैं परन्तु..."

"नहीं-नहीं। जो हो चुका, जो कुछ मैं भोग चुकी वो मेरे लिए दूसरे जग की पूँजी है। इस बीमारी में उनकी सेवा करना मेरे लिए गूँगे के भयानक सपने की तरह था। मैं अन्दर ही अन्दर सहती थी और बयान न कर सकती थी। अल्लाह इसी बीमारी के सदके उनके और मेरे गुनाह बख़्श दे। मुझे आपसे कोई शिकायत नहीं बल्कि आपसे ये बातें कहकर कुछ दिल ही हल्का होता है।" वो अब आँसुओं से रो रही थीं। मुँह से ऐसा लगता था पुराने बुख़ार से उठी हैं।

"भला कोई शख़्स और वो भी उन जैसा तेज़-तर्रार ज़बान वाला शख़्स शब्द कैसे खो सकता है। क्या वह बिलकुल गूँगे हो गए थे।"

"नहीं। काश कि गूँगे ही हो जाते। गूँगे लोग पढ़-लिख तो सकते हैं। वो तो अक्षरों को पहचानते ही न थे। बोलने की स्थिति यह थी कि चीज़ों के असल नाम की जगह उनसे मिलती-जुलती चीज़ों के नाम सोच-सोचकर वो टूटे-फूटे वाक्यों में अपनी बात कहते थे। कहते क्या थे बस बात समझा देते थे कि उन्हें ये चाहिए है।"

"यानी वो बोलने में असमर्थ न थे?"

"नहीं, किन्तु वो वस्तुओं के नाम भूल गए थे। मसलन उन्हें मेरा नाम याद न था।" वो फिर रोने लगीं।

"जब पहली बार इस रोग का दौरा पड़ा तो वो देर तक मुझे ए...ए...ए मादियान... लाल मादियान कहकर पुकारते रहे। मैं कुछ समझी नहीं, और मुझे झल्लाहट भी आई कि ये कौन सा मज़ाक है। किन्तु जब मैं उनके क़रीब गई...जब मैं उनके क़रीब गई तो...तो डर गई।"

भूरा बेगम के बदन पर कँपकँपी छाई हुई थी। मुहम्मद राजा दौड़कर गावज़बान अम्बरी ख़मीरे का मर्तबान लाया। उसने उनका मुँह खोलकर ख़मीरा चटाने की कोशिश की, परन्तु उन्होंने मुँह सख़्ती से बन्द कर रखा था, जैसे दाँत भिंच गए हों। मुहम्मद राजा ने मेरी तरफ़ शिकायत भरी किन्तु दया माँगती हुई नज़रों से देखा। शायद वो चाहता था कि मैं उनका मुँह खोल दूँ तो वो ख़मीरा चटाए। मैं अजब दुविधा में था। फिर मैंने दिल में कहा, ग़ैर औरत हैं तो क्या, दादा उस्ताद की बीवी हैं और रोगी हैं। मैंने बढ़कर एक हाथ से उनकी ठोड़ी

मज़बूती से पकड़ी और दूसरे हाथ की एक उँगली को दाँतों के बीच में किसी तरह डालकर ज़रा सा मुँह खुलवाया कि मुहम्मद राजा ने ख़मीरे की बड़ी खुराक मुँह और ज़बान में जैसे ठूँस दी और ऊपर से दो चमचे पानी के पिलाए।

बड़ी देर बाद उनकी तबीयत ठहरी। फिर उन्होंने बोलना यूँ आरम्भ किया कि जैसे चुप ही न हुई हों।

"उनके चेहरे पर सख़्त तनाव और ऐंठन स्पष्ट थे, आँखें उबली आ रही थीं। माथे पर एक नस उभरकर फड़क रही थी। उनका पूरा चेहरा लाल हो रहा था और मुट्ठियाँ भिंची हुई थीं, जैसे किसी घोर मानसिक और शारीरिक श्रम में संलग्न हों। मुझे देखकर उनका चेहरा ज़रा सा ढीला हुआ, टेढ़ी सी मुस्कुराहट होंठों पर आई। फिर उन्होंने बारह-पन्द्रह महीने के बच्चे की तरह किलकारी मारने की कोशिश की, और फिर उन्होंने आँ...आँ...करके बड़ी मुश्किल से ये शब्द अदा किए :

'त...ताप...आप...ताम,...तूम...लाल...ब...बाई...मादा,...मादियाना...भ...भाई...मादियान... तापआप,...ताम,...तूम...लाल...ब...भाई...मादा...मादियान...ब...बाई... मादियान...बी...बी बी बी...'

"मेरी समझ में न आया कि यह क्या हो गया। उन्हें एक महीने से तेज़ बुख़ार ज़रूर था, किन्तु बातचीत में अच्छे-ख़ासे थे। मस्तिष्क ज्वर आदि उन्हें कभी न हुआ था और न ही ये बात उस ज्वर के लक्षणों में है। वो तो पूरे जोश से कुछ कहने की कोशिश कर रहे थे किन्तु उनकी बुद्धि साथ न दे रही थी।

"मैं घबराकर क़ुरान उठा लाई कि उन्हें क़ुरान की हवा दूँ। क़ुरान की हवा देने में उन्होंने मेरा कन्धा मज़बूती से पकड़ा और उसे लगभग झिंझोड़कर मुझे याचना भरी आँखों से देखा मानो कह रहे हों, बात को समझो तो सही। अब इसे क़ुरान का चमत्कार कहिए या मौला की कृपा कहिए, उनकी बात अचानक मेरी समझ में आ गई। मेरे दिल में किसी ने कहा कि मामला यह है कि वो शब्दों को भूल गए हैं। जब वो कुछ कहना चाहते हैं तो उन्हें असल शब्द नहीं परन्तु अर्थ या स्वर में उससे मिलता-जुलता शब्द और वह भी बड़ी मुश्किल से याद आता है। और वो उन्हीं शब्दों पर बातों की दीवार खड़ी कर रहे हैं।"

"मैं क्षमा चाहता हूँ किन्तु जो उक्ति हज़रत शेख़ की आपने सुनाई वो तो बिलकुल ही अर्थहीन बड़बड़ाहट के सिवा कुछ न थी।"

उन्हें फिर आक्रोश आ गया, "तो फिर आपमें और उन नासमझ हकीमों में कोई अन्तर नहीं। आप ज़रा समझिए तो सही।"

"जी मुझे अपनी खोटी समझ पर शर्मिन्दगी है। आप मुझे समझा दें, मैं पूरे ध्यान से सुनूँगा।"

"देखिए, वो शब्द 'तुम' अदा करना चाहते हैं। परन्तु उन्हें तुम की जगह 'आप' याद आता है, और वो भी अधूरा। इसलिए वो कभी 'ताप' कहते हैं कभी 'ताम'। आख़िर उन्हें 'तूम' कहना आ जाता है। फिर वो मेरा नाम 'भूरा' लेना चाहते हैं, किन्तु 'भूरा' उन्हें भूल गया हैं। उन्हें यह ध्यान है कि मैं स्त्री हूँ किन्तु यह शब्द उन्हें याद नहीं। यह ज़रूर याद है कि पुरुष नर है और स्त्री मादा। उन्हें यह भी मालूम है कि मेरा नाम किसी रंग से सम्बन्धित है। इस रंग का सबसे नज़दीकी नाम 'लाल' उनकी समझ में आता है, शायद इसलिए भी कि मैं उस वक़्त जाती सर्दियों का हल्का लाल दुशाला ओढ़े हुए थी।"

बात मेरी समझ में आने लगी थी, किन्तु पूरी तरह खुली न थी, "और वो... वो...मादियान, और बाई, भाई आदि क्या था?" मैंने पूछा।

"स्त्री या बीबी की जगह 'बाई', 'भाई', 'बी' याद आया, और नर के विपरीत मादा और उसी के अनुरूप घोड़ी जिसे 'मादियान' कहते हैं।" वो कुछ शरमाती हुई बोलीं। अब उन्हें अपने ऊपर कुछ काबू आ चला था।

"मतलब यह कि उनकी हर बात को समझने की जगह उसे पहेली की तरह बूझना पड़ता था।"

"जी हाँ, और अगर बूझने में देर हो तो उनकी मज़बूरी और अपनी असमर्थता, गले में मानो दो-दो ख़ंजर छुप जाते थे। किन्तु कई दिन के अभ्यास और मानसिक चेष्टा ने मुझे उनके नए स्वभाव को पहचानने की थोड़ी सी क्षमता दे दी थी। प्रथम तो मैं कोशिश करती कि हर आवश्यक चीज़ उनके सामने रखी हो ताकि वो उसकी तरफ़ इशारा कर सकें। और अगर ऐसा न हो सके तो मैं स्वयं याद करके पूछ लूँ कि उन्हें क्या फलाँ वस्तु चाहिए है?"

"उनके नए स्वभाव को पहचानने की क्षमता से आपका क्या तात्पर्य है?" मैंने पूछा।

"मसलन यही कि अगर उन्हें पानी माँगना होता तो कहते 'तेल' कि 'पानी' से सम्बन्धित निकटतम शब्द यही था। अगर खाना माँगना होता तो कहते 'चिड़िया,' 'दाना', 'बोरी'। या ये पूरा वाक्य कहने के लिए कि मुझे बहुत प्यास लगी है, पानी पिलवा दो तो वो आमतौर पर इस प्रकार के शब्द बोलते : 'धूप...सूख...नाली...तरख...तेल...तेल...तर... तरख़...तेल...तेल...तेल...भरो, भरो, भरो'। अब मैं आपसे क्या बताऊँ उनकी ज़बान से ऐसी बातें सुनकर मुझे कैसा मालूम होता।

"उन दिनों सबसे बड़ा डर मुझे इस बात का रहता कि अगर मैं उनकी बात न समझ पाई, या रात किसी समय मेरी आँख लग गई और उन्हें कोई बात कहना हुई तो मैं क्या करूँगी। इस डर से मैं चौबीस घंटे में शायद घड़ी दो घड़ी किसी उचित समय पर झपकी ले लेती नहीं तो मेरा सारा समय उनका मुँह ही तकते बीतता था।"

उनके आँसू फिर बह निकले। फिर वो अपने को सँभालकर बोलीं, "अब आप समझे वसीयत के बारे में आपका सवाल कितना अनुचित था?"

अनुचित तो न था, मैंने दिल में कहा। क्या ज़रूरी है कि इनसान अन्तिम घड़ियों में ही वसीयत करे। हज़रत शेख़ अगर उनके हक़ में वसीयत कर जाते तो उन्हें इस तरह अपने घर से निकलना न पड़ता। परन्तु उनसे बहस का हौसला मुझे कहाँ था, और शायद किसी को भी न होता।

"वास्तव में आपने बड़ी कड़ी उठाई। मुझे यक़ीन है कि हज़रत शेख़ आपसे राज़ी गए। और जिस बीवी का पति उससे राज़ी हो उसका ख़ुदा भी उससे राज़ी होगा, इसमें कुछ शक नहीं।"

"अल्लाह आपकी ज़बान मुबारक़ करे।" वो ठंडी साँस भरकर बोलीं।

मैं कुछ देर और बैठा, इधर-उधर की बातें करता रहा कि शायद उनका दिल कुछ बहले। अगले सप्ताह फिर उपस्थित होने का वादा करके मैं आदाब बजा लाया और राजा मियाँ को इनाम देकर विदा हुआ।

15

परन्तु मैं अगले सप्ताह वहाँ न जा सका। सौदागर कहने को किसी का नौकर नहीं, और सच पूछो तो वो अपने निम्न ग्राहक का भी ख़रीदा हुआ दास होता है। फिर अगला सप्ताह उससे भी अगले सप्ताह में परिवर्तित हुआ। दो महीने बीत गए। इस बीच मैं अपने मुंशी या अपने किसी दूसरे कारिन्दे के द्वारा उनके समाचार से ख़ुद को अवगत कराता रहा था। हर दस-पन्द्रह दिन पर मैं उन्हें कुछ नक़दी और कुछ सीधा इत्यादि भेजवा दिया करता।

उस वर्ष बरखा बहुत घनघोर हुई और लम्बी अवधि तक होती रही। बरसात के थमते ही कई दिन ऐसी चिलचिलाती धूप निकली कि पानी से भीगे हुए पुराने और कमज़ोर मकान बैठने लगे या उनकी दीवारें तड़कने लगीं। कई लोग मकानों के ढह जाने के कारण मरे। उस पर मरे पर सौ धुर्रे की कहावत समान बारिशों में तर फलों, सब्जियों और कोठियों में बन्द अनाज की बोरियों को गरम हवा ने फफूँद लगाकर निरन्तर सड़ाना शुरू कर दिया। शहर की नालियाँ, चौबच्चे, नाले पहले ही पानी और गन्दगी से भर रहे थे। अब जो उन्हें धूप लगी तो वहाँ हर तरफ़ कीड़े-मकोड़े और सड़ायँध का राज हो गया। परिणाम यह हुआ कि सारे शहर में विशेषकर नख़ास के उस ओर के शहर में हैजे की महामारी फैल गई। हर रोज़ हर मुहल्ले में दो-दो चार-चार आदमी गिरने लगे। औरतों और बच्चों पर इस रोग का विशेष आक्रमण था, और सबसे अधिक मज़बूर भी यही लोग थे। न तो उन तक पहुँचना आसान था, और न ही वो अपनी बात बाहर के लोगों को ठीक से समझा सकते थे। औरतें रसोइयों, घरों और कारख़ानों में अचानक उल्टियाँ करने लगतीं। काम छोड़ना उनके लिए मुश्किल होता। बहुधा तो वो यह समझ भी न पातीं कि वो हैजाग्रस्त हो गई हैं। बात जब तक समझ में आती पानी सर से ऊँचा हो चुका होता। बच्चे बाहर गलियों, बाग़ों में खेलते-खेलते दस्त और मतली की कमज़ोरी से ढ़ेर हो जाते। उन्हें तुरन्त घर पहुँचाने वाला मिला तो मिला, नहीं तो देर तक घिसट-घिसटकर रो-रोकर घर पहुँचने वाले बच्चों के लिए तो मृत्यु ही बदी थी। हकीम और वैद्य, छू मन्तर करने वाले पीर और सयाने, अमीर और ग़रीब हैजे ने किसी के लिए कुछ पक्षपात न किया। शहर में चिकित्सक भी घटने लगे और चिकित्सा भी। आला हज़रत शाह-ए-ज़मन ग़ाज़ीउद्दीन हैदर बहादुर ने कानपुर, इलाहाबाद, सीतापुर से औषधियाँ मँगवाकर निःशुल्क वितरित कराई। परन्तु हैजे का इलाज ही क्या था? तप उतारने के लिए जोशान्दे की पुड़ियाँ, पेट को नियन्त्रित रखने के लिए शाही जवारिश की डिबियाँ। शायद ही किसी को इनसे कुछ लाभ हुआ हो। कई दवाओं को मिलाकर जो औषधियाँ बन सकती थीं उनके विभिन्न प्रकार के सामान न मिलते। और यदि मिलते भी तो सबमें उन्हें ख़रीदने की सामर्थ्य कहाँ थी। फ़िरंगी डॉक्टरों के पास भी इस महामारी की कुछ दवा न थी। और फिर यह भी था कि हिन्द वालों को अंग्रेज़ डॉक्टर के पास जाने में सौ तरह की कठिनाइयाँ और संकोच थे।

हैजा फैलने के तीसरे दिन मैंने भूरा बेगम साहब का हाल-चाल लेने के लिए उनके यहाँ जाने की ठानी। सावधानीवश मैंने कुछ दवाएँ भी साथ रख लीं। मैं सवार होने को ही था कि दो घटनाएँ एक साथ घटीं। एक तो यह ख़बर थी कि मेरे चाचा को शायद

हैजा लग गया है। और दूसरी बात यह हुई कि बेचारा मुहम्मद राजा हाँफता-काँपता दौड़ता पहुँचा कि बाजी बी की तबीयत कल से बहुत बिगड़ी हुई है। लगता है वो भी हैजाग्रस्त हुईं।

मैंने पाँच सेर बर्फ़ मँगवाकर बग्घी पर लदवाया, शाही जवारिश का एक मर्तबान और जोशाँदे की पुड़ियाँ रखवाईं। मुहम्मद राजा के हाथ पर दस रुपए रखे कि तू गाड़ी में बैठ ये सामान ले चल, मैं अभी आया। इसी बीच बर्फ कुचलकर पोटली बना-बनाकर उस्तानी बेगम के मुँह में रखते जाइयो। शाही जवारिश और जोशान्दे की एक ख़ुराक भी पिला दीजो, और अगर ताप ज़्यादा हो तो बर्फ़ के पानी में रूमाल भिगोकर हल्के-हल्के बदन पोंछते रहियो।

बेचारा बारह-तेरह वर्ष की जान, उससे इतने काम और इतना मानसिक परिश्रम शायद सम्भव भी न था। परन्तु पर्दे का मामला बीच में था नहीं तो मेरा साईस भी कुछ सहायता कर सकता था। मैंने मुहम्मद राजा को बग्घी पर बिठाकर भेजा और दूसरे बूचे पर बैठकर चाचा के घर को चला। सोचा था कि उन्हें देखकर उस्तानी साहब की तरफ़ जल्द निकल लूँगा। किन्तु वहाँ पहुँचा तो स्त्रियों में रोना-धोना मचा हुआ था। लड़कों में भी सबके हाथ-पैर फूले जा रहे थे। ईश्वर की कृपा से चाचा जी की तबीयत कुछ बहुत बिगड़ी न थी। ताप का ज़ोर कम हो चला था और उल्टियाँ भी हल्की हो रही थीं, फिर भी मैं उनके पास एक-डेढ़ पहर बैठा रहा कि सब सन्तुष्ट हो जाएँ तब चलूँ।

शाम होते-होते मैं गन्दा नाला पहुँचा। रास्ते में ज़िद करके हकीम मुन्नन साहब को मैं गाड़ी में बिठा लाया था। भूरा बेगम का दरवाज़ा खुलते ही मल-मूत्र और पसीने की दुर्गन्ध और उल्टियों से निकले हुए पानी की तेज़ खट्टी महक के भभके मेरी नाक तक पहुँचे। ख़ुदा का शुक्र है कि नाक पर रूमाल रखने का विचार न मुझे आया और न हकीम साहब को। कमरे के अन्दर भूरा बेगम बेसुध पड़ी थीं। उनके कपड़े और बिस्तर सब गन्दगी में सने हुए थे।

मुहम्मद राजा ने रोकर कहा कि दोपहर के बाद से उठने का नाम नहीं लिया है, बदन में जान नहीं रह गई। मैंने आपकी दी हुई दवाइयाँ सब खिलाईं किन्तु कुछ असर न हुआ। बड़ी मुसीबत तो ये है कि उनके कपड़े कैसे बदलूँ, बिस्तर कैसे साफ़ करूँ? ये तो मेरे पुकारने पर बोलती भी नहीं हैं।

हकीम साहब ने नब्ज़ देखी। उन्होंने सर को ज़रा सा हिलाया जिससे मैंने समझा कि नब्ज़ बहुत कमज़ोर है। भूरा बेगम का चेहरा बिलकुल पीला था, आँखें बन्द थीं। मैंने बार-बार पुकारा तो उन्होंने आँखें अधखुली कीं। ख़ुद को मर्दों के सामने इस हाल में देखकर उनके मुँह से सिसकी सी निकली और उन्होंने हाथों से अपना मुँह ढाँपने की कोशिश की। मैंने देखा कि एक ही डेढ़ दिन की बीमारी में उनकी कलाई में चूड़ी ढीली हो गई थी। नाख़ून बिलकुल सफ़ेद थे। हकीम साहब ने आँखों का निचला पपोटा उठाकर देखा तो आँखों 'ढेलों' की रगों में ख़ून की एक छींट भी न थी। आँखें सफ़ेद हो चली थीं, उनकी करेलियों जैसी सब्ज़ी और चमक धुँधली पड़ गई थी। हालाँकि उनके गले के कपड़े पसीने और शायद पानी से तर थे, किन्तु उनके बिस्तर से ताप की गर्म लहरें सी उठती महसूस होती थीं, जैसे गर्म भीगी हुई ज़मीन से भाप उठती है।

हकीम साहब कुछ कहने ही वाले थे कि भूरा बेगम को ज़ोर की उल्टी हुई, फिर उनके पेट में इतने जोर की मरोड़ उठी कि वो दर्द से दोहरी हो गईं। दस्त फिर जारी हो गए।

हम दोनों कमरे से बाहर आ गए। हकीम साहब ने जल्द-जल्द फ़ारसी में नुस्ख़ा लिखा : याक़ूती गुलकन्द छै तोला, सिकन्जबीन सादा चार तोला, अरक गुलाब आठ तोला, अरक बादियान एक पाव इन सबको घोलकर मिलाकर आवश्यकता अनुसार पिलाएँ। नुस्ख़ा उन्होंने मेरे साईस को दिया कि जल्द मेरे दवाघर जाकर बँधवा ला। फिर बहुत मद्धिम स्वर में उन्होंने मुझसे कहा, "कुछ हालातों में यह नुस्ख़ा प्रभावशाली है। परन्तु..."

"कोशिश आप भरपूर करें। बाक़ी मालिक के हाथ है। वैसे उम्मीद तो मुझे भी नहीं।"

"दवा की ख़ुराक एक बड़ा चमचा भर है। मैं एक ख़ुराक ख़ुद खिलाकर जाऊँगा। इसके पश्चात हर आधे घण्टे पर एक ख़ुराक ख़ुद दी जाएगी। रात को हाल कहला दीजिएगा।"

"बेहतर है," मैंने कहा। फिर मैंने अपने बूचे के साईस को भेजकर मुहल्ले से एक भिश्तिन और एक भंगन बुलवाई। दोनों के हाथ पर मैंने पच्चीस-पच्चीस रुपए रखे कि घर की धुलाई करो, बेगम साहब का बिस्तर बदलो, उनके कपड़े बदलवाओ। जब तक ख़िदमत करोगी पच्चीस रुपए रोज़ पाओगी लेकिन दिल लगाकर काम करना। ये धनराशि उन लोगों के लिए बारह-बारह महीने की कमाई के बराबर थी। दोनों बड़ी ख़ुशी से तैयार हो गईं।

थोड़ी देर में नुस्ख़ा भी बनकर आ गया। हकीम साहब एक ख़ुराक खिलाकर मेरी बग्घी से रवाना हुए। मैं रोगी की और उसके घर की सफ़ाई, धुलाई और कपड़े बदले जाने के इन्तजार में अपने बूचे में ठहरा रहा। कोई एक घंटे बाद भिश्तिन ने आकर कहा कि बीबी जी आपको बुला रही हैं।

शायद ठंडे पानी से सफ़ाई-धुलाई और कपड़े तथा बिस्तर के बदल दिए जाने के कारण उनकी हालत कुछ सँभली हुई सी लगती थी, हालाँकि उनके मुँह का पीलापन वैसा ही था। उनकी आँखें थोड़ी सी खुली हुई थीं। मैं अन्दर पहुँचा तो उनके चेहरे पर फीकी सी मुस्कुराहट आई। काँपता हुआ हाथ वो बड़ी मुश्किल से सलाम के लिए माथे तक ले गईं। फिर उन्होंने पलंग पर अपने पास रखे हुए छोटे सन्दूक़ की तरफ़ इशारा किया और मुहम्मद राजा को आँख के इशारे से पास बुलाकर प्रार्थना-भरी आँखों से मेरी तरफ़ देखा।

मैंने धीमी लेकिन साफ़ आवाज़ में ठहर-ठहरकर कहा, कि उन्हें मेरा मतलब समझने में कोई दिक्कत न हो :

"मैं समझ गया आप क्या चाहती हैं। हज़रत शेख़ के पत्र आदि जो इस सन्दूक़ में हैं, मैं उन्हें अपने अधिकार में ले लूँगा और मुहम्मद राजा के लिए भी उचित प्रबंध भी कर दूँगा।" मेरी आँख छलकने लगी। मैंने बड़ी मुश्किल से अपनी आवाज़ पर नियंत्रण किया और कहा, "लेकिन अभी जल्दी क्या है। इंशा अल्लाह आप अच्छी हो जाएँगी।"

उनकी भी आँखें बह निकलीं। उन्होंने कुछ इस अन्दाज़ से मुझे देखा जैसे मेरे बचकाना मनबहलाव के लिए मेरी आभारी हैं, किन्तु अपने हाल की असलियत भी जानती हैं, "ये...ये...अभी, इसी समय..." उन्होंने सन्दूक़ की तरफ़ इशारा करके कहा।

"बेहतर है। आप जो आज्ञा दें। मैं इसे अभी अपने साथ लिए जाता हूँ।" ये कहकर मैंने मुहम्मद राजा के सर पर हाथ फेरा। दोनों औरतों को चौकस रहने और पूरी सेवा करते रहने को चेताया।

"मैं अपना साईस यहाँ छोड़े जाता हूँ। कोई भी बात हो, कोई ज़रूरत हो, मुझे तुरन्त सूचित करना, मैं अपने चाचा की बीमारी से मज़बूर हूँ नहीं तो रात यहीं रहता।"

ये कह, और भूरा बेगम को सलाम कर सन्दूक़ उठा, मैंने बूचे में बैठकर चाचा के घर की राह ली। मेरा दिल कह रहा था कि अब भूरा बेगम को ज़िन्दा देखना नसीब न होगा। मैं रात दो-ढाई बजे चाचा के यहाँ से वापस आया। अभी सोने की तैयारी ही कर रहा था कि मुहम्मद राजा उनकी सुनावनी लेकर रोता हुआ आया। इन्ना लिल्लाहे व इन्ना इलैहे राजेऊन (क़ुरान की एक पंक्ति : हम बेशक उसी की ओर वापस जाएँगे)

मेरे दिल से दुआ निकली कि दाता करतार वहाँ भी उन्हें हज़रत शेख़ से मिलाए रहे :

मुसहफ़ी इक जिस्म का पर्दा जहाँ यक सू हुआ[1]
ये समझ तू दरमियाँ से उठ गई हाइल[2] *तमाम*

सवेरा होते ही मैंने शेख़ नासिख़ ख़्वाजा हैदर अली साहब, दीवान दुर्गा प्रसाद मुज़्तरिब, पंड़ित विद्याधर, मीर मुस्हसन ख़लीक़ और हज़रत शेख़ के दूसरे क़रीबी दोस्तों और शागिर्दों को सूचना भिजवाई। मीर मुस्तहसन ख़लीक़ और मुंशी मुज़फ़्फ़र अली साहब असीर के घर की औरतों ने शव को नहलाने और कफ़न-दफ़न का प्रबन्ध किया। दरगाह हज़रत अब्बास के क़रीब वाले कब्रिस्तान में हज़रत के पाँयती दफ़न की गईं।

तीजे की मर्दाना मजलिस के बाद मैंने उपस्थित जनों को सूचित किया कि स्वर्गवासी ने मुहम्मद राजा की अविभावकीय जिम्मेदारी मुझे सौंपी थी। यदि स्वर्गीया के निकटतम लोगों की राय हो तो मैं उनका मकान और सामान बेचकर जो धनराशि प्राप्त हो उसमें कुछ और मिलाकर मुहम्मद राजा को उसकी मातृभूमि वापस भेजवा दूँ। सबने इस प्रस्ताव की प्रशंसा की और सहमति व्यक्त की।

महामारी के थोड़ा घटते ही मैंने भूरा बेगम का मकान और सामान साढ़े तीन सौ रुपए में बिकवा दिए। महामारी के प्रकोप के कारण सम्पत्तियों के मूल्य वहाँ बहुत घट गए थे। मैंने डेढ़ सौ रुपए डालकर पाँच सौ की थैली मुहम्मद राजा के हाथ में दी। मिर्ज़ापुर जाने वाले एक क़ाफ़िले का भरोसे वाला निर्देशक देखकर सारा रुपया और सफ़र खर्च उसके हवाले किया और मुहम्मद राजा को बहुत कुछ बातें समझाकर विदा किया। भर्राई हुई आवाज़ और भीगी हुई आँख के साथ मुहम्मद राजा ने लखनऊ को अलविदा कहा। मुझे हज़रत शेख़ के कसीदे का मत्ला याद आया और यही राजा मियाँ को मेरी आख़िरी नसीहत थी :

दम में दम है जब तलक़ लाज़िम है हमको पेच-ओ-ताब[3]
मौज से पहलू ते ही[4] *टूटे पे करता है हवाब*[5]

16

भूकम्प के बारे में कहते हैं कि एक सदमे के कुछ क्षण बाद लौटकर आता है, और दूसरी बार उसका सदमा पहले से कुछ अधिक विनाशक होता है। उस साल लखनऊ में हैजे के साथ भी कुछ ऐसा ही हुआ। पिछली महामारी को घटे हुए दस-बारह ही दिन हुए होंगे

1. हट जाना, 2. बाधा, 3. परेशानी-दौड़भाग, 4. अलग होना, 5. बुलबुला।

कि दूसरी ने आ दाबा। इस बार उसकी पकड़ पहले से भी अधिक सख़्त और ज़्यादा दूर तक थी।

दरबारीमल वफ़ा के चाचा तीन-चार दिन में ठीक हो गए थे और भूरा बेगम की मृत्यु का दुख भी अब हल्का हो चला था। वफ़ा ने भूरा बेगम से अपनी वार्ताओं पर आधारित संस्मरण लिखे थे, अब वो उन्हें पुस्तक का रूप देने के लिए अपने मस्तिष्क को तैयार कर रहा था। उसका विचार था कि अपने दादा उस्ताद के हालात का विस्तृत और भरोसे के योग्य वर्णन लिखे जिसमें उनके बारे में तमाम आवश्यक जानकारी जैसे, शागिर्दों की सूची, उनके संक्षिप्त हालात, और कुछ प्रसिद्ध शागिर्दों की शायरी पर उनके किए हुए सुधारों के नमूने भी हों। अपने शेख़ साहब के घरेलू जीवन और परिस्थिति का सब ब्यौरा लिखना तो उसकी समझ के अनुसार उचित न था किन्तु 'मजमा-उल-फ़वायद' में अंकित बातों को कुछ और विस्तार व छानबीन के साथ अपने संस्मरण में शामिल करने का विचार अवश्य था।

दरबारीमल वफ़ा ने मुसहफ़ी द्वारा शिष्यों की शायरी पर किए सुधारों को इकट्ठा करना शुरू कर दिया था। इस काम में उसे अपने हज़रत शेख़ के बड़े शागिर्दों मसलन ख़्वाजा हैदर अली आतश और मुंशी मुज़फ्फ़र अली असीर से तो मदद मिली ही, किन्तु कुछ दूसरे शिष्यों जैसे कुँवर सेन मुज्तर, दुर्गा प्रसाद मुज्तरिब, शाह अल्फ़त हुसैन फ़रियाद आदि से भी सहयोग मिला।

शेख़ नासिख़ का सुझाव था कि भूरा बेगम के भी कुछ विशेष हालात इस पुस्तक में अंकित किए जाएँ। उनका फ़रमान था कि हालाँकि घर की पर्देवालियों के बारे में कुछ ज़्यादा लम्बी-चौड़ी बात ऐसी किताब के लिए ठीक नहीं जिसके बारे में आशा हो कि उसे बाहर के लोग और दूर-दूर के लोग भी पढ़ेंगे, परन्तु शेख़ मुसहफ़ी के व्यक्तिगत और शायरी के कमाल दोनों को बनाने में भूरा बेगम का भी हिस्सा था बल्कि अच्छा भला हिस्सा था। इसलिए शेख़ साहब विशेष इच्छुक थे कि भूरा बेगम का हाल भी इस किताब में यदि विस्तृत नहीं तो संक्षिप्त अवश्य लिखा जाए।

कई दिन के सोच-विचार और दुविधा के पश्चात दरबारीमल वफ़ा ने शेख़ नासिख़ के सुझाव पर पूरा-पूरा अमल करने का निर्णय ले लिया। उसका ख़याल था कि हालाँकि शेख़ साहब ने तमाम उम्र स्त्री वर्ग से कोई सम्बन्ध न रखा था किन्तु इस वर्ग के सदस्यों के स्वभाव, प्रवृत्तियों, उनके मनोवैज्ञानिक झुकाव, उनकी पसन्द-नापसन्द और मनोभावों के बारे में शेख़ साहब की नैसर्गिक समझ थी। हालाँकि शेख़ नासिख़ साहब कुश्ती, बिनौट और पंजा लड़ाने जैसे मर्दाना खेलों में बहुत सक्षम थे, और उनका मुंडा हुआ सर, बड़ी-बड़ी नोकदार मूँछें और भारी गोल काला चेहरा, उनकी पहलवानी और मर्दाना गुणों का प्रमाण दे रहे थे, किन्तु दरबारीमल को उनमें स्त्रीयोचित गुण भी नज़र आते थे। दरबारीमल का यह अनुमान ग़लत भी हो सकता था, किन्तु बहरहाल शेख़ नासिख़ को ये कला तो ख़ूब ही आती थी कि वो जिस बात को लोगों से मनवाना चाहते थे, उसे मनवाकर छोड़ते थे।

इन बातों को ध्यान में रखते हुए दरबारीमल वफ़ा को भूरा बेगम का सन्दर्भ अपनी पुस्तक में सम्मिलित किए बिना चारा भी न था। और ये तो था ही कि वह स्वयं भूरा बेगम से बेहद प्रभावित था। मानसिक और शारीरिक दोनों लिहाज़ से उसे भूरा बेगम के प्रति बेहद लगाव और आकर्षण महसूस होता था। और ये लगाव इस हद तक था कि उसे डर था कि

फ़ारसी कहावत 'कहानी मज़ेदार थी मैंने उसे और लम्बी कर दिया' की तरह वो अपने लेखन में भूरा बेगम को असाधारण महत्त्व न दे बैठे।

भूरा बेगम से किसी हार्दिक लगाववश दरबारीमल ने यह निर्णय भी लिया कि शेख़ मुसहफ़ी के स्वर्गवास के बाद उनके मकान से भूरा बेगम की अनुचित, अन्यायपरक और क्रूरता से बेदख़ली का भी पूरा हाल लिखा जाए, चाहे इसमें उन प्रभावशाली लोगों की बदनामी क्यों न हो जो ज़फ़रउद्दौला के कथनानुसार नाज़ायज़ कब्जा करने वालों के पीछे पर हाथ रखे हुए थे। इस बात के प्रमाण में कि भूरा बेगम और शेख़ मुसहफ़ी में विवाह का औपचारिक सम्बन्ध बाँधा गया था, दरबारीमल वफ़ा ने ख़्वाजा आतश और शेख़ नासिख़ से हस्ताक्षर सहित लिखवा लिया था कि ये विवाह के अवसर पर गवाह के बतौर उपस्थित थे और शेख़ मुसहफ़ी ने महर का भी उसी समय भुगतान कर दिया था।

भूरा बेगम के सन्दूक़ में जो पत्र आदि वफ़ा को मिले थे उनमें 'मजमा उल फ़वायद' के अतिरिक्त शेख़ का आठवाँ उर्दू दीवान और केवल कसीदों का भी एक दीवान था। आठवाँ दीवान तो पूरी तरह सम्पादित था, केवल उसकी प्रतिलिपियाँ बनाने और लोगों में फैलाने की देर थी। (उसी सन्दूक़ में एक काग़ज़ ऐसा भी था जिससे यह संकेत मिलता था कि भूरा बेगम ने इस दीवान की प्रतिलिपियाँ बनवाने के लिए ज़फ़रउद्दौला से निवेदन किया था, किन्तु वो बेल मढ़े न चढ़ी) कसीदों का दीवान अभी मसौदे के रूप में था। और वफ़ा का विचार था कि उसको भी तैयार करके आठवें दीवान के साथ सामने लाया जाए।

कसीदों के दीवान से अलग एक छोटा-सा बस्ता उन व्यंग्यों का था जो मुसहफ़ी और उनके शागिर्दों ने सैयद इंशा वाले झगड़े के ज़माने में लिखे थे। इस बस्ते से अलग काग़ज़ों का एक दस्ता और था जो लपेटकर मज़बूत बाँधकर रखा गया था। वफ़ा ने उसे खोला तो पता लगा कि ये मुसहफ़ी के मशहूर तेजस्वी शिष्य नूरुल इस्लाम मुंतज़िर द्वारा लिखित कसीदा है। मोटे अनुमान के अनुसार उसमें आठ सौ से कुछ ऊपर शेर थे। ये कसीदा मिर्ज़ा रफ़ी सौदा के जवाब में और व्यंग्यात्मक शैली में था।

दरबारीमल वफ़ा ने बहुत सोचकर निर्णय लिया कि सैयद इंशा वाले अप्रिय क़िस्से से सम्बन्धित तमाम कविताओं को यूँ ही छोड़ दिया जाए क्योंकि उनको प्रकाशित करने में किसी का लाभ न था। रहा नूरुल इस्लाम मुंतज़िर का व्यंग्यात्मक कसीदा तो मुंतज़िर ने एक ज़माना हुआ 1801 या 1802 में इस दुनिया को छोड़कर परलोक में घर बना लिया था। उनके वंशज कोई न थे या अगर थे तो वफ़ा को उनकी जानकारी न थी। लिहाज़ा उनके ख़याल में उस कसीदे का अब कोई वारिस न था और न उसमें कोई ऐसी उच्च कोटि की शायरी थी कि उसे दुनिया के सामने लाया जाए। इन कारणों पर आधारित उसने वो कसीदा भी उसी हाल में सन्दूक़ में छोड़ दिया।

दरबारीमल ने सोचा था कि महामारी का जोर घटते ही हज़रत शेख़ के तमाम काव्य की क़िताबत शुरू करा दूँगा। इस काम के लिए उसने उस ज़माने के सुप्रसिद्ध ख़ुशनवीस हाफ़िज़ मुहम्मद इब्राहिम और उनके ख़ास शिष्य मुंशी मंशाराम कश्मीरी से बात भी कर ली थी। निश्चित किया गया था कि अधिकतर लिखाई तो मुंशी मंशाराम की होगी, किन्तु रुबाइयाँ, किते और तमाम शीर्षक हाफ़िज़ साहब लिखेंगे। इसके अलावा जितने पृष्ठों पर स्वर्णकारी होगी उनकी भी जिम्मेदारी हाफ़िज़ साहब की होगी।

लेकिन फ़ारसी की कहावत 'हम किस ख़याल में हैं और तक़दीर किस ख़याल में' को ज़रा परिवर्तित करके कहें कि हम किस ख़याल में हैं और महामारी किस ख़याल में। पिछली आफ़त के गए अभी कुछ ही दिन बीते थे कि वही महामारी फिर चल पड़ी। शहर के बहुत से लोग जो जान बचाने के लिए उन्नाव, मोहान, कानपुर, सण्डिला, सीतापुर, दरियाबाद, रुदौली और हरदोई इत्यादि को चले गए थे वापस आकर दुविधा में पड़े कि न ठहरना सम्भव था और न वापस जाना। वापस आने वालों में बहुतों को महामारी ने सबसे पहले दबोचा। इस बार शाही हाक़िमों ने भी महामारी की रोकथाम करने में कुछ बहुत तत्परता न दिलाई। पिछले कई दिन की मेहनत ने उन्हें आलसी बना दिया था। और महामारी के अचानक लौट आने के लिए वो न मानसिक ढंग से तैयार थे और न रोकथाम व चिकित्सा के लिए उनके पास सामान ही था।

भूरा बेगम की मृत्यु के 22 दिन बाद लाल दरबारीमल वफ़ा हैजाग्रस्त हुए। रात के तीन बजे उसे उल्टियाँ शुरू हुईं और सवेरा होते-होते उसकी हालत बिगड़ गई। दिन के ढाई-तीन बजे का समय होगा जब उसने हमेशा के लिए आँखें बन्द कर लीं। ख़ुद दादा उस्ताद के कलाम को सुरक्षित और प्रकाशित करने, स्वयं शायर बनने और नाम कमाने की उसकी सारी योजनाएँ और आकांक्षाएँ उसके साथ जलकर ख़ाक में मिल गए :

जौहर-ए-बीनिश-ए-मन दर तह-ए-ज़ंगार बेमांद
आँ कि आईना-ए-मन साख़्त न परदाख़्त दिरेग़

(परावर्तन के मेरे सारे गुण ज़ंग के नीचे दबे रह गए, जिसने मुझे आईना बनाया अफ़सोस कि उसने उसे माँझा नहीं।)

दरबारीमल वफ़ा का एक तैलचित्र उसके चाचा के दीवानख़ाने में कई साल तक लटका रहा। 1858 की लूटमार में ये चित्र एक अंग्रेज़ सिपाही के हाथ लगा। उसने उसे एक क़द्रदान फ़ौजी अफ़सर के हाथ 15 रुपए में बेच दिया। फिर एक-दो और मालिकों के हाथ से गुज़रता हुआ यह चित्र लन्दन के सुप्रसिद्ध विक्टोरिया और अल्बर्ट संग्रहालय (Victoria and Albert Museum) को सुशोभित करने लगा। और आज भी वहाँ देखा जा सकता है। संग्रहालय के सम्पूर्ण सूची-पत्र का उद्धरण जो चित्र के पास लगे सूचना पत्र पर अंकित है, उसमें लिखा है :

A Hindoo businessman of lucknow, by Muhammad A'zam, circa 1825, 30" × 24", oil on Convas, British Indian Style.

चित्रकार के नाम, चित्र की लम्बाई-चौड़ाई और चित्रण शैली के बारे में सूचनाएँ ठीक हैं। अंग्रेज़ी शैली की तस्वीरें बनाने और कैनवस पर तेल आधारित रंगों के प्रयोग का चलन लखनऊ में आसिफ़उद्दौला ही के राज में आरम्भ हो गया था किन्तु भारतीय चित्रकारों ने कैनवस और तेल पर आधारित रंगों से चित्र बनाने का काम ग़ाज़ीउद्दौला हैदर के बादशाह बनने के बाद आरम्भ किया। भारतीय चित्रकारों की इस ओर रुचि पैदा करने में ग़ाज़ीउद्दीन हैदर का शौक़ भी शामिल रहा होगा। बहरहाल, कुछ ही वर्षों में भारतीय चितेरों ने पश्चिमी, या यूँ कहें कि बर्तानवी शैली में लोगों के चित्र बनाने की विधा में इस क़दर दक्षता प्राप्त कर ली कि उनका काम इस समय के सुप्रसिद्ध बर्तानवी चितेरों जैसे जॉन जाफ़नी (John Zoffany), विलियम डैनियल (Villiam Daniel),

टॉमस डैनियन (Thomas Daniel) और रॉबर्ट ह्यूम (Robert home) से किसी तरह कम न था।

हिन्दुस्तान में पश्चिमी चित्रकारी की प्रसिद्ध इतिहासकार मिल्ड्रेड आर्चर (Mildred Archer) ने उपरोक्त अंग्रेज़ चितेरों को 'कम्पनी चितेरों' का नाम दिया है, किन्तु ये बात दो तरह से ग़लत है। एक तो यह कि ये चित्रकार ईस्ट इंडिया कम्पनी के नौकर या अधीन न थे। दूसरी बात यह कि उनके बनाए हुए चित्रों का सम्बन्ध भारतीय चित्रकला की उस शैली से न था जिसे 'कम्पनी शैली' का नाम दिया गया है। वास्तव में कम्पनी शैली की चित्रकारी में इनसानों के चित्र पर नहीं बल्कि वर्णनात्मक चित्रण पर जोर दिया जाता था।

बहरहाल मुहम्मद आज़म के बनाए हुए चित्रों पर जॉफ़नी और ह्यूम का प्रभाव दिखाई देता है, किन्तु इस अर्थ में नहीं कि आज़म ने बस उनकी नक़ल कर दी है। जॉफ़नी और ह्यूम की शैली की विशेषता ये थी कि वो चित्रण किए जाने वाले व्यक्ति के आन्तरिक व्यक्तित्व पर बल न देते थे, परन्तु उसे पूरे औपचारिक रोबदाब के साथ प्रस्तुत करते थे। उनके चित्र में चित्रित व्यक्ति के मुख पर सन्तोष की ऐसी झलक होती थी जिससे पता लगता था कि चित्रित व्यक्ति अपने वातावरण में पूरी तरह स्थापित है। इसके अलावा इन दो अंग्रेज़ चितेरों ने मख़मल, साटन, पोत, ज़रबफ़्त आदि कपड़ों की चित्रकारी में भी विशेष दक्षता प्राप्त की थी।

मुहम्मद आज़म ने दरबारीमल वफ़ा का जो चित्र बनाया उसमें ये सब गुण स्पष्ट हैं। वी एंड ए संग्रहालय की सूची बनाने वाले ने ये समझा कि चित्र चूँकि लखनऊ के एल्ल सौदागर के घर से आया था इसलिए चित्र में अंकित व्यक्ति कोई लखनवी सौदागर ही होगा। परन्तु वास्तविकता ये है कि वफ़ा ने ये चित्र देहलवी रूप में खिंचवाया था, और इस तस्वीर से उसका तात्पर्य ज्ञान व काव्य से अपनी रुचि और अपनी देहलवी अस्ल को स्थापित करना था।

मुहम्मद आज़म की तस्वीरों में कपड़े, विशेषकर मख़मल, मलमल और साटन को यूँ दिखाया जाता है मानो चित्र बनाने वाला छूकर उनका अनुभव कर रहा है। इसलिए यहाँ भी दरबारीमल वफ़ा नरंजी मख़मल की देहलवी शैली की कबा से बदन को सुशोभित किए हुए है। उसमें और मुसलमानों की कबा में अन्तर केवल ये है कि वफ़ा की कबा की घुंडियाँ बाईं तरफ़ है और उसका घेर दाएँ से बाएँ आता है। सर पर सियाह मख़मल की चार कोनों वाली देहलवी टोपी जिसमें एक नई बात यह है कि फुँदने को कुछ ऊँचा करके उसमें मुग़ल ज़ीगे के तर्ज़ पर एक बहुत बड़ा सुनहरा पुखराज टँका हुआ है। कमर में आसमानी मलमल का बलदार दुपट्टा जिससे एक खंज़र लटका हुआ है। खंज़र का दस्ता सुनहरे काम का और डाब आसमानी मख़मल की है। दरबारीमल वफ़ा घुटने मोड़कर बैठा हुआ है, और इस तरह बैठने में उसकी कबा का दामन ज़रा खुल गया है, लिहाज़ा कबा के नीचे हल्की फाल्सई रंग के मलमल के कुर्ते का दामन और उसके ऊपर आसमानी मख़मल के नीमतन या सदरी का ज़रा सा किनारा साफ़ नज़र आते हैं।

चित्रित किए गए पुरुष का रंग खुलता हुआ साँवला है। दुबला लेकिन लम्बा डील, चेहरा दाढ़ी से वंचित और ठोड़ी मज़बूत है। न घनी न छितरी, ज़रा चौड़ी मूँछें सीधी नाक

के नीचे स्पष्ट हैं। आँखें काली, पलकें लम्बी, और कुल मिलाकर चेहरे का भाव सोच और गम्भीरता का है।

वफ़ा की पुश्त पर ज़रबफ्त मढ़ा हुआ गावतकिया है किन्तु वो उसकी टेक लगाने की बजाय चौड़े कन्धों के साथ बैठा है। पीछे एक खिड़की खुलती है जिसमें से पिछवाड़े के बाग़ के कुछ पेड़ और बाग़ में खिलते हुए गुलाबों के पौधे दिखाई देते हैं। उनके पीछे दूर पृष्ठभूमि में अंगूर का टट्टर है जिस पर अंगूरों के गुच्छे धुँधले दिखाई पड़ते हैं। वफ़ा के सामने लेकिन कुछ अलग बाईं ओर ख़त लिखने का चौकी रूपी क़लमदान ठोस चाँदी का, और उसके दाहिने हाथ में शाही के काँटे का क़लम और बाएँ हाथ में एक क़िताब है जिसके मुख्य शीर्षक पर उस्तादउस्सुअरा शेख़ गुलाम हमादानी देहलवी और लखनवी साफ़ पढ़ा जाता है।

तिजारती सामग्री या सौदागरी की तरफ़ संकेत देने वाली कोई वस्तु चित्र में नहीं। हाँ एक भारी सी कुन्जी दरबारीमल वफ़ा के दाएँ हाथ की ओर अवश्य रखी है। सम्भव है कि इसी कुन्जी के कारण भी संग्रहालय के सूची लेखकों को धोखा हुआ हो कि यह चित्र किसी व्यापारी का है। वास्तविकता यह है कि ये कुन्जी ज्ञान और गुण के ख़ज़ाने की चाभी का प्रतीक है, किसी व्यापारी के ख़ज़ाने की चाभी नहीं :

हरचन्द के रंग-ओ-बू-ए-ज़ेबास्त मरा
चूँ लाला रुख़-ओ-चु सर्व बालास्त मरा
मालूम न शुद कि दर तरब ख़ाना-ए-ख़ाक
नक्क़ाश-ए-अज़ल बह्र-ए-चे आरास्त मरा

(हालाँकि मेरा रंग और महक प्यारे हैं, लाले के फूल की तरह मेरा मुँह और सर्व के पेड़ के समान सीधा मेरा क़द है परन्तु यह न मालूम हुआ कि मिट्टी के बने इस नाच रंग के घर में शाश्वत चितेरे ने मेरा चित्र बनाकर क्यों रख दिया।)

निवेदन

उपरोक्त आख्यान दरबारीमल वफ़ा के संस्मरणों, उसके पारिवारिक पत्र आदि और स्वयं मुसहफ़ी के गद्य व पद्य की सहायता से बनाया गया है। किन्तु मुसहफ़ी के बारे में कोई लेखन नूरूल हसन नक़वी की कृतियों से लाभ उठाए बिना विश्वसनीय नहीं हो सकती, इसलिए प्रो. नूरुल हसन नक़वी का काम भी सामने रखा गया है। दुःखद है कि अब वे स्वर्गीय हो चुके हैं।

लाहौर की एक घटना

कोई भी लेखक सत्य से ज़्यादा सुन्दर और ताक़तवर और किसी चीज़ की ईजाद नहीं कर सकता।

—यूरी तिन्यानोव

यह बात 1937 की है। मैं उन दिनों लाहौर में था। एक दिन मेरे जी में आया कि चलो अल्लामा इक़बाल से मिल आए। उस ज़माने में मेरे पास हल्के बादामी सफ़ेद रंग की अम्बेसडर कार थी। मैं उसी में बैठकर अल्लामा साहब के आवास को चला। उनकी कोठी का नम्बर और वहाँ तक पहुँचने का सही रास्ता मुझे ठीक से न मालूम था, किन्तु मैक्लियोड रोड, जहाँ वह रहते थे, शहर में किस ओर स्थित है, यह मैं अच्छी तरह जानता था। अतः किसी विशेष कठिनाई के बिना मैं अल्लामा के बँगले तक पहुँच गया।

सड़क कुछ मिट्टी और धूल से भरी हुई लगती थी। फुटपाथ, या यूँ कहें कि फुटपाथ के स्थान पर सड़क के दोनों तरफ़ की चौड़ी पट्टी, सूखी और धूल से अँटी हुई थी। अल्लामा के बँगले का फाटक अच्छा-ख़ासा ऊँचा किन्तु लकड़ी का था। उस पर सलेटी रंग की लोहे या टीन की चादर थी। इस चादर के कारण फाटक बहुत भारी और रहस्यमय सा प्रतीत होता था। फाटक खुला हुआ था और सामने थोड़ी दूर तक अन्दर की सड़क कुछ बल खाती हुई मूल भवन की तरफ़ जाती हुई स्पष्ट नज़र आ रही थी। भवन लम्बा-चौड़ा किन्तु पुराना और ज़रा टूटा-फूटा सा लगता था। जगह-जगह मरम्मत और एक जगह नवनिर्माण के चिह्न भी बाहर से दिखाई देते थे। मुझे प्रसिद्ध उर्दू कवि एहसान दानिश की कविता 'अल्लामा इक़बाल की कोठी' याद आई जो एक-दो महीना पहले 'ख़ैयाम' या 'आलमगीर' किसी पत्रिका में प्रकाशित हुई थी। कविता में कोठी की गिरी-पड़ी हालत पर दुःख और शोक प्रकट किया गया था। अन्तिम शेर था :

सुनता हूँ कि अब हो गई कोठी की मरम्मत
एहसान उसे देखने जाऊँगा दोबारा

मैं कुछ देर इस दुविधा में रहा कि गाड़ी अन्दर तक लिए चला जाऊँ या फुटपाथ ही पर छोड़ दूँ। फिर मैंने दिल में कहा, सम्भव है पोर्टिको में और कोई गाड़ी खड़ी हो, और मैं अपनी गाड़ी अन्दर की सड़क पर खड़ी कर दूँ तो शायद किसी का रास्ता रुक जाए। इसलिए मैंने गाड़ी वहीं सड़क के किनारे लगा दी और बाहर आया। तब मैंने देखा कि मेरे दूसरी ओर वाले फुटपाथ पर दो-तीन गुमटियाँ हैं, जैसी कि पान सिगरेट वाले रखते हैं। इन गुमटियों पर नौजवानों और बेफ़िक्रों का जमघट-सा था। मुझे खेद हुआ कि इन कमबख़्तों को लिखने-पढ़ने से मतलब नहीं कि यहाँ पान की दुकान पर समय नष्ट कर रहे हैं।

मैं अभी गाड़ी को ताला लगा ही रहा था कि अचानक सड़क पार करके छोटी उम्र के पाँच-सात लड़के मेरी ओर लपके। उनके अन्दाज़ और हाथों के इशारे से मुझे ऐसा लगा कि वो कुछ माँग रहे हैं। मैंने दिल में कहा कि यह तो और भी बुरा है, ये लौंडे पेशेवर भिखारी लगते हैं। अवश्य ही भीख मँगवाने वालों का कोई अपराधी संगठन होगा जो उनका इस तरह उपयोग कर रहा होगा और उनके जीवन को भाड़ में झोंक रहा होगा। जब तक मैं गाड़ी के दरवाज़े से चाभी निकालूँ-निकालूँ, कोई चार-पाँच लड़के और एक दुबला पतला मनहूस चेहरे वाला व्यक्ति जिसकी शक्ल से नीचता टपक रही थी, अचानक मेरे पास पहुँच गए और मैं इतना क़रीब था कि उनके हाथ मेरे कोट तक पहुँच जाएँ।

मैं यह देखकर काँप उठा कि वे लड़के न मुहल्ले के अनपढ़ बेफ़िक्रे आवारागर्द थे और न भिखमंगे। वो तो किसी प्रकार के पेशेवर प्रतीत होते थे। अपने शरीर का व्यापार करने वाले। मैंने दिल में कहा, भगवान बचाए, ये क्या हो रहा है? मैं सपना तो नहीं देख रहा हूँ? ये भरा पूरा शहर, दिन का समय, शरीफ़ों का मुहल्ला और ये पेशेवर लौंडे?

अब मैंने जाना कि वो हाथ मेरे कोट की जेबों तक पहुँचना नहीं बल्कि मेरे दामन को थामना चाहते थे। वो लोग मुझसे कोई सौदा करना चाहते थे। दस-दस, बारह-बारह साल के लौंडे, जिनकी आँखों में लड़कपन की मासूमियत की जगह एक अद्‌भुत शैतानी चमक थी। चेहरों पर वो रूढ़ापन और फीकापन था जो बड़ी उम्र के लोगों के चेहरों पर भी कभी-कभी नज़र आता है। मैंने घृणा से उन्हें झटककर एक तरफ़ होना चाहा तो वो मेरे पीछे लपके। तौबा! ऐसा तो सनसनीख़ेज कहानियों में भी न होता होगा। ये घटना है या कोई पागलपन जिससे मैं टकरा गया हूँ, मैंने दिल में कहा। फिर लगभग ऊँचा उछलता हुआ उनके घेरे से निकलकर मैं अल्लामा के फाटक में प्रवेश कर गया।

ख़ुदा का शुक्र है कि उन बदमाशों का अन्दर आने का साहस न हुआ। फाटक तो खुला ही हुआ था, किन्तु वो फाटक के खम्भे के पास आकर यूँ रुक गए मानो बिजली का करन्ट लग गया हो। मैं घृणा से अपने हाथ और कपड़े झाड़ता हुआ दौड़कर बँगले के पोर्टिको में पहुँच गया।

मैं शपथ खाकर कह सकता हूँ कि इस मुलाक़ात की कुछ विस्तृत स्मृतियाँ अब बाक़ी नहीं। इतना ध्यान में है, और वह भी धुँधला सा कि हज़रत अल्लामा बड़ी आत्मीयता से पेश आए।

मैंने घंटी बजाई तो एक बड़े मियाँ जो परिधान और चाल-ढाल से नौकर और रिश्तेदार के बीच जैसे कुछ लगते थे, तुरन्त बाहर आए। मेरी सूचना लेकर अन्दर गए और लगभग उल्टे ही पाँव वापस आकर मुझसे कहा कि अल्लामा साहब गोल कमरे में विराजमान हैं, आप आ जाएँ। जैसा कि मैंने पहले कहा मुझे कुछ याद नहीं कि वार्ता के विषय क्या थे। मैं रेलवे का इंजीनियर, मुझे शायरी में रुचि तो थी (अब भी है) और मुझे अल्लामा की बहुत सी कविताएँ मौखिक याद भी थीं। किन्तु इस रुचि के अतिरिक्त मेरे पास कुछ न था जो मुझे अल्लामा साहब से वार्तालाप करने के योग्य बनाता। ये अच्छी तरह याद है कि अल्लामा ने मुझे बिलकुल एहसास न होने दिया कि मेरी मुलाक़ात उनके लिए समय नष्ट करने के सिवाय कुछ नहीं। और न ही उन्होंने कोई ऐसी बात कही जिससे मुझे अपने अनपढ़ होने की अनुभूति होती।

मुलाक़ात कोई आधा घंटा रही। फिर मैंने आज्ञा लेकर सलाम किया। अल्लामा साहब कमरे से बाहर तक मुझे छोड़ने आए। एक बार मेरे जी में आया उनसे निवेदन करूँ कि आपके दरवाज़े के बाहर सड़क के दूसरी ओर जो राक्षसों की टोली है उसका कुछ समाधान करें। परन्तु मेरा साहस न हुआ और फिर इस मामले से उनका मतलब ही क्या था? यह काम तो पुलिसवालों का था। अल्लामा को शायद पता भी न रहा हो कि सड़क पार की गुमटियों पर किस प्रकार की भीड़ रहती है।

मैं पोर्टिको से बाहर आया तो बँगले के अन्दर की सड़क पर सुर्मई रंग की एक पुरानी ऑस्टिन ए-40 गाड़ी खड़ी थी। अल्लामा की तो न होगी, क्योंकि मैंने कहीं सुना था कि उन दिनों उनके पास एक बड़ी सी फोर्ड थी। ख़ैर, कोई मिलने वाला आया होगा, मैंने दिल में कहा। अच्छा ही हुआ जो मैंने अपनी कार बाहर खड़ी की।

मैं अल्लामा साहब से मुलाक़ात की ख़ुशी में मगन बाहर निकला। एक क्षण के लिए मैं भूल गया था कि उन लोगों का सामना फिर हो सकता है। परन्तु बाहर सड़क पर आकर मेरे हाथों के तोते उड़ गए। कई लड़के मेरी कार के पास खड़े थे और कार को ढकेल-ढकाल कर उसका मुँह विपरीत दिशा में कर दिया गया था। मैं कुछ घबराया-घबराया सा किन्तु साहस बनाकर गाड़ी की तरफ़ बढ़ा तो वो लौंडे मुझसे लगभग चिमट गए। उनके बदन से अजीब तरह की पशुओं जैसी और चिकटे तेल की सी बू आ रही थी। अभी मैं निर्णय न ले पाया था कि उनसे किस तरह निपटूँ, कि एक लम्बा सा दुबला, पतला व्यक्ति जो कुछ ख़ाकी रंग की मलगज़ी पीले रंग की लम्बी कमीज़ और उसी कपड़े की सलवार पहने हुए था, मेरी तरफ़ लपका। उसके चेहरे पर चरित्रहीनता और बेहयाई इस क़दर स्पष्ट थी कि मेरी तबीयत गिनगिना गई, जैसे मैंने किसी भीगी लिजलिजी चीज़ को छू लिया हो। उस वक़्त मैं सड़क की ओर था और वो मेरे दाएँ हाथ पर फुटपाथ की ओर खड़ा था।

मैंने पलटकर उसे एक ठोकर लगानी चाही तो उसने अपनी टाँग मेरी तरफ़ बढ़ाकर मुझे रोकना चाहा। ख़ुदा का करना ऐसा हुआ मेरी टाँग कुछ इस तरह उसकी टाँग से उलझी कि वो अपना सन्तुलन खो बैठा और उछलकर छपाक से फुटपाथ के नीचे गहरी नाली में जा गिरा। मैंने अवसर को उचित जानकर लपकते हुए गाड़ी का दरवाज़ा खोला। मन ही मन में भगवान से प्रार्थना कर रहा था कि गाड़ी फ़ौरन चल पड़े। ख़ुदा की मेहरबानी प्रार्थना क़ुबूल हुई। चाबी लगाते ही गाड़ी बड़ी सहजता से स्टार्ट हो गई। मैंने गाड़ी गियर में डाली और एक्सिलरेटर पर पाँव पूरे ज़ोर से दाब दिया।

गाड़ी एक झटके से आगे बढ़ी। मेरा इरादा यही था कि कुछ ही क्षण बाद फर्स्ट गियर से सेकेंड में आ जाऊँगा, क्योंकि सेकंड में शक्ति तो बहुत होती ही है, साथ ही उसमें गति को शीघ्रता से बढ़ाने की भी सम्भावना रहती है। योजना अनुसार मैंने गाड़ी सेकेंड में डाली ही थी कि मुझे लगा गाड़ी चल नहीं पा रही है। ऐसा प्रतीत हो रहा था जैसे कोई शक्ति उसे पकड़कर उल्टी तरफ़ खींच रही हो। मैंने पीछे मुड़कर देखा तो क्या पाया कि कई लौंडे कार के बम्पर और बूट से चिपके हुए पूरा ज़ोर लगाकर गाड़ी को आगे बढ़ने से रोकने की कोशिश कर रहे थे। इधर मैं एक्सिलरेटर पर पाँव पूरे ज़ोर से दबाए हुए हूँ और उधर वो दस-बारह बच्चे गाड़ी को अपनी तरफ़ खींच रहे हैं, और इस सफलता से कि गाड़ी की गति च्यूँटी की गति से आगे नहीं बढ़ रही थी।

मैंने कन्धे सिकोड़कर सर को यूँ झुका लिया जैसे ख़तरा मेरे पीछे नहीं बल्कि सामने है, और मैं पूरे बल के साथ सामने किसी चीज़ से टकराने वाला हूँ। सर झुकाकर और बदन चुराकर मैंने अपनी पूरी शारीरिक और मानसिक शक्ति इस बात पर लगा दी कि गाड़ी को इतनी रेस दूँ कि इन राक्षस बच्चों को झटकता हुआ निकल जाऊँ। परन्तु उन गलीज़ों में भगवान जाने कितनी ताक़त आ गई थी कि मेरा पन्द्रह हार्सपावर का इंजन, मेरी अपनी प्रतिरोध क्षमता सब व्यर्थ सिद्ध हो रही थी। गाड़ी बस घिसटती रही। और सौ-पचास गज़ ही के अन्दर मुझे यक़ीन हो गया कि या तो गाड़ी का इंजन अब बहुत जल्द बन्द हो जाएगा, या इन लौंड़ों का बल इसे आगे बढ़ने से रोक ही देगा।

मेरे हाथ-पाँव अब फूलने लगे थे। मेरे मस्तिष्क में बस यह बात घूम रही थी कि यह गाड़ी जिसे मैं अपनी सुरक्षा और दुश्मनों से बचाव के लिए पर्याप्त समझ रहा था, मेरे लिए मौत का फन्दा या मुझे विनष्ट करने का जाल सिद्ध हो सकती है। यदि मैं इसी में बन्द रह गया तो कुछ ही मिनट जाते हैं कि ये शैतानी टोली मुझे आगे बढ़ने से रोक देगी और मुझे गाड़ी से खींच लेगी, और न जाने क्या दुर्गति बनाएगी। वो आदमी जिसे मैंने नाली में धकेल दिया था वो तो शायद मेरी तिक्का बोटी करके फेंक दे।

अब, कई साल बाद जब मैं ये पंक्तियाँ लिख रहा हूँ, मुझे महसूस होता है कि उस समय मेरा विकसित और तर्कवान मस्तिष्क विवेक शून्य हो गया था। विज्ञानियों के यहाँ इसे दायाँ मस्तिष्क या राइट ब्रेन कहते हैं। और मैं उस समय अपने बाएँ मस्तिष्क अर्थात लेफ्ट ब्रेन के नियंत्रण में था। बायाँ मस्तिष्क जिसे Reptillian Brain भी कहते हैं, इनसानों, रेंगने वाले जानवरों और अंडा देने वाले जानवरों में सामान्य है।

कहा गया है कि विकास प्रक्रिया के करोड़ों वर्षों ने इस मस्तिष्क को बनाया। और चूँकि ये मस्तिष्क रेंगने वाले और फिर अंडा देने वाले जानवरों से होकर मनुष्य तक पहुँचा है इसलिए इसे Reptillian Brain कहा जाता है। हमारी आधारभूत और निम्न कही जाने वाली भावनाएँ सब इसी बाएँ मस्तिष्क में उत्पन्न होती हैं। काम वासना, भय, भूख का अनुभव, हिंसा, जान का बचाव करना, ख़तरा देखकर भाग निकलना, ये सब प्रवृत्तियाँ इसी की देन हैं। संसार भर के अधिकांश पेशेवर अपराधी विशेषकर क़ातिल और बलात्कारी लोगों में बाएँ मस्तिष्क को दाएँ से ज़्यादा सक्रिय पाया गया है। उसका स्थान चूँकि सर के बाएँ और निचले हिस्से में है इसलिए इसे बायाँ मस्तिष्क कहते हैं। इसके विपरीत दाएँ मस्तिष्क का विकास बाएँ के और भी कई करोड़ वर्ष बाद हुआ। तर्क, आत्मालोचन, विचार शक्ति के गुण इसी दाहिने मस्तिष्क के काम हैं।

बाएँ मस्तिष्क को तर्क, विचार शक्ति और पश्चात्ताप से कोई मतलब नहीं। जब यह मस्तिष्क प्रभावी हो जाता है तो सोचने-समझने की क्षमता समाप्त हो जाती है। बहुत से मानसिक रोगियों में भी दाहिने मस्तिष्क की निर्बलता और बाएँ मस्तिष्क की सशक्तता का अनुभव किया गया है।

बहरहाल उस वक़्त मुझे एक ही धुन थी कि जैसे भी बन पड़े इस गाड़ी को छोड़कर निकल भागूँ। गाड़ी में रुकना सम्भव न था तो बाहर तो अवश्य ही भाग निकलने की जगह होगी। बाएँ मस्तिष्क का सुझाया हुआ यह तर्क मुझे बिलकुल उचित लग रहा था। परन्तु गाड़ी किस तरह छोड़ूँ और किस स्थान पर, यह अभी समझ में न आया था।

अचानक मैंने एक अज़ीब बात महसूस की। सड़क पर कोई राहगीर न था। ख़ाली रास्ता बिलकुल सुनसान, भाँय-भाँय करता मालूम होता था। 'ख़ाली शहर डरावना खड़ा था चारों ओर' मुझे कबीर की पंक्ति याद आई। मैक्लियोड रोड पर अधिक भीड़-भाड़ तो कभी न होती थी किन्तु सम्पूर्ण सन्नाटा भी न होता था। एक-दो मोटरें तो मिनट दो मिनट पर गुज़र ही जाती थीं। अल्लामा साहब के मकान के ज़रा आगे उनके प्रसिद्ध बचपन के दोस्त सर जोगिन्दर सिंह का शानदार बँगला था। ये वही जोगिन्दर सिंह हैं जिनके बारें में अल्लामा साहब की ये पंक्ति सबको याद होगी : 'कैसे पते की बात जोगिन्दर ने कल कही'। उनके फाटक पर एक-दो नौकर भी हमेशा खड़े रहते थे। सरदार साहब के बँगले के थोड़े ही आगे बहराम जी ख़ुदाई जी की दुकान थी जो दुकान से ज़्यादा किसी रईस का बँगला मालूम होती थी। ये लोग लन्दन से उच्च कोटि की शराब और सिगार आदि आयात करते थे। कोई एक-दो फर्लांग पर whiteway Laidlaw ह्वाइट वे लैडला की दो मंज़िला दुकान थी। उसके सामने दो चार मोटरें, एक-दो शिकरमें, पाँच-सात बग्घियाँ तो हर समय खड़ी रहती थीं। आज न जाने क्या बात थी कि न वो कोठियाँ दिखाई देती थीं, न कोई दुकान ही नज़र आई थी। यहाँ तक कि पुलिस का कोई सिपाही भी ट्रैफिक के चौराहे पर न था।

अब जो ध्यान करता हूँ तो ख़याल आता है कि मेरी गति इतनी धीमी थी कि बस च्यूँटी की चाल समझिए। और जिन इमारतों, दुकानों का मैंने ऊपर वर्णन किया, वो मुझसे लगभग कुछ फर्लांग तो अवश्य दूर थीं, फिर उस समय मुझे कहाँ से दिखाई दे जातीं। परन्तु मैंने कहा न कि उस समय मेरा इनसानी मस्तिष्क नहीं बल्कि कीड़े मकोड़े जैसा Raptillion मस्तिष्क मुझ पर हावी था। आज मुझे पूरा विश्वास है कि यदि मैं साहस करके उस गाड़ी को चलाता रहता, गति चाहे जो भी रहती, तो दस-पाँच मिनट में किसी सुरक्षित या आबादी वाली जगह पर ज़रूर पहुँच सकता था। मेरा पीछा करने वाले मुझ पर हरगिज़ हाथ न डाल सकते थे। गाड़ी को वो बिलकुल रोक सकते न थे। और यदि वो गाड़ी को छोड़कर खिड़की की राह से मुझ पर हमलावर होने की कोशिश करते तो मैं आसानी से उतनी देर में गाड़ी की गति बढ़ाकर उनके ख़तरे से मुक्त हो सकता था। परन्तु उस समय तो यह लग रहा था कि यह गाड़ी नहीं मौत की कोठरी है। अगर मैं इसी में बैठा रहा तो मौत का शिकार हो जाऊँगा।

मैंने दिल में सोचा कि अगर कोई मज़बूत खम्भा या दीवार रास्ते में मिले तो गाड़ी उससे टकरा दूँ। धमाका होगा तो दस-पाँच लोग निस्सन्देह इकट्ठा हो जाएँगे। सम्भव है कि कोई पुलिसवाला भी आ निकले। या शायद मैं घायल या बेहोश ही हो जाऊँ। तब तो ये जंगली गिरोह मेरा पीछा छोड़ेगा। उस समय मेरे बाएँ मस्तिष्क को यह बात न सूझी कि मोटर की कोई वास्तव में प्रभावकारी दुर्घटना के लिए गति की आवश्यकता है। कुछ नहीं तो 20-22 मील की गति तो हो, और इस समय मेरी गति 4-5 से ऊपर न थी और न ही मेरी बुद्धि में यह बात आई थी कि घायल या बेहोश होकर तो मैं और भी ज़्यादा उनके चंगुल में आ जाऊँगा। वो मुझे अस्पताल ले जाने के बहाने उठाकर कहीं भी ले जा सकते थे, या वहीं का वहीं मुझे और भी घायल कर सकते थे या चोट पहुँचा सकते थे। इसे मेरा सौभाग्य कहिए कि उस वक़्त मेरे सामने कोई चीज़ ऐसी न थी जिससे टकराकर मैं बुद्धि-भरी अपनी यह योजना पूरी करता।

उसी क्षण मुझे महसूस हुआ कि वो पीली मलगज़ी कमीज़ वाला घिनौना व्यक्ति भी इन लौंडों का सहयोगी बनकर मेरी गाड़ी को पीछे से रोकने के काम में जुट गया है, "उसका भी बल लड़कों के साथ लग गया है। अब तो मैं बच न सकूँगा।" मैंने दिल में कहा। अभी गाड़ी की गति में कुछ विशेष परिवर्तन न आया था। परन्तु मुझे पूरा विश्वास था कि मलगज़ी कमीज़ वाला गाड़ी को रोकवाने में जान लड़ा देगा।

"बकरे की माँ कब तक ख़ैर मनाएगी।"

मैंने अपने आप से कहा। मुझे अपने स्वर्गीय पिताजी का एक चपरासी याद आया जो ऐसे मौक़ों के लिए अपना बनाया हुआ एक शेर पढ़ा करता था :

कब तक छिपेंगी केरियाँ पत्तों की आड़ में
आख़िर वो आम बन के बिकेंगी बज़ार में

साधारण परिस्थितियों में मुझे जब भी यह शेर याद आता तो हल्की सी हँसी भी आती। परन्तु आज रोना आ रहा था। यही नहीं, अपना बचपन भी उस वक़्त बड़ी अभिलाषा भरी आकांक्षाओं की गुलाबी नारंगी रोशनियों की छाया में घिरा हुआ दिखाई दे रहा था, हालाँकि वास्तविकता यह थी कि मेरा बचपन बहुत कुछ नाख़ुशी से भरा हुआ और भुला देने योग्य था।

कहते हैं एक बार उर्दू के प्रसिद्ध कवि बिस्मिल सईदी ने महाकवि जोश मलीहाबादी साहब से कहा कि जोश साहब आपके काव्य में करुणा रस का ज़रा अभाव न होता तो आप और भी बड़े कवि होते। जोश साहब ने कहा, "हरगिज़ नहीं। मेरे यहाँ करुणा रस का अभाव बिलकुल नहीं। लो ये शेर सुनो :

मेरे रोने का जिसमें क़िस्सा है
उम्र का बेहतरीन हिस्सा है"

बिस्मिल सईदी ने ठहाका मारा और कहा, "वल्लाह जोश साहब बच्चों के रोन-धोने के मज़मून पर इससे बढ़िया शेर मैंने नहीं सुना था।" ख़ैर जोश साहब और बिस्मिल साहब के मख़ौल एक तरफ़, किन्तु सच बात यह है कि मेरा बचपन अपने बड़ों से पिटते और रोते हुए ही गुज़रा था। फिर भी काश मैं अभी सात ही आठ बरस का होता, मैंने मन में लगभग रोते हुए कहा। उस परिस्थिति में आज मैं इस मोटर में तो न होता, जहाँ मेरी इज़्ज़त और जान दोनों के लाले पड़े हैं। आख़िर मैंने किसी का बिगाड़ा भी क्या है?

मुझे अपने बचपन के वो दिन याद आ गए जब ज़रा-ज़रा सी बात पर, और बहुधा अनायास ही मुझ पर मार पड़ती थी। या अगर कोई वजह होती होगी तो मेरा नन्हा सा मस्तिष्क उसको समझने में असमर्थ रहता था। किसी बात के लिए कोई कारण आवश्यक नहीं होता, ये उन दिनों मेरे छोटे से सीमित मस्तिष्क का निश्चय या फ़ैसला था। बाद में जब मुझे कारण अथवा Cause और मूल कारण अथवा Reason के फ़र्क़ का ज्ञान हुआ तो मैंने यह निष्कर्ष निकाला कि ऐसा कुछ ज़रूरी नहीं कि किसी चीज़ का कारण मालूम हो जाए तो उसका Reason या मूल कारण भी ज्ञात हो सके। उदाहरण—अर्थात किसी व्यक्ति की हत्या हो जाए और लाश का परीक्षण करके हम यह निष्कर्ष निकालें कि वो पिस्तौल की गोली से मरा है, तो पिस्तौल की गोली तो केवल उसकी मृत्यु का कारण हुई। इससे यह कहाँ पता चलता है कि उसकी हत्या का कारण क्या है?

इस वक़्त जो मैं अपनी जान के ख़तरे में हूँ, तो इसका कारण यह है कि मैं किसी स्थान पर किसी समय पर उपस्थित था। यदि वहाँ उपस्थित न होता तो यह घटना भी न घटती। किन्तु मेरी वहाँ उपस्थिति का भी कुछ कारण था, और उस कारण का भी कोई कारण होगा, और फिर उस कारण का भी...

तो क्या सारी दुनिया केवल कारणों की कहानी है? किसी बात की मूल वजह कोई नहीं? या शायद हमारा यहाँ आना किसी मूल कारणवश हो? मुझे लगा कि मीर तक़ी मीर अपनी ये पंक्ति चुपके से मेरे कान में फूँक गए: 'असबाब पड़े यूँ कि कई रोज़ से याँ हूँ।' कौन से असबाब, कौन से कारण? हमें यहाँ क्यों लाया गया? क्या इसलिए कि मैं अपनी मोटर में बैठा ही बैठा अपना जिस्म बेचने वाले लौंडों और उनके अगुवा की नापाक़ हरकतों का निशाना बनूँ? मैंने लगभग हिस्टीरिया भरे भाव में ख़ुद से कहा। अचानक मुझे कार के पीछे और बाहर सड़क पर से कुछ शोर सा सुनाई दिया। मालूम हुआ कुछ लोग और भी मेरे दुश्मनों की सहायता को आ गए हैं। गाड़ी की चाल अब और भी धीमी पड़ गई थी। या शायद वह मेरा भ्रम रहा हो। परन्तु मैंने निर्णय लिया कि अब यहाँ एक क्षण भी रुकना किसी बहुत बुरे परिणाम को आमंत्रित करना होगा। मुझे ध्यान आया कि मेरे पीछे लगने वाले शैतानों ने अल्लामा साहब की कोठी में पाँव न रखा था। शायद वो घरों के अन्दर आने से डरते थे? इसलिए सबसे अच्छा यह होगा कि मैं गाड़ी को किसी मुनासिब फ़ाटक में अड़ा दूँ और ख़ुद निकल भागूँ। निकल भागूँगा किस तरह, वो लोग झपटकर मुझे पकड़ तो न लेंगे? मैं यह सोच ही रहा था कि सड़क पर मेरी ओर, अर्थात बाईं ओर ऐसी ही सुरक्षित सी एक कोठी दिखी "वो मारा," मैंने दिल में ख़ुश होते हुए कहा।

मैंने एक ज़बरदस्त झटके से स्टेयरिंग को बाएँ घुमाकर गाड़ी को फ़ाटक में तिरछा डालकर पूरे बल के साथ ब्रेक लगाया। बाएँ घूमने के झटके, और फिर ब्रेक लगने के झटके से गाड़ी फ़ाटक के बीच में तिरछी होकर बन्द हो गई। मेरा पीछा करने वाले भी इन झटकों को न सहार सके और पीछे इधर-उधर गिर पड़े। मैंने मुड़कर देखा तो मेरा सबसे निकटतम पीछा करने वाला भी मुझसे कोई 10-12 फिट की दूरी पर था। मैंने खींचकर चाभी गाड़ी में से निकाल ली और अंधाधुंध दौड़ता हुआ उस कोठी, अर्थात अपनी शरणस्थली में प्रवेश कर गया।

बड़ा सा बँगला था, किन्तु ज़रा सुनसान सा। सामने कोई नौकर, माली या चौकीदार न था। ऊँची कुर्सी का बरामदा जिसमें पुरानी शैली की आराम कुर्सियाँ और मोढ़े थे। दीवार से लगी हुई सिंगार मेज़ और आदमक़द आईना, उसके पास ही हैट वग़ैरह रखने का स्टैंड। इससे अधिक देखने का न साहस था न समय। मैं भवन की लम्बाई में दौड़ता चला गया। बरामदा जहाँ समाप्त हुआ वहाँ एक कमरा सा दिखाई दिया। उसका दरवाज़ा कुछ अधखुला, कुछ भिड़ा हुआ सा। मैंने झट से उसमें घुसकर अन्दर से कुंडी चढ़ा ली।

कमरे में फिनायल की हल्की सी गन्ध थी। मैंने आँखें फाड़-फाड़ कर देखा तो मालूम हुआ कि बाथरूम है। टटोल कर बिजली का स्विच तलाश किया। पीला-पीला प्रकाश फैला तो मैंने देखा कि 7-8 फुट लम्बा और उतना ही चौड़ा बाथरूम और गुसलख़ाना है। लकड़ी के कमोड की जगह नए ढंग का फ्लश था। ऊपर लोहे की टंकी, उससे जंज़ीर लटकती हुई। इस प्रकार के फ्लश उस वक़्त हिन्दुस्तान में बहुत कम थे। मैं इसलिए जानता था कि रेल

की दो बड़ी कम्पनियाँ, जी.आई.पी रेलवे और बी.बी.एंड सी.आई रेलवे अपने स्टेशनों पर फर्स्ट क्लास प्रतीक्षालयों में ऐसे बाथरूम बनवा रही थीं। मैं स्वयं जी.आई.पी रेलवे में कर्मचारी था।

मुझे बुरी तरह पेशाब लग रहा था, न मालूम डर की वजह से या वास्तव में। परन्तु अभी मेरी हालत बिलकुल असुरक्षित थी। उधर ऐसा लग रहा था कि पेशाब ज़रूर करना चाहिए। पता नहीं दोबारा अवसर मिले न मिले। मेरा हाथ पतलून की पेटी की तरफ़ गया ही था कि दरवाज़ा ज़ोर-ज़ोर से पीटा जाने लगा। पता नहीं वो लोग मेरे दुश्मन थे या घर का कोई सदस्य जिसे शक हो गया था कि बाहर का कोई आदमी बाथरूम में घुस आया है। मैं बहरहाल अपने को इस स्थिति में न समझता था कि दरवाज़ा खोलकर बाहर निकल आऊँ। परन्तु बाथरूम में ख़ुद को छिपाए रखने की सम्भावना कहाँ? और निकलूँ तो जाऊँ कहाँ? फिर मेरी निगाह परली तरफ़ की दीवार पर पड़ी तो मालूम हुआ कि उधर भी एक दरवाज़ा है। अब वो जहाँ भी खुलता हो मेरे लिए वही द्वार मुक्ति का रास्ता था।

मैंने धीमे से दूसरी ओर की कुंडी खोल ली। दिल में ख़ुदा का शुक्र किया कि दरवाज़ा दूसरी ओर से बन्द न था। पहली बात तो यह कि दो दरवाज़े तोड़ने में उन लोगों को समय लगेगा। और दूसरी बात यह कि जब इतना शोरगुल और तोड़-फोड़ की उथल-पुथल होगी तो घर के अन्दर किसी का ध्यान तो उधर आकर्षित होगा। उस समय मैं यह बात भूल ही गया था कि मेरे अपने ख़याल के मुताबिक वह शैतानी टोली घरों में घुस न सकती थी। अतः अधिक सम्भावना इस बात की थी कि दरवाज़ा पीटने वाला या पीटने वाले घर ही के लोग हों।

दरवाज़े से बाहर आकर मैंने देखा कि वही बरामदा और आगे तक चला गया है। मेरी दाईं ओर चाहरदीवारी थी इसलिए बरामदे की सूरत अब कुछ गलियारे जैसी थी। बाथरूम के दरवाज़े से मिला हुआ एक दरवाज़ा चाहरदीवारी में था जो सड़क की ओर खुलता होगा। दरवाज़े का एक पट खुला हुआ था और उसमे से तीन नौकर साफ़ दिखाई देते थे। वो चौखट और सीढ़ी पर बैठे हुए बातों में इस क़दर मशगूल थे कि उन्होंने मेरा बाहर निकलना बिलकुल महसूस न किया। और ज़ाहिर है कि मैं भी उनका ध्यान अपनी ओर आकर्षित कराने को उचित न समझता था।

गलियारे में बिल्ली समान दबे पाँव चलता मैं कोई दस गज़ गया होऊँगा कि एक दरवाज़ा दिखाई दिया जो घर के अन्दर खुलता था। उधर बाथरूम का बाहरी दरवाज़ा टूटने की सी आवाज़ हल्की सी मेरे कान में आई। मैंने कुछ भी विलम्ब किए बिना घर के दरवाज़े में पाँव रख दिया।

वहाँ कमरा न था, बल्कि एक चौड़ा दालान जिसे सहदरी कहें तो ग़लत न था, जिसमें किसी भरे-पूरे और अपने काम में लगे हुए घर का-सा वातावरण साफ़ महसूस होता था। एक चौड़े पलंग पर दो औरतें बैठी छालिया कतर रही थीं। उनकी शक्लें और कपड़े लत्ते अब बिलकुल मेरे स्मरण में नहीं हैं। किन्तु पलंग के पास एक बड़ी सी गद्देदार आराम कुर्सी पर दोहरे बदन की एक अधेड़ कुछ सुन्दर सी महिला थी जो साड़ी पहने हुए थी। उनके सामने कुर्सियों पर दो अपेक्षतया नौजवान औरतें स्वेटर बुन रही थीं। मैंने अनुमान किया कि अधेड़ आयु वाली महिला ही इनमें शीर्षस्थ हैं। मैंने उन्हें सलाम किया। वो मेरे अन्दाज़, बोल-चाल और बदहवाशी से यह तो शायद समझ गईं कि मैं कोई चोर-उचक्का नहीं हूँ। दूसरी

लड़कियों और औरतों में ज़रूर एक तरह की घबराहट दिखाई दी, किन्तु किसी ने कुछ शोर इत्यादि न किया। सम्भव है कि वो अपने को उन अधेड़ महिला की शरण में सुरक्षित समझ रही हों। उन महिला ने मेरे सलाम का जवाब न दिया बल्कि कुछ डाँट भरे स्वर में कहा :

"कौन हो तुम? यहाँ कैसे आए? चलो, तुरन्त चले जाओ यहाँ से।" वो भयभीत से अधिक झुँझलाई हुई सी लगती थीं।

"भगवान के लिए मुझे शरण दीजिए, मैं बड़े ख़तरे में हूँ।" मैंने फुसफुसाहट के स्वर में कहा।

"क्यूँ? क्या पुलिस तुम्हारे पीछे है?"

"यह सब बाद में बताऊँगा। पुलिस वग़ैरह का कोई चक्कर नहीं है। मैं एक सम्मानित व्यक्ति हूँ, इंजीनियर हूँ। कुछ बदमाश मेरे पीछे लग गए हैं।"

"बदमाशों ही के पीछे तो बदमाश लगते हैं। शरीफ़ों को ऐसे लोगों से क्या काम? चलो निकलो। अभी निकलो। नहीं तो मैं नौकरों को बुलवाती हूँ।"

"फिर मेरी हत्या हो जाए तो आप भगवान को क्या मुँह दिखाएँगी?" अचानक मेरे दिल में बिजली की तरह यह ख़याल कौंधा कि ये महिला हज़ार इज़्ज़त वाली सही किन्तु घर की मालकिन नहीं है, "भगवान के लिए आप किसी ज़िम्मेदार शख़्स के पास मुझे ले चलें।"

मेरा तीर निशाने पर बैठा। वो पहलू बदलकर बोली, "ज़िम्मेदार? ज़िम्मेदार और कौन है यहाँ तुम बताओ, तुम्हारा मामला क्या है?" उसका लहज़ा अब ज़रा तेज़ था, और ज़ोर तुम शब्द पर था।

मैंने अटक-अटककर अपना हाल बताना शुरू किया। यह भी डर था कि बात कुछ ऐसी अजीब है कि इन लोगों को यक़ीन शायद ही आएगा। अगर ऐसी घटना कोई मुझसे बयान करता तो मैं उसे किसी पागल की बकवास से ज़्यादा महत्त्व न देता। इस भय के कारण मेरे स्वर ख़ुद मुझे ही विश्वास से ख़ाली लग रहे थे और मेरी कहानी और भी अविश्वसनीय लग रही थी। किन्तु अभी तो वो लोग ध्यान से सुन रहे थे और मेरी दास्तान थी ही कितनी लम्बी? कुछ मिनटों से भी कम में समाप्त हो जाती। मैंने बोलना शुरू किया और दिल में दुआ करता रहा कि इन लोगों को भरोसा आ जाए।

वो दरवाज़ा जिससे मैंने प्रवेश किया था, यूँ ही खुला हुआ था। सबका ध्यान मेरी कहानी की ओर था। अचानक पीली मलगज़ी कमीज़ वाला पुरुष पूरे आत्मविश्वास के साथ उसी दरवाज़े से दाख़िल हुआ। उसके हाथ में लम्बा सा पिस्तौल था।

मैंने दौड़कर अधेड़ उम्र वाली महिला की कुर्सी के पीछे छिपने की कोशिश की। परन्तु उस व्यक्ति ने पिस्तौल का मुँह उन्हीं महिला की ओर कर दिया, और अजीब घमंड भरे बर्फ़ के समान ठंडे, क़ातिलाना, हिकारत भरे स्वर में बोला :

"बोल, मैं तेरा कौन लगता हूँ?"

मेरे पूरे बदन में सनसनी दौड़ गई। तो क्या ये सब लोग एक ही थे? मैंने बदहवाश होकर दिल में कहा।

अभी हममें से कोई इस हाल में न था कि इस नए ख़तरे से बचाव के लिए कुछ करता। उन सब औरतों के बदन बिलकुल स्थिर थे, जैसे पत्थर की मूरतें हों। मैं जिस जगह छिपने की असफल चेष्टा कर रहा था, उसके पीछे एक दरवाज़ा था। न जाने क्यूँ मुझे महसूस हुआ कि उस दरवाज़े के पीछे भी कोई है।

मैं अभी यह निश्चय न कर पाया था कि दरवाज़े के पीछे वास्तविक रूप में कोई है भी कि नहीं, और वो मेरा दोस्त है कि दुश्मन। अचानक वही दरवाज़ा धड़ाके के साथ खुला और एक काली सी चीज़ सायँ-सायँ करती हुई उसमें से निकली और बाहर आँगन में बवंडर की तरह स्थापित हो गई।

मैंने देखा कि वो सारी औरतें मुँह को दोपट्टे से ढाँके बेहोश सी पड़ी हैं। पिस्तौल वाला घुटनों के बल था, उसका सर झुका हुआ था। हाथ कुछ इस तरह सीने पर थे मानो बन्दगी में सलाम कर रहा हो। पिस्तौल उसके हाथ से छूटकर अधेड़ उम्र वाली महिला के पैरों तक आ रहा था। परन्तु ख़ुद उन्हें किसी चीज़ से मतलब न रह गया था। वो गर्दन ढलकाए साड़ी के पल्लू में मुँह को छिपाए आराम कुर्सी पर कपड़े की गुड़िया समान ढेर थीं। मेरे पाँव मन-मन भर के हो रहे थे। दिल मानो बैठकर जूते के तले में आ गया था। परन्तु मस्तिष्क (वही बाईं ओर का मस्तिष्क?) थोड़ा बहुत काम कर रहा था। मैंने दिल में कहा कि भाग निकलने का इससे बढ़िया अवसर कहाँ प्राप्त होगा। सम्भव है अपनी गाड़ी को भी इस घर के फाटक से निकाल ले जा सकूँ।

मैं डरता, चोरों समान पाँव रखता, बल्कि लगभव घिसटता हुआ अपनी शरणस्थली से बाहर आया। ('ये शरणस्थली की भी अच्छी रही!) आँगन में वो काला बवंडर अभी उसी प्रकार घूम रहा था। सायँ-सायँ की आवाज़ आ रही थी। परन्तु उस समय वो आवाज़ कुछ मातमी-सी लगी। न जाने क्यूँ मुझे यह ख़याल था कि मुझे हरगिज़ किसी प्रकार की आवाज़ न करनी चाहिए। भला वो बवंडर क्या था, क्या कोई प्रेत या कोई ईश्वरीय प्रकोप? किन्तु मेरे शोर करने न करने से उसका क्या सम्बन्ध हो सकता था? शायद ये भी मेरे कीड़े-मकोड़ों जैसे बाएँ मस्तिष्क का चमत्कार था कि बहुधा रेंगने वाले जानवर ख़तरे के सामने दम साधकर पड़ जाते हैं मानो मृतक हों।

मलगज़ी कमीज़ वाले के पास गुज़रते हुए मेरे जी में आया कि उसकी पसलियों पर अपने बूट से एक ज़ोरदार ठोकर लगाऊँ। हरामज़ादा मर चुका ही था। किन्तु न मरा हो तो? और वो काला बवंडर? मैंने यह इरादा छोड़ दिया। फिर मैंने दिल में कहा कि पिस्तौल ही उठा लूँ, शायद वो शैतान के भाई बन्द अभी बाहर बैठे हों। किन्तु थोड़ी सी अक्ल जो वापस आ रही थी, उसका सुझाव था कि तुम न पिस्तौल चलाना जानते हो और न उसका लाइसेंस ही तुम्हारे पास है। क्यूँ बैठे बिठाए एक और मुसीबत को आमंत्रित कर रहे हो? एक मुश्किल से तो मर-मर के जीने की नौबत आ रही है। अब और कोई मूर्खता न करो। चुपके यहाँ से चल निकलो "मगर वो औरतें, और ये मलगज़ी कमीज वाला, कहीं यह सब मर न गए हों। कहीं पुलिस मेरा पीछा न करे।" मैंने अपने दिल से कहा।

"बेवकूफ़ आदमी," मैंने दिल ही दिल में ख़ुद को डाँटा, "अब देर करोगे तो पुलिस न आती होगी तो भी आ जाएगी। अगर ये लोग मर भी गए हैं तो तुमसे क्या मतलब? हाँ अगर पुलिस ने यहाँ तुम्हें देख लिया तो अलबत्ता मुश्किल होगी। बँधे-बँधे फिरोगे। नौकरी से अलग हाथ धोना पड़ेगा। चलो, यहाँ से फ़ौरन चल निकलो।"

मैं इस क़दर आहिस्ता-आहिस्ता वहाँ से निकला मानो अंडों पर चल रहा हूँ। गलियारे के दरवाज़े पर अँधेरा था। वो तीनों नौकर भी शायद सो गए थे, कि बेहोश थे, पता नहीं। मैं उनको चुपके से फाँदकर उस पैशाचिक भवन से बाहर आ गया।

सड़क पर रोशनियाँ जल उठी थीं। एक-आध सवारी भी धीमी गति से गुज़र रही थीं। सब कुछ ठीक-ठाक था, लेकिन कुछ बदला हुआ सा भी था। मेरी समझ में तुरन्त यह बात न आई कि क्या बदलाव आ गया है।

थोड़ी देर बाद मुझे अचानक अहसास हुआ कि मैक्लियोड रोड अब सुबह की तरह सुनसान नहीं थी। और यह भी कि जब मैं पीछे के घर में शरण लेने के लिए घुसा था तो उस वक़्त धूप निकली हुई थी। दिन के ग्यारह बज रहे होंगे और मैं किसी भी सूरत में उस घर में पन्द्रह बीस मिनट से अधिक देर न रहा था। फिर इस वक़्त ये शाम कैसी?

घबराहट और डर के कारण मुझे बड़े ज़ोर की उल्टी आई। सारा मुँह नमकीन पानी से भर गया और जब तक मैं ख़ुद को सँभालूँ, मुझे एक उबकाई, बल्कि भैंसे की सी डकारती हुई आवाज़ के साथ उल्टी हुई। लेकिन एक कड़वे पीले कालिमा लिए हुए घूँट के सिवाय कुछ न निकला। मैंने सुबह कई प्याली चाय के साथ बहुत साधारण नाश्ता किया था और तब से अब तक तीन-चार घंटे हो चुके थे या शायद सारा दिन ही बीत चुका था। फिर उल्टी में निकलता क्या। मैंने गर्मी की मार से पीड़ित कुत्ते की तरह हाँफते हुए अपना सीना और पेट सँभालना चाहा। उस उल्टी के बाद भी मेरी उबकाइयाँ कम न हुई थीं। मुझे मौलवी नज़ीर अहमद के प्रसिद्ध उपन्यास 'तौबतुननसूह' का शुरुआती वर्णन याद आया कि नसूह को भी बड़े ज़ोर की उल्टी हुई थी क्योंकि उसे हैजा हो गया था। जैसे कौवे का पर, मुझे बचपन की पढ़ी हुई एक कहानी याद आई, 'उल्टी इतनी काली जैसे कौवे का पर'। तो क्या मुझे भी हैजा हो रहा है? या मैंने कहीं से ज़हर तो नहीं मुँह में नहीं डाल लिया? मैंने घबराकर अपने दिल में कहा।

चक्कर से बेहाल होकर मैं अनियन्त्रित सा पास की दीवार से टकरा गया। चोट बचाने की कोशिश में हाथ जो दीवार पर ज़ोर से मारा तो कोई चीज़ बिच्छू के डंक की तरह चुभी। घबराकर ग़ौर से देखा तो मालूम हुआ कि दीवार में एक मोटी सी कील निकली हुई थी, और वो कोई आध इंच भर मेरी हथेली में उतर गई है। हथेली से ख़ून बुरी तरह बह रहा था। भय और उलझन के साथ यह चोट मुझे और भी बदहाल कर गई।

मज़बूरन उसी दीवार को देख-भालकर और उसी से टेक लगाकर मैं ठहर गया। रूमाल से हथेली पर पट्टी कस के बाँध ली कि ख़ून का बहाव कम हो। कुछ देर बाद तबीयत ज़रा ठहरी और मैंने अपने दिल में कहा, "ये कुछ भूतों और पिशाचों का काम मालूम होता है। मुझे क़ुरान की पंक्तियाँ जो ऐसे अवसर पर पढ़ी जाती हैं उन्हें तुरन्त पढ़ना चाहिए।" परन्तु वो पंक्तियाँ उस समय ठीक से याद न आईं। फिर कुछ दूसरी पंक्तियाँ जो याद आ सकीं मैंने वही बार-बार दिल में दोहराना आरम्भ किया। कुछ देर बाद दिल में कुछ ताक़त आई। मेरा गला बिलकुल सूखा जा रहा था। परन्तु वहाँ पानी कहाँ। मैंने दिल में कहा, मियाँ अब हिम्मत करके सड़क पर निकलो, अपनी गाड़ी उठाओ और भाग लो। यह पानी के लिए ठहरने का स्थान और अवसर नहीं है, और न हथेली की मरहम-पट्टी का विचार इस वक़्त उचित है।

मैं बोझिल क़दमों से उस बँगले के फाटक की तरफ़ चला जहाँ मैंने गाड़ी छोड़ी थी। कुछ डर इस बात का भी था कि कहीं वो ख़बीस लौंडे अभी मौजूद न हों। किन्तु उनका सरदार तो वहाँ अन्दर (मरा?) पड़ा था। वो नापाक़ हरामज़ादे भी भाग गए होंगे। दिल में यह कहकर मैं कोठी के फाटक की ओर उल्टे पाँव चला।

जब मैं संरक्षण के लिए भाग रहा था उस वक़्त तो वो कोठी मुझे बहुत लम्बी-चौड़ी लगी थी। मुझे लगा था कि उसका बाहरी बरामदा और अन्दर की राहदारी मिलाकर कोई ढाई सौ फीट की लम्बाई रही होगी। मेरी सोच के विपरीत अब वो दूरी बहुत कम निकली। मैं कुछ ही क़दम चला हूँगा कि कोठी का फाटक दिखाई दे गया। परन्तु मेरी कार वहाँ कहीं न थी। मैं एक पल को सन्नाटे में आ गया। फिर मेरे विचार में आया कि मैंने गाड़ी को फाटक में अड़ाकर इस तरह खड़ा किया था कि रास्ता बन्द हो गया था, इस कारण शायद किसी ने उसे ढकेलकर किनारे कर दिया हो।

परन्तु गाड़ी तो वहाँ कहीं न थी। फाटक पर टायरों का निशान, ब्रेकों को घिसटने का कोई चिह्न, कुछ भी ऐसी निशानी न थी कि कोई कार यहाँ झटका देकर मोड़ी, और फिर उसी प्रकार झटके से रोकी गई है। कार वहाँ से इस तरह अनुपस्थित थी मानो कभी थी ही नहीं। कोई चोर तो नहीं ले गया? मैंने दिल में सोचा। किन्तु कारों की चोरियाँ उस ज़माने में बिलकुल न होती थीं। कार चुराने वाला उसे बेचता भी किसके पास? उस ज़माने में गिनती के कुछ ही लोग कार रखते थे और वो अधिकतर वकील, डॉक्टर या सरकारी अधिकारी थे। बहरहाल, अगर कोई चोर भी ले गया तो मुझमें उस समय इतना दम न था कि उस चोरी की रिपोर्ट लिखाऊँ। पुलिसवालों को क्या बताता कि मैं उस घर में क्या करने गया था? और कार का तो वहाँ निशान भी न था, केवल चाभी थी जो मेरी जेब में थी। मैंने जेब टटोली तो चाभी वास्तव में मौज़ूद थी।

रेलवे के सहायक अभियन्ता के लिए कार की चोरी कोई साधारण घटना न थी। मुझे तुरन्त तफ़्तीश करानी चाहिए थी। और यह तो स्पष्ट है कि मैं दूसरी कार आसानी से न ख़रीद सकता था, बल्कि अब शायद दूसरी कार नसीब ही न हो। परन्तु उस समय मेरे लिए चारा ही क्या था। फिर यह भी ख़याल में आया कि गाड़ी कोई छोटी सी सूई तो नहीं कि खो जाए तो दिखाई न दे। फिलहाल तो यहाँ से चल देना चाहिए, और बहुत जल्द। मानव की बुद्धि साधारण मामलों को भी समझने में अक़सर असमर्थ रहती है, और यह तो निश्चित ही कोई अलौकिक मामला है। इसमें अधिक छानबीन भी उचित नहीं। ईश्वर ने बड़ी कृपा की जो मैं सुरक्षित रहा। नहीं तो अक़सर लोग तो सुना है डर के मारे बावले हो जाते हैं, अथवा जान ही से जाते रहते हैं। अभी अपनी चिन्ता करो, कार की चिन्ता बाद में होगी।

मैं अपने दिल को इस तरह समझाकर सड़क की रोशनी में ले आया। मुझे अपने कपड़े न जाने क्यूँ कुछ पीलापन लिए लग रहे थे। शायद म्यूनिस्पिलिटी की बिजली ऐसी ही चुँधियाई सी होती है। सामने से एक ताँगा आ रहा था। मैं उसे रोककर सवार हो गया। मेरे कपड़े अब और भी पीले लग रहे थे। यह क्या रहस्य है, क्या मुझे पीलिया हो गया है? इतने में ताँगे वाले ने मुड़कर मुझे अर्थपूर्ण नज़रों से देखा। शायद उसकी निगाह मेरे लिबास की लाल छीटों पर पड़ गई थी। या फिर क्या मेरे कपड़े सचमुच पीले हो रहे थे? अचानक मुझ पर बुख़ार की सी कँपकँपी छा गई। मैंने थरथराहट भरे स्वर में ताँगे वाले से कहा, "मुझे स्टेशन ले चलो। जल्दी करो गाड़ी पकड़नी है।" मुग़लपुरा का स्टेशन वहाँ से दूर न था। ताँगे ने मुझे मिनटों में पहुँचा दिया। उसी वक़्त पठानकोट एक्सप्रेस प्लेटफार्म पर प्रवेश कर रही थी।

मैं पठानकोट का टिकट लेकर एक डिब्बे में धँस पड़ा। पठानकोट में मेरा कोई न था तो क्या हुआ, मलगज़ी कमीज़ वाला और काला बवंडर भी तो वहाँ न थे।

ऊपर मैंने जो कुछ लिखा है, उसे मेरे एक दोस्त ने पढ़कर कहा :

"ये क्या बकवास फ़िज़ूल तुमने लिख मारी है? तुम अपनी आत्मकथा लिख रहे हो कि स्वप्न में देखी हुई और दिल गढ़ी हुई घटनाओं का बयान कर रहे हो?"

"तुम जानते हो मैंने क़सम खा रखी है कि अपनी आत्मकथा में एक अक्षर भी झूठ न लिखूँगा। और इसीलिए हर पन्ना तुमको पढ़वा देता हूँ कि यदि कोई ग़लती हो तो उसे ठीक करा दो।"

"होगा। किन्तु मैं ठीक कराऊँ क्या ख़ाक, पत्थर? इस बार तो तुमने हद ही कर दी। तुम कहते हो उन दिनों तुम्हारे पास अम्बेसडर कार थी। अबे मूर्ख, यह कार तो देश के विभाजन के बाद पहली बार 1957 में बनाई गई थी। उन्होंने इंग्लैंड की मॉरिस ऑक्सफोर्ड के नक्शे उनकी अनुमति से प्राप्त करके पहले तो Hindosthan 14 नामक कार बनाई। दो-तीन साल बाद मॉरिस का मॉडल बदला तो उन्होंने नवीन नक्शे के अनुसार लैंड मास्टर और फिर कुछ वर्ष बाद नवीनतम डिजाइन में Hindusthan अम्बेसडर कार अस्तित्व में आई। 1937 में अम्बेसडर कहाँ थी जिसमें बैठकर तुम अल्लामा से मिलने गए थे?"

मैंने चिड़चिड़ाकर कहा, "कार का मॉडल भूल गया होऊँगा। तुम तो जानते हो कि मेरे पास नौकरी के शुरुआती दिनों से ही कार रही है।"

"बड़े आए कार का मॉडल भूलने वाले। भला अपनी पहली कार का मॉडल तुम इस क़दर भूल गए कि अस्तित्वहीन चीज़ को अस्तित्ववान बना डाला? और बेटे ज़रा ये तो बताओ कि 1937 में अल्लामा साहब मैक्लियोड रोड पर कहाँ रहते थे? 1936 के अक्टूबर में या उसके पहले अल्लामा साहब ने Mayo Road पर ज़ावेद मंज़िल का निर्माण पूरा कर लिया था और तुरन्त ही वो उसमें स्थानान्तरित भी हो गए थे। तुम 1937 में मैक्लियोड रोड पर उनसे किस जन्म में मिले होगे?"

"हो सकता है मैक्लियोड रोड नहीं, मयो रोड ही हो," मैंने झल्लाकर कहा, "नाम में ज़रा ही सा तो अन्तर है। क्या आदमी इतनी छोटी-छोटी बात याद रख सकता है? शायद यही कारण था कि मुझे सर जोगिन्दर सिंह का बँगला और वो दुकानें वहाँ नहीं मिल रही थीं।"

"बेशक आदमी ज़रा-ज़रा सी बात याद नहीं रख सकता। परन्तु यहाँ तो महत्त्वपूर्ण सन्दर्भों का प्रश्न है...हाँ अगर आत्मकथा के नाम पर अमर चित्रकथा लिखना हो तो और बात है।"

"अमर चित्रकथा को कुछ न कहो। उससे बढ़कर ऐतिहासिक ग्रन्थ सम्भव नहीं।" मैंने बिफ़रकर कहा।

"ख़ैर यही सही किन्तु आम जनता के सामने ऐसी बात मत कहना नहीं तो लोग तुम्हें पागलख़ाने भिजवा देंगे। और भाई साहब, वो लौंडे जिनका आपने ज़िक्र किया है, उनके बारे में आपने कहीं कोई समाचार पढ़ लिया होगा। वो लोग अपराधी प्रवृत्ति वाले कंजर अर्थात एक तरह के यायावर थे। एक ज़माने में उनका एक कबीला लाहौर में कहीं से आ गया था और उसके सदस्य, ख़ासकर लड़के–बाले, छोटी-मोटी चोरियों में अक़सर पकड़े जाते रहते थे। मैक्लियोड रोड या मयो रोड तो नहीं, बागवानपुरा वाली सड़क पर ज़रूर उन्होंने अपने डेरे लगा रखे थे। आप कभी वहाँ से गुज़रे होंगे, फिर उसी के बारे में आपने कोई ख़्वाब देख लिया। और अब अपनी आत्मकथा को रोचक बनाने के लिए नमक मिर्च लगाकर वहाँ डाले दे रहे हैं।"

"अच्छा यूँ ही सही। तो ये तो।" ये कहकर मैंने अपनी दाईं हथेली अपने दोस्त की नाक के नीचे उसकी आँख के बिलकुल पास लगभग ठूँस दी। हथेली पर अब भी चोट का निशान बहुत गहरा और स्पष्ट था, "हरामज़ादे, ये क्या है?" मैंने दाँत पीसकर कहा, "कहो तो पठानकोट के उस डॉक्टर का नाम पता बता दूँ जिसने इस चोट की मरहम-पट्टी की थी।"

मेरा दोस्त एक क्षण के लिए सुन्न होकर रह गया। साफ़ मालूम हो रहा था कि वह गड़बड़ा गया है। परन्तु वह भी मुझसे कम बेहया नहीं। ज़रा रुककर बोला, "इससे ये कहाँ प्रमाणित होता है कि हथेली पर यह चोट तुम्हें उसी समय और उसी जगह लगी थी जिसका हवाला तुमने अपनी कहानी...मेरा मतलब है आत्मकथा में किया है?"

"न सही, किन्तु वो डॉक्टर यदि होगा तो वह समय और ज़माने को प्रमाणित तो कर देगा।"

"पचास से ऊपर वर्ष हो रहे हैं। न मालूम वो डॉक्टर वहाँ है भी कि मर-खप गया।"

"वहम का इलाज़ तो लुकमान के पास भी न था और ज़िद के इलाज़ में सुकरात भी असमर्थ था।"

"माना। परन्तु मैं तुमसे बहस इसलिए कर रहा हूँ कि तुम्हीं ने कहा था, इस पुस्तक को शत्रु की आँख से देखना। मैं नहीं चाहता कि इसमें एक भी ग़लत बात कहीं से आ जाए।"

"हाँ, और अब तक तुम्हें कुछ न मिला तो कल्पित ही आरोप गढ़ने आरम्भ कर दिए।"

"सच्ची बात यह है कि तुम्हारे आख्यान में और बातें भी खटकी थीं, किन्तु वो इतनी भारी और स्पष्ट न थीं। इस अध्याय में तो तुमने वाकये के नाम से एक भी अक्षर न लिखा।"

"कुछ और, मसलन?" मैंने बड़े प्रयास से अपने क्रोध को रोककर पूछा।

"तुमने अल्लामा साहब की आवाज़ का भी कोई जिक्र नहीं किया है। उस ज़माने तक उनकी आवाज़ बिलकुल बैठ चुकी थी।"

"मैं पहले ही कह चुका हूँ कि मुझे उस मुलाक़ात की बातें विस्तार से याद नहीं।"

"परन्तु इतनी महत्त्वपूर्ण बात..."

"चुप रहो। जानते हो शब्द वाकया के माने हकीक़त भी है और स्वप्न भी, और मौत भी।" मैंने बड़े गर्व से कहा, जैसे कोई बड़ा अनुसन्धान कर दिया हो।

"फिर तो मुझे कुछ कहना ही नहीं है। किन्तु यह बताओ कि तुमने मुनीर नियाज़ी की पंक्ति कबीर के सर क्यों मढ़ दी?"

"क्या बकते हो?" मैं गरजा।

"यही कि 'ख़ाली शहर डरावना खड़ा था चारों ओर' मुनीर नियाज़ी की पंक्ति है। और यह उनके संग्रह 'दुश्मनों के दरमियान शाम' प्रकाशित 1968 के पृष्ठ 25 पर मौजूद है। तुमने ये पंक्ति सन 37 में कबीर के नाम से कहाँ देख ली? चलो अब भी मान जाओ कि तुमने अपनी आत्मकथा में एक कहानी भी डाल दी है।"

"सब कहानियाँ सच्ची होती हैं। सब कहानियाँ सच्ची होती हैं।" एक क्षण की ख़ामोशी के बाद मैं चीख़कर बोला और फूट-फूटकर रोने लगा।

□□□